LES
GRANDS ÉCRIVAINS
DE LA FRANCE

NOUVELLES ÉDITIONS

PUBLIÉES SOUS LA DIRECTION

DE M. AD. REGNIER

membre de l'Institut

SUR LES MANUSCRITS, LES COPIES LES PLUS AUTHENTIQUES
ET LES PLUS ANCIENNES IMPRESSIONS
AVEC VARIANTES, NOTES, NOTICES, PORTRAITS, ETC.

MOLIÈRE

TOME IX

PARIS

LIBRAIRIE HACHETTE ET Cie

BOULEVARD SAINT-GERMAIN, 79

MDCCCLXXXVI

ŒUVRES

DE

MOLIÈRE

TOME IX

PARIS. — IMPRIMERIE A. LAHURE
Rue de Fleurus, 9

ŒUVRES
DE
MOLIÈRE

NOUVELLE ÉDITION

REVUE SUR LES PLUS ANCIENNES IMPRESSIONS

ET AUGMENTÉE

de variantes, de notices, de notes, d'un lexique des mots et locutions remarquables,
d'un portrait, de fac-simile, etc.

PAR MM. EUGÈNE DESPOIS ET PAUL MESNARD

TOME NEUVIÈME

PARIS

LIBRAIRIE HACHETTE ET Cie

BOULEVARD SAINT-GERMAIN, 79

1886

LES
FEMMES SAVANTES

COMÉDIE

REPRÉSENTÉE LA PREMIÈRE FOIS A PARIS

SUR LE THÉÂTRE DE LA SALLE DU PALAIS-ROYAL

LE 11ᵉ MARS 1672

PAR LA TROUPE DU ROI

NOTICE.

Les Femmes savantes furent jouées, pour la première fois, le 11 mars 1672, sur le théâtre du Palais-Royal. Le lendemain, 12 mars, Donneau de Visé en parlait ainsi dans *le Mercure galant*, dont il venait, cette année même, de commencer la publication[1] : « Le fameux Molière ne nous a point trompés dans l'espérance qu'il nous avoit donnée, il y a tantôt quatre ans, de faire représenter au Palais-Royal une pièce comique de sa façon qui fût tout à fait achevée (p. 208). » Si ce souvenir remontant à *tantôt quatre ans* est exact, il pourrait se rapporter au temps de *l'Avare* (septembre 1668), comédie excellente, mais alors jugée imparfaite, parce qu'il y manquait la langue des vers. Ce serait à ce moment-là que Molière aurait annoncé le dessein de préparer plus à loisir un ouvrage qui donnât moins de prise aux objections, à ce moment-là peut-être qu'il aurait commencé d'y travailler[2]. Quelle que soit la date de la première pensée de la pièce, si, depuis *le Tartuffe* et *le Misanthrope*, on attendait de Molière une œuvre dont on pût dire, comme de ces œuvres immortelles, qu'elle était « tout à fait achevée », on n'eut plus à l'attendre après *les Femmes*

---

1. L'Achevé d'imprimer du premier tome est du 25 mai.

2. La date du *Privilége*, qui est de 1670 (voyez ci-après, p. 54), ne permet pas de croire que ç'ait été beaucoup plus tard; mais il ne faut pas chercher de preuve dans l'assertion de Cailhava (*de l'Art de la comédie*, tome II, p. 251) que Mme Dacier préparait un commentaire de l'*Amphitryon* de Plaute, où elle voulait démontrer l'infériorité de l'*Amphitryon* de Molière (janvier 1668), lorsqu'elle apprit que notre poëte songeait à faire jouer *les Femmes savantes*. L'âge qu'elle avait alors réfute l'erreur de Cailhava, commise avant lui par Voltaire. Voyez aux pages 341 et 342 de notre tome VI.

savantes. Vive peinture de mœurs, où la plupart des portraits sont autant de chefs-d'œuvre, satire toute en action, qui, à aucun moment, ne s'égare hors des conditions du théâtre, perfection du style où jamais le poëte n'avait mieux atteint, il y faut tout admirer. Sans doute le sujet, s'il est plus agréable que Voltaire ne l'a dit[1], est beaucoup moins grand que ceux dont, quelques années plus tôt, Molière avait fait choix, quand il avait peint un jour l'hypocrisie, un autre jour l'inflexible droiture se raidissant contre les vices du temps. Le ridicule de femmes pédantes n'a pu se prêter à une étude morale aussi profonde, d'une aussi haute portée; mais le nouveau chef-d'œuvre n'est point inférieur à ses aînés par l'exécution *achevée*, qui avait frappé de Visé.

Dans ce même *Mercure galant*, qui nous donne la première impression des contemporains, nous devons encore relever une parole (p. 208) : « On y est bien diverti.... par ces précieuses ou femmes savantes, » synonymie remarquable, dont il est permis de conclure que l'effet produit par la pièce, à l'heure où elle parut, fut très-particulièrement celui d'une reprise d'hostilités contre les précieuses, après une trêve de douze ans. Il eût été difficile qu'on ne l'eût pas tout d'abord compris ainsi, et nous aurions tort aujourd'hui de négliger, comme on l'a fait quelquefois, ce point de vue : il peut nous épargner des malentendus, des contre-sens. Oui, ce que Molière s'était proposé surtout, c'était de frapper, pour la seconde fois, une coterie dont la grande influence, incomplétement ruinée par son assaut de 1659, n'avait pas cessé de lui paraître dangereuse pour l'esprit français.

Nous ne craignons pas le reproche de rétrécir ainsi le sens d'un chef-d'œuvre. Si Molière n'a voulu faire la satire que d'un certain coin de la société de son temps, un si grand esprit ne manque jamais d'élargir les sujets qu'il traite; mais, bien que le trait porte au delà, ce n'est pas moins un petit cercle que d'abord il a surtout visé.

Lorsque, avec des armes un peu moins bien trempées, Boileau, son auxiliaire dans cette revanche du bon sens, s'est, en passant, attaqué aux mêmes ridicules dans sa *satire* x^e, pu-

---

1. Voyez ci-après, p. 54, le *Sommaire* de Voltaire.

bliée en 1694, il a semblé distinguer, comme Molière l'avait fait par les titres différents donnés à ses deux pièces, la précieuse de la savante. Il commence par celle-ci, dont le portrait, avec son astrolabe et ses expériences de physique, est assurément un souvenir de la comédie de 1672. Puis sur ses pas il amène la précieuse,

> Reste de ces esprits jadis si renommés,
> Que d'un coup de son art Molière a diffamés[1].

Mais, bien que, dans une note (de 1713) sur ces vers, il dise : « Voyez la comédie des *Précieuses*, » et ne renvoie pas à l'autre comédie, il nous fait moins reconnaître dans sa précieuse quelque Cathos ou quelque Madelon qu'une des savantes de Molière :

> . . . . Sa docte demeure
> Aux Perrins, aux Coras est ouverte à toute heure.
> Là du faux bel esprit se tiennent les bureaux[2].

Voilà bien la maison de Chrysale. Boileau avait donc vu que, dans cette maison, les pédantes n'étaient qu'une variété de l'espèce des précieuses.

Par un seul trait la précieuse de Boileau diffère des admiratrices de Trissotin et de Vadius. Il la fait rire

> .... des vains amateurs du grec et du latin[3].

C'est un changement qu'il n'aurait pas introduit sans la grande querelle académique de 1687 entre les anciens et les modernes. Toute de circonstance, cette légère retouche au portrait n'empêche pas que, sous le nom de *précieuse*, le satirique ne nous ait donné une Philaminte, attestant par là comment il avait entendu la pensée de Molière.

Celui-ci, dans ses *Femmes savantes*, n'avait pas seulement voulu regarder les précieuses sous un autre aspect que dans sa première peinture, il les avait mises à la dernière mode; car leurs ridicules avaient pris une forme nouvelle. En 1659, il y avait eu à faire justice du jargon des ruelles, des billevesées

---

1. *Satire* x, vers 439 et 440.
2. *Ibidem*, vers 445-447. — 3. *Ibidem*, vers 451.

romanesques des *chères*, de leur recherche du grand fin, du fin du fin ; mais, depuis, le peintre avait remarqué un changement dans la physionomie de ses modèles : il a donc voulu les représenter tels qu'ils étaient devenus. La comédie des *Précieuses ridicules* reste parfaite en son genre. Molière lui a simplement donné une suite ; il n'a pas refait son petit chef-d'œuvre, comme s'il n'eût été qu'une première esquisse, une ébauche.

Si ce mot *ébauche* n'avait pas été appliqué par Bazin aux *Précieuses ridicules*, qui étaient bien mieux que cela, nous trouverions tout à fait juste ce qu'il dit de l'autre comédie écrite contre les précieuses de la seconde manière : « Tout au commencement de sa carrière,... *Molière* avait tracé une ébauche des *Précieuses*. Il voulut reprendre ce sujet et le traiter en grand avec tous ses accessoires. Il y replaça ce personnage dont on s'inquiète toujours quand il est question d'un bel esprit en jupons, le mari ; il y fit entrer les travers particuliers des gens de lettres, hôtes ordinaires de ces ménages ;... il y adapta la réhabilitation de l'homme de cour[1].... » Il est très-vrai que le cadre est plus large que celui des *Précieuses ridicules*, les scènes plus variées, les peintures de caractères plus nombreuses. Les traits de la satire n'en étaient pas moins, comme Bazin l'a bien compris, tombés encore une fois du même côté.

La récidive criminelle de Molière ne pouvait échapper à Rœderer. Entendons maintenant ce zélé paladin de ce qu'il appelait, par excellence, *la Société polie*. « Le 11 mars 1672, *Molière* remit sur la scène, sous le nom de *femmes savantes*, les prudes bourgeoises et beaux esprits qu'il avait si joyeusement travestis en 1659[2], sous le nom de *précieuses ridicules*[3]. »

1. *Notes historiques sur la vie de Molière*, p. 173 de la 2ᵉ édition in-12.

2. Et non en 1669, comme on l'a imprimé ici et dans un autre passage du même écrit de Rœderer. Est-ce aussi une faute de l'imprimeur qui a fait dire à l'auteur (p. 311, note) que, dans *la Comtesse d'Escarbagnas*, Molière fit une sortie contre la *Gazette de Hollande* en 1663 ?

3. *Mémoire pour servir à l'histoire de la société polie en France* (1835), p. 306.

Un peu plus loin il fait à notre comédie, dont les personnages appartiennent au monde bourgeois, un reproche d'invraisemblance aussi peu heureux dans la forme, très-entortillée, que dans le fond : « *Les Femmes savantes*.... sont *les Précieuses ridicules* reproduites avec un ridicule de plus, celui de la science supposée par le poëte dans une condition qui ne laisse point de loisir pour les études scientifiques, ce qui était absolument contraire à la vérité[1]. » En vain Molière avait-il fait cette prétendue faute de dépayser, par prudence, dans la condition bourgeoise les dames que Rœderer vénérait, il n'en était pas moins clair qu'il avait touché à l'arche sainte. On ne se serait jamais douté de toute la profondeur de ses noirs desseins sans la découverte du clairvoyant écrivain : « Molière, qui voyait le train de la cour continuer, l'amour du Roi et de Mme de Montespan braver le scandale, imagina d'infliger un surcroît de ridicule aux femmes dont les mœurs chastes et l'esprit délicat étaient la censure muette, mais profonde et continue, de la dissolution de la cour. Il ne doutait pas que ce ne fût un moyen de plaire au Roi et à Mme de Montespan[2]. » Voilà un méchant homme, bien habile à cacher son jeu ! Jamais basse courtisanerie ne s'est plus adroitement enveloppée et déguisée; mais ce déguisement ne pouvait tromper l'avocat des chastes Armandes.

Nous craignons que le rôle de champion des précieuses n'ait des dangers. On risque de s'y montrer plus ridicule qu'elles ne sont elles-mêmes dans la comédie de Molière. Philaminte ni Trissotin n'ont peut-être rien d'égal à cette manière-ci de juger un chef-d'œuvre : « Il est évident, par le travail de cette comédie, qu'elle n'a été ni inspirée par le spectacle de la société, ni avouée par l'art. C'est une œuvre de combinaison politique, *invita Minerva*[3]. » Il serait temps que l'on tînt moins de compte du fameux *Mémoire*, trop souvent écrit de ce style et avec ce bon sens. Notre excuse pour l'avoir cité, c'est que le gémissement arraché par notre comédie à cet alcôviste en retard prouve qu'il avait senti où le trait de Molière

---

1. *Mémoire pour servir à l'histoire de la société polie en France* (1835), p. 308.
2. *Ibidem*, p. 305 et 306. — 3. *Ibidem*, p. 309.

avait fait la blessure. Il importe d'établir par tous les témoignages que le véritable objet des railleries de Molière n'a pas été l'accès des lettres et des sciences ouvert aux femmes, mais les extravagantes pédanteries d'un certain monde, d'un monde à part dans la société du dix-septième siècle.

Dans ce monde prétentieux, le poëte comique a-t-il voulu, sous les noms de Philaminte, d'Armande et de Bélise, désigner telles ou telles dames? Nous lisons dans le *Menagiana*[1] : « On dit que les Femmes savantes de Molière sont Mesd. de.... » Les points suspensifs sont à regretter. Une note de Saint-Marc, au tome V de son édition des *OEuvres de Boileau*[2], les interprète ainsi : « Mme de Rambouillet et Mme la duchesse de Montausier sa fille. » On a objecté que la divine Arthénice était morte le 27 décembre 1665[3], et Julie d'Angennes le 15 novembre 1671. S'il n'y avait d'autres raisons d'écarter les noms cités par Saint-Marc, elles ne seraient pas d'un grand poids, des souvenirs remontant à quelques années ayant pu trouver place dans notre comédie. La dernière de ces difficultés chronologiques disparaît d'ailleurs devant la date du *Privilége* de la pièce (1670). Mais Saint-Marc n'appuie sa glose que de l'autorité du *Carpentariana*, où il est dit : « Molière a joué dans ses *Femmes savantes* l'hôtel de Rambouillet, qui étoit le rendez-vous de tous [les] beaux esprits; Molière y eut un grand accès et y étoit fort bien venu; mais lui ayant été dit quelques railleries piquantes de la part de Cotin et de Ménage, il n'y mit plus le pied[4]. » Outre la très-mince valeur de tous les témoignages qu'on peut recueillir dans cet *ana*, le récit de ses rédacteurs perd lui-même tout crédit, lorsque, le continuant, ils font aller Ménage en visite chez la marquise de Rambouillet, après la première représentation des *Femmes savantes*, c'est-à-dire plus de six ans après la mort de cette dame, qui aurait dit à Vadius : « Quoi, Monsieur, vous souffrirez que cet impertinent de Molière nous joue de la sorte[5]? »

1. Tome III, p. 23.
2. Page 143.
3. Voyez la *Gazette* du 2 janvier 1666.
4. *Carpentariana* (Amsterdam, 1741), p. 55.
5. *Ibidem*, p. 56.

MUSIQUE DE LULLI.

Le Maître à danser chante *en donnant la leçon à M. Jourdain*[1].

---

1. Copie Philidor, p. 35; ci-dessus (scène 1 de l'acte II), p. 69 et 70. — Cet engageant menuet que Lulli donna à chanter au Maître de danse se trouve intimement lié au texte de Molière, qu'il peut seul expliquer et animer, et nous en paraît aussi inséparable que l'air de Janneton. Il était emprunté par le compositeur à sa partition récente des *Amants magnifiques* ou plutôt du *Divertissement royal;* au carnaval précédent, devant les mêmes spectateurs, il avait été dansé deux fois par la troupe de Faunes qui assiste au duo du *Dépit amoureux* (voyez le IIIᵉ intermède du *Divertissement*, tome VII, p. 430, et p. 472, nᵒˢ 11 et 14). Il se lit, tel qu'à la page suivante, noté pour les dessus de violon, avec quelques petits traits de plus, de bien légères va-

244 APPENDICE AU BOURGEOIS GENTILHOMME.

Les Faunes.

riantes, et accompagné de quatre autres parties, au feuillet 23 v° de la copie du Conservatoire dont nous avons eu à parler à la fin du tome VII. — Comme on le voit, dans cet arrangement des mots sous les notes du menuet, le compositeur aurait plus d'une fois pu mieux observer la prosodie, et cela lui était bien aisé. Mais les paroles saccadées entre les *la la la* du Maître à danser ne peuvent être que tout à fait improvisées et au hasard adaptées à la mélodie ; leur emploi semble très-spirituellement répondre à l'imprévu des faux mouvements de M. Jourdain, et le prosaïsme en est marqué d'une façon plaisante sur les deux dernières syllabes de *remuez* et d'*estropiés*, qu'il faut sans doute prononcer en diphthongues à l'aide d'une très-brève petite note. — Le Livret ne nous apprend point qui fit à la cour le personnage du Maître à danser ; mais la notation de cet air à la clef employée alors pour les plus hauts dessus permet presque d'affirmer que ce fut un page ou une femme travestie qui le chanta en montant de son mieux à la voix des violons ; sans doute il pouvait être baissé, transposé (à l'octave par exemple, pour un ténor élevé), et la clef, s'il s'agissait d'un morceau détaché, imprimé à l'usage du public, ne prouverait pas grand'chose ; mais les portées qu'on a sous les yeux sont transcrites d'une copie régulière de partition, copie destinée à un chef d'orchestre ou à des musiciens qui la savaient lire et réduire au clavecin, modifier au besoin ; il n'y avait aucun motif de jamais changer pour eux la vraie clef, celle qui répondait à la voix choisie par le compositeur et entendue à l'origine. Philidor avait assisté aux répétitions et aux représentations dirigées par le maître qu'il admirait, et, on peut le croire, il n'eût voulu en rien altérer ses souvenirs. Cette circonstance de l'organe tout féminin du petit Maître à danser n'est pas absolument indifférente ; elle était assurément faite pour donner plus de piquant à la scène où il tient si fièrement tête au terrible Maître d'armes (voyez la fin de la note 4 de la page 60). Maintenant il est assez probable que Molière avait dans sa troupe même l'acteur qui convenait à ce caractère ou qui peut-être en avait donné l'idée. S'il fallait désigner quelqu'un par conjecture, on pourrait songer, non pas à Baron, qui avec ses dix-sept ans était, pour la voix, à l'âge le plus ingrat, mais à Mlle de Brie, que son rôle peu fatigant de Dorimène faisait paraître seulement à la fin du troisième acte.

Et qui d'ailleurs, je vous l'avoue,
Divinement son rôle joue.

Ce rôle, où elle eut tant de succès, a donné lieu à une légende, qui a été trop facilement acceptée, sur la foi du libelle de *la Fameuse comédienne*.

L'auteur de ce ramassis des commérages les moins dignes de créance prétend que les représentations de la tragédie-ballet, où Baron, dans le personnage de l'Amour, « enlevoit les cœurs, » furent l'occasion d'une liaison étroite entre la Molière (comme il l'appelle) et le jeune comédien que, jusqu'alors, elle haïssait, jalouse de l'amitié qu'avait pour lui son mari. Elle commença à le regarder d'un œil qui n'était plus celui de la haine. Baron fut prompt à s'en apercevoir, et ne laissa pas échapper la bonne fortune qui s'offrait. Le pamphlétaire, comme s'il avait été là, écoutant dans la coulisse, a noté jusqu'aux paroles par lesquelles le fat et la coquette s'engagèrent dans leur intrigue. Elle eut, dit-il, peu de durée. Ils en vinrent à se dire des choses outrageantes, se boudèrent, se raccommodèrent, mais pour ne pas tarder à devenir irréconciliables[1]. On a très-justement, croyons-nous, fait remarquer l'absence de toute preuve à l'appui de ce médisant propos[2], que pas un autre témoignage du temps ne confirme, et où il est permis de trouver de l'invraisemblance. Baron, que l'on représente comme se vantant déjà de ses nombreuses conquêtes, était alors bien jeune pour faire ce personnage d'un Moncade. Il pouvait sans doute s'enflammer pour une femme beaucoup plus âgée que lui ; et nous n'assurerions pas qu'il fût incapable de trahir son bienfaiteur ; mais un cœur si vaniteux oublie moins vite les injures que les devoirs de la reconnaissance ; et le soufflet donné, il y avait quatre ans, par Mlle Molière[3] lui avait laissé un long retentissement. Après avoir consenti à jouer le rôle de Myrtil dans *Mélicerte*, il avait voulu rentrer dans la troupe de la Raisin ; et le boudeur ne s'était prêté à son rappel dans celle de Molière qu'à Pâques 1670, quelques mois avant les répétitions de *Psyché*. Sa ran-

1. *Les Intrigues de Molière et celles de sa femme* ou *la Fameuse comédienne*, édition de M. Livet, p. 22-24.
2. *Ibidem*, note de M. Livet, aux pages 167 et 168.
3. Voyez la *Notice* de *Mélicerte*, au tome VI, p. 144.

cune alors était probablement mal désarmée. Si l'on veut cependant que les beaux yeux de Mlle Molière lui aient fait oublier une haine qui avait été si persistante, il faudrait encore admettre l'aveuglement extraordinaire de Molière qui n'aurait eu aucun soupçon de la plus perfide des ingratitudes, puisque son attachement, presque paternel, pour le jeune comédien ne paraît pas s'être démenti.

Il était imprudent, sans nul doute, de faire faire à sa femme de si brûlantes déclarations par un acteur qui représentait le plus séduisant des Dieux; mais le moyen d'avoir, dans la vie de théâtre, de si grandes délicatesses ? Molière ne pouvait pourtant pas se charger lui-même du personnage de l'Amour; et à qui l'aurait-il confié avec plus de sécurité qu'à un comédien qu'il s'était habitué à regarder comme son enfant, et qui n'avait jamais inspiré à Mlle Molière que de l'antipathie.

Cette pièce de *Psyché* a fait beaucoup parler sur la femme de Molière, et sur les cœurs, comme dit Robinet, par elle alléchés. Parmi ces cœurs dont on veut qu'elle ait fait alors la conquête, on ne compte pas seulement celui de l'adolescent qui lui récitait de si tendres vers, mais aussi celui du poëte sexagénaire qui les avait écrits et y avait mis toute la flamme de la passion. S'il l'y avait mise, ce serait, à en croire Aimé-Martin[1], qu'il était fort amoureux de la comédienne; et cet éditeur de Molière, cherchant une preuve de l'amour qu'elle inspira, selon lui, à Corneille, la trouve dans *Pulchérie* qui, représentée en 1672, prête une touchante éloquence à une passion de vieillard. Corneille « s'est dépeint lui-même, dit Fontenelle[2], avec bien de la force, dans Martian, qui est un vieillard amoureux. » Mais quelle était la Pulchérie, dont alors Corneille s'était épris un peu tard ? Son neveu ne le dit pas. Aimé-Martin croit que Robinet l'a dit dans les vers suivants sur la première représentation de la comédie héroïque du grand poëte :

.... L'auteur a fait ce poëme
Par l'effet d'une estime extrême
Pour la merveilleuse Psyché,

1. *OEuvres de Molière* (édition de 1845), tome V, p. 503 et 504.
2. *OEuvres* (édition de 1742), tome III, *Vie de M. Corneille*, p. 117.

Non-seulement la chronologie proteste; mais si la marquise avait encore vécu, à l'époque des *Femmes savantes*, elle n'aurait pas cru y être jouée, elle qui ne s'était pas montrée offensée des *Précieuses ridicules*, sachant bien qu'elle n'était jamais tombée dans les excès de mauvais goût raillés dans cette comédie [1]. Mêlée à des assertions si évidemment fausses, la prétendue révélation des noms que le *Menagiana* a laissés en blanc ne soutient pas l'examen.

La part à faire aux personnalités dans l'excellente pièce de 1672, qui aurait pu et dû s'en passer, n'est du reste que trop grande. Le personnage de Trissotin ne laissait pas d'énigme à deviner, de masque à lever. On a parlé du nom, un peu plus transparent encore, de *Tricotin*, que Molière aurait donné d'abord à son pédant. C'est ce que dit la Monnoye, dans une de ses additions au *Menagiana* [2] : « Molière joua d'abord Cotin, sous le nom de *Tricotin*, que plus malicieusement, sous prétexte de mieux déguiser, il changea depuis en *Trissotin*, équivalent à *trois fois sot*. »

La première forme du nom se trouve aussi dans une des notes de Brossette [3]. Ne peut-on être d'avis qu'elle vaut la seconde, et est assez heureuse pour inspirer quelque confiance dans le souvenir qui en est resté ? En même temps qu'elle conserve entièrement le nom de Cotin, elle sonne à peu près comme *trigaudin* [4], petit trigaud. Il faut dire que le *Registre de la Grange* n'a pas gardé trace du nom de *Tricotin*; mais son silence ne prouve rien, parce qu'il n'annonce la pièce que sous le nom de *Femmes savantes*, jusqu'à la douzième représentation (29 avril 1672), où, pour la première fois, il ajoute le second titre de *Trissotin*. On doit remarquer, cependant,

---

1. Voyez la *Notice* des *Précieuses ridicules*, au tome II, p. 6.
2. Tome III, p. 23.
3. OEuvres de *Boileau Despréaux* (1716), tome I*er*, p. 31, fin de la *Remarque* sur le vers 60 de la satire III.
4. Surtout si l'on se souvient qu'*intrique*, pour *intrigue*, était une orthographe admise au dix-septième siècle. — Il y a presque du même temps que *les Femmes savantes* une comédie de Montfleury, intitulée *Trigaudin*. Le *Registre de la Grange* nous apprend qu'elle fut jouée huit ou neuf fois, du 26 janvier 1674 au 16 février suivant.

que, dès le mercredi 9 mars, quand *les Femmes savantes* n'avaient pas encore été jouées, Mme de Sévigné, écrivant à sa fille que, le samedi suivant, son « cher cardinal » entendrait lire par Molière cette « fort plaisante pièce, » la nommait *Trissotin*[1]. Il ne doit donc pas être exact qu'elle ait d'abord été jouée sous le nom de *Tricotin*. Mais cela n'empêcherait pas qu'un peu plus tôt Molière n'eût pu laisser connaître qu'il se proposait de donner cette forme au nom très-légèrement défiguré de l'un de ses pédants.

Il ne s'est pas contenté de la clarté du nom, presque égale sous une des deux formes que sous l'autre. Il a voulu marquer son intention de personnalité de telle manière qu'on ne pût hésiter. Ce n'est pas que nous devions admettre tout ce qui a été dit sur les hardiesses devant lesquelles il n'aurait pas reculé. Dans la page tout à l'heure citée du *Menagiana*, on fait dire à Ménage : « Le Trissotin de cette.... comédie est l'abbé Cotin, jusque-là que Molière fit acheter un de ses habits pour le faire porter à celui qui faisoit ce personnage dans sa pièce. » La même circonstance du rôle joué avec une défroque du pauvre abbé se retrouve dans la *Vie de l'auteur*, en tête de l'édition de 1725 des *OEuvres de Molière*[2]. Ces anecdotes, à la première source desquelles nous ne pouvons remonter, ne sont pas articles de foi. Il est curieux de voir comment les histoires peu à peu s'embellissent. Non content d'adopter celle qu'avait contée le *Menagiana*, l'auteur des *Mélanges historiques* publiés, en 1718, à Amsterdam[3], a trouvé moyen d'y ajouter : il prétend que la pièce fut d'abord annoncée sous ce titre : *l'Abbé Cotin;* voilà ce que le bon sens n'admet pas. Pour

---

1. Lettre 255, tome II, p. 524. Nous n'avons pas le texte autographe de cette lettre; mais elle a été donnée, dans la Collection des Grands écrivains, d'après une ancienne copie où les changements, quand il y en a, ne sont jamais comme serait celui-ci, des corrections volontaires. — Déjà, dans une lettre du 1ᵉʳ mars (lettre 253, *ibidem*, p. 515), Mme de Sévigné parlait d'une comédie de Molière qui devait être lue chez la Rochefoucauld. Cette fois, elle ne la nomme pas; ce ne pouvait être que *les Femmes savantes*.
2. Page 97.
3. *Mélanges historiques recueillis et commentés par Monsieur**** (on nomme J. de la Brune), 1 volume in-12 : voyez à la page 70.

compléter la légende, il dit encore : « La première fois que l'on la joua, l'abbé fut représenté avec un masque si ressemblant, que tout le parterre le reconnut. C'est une particularité que tout Paris sait. » Il était très-superflu de se mettre en frais de ces imaginations. Cotin était assez montré au doigt et ne pouvait manquer d'être dénoncé, soit dès la première représentation, soit bientôt après, par les petites pièces que récite Trissotin, le sonnet *sur la fièvre*, et l'épigramme ou madrigal *sur un carrosse*. Molière les avait tirées, sans y changer un mot, des *OEuvres* de l'abbé[1]. C'était suffisant pour que sa comédie fût terriblement aristophanesque.

La faute, beaucoup trop athénienne pour nos mœurs, qu'il faut reconnaître et regretter ici, Aimé-Martin tente de l'atténuer : Molière « sépare si bien, dit-il[2], le poëte de l'homme privé, que les contemporains ne peuvent les confondre ; car ce qu'il y a de vil dans le personnage de Trissotin (sa cupidité, sa persévérance à vouloir épouser Henriette) ne pouvait convenir à un ecclésiastique de soixante ans. Ainsi Molière ne diffame pas la vie de Cotin ; il joue ses ridicules. » Cependant traîner sur la scène une personne vivante, pour la livrer à la risée populaire, c'est déjà trop de licence, même si l'on s'arrête au point où la satire n'est encore que littéraire. Que sera-ce, lorsque, après l'avoir si bien fait reconnaître par un signalement sans équivoque, on finit par lui prêter des actions déshonorantes ? Ces actions ont beau être telles qu'il est manifestement impossible de ne pas les savoir imaginaires, il reste dans les esprits une mauvaise impression, qui fait tort, non plus seulement à l'écrivain, mais à l'homme. En le faisant agir comme sa profession et son âge ne permettent pas de croire que jamais il ait précisément agi, on n'a pas, dit-on, touché à sa vie privée. Soit ; mais on a touché à son caractère, dont tout le monde pensera qu'à travers la fiction on a marqué quelques traits. Ne pallions pas le tort de Molière. Il a donné

1. *OEuvres galantes en prose et en vers de Monsieur Cotin*, à Paris, chez Estienne Loyson, MDCLXIII, 1 volume in-12. L'achevé d'imprimer est du 16 décembre 1662. Le sonnet est à la page 386, le madrigal aux pages 443 et 444.

2. Dans une note sur la scène II de l'acte III, au vers 751, p. 206 du tome VI (1845).

un exemple dont il est fâcheux que Palissot et Voltaire (pour ne pas chercher trop près de nous d'autres noms à citer) aient peut-être cru avoir le droit de s'autoriser. Puisque nous nommons l'auteur de *l'Écossaise*, n'oublions pas que, à propos de notre pièce, il s'est élevé contre « une liberté plus dangereuse qu'utile, et qui flatte plus la malignité humaine qu'elle n'inspire le bon goût[1] ». C'est parler d'or ; mais, lorsqu'un peu plus tard il écrivit sa comédie de 1760, il aurait pu se souvenir

> Qu'on doit se regarder soi-même un fort long temps,
> Avant que de songer à condamner les gens[2].

Ne soyons pas sourd à cet avertissement d'être circonspect dans le blâme, et si nous osons, à notre tour, faire un reproche à Molière, que ce soit du moins en restant dans la mesure de la justice. Ce n'est pas de gaieté de cœur qu'il s'est décidé à cette cruauté. Personne ne pensera que, pour l'irriter si fort, Cotin n'eût jamais fait rien de plus que de mauvais vers. Dans ses écrits, il n'était pas inoffensif. Boileau en savait quelque chose, traité par lui de *sieur des Vipereaux*[3], et dénoncé comme coupable de lèse-majesté humaine et divine. Aussi n'est-il pas improbable qu'il a plutôt excité que retenu le poëte, son ami ; on dit qu'il lui avait fourni l'idée de la scène entre Trissotin et Vadius[4], et lui avait même apporté le sonnet et le madrigal des *Œuvres galantes*[5]. Plus que complice de l'impitoyable personnalité, il en aurait donc peut-être été l'instigateur. Sans que tout cela soit absolument sûr, il est remarquable que Molière, comme pour donner place à Boileau dans la vengeance exercée de concert, l'a cité dans la grande scène des deux pédants, ce qu'il n'a jamais fait que là, et n'y a pas écrit moins de quinze vers[6] qui rendent témoignage à l'autorité de

---

1. Voyez ci-après, p. 55, la fin de son *Sommaire*.
2. *Le Misanthrope*, acte III, scène IV, vers 951 et 952.
3. A la page 46 de *la Critique désintéressée sur les satires du temps*; l'*errata* (page 63), en recommandant de remplacer ces mots (qu'il évite, il est vrai, de reproduire) par « le Censeur », appelait, ce nous semble, tout particulièrement l'attention sur l'injure.
4. *Menagiana*, tome III, p. 23, et *Bolæana*, p. 34.
5. *Bolæana*, ibidem.
6. Acte III, scène III, vers 1025-1039.

« l'auteur des satires ». Il ne doit cependant pas s'être armé pour la seule querelle de celui-ci, mais aussi pour la sienne propre. Il avait personnellement des injures à punir. On a vu que le *Carpentariana* les fait remonter assez haut, jusqu'au beau temps de l'hôtel de Rambouillet, avec lequel des insolences de Cotin et de Ménage auraient brouillé Molière[1]. Nous avons dit que cet *ana* ne peut pas inspirer beaucoup de confiance ; mais un démêlé de Cotin avec Molière est attesté dans la lettre déjà citée du *Mercure* de 1672 (p. 212 et 213) : « Bien des gens font des applications de cette comédie ; et une querelle de l'auteur, il y a environ huit ans, avec un homme de lettres qu'on prétend être représenté par Monsieur Trissotin, a donné lieu à ce qui s'en est publié. » *Environ huit ans*, ce serait vers 1664, lorsque vivait encore la marquise de Rambouillet. Aime-t-on mieux que le mauvais procédé de Cotin et de Ménage n'ait eu lieu qu'en 1666, à l'occasion du rôle d'Alceste dans *le Misanthrope*, quand ils cherchèrent, suivant d'Olivet[2], à indisposer le duc de Montausier contre Molière ? La date de la rancune de celui-ci importe peu ; il est d'ailleurs assez vraisemblable qu'il y eut plus d'une provocation à des représailles ; et il n'est pas même besoin de recourir aux anecdotes plus ou moins certaines ; car il est facile de constater, dans les écrits de Cotin, des actes d'hostilité, qui, s'ils n'excusent pas entièrement la correction infligée par Molière, suffisent à l'expliquer. On a toujours attribué à Cotin, non sans de fortes raisons, *la Critique désintéressée sur les satires du temps*[3], publiée sans nom d'auteur, ni lieu ni date, et déjà mentionnée ci-dessus (p. 12, note 3). Elle est de 1666 ou de 1667[4]. Les comédiens y sont traités avec cette urbanité : « Que peut-on répondre à des gens qui sont déclarés infâmes par les lois, même des païens ? Que peut-on dire contre ceux à qui l'on ne peut rien dire de pis que leur nom ?

1. Voyez ci-dessus, p. 8.
2. Voyez l'*Histoire de l'Académie françoise* (édition de 1729, tome II, p. 158), et la *Notice* du *Misanthrope*, à la page 387 de notre tome V.
3. In-8° de 63 pages.
4. Voyez Berriat-Saint-Prix, *OEuvres de Boileau*, tome Ier, p. CCXIV.

> .... *Cum crimine turpior omni*
> *Persona est*[1]....? »

Molière était en droit de prendre sa part de ces gentillesses.

Mais il est encore plus directement attaqué dans *la Satire des satires*[2] du même Cotin. Voici quelques traits :

> J'ai vu des mauvais vers, sans blâmer le poëte,
> J'ai lu ceux de Molière, et ne l'ai point sifflé[3].

Une preuve alléguée du mauvais goût ou de la mauvaise foi de Boileau, c'est que, dans ses écrits,

> Comme un de ses héros, il encense Molière[4].

L'auteur de *la Satire des satires* se croit plus sage :

> Sachant l'art de placer chaque chose en son lieu,
> Je ne puis d'un farceur me faire un demi-dieu[5].

On a cru que, dans le passage où il a parlé de *Turlupin*, qui assiste Boileau[6], il désignait Molière. C'est une erreur. Il s'agissait de Gilles Boileau. Mais le *farceur* va clairement à l'adresse de notre poëte.

Les deux amis sont raillés ensemble, comme deux compères, dans ces deux vers contre le satirique, qui terminent la pièce :

> A ses vers empruntés la Béjar applaudit,
> Il règne sur Parnasse, et Molière l'a dit.

Sosie ne s'est jamais attiré les coups d'un dieu plus fort que lui par d'aussi téméraires insolences.

La Satire des satires a été, comme *la Critique désintéressée*,

---

1. Page 61. — La citation latine est un passage, arrangé par Cotin, de la *satire* IV de Juvénal, vers 14 et 15 :

> .... *Cum dira et fœdior omni*
> *Crimine persona est....*

2. *Despréaux* ou *la Satire des satires*, in-12 de 12 pages.
3. Page 4.
4. *Ibidem.*
5. Page 5.
6. Page 7.

imprimée sans nom d'auteur et sans date; mais nous savons qu'en 1666 on l'a insérée dans une édition des *Satires du sieur Despréaux Boileau*[1], publiée chez Billaine. Quelques personnes ont voulu douter qu'elle fût de Cotin. Elles ont ajouté foi au désaveu de paternité qu'impliquent si hardiment plusieurs passages de sa *Critique désintéressée*. Il y dit quelque part : « Je demande réparation d'honneur pour ceux de l'Académie françoise à qui on a malignement attribué *la Satire des satires*, comme s'ils ignoroient le beau tour du vers et le génie de leur langue[2]. » Ce qui aurait dû lui coûter plus encore que ce sacrifice de son amour-propre d'auteur, ce qui est d'une extrême platitude, c'est d'avoir avoué lui-même, dans l'espérance de se mieux cacher, la vilenie des attaques : « On lui reproche justement (à l'auteur de *la Satire des satires*) ses injustes invectives et ses basses médisances[3].... [Il] traite d'abord son adversaire de fat (*de sot*), de comédien, de bateleur, de farceur, de fol enragé. Ces injures atroces ne sont pas d'un galant homme, d'un homme du beau monde, d'un homme qui soit bien nourri (*bien élevé*)[4]. » Voilà quelles rudes étrivières, bien méritées d'ailleurs, il ne craignait pas de se donner à lui-même. C'était vraiment vouloir se déguiser trop. Nous pensons, comme Berriat-Saint-Prix[5], qu'il n'a pas réussi à faire prendre le change. Bien des satiriques, Voltaire, par exemple, ont eu recours à des stratagèmes de ce genre, souvent sans avoir grande envie de tromper personne. Boileau, expliquant, dans une note de 1713, un mot de la seconde phrase de son *Discours sur la Satire*, dit[6] : « Ceci regarde particulièrement Cotin, qui avoit publié une satire contre l'auteur. » Que serait cette satire, sinon celle qui vient d'être citée ? S'il en existait une autre, serait-elle aujourd'hui inconnue ?

1. Petit in-12 de 84 pages, dont 12 sont remplies par *la Satire des satires*, d'après Berriat-Saint-Prix (*OEuvres de Boileau*, tome Ier, p. ccxiii).
2. Page 50.
3. Page 22.
4. Page 26.
5. *OEuvres de Boileau*, tome Ier, p. ccxiii et ccxiv.
6. Tome III, p. 83 de l'édition Berriat-Saint-Prix.

Il faut en venir à une seconde victime, saisie toute vive, avec Cotin, par les vengeances de Molière. Vadius, sans doute, n'est pas tout à fait aussi reconnaissable que Trissotin ; aucune citation empruntée à ses œuvres ne nous épargne la peine de chercher son vrai nom. Ce nom cependant n'est pas trop difficile à trouver. Vadius sait, comme Ménage, « du grec autant qu'homme de France ; » il est célèbre par les mêmes larcins littéraires qui ont attiré à Ménage tant d'épigrammes. Lorsque Trissotin, lui rendant ses coups d'encensoir, le gratte, comme aurait dit M. Jourdain, « par où il se démange, » il vante ses églogues : on sait que Ménage était particulièrement fier des siennes. Vadius fait remarquer que l'auteur des *Satires* ne l'a pas traité comme Trissotin, qui est en butte partout à ses traits :

> Il me donne en passant une atteinte légère
> Parmi plusieurs auteurs qu'au Palais on révère [1].

Il renvoie évidemment, non comme Aimé-Martin l'a dit, au vers 92 de la *satire* IV, qui ne peut pas même passer pour une légère atteinte, mais aux deux vers 17 et 18 de la *satire* II, tels qu'on les lit dans les premières éditions :

> Si je pense parler d'un galant de notre âge,
> Ma plume, pour rimer, rencontrera Ménage.

Faire entendre que le coquet Ménage prétendait en vain passer pour galant, n'était qu'une petite épigramme ; et on l'y nommait à côté de Quinault, ce dont il pouvait tirer quelque vanité, Quinault ne faisant pas mauvaise figure dans les librairies du Palais. Ainsi tout se rapporte. *Gilles*, prénom de Ménage, était devenu, exactement traduit en latin, *Ægidius*. Le nom latin de *Vadius* (nous trompons-nous?) n'était pas trop mal trouvé pour faire penser à *Ægidius*. Mais ce qui pouvait le moins échapper dans *les Femmes savantes*, c'est que la querelle des deux pédants rappelait le fameux échange de horions qui avait donné Cotin et Ménage en spectacle. D'Olivet veut qu'une de leurs altercations ait eu lieu chez Mademoiselle de

---

1. Vers 1028 et 1029.

NOTICE.

Montpensier, à qui l'abbé Cotin était allé montrer le sonnet *à Mlle de Longueville, à présent duchesse de Nemours, sur sa fièvre quarte.* « Comme il achevoit de lire ses vers, Ménage entra. Mademoiselle les fit voir à Ménage, sans lui en nommer l'auteur. Ménage les trouva, ce qu'effectivement ils étoient, détestables. Là-dessus, nos deux poëtes se dirent à peu près l'un à l'autre les douceurs que Molière a si agréablement rimées[1]. » La scène donnée pour véritable paraît là tellement semblable à celle de notre comédie, que l'on a quelque envie de soupçonner d'Olivet d'avoir arrangé celle-là d'après celle-ci. Cependant le *Menagiana*, où la tradition, recueillie dans un temps plus voisin, risque moins d'être altérée, est à peu près d'accord. Seulement il place ailleurs le champ de bataille où s'escrimèrent les combattants, et ne donne pas leurs noms, s'étant contenté de dire un peu plus haut que Trissotin était l'abbé Cotin. Voici le passage : « La scène où Vadius se brouille avec Trissotin, parce qu'il critique le sonnet sur la fièvre, qu'il ne sait pas être de Trissotin, s'est passée véritablement chez M. B***. Ce fut M. Despréaux qui la donna à Molière[2]. » Autre variante dans le *Bolæana* (1742)[3] : « La même scène s'étoit passée entre Gilles Boileau, frère du satirique, et l'abbé Cotin. » C'est vraisemblablement ce même Gilles Boileau que le *Menagiana* désigne par l'initiale B. Si Ménage cependant avait su que ce frère de Despréaux n'avait pas été seulement, chez lui, un des témoins, mais un des deux acteurs de la dispute, ce qui ferait de lui le véritable Vadius, ne se serait-il pas empressé de rejeter sur lui un ridicule dont il ne se souciait pas de rester chargé? Il ne l'a pas fait et s'est contenté de protester, comme nous le verrons tout à l'heure, contre le rôle qu'on lui donnait dans *les Femmes savantes.*

En dépit du *Bolæana*, le plus vraisemblable est que la scène réelle, dont s'est inspiré Molière, s'est passée entre Cotin et Ménage. En tout cas, lorsque tant de traits, comme nous l'avons vu, font dans Vadius reconnaître Ménage, comment ne serait-ce

1. *Histoire de l'Académie*, tome II, p. 159.
2. *Menagiana*, tome III, p. 23.
3. Page 34. Voyez aussi les *Mémoires.... de Louis Racine* (1747), tome I du *Racine*, p. 262.

pas lui que Molière, fidèle ou non à l'exacte vérité, a mis aux prises avec Trissotin? N'écrivant pas une page d'histoire, il pouvait, s'il était nécessaire, écarter Gilles Boileau ou tout autre et préférer Ménage. Il était difficile de mieux choisir; car, entre celui-ci et Cotin, il y avait eu, comme nous l'allons dire, de célèbres rencontres, où ils avaient fait assaut d'invectives, très-propres à divertir la galerie.

Cotin, on le sait, a écrit *la Ménagerie*, où il n'épargne pas les injures à Ménage. Ce libelle est sans indication de date ni de lieu[1]; mais il doit être d'un temps voisin de 1659, car on y lit sous le titre d'*Avis au lecteur*[2] : « Je pensois que toute la Ménagerie fût achevée, quand on m'a averti qu'après les Précieuses on doit jouer, chez Molière, Ménage hypercritique, le Faux savant et le Pédant coquet: *Vivat.* » Voilà une joie dont le malheur de Cotin, en 1672, a rendu l'imprudence extrêmement comique. Ce qui avait excité la grande colère de Cotin, c'est que Ménage, mécontent d'un quatrain de l'Abbé sur la surdité de Mlle de Scudéry, lui avait décoché une épigramme en latin[3]. La riposte de Cotin fut *la Ménagerie*, dont lui-même explique en ces termes[4] le titre et le dessein : « J'appelle ainsi un petit Recueil de vers, fait en faveur du fameux Monsieur Ménage, lequel a cherché querelle avec moi, et l'a trouvée. Ce galand homme a fait contre moi une épigramme de dix-huit vers, qu'à cause de sa bigarrure de latin et de grec, je nomme une épigramme à la Suisse[5], où il lui a plu de me traiter obligeamment de brutal et d'insensé.... »

---

1. A la fin de *la Ménagerie*, dédiée « à S. A. R. Mademoiselle, » sont ajoutés ces mots : *Imprimé par les Antiménagistes, rue des Mauvais garçons, à l'Enseigne de la Corneille d'Ésope, chez le Pédant démonté. A Cosmopolis.* — Si quelques-uns ont cru *la Ménagerie* de 1666, c'est sans doute parce qu'il en existe une édition de la Haye avec cette date.

2. Pages 51 et 52.

3. *Notice sur Mlle de Scudéry*, par E.-J.-B. Rathery, en tête de *Mademoiselle de Scudéry, sa vie et sa correspondance, avec un choix de ses poésies*. Paris, Techener, 1873 : voyez p. 131 et 132.

4. Page 3.

5. Ces mots : « à la Suisse, » font sans doute allusion à la bigarrure du costume des gardes ou hallebardiers suisses du Pape.

Molière, eût-il mis quelque fiction dans sa fameuse scène, ne pouvait donc rencontrer personne qui donnât mieux la réplique à Trissotin que Ménage.

Il plut à celui-ci, d'après le *Menagiana*, de chercher à tirer son épingle du jeu. « L'on me veut faire accroire, aurait-il dit[1], que je suis le savant qui parle d'un ton doux. Ce sont choses cependant que Molière désavouoit. » Ce désaveu, qui d'ailleurs portait sur toutes les applications que l'on faisait de la comédie, est constaté par *le Mercure galant* de 1672 : « M. de Molière s'est suffisamment justifié de cela par une harangue qu'il fit au public deux jours avant la première représentation de sa pièce[2]. » C'est grand dommage que cette petite harangue ne nous ait pas été conservée. Il est probable qu'assaisonnée de malices, qui devaient plutôt confirmer que mettre en doute ce que chacun savait déjà, elle ne pouvait tromper personne. Molière eût été bien fâché que son démenti, de pure forme, fût tenu pour sérieux. Ses précautions étaient prises, du côté de Trissotin surtout, pour que la satisfaction qu'il donnait à ses victimes ne parût que dérisoire. Elle ne l'était guère moins que ne fut, au siècle suivant, celle de la *Requête de Jérôme Carré aux Parisiens*, pour leur persuader que *l'Écossaise* était la simple traduction d'une comédie de M. Hume, prêtre écossais, dans laquelle le nom de *Wasp* n'avait pu être traduit que par celui de *Frelon*.

Le désaveu de Molière est indivisible. Ménage ne pouvait être reçu à l'accepter pour lui-même et non pour Cotin. Mais, outre qu'il n'avait aucun intérêt à ne pas laisser celui-ci au fond du puits où tous deux se trouvaient de compagnie, le moyen de l'en tirer avec lui ? Après ce que nous avons dit précédemment, on devrait croire que personne n'a tenté ce sauvetage de Cotin. Eh bien, Rœderer s'est rencontré. Citons les arguments dont il appuie son paradoxe : « Un coquin ne prêche pas dix-sept carêmes de suite à Notre-Dame.... Mme de Sévigné, qui connaissait Cotin et ne le méprisait pas, ne se serait pas réjouie d'entendre la lecture du rôle de

---

1. *Menagiana*, tome III, p. 23.
2. Tome Ier, p. 213 (d'un article daté du 12 mars : voyez ci-dessus, p. 3 et note 1).

Trissotin par Molière, si c'eût été Cotin que ce rôle représentât[1]. » La première de ces prétendues preuves, tirée des nombreux carêmes, est par trop naïve ; la seconde serait un peu moins faible, si on la faisait valoir en faveur, non de Cotin, mais de Ménage. Nous craignons toutefois que, même de ce côté, l'aimable rieuse n'eût pas tant de scrupules, et qu'elle ne fût pas d'un caractère à prendre au tragique la mésaventure de son vieux maître tombé dans des mains redoutables. Chez elle, l'amitié, quelque sincère qu'elle fût, n'excluait pas la malice. Au surplus, il est probable qu'elle ne connaissait pas encore la pièce lorsqu'elle se promettait d'en entendre la lecture. Depuis, nous ne trouvons pas qu'elle ait rien écrit pour l'approuver.

Rœderer pouvait dire qu'il avait pour lui de Visé ; mais il faut y regarder de près. Nous lisons dans *le Mercure galant* de 1672 [2] : « On ne peut croire qu'un homme qui est souvent parmi les premières personnes de la cour et que Mademoiselle honore du nom de son ami, puisse être cru l'objet d'une si sanglante satire. » Bayle, qui transcrit ce passage dans sa *Réponse aux questions d'un provincial* [3], a bien raison de dire à la marge : « Cela est pourtant très-vrai. » Mais il est évident que de Visé n'a point parlé sérieusement, et que les mots : « on ne peut croire », ne sont qu'un artifice de langage, un blâme déguisé de la hardiesse de Molière, contre lequel il ne voulait pas, tout en plaidant pour Cotin, se déclarer plus ouvertement. Un peu plus haut, après avoir eu l'air de prendre pour bon argent la justification de Molière, il avait ajouté : « Et puis ce prétendu original de cette agréable comédie ne doit pas s'en mettre en peine, s'il est aussi sage et aussi habile homme que l'on dit ; et cela ne servira qu'à faire éclater davantage son mérite en faisant naître l'envie de le connoître, de lire ses écrits et d'aller à ses sermons. Aristophane ne détruisit point la réputation de Socrate en le jouant dans une de ses farces[4].... » C'est tout simplement un peu de sucre pour adoucir la pilule.

1. *Mémoire pour servir à l'histoire de la société polie en France*, p. 313 et 314.
2. Tome Ier, p. 219 (du 19 mars).
3. A Rotterdam, tome Ier, MDCCIV : voyez p. 250.
4. Pages 213 et 214.

Cette ressemblance avec Socrate, vilipendé dans la comédie des *Nuées*, ce service rendu par la satire, qui met en lumière l'écrivain et le prédicateur, voilà d'ingénieuses consolations auxquelles on n'a pas recours lorsqu'on espère faire croire qu'il n'y a point de blessure à panser.

Il était moins difficile à Ménage qu'à Cotin de se feindre, en ce qui le concernait, incrédule à la rumeur publique. En pareil cas, du reste, d'autres que lui se sont plu à dire impossible l'intention prêtée à un satirique de les avoir eus en vue. Comme toute histoire, souvent l'histoire littéraire se répète. Nous avons parlé de *l'Écossaise* de Voltaire : avant la représentation de cette comédie, Fréron avait essayé de la même tactique que Ménage, avec aussi peu de conviction : « Il m'est revenu, disait-il dans son *Année littéraire*[1], que quelques petits écrivailleurs prétendoient que c'étoit moi qu'on avoit voulu désigner sous le nom de *Frelon* : à la bonne heure, qu'ils le croient ou qu'ils feignent de le croire, et qu'ils tâchent même de le faire croire à d'autres.... M. de Voltaire auroit-il jamais osé traiter quelqu'un de *fripon?* Il connoît les égards ; il sait trop ce qu'il se doit à lui-même et ce qu'il doit aux autres. » Un peu différente cependant était la feinte de Ménage, où il n'y avait pas la même ironie. C'était simplement la brave contenance d'un homme d'esprit[2], qui fait bonne mine à mau-

---

1. Tome IV, p. 114 et 115, 3 juin 1760.
2. C'est en homme d'esprit aussi que, d'après le *Menagiana* (tome II, p. 65), il aurait loué, en 1659, *les Précieuses ridicules*. Dans la *Notice* de cette pièce (voyez notre tome II, p. 14 et 15), M. Despois, se rangeant à l'avis de M. Bazin, et regardant comme peu sûr en général le témoignage du *Menagiana*, ne croit pas que Ménage fût homme d'assez bon sens pour avoir tenu sur cette comédie le langage qu'on lui a prêté. Nos doutes n'iraient pas tout à fait aussi loin que les siens. On a seulement exagéré peut-être les termes de l'acte de contrition que lui arracha la satire excellente de ce qu'il avait adoré jusque-là. Quant à son refus de se reconnaître dans *les Femmes savantes*, il a, dans les expressions mêmes que l'on met dans sa bouche, un grand air d'authenticité. Ce serait une preuve de plus de bon sens qu'on ne lui en accorde. Il aurait donc été capable d'en avoir assez pour se tirer, avec la même adresse, du mauvais pas des *Précieuses ridicules*.

vais jeu et ne veut pas donner aux rieurs plus d'amusement encore en se fâchant.

Approuvons-le donc d'avoir été assez sage pour recevoir le coup sans crier : « Je suis touché ; » mais ne soyons pas naïvement dupes de sa finesse. Sincèrement persuadé qu'il n'était pas « le savant qui parle d'un ton doux, » il aurait été seul à ne pas comprendre ce qui était si clair. Les contemporains ne doutaient pas. Un d'eux, Richelet, dans son *Dictionnaire françois*, parlait, en 1679, comme d'une chose admise par tous, de l'identité de Vadius et de Ménage, tout aussi bien que de celle de Trissotin et de l'abbé Cotin ; il disait au mot REPROCHER : « Cotin, dans la comédie des *Femmes savantes*, reproche à Ménage d'assez plaisantes choses ; Ménage, à son tour, lui en reproche quelques autres qui ne sont pas mal plaisantes aussi. » De même, dans une des éditions suivantes[1], au mot S'ADRESSER, il donnait pour exemple de ce verbe réfléchi, pris au sens d'*attaquer une personne de gaieté de cœur*, etc. : « Ménage et Cotin se sont par plaisir adressés à Molière, et Molière qui étoit sensible, et qui d'ailleurs étoit sollicité par Despréaux, les a bernés dans la comédie des *Femmes savantes*, Ménage sous le nom de *Vadius*, et Cotin sous celui de *Trissotin*. »

Ainsi, pour tout le monde, Ménage est resté et restera *Vadius*, « le fripier d'écrits, » traité moins durement que Trissotin, mais encore assez bien ridiculisé. Qu'avait-il fait à Molière ? De son côté, nous n'avons pas de preuves aussi positives d'une provocation que du côté de son compagnon d'infortune. Le bruit avait couru, nous l'avons dit[2], d'une tentative qu'il aurait faite, avec Cotin, pour brouiller notre poëte avec le duc de Montausier. Serait-ce tout ? Il devait y avoir eu quelques griefs plus anciens, puisque Cotin nous a appris que, bien avant *les Femmes savantes*, on avait songé à bafouer Ménage sur le théâtre de Molière[3]. Ce qui fut alors différé ne fut pas perdu, mais Cotin ne pouvait plus crier *vivat !*

Ce pauvre Cotin n'avala pas le breuvage amer avec autant

1. Dans celle de Genève, 1693.
2. Voyez p. 8 et 13.
3. Voyez ci-dessus, p. 18.

de philosophie que Ménage. C'était, il est vrai, le sien qui
avait le plus de déboire; car le personnage qu'on avait affublé,
sinon de son habit, du moins de ses vers, est coupable, au dé-
nouement, d'une lâcheté qui trahit sa basse avarice. Cotin,
cette fois, n'essaya pas de riposter; il se tint en si humble pos-
ture que, dans le même mois de mars où *les Femmes savantes*
venaient d'être jouées, il ne se joignit pas à ses confrères de
l'Académie qui allèrent à Versailles remercier le Roi de l'honneur qu'il leur faisait de se déclarer le Protecteur de la Compagnie. Il craignait, s'il faut s'en rapporter au *Mercure galant*[1],
« qu'on ne crût qu'il s'étoit servi de cette occasion pour se
plaindre au Roi de la comédie qu'on prétend que M. de Molière ait faite contre lui. » N'étant pas habitué à des scrupules
si délicats, il est beaucoup plus probable que la honte seule
lui conseilla de fuir tous les regards. Il cachait mal, dit-on,
qu'un si rude coup l'avait assommé. Une tradition, trop facilement acceptée par Voltaire[2], veut même que le chagrin l'ait
conduit au tombeau. On ne peut dire du moins qu'il l'y pré-
cipita : il ne mourut que beaucoup plus tard, neuf ans après
Molière, ainsi justifié, ce semble, d'un homicide, dix ans après
la représentation des *Femmes savantes*, en décembre 1681, à
l'âge de soixante-dix-huit ans. Sans tomber dans l'exagération
tragique de ceux qui l'ont tué sur le coup, Bayle constate cependant qu'on le représentait comme profondément accablé et
devenu une sorte de farouche Bellérophon, qui ronge son cœur
et fuit les hommes : « Je vous nommerois, dit-il[3], si cela étoit
nécessaire, deux ou trois personnes de poids, qui, à leur retour
de Paris, après les premières représentations de la comédie des
Femmes savantes, racontèrent en province qu'il fut consterné
de ce rude coup, qu'il se regarda et qu'on le considéra comme
frappé de la foudre, qu'il n'osoit plus se montrer, que ses amis
l'abandonnèrent.... Je veux croire que c'étoient des hyperboles;
mais on n'a point vu qu'il ait donné depuis ce temps-là nul

1. Tome Ier, p. 218 et 219. Le passage est daté, à la fin, du
19 mars.
2. Voyez ci-après son *Sommaire*.
3. *Réponse aux questions d'un provincial*, Rotterdam, tome Ier
(MDCCIV), p. 245 et 246.

signe de vie. » Rabattons-en encore un peu, puisque Bayle ajoute à la marge : « J'excepte un sonnet inséré dans le *Mercure galant* de juillet 1678[1]. » Ce sonnet, à cette date, a quelque chose de rassurant.

D'Olivet dit aussi quelques mots du découragement qui fit taire et désarma la muse de Cotin ; il offre toutefois à la conscience de son oppresseur un petit soulagement, par cette remarque qu'en 1672 l'âge de l'infortuné l'avait peut-être « déjà mis hors de combat ; car il baissa extrêmement sur la fin de ses jours, et même ses parents, à ce que dit M. Perrault (*Parallèles*, tome III), agirent pour obtenir qu'il fût mis en curatelle[2]. »

Quelles qu'aient été les suites des sanglantes railleries de Molière, on s'est étonné que notre auteur ait osé si publiquement frapper le bel esprit attitré du Luxembourg et de l'hôtel de Rohan, un académicien (Cotin l'était depuis 1655), un des aumôniers du Roi.

Et le Roi, que dit-il ? — Le Roi se prit à rire[3].

Voilà, du moins, ce que rend très-probable le fait qu'il n'arrêta pas les représentations de la pièce. Il n'avait jamais marqué de mécontentement des continuelles attaques du satirique contre Cotin, ni paru admettre ce que celui-ci avait tant de fois insinué :

Qui méprise Cotin n'estime point son Roi[4].

Peut-être pensait-il que le peu charitable abbé avait cherché bataille, et si, pour cette raison ou pour toute autre, il avait laissé le champ ouvert à Boileau, ce n'était pas pour le fermer

---

1. Pages 29 et 30, *Sur la paix offerte par le Roi aux Hollandois*. Le *Mercure* dit, à la suite du passage cité : « M. l'abbé Cotin a fait ce sonnet. Il fut très-bien reçu du Roi, quand il eut l'honneur de le présenter. »

2. *Histoire de l'Académie*, tome II, p. 159 et 160. — Voyez en effet au tome III (1692) des *Parallèles des anciens et des modernes en ce qui regarde la poésie*, p. 256-259, l'intéressant passage qui concerne l'abbé Cotin.

3. Boileau, *épître* VI, vers 54.

4. Boileau, *satire* IX, vers 305.

à Molière, auquel il n'avait jamais refusé de très-particulières libertés. Il fallait assurément en prendre beaucoup pour faire rire si impitoyablement d'un sonnet

> . . . . . . qui chez une princesse
> A passé pour avoir quelque délicatesse[1].

Cette princesse n'était pas imaginaire. Son nom fut certainement alors dans toutes les bouches, aussi bien que celui de l'auteur du sonnet. Elle était du sang royal, cousine germaine du Roi. Qui ne savait que c'était à *Mademoiselle* que Cotin avait lu les vers, dont les admiratrices sont aussi ridiculisées par Molière que l'auteur lui-même? Elle était donc en droit de ne pas trouver bon que l'on eût fait jouer à Philaminte, à Armande, à Bélise un rôle qui avait été à peu près le sien. Quant à la princesse *Uranie*, invitée à noyer sa fièvre, elle est désignée dans les *OEuvres galantes* comme étant la duchesse de Nemours[2], femme de beaucoup d'esprit, quoiqu'elle admît Cotin à lui faire agréer l'hommage de sa méchante poésie. Ou le Roi ne vit pas dans le ridicule jeté sur le sonnet, auquel les deux nobles dames devaient prendre quelque intérêt, un manque de respect qu'elles eussent à prendre au sérieux, ou il s'inquiétait trop peu de leur déplaisir pour les défendre contre l'homme si amusant dont il n'était pas habitué à gêner les hardiesses.

Nous avons insisté sur les personnalités de la comédie des *Femmes savantes*, parce qu'elles appartiennent à l'histoire anecdotique, à laquelle ces *Notices* doivent faire une grande place. A un point de vue plus purement littéraire, il serait permis de beaucoup moins s'attacher, dans celle-ci, au côté de la satire personnelle. Cette satire s'oublie facilement dans la peinture plus générale d'une comédie de mœurs, lorsqu'elle n'y vient, comme ici, rien déranger. Dans le tableau il y a tant d'art, que les deux pédants qui y figurent semblent plutôt des caractères généraux que des portraits, et qu'au lieu de modèles vivants, ayant seulement donné au peintre la peine de

---

1. *Les Femmes savantes*, acte III, scène II, vers 751 et 752.
2. Fille du premier lit du duc de Longueville. Elle était, au temps de la publication du sonnet dans les *OEuvres galantes*, veuve du duc de Nemours, mort en janvier 1659.

les faire poser, on croit voir des types qui ont été trouvés par la simple observation des défauts des hommes. Loin de faire dans la pièce l'effet de hors-d'œuvre, ils y paraissent nécessaires, et il ne serait pas plus facile de les en détacher que les autres personnages. En même temps, ceux-ci, quoiqu'ils ne cachent, que nous sachions, personne sous leurs noms de comédie, ne sont pas pour cela des figures moins vivantes, moins fidèlement dessinées d'après nature que celles de Trissotin-Cotin et de Vadius-Ménage.

Jamais Molière n'a plus heureusement fait contraster les caractères. L'art des oppositions, destinées à mettre en relief un ridicule, cet art, quelque grand, par exemple, qu'il soit dans *le Bourgeois gentilhomme*, est ici plus merveilleux encore. Voici l'honnête bourgeois, avec son bon sens comiquement vulgaire, mais souvent très-juste, sans volonté d'ailleurs et responsable de la conduite ridicule de ses trois folles, parce qu'il est trop faible pour les mettre à la raison, et pour savoir garder au logis le rôle de l'homme quand elles ont oublié celui de la femme. Voici la tout aimable jeune fille qui, sans donner dans le bel esprit, a tant d'esprit véritable, modèle accompli de cette raison pleine de naturel et de grâce que jamais son sexe ne remplace par une prétentieuse philosophie sans paraître avoir de la barbe. Puis c'est le digne prétendant à sa main, l'*honnête homme*, comme on disait alors, chez qui Molière, pour dédommager la cour, si souvent « immolée au parterre [1] » dans ses comédies, n'a montré cette fois que les côtés aimables de cette cour, et qu'il a si bien choisi pour faire éclater la supériorité de l'esprit du monde sur l'ennuyeux savoir des lourds pédants. N'oublions pas la pauvre servante, dont la grosse sagesse, le sens commun tout populaire et naïf a le bonheur de ne rien comprendre au jargon des gens qui ne parlent pas « tout droit [2] ».

On a toujours admiré la vérité des portraits de cette comédie, de ceux qui servent d'antithèse au pédantisme et de ceux qui le personnifient. Parmi ces derniers cependant, il en est un dont le ridicule a paru outré. Ce n'est pas qu'au fond il y ait de l'invraisemblance dans la manie d'une femme pos-

---

1. Boileau, *épître* VII, vers 32. — 2. Acte II, scène VI, vers 486.

sédée de l'idée fixe que tous les soupirs, même les plus discrètement étouffés, sont pour elle. Les chimères de Bélise finissent toutefois par dépasser les limites au delà desquelles on doit les tenir pour un cas médical. Comment supposer que Molière ne l'ait pas lui-même senti? Mais celui qui avait fait de M. Jourdain un mamamouchi, savait qu'au théâtre il est souvent bon d'exagérer les bizarreries qui font rire. A côté de tant de traits qu'il avait dessinés sur nature, en se contentant d'un léger grossissement, il a pu, cette fois encore, sans gâter son chef-d'œuvre et pour l'égayer, admettre chez un de ses personnages secondaires un peu plus de caricature. Comme il n'oubliait rien de ce qui lui avait paru plaisant, il avait été certainement tenté par le souvenir des *Visionnaires*[1] de Desmarets. Ce n'est pas lui cependant qui aurait, comme Pellisson, traité cette comédie d'« inimitable[2] ». Voici, d'après Monchesnay[3], le jugement digne, surtout ici, d'attention, qu'il en aurait un jour porté : « M. Despréaux m'a dit que, lisant à Molière sa satire qui commence par

Mais il n'est point de fou qui, par bonnes raisons,
Ne loge son voisin aux Petites-Maisons[4],

Molière lui fit entendre qu'il avoit eu dessein de traiter ce sujet-là; mais qu'il demandoit à être traité avec la dernière délicatesse; qu'il ne falloit point surtout faire comme Desmarets, dans ses *Visionnaires*, qui a justement mis sur le théâtre des fous dignes des Petites-Maisons. » S'il avait eu le temps d'exécuter son projet, il ne serait pas tombé dans la même faute de ne présenter dans une pièce que des personnages ayant à l'envi perdu la tête. Quand il mit sur la scène ses savantes, il trouva suffisant de réserver un petit coin aux pures extravagances de l'une d'elles. Chez Desmarets, les *visions* d'Hespérie,

.... de mille amants sans cesse importunée,

1. *Les Visionnaires, comédie*, à Paris, chez Jean Camusat, MDCXXXVII, in-4°.
2. *Histoire de l'Académie*, tome Ier (1729), p. 90.
3. *Bolæana* (1742), p. 38 et 39.
4. *Satire* IV, vers 3 et 4. Au premier de ces deux vers, le vrai texte de Boileau est « *belles* raisons ».

ne lui avaient semblé une idée comique et divertissante qu'à la condition d'être un peu adoucies.

La ressemblance de ce rôle d'Hespérie et de celui de Bélise n'avait pas échappé aux contemporains. Bussy en parlait dans une lettre au P. Rapin, du 11 avril 1673, sans approuver Molière plus que Desmarets. Il donnait même l'avantage à l'imité sur l'imitateur, jugement dont on s'étonne chez un homme de goût comme lui : « Le personnage de Bélise, dit-il, est une foible copie d'une des femmes de la comédie des *Visionnaires*. Il y en a d'assez folles pour croire que tout le monde est amoureux d'elles; mais il n'y en a point qui entreprennent de le persuader à leurs amants malgré eux. » Quiconque a découvert, où que ce soit, chez Molière, une « foible copie, » a eu, ce jour-là, la vue trouble. Quand on rapproche les passages correspondants des deux pièces[1], combien ne trouve-t-on pas, dans la nôtre, le trait comique autrement aiguisé, le style d'une supériorité qui ne permet pas même de comparaison!

Ce n'est pas seulement le rôle de Bélise que Bussy, dans la même lettre, a tenté de critiquer : « Le caractère, ajoute-t-il, de Philaminte avec Martine n'est pas naturel. Il n'est pas vraisemblable qu'une femme fasse tant de bruit et enfin chasse sa servante parce qu'elle ne parle pas bien françois; et il l'est moins encore que cette servante, après avoir dit mille mé-

---

1. C'est ce qui est fait ci-après dans les notes. Les passages des *Visionnaires*, qui y sont cités, ont trop de ressemblance avec quelques-uns des vers des *Femmes savantes* pour laisser aucun doute. Il est incontestable que Molière avait les *Visionnaires* sous les yeux, et difficile, pour ne citer qu'un exemple, de ne pas voir un emprunt dans ces vers de la scène III de l'acte III :

> Si le siècle rendoit justice aux beaux esprits,...
> On verroit le public vous dresser des statues.

Dans la pièce de Desmarets, Amidor, le « poëte extravagant, » dit à l'acte IV, scène IV :

> Ah! que pour les savants la saison est cruelle!...
> Siècle, si tu pouvois savoir ce que je vaux!
> . . . .
> J'aurois une statue en la place publique.

chants mots, comme elle doit dire, en dise de fort bons et
d'extraordinaires, comme quand Martine dit :

> L'esprit n'est point du tout ce qu'il faut en ménage ;
> Les livres quadrent mal avec le mariage [1].

Il n'y a pas de jugement à faire dire le mot de *quadrer* par
une servante qui parle fort mal, quoiqu'elle puisse avoir du
bon sens. » Ce n'est pas que Bussy ait refusé d'ailleurs de
grandes louanges à une comédie qu'il proclame « un des plus
beaux ouvrages de Molière. » Mais il était de ces délicats
qui, dans leur admiration, se piquent volontiers de faire des
réserves. Les siennes étaient-elles aussi justes qu'il le croyait ?
Comme la Bruyère, cherchant querelle au *Tartuffe*, il montrait qu'il n'était pas du métier, et ne se rendait pas compte
de la nécessité de ne pas marquer la vérité de traits trop
fins sur la scène. Vouloir d'ailleurs que Philaminte soit incapable de mettre à la porte une fille rustique dont les solécismes offensent continuellement ses oreilles, c'est lui retrancher un des traits, non-seulement les plus plaisants, mais les
plus naturels, de sa tyrannie de grammairienne. Nous con-
viendrions plus facilement de quelques disparates dans le langage de Martine. Mais, avec cette rigueur, peut-être serait-il
impossible de faire parler au théâtre ou dans un roman, fût-il,
comme on dit aujourd'hui, *naturaliste*, soit un paysan, soit
toute autre personne inculte. Il y a toujours quelque moment
où nous oublions leur pauvre et véritable langue, qui rend si
peu d'idées, et où nous y mêlons, par nécessité ou par distraction, un peu de la nôtre. Lecteurs et spectateurs ont assez
volontiers la complaisance de ne s'en pas trop apercevoir.

Après tout, si, dans les discours de Martine, on surprend
Molière en faute, c'est bien rarement. Le don qu'il avait d'exprimer et de faire sentir sa conception profonde des caractères
par la vérité de chaque mot qu'il mettait dans la bouche de
ses personnages et de peindre fidèlement les physionomies
par la couleur du langage, ne s'est jamais mieux montré que
dans ses *Femmes savantes*. C'est un des plus saillants mérites
du style de cette comédie, que Laharpe a eu raison de dire

---

1. Vers 1664 et 1665.

« d'une fabrique qu'on n'a point retrouvée depuis Molière[1]. » Tout y est plein d'esprit, mais d'un esprit qui ne paraît pas être celui de l'auteur, parce qu'il a écrit sous la dictée de la nature.

Il ne semble pas douteux que sa belle comédie eut le succès qu'il avait dû s'en promettre. Du 11 mars au 5 avril 1672, elle fut jouée onze fois, avec de très-satisfaisantes recettes. Interrompues par les vacances de Pâques, les représentations recommencèrent le 29 avril et continuèrent jusqu'au dimanche 15 mai. Elles furent reprises le 18, le 21 et le 23 octobre, puis, en 1673, les 3 et 5 février. La pièce alors céda la place au *Malade imaginaire*, qui fut répété le 7, représenté le 10 du même mois. Citons le *Registre de la Grange* :

Pièce nouvelle de M. de Molière.

Vendredi 11ᵐᵉ [mars 1672],	*Femmes savantes*......	1735ᵗ
Dimanche 13ᵉ mars,	*Femmes savantes*......	1296 10ˢ
Mardi 15ᵉ	*Idem*..............	1696 10
Vendredi 18	*Idem*..............	1447
Dimanche 20	*Idem*..............	1225
Mardi 22	*Idem*..............	1326
Vendredi 25ᵉ	*Néant*.	
Dimanche 27	*Femmes savantes*......	1060
Mardi 29	*Idem*..............	727
Vendredi 1ᵉʳ avril,	*Idem*..............	1029 10
Dimanche 3	*Idem*..............	650 10
Mardi 5	*Femmes savantes*......	593

La troupe du Roi au Palais-Royal.... a recommencé après Pâques, le

Vendredi 29ᵉ avril,	par *les Femmes savantes* ou *Trissotin*............	495ᵗ 10ˢ
Dimanche 1ᵉʳ mai,	*Idem*..............	622
Mardi 3ᵉ	*Trissotin*............	452
Vendredi 6ᵉ	*Idem*..............	364
Dimanche 8ᵉ	*Idem*..............	732 15
Mardi 10ᵉ	*Idem*..............	268 10
Vendredi 13	*Idem*..............	258 5
Dimanche 15ᵉ	*Idem*..............	560 5

1. *Cours de littérature*, livre Iᵉʳ de la 2ᵈᵉ partie, chapitre vi, section iv.

. . . .

Du jeudi 11 [août], une visite à Saint-Clou, chez Monsieur. Joué les *Femmes savantes*; reçu........................ 330ᵗᵗ

Mardi 18 octobre,	*Trissotin*............	615	15ˢ
Vendredi 21	*Idem*...............	476	5
Dimanche 23	*Idem*...............	592	10

. . . . . 1673 : . . . .
| Vendredi 3 février, | *Trissotin*............ | 298 | |
| Dimanche 5 | *Idem*............... | 388 | |

Au lieu de la faveur publique assez bien constatée, ce nous semble, par ces renseignements authentiques, une chute, à ce que prétend Grimarest, menaçait Molière, si le Roi n'en avait garanti *les Femmes savantes* par son approbation. Nous regrettons que Voltaire[1] s'en soit, à cette occasion, rapporté au témoignage du biographe ; nous allons voir combien peu il méritait cette confiance. « Si le Roi, dit Grimarest[2], n'avoit eu autant de bonté pour Molière, à l'égard de ses *Femmes savantes*, que Sa Majesté en avoit eu auparavant au sujet du *Bourgeois gentilhomme*, cette première pièce seroit peut-être tombée. Ce divertissement, disoit-on, étoit sec, peu intéressant, et ne convenoit qu'à des gens de lecture.... Le Roi n'avoit point parlé à la première représentation de cette pièce ; mais, à la seconde, qui se donna à Saint-Cloud, Sa Majesté dit à Molière que la première fois elle avoit dans l'esprit autre chose qui l'avoit empêché d'observer sa pièce ; mais qu'elle étoit très-bonne et qu'elle lui avoit fait beaucoup de plaisir. Molière n'en demandoit pas davantage, assuré que ce qui plaisoit au Roi étoit bien reçu des connoisseurs, et assujettissoit les autres. Ainsi il donna sa pièce à Paris avec confiance le 11ᵉ de *mai* 1672. » Nous

---

1. Voyez ci-après son *Sommaire*. — *Le Mercure* de juillet 1723 (p. 132) a dit semblablement, sur la foi sans doute de Grimarest, qu'à la première représentation la pièce « tomba presque tout à fait..., jusqu'à ce que le Roi, l'ayant vue une seconde fois, en parla favorablement. » Il avait cependant constaté (p. 129) qu'elle avait d'abord été jouée au Palais-Royal, et il n'avait point, comme Grimarest, parlé de Saint-Cloud.

2. Pages 270, 271 et 272.

avons épargné au lecteur, dans la citation de ce passage, les impertinentes remarques de *M. le Marquis....* et de *M. le comte de....* A propos d'autres pièces de Molière, Grimarest nous a déjà régalés des sottises qu'il prête à de grands seigneurs : c'est une de ses fictions favorites. Tout son récit, et particulièrement la dernière phrase supposent que *les Femmes savantes* furent d'abord représentées à la cour : ce que démentent les plus certains témoignages[1]. Ne serait-ce pas pour laisser le temps aux représentations de la cour d'avoir devancé celle de la ville, que Grimarest a retardé celles-ci, et fixé la première au onze *mai* 1672, au lieu du onze *mars*? Il parle de Saint-Cloud. Là en effet la pièce fut jouée, comme le *Registre* nous l'a appris; mais ce ne fut pas chez le Roi, ce fut en visite chez *Monsieur*, le jeudi 11 août 1672. L'unique représentation à la cour notée par M. Despois[2], avant la mort de Molière, est, sans doute, celle dont il a parlé dans son *Théâtre sous Louis XIV*[3], d'après la *Gazette* du 24 septembre 1672, qui en rend compte en ces termes : « Le 17 (septembre), la Troupe du Roi y représenta (*à Versailles*) une (*comédie*) des plus agréables, intitulée *les Femmes savantes*, et qui fut admirée d'un chacun. » La pièce avait déjà été jouée dix-neuf fois au Palais-Royal, et l'on voit quel en fut, sans hésitation, le succès à la cour. Si *les Femmes savantes* rencontrèrent quelque malveillance, ce ne fut donc pas où Grimarest l'a dit.

Nous ne pouvons pas douter que cette comédie n'ait été dénigrée par quelques amis de Cotin et des précieuses; nous ne trouvons pourtant pas trace d'hostilités publiquement engagées par une cabale à ce moment. En dehors de ceux qui se sentirent directement offensés, on ne dut guère prendre parti pour une petite coterie de pédantes, et ce n'est pas à cette date que l'on pouvait beaucoup songer à accuser Molière d'avoir prétendu enchaîner les femmes à l'ignorance des Agnès. Si l'on prit feu pour l'émancipation intellectuelle d'un sexe in-

---

1. Non-seulement le *Registre de la Grange* ne dit rien des représentations à la cour, mais, au titre de la pièce, dans l'édition de 1682, on lit : « Représentée la première fois à Paris. »
2. Tome Ier, p. 557.
3. Page 306.

justement privé de son droit à la science, ce ne fut que plus tard, bien qu'il soit prouvé par la pièce elle-même que la question, sans être tout à fait traitée au même point de vue qu'elle l'a été depuis, commençait dès lors à être agitée dans quelques cercles. C'est surtout au temps où la philosophie du dix-huitième siècle avait jeté quelques femmes dans un pédantisme d'un nouveau genre, que « la comédie des *Femmes savantes* a paru.... grossière et scandaleuse, » si Geoffroy, qui le dit[1], n'a pas un peu exagéré. Il y avait alors des dames encyclopédistes qui écrivaient des opuscules philosophiques et traduisaient Newton. Il est remarquable cependant que Voltaire, lié depuis plusieurs années avec la marquise du Châtelet, lorsqu'il fit imprimer, en 1739, ses jugements sur les comédies de Molière, n'eut pas un seul mot de blâme contre les railleries dont la *divine Émilie* aurait pu prendre sa part dans *les Femmes savantes*. A peine serait-il permis de soupçonner un peu de mauvaise humeur, dont la vraie cause serait dissimulée, dans l'insistance qu'il met à désapprouver les personnalités de la pièce. En tout cas, il aima mieux laisser croire qu'à ses yeux les traits piquants de Molière ne s'adressaient, ce qui est très-vrai, qu'à une forme particulière du pédantisme féminin au dix-septième siècle. Moins sage, Thomas, dans son *Essai sur le caractère, les mœurs et l'esprit des femmes dans les différents siècles*, publié en 1772, écrit dès 1770, se laissa entraîner par son amitié très-vive, mais très-pure, pour une savante dame, à se fâcher contre Molière. Il croyait reconnaître dans sa comédie un préjugé « digne des Francs nos aïeux » (p. 174), dont n'avait pas su se défendre le siècle le plus éclairé. Il accusait notre poëte et son ami Boileau d'avoir appuyé ce préjugé de l'autorité de leur génie, et de s'être tirés d'affaire, dans leur insoutenable thèse, en chargeant le tableau, afin de faire rire. « Molière surtout, dit-il, mit la folie à la place de la raison ; et l'on peut dire qu'il trouva l'effet théâtral plus que la vérité. » Thomas en voulait singulièrement au pot-au-feu du bonhomme Chrysale, à son fil et à ses aiguilles. « Au lieu de faire contraster avec les deux folles.... ce Chrysale, qui est donné pour l'homme raisonnable de la pièce, » il eût voulu que l'on eût

---

1. *Journal des Débats* du 4 germinal an X (25 mars 1802).

peint « une femme jeune et aimable..., qui sût penser profondément et qui n'affectât rien ; qui couvrît d'un voile doux ses lumières » (p. 176 et 177). Il continue ce séduisant portrait, dont le modèle, ainsi qu'il l'indique lui-même assez clairement dans une note, était Mme Necker. Comme ces aveugles qui avaient bâti Chalcédoine en face de l'emplacement de Byzance, il n'avait pas su voir Henriette. A la profondeur des pensées de cette charmante Henriette il pouvait manquer quelque chose; elle n'en plaît pas moins; au contraire. Que de délicatesse dans son esprit! Voilà le caractère que Molière a opposé à celui de ses ridicules savantes. Sa vraie pensée, pleine de mesure et de bon sens, est dans ce rôle, non dans celui de Chrysale; elle est encore dans le rôle de Clitandre, lorsqu'il consent « qu'une femme ait des clartés de tout, » mais à la condition « qu'elle ait du savoir, sans vouloir qu'on le sache[1]. » Si c'est là méconnaître le progrès, il faut en refuser aussi l'intelligence à Fontenelle, qui a revêtu la même pensée d'une forme très-spirituelle : « [Les femmes] ne sont pas moins obligées à cacher les lumières acquises de leur esprit que les sentiments naturels de leur cœur, et leur plus grande science doit toujours être d'observer jusqu'au scrupule les bienséances extérieures de l'ignorance[2]. » Nous avons parlé de Clitandre et d'Henriette, non d'Ariste, parce que, si Molière parle quelquefois par sa bouche, les vérités dont il le fait l'interprète répondent moins à la préoccupation de Thomas et de ceux qui font la même guerre que lui à notre comédie. Jamais on n'enseignera mieux que Molière de quelle façon discrète la femme doit toucher à l'étude et cultiver son esprit. Ce n'était point le ridicule jeté sur les Philamintes qui risquait de briser la plume d'une Sévigné ou d'une la Fayette, et de décourager leur talent, si éloigné de la pédanterie, tout élèves de Ménage qu'elles étaient.

Le savoir qui convient à la femme est de nos jours encore discuté très-vivement. Peut-être beaucoup de nos contemporains jugent-ils, comme Thomas, que Molière a manqué de

1. Acte Ier, scène III, vers 218 et 224.
2. *Éloge de Carré.* Voyez les *Éloges de Fontenelle*, édition de M. Francisque Bouillier (Paris, Garnier frères, 1883), p. 66 et 67.

grandes vues sur cette question. Il n'y a pas manqué de bon sens; et ce bon sens, qui n'est pas du tout l'esprit étroit de Chrysale, mérite en tout temps qu'on ne le dédaigne pas. Si nous n'apportons pas beaucoup de mesure dans ce que plusieurs d'entre nous appellent la juste revendication pour les femmes de l'égalité des lumières, si nous négligeons quelques-unes des vérités de tous les temps auxquelles le génie de notre poëte a donné un impérissable relief, nous préparerons aux poëtes de l'avenir un beau sujet d'une nouvelle comédie des *Femmes savantes*, où ils nous en montreront qui auront fait leur éducation ailleurs que dans les cabinets d'Arthénice et qui, moins amoureuses de grec et de petits vers que les précieuses du grand siècle, n'auront pas une forme de pédantisme plus aimable ni plus sage. Mais n'ayons pas trop d'inquiétudes. Le naturel, c'est-à-dire chez la femme le charme indestructible, qu'on aura tenté de chasser, reviendra au galop.

Quand le sujet et les caractères d'une comédie, quoi qu'au fond ils aient de vrai sans distinction d'époque, portent toutefois, par la manière dont ils sont présentés, la date du jour, presque de l'heure où ils ont été mis sur la scène, il est difficile de croire que l'auteur d'une telle pièce ait pu, tout au moins dans ce qu'elle a d'essentiel, en demander le modèle à des ouvrages moins nouveaux. Ce qui n'est pas impossible, c'est que dans certains traits il y ait eu des réminiscences, que le dessein même de faire le portrait de la femme pédante ait été suggéré par quelque souvenir, fût-ce même d'un théâtre étranger : il a seulement fallu donner une forme différente au même sujet.

On a souvent cité, pour des ressemblances, assez faibles selon nous, avec *les Femmes savantes*, la comédie de Calderon : « On ne badine point avec l'amour, » *No hay burlas con el amor*, imprimée en 1637. Linguet, qui l'a traduite, mais beaucoup trop librement, au tome III de son *Théâtre espagnol*[1], dit dans l'*Avertissement* : « Je donne encore cette pièce de Calderon, parce qu'il m'a paru qu'elle avoit fourni à Molière l'idée des *Femmes savantes*. » Quand on en tomberait d'accord, Linguet exagère singulièrement en parlant de notre comédie comme

1. A Paris, chez de Hansy le jeune, MDCCLXX, 4 volumes in-12.

d'une copie ; mais il a la bonté de reconnaître que « la copie est certainement bien au-dessus de l'original. » Il regrette cependant que Molière n'ait « pas pris de l'auteur espagnol tout ce qui auroit pu convenir à un génie tel que le sien. *Les Femmes savantes*, comme toutes les comédies de ce créateur du théâtre chez nous, sont vides d'intrigue et même d'intérêt. Il y a ici (*dans la pièce de Calderon*) des situations vraiment comiques, qui auroient ajouté, à ce qu'il me semble, un grand lustre à cette pièce, si Molière avoit jugé à propos d'en profiter. » On doit reconnaître, sans contredit, une grande complication d'intrigue et beaucoup de mouvement dans *On ne badine point avec l'amour*, comme dans toutes les comédies de cape et d'épée de la scène espagnole ; mais il fallait qu'une étude trop assidue de ces pièces eût quelque peu faussé le goût du traducteur, pour que, du côté même de l'intérêt, il ne fût pas frappé de la supériorité de Molière, et qu'il trouvât du vide où ne manquait que l'imbroglio. Les situations comiques dont parle Linguet sont si étrangères au sujet traité par notre poëte, que celui-ci eût perdu le sens, s'il eût songé à y rien prendre. Toute comparaison du mérite des deux œuvres écartée, nous avons seulement à examiner quels rapports elles peuvent offrir entre elles. Dans la pièce espagnole, il y a deux sœurs, dont la cadette ne demande pas mieux que d'aimer et l'aînée ne paraît pas s'en soucier. Quoique la cadette, Léonor, soit aimable et ait dans le caractère une simplicité qui manque à la dédaigneuse, sa sœur, ne cherchons pas en elle toute la charmante sagesse de notre Henriette. Béatrix, l'aînée, a quelques-uns des traits d'Armande. Enivrée par les flatteries de quelques sots, c'est une savante, une précieuse et une prude. Ses caprices et ses bizarreries de minaudière la font comparer, dans la pièce, à la Belisa de Lope de Vega [1]. Elle fait des vers en langue castillane et a étudié le latin. Elle s'indigne de la sottise et de l'ignorance de sa servante, à qui elle a demandé de lui apporter les *Remèdes d'amour* d'Ovide, et qui s'est trompée

---

[1]. Dans la pièce intitulée *los Melindres de Belisa*. M. Eugène Baret a traduit cette pièce, sous ce titre aussi exact que le permettait notre langue : *les Caprices de Bélise*, au tome II des Œuvres dramatiques de Lope de Vega, 2 volumes in-8° (1870).

de volume. Elle introduit des mots grecs dans ses phrases, qu'il faudrait un commentaire pour entendre, et parle la langue affectée du *cultisme*, qui n'est pas sans ressemblance avec celle de nos Cathos et de nos Madelons. Aussi recherchée dans ses toilettes que dans son langage, elle se pique, en dépit de cette coquetterie, d'un grand dédain pour les amants et d'une orgueilleuse sévérité de mœurs, qui la rend impitoyable pour les faiblesses de Léonor. Qu'il se rencontre cependant un cavalier, qui, par feinte d'abord et par jeu, en attendant qu'il soit pris au piége de son badinage avec l'amour, lui déclare sa passion, elle va l'écouter très-favorablement. Nous ne disons pas que rien là ne remette Armande en mémoire. Quant au père de nos sœurs, il n'a pas du tout la bonhomie bourgeoise de Chrysale ni son amusante faiblesse de caractère; mais il y a un moment où il fait à Béatrix, quand il la voit engagée dans une intrigue, une semonce qui rappelle la grande sortie de notre honnête bourgeois contre ses pédantes. Il s'accuse d'avoir été trop complaisant pour les folies d'une fille si bizarre, et attribue aux lectures dont elle a troublé sa cervelle les désordres dont il la soupçonne. Il ne veut plus voir dans sa maison d'autre livre latin que des heures. « C'est assez qu'une femme sache faire des travaux d'aiguille, broder, coudre. Elle doit abandonner l'étude aux hommes[1]. » Il n'est pas le seul personnage de la pièce qui parle ainsi. Lorsqu'un amoureux de Béatrix, don Louis, apprend à don Diego, son ami, qu'il va la faire demander en mariage, celui-ci plaint son sort. Il est d'avis que chez cette belle l'esprit est de trop : « Pour moi je n'aimerais pas, je vous assure, qu'une femme en eût plus que moi. — Quand le savoir, dit don Louis, peut-il donc être un mal ? — Quand il n'est pas à sa place. Qu'une femme ait le talent de filer, de coudre, de faire une reprise; qu'elle ne s'occupe point de grammaire et de vers[2]. » Ces quelques ressemblances entre deux comédies, si différentes du reste, suffisent-elles pour donner la certitude que l'une ait été inspirée par l'autre? De grands doutes, au contraire, sont permis. Il y a des idées si naturelles sur les occupations qui siéent le

---

1. *Seconde journée*, scène v.
2. *Première journée*, scène III.

mieux à la femme, et sur le ridicule de ses prétentions exagérées au savoir, que tous ceux qui touchent à ce sujet ne peuvent guère manquer de se rencontrer jusque dans l'expression. Si Béatrix ne rappelle pas seulement les savantes de Molière pour ses vers et pour son latin, mais aussi pour la préciosité de son langage, il ne faut pas oublier que cette singularité a été à la mode en Espagne, aussi bien qu'en France et, au temps de l'euphuisme, en Angleterre, et que partout le même ridicule invite le bon sens aux mêmes railleries. Tient-on cependant à croire que la lecture de Calderon n'a pas été inutile à Molière pour ses *Femmes savantes*, peut-être pour ses *Précieuses ridicules?* sa gloire n'aura rien à y perdre. Son originalité reste entière dans des ouvrages où il a si fortement imprimé le cachet de son temps et de son pays, et dont il n'a pu devoir les beautés, dans ce qu'elles ont de plus frappant, qu'à son génie d'observateur.

Des rapprochements ont été faits aussi entre *les Femmes savantes* et *la Femme silencieuse* (*the Silent woman*) de Ben Jonson (1609).

M. Mézières, dans ses *Prédécesseurs et contemporains de Shakespeare*[1], note une scène de cette comédie anglaise, dans laquelle un personnage, qui est, dit-il, « un Trissotin doublé de Mascarille, » lit à des précieuses des vers dont il est l'auteur. Elles admirent ces sottises, se récriant, se pâmant de plaisir, tout comme Philaminte, Armande et Bélise. La comparaison toutefois avec la scène II de l'acte III des *Femmes savantes* ne peut aller loin, et les différences sont grandes. On trouverait une ressemblance, moins faible, d'une autre scène de la même comédie avec celle des ennemis qui sont censés poursuivre Géronte dans *les Fourberies de Scapin* (acte III, scène II). De telles rencontres sont fortuites. Il est peu probable que Molière connût les comédies de Ben Jonson, et il n'aurait guère trouvé à l'imiter. M. Mézières[2] et M. Taine[3] ont donné de *la Femme silencieuse* une idée suffi-

1. Voyez aux pages 206 et 207 de la troisième édition, 1 volume in-12. Paris, Hachette, 1881.
2. Pages 254-275.
3. *Histoire de la littérature anglaise*, 2ᵉ édition, tome II, p. 143-147.

sante pour faire comprendre combien peu Molière et le contemporain de Shakespeare, tout classique qu'il voulait être, sont comparables dans leur manière d'entendre le théâtre.

S'il faut admettre que, dans notre comédie, Molière a quelquefois imité, ce serait encore plutôt chez tel ou tel de ses contemporains français, ayant eu sous les yeux les ridicules de la même société, qu'on pourrait se promettre de découvrir des traces de ces imitations. Mais, en cherchant de ce côté, on ne trouve à faire, avec *les Femmes savantes*, que des rapprochements de détails. Tel est celui-ci que nous offre *le Roman bourgeois* de Furetière, publié en 1666. Belastre va chez le libraire Rocolet, dont la boutique est au Palais, et lui demande un livre, n'importe lequel, pourvu qu'il soit gros. « Dites-moi, demande le libraire, à quoi vous vous en voulez servir ?... — C'est à mettre en presse mes rabats[1]. » Il n'est pas douteux que cette plaisanterie n'ait donné l'idée de ce « gros Plutarque à mettre mes rabats[2]. » C'est tout ce qu'avait à revendiquer Furetière. La Polymathie de son roman, que l'on croit être Mlle de Scudéry, est très-différente des *Savantes* de Molière. Il y a bien un passage du satirique tableau de mœurs où nous nous croyons tout près du sujet traité par notre poète ; c'est lorsqu'un des personnages de Furetière, une certaine Javotte, est introduite dans une docte compagnie : « Ce beau réduit étoit une de ces Académies bourgeoises, dont il s'est établi quantité en toutes les villes et en tous les quartiers du Royaume, où on discouroit de vers et de prose et où on faisoit les jugements de tous les ouvrages qui paroissoient au jour[3]. » Voilà bien, quoi qu'en ait dit Rœderer[4], la maladie des Philamintes propagée dans la bourgeoisie. Mais Furetière n'a fait qu'indiquer la condition sociale où Molière, sans avoir eu besoin de lui, allait, bientôt après, prendre ses modèles. Il a préparé le cadre : il n'entrait pas dans son dessein de le remplir.

Avant la publication du *Roman bourgeois*, Chappuzeau avait

---

1. *Le Roman bourgeois*, par Antoine Furetière, tome II, p. 49, de l'édition de M. Pierre Jannet.
2. Acte II, scène VII, vers 562.
3. Tome I, p. 111.
4. Voyez ci-dessus, p. 7.

écrit une comédie, *l'Académie des femmes*, dont le titre promet le développement négligé par Furetière. Elle fut représentée sur le théâtre du Marais, en 1661, et imprimée la même année[1]. C'est la refonte d'une pièce précédente, *le Cercle des femmes..., Entretiens comiques*, que l'on affirmerait avec plus de confiance avoir suggéré quelque chose à Molière pour la très-légère intrigue des *Précieuses ridicules*, si la vraie date de cet ouvrage de Chappuzeau n'était pas difficile à établir[2]. Quant à la comparaison que l'on peut faire entre *les Femmes savantes* et *l'Académie des femmes*, elle ne va pas très-loin. L'idée principale, l'action, les caractères, tout diffère absolument. La scène, épisodique d'ailleurs, de *l'Académie des femmes*, qui d'abord semblerait devoir offrir le plus de rapprochements avec les entretiens de Philaminte, d'Armande et de Bélise, est la conférence académique de la savante Émilie et de ses trois voisines, où elles disent (acte III, scène III) :

> Pour notre unique emploi, pour tout notre partage,
> N'aurons-nous donc jamais que les soins du ménage?

Mais les projets de réforme sociale et d'émancipation, qui sont discutés par ces dames, font penser plutôt à la Praxagora d'Aristophane et aux autres femmes de la comédie des *Harangueuses* qu'aux pédantes amies de Trissotin. Un trait d'Émilie cependant, à la fin de cette même scène, rappelle les colères de Philaminte contre Martine. Lisette, à qui sa maîtresse a demandé un tome de Plutarque, lui donne un Platon. Émilie s'emporte contre « cet esprit lourd » :

> . . . . . . Que ces âmes brutales
> Font de peine! et comment, sans perdre la raison,
> Pourroit-on longtemps vivre avec un tel oison?
> Elle m'a fait cent fois de pareilles saillies.

Au reste, c'est encore moins Molière que nous retrouvons là que Calderon, dans un passage tout à l'heure cité. Chappuzeau nous paraît l'avoir connu.

Quand revient la Roque, le mari, qu'on avait cru mort, de cette Émilie si rude avec ses gens, il explique à son valet qu'il

---

1. A Paris, chez Augustin Courbé et Louis Billaine, MDCXLI.
2. Voyez notre tome II, p. 25, note 2.

s'est séparé d'elle, ennuyé des perpétuelles lectures d'une femme incommode,

> Qui raisonne à la table, au lit, même en dormant,
> Et qui, dans le chagrin qu'ont toutes ces savantes,
> Chassoit de ma maison et valets et servantes [1].

Si c'est à ces vers de Chappuzeau que nous devons la pauvre Martine chassée

> . . . . avec un grand fracas,
> A cause qu'elle manque à parler Vaugelas [2],

on peut dire qu'il avait suffi de faire un bien léger signe à Molière pour éveiller dans son imagination l'idée d'un des excellents rôles de sa pièce.

On pensera peut-être aussi que celui de Chrysale était en germe dans cette semonce du même mari à sa femme :

> Madame, à mon retour apprenez à mieux vivre;
> Ôtez de mon logis jusques au dernier livre,
> Chassez tous ces auteurs qui vous troublent les sens,
> Gouvernez la maison et veillez sur vos gens [3].

Bien que ce soit encore du Calderon, nous nous rapprochons un peu davantage, avec cette *Académie des femmes*, de quelques vers des *Femmes savantes*. Remarquons toutefois que, dans les paroles fermes de la Roque signifiant congé aux sottises d'Émilie, on est loin du caractère de Chrysale. Molière, quand il l'a si heureusement conçu, n'a vraiment pas eu de modèle.

Chappuzeau a dispersé dans plusieurs rôles les boutades qui ont quelque ressemblance avec celles de notre bonhomme. Léarque, père d'Émilie, veut qu'un bon mariage la détourne

> De tous ces chiens d'auteurs dont sa chambre fourmille;
> Et je crains de la voir enfin, à lire trop,
> Aux Petites-Maisons aller au grand galop [4].

1. Acte III, scène I.
2. Acte II, scène VII, vers 605 et 606.
3. Acte III, scène dernière.
4. Acte II, scène II.

Chappuzeau restait dans la vraisemblance en donnant au père le même genre de sagesse qu'au mari. C'était par Gorgibus, leur père, que, dans sa comédie de 1659, Molière avait fait gourmander ses précieuses. Ce que l'on peut reprocher à l'auteur de *l'Académie des femmes*, c'est d'avoir fait semblablement condamner le pédantisme chez les femmes par le pédant de la pièce, qui a songé à épouser Émilie :

> Ah! Dieu! qu'allois-je faire ?...
> . . . .
> Dieu me garde d'avoir jamais dans mon donjon
> Une femme qui lit Descartes, Casaubon!
> . . . .
> Que c'est un beau moyen de gâter sa cervelle!
> Et que, tandis qu'elle a cette démangeaison,
> Un mari passe bien son temps à la maison!
> . . . .
> Une bonne quenouille en la main d'une femme
> Lui sied bien, et la met à couvert de tout blâme;
> Son ménage florit, la règle va partout,
> Et de ses serviteurs elle vient mieux à bout [1].

Si Molière a mis à profit cette tirade, il n'a eu garde d'en charger Trissotin ou Vadius.

Les citations que nous venons de faire ont mis sous les yeux des lecteurs tout ce qui a fait supposer qu'il avait tiré quelque chose de la pièce de Chappuzeau. Si cette supposition paraît justifiée, c'est le cas de dire du poëte si habile à transformer tout ce qu'il touchait :

> Sous ses heureuses mains le cuivre devient or [2].

Nous n'avons pas à revenir sur la part à réclamer par Desmarest dans les imitations que peuvent donner à reconnaître *les Femmes savantes*. Cette part, que nous avons eu déjà l'occasion de ne pas lui refuser [3], n'est pas non plus très-grande ; et là l'imitation porte sur un trait de caractère qui ne tient pas intimement au sujet.

1. Acte Ier, scène v.
2. *Le Joueur* de Regnard, acte III, scène v.
3. Voyez ci-dessus, p. 27 et 28.

Il serait plus intéressant d'apprendre que Molière a trouvé chez quelque devancier le modèle de la scène entre Trissotin et Vadius, une des plus parfaitement comiques de sa pièce. Il connaissait assurément *la Comédie des Académistes*, imprimée depuis longtemps, et qui, bien avant l'impression, avait été lue partout[1]. On la savait de Saint-Évremond[2]; et non-seulement le nom de l'auteur, mais beaucoup de traits spirituels la recommandaient au monde lettré. Que Molière ait été frappé du comique de la scène II de l'acte Ier, nous n'y voyons pas d'invraisemblance; mais a-t-il pris là sa dispute des deux pédants, qui n'a qu'une ressemblance très-imparfaite avec celle de Colletet et de l'évêque de Grasse? Dans cette scène, Colletet, provoqué par Godeau à admirer ses vers, commence par faire complaisamment écho aux louanges que son vaniteux confrère se décerne à lui-même; puis, lorsque, en payement de son adulation, il sollicite lui-même quelques compliments, celui qu'il reçoit est des plus froids; et, comme il n'en paraît pas satisfait, Godeau devient très-méprisant et très-dur. Le respect échappe à Colletet, qui, rétractant ses flatteries, riposte avec aigreur. La dispute s'échauffe, et nos académistes en viennent aux gros mots[3]. On voit qu'entre ces deux confrères, dont l'un se tient pour très-supérieur à l'autre par le rang, il n'y a pas d'abord ce doux concert d'éloges hyperboliques, qui rendent si plaisantes les invectives de Trissotin et de Vadius, succédant aux coups d'encensoir. On dira que, sans trouver dans les *Académistes* sa grande scène toute faite, il suffisait à Molière qu'une heureuse idée lui eût été indiquée pour qu'il y donnât une valeur nouvelle et en tirât tout ce

---

1. *La Comédie des Académistes pour la réformation de la langue françoise. Pièce comique.... Imprimé l'an de la Réforme.* — On croit que l'impression est de 1650. En tête de la pièce est une épître : *Aux auteurs de l'Académie qui se mêlent de réformer la langue;* elle est signée du pseudonyme *des Cavenets.*
2. Quelques-uns l'avaient à tort attribuée à Saint-Amant.
3. La même scène offre quelques variantes, mais qui l'ont laissée au fond telle que nous venons de l'analyser, dans *les Académiciens,* comédie publiée par des Maizeaux, à la fin du tome Ier des *OEuvres de Monsieur de Saint-Évremond* (1753). C'est une refonte des *Académistes,* que l'éditeur dit avoir trouvée dans les papiers de l'auteur.

que le premier auteur n'avait pas su voir qu'elle contenait.

Que deviendrait cependant la tradition, assez difficile à rejeter, de la ridicule querelle chez Gilles Boileau, laquelle aurait, dit-on, bien plus complétement servi de modèle à notre scène[1]? Toutefois ce modèle, pris sur nature, Molière ne l'a sans doute pas si exactement copié, qu'il n'y ait ajouté quelques embellissements. Telle peut avoir été cette circonstance des vers de Trissotin que Vadius juge exécrables, quand il n'en connaît pas encore l'auteur. Elle se retrouve, il est vrai, dans l'anecdote de l'abbé d'Olivet[2]; mais il n'est point certain qu'elle n'y ait pas été, comme nous l'avons fait remarquer, introduite par lui d'après la scène de notre comédie. Molière l'aurait-il empruntée, ainsi qu'on l'a supposé, à Tallemant des Réaux, qui raconte[3] une bévue de Godeau semblable à celle de Vadius? On avait mis sous les yeux de l'évêque de Grasse *l'Aigle de l'Empire à la princesse Julie*, ouvrage de Chapelain, que celui-ci avait écrit en caractères qui imitaient l'imprimerie et ne laissaient pas reconnaître sa main. « Godeau dit brusquement que cela ne valoit pas grand'chose. » Chapelain fut sans doute blessé ; mais Godeau raccommoda ses flûtes et réforma son jugement, après que le marquis de Rambouillet eut donné son approbation à l'ode ; et il ne s'ensuivit aucune querelle pareille à celle de la scène des *Femmes savantes*. Admettons que Molière avait entendu raconter la petite anecdote : il nous semble avoir bien faiblement marqué qu'il s'en souvenait ; et comment la ressemblance légère de deux situations comiques qui, dans la vie littéraire, ont dû se rencontrer plus d'une fois, a-t-elle paru aux éditeurs des *Historiettes* leur donner le droit de dire, dans une note[4], que Vadius est peut-être plutôt Godeau que Ménage?

Les imitations qu'on a cru découvrir dans *les Femmes savantes*, fussent-elles moins douteuses, ne chargeraient pas Molière d'une lourde dette. Il a certainement, dans cette comédie, moins emprunté que prêté ; s'il y a un plagiat à dé-

1. Voyez ci-dessus, p. 17.
2. Voyez ci-dessus, p. 16 et 17.
3. *Historiettes* (édition Monmerqué et Paulin Paris), tome III, p. 269.
4. A la page 282 du même tome III.

noncer, c'est celui dont on pourrait se plaindre en son nom. Intrigue et caractères, Palissot, dans sa comédie des *Philosophes*, jouée en 1760, a tout pillé chez Molière. Il n'y a de différent que l'objet de sa virulente satire, qui est la maladie, non du pédantisme d'une coterie de précieuses, mais du philosophisme propre au dix-huitième siècle. Cydalise est la Philaminte de la secte encyclopédique. Elle a laissé là les petits vers, pour écrire, sous la dictée de ses amis, des traités in-quarto. Elle refuse de donner pour époux à sa fille Rosalie l'honnête homme Damis qu'elle aime (nous allions, au lieu de Damis, nommer Clitandre), et veut la marier à Trissotin-Valère, qui n'est autre qu'Helvétius, embelli de quelques traits du *Méchant* de Gresset. Un discours *sur les Devoirs des rois*, que s'est attribué Cydalise, est, en son absence, raillé par Valère devant Dortidius (*Diderot*) qu'il ne sait pas en être l'auteur. De là une querelle entre les deux confrères en philosophie, qui y jouent les rôles de Trissotin et de Vadius. Palissot constate lui-même la trop évidente ressemblance, lorsqu'il fait dire à son Théophraste, qui intervient comme pacificateur :

Messieurs, n'imitons pas les pédants de Molière[1].

A la fin de la pièce, Cydalise est détrompée sur le compte de Valère par un billet de celui-ci que l'on fait tomber dans ses mains, et qui lui apprend tout le mépris que les philosophes avaient pour ses écrits, et leurs complots pour lui tourner la tête. Elle consent alors au mariage de Damis et de Rosalie. Nous connaissions déjà tout cela. L'imitateur s'est médiocrement mis en frais. Il a pris à Molière non-seulement le plan et bien des détails de sa pièce, mais sa hardiesse de personnalités ; il n'a pu lui dérober ni sa verve comique, ni son inimitable style, ni tant de traits étincelants. Son ouvrage n'est qu'un pamphlet antiphilosophique, dans lequel on pourrait louer quelque courage, mais non pas la gaieté.

Avant Palissot, il y aurait eu, suivant l'ordre des dates, à nommer le Sage ; mais nous avons dû parler d'abord de la comédie des *Philosophes*, entièrement calquée sur *les Femmes savantes*, tandis qu'il n'y a, chez le Sage, qu'un emprunt,

---

1. Acte III, scène III.

bien légèrement marqué, à une scène unique de la même pièce. Le chapitre xiv[1] du *Diable boiteux* (1707), qui raconte le *Démêlé d'un poëte tragique avec un auteur comique*, a été probablement inspiré par le démêlé des savants chez Philaminte. Le Sage n'a pas été, comme Palissot, imitateur servile ; et sa plaisante dispute, son dialogue plein de naturel, sont, par le caractère des développements et par l'objet même de la satire, très-différents de la scène qui paraît en avoir suggéré l'idée.

On a vu récemment, sur la scène française, une comédie de M. Pailleron, *le Monde où l'on s'ennuie*, jouée, pour la première fois, le 25 avril 1881, qui a renouvelé, en le modifiant par la peinture des mœurs d'aujourd'hui, le sujet des *Femmes savantes*. Nous devons nous borner à constater que la pièce contemporaine rappelle, de bien des côtés, le souvenir de l'immortel chef-d'œuvre, et nous abstenir d'une comparaison : elle impliquerait un jugement dont l'heure n'est pas venue. Rajeunir pour nous les ridicules auxquels Molière a touché sera toujours une tentative périlleuse, légitime cependant, parce que, de siècle en siècle, ces ridicules changent de costume. Rien de mieux que de s'inspirer de celui qui est le plus grand des peintres de nos travers, le meilleur des maîtres dans tous ses ouvrages, dans les plus parfaits surtout, au nombre desquels il faut compter *les Femmes savantes*. Les personnalités toutefois que Molière s'y est permises, et que son génie même, nous l'avons dit, n'excuse pas, ont laissé, dans ce chef-d'œuvre, un modèle sur lequel il serait regrettable que l'on se réglât.

De même que Molière, dans une comédie où il avait pris pour sujet un des ridicules de la société qu'il avait sous les yeux, n'avait pu rien emprunter aux théâtres étrangers, si ce n'est quelques traits généraux qui s'offrent en tout lieu et en tout temps à quiconque veut railler le pédantisme chez les femmes, ce sont aussi de tels traits seulement que ces théâtres devaient trouver à imiter dans sa pièce. Nous pouvons prendre pour exemple la comédie anglaise de Colley Cibber, intitulée *le Droit d'option* ou *la Philosophie des Dames*[2]. Dib-

---

1. Ou chapitre iii du tome II dans l'édition de 1726.
2. *The Refusal, or the Ladies Philosophy*, au tome IV des *OEuvres dramatiques* de Cibber (Londres, 1760). — Cette pièce a été écrite

din, qui la signale comme empruntée surtout aux *Femmes
savantes*[1], se plaint qu'elle n'ait point eu autant de succès
qu'elle en méritait. Il ne nous semble pas qu'elle en méritât
beaucoup. Ce ne serait pas du moins la manière dont Molière
y a été imité qui la recommanderait. Voyons quels sont les
emprunts évidents. Nous trouvons une Sophronia qui paraît
avoir pour la philosophie le même goût que notre Armande;
elle n'en a pas moins, tout comme celle-ci, des prétentions sur
le galant de sa sœur Charlotte. La scène première de l'acte II
offre, dans le dialogue de Sophronia et de Charlotte, de grandes ressemblances avec celui d'Armande et d'Henriette[2], sans
reproduire toutefois ce qu'il a de plus étincelant. La belle-mère
des deux sœurs rivales, lady Wrangle, se croit elle-même
l'objet de la passion de l'amant que celles-ci se disputent. Il
y a là un souvenir de Bélise. Ce que Cibber n'a certainement
pas dérobé à notre comédie, c'est la peinture si parfaite des
caractères. La philosophe Sophronia apostasie, à la fin de la
pièce, pour se marier. Lady Wrangle, qui est ici la Philaminte
et qui gourmande sa servante, « ce monstre illettré, » parce
qu'elle a donné, comme vieux papier, au cuisinier, sa traduction de l'histoire, racontée par Ovide[3], de l'amour incestueux
de Byblis, nous laisse pourtant douter de la sincérité de son
fanatisme de pédante; elle ne paraît qu'une vulgaire marâtre,
possédée surtout du désir de faire entrer ses belles-filles au
couvent, pour les dépouiller de leurs biens. Son mari n'a aucun
des traits si plaisants de Chrysale. Charlotte, très-insignifiante,
n'est pas plus la charmante Henriette que Frankly n'est Clitandre, cet élégant modèle du meilleur esprit de la cour.

Il nous reste à parler des acteurs qui ont joué *les Femmes
savantes*. Ceux qui ont créé les rôles au mois de mars 1672
sont nommés, comme il suit, dans *le Mercure* de juillet 1723[4],

après le *Non-juror*, la plus célèbre de toutes celles du même auteur,
qui y a imité *le Tartuffe*, et vers 1719, au temps du système de
Law, dont parlent les personnages du *Refusal*.
1. *A Complete history of the stage*, tome V, p. 14.
2. *Les Femmes savantes*, acte Ier, scène 1.
3. *Métamorphoses*, livre IX, vers 453 et suivants.
4. Pages 129 et 130.

dont les informations semblent avoir pu encore, à cette date, être puisées à bonne source : « L'auteur y jouoit lui-même le principal rôle de *Chrysale*[1]; les sieurs Baron, *Ariste*; la Grange, *Clitandre*; la Thorillière père, *Trissotin*; du Croisy, *Vadius*. Pour les actrices, *Philaminte*, le sieur Hubert; *Belise*, la Dlle Villeaubrun[2]; *Armande*, la Dlle de Brie; *Henriette*, la Dlle Molière; *Martine*[3], une servante de M. de Molière qui portoit ce nom. »

Chrysale, cette figure qui, dans *les Femmes savantes*, est dessinée, plus que toute autre, de main de maître, « ce personnage tout comique et de caractère et de langage, » comme l'a très-bien dit Laharpe, était le rôle que naturellement Molière avait dû se réserver. Voici la description de son costume, d'après l'inventaire de 1673 : « [Un habit] servant à la représentation des *Femmes savantes*, composé de juste-au-corps et haut-de-chausses de velours noir et ramage à fond aurore, la veste de gaze violette et or, garnie de boutons, un cordon d'or, jarretières, aiguillettes et gants; prisé vingt livres[4]. » Ainsi devait être vêtu celui qui, dans la liste des personnages, est, comme le *Gorgibus* des *Précieuses ridicules*, qualifié « bon bourgeois, » c'est-à-dire « homme de bonne bourgeoisie, » et non, comme on l'entendrait aujourd'hui, bonhomme sans élévation dans les idées et d'une simplicité bourgeoise. Chrysale a de grosses dots à donner à ses filles, et son alliance est assez honorable pour que Clitandre, un gentilhomme, la recherche.

Bien que Baron n'eût pas encore tout à fait dix-neuf ans à l'époque des premières représentations des *Femmes savantes*, l'assertion du *Mercure* de 1723 que le personnage d'Ariste était représenté par lui, est confirmée par un passage du *Mercure* de 1672. Là, en effet, de Visé dit[5] que le Chrysale

1. On a imprimé *Chrisalte*.
2. Geneviève Béjard, née vers 1631, mariée en 1664, à Léonard de Loménie, sieur de la Villaubrun, après la mort duquel (il vivait encore en juillet 1668) elle épousa en secondes noces, au mois de septembre 1672, Jean-Baptiste Aubry.
3. On a imprimé *Marine*.
4. *Recherches sur Molière*, par Eud. Soulié, p. 277.
5. Pages 210 et 211.

de Molière a « un frère qui, quoique bien jeune, paroît l'homme du monde du meilleur sens. » Les mots *bien jeune* ne sauraient être qu'une allusion plaisante à l'acteur chargé du rôle ; car il est clair que, dans la pièce, le sage Ariste, frère d'un barbon, n'est pas de la première jeunesse.

Un autre rôle pourrait, à tort sans doute, étonner. C'est celui de *Philaminte*, donné à Hubert. Lorsque Lemazurier lui a attribué celui de *Bélise*[1], n'était-ce pas seulement qu'il lui paraissait que c'était mieux ainsi ? Le passage suivant du *Mercure galant* d'avril 1685[2], écrit à l'occasion de la retraite d'Hubert, ne suffirait pas à décider la question du personnage qu'il faisait dans notre comédie : « M. Hubert.... étoit l'original de plusieurs rôles qu'il représentoit dans les pièces de Molière.... Jamais acteur n'a porté si loin les rôles d'homme en femme. Celui qu'il représentoit dans *les Femmes savantes*, Mme Jourdain dans *le Bourgeois gentilhomme*,... lui ont attiré l'applaudissement de tout Paris. » Si l'on tenait à croire que Lemazurier ne s'est pas trompé, dans ce qu'il a dit, en contradiction, au moins apparente, avec *le Mercure* de 1723, ce serait qu'Hubert, à un certain moment, aurait joué *Bélise*. Quoi qu'il en soit, pour la distribution des rôles dans la nouveauté de la pièce, il n'est pas probable que *le Mercure* ait fait un quiproquo en nommant Geneviève Béjard dans celui de *Bélise*, Hubert dans celui de *Philaminte*. De ce renseignement, qui doit être exact, on n'est pas forcé de conclure que Molière voulait faire jouer *Philaminte* en grosse charge. Il suffisait que le personnage fût d'un caractère un peu masculin. Il y a lieu de penser que, dans un genre de travestissement qu'Hubert avait le don de rendre suffisamment vraisemblable, il savait garder la mesure.

Dans la distribution suivante, donnée par le *Répertoire de* 1685, on trouve presque tous les mêmes noms que dans *le Mercure* de 1723. Il est à remarquer que Philaminte y est dite *vieille*, ce qui fait comprendre encore mieux que le rôle ait été joué par un homme.

---

1. *Galerie historique des acteurs du théâtre français*, tome I, p. 289.
2. Pages 291 et 292.

TRISSOTIN.

DAMOISELLES.

Armande............	de Brie.
Henriette...........	Guerin.
Belise	la Grange.
Martine.............	Beauval ou Poisson.

HOMMES.

Clitandre............	la Grange.
Chrisalde............	Rosimond.
Philaminte, vieille ...	Hubert.
Ariste...............	Dauvilliers.
Trissotin	Guerin.
Vadius...............	du Croisy.
L'Épine.............	un laquais.
Le Notaire	Beauval.

Parmi tous les renseignements donnés par *le Mercure* de juillet 1723, un seul, très-curieux d'ailleurs, semble fait pour laisser les plus grands doutes. Nous sommes très-disposé à regarder comme une légende, fort jolie assurément, ce qu'il nous dit du personnage de la rustique servante représenté par une vraie Martine, que Molière aurait, pour la circonstance, fait passer de la cuisine sur la scène. Ce serait le plus singulier exemple de réalisme qui ait jamais été tenté dans une représentation théâtrale.

Ce n'est pas la seule occasion où, dans l'histoire de Molière, on nous ait parlé d'une de ses servantes. Tout le monde connaît celle qui a rencontré, dans la gloire de son maître, un petit coin d'immortalité pour elle-même. C'est peut-être son souvenir qui a fait imaginer l'étonnant caprice prêté à l'auteur des *Femmes savantes*. Boileau racontait[1] que notre poëte lui avait souvent montré cette bonne fille, et qu'il disait lui avoir lu quelquefois ses comédies. C'était, suivant la tradition, celle qui était surnommée la Forêt. Grimarest dit que, à un certain moment, elle faisait tout le domestique de Molière[2]. L'inventaire de 1673 la nomme : « Renée Vannier, dite

---

1. *Réflexion première* sur Longin, 1er alinéa.
2. *La Vie de M. de Molière*, p. 141.

la Forest, » et nomme avec elle Catherine Lemoyne, « servant de fille de chambre[1]. » N'y a-t-il pas eu, avant Renée Vannier, une autre la Forêt? M. Jal a trouvé l'acte d'inhumation, en date du 9 juillet 1668, de Louise Lefebure, veuve d'Edme Jorand, chirurgien, servante de cuisine de Molière[2]. Il fait remarquer que le Registre des dépenses de la comédie, tenu par la Thorillière, mentionne, sous la date du 19 décembre 1664, une *la Forest*. Si la femme Jorand fut d'abord seule au service de Molière et que Renée Vannier n'y soit pas entrée avant 1668, on devrait conjecturer, avec M. Jal, que Molière trouvait commode de donner, tour à tour, le même surnom à ses servantes ; et il serait difficile de savoir laquelle des deux la Forêt lui a tenu lieu de comité de lecture.

Ce qui nous intéresse ici, c'est que, parmi ces filles de service, il ne s'en rencontre pas du nom de Martine. Cela déjà rend suspecte l'assertion du *Mercure*, au moins dans cette circonstance qu'il rapporte du même nom porté par la servante de Molière et par celle de Philaminte. A moins de croire à l'existence d'une autre servante, qui nous serait restée inconnue, il n'y aurait plus à choisir, en 1672, pour le rôle de *Martine*, qu'entre Catherine Lemoyne et Renée Vannier. Celle-ci semble devoir être préférée, si elle est notre vraie la Forêt, celle sur qui son maître éprouvait l'effet de quelques scènes de ses comédies. Mais pour représenter Martine, la brave fille n'avait-elle qu'à rester elle-même? L'inventaire nous apprend, il est vrai, qu'elle ne savait pas signer. Cependant, puisqu'elle paraissait à Molière digne d'être consultée, nous la supposerions, quelle que fût sa simplicité, trop au-dessus de l'épaisse ignorance de Martine, pour la rendre au naturel : voilà donc qu'un peu d'art devient nécessaire, et qu'il faut dire adieu au pur réalisme. Admettons cependant qu'elle ait été aussi semblable à Martine que l'on voudra, on est alors arrêté par une bien autre objection. Nous n'en avons aucune contre l'anecdote de Boileau, et nous comprenons Molière observant chez sa servante les impressions populaires, de même qu'il

---

[1]. *Recherches sur Molière*, par Eud. Soulié, p. 263 et 291.
[2]. *Dictionnaire critique de biographie et d'histoire*, au mot SERVANTE DE MOLIÈRE.

observait, dit-on, les mouvements naturels des enfants, lorsque les comédiens, sur sa demande, amenaient les leurs aux lectures qu'il leur faisait de ses pièces nouvelles[1]. User de ce moyen ingénieux de s'assurer si ses plaisanteries seraient facilement senties est un trait digne de celui qui savait que le rire naïf n'est pas un jugement à dédaigner. Mais une fantaisie inexplicable, c'eût été de changer une fille grossièrement ignorante en actrice. Les rôles les plus naïfs ne sont pas ceux qui demandent le moins d'art ; et ce n'est pas sans un sérieux apprentissage du métier que l'on récite, comme on doit le faire, les quelque cinquante vers de celui-ci. Les confier à une fille réellement aussi rustique que la Martine de la comédie, pour obtenir une plus complète illusion de la vérité, l'idée est-elle juste ? si elle ne l'est pas, Molière ne l'a pas eue.

Il faut faire attention que Mlle Beauval, cette *Nicole* du *Bourgeois gentilhomme*, avait des droits sur le rôle de Martine. Qu'aurait-elle dit si Molière l'en avait dépossédée, pour le donner à une maritorne, improvisée comédienne ? Eût-elle voulu le reprendre plus tard ? Nous avons vu que ce fut elle qui le joua depuis la réunion de la troupe du Marais à celle de Guénegaud, et il est bien probable qu'elle l'avait joué dès l'origine.

Le Mercure de juillet 1723, à la suite de la première distribution, donne celle-ci (p. 130), peu différente de celle que fait connaître le *Répertoire de* 1685 : « Après la mort de Molière, la pièce fut jouée par les sieurs de Rosimond, Hubert, la Grange, Dauvilliers, Guerin, du Croisy, Verneuil, et par les Dlles Guerin, de Brie, du Pin, de la Grange et Beauval. »

Rosimond, nommé le premier, avait pris, dans notre pièce, comme dans toutes les autres, le rôle joué par Molière. Un peu plus tard, Guérin d'Estriché fut chargé de ce rôle, si profondément comique, de *Chrysale*, et c'était un de ceux où, suivant Lemazurier[2], il montrait autant d'art que de naturel. Le même rôle, au commencement de notre siècle, a été un des meilleurs de Grandmesnil. Nous y avons vu exceller Provost, en un temps qui n'est pas très-éloigné.

---

1. *Mercure de France*, mai 1740, p. 841.
2. *Galerie historique des acteurs du théâtre français*, tome I, p. 276.

A l'époque où Grandmesnil faisait le personnage du bonhomme, victime des pédantes, Fleury brillait, avec sa suprême élégance, dans celui de *Clitandre;* Louise Contat était une des plus remarquables *Philamintes* que l'on ait vues, quoique Geoffroy lui reprochât d'avoir l'air de persifler Trissotin, tant il lui était difficile de s'oublier tout à fait elle-même dans les personnages qu'elle représentait [1]. Alors aussi Mlle Mars était déjà la charmante *Henriette* que quelques-uns d'entre nous ont encore pu connaître.

Parmi les plus amusantes *Martines* on cite, au siècle dernier, Mlle Dangeville, puis Mme Bellecourt.

Au temps présent, nous avons remarqué, dans les plus récentes distributions, le rôle de *Trissotin* joué, avec un art consommé, par M. Got, que seconde parfaitement M. Coquelin aîné dans celui de *Vadius*; *Philaminte* représentée par Mme Madeleine Brohan, *Armande* par Mme Broisat, *Bélise* par Mme Jouassain, *Henriette* par Mme Barretta-Worms, *Chrysale* par M. Barré, *Clitandre* par M. Delaunay, *Ariste* par M. Silvain, *Martine* par Mme Jeanne Samary.

L'édition originale des *Femmes savantes* porte la date de 1673; c'est un in-12 de 2 feuillets liminaires et 92 pages, dont voici le titre :

LES
FEMMES
SÇAVANTES.
COMEDIE.

Par I. B. P. MOLIERE.

Et se vend pour l'Autheur.

A PARIS,

Au Palais, et
Chez PIERRE PROMÉ, sur le Quay
des Grands Augustins, à la Charité.

M.DC.LXXIII.

Avec Privilege du Roy.

---

1. *Journal des Débats* du 10 juillet 1806.

Le Privilége est du 31 décembre 1670[1]; son enregistrement du 13 mars 1671; l'Achevé d'imprimer, du 10 décembre 1672. Il y a quelques exemplaires qui ont, au titre, la date de 1672; ils doivent appartenir à un premier tirage. Nous en avons vu un dans la bibliothèque de M. le baron de Ruble; il nous a dit l'avoir collationné avec un de ceux qui ont la date de 1673, et les avoir trouvés absolument identiques, sauf une différence portant sur un fleuron.

Th. Wright a imité en partie cette comédie dans *No Fools like Wits or the Female Virtuosoes*, représentée en 1693 (2ᵈᵉ édition, *London*, 1721). Il vient de paraître à Londres une autre imitation ou, comme dit l'auteur, *adaptation*, par le colonel Colomb, sous le titre : *the Blue stockings*.

Citons en outre, parmi les traductions ou imitations séparées, une autre en anglais (1797); une en portugais (*s. l. n. d.*); deux en néerlandais (1713, 1850[2]); huit en allemand (1789, 1817, 1837, 1854, 1865, 1869, 1870, 1879, la dernière, par le docteur Werther, directeur du théâtre de Mannheim, jouée par la troupe du duc de Meiningen; celle de 1865, en vers, réimprimée en 1881, et qui a été déjà mentionnée au tome V, p. 425, note 2, est l'œuvre de M. Adolf Laun); une en danois (1863); une en suédois (1865); une en russe (1872); deux en polonais (1822, 1826).

SOMMAIRE

DES *FEMMES SAVANTES*, PAR VOLTAIRE.

Cette comédie, qui est mise par les connaisseurs dans le rang du *Tartuffe* et du *Misanthrope*, attaquait un ridicule qui ne semblait propre à réjouir ni le peuple ni la cour, à qui ce ridicule paraissait

---

1. Nous avons déjà appelé l'attention sur cette date. Elle nous apprend à quel temps il faut faire remonter la composition des *Femmes savantes*. Voyez ci-dessus, p. 3, note 2, et p. 8.
2. Est-ce l'une de ces deux que *le Moliériste* du 1ᵉʳ juin 1880 mentionne, sans date ni nom d'auteur, comme un arrangement en vers?

être également étranger. Elle fut reçue d'abord assez froidement ; mais les connaisseurs rendirent bientôt à Molière les suffrages de la ville, et un mot du Roi lui donna ceux de la cour. L'intrigue, qui en effet a quelque chose de plus plaisant que celle du *Misanthrope*, soutint la pièce longtemps.

Plus on la vit, et plus on admira comment Molière avait pu jeter tant de comique sur un sujet qui paraissait fournir plus de pédanterie que d'agrément. Tous ceux qui sont au fait de l'histoire littéraire de ce temps-là savent que Ménage y est joué sous le nom de Vadius, et que Trissotin est le fameux abbé Cotin, si connu par les satires de Despréaux. Ces deux hommes étaient, pour leur malheur, ennemis de Molière : ils avaient voulu persuader au duc de Montausier que *le Misanthrope* était fait contre lui ; quelque temps après, ils avaient eu chez Mademoiselle[1], fille de Gaston de France, la scène que Molière a si bien rendue dans *les Femmes savantes*. Le malheureux Cotin écrivait également contre Ménage, contre Molière et contre Despréaux. Les satires de Despréaux l'avaient déjà couvert de honte, mais Molière l'accabla. Trissotin était appelé aux premières représentations Tricotin. L'acteur qui le représentait avait affecté, autant qu'il avait pu, de ressembler à l'original par la voix et par le geste. Enfin, pour comble de ridicule, les vers de Trissotin sacrifiés sur le théâtre à la risée publique étaient de l'abbé Cotin même. S'ils avaient été bons, et si leur auteur avait valu quelque chose, la critique sanglante de Molière et celle de Despréaux ne lui eussent pas ôté sa réputation. Molière lui-même avait été joué aussi cruellement sur le théâtre de l'hôtel de Bourgogne, et n'en fut pas moins estimé : le vrai mérite résiste à la satire. Mais Cotin était bien loin de pouvoir se soutenir contre de telles attaques : on dit qu'il fut si accablé de ce dernier coup, qu'il tomba dans une mélancolie qui le conduisit au tombeau. Les satires de Despréaux coûtèrent aussi la vie à l'abbé Cassaigne[2] : triste effet d'une liberté plus dan-

1. Voyez ci-dessus, p. 16 et 17.
2. Cela ne parait pas plus vrai que la légende de la mort de Cotin causée par *les Femmes savantes*. L'abbé Cassaigne mourut en 1679, et la *satire* III, où il y a un trait lancé, en passant, contre

gereuse qu'utile, et qui flatte plus la malignité humaine qu'elle n'inspire le bon goût.

La meilleure satire qu'on puisse faire des mauvais poëtes, c'est de donner d'excellents ouvrages. Molière et Despréaux n'avaient pas besoin d'y ajouter des injures.

lui, parut en 1666. Voltaire a sans doute parlé d'après d'Olivet (*Histoire de l'Académie*, 1729, tome II, p. 144 et 145); mais voyez Berriat-Saint-Prix, *OEuvres de Boileau*, tome I, p. LII et LIII.

ACTEURS[1].

CHRYSALE, bon bourgeois[2].
PHILAMINTE, femme de Chrysale.
ARMANDE, \
HENRIETTE, / filles de Chrysale et de Philaminte.
ARISTE, frère de Chrysale.
BÉLISE, sœur de Chrysale.
CLITANDRE, amant d'Henriette.
TRISSOTIN[3], bel esprit.
VADIUS, savant.
MARTINE, servante de cuisine[4].
L'ÉPINE[5], laquais.
JULIEN, valet de Vadius.
Le Notaire[6].

La scène est à Paris[7].

1. Voyez ci-dessus, p. 47-52 de la *Notice*, la distribution des rôles au temps de Molière, telle que l'a fait connaître *le Mercure* de juillet 1723, et la distribution qui a suivi cette première.
2. Chrysale, bourgeois. (1734.) — Cette qualification de *bon bourgeois* a été expliquée à la *Notice*, p. 48. — L'inventaire de 1673 a décrit le costume que Molière portait dans ce rôle : voyez encore à la *Notice*, même page 48.
3. Sur ce personnage du bel esprit et le nom qu'il avait reçu d'abord, voyez la *Notice*, p. 9 et suivantes. — Voyez-la également, p. 16 et suivantes, sur le nom et le personnage du savant qui suit.
4. Martine, servante. (1734.)
5. L'Épine, valet de Chrysale. (*Ibidem.*)
6. Un notaire. (*Ibidem.*)
7. *La scène est à Paris, dans la maison de Chrysale.* (*Ibidem.*) — Pour « *Trissotin* ou *les Femmes savantes*, a noté le vieux décorateur, le théâtre est une chambre ; il faut deux livres, quatre chaises et

du papier. » Un de ces petits détails de mise en scène, quatre chaises seulement, est intéressant à relever : il nous paraît indiquer qu'à la scène des récitations de Trissotin (la 11ᵈᵉ de l'acte III), Henriette, peu désireuse d'écouter à l'aise et toujours prête à s'éloigner[a], ne s'asseyait même pas. Les deux livres accompagnaient sans doute le billet apporté par Julien à la scène iv de l'acte IV. Le papier devait être pour la table du Notaire.

[a] Par deux fois elle tente de fuir et des *holà!* sévères la ramènent (vers 725 et 933).

LES
FEMMES SAVANTES.
COMÉDIE.

ACTE I.

SCÈNE PREMIÈRE.
ARMANDE, HENRIETTE.

ARMANDE.

Quoi? le beau nom de fille est un titre, ma sœur,
Dont vous voulez quitter la charmante douceur,
Et de vous marier vous osez faire fête¹?
Ce vulgaire dessein vous peut monter en tête?

HENRIETTE.

Oui, ma sœur.

ARMANDE.

Ah! ce « oui »² se peut-il supporter,   5

---

1. Vous osez vous faire fête à vous-même, vous promettre comme une joie, comme un bonheur de vous marier. Faire fête d'une chose à quelqu'un, c'était la vanter beaucoup, en donner une haute ou agréable idée en la lui promettant, en la lui faisant espérer. « Jamais il ne parut si sot, parmi une demi-douzaine de gens à qui elle avoit fait fête de lui. » (*La Critique de l'École des femmes*, scène II, tome III, p. 319.) Comparez deux passages des *Lettres de Malherbe*, tome III de ses *Œuvres*, p. 373, et tome IV, p. 15. Ce qui de ces exemples de la locution distingue le nôtre, c'est l'absence, dans celui-ci, d'un complément indirect de personne.

2. Une petite pause, naturelle ici après *ce* pour permettre de mieux ap-

LES FEMMES SAVANTES.

Et sans un mal de cœur sauroit-on l'écouter?
HENRIETTE.
Qu'a donc le mariage en soi qui vous oblige,
Ma sœur...[1]?
ARMANDE.
Ah, mon Dieu! fi!
HENRIETTE.
Comment?
ARMANDE.
Ah, fi! vous dis-je.
Ne concevez-vous point ce que, dès qu'on l'entend,
Un tel mot à l'esprit offre de dégoûtant? 10
De quelle étrange image on est par lui blessée?
Sur quelle sale vue il traîne la pensée?
N'en frissonnez-vous point? et pouvez-vous, ma sœur,
Aux suites de ce mot résoudre votre cœur[2]?

puyer sur *oui*, devait faire aspirer ce dernier mot; *oui* est également aspiré, et par une raison analogue, aux vers 353, 361 et 1591, 1075 (comparez tome VIII, p. 114). Il y avait, du reste, plutôt non-élision ou non-liaison qu'aspiration, ou du moins il n'y avait qu'une aspiration très-légère, comme on le voit par la remarque de Vaugelas (p. 194 de l'édition de 1670). « Ce mot veut que l'on prononce celui qui le précède tout de même que s'il avoit une *h* consonante devant *oui* et que l'on écrivît *houi*, excepté que l'*h* ne s'aspireroit point.... On prononce donc *un oui* et non pas *un noui*.... Ainsi, quoique l'on écrive *cet oui*, on prononce néanmoins *ce oui*, comme s'il n'y avoit point de *t*, et *ces oui*, comme s'il n'y avoit point d'*s* à *ces*.... » L'interjection *ouais* se détachait de même : voyez au vers 1583. — Quand *oui* est immédiatement uni par la prononciation au mot précédent, quand, par exemple, à la fin d'une phrase, il a le sens d'*assurément*, il ne s'aspire pas du tout et l'*e* qui précède s'élide : voyez ci-après, p. 88, note 1 au vers 397, et aussi, p. 93, note 4 au vers 443.

1. Comme l'indiquent ces points suspensifs de l'édition originale, la phrase est interrompue, et *oblige*, qui termine le vers précédent, est à prendre dans son acception la plus ordinaire ; la pensée qu'Henriette n'a pas le temps d'exprimer est évidemment : « .... qui vous oblige, qui vous force, ma sœur, d'en montrer une telle horreur. »

2. Armande nous fait songer ici à la dernière déclaration de Cathos, à la fin de la scène IV des *Précieuses* (tome II, p. 68). On sent bien, dès le début, que Molière, pour lui avoir donné un langage beaucoup plus relevé, n'a pas voulu faire d'elle une de ces héroïnes chez qui est toute sincère et naturelle la « délicatesse et de termes et de pensées » que les deux

ACTE I, SCÈNE I.

HENRIETTE.

Les suites de ce mot, quand je les envisage, 15
Me font voir un mari, des enfants, un ménage;
Et je ne vois rien là, si j'en puis raisonner,
Qui blesse la pensée et fasse frissonner.

ARMANDE.

De tels attachements, ô Ciel! sont pour vous plaire[1]?

HENRIETTE.

Et qu'est-ce qu'à mon âge on a de mieux à faire, 20
Que d'attacher à soi, par le titre d'époux,
Un homme qui vous aime et soit aimé de vous,
Et de cette union, de tendresse suivie[2],
Se faire les douceurs d'une innocente vie?
Ce nœud, bien assorti, n'a-t-il pas des appas[3]? 25

ARMANDE.

Mon Dieu, que votre esprit est d'un étage bas[4]!
Que vous jouez au monde un petit personnage,
De vous claquemurer[5] aux choses du ménage,
Et de n'entrevoir point de plaisirs plus touchants
Qu'un idole[6] d'époux et des marmots d'enfants! 30

Corneille avaient trouvé à admirer dans le roman de l'abbé de Pure (voyez tome II, p. 25, note 1, une citation de Thomas Corneille).

1. Sont faits pour vous plaire? Ce tour a été relevé un grand nombre de fois : voyez particulièrement au tome VI, p. 235, note 3.

2. De cette union accompagnée de tendresse, de cette tendre union.

3. Même mot au même sens dans le vers 66.

4. Molière a fait du mot *étage* un même emploi figuré dans sa *Préface du Tartuffe* (tome IV, p. 383) : « C'est un haut étage de vertu que cette pleine insensibilité où ils veulent faire monter notre âme. »

5. Se claquemurer, se renfermer étroitement. La formation de ce mot, que Furetière nomme un « terme populaire, » est à remarquer; le rapport qu'ont entre eux ses deux éléments et, par suite, le vrai sens étymologique laissent du doute. A remarquer aussi son emploi avec *à*, au lieu de *dans*.

6. Le genre n'était pas encore fixé. « Ceux qui faisaient *idole* masculin, dit Littré, obéissaient à l'étymologie (*le mot est de terminaison neutre en grec et en latin*); ceux qui le faisaient féminin obéissaient à la terminaison (*française*), qui est féminine. » Voyez une note de M. Marty-Laveaux, au tome II, p. 3 et 4 du *Lexique de Corneille*. La Fontaine avait aussi, en 1668, préféré le masculin (dans sa fable VIII du livre IV).

Laissez aux gens grossiers, aux personnes vulgaires,
Les bas amusements de ces sortes d'affaires ;
A de plus hauts objets élevez vos desirs,
Songez à prendre un goût des plus nobles plaisirs[1],
Et traitant de mépris[2] les sens et la matière,   35
A l'esprit comme nous donnez-vous toute[3] entière.
Vous avez notre mère en exemple à vos yeux[4],
Que du nom de savante on honore en tous lieux :
Tâchez ainsi que moi de vous montrer sa fille,
Aspirez aux clartés[5] qui sont dans la famille,   40
Et vous rendez sensible aux charmantes douceurs
Que l'amour de l'étude épanche dans les cœurs ;.
Loin d'être aux lois d'un homme en esclave asservie,
Mariez-vous, ma sœur, à la philosophie,
Qui nous monte au-dessus de tout le genre humain[6],   45
Et donne à la raison l'empire souverain,
Soumettant à ses lois la partie animale,
Dont l'appétit grossier aux bêtes nous ravale[7].

1. Songez à prendre quelque goût aux plus nobles plaisirs.
2. Avec mépris. Corneille a plusieurs fois employé cette expression, ainsi que celles de *traiter d'oubli, de rigueur, de confidence* (voyez son *Lexique*) :

    Le trône qu'à vos yeux j'ai traité de mépris.
      (*La Toison d'or*, 1660, acte IV, scène IV, vers 1666.)

3. Telle est bien, comme au vers 627, l'orthographe archaïque des anciens textes.
4. Servant à vos yeux d'exemple.
5. Aux lumières, à la science. Le mot reviendra aux vers 218 et 856 :

    Je consens qu'une femme ait des clartés de tout,

quelque connaissance de tout, des connaissances sur toutes choses;

    .... Nous fermer la porte aux sublimes clartés.

6. Corneille, dans *l'Illusion* (vers 1320, 1343 et 1344, tome II, p. 506 et 521), a employé deux fois *monter* avec ce sens figuré d'*élever* :

    Deux ans les ont montés en haut degré d'honneur.

    Est-ce là cette gloire et ce haut rang d'honneur
    Où le devoit monter l'excès de son bonheur?

7. M. Livet compare l'emploi qui est fait ici, après *ravale*, de la préposition *à*, se rapprochant de *jusqu'à*, à son emploi après *tomber*, au vers 96.

Ce sont là les beaux feux, les doux attachements,
Qui doivent de la vie occuper les moments ; 50
Et les soins où je vois tant de femmes sensibles
Me paroissent aux yeux des pauvretés horribles.

HENRIETTE.

Le Ciel, dont nous voyons que l'ordre est tout-puissant,
Pour différents emplois nous fabrique en naissant ;
Et tout esprit n'est pas composé d'une étoffe 55
Qui se trouve taillée à faire un philosophe.
Si le vôtre est né propre aux élévations[1]
Où montent des savants les spéculations,
Le mien est fait, ma sœur, pour aller terre à terre,
Et dans les petits soins son foible[2] se resserre. 60
Ne troublons point du Ciel les justes règlements,
Et de nos deux instincts suivons les mouvements :
Habitez, par l'essor d'un grand et beau génie,
Les hautes régions de la philosophie,
Tandis que mon esprit, se tenant ici-bas, 65
Goûtera de l'hymen les terrestres appas.
Ainsi, dans nos desseins l'une à l'autre contraire,
Nous saurons toutes deux imiter notre mère :
Vous, du côté de l'âme et des nobles desirs,
Moi, du côté des sens et des grossiers plaisirs ; 70
Vous, aux productions d'esprit et de lumière,
Moi, dans celles, ma sœur, qui sont de la matière.

ARMANDE.

Quand sur une personne on prétend se régler,
C'est par les beaux côtés qu'il lui faut ressembler[3] ;

---

1. Aux sublimes contemplations, aux hautes conceptions, aux théories transcendantes.
2. Le faible, le défaut de force, ce qu'il y a de défectueux en quelqu'un ou quelque chose. Voyez à l'article FAIBLE, 13°-17°, les diverses explications, dont les nuances se confondent quelque peu, que Littré donne de cet adjectif pris substantivement. Il en cite plusieurs exemples de notre auteur.
3. Brossette nous apprend que Boileau se souvenait d'avoir lu, sur le

Et ce n'est point du tout la prendre pour modèle, 75
Ma sœur, que de tousser et de cracher comme elle [1].

HENRIETTE.

Mais vous ne seriez pas ce dont vous vous vantez,
Si ma mère n'eût eu que de ces beaux côtés;
Et bien vous prend, ma sœur, que son noble génie

manuscrit ou sur une épreuve de Molière, au lieu de ces deux vers, ceux-ci :

Quand sur une personne on prétend s'ajuster,
C'est par ses beaux côtés qu'il la faut imiter.

Après les avoir cités ainsi, tels que Boileau les lui avait dits, Brossette ajoute (f° 12 v° de ses notes manuscrites, immédiatement à la suite du passage que nous en avons rapporté au vers 55 du *Misanthrope*, tome V, p. 447, note 3) : « M. Despréaux lui ayant fait sentir la foiblesse de ces deux derniers vers, Molière pria M. Despréaux de les rajuster, tandis qu'il alloit sortir un moment avec sa femme (car M. Despréaux étoit alors chez Molière). M. Despréaux s'en défendit, mais il ne laissa pas de les changer ainsi :

Quand sur une personne on prétend se régler,
C'est par les beaux endroits qu'il lui faut ressembler.

M. Molière approuva le changement, et il n'a pas laissé, dans l'impression, de conserver *c'est par les beaux côtés*, ce qui fait une consonnance vicieuse avec la fin du vers : outre qu'on ne dit pas (*cette critique est-elle vraiment de Boileau?*) « ressembler à quelqu'un par ses beaux côtés. » Mais j'ai remarqué que Molière avoit conservé le mot de *côtés* pour une rime (*afin de s'en servir pour une rime*) qui vient quatre vers après :

Mais vous ne seriez pas ce dont vous vous vantez,
Si ma mère n'eût eu que de ces beaux côtés. »

1. « Ces deux vers, dit Auger, sont évidemment empruntés à la prose plaisante, bien qu'un peu cynique, du vieux roman de Sorel, intitulé *la Vraie histoire comique de Francion* » (voyez au livre XI, p. 441, de l'édition de M. Colombey). Joachim du Bellay, dans sa *Défense et illustration de la langue françoise* (livre II, chapitre III, f° 24 r° de l'édition de 1568), avait dit d'une façon plus générale, mais aussi moins expressive : « Regarde notre imitateur (*Que notre imitateur regarde*) premièrement ceux qu'il voudra imiter, et ce qu'en eux il pourra et qui se doit imiter, pour ne faire comme ceux qui, voulants apparoître semblables à quelque grand seigneur, imiteront plus tôt un petit geste et façon de faire vicieuse de lui que ses vertus et bonnes grâces. » — Schiller se souvenait peut-être de ce trait de Molière, quand, à la scène VI du *Camp de Wallenstein*, il a fait dire au *Premier Chasseur*, se moquant du *Maréchal des logis*, qui se vante d'avoir pu étudier de près le vrai modèle, leur grand général : « Elle vous a mal profité la leçon. Sa manière de tousser, de cracher, vous l'avez heureusement copiée. Mais son génie, je pense, son esprit, ce n'est pas à la parade qu'il se montre. » (*Traduction de M. Regnier.*)

N'ait pas vaqué toujours à la philosophie¹. 80
De grâce, souffrez-moi, par un peu de bonté,
Des bassesses² à qui vous devez la clarté³ ;
Et ne supprimez point, voulant qu'on vous seconde⁴,
Quelque petit savant qui veut venir au monde.

ARMANDE.

Je vois que votre esprit ne peut être guéri 85
Du fol entêtement de vous faire un mari ;
Mais sachons, s'il vous plaît, qui vous songez à prendre :
Votre visée au moins n'est pas mise à Clitandre⁵ ?

HENRIETTE.

Et par quelle raison n'y seroit-elle pas ?
Manque-t-il de mérite ? est-ce un choix qui soit bas ? 90

1. « Cet argument comique, dit Auger, comparant deux passages bien différents de ton et de style, en rappelle un tout semblable que Racine a mis dans la bouche de Théramène, parlant à Hippolyte :

> Vous-même où seriez-vous, vous qui la combattez ᵃ,
> Si toujours Antiope, à ses lois opposée,
> D'une pudique ardeur n'eût brûlé pour Thésée ? »

(*Phèdre*, 1677, acte I, scène I, vers 124-126 ; voyez au tome III des *OEuvres de Racine*, p. 311 et note 1.)

2. Souffrez, tolérez en moi, permettez-moi des bassesses.... Corneille a une semblable construction dans son épître de 1667 *au Roi* (tome X, p. 188, vers 63) :

> C'est tout ce que des ans me peut souffrir la glace ;

et Molière a déjà plusieurs fois employé *souffrir*, ayant ce sens de *permettre*, avec un infinitif joint par *de* et un pronom personnel régime indirect : voyez tome V, p. 532, les vers 1479 et 1480 du *Misanthrope*, et la note 3, et tome VIII, p. 292, le vers 471 de *Psyché*.

3. Le jour, la vie.

4. *Voulant*, en voulant *qu'on vous seconde* dans votre lutte pour l'esprit et contre la matière, contre les « grossiers plaisirs, » c'est-à-dire : en voulant me persuader à moi aussi de suivre votre exemple, de me donner, comme vous, à l'esprit tout entière. Aux vers 290 et 1599, nous trouverons *seconder* dans son acception la plus ordinaire, d'*aider*, *appuyer*. On peut rapprocher de l'emploi fait ici de ce verbe les vers 152 de la *Mélite* de Corneille et 1575 de son *Horace*, où il a des nuances de signification qui aisément, comme celle de ce passage-ci, se déduisent du sens premier et s'y ramènent.

5. Vous n'avez pas pris votre visée à, vers Clitandre, vos vues ne vont pas à Clitandre ?

ᵃ Qui combattez Vénus.

ARMANDE.

Non; mais c'est un dessein qui seroit malhonnête,
Que de vouloir d'un autre¹ enlever la conquête;
Et ce n'est pas un fait dans le monde ignoré
Que Clitandre ait² pour moi hautement soupiré.

HENRIETTE.

Oui; mais tous ces soupirs chez vous sont choses vaines, 95
Et vous ne tombez point aux bassesses humaines;
Votre esprit à l'hymen renonce pour toujours,
Et la philosophie a toutes vos amours :
Ainsi, n'ayant au cœur nul dessein pour Clitandre,
Que vous importe-t-il qu'on y puisse prétendre ? 100

ARMANDE.

Cet empire que tient la raison sur les sens
Ne fait pas renoncer aux douceurs des encens³,
Et l'on peut pour époux refuser un mérite⁴
Que pour adorateur on veut bien à sa suite.

HENRIETTE.

Je n'ai pas empêché qu'à vos perfections 105
Il n'ait continué ses adorations;
Et je n'ai fait que prendre, au refus de votre âme,
Ce qu'est venu m'offrir l'hommage de sa flamme.

ARMANDE.

Mais à l'offre des vœux d'un amant dépité
Trouvez-vous, je vous prie, entière sûreté ? 110

---

1. « D'un autre », dans les textes de 1673, 74, 82, et dans les trois éditions étrangères : voyez, au tome I, p. 438, note 2. — D'une autre. (1718, 33, 34.) C'est aussi le féminin : « d'une autre » que nous avons plus loin, aux vers 1185 et 1241.

2. Auger condamne ce subjonctif; mais il est justifié par le tour négatif auquel il est subordonné.

3. Molière a déjà donné à ce pluriel, à l'exemple de Corneille, le sens d'*hommages*, de *culte* (voyez, au tome VIII, p. 275, le vers 66 de *Psyché* et la note 1); plus loin, aux vers 230 et 960, il équivaut, ce qui au fond diffère peu, à *grandes louanges, coups d'encensoir*.

4. La qualité, pour le qualifié, un homme de mérite.

Croyez-vous pour vos yeux sa passion bien forte,
Et qu'en son cœur pour moi toute flamme soit morte?
HENRIETTE.
Il me le dit, ma sœur, et, pour moi, je le croi.
ARMANDE.
Ne soyez pas, ma sœur, d'une si bonne foi[1],
Et croyez, quand il dit qu'il me quitte et vous aime, 115
Qu'il n'y songe pas bien et se trompe lui-même.
HENRIETTE.
Je ne sais; mais enfin, si c'est votre plaisir,
Il nous est bien aisé de nous en éclaircir :
Je l'aperçois qui vient, et sur cette matière
Il pourra nous donner une pleine lumière. 120

SCÈNE II.

CLITANDRE, ARMANDE, HENRIETTE.

HENRIETTE.
Pour me tirer d'un doute où me jette ma sœur,
Entre elle et moi, Clitandre, expliquez votre cœur;
Découvrez-en le fond, et nous daignez apprendre
Qui de nous à vos vœux est en droit de prétendre.
ARMANDE.
Non, non : je ne veux point à votre passion 125
Imposer la rigueur d'une explication;
Je ménage les gens, et sais comme embarrasse
Le contraignant effort de ces aveux en face[2].

---

1. N'y ajoutez pas foi si bonnement.
2. Célimène exprime ainsi, pour son propre compte, l'excuse qu'Armande veut suggérer à Clitandre (*le Misanthrope*, vers 1629-1632) :

.... Je souffre, à vrai dire, une gêne trop forte
A prononcer en face un aveu de la sorte :

CLITANDRE.

Non, Madame, mon cœur, qui dissimule peu,
Ne sent nulle contrainte à faire un libre aveu ;
Dans aucun embarras un tel pas ne me jette,
Et j'avouerai tout haut, d'une âme franche et nette,
Que les tendres liens où je suis arrêté,
Mon amour et mes vœux¹ sont tout² de ce côté.
Qu'à nulle émotion cet aveu ne vous porte :
Vous avez bien voulu les choses de la sorte.
Vos attraits m'avoient pris, et mes tendres soupirs
Vous ont assez prouvé l'ardeur de mes desirs ;
Mon cœur vous consacroit une flamme immortelle ;
Mais vos yeux n'ont pas cru leur conquête assez belle.
J'ai souffert sous leur joug cent mépris différents,
Ils régnoient sur mon âme en superbes tyrans,
Et je me suis cherché, lassé de tant de peines,
Des vainqueurs plus humains et de moins rudes chaînes :
Je les ai rencontrés, Madame,³ dans ces yeux,
Et leurs traits à jamais me seront précieux ;
D'un regard pitoyable⁴ ils ont séché mes larmes,
Et n'ont pas dédaigné le rebut de vos charmes⁵ ;
De si rares bontés m'ont si bien su toucher,
Qu'il n'est rien qui me puisse à mes fers arracher ;

> Je trouve que ces mots, qui sont désobligeants,
> Ne se doivent point dire en présence des gens.

1. *Montrant Henriette.* (1734.)
2. *Tout*, adverbe, entièrement. Aucune de nos éditions n'a *tous*.
3. *Montrant Henriette.* (1734.)
4. D'un regard qui a eu pitié, plein de pitié. Comparez le vers 1568 de *Dom Garcie de Navarre*, tome II, p. 316.
5. Celui qui s'était vu rebuté par votre charmante personne. Ce mot de *rebut* est singulièrement adouci par la façon dont Clitandre se l'applique à lui-même : comparez l'emploi tout autrement énergique qui en est fait par la prude Arsinoé au vers 1727 du *Misanthrope ;* Alceste dit aussi, dans la même pièce (au vers 1794), avec plus d'amertume :

> .... Ce seroit pour vous un hommage trop bas
> Que le rebut d'un cœur qui ne vous valoit pas.

Et j'ose maintenant vous conjurer, Madame,
De ne vouloir tenter nul effort sur ma flamme,
De ne point essayer à rappeler un cœur
Résolu de mourir dans cette douce ardeur.

ARMANDE.

Eh! qui vous dit, Monsieur, que l'on ait cette envie, 155
Et que de vous enfin si fort on se soucie?
Je vous trouve plaisant de vous le figurer,
Et bien impertinent de me le déclarer[1].

HENRIETTE.

Eh! doucement, ma sœur. Où donc est la morale
Qui sait si bien régir la partie animale, 160
Et retenir[2] la bride aux efforts du courroux?

ARMANDE.

Mais vous qui m'en parlez, où la pratiquez-vous,
De répondre à l'amour[3] que l'on vous fait paroître[4]
Sans le congé de ceux qui vous ont donné l'être?
Sachez que le devoir vous soumet à leurs lois, 165
Qu'il ne vous est permis d'aimer que par leur choix,
Qu'ils ont sur votre cœur l'autorité suprême,
Et qu'il est criminel d'en disposer vous-même.

---

1. Arsinoé, dans *le Misanthrope* (acte *V*, scène dernière, vers 1723-1726), dit de même à Alceste qui la refuse :

> Hé! croyez-vous, Monsieur, qu'on ait cette pensée,
> Et que de vous avoir on soit tant empressée?
> Je vous trouve un esprit bien plein de vanité,
> Si de cette créance il peut s'être flatté. (*Note d'Auger.*)

M. Moland fait remarquer que la situation est encore la même à la fin de la scène III de l'acte I de *Psyché* : voyez tome VIII, p. 293 et note 2.

2. *Retenir* semble bien marquer une résistance plus grande à l'effort que ne ferait le simple *tenir*, employé dans la même locution au vers 347 du *Misanthrope*.

3. Où est celle que vous pratiquez, quand vous répondez à l'amour?... Répondre à l'amour.... est-ce là pratiquer la morale? *De répondre* équivaut à *en répondant*, exemple à remarquer de l'ancienne élasticité de sens de la préposition *de*. Comparez, pour ce tour, le vers 855.

4. Dans les textes de 1673, 74, 82, 97, 1730, et dans les trois éditions étrangères, on a imprimé *parestre*, pour la rime avec *estre*.

HENRIETTE.

Je rends grâce aux bontés que vous me faites voir
De m'enseigner si bien les choses du devoir ; 170
Mon cœur sur vos leçons veut régler sa conduite ;
Et pour vous faire voir, ma sœur, que j'en profite,
Clitandre, prenez soin d'appuyer votre amour
De l'agrément de ceux dont j'ai reçu le jour ;
Faites-vous sur mes vœux un pouvoir légitime, 175
Et me donnez moyen de vous aimer sans crime.

CLITANDRE.

J'y vais de tous mes soins travailler hautement,
Et j'attendois de vous ce doux consentement.

ARMANDE.

Vous triomphez, ma sœur, et faites une mine
A vous imaginer[1] que cela me chagrine. 180

HENRIETTE.

Moi, ma sœur, point du tout : je sais que sur vos sens
Les droits de la raison sont toujours tout-puissants ;
Et que par les leçons qu'on prend dans la sagesse,
Vous êtes au-dessus d'une telle foiblesse.
Loin de vous soupçonner d'aucun chagrin[2], je croi 185
Qu'ici vous daignerez vous employer pour moi,
Appuyer sa demande, et de votre suffrage
Presser l'heureux moment de notre mariage.
Je vous en sollicite ; et pour y travailler....

ARMANDE.

Votre petit esprit se mêle de railler, 190

---

1. Et faites une mine telle, que visiblement vous allez jusqu'à vous imaginer..., et vous avez toute la mine de vous imaginer.... On peut faire ici sur la préposition *à* une remarque analogue à celle qui termine la note 3 de la page 69, sur *de*.

2. La première traduction que Littré donne du mot *chagrin* est « déplaisir qui peut être causé soit par une affliction, soit par un ennui, soit par une colère. » Le mot a bien ici dans son sens le premier et le dernier motif ; et un peu plus loin, au vers 245, les deux derniers.

Et d'un cœur qu'on vous jette on vous voit toute fière.
                    HENRIETTE.
Tout jeté qu'est ce cœur, il ne vous déplaît guère ;
Et si vos yeux sur moi le pouvoient ramasser,
Ils prendroient aisément le soin de se baisser.
                    ARMANDE.
A répondre à cela je ne daigne descendre,   195
Et ce sont sots discours qu'il ne faut pas entendre.
                    HENRIETTE.
C'est fort bien fait à vous, et vous nous faites voir
Des modérations qu'on ne peut concevoir[1].

SCÈNE III.

CLITANDRE, HENRIETTE.

                    HENRIETTE.
Votre sincère aveu ne l'a pas peu surprise.
                    CLITANDRE.
Elle mérite assez une telle franchise,   200
Et toutes les hauteurs de sa folle fierté
Sont dignes tout au moins de ma sincérité.
Mais puisqu'il m'est permis, je vais à votre père,
Madame....
                    HENRIETTE.
         Le plus sûr est de gagner ma mère :
Mon père est d'une humeur à consentir à tout,   205
Mais il met peu de poids aux choses qu'il résout[2] ;
Il a reçu du Ciel certaine bonté d'âme,
Qui le soumet d'abord à ce que veut sa femme ;

---

1. Inconcevables, fort étonnantes.
2. Il appuie faiblement les choses qu'il résout, il ne donne pas de force, de poids à ses résolutions, les laissant encore flotter après les avoir prises ou avoir eu l'air de les prendre.

C'est elle qui gouverne, et d'un ton absolu
Elle dicte pour loi ce qu'elle a résolu. 210
Je voudrois bien vous voir pour elle, et pour ma tante,
Une âme, je l'avoue, un peu plus complaisante,
Un esprit qui, flattant les visions du leur,
Vous pût de leur estime attirer la chaleur.

CLITANDRE.

Mon cœur n'a jamais pu, tant il est né sincère, 215
Même dans votre sœur flatter leur caractère,
Et les femmes docteurs ne sont point de mon goût.
Je consens qu'une femme ait des clartés de tout[1] ;
Mais je ne lui veux point la passion choquante
De se rendre savante afin d'être savante[2] ; 220
Et j'aime que souvent, aux questions qu'on fait,
Elle sache ignorer les choses qu'elle sait ;
De son étude enfin je veux qu'elle se cache,
Et qu'elle ait du savoir sans vouloir qu'on le sache,
Sans citer les auteurs, sans dire de grands mots, 225
Et clouer de l'esprit à ses moindres propos[3].

1. Voyez ci-dessus, au vers 40, p. 62 et note 5.
2. « Considérez, écrivait la Fontaine à sa femme le 25 août 1663 (tome III, p. 311 et 312 de l'édition de M. Marty-Laveaux),... l'utilité que ce vous seroit, si en badinant je vous avois accoutumée à l'histoire soit des lieux, soit des personnes : vous auriez de quoi vous désennuyer toute votre vie, pourvu que ce soit sans intention de rien retenir, moins encore de rien citer : ce n'est pas une bonne qualité pour une femme d'être savante, et c'en est une très-mauvaise d'affecter de paroître telle. » A de plus savantes Montaigne avait, de son aimable manière, donné des conseils semblables (chapitre III du livre III, tome III, p. 237-239).
3. « Dans *les Femmes savantes*, dit M. Rathery (p. 86-88 de sa *Notice sur Mlle de Scudery*[a]),... il y a bien encore plus d'un trait dont les précieuses et Mlle de Scudery peuvent prendre leur part, mais les critiques sont plus générales..., et la question de l'instruction qui convient aux femmes est plus nettement posée. Clitandre, qui représente le juste milieu dans cette question..., ne fait presque que rendre en vers ce que Mlle de Scudery avait dit en prose longtemps auparavant.... Écoutons Sapho s'expliquant sur ce.... sujet :
« Encore que je voulusse que les femmes sussent plus de choses qu'elles n'en
« savent pour l'ordinaire, je ne veux pourtant jamais qu'elles agissent ni

[a] Voyez ci-dessus à la *Notice*, p. 18, note 3.

Je respecte beaucoup Madame votre mère ;
Mais je ne puis du tout approuver sa chimère,
Et me rendre l'écho des choses qu'elle dit[1],
Aux encens qu'elle donne à son héros d'esprit[2].   230
Son Monsieur Trissotin me chagrine, m'assomme,
Et j'enrage de voir qu'elle estime un tel homme,
Qu'elle nous mette au rang des grands et beaux esprits
Un benêt dont partout on siffle les écrits,
Un pédant dont on voit la plume libérale   235
D'officieux[3] papiers fournir toute la halle.

HENRIETTE.

Ses écrits, ses discours, tout m'en semble ennuyeux,
Et je me trouve assez votre goût et vos yeux ;
Mais, comme sur ma mère il a grande puissance,
Vous devez vous forcer à quelque complaisance.   240
Un amant fait sa cour où s'attache son cœur[4],
Il veut de tout le monde y[5] gagner la faveur ;
Et, pour n'avoir personne à sa flamme contraire,

« qu'elles parlent en savantes. Je veux donc bien qu'on puisse dire d'une
« personne de mon sexe qu'elle sait cent choses dont elle ne se vante pas,
« qu'elle a l'esprit fort éclairé, qu'elle connoît finement les beaux ouvrages,
« qu'elle parle bien, qu'elle écrit juste et qu'elle sait le monde, mais je ne
« veux pas qu'on puisse dire d'elle : C'est une femme savante.... Ce n'est pas
« que celle qu'on n'appellera point savante ne puisse savoir autant et plus
« de choses que celle à qui on donnera ce terrible nom, mais c'est qu'elle
« se sait mieux servir de son esprit, et qu'elle sait cacher adroitement ce que
« l'autre montre mal à propos. » (*Artamène* ou *le Grand Cyrus*, dixième et
dernière partie, 1653, livre II[4], p. 677 et 678.) Ainsi Mlle de Scudery, près
de vingt ans avant la comédie des *Femmes savantes*, semblait protester contre
ce *terrible nom*, et contre toute solidarité avec les Bélise et les Philaminte de
l'avenir. » Voyez encore au même livre du *Cyrus*, p. 562-564.

1. Faire écho aux choses qu'elle dit.

2. Quand elle se met aux louanges de..., quand je l'entends louer, quand je la vois encenser...; rapprochez le vers 306 : sur la valeur d'*à* dans cette tournure, voyez au vers 944 du *Tartuffe* et au vers 570 d'*Amphitryon*.

3. *Officieux*, rendant service, va bien avec *libérale* : des papiers rendant de bons offices aux gens de la halle, commodes pour envelopper leurs marchandises.

4. *Où s'attache son cœur*, dans la maison, dans la famille, où son cœur se trouve attaché, où l'attire l'objet auquel son cœur est attaché.

5. Là, dans ce même lieu où il aime.

Jusqu'au chien du logis il s'efforce de plaire[1].
CLITANDRE.
Oui, vous avez raison; mais Monsieur Trissotin   245
M'inspire au fond de l'âme un dominant chagrin.
Je ne puis consentir, pour gagner ses suffrages,
A me déshonorer en prisant ses ouvrages;
C'est par eux qu'à mes yeux il a d'abord paru,
Et je le connoissois avant que l'avoir vu[2].   250
Je vis, dans le fatras des écrits qu'il nous donne,
Ce qu'étale en tous lieux sa pédante personne :
La constante hauteur de sa présomption,
Cette intrépidité de bonne opinion,
Cet indolent état de confiance extrême   255
Qui le rend en tout temps si content de soi-même,
Qui fait qu'à son mérite incessamment il rit,
Qu'il se sait si bon gré de tout ce qu'il écrit[3],

---

1. Il est probable, malgré la grande différence des mœurs que Plaute a données aux personnages de sa scène et de la situation où il les a placés, qu'il y a ici un souvenir de l'*Asinaire*. A la scène III de l'acte I (vers 168-170), Cléérète, vieille mère d'une jeune courtisane qu'elle exploite, motive, au point de vue de ses intérêts et dans le langage le plus convenable à son caractère, sa prédilection pour tout amateur nouveau venu, et, entre autres mérites, malicieusement énumérés, lui trouve celui-ci :

> *Volt placere sese amicæ, volt mihi, volt pedisequæ,*
> *Volt famulis, volt etiam ancillis; et quoque catulo meo*
> *Subblanditur novos amator, se ut quom videat, gaudeat.*

« Il n'a qu'un souci, plaire à sa maîtresse, à moi, à la femme de chambre, aux domestiques, aux servantes; et même, le nouvel amoureux, il flatte jusqu'à mon roquet pour s'en faire bien venir. » (*Traduction de Sommer.*) La Fontaine aussi, se rapprochant plus du ton de Cléérète que de celui d'Henriette, avait dit, en 1671, dans *la Mandragore* (conte II de la IIIᵉ partie) :

> Il sut dans peu la carte du pays,...
> Comment gagner les confidents d'amours,
> Et la nourrice et le confesseur même,
> Jusques au chien : tout y fait quand on aime,
> Tout tend aux fins.

2. Un exemple d'*avant que*, au lieu d'*avant que de* ou d'*avant de*, devant un infinitif, se trouve déjà au vers 702 d'*Amphitryon*.

3. Ces derniers traits rappellent quelques vers, assurément moins frap-

Et qu'il ne voudroit pas changer sa renommée
Contre tous les honneurs d'un général d'armée[1].   260
HENRIETTE.
C'est avoir de bons yeux que de voir tout cela.
CLITANDRE.
Jusques à sa figure encor la chose alla,
Et je vis par les vers qu'à la tête il nous jette,
De quel air il falloit que fût fait le poëte;
Et j'en avois si bien deviné tous les traits,   265
Que rencontrant un homme un jour dans le Palais[2],

pants, que Boileau a imités d'une épître d'Horace (la II^{de} du livre II, vers 106-108), à la fin de sa II^{de} satire, adressée par lui à Molière en 1664 :

> Un sot en écrivant fait tout avec plaisir :
> Il n'a point en ses vers l'embarras de choisir,
> Et toujours amoureux de ce qu'il vient d'écrire,
> Ravi d'étonnement, en soi-même il s'admire.

C'est après avoir entendu la lecture des vers qui suivent ceux-là :

> Mais un esprit sublime....
> Il plaît à tout le monde et ne sauroit se plaire,

que Molière fit à Boileau la déclaration suivante, que nous a conservée Brossette dans son commentaire (tome I, 1716, p. 26) : « En cet endroit, Molière dit à notre auteur, en lui serrant la main : « Voilà la plus belle vérité que « vous ayez jamais dite. Je ne suis pas du nombre de ces esprits sublimes « dont vous parlez; mais tel que je suis, je n'ai rien fait en ma vie dont je « sois véritablement content. »

1. Pour voir à plein cette intrépidité de bonne opinion, cette vaniteuse confiance dont parle Clitandre, il n'y a qu'à feuilleter les *OEuvres galantes* de l'abbé Cotin : presque chaque pièce y est précédée d'une lettre où un correspondant ou plutôt une correspondante l'annonce, au moins dans un post-scriptum, comme un chef-d'œuvre. Nous choisissons ces deux plaisants exemples : Page 69 (Ire partie, 2de édition, 1665), on lit : « Vous avez fait une peinture de la M. de C. qui vaut un original du Titien : je vous en demande une copie. » Suit le *Portrait d'Astérie*. — Page 405 (II^{de} partie), la première des *Léontines* contient cette recommandation du libelle de *la Ménagerie* (voyez ci-après, p. 171, note *d*) : « Quoique toutes les pièces soient bonnes de ceux qui écrivent bien, il y en a toujours quelqu'unes (*sic*) qui plaisent davantage. *La Solitude* de Saint-Aman est de plus haut prix que le reste, et la *Mariane* de Tristan est sa merveille. Votre *Ménagerie*, Monsieur, est ainsi le chef-d'œuvre de vos OEuvres galantes et récréatives. »

2. Le Palais de justice, dont une ordonnance royale de 1671, prescrivant d'en dégager les avenues, par la construction de deux nouvelles cours, disait : il « est aujourd'hui le centre de la ville et le lieu du plus grand concours de

Je gageai que c'étoit Trissotin en personne,
Et je vis qu'en effet la gageure étoit bonne.

HENRIETTE.

Quel conte!

CLITANDRE.

Non; je dis la chose comme elle est.
Mais je vois votre tante. Agréez, s'il vous plaît, 270
Que mon cœur lui déclare ici notre mystère,
Et gagne sa faveur auprès de votre mère.

SCÈNE IV.

CLITANDRE, BÉLISE[1].

CLITANDRE.

Souffrez, pour vous parler, Madame, qu'un amant
Prenne l'occasion de cet heureux moment,
Et se découvre à vous de la sincère flamme.... 275

---

ses habitants : » voyez l'*Histoire de Paris* par Théophile Lavallée (1857), 2ᵉ série, p. 36. « Sous les successeurs de Louis XI, dit cet historien (p. 35 et 36), le Palais cessa.... d'être la demeure royale et ne fut plus que le séjour de la justice, c'est-à-dire du Parlement, de la Cour des comptes,... de la Cour des aides,... de la Connétablie et d'une foule d'autres juridictions particulières. En même temps, des marchands vinrent s'établir à ses portes, dans ses galeries et ses escaliers.... » Sous Louis XIII déjà, « les galeries étaient devenues.... un lieu de promenade très-fréquenté, même par la noblesse, qui venait courtiser les marchandes dans leurs boutiques. Les plus renommées de ces boutiques étaient celles des libraires. » Les marchandises nouvelles, les livres nouveaux surtout, y étaient étalés et criés (voyez la *Préface* des *Précieuses*, tome II, p. 48), et, comme nous l'apprendra Vadius (au vers 957), l'occasion pouvait s'offrir, dans quelque bon coin, d'y réciter des vers inédits. Voyez au tome II du *Corneille* de M. Marty-Laveaux, p. 3 et suivantes, la *Notice* de *la Galerie du Palais* (1634), et aussi un passage, indiqué par Aimé-Martin, de *la Vraie histoire comique de Francion*, par Charles Sorel (publiée, croit-on, en 1622), livre IV, p. 170-173 de l'édition de M. Colombey.

1. BÉLISE, CLITANDRE. (1734.)

BÉLISE.

Ah! tout beau, gardez-vous de m'ouvrir trop votre âme :
Si je vous ai su mettre au rang de mes amants,
Contentez-vous des yeux pour vos seuls truchements[1],
Et ne m'expliquez point par un autre langage
Des desirs qui chez moi passent pour un outrage ;　280
Aimez-moi, soupirez, brûlez pour mes appas,
Mais qu'il me soit permis de ne le savoir pas :
Je puis fermer les yeux sur vos flammes secrètes,
Tant que vous vous tiendrez aux muets interprètes ;
Mais si la bouche vient à s'en vouloir mêler,　285
Pour jamais de ma vue il vous faut exiler[2].

CLITANDRE.

Des projets de mon cœur ne prenez point d'alarme :
Henriette, Madame, est l'objet qui me charme,
Et je viens ardemment conjurer vos bontés
De seconder l'amour que j'ai pour ses beautés.　290

BÉLISE.

Ah! certes le détour est d'esprit, je l'avoue :
Ce subtil faux-fuyant mérite qu'on le loue,
Et, dans tous les romans où j'ai jeté les yeux,

---

1. Ces expressions d'*yeux pour truchements*, et, quelques vers plus loin, de *muets interprètes*[a], que Molière met ici dans la bouche d'une vieille folle, Corneille les a prêtées à un personnage raisonnable de sa comédie intitulée *la Suivante* (1634). Théante, un des amoureux, dit (*acte I, scène II, vers* 98-104, *tome II du* Corneille, *p.* 131) :

>   Au langage des yeux son amour est réduite ;
>   Mais n'est-ce pas assez pour se communiquer ?
>   Que faut-il aux amants de plus pour s'expliquer ?
>   . . . .
>   L'un dans l'autre à tous coups leurs regards se confondent,
>   Et d'un commun aveu ces muets truchements
>   Ne se disent que trop leurs amoureux tourments.
>   (*Note d'Auger.*)

2. Le vers prête à deux sens ou du moins à deux explications : « Pour jamais, je vous le déclare, il faut que vous vous exiliez ; » ou, avec ellipse d'un second pronom : « il me faut vous exiler. »

[a] Comparez encore le vers 384 :
>   Les muets truchements ont tous fait leur office.

Je n'ai rien rencontré de plus ingénieux.
CLITANDRE.
Ceci n'est point du tout un trait d'esprit, Madame, 295
Et c'est un pur aveu de ce que j'ai dans l'âme.
Les Cieux, par les liens d'une immuable ardeur,
Aux beautés d'Henriette ont attaché mon cœur;
Henriette me tient sous son aimable empire,
Et l'hymen d'Henriette est le bien où j'aspire : 300
Vous y pouvez beaucoup, et tout ce que je veux,
C'est que vous y daigniez favoriser mes vœux.
BÉLISE.
Je vois où doucement veut aller la demande,
Et je sais sous ce nom ce qu'il faut que j'entende;
La figure[1] est adroite, et, pour n'en point sortir 305
Aux choses que mon cœur m'offre à vous repartir[2],
Je dirai qu'Henriette à l'hymen est rebelle,
Et que sans rien prétendre il faut brûler pour elle.
CLITANDRE.
Eh! Madame, à quoi bon un pareil embarras,
Et pourquoi voulez-vous penser ce qui n'est pas ? 310
BÉLISE.
Mon Dieu! point de façons; cessez de vous défendre
De ce que vos regards m'ont souvent fait entendre :
Il suffit que l'on est contente du détour
Dont s'est adroitement avisé votre amour,
Et que, sous la figure où le respect l'engage, 315
On veut bien se résoudre à souffrir son hommage,
Pourvu que ses transports, par l'honneur éclairés,
N'offrent à mes autels que des vœux épurés.
CLITANDRE.
Mais....

1. Le symbole, et, au vers 315, le voile.
2. Dans les choses, en vous disant les choses que, pour vous répondre, me dicte mon cœur; dans la réponse sincère que je trouve à vous faire : voyez p. 73, le vers 230 et la note 2.

BÉLISE.

Adieu : pour ce coup, ceci doit vous suffire,
Et je vous ai plus dit que je ne voulois dire.   320

CLITANDRE.

Mais votre erreur....,

BÉLISE.

Laissez, je rougis maintenant,
Et ma pudeur s'est fait un effort surprenant.

CLITANDRE.

Je veux être pendu si je vous aime, et sage[1]....

BÉLISE.

Non, non, je ne veux rien entendre davantage[2].

1. « Et sage serez de..., » ou : « et sage à vous serait de.... » Mais la suite de la phrase interrompue ne se prévoit pas assez facilement, et *sage* paraît bien être un peu de remplissage et pour la rime.
2. On a remarqué, avec raison, que le rôle de Bélise est emprunté à la comédie des *Visionnaires*, de Desmarets[a]. On n'en saurait douter, en lisant ce commencement de scène entre Hespérie, *qui croit que chacun l'aime*, comme l'auteur la qualifie lui-même dans la liste des personnages, et sa sœur Mélisse, autre folle, qui est *amoureuse d'Alexandre le Grand* :

HESPÉRIE.
Ma sœur, dites le vrai : que vous disoit Phalante ?
MÉLISSE.
Il me parloit d'amour.
HESPÉRIE.
O la ruse excellente !
Donc il s'adresse à vous, n'osant pas m'aborder,
Pour vous donner le soin de me persuader.
MÉLISSE.
Ne flattez point, ma sœur, votre esprit de la sorte :
Phalante me parloit de l'amour qu'il me porte.
. . . .
HESPÉRIE.
Vous pensez m'abuser d'un entretien moqueur,
Pour prendre mieux le temps de le mettre en mon cœur ;
Mais ma sœur, croyez-moi, n'en prenez point la peine, etc.

Le débat continue pendant toute la scène, qu'Hespérie termine ainsi :

Par cette habileté vous pensez me séduire,
Et dessous votre nom me conter son martyre.
(*Acte II, scène II.*)

Dans un autre acte (*le IVe, scène II*), cette même Hespérie, entendant un

a Voyez ci-dessus, à la *Notice*, p. 26-28, et particulièrement p. 28, la citation de Bussy.

CLITANDRE[1].

Diantre soit de la folle avec ses visions !
A-t-on rien vu d'égal à ces préventions[2] ?
Allons commettre un autre au soin que l'on me donne,
Et prenons le secours d'une sage personne.

325

personnage, nommé Filidan et qualifié (*dans la même liste des personnages*) *amoureux en idée*, qui débite des vers passionnés pour sa maîtresse imaginaire, s'écrie :

> Respectueux amant, on accepte vos vœux :
> Celle que vous aimez de ma part vous assure
> Qu'elle a pitié des maux que votre cœur endure ;
> Mais, sans rien desirer, adorez sa vertu.

Dans *le Baron d'Albikrac*, de Thomas Corneille, joué quatre ans avant *les Femmes savantes*, il y a une *tante*, imitée aussi de l'Hespérie des *Visionnaires*, et que Molière pourrait bien avoir imitée lui-même dans quelques traits du rôle de Bélise. Cette Tante, qui croit que tous les hommes sont amoureux d'elle, n'en veut point démordre, quelques serments qu'ils fassent du contraire ; et elle prend pour des détours délicats leurs démentis les plus offensants. Léandre, un de ces prétendus amants, lui dit, entre autres douceurs (*acte III, scène VI*) :

> .... Vous avez vu tout ce qu'il vous plaira ;
> Mais je ne vous aimai cependant de ma vie.
> — Vous ne m'aimez pas ? — Non, et n'en ai point envie.

Plus loin (*même scène*), la Tante lui dit :

> .... Souffrir votre mort, pouvant vous secourir....

et il lui répond :

> Eh, faites-moi l'honneur de me laisser mourir.
> (*Note d'Auger.*)

Comme le remarquait M. Despois, on a plus tard encore revu ce caractère au théâtre ; il se retrouve dans *le Joueur* (1696) de Regnard (la Comtesse), et il est indiqué dans le *Crispin rival* (1707) de le Sage (Mme Oronte).

1. SCÈNE V.
CLITANDRE, *seul.* (1734.)
2. A ses préventions ? (1697, 1710, 18, 33, 34.)

FIN DU PREMIER ACTE.

ACTE II.

SCÈNE PREMIÈRE.

ARISTE[1].

Oui, je vous porterai la réponse au plus tôt[2] ;
J'appuierai, presserai, ferai tout ce qu'il faut.   330
Qu'un amant, pour un mot, a de choses à dire !
Et qu'impatiemment il veut ce qu'il desire[3] !
Jamais....

SCÈNE II.

CHRYSALE, ARISTE.

ARISTE.
Ah ! Dieu vous gard'[4], mon frère !
CHRYSALE.
Et vous aussi,
Mon frère.

---

1. ARISTE, *à Clitandre.* (1682.) — ARISTE, *quittant Clitandre et lui parlant encore.* (1734.)

2. Les derniers mots de l'acte I jettent une parfaite clarté sur ce début du II^d. Clitandre s'est hâté d'*aller commettre un autre* à la demande.

3. Ce vers a déjà été rapproché (tome IV, p. 495, note 4) du vers 1470 de *Tartuffe :*
Et qu'avec violence il veut ce qu'il desire !
(Acte IV, scène v, Elvire à Tartuffe.)

4. On a vu, au vers 1086 d'*Amphitryon*, tome VII, p. 418, note 5, que *gard'* s'écrivait ainsi dans cette formule du salut ; le *d'* était sans doute insensible dans la prononciation.

ARISTE.
Savez-vous ce qui m'amène ici?
CHRYSALE.
Non; mais, si vous voulez, je suis prêt à l'apprendre[1]. 335
ARISTE.
Depuis assez longtemps vous connoissez Clitandre?
CHRYSALE.
Sans doute, et je le vois qui fréquente chez nous[2].
ARISTE.
En quelle estime est-il, mon frère, auprès de vous?
CHRYSALE.
D'homme d'honneur, d'esprit, de cœur, et de conduite;
Et je vois peu de gens qui soient de son mérite. 340
ARISTE.
Certain desir qu'il a conduit ici mes pas,
Et je me réjouis que vous en fassiez cas.
CHRYSALE.
Je connus feu son père en mon voyage à Rome.
ARISTE.
Fort bien.

1. Et non *entendre*, comme dans plusieurs éditions modernes. — Ce petit jeu de dialogue a déjà été employé deux fois par Molière. Dans *l'Étourdi* (acte IV, scène V, vers 1547-1549) :
TRUFALDIN.
Écoute, sais-tu bien ce que je viens de faire?
MASCARILLE.
Non, mais, si vous voulez, je ne tarderai guère,
Sans doute, à le savoir.

Dans *les Fourberies de Scapin* (acte I, scène II, tome VIII, p. 412) : « OCTAVE. Hélas! tu ne sais pas la cause de mon inquiétude. SCAPIN. Non, mais il ne tiendra qu'à vous que je ne la sache bientôt. » (*Note d'Auger.*)

2. *Fréquenter* était souvent verbe neutre au dix-septième siècle et l'était encore au dix-huitième : voyez le *Dictionnaire de Littré* à 3°. Construit avec *chez* suivi d'un nom de personne, il se trouve dans la Fontaine et dans Voltaire :
Il fréquentoit chez le compère Pierre.
(Conte x de la IVe partie.)
« Vous me feriez plaisir de ne plus fréquenter chez nous. » (*L'Écossaise*, 1760, acte IV, scène I.)

CHRYSALE.

C'étoit, mon frère, un fort bon gentilhomme.
ARISTE.
On le dit.
CHRYSALE.

Nous n'avions alors que vingt-huit ans, 345
Et nous étions, ma foi! tous deux de verts galants[1].
ARISTE.
Je le crois.
CHRYSALE.

Nous donnions chez les dames romaines[2],
Et tout le monde là parloit de nos fredaines :
Nous faisions des jaloux[3].
ARISTE.

Voilà qui va des mieux.
Mais venons au sujet qui m'amène en ces lieux. 350

SCÈNE III.

BÉLISE[4], CHRYSALE, ARISTE.

ARISTE.

Clitandre auprès de vous me fait son interprète,
Et son cœur est épris des grâces d'Henriette.
CHRYSALE.
Quoi, de ma fille?

---

1. Dans l'édition originale et dans celle de 1682, *vert-galans*; dans d'autres anciennes, sans trait d'union, *vert galans*; dans celle de 1734, *verdgalans*.

2. Nous nous lancions chez les dames romaines. — Rien de plus fréquent que les emplois analogues de *donner* avec la préposition *dans*.

3. DANDIN.
Je suis tout réjoui de voir cette jeunesse.
Savez-vous que j'étois un compère autrefois?
On a parlé de nous.
(Racine, *les Plaideurs*, 1668, acte III, scène IV, vers 842-844.)

4. BÉLISE, *entrant doucement, et écoutant.* (1734.)

ARISTE.

Oui[1], Clitandre en est charmé,
Et je ne vis jamais amant plus enflammé.

BÉLISE[2].

Non, non : je vous entends, vous ignorez l'histoire, 355
Et l'affaire n'est pas ce que vous pouvez croire.

ARISTE.

Comment, ma sœur?

BÉLISE.

Clitandre abuse vos esprits,
Et c'est d'un autre objet que son cœur est épris.

ARISTE.

Vous raillez. Ce n'est pas Henriette qu'il aime?

BÉLISE.

Non; j'en suis assurée.

ARISTE.

Il me l'a dit lui-même. 360

BÉLISE.

Eh, oui[3] !

ARISTE.

Vous me voyez, ma sœur, chargé par lui
D'en faire la demande à son père aujourd'hui.

BÉLISE.

Fort bien.

ARISTE.

Et son amour même m'a fait instance[4]
De presser les moments d'une telle alliance.

---

1. Voyez ci-dessus, la note 2 de la page 59, et, au vers 1583, comparez le même effet d'une pause avant *ouais*.

2. BÉLISE, *à Ariste*. (1734.)

3. Nous trouverons plus bas la même rencontre d'*eh* et de *oui* dans le vers 1591.

4. M'a fait une instante prière de presser les moments, a insisté auprès de moi (pour que je presse....); *instance* a ici le même sens qu'aux vers 1433 du *Tartuffe* et 1623 du *Misanthrope;* il en a un quelque peu différent ci-après, au vers 547.

ACTE II, SCÈNE III.

BÉLISE.

Encor mieux. On ne peut tromper plus galamment. 365
Henriette, entre nous, est un amusement,
Un voile ingénieux, un prétexte, mon frère,
A couvrir d'autres feux, dont je sais le mystère ;
Et je veux bien tous deux vous mettre hors d'erreur.

ARISTE.

Mais, puisque vous savez tant de choses, ma sœur, 370
Dites-nous, s'il vous plaît, cet autre objet qu'il aime.

BÉLISE.

Vous le voulez savoir?

ARISTE.

Oui. Quoi?

BÉLISE.

Moi.

ARISTE.

Vous?

BÉLISE.

Moi-même.

ARISTE.

Hay, ma sœur!

BÉLISE.

Qu'est-ce donc que veut dire ce « hay »,
Et qu'a de surprenant le discours que je fai?
On est faite d'un air, je pense, à pouvoir dire 375
Qu'on n'a pas pour un cœur soumis à son empire[1] ;
Et Dorante, Damis, Cléonte et Lycidas

---

1. Qu'on n'a pas seulement un cœur, qu'on a plus d'un cœur soumis à son empire. Cette locution a déjà été employée dans *la Princesse d'Élide*, par Cynthie (acte II, scène 1, tome IV, p. 168) : « On nous fait voir que Jupiter n'a pas aimé pour une fois », seulement une fois. Voyez les autres exemples (de la Fontaine, de Dancourt) cités par Littré[a] ; le dernier est de Voltaire (*Questions sur l'Encyclopédie*, 1771, tome XXXII des OEuvres, p. 12) : « On n'avait pas alors pour un seul prophète. »

[a] Au mot POUR, 11° ; voyez aussi la fin de la Remarque 1 à QUE conjonction.

Peuvent bien faire voir qu'on a quelques appas[1].

ARISTE.

Ces gens vous aiment?

BÉLISE.

Oui, de toute leur puissance.

ARISTE.

Ils vous l'ont dit?

BÉLISE.

Aucun n'a pris cette licence : 380
Ils m'ont su révérer si fort jusqu'à ce jour,
Qu'ils ne m'ont jamais dit un mot de leur amour ;
Mais pour m'offrir leur cœur et vouer leur service,
Les muets truchements ont tous fait leur office.

ARISTE.

On ne voit presque point céans venir Damis. 385

BÉLISE.

C'est pour me faire voir un respect plus soumis.

ARISTE.

De mots piquants partout Dorante vous outrage.

BÉLISE.

Ce sont emportements d'une jalouse rage.

---

1. L'Hespérie des *Visionnaires* débite de même une longue kyrielle d'amants, qui soupirent, qui brûlent, qui meurent pour elle[a]. Le Vert, auteur d'une comédie intitulée *le Docteur amoureux*, et jouée en 1638, y a mis une folle de la même espèce, à qui l'on dit (*acte II, scène VI*) :

> Est-il d'autres amants qui soupirent pour vous ?

et qui répond :

> Que trop : Lysis, Hylas, Philomède, Cléandre,
> Célidan, Phocion, Amyntas, Philoxandre,
> Palémon et Lysarque en tiennent tous pour moi,
> Sans mille autres encor, qu'à peine je connoi :
> L'on peut bien voir par là si je suis encor belle.
>
> (*Note d'Auger.*)

a C'est à cette tirade de trente vers (dans la scène II de l'acte II) qu'appartient celui qui a été cité ci-dessus à la *Notice*, p. 27 :

> Je suis de mille amants sans cesse importunée.

ACTE II, SCÈNE III.

ARISTE.
Cléonte et Lycidas ont pris femme tous deux.
BÉLISE.
C'est par un désespoir où j'ai réduit leurs feux. 390
ARISTE.
Ma foi ! ma chère sœur, vision toute claire.
CHRYSALE[1].
De ces chimères-là vous devez vous défaire.
BÉLISE.
Ah, chimères ! ce sont des chimères[2], dit-on !
Chimères, moi[3] ! Vraiment chimères est fort bon !
Je me réjouis fort de chimères[4], mes frères, 395
Et je ne savois pas que j'eusse des chimères[5].

1. CHRYSALE, *à Bélise*. (1734.)
2. Il y a une semblable inversion ou plutôt anticipation de l'attribut, placé d'abord, par hâte, par impatience de l'exprimer, en tête de la phrase, puis répété à sa place ordinaire, dans une lettre philosophique que Bernier (l'ami de Molière, le voyageur, le gassendiste) a adressée à Chapelle en 1668[a] : « Qu'est-ce que c'est que ce mouvement et état intérieur-là ? peut-on dire que ce ne soit autre chose que quelques roulements.... et contextures particuliers d'atomes ou d'esprits...? Chimères, mon très-cher ami, ce n'est que pures chimères. »
3. Moi, avoir des chimères !
4. De ce *chimères*, de cette idée que vous avez de mes chimères, de ce mot de *chimères*. Et de même, au vers précédent : Ce *chimères*-là est....
5. On ne se persuadera pas facilement que ce passage « doit être emprunté », comme le veut Édouard Fournier[b], de celui-ci des *Visionnaires* (acte II, scène 1) :

PHALANTE.
Mais c'est une chimère où votre amour se fonde ;
Car que vous sert d'aimer ce qui n'est plus au monde[c] ?
MÉLISSE.
Nommer une chimère un héros indompté ?
O Dieux ! puis-je souffrir cette témérité ?

Il n'y a rien là, ce semble, qui ait dû suggérer l'idée de ce fou rire, ou plutôt de ce rire de folle qui prend à Bélise.

[a] De Chiras en Perse, le 10 juin. Elle termine, paginée à part, le tome I de l'*Histoire de la dernière révolution des États du Grand Mogol* et des *Mémoires sur l'empire du Grand Mogol*, 1670 et 1671 : voyez p. 47 et 48.
[b] Dans sa réimpression des *Visionnaires*, au tome II du *Théâtre français au seizième et au dix-septième siècle*.
[c] C'est-à-dire Alexandre le Grand.

SCÈNE IV.

CHRYSALE, ARISTE.

CHRYSALE.
Notre sœur est folle, oui[1].

ARISTE.
              Cela croît tous les jours.
Mais, encore une fois, reprenons le discours[2].
Clitandre vous demande Henriette pour femme :
Voyez quelle réponse on doit faire à sa flamme.   400

CHRYSALE.
Faut-il le demander? J'y consens de bon cœur,
Et tiens son alliance à singulier honneur.

ARISTE.
Vous savez que de bien il n'a pas l'abondance[3],
Que....

CHRYSALE.
       C'est un intérêt qui n'est pas d'importance :

---

1. On a déjà pu remarquer, dans *le Bourgeois gentilhomme* (acte II, scène IV, tome VIII, p. 89), cet emploi de *oui*, placé à la fin d'une phrase, avec le sens simplement confirmatif de *certes, assurément, ma foi* : « Cela sera galant, oui. — Sans doute. » C'est alors une sorte d'enclitique, qui ne reçoit point, il est vrai, de liaison (on pourrait prononcer *galan toui*), mais qui ne s'aspire nullement et devant lequel l'*e* s'élide, comme ici. — Nous avons vu, aux vers 5 et 353, qu'après une pause, et bien relevé par la prononciation, *oui* s'aspirait légèrement.

2. Le discours interrompu, notre propos. A remarquer l'emploi de l'article ; comparez, au début de la scène IX de cet acte II, le vers 641 :

    Hé bien? la femme sort, mon frère...;

et, dans *le Misanthrope*, le vers 244 :

    La cousine Éliante auroit tous mes soupirs.

3. Il paraîtrait plus conforme à l'usage de dire : « de bien il n'a pas abondance, » ou « *du* bien il n'a pas *l'*abondance. »

Il est riche en vertu, cela vaut des trésors, 405
Et puis son père et moi n'étions qu'un en deux corps.

ARISTE.

Parlons à votre femme, et voyons à la rendre [1]
Favorable....

CHRYSALE.

Il suffit : je l'accepte pour gendre.

ARISTE.

Oui ; mais pour appuyer votre consentement,
Mon frère, il n'est pas mal d'avoir son agrément ; 410
Allons....

CHRYSALE.

Vous moquez-vous ? Il n'est pas nécessaire :
Je réponds de ma femme, et prends sur moi l'affaire.

ARISTE.

Mais....

CHRYSALE.

Laissez faire, dis-je, et n'appréhendez pas :
Je la vais disposer aux choses de ce pas.

ARISTE.

Soit. Je vais là-dessus sonder votre Henriette, 415
Et reviendrai savoir....

CHRYSALE.

C'est une affaire faite,
Et je vais à ma femme en parler sans délai.

---

1. Tâchons, essayons de la rendre, avisons aux moyens de la rendre....
Voir est, dans le même sens, et à l'exemple de Malherbe, construit avec *de*
au vers 531 du *Misanthrope :* voyez tome V, p. 476 et note 2.

SCÈNE V.

MARTINE, CHRYSALE[1].

MARTINE.

Me voilà bien chanceuse[2] ! Hélas ! l'an dit[3] bien vrai :
Qui veut noyer son chien l'accuse de la rage[4],
Et service d'autrui n'est pas un héritage[5].   420

1. CHRYSALE, MARTINE. (1734.)
2. J'ai bien de la chance ! Un même emploi ironique du mot a été fait par Claudine à la scène 1 de l'acte II de *George Dandin* (tome VI, p. 539).
3. L'on dit. (1674, 82, 94 B.) *L'an*, leçon de l'édition originale, est ici et au vers 422 la prononciation rustique de *l'on* ; au vers 424 il y a, dans tous les textes, *on* (voyez la note sur une variante de ce dernier vers). « Cette confusion de formes, dit Génin (au mot EN de son *Lexique*, p. 146), occasionnée par l'analogie des sons, était originairement permanente dans le meilleur langage.... Il est intéressant d'observer que cette forme, aujourd'hui reléguée chez le peuple, était encore, au seizième siècle, en usage à la cour et chez les mieux parlants. Dans l'aînée de toutes les grammaires françaises, celle que Palsgrave écrivit en anglais pour la sœur de Henri VIII (1530), on voit constamment *l'en* figurer à côté de *l'on*. » Voyez *l'Éclaircissement de la langue françoise* par Palsgrave, édition Génin, 1852, p. 76 et 338. Nous nous contenterons de citer cet exemple (de la page 338) : « *Len, lon*, ou *on* peut être bien joyeux de faire riens (*quelque chose*) pour un tel homme. »
4. Ce vers, comme le dit Auger, se trouve, mot pour mot, vers la fin de la scène 1 de l'acte II d'une comédie de Guérin de Bouscal, *le Gouvernement de Sanche Pansa*, jouée, d'après les frères Parfaict, en 1641, imprimée en septembre 1642, et, ajoute Auger, « restée longtemps au théâtre ». Mais le proverbe est bien plus vieux : Littré l'a trouvé dans un poëme du quatorzième siècle, où la mise en vers l'a allongé et quelque peu affaibli :

> Qui le chien voeilt ocirre, tuer et méhaignier
> Le rage le met seure (*sus, lui met la rage dessus*), se le fiert d'un levier.
> (*Li Romans de Bauduin de Sebourc*,... publié pour la 1re fois...,
> Valenciennes, 1841 : chant XI, vers 475 et 476.)

5. N'est pas un bien stable ou assuré. *Héritage*, en ce sens, est le terme caractéristique de plusieurs proverbes. Littré, à l'Historique, cite ces deux exemples, le premier du quinzième, le second du seizième siècle : « Amours de femme n'est pas héritage ; elles aiment au jourd'hui un homme et demain un autre » (tome VI, imprimé en 1528, des faits et gestes du roi *Perceforest*, chapitre XVI, f° 42 r°, colonne 2). « Vie n'est pas héritage » (*Cotgrave*). Plus voisin de celui de Martine, et sans doute bien antérieur aux

ACTE II, SCÈNE V.

CHRYSALE.

Qu'est-ce donc? Qu'avez-vous, Martine?

MARTINE.

Ce que j'ai?

CHRYSALE.

Oui.

MARTINE.

J'ai que l'an[1] me donne aujourd'hui mon congé,
Monsieur.

CHRYSALE.

Votre congé!

MARTINE.

Oui, Madame me chasse.

CHRYSALE.

Je n'entends pas cela. Comment?

MARTINE.

On me menace[2],
Si je ne sors d'ici, de me bailler cent coups[3]. 425

CHRYSALE.

Non, vous demeurerez : je suis content de vous.
Ma femme bien souvent a la tête un peu chaude,
Et je ne veux pas, moi....

Dictionnaires de Furetière et de *l'Académie* qui l'ont recueilli, est : « Service de grands (*ou* de grand) n'est pas héritage ».

1. Que l'on. (1674, 82, 94 B.)

2. Dans l'édition de 1734, par conformité avec la forme qu'a le mot précédé de l'article aux vers 418 et 422 : « An me menace. » Mais il est à remarquer que le Garcau du *Pédant joué*, qui dit *l'en*, dit aussi, non *an* ou *en*, mais *on*; par exemple, p. 38 de l'édition de 1671 : « Quand on gn'y est, on gn'y est; » et p. 39 : « L'en diset que Monsieur le curé.... »

3. Ces menaces, au temps de Molière, n'étaient pas toujours faites en l'air, et Martine pouvait ne pas les prendre pour une manière de parler; on se rappelle qu'Arsinoé bat ses gens : voyez tome V, p. 504, note 1. Voyez aussi la note de M. Livet au vers 940 du *Misanthrope;* aux exemples de brutalités des maîtres qu'il rapporte, on peut joindre le récit, fait « avec toute l'horreur possible, » par Boileau à Brossette, de l'abominable peine du talion que Bachaumont appliqua un jour à son cocher (fos 45 vo et 46 ro du manuscrit de Brossette, p. 544 du volume Laverdet).

SCÈNE VI.

PHILAMINTE, BÉLISE, CHRYSALE, MARTINE.

PHILAMINTE[1].

Quoi? je vous vois, maraude?
Vite, sortez friponne; allons, quittez ces lieux,
Et ne vous présentez jamais devant mes yeux.

CHRYSALE.

Tout doux.

PHILAMINTE.

Non, c'en est fait.

CHRYSALE.

Eh!

PHILAMINTE.

Je veux qu'elle sorte.

CHRYSALE.

Mais qu'a-t-elle commis, pour vouloir de la sorte....

PHILAMINTE.

Quoi? vous la soutenez?

CHRYSALE.

En aucune façon.

PHILAMINTE.

Prenez-vous son parti contre moi?

CHRYSALE.

Mon Dieu! non;
Je ne fais seulement que demander son crime.

PHILAMINTE.

Suis-je pour la chasser[2] sans cause légitime?

---

1. PHILAMINTE, *apercevant Martine.* (1734.)
2. Ce vers semble bien ici prêter à deux sens. A parler ainsi aujourd'hui, on risquerait fort d'être compris comme si, avec une inversion, des plus naturelles dans un vers, on avait voulu dire : « Suis-je sans cause légi-

ACTE II, SCÈNE VI.

CHRYSALE.

Je ne dis pas cela; mais il faut de nos gens....

PHILAMINTE.

Non; elle sortira, vous dis-je, de céans.

CHRYSALE.

Hé bien! oui : vous dit-on quelque chose là contre[1] ?

PHILAMINTE.

Je ne veux point d'obstacle aux desirs que je montre. 440

CHRYSALE.

D'accord.

PHILAMINTE.

Et vous devez, en raisonnable époux,
Être pour moi contre elle, et prendre mon courroux[2].

CHRYSALE.

Aussi fais-je[3]. Oui[4], ma femme avec raison vous chasse,
Coquine, et votre crime est indigne de grâce.

MARTINE.

Qu'est-ce donc que j'ai fait?

CHRYSALE[5].

Ma foi! je ne sais pas. 445

PHILAMINTE.

Elle est d'humeur encore à n'en faire aucun cas[6].

---

time, n'ai-je pas de cause légitime pour la chasser? » mais il nous paraît à peu près certain que Molière l'a entendu autrement « : Suis-je femme à la chasser... : » c'est chez lui un tour fréquent et que nous avons déjà relevé plus d'une fois.

1. « Vous avez raison.... on ne peut pas aller là contre. » (*Dom Juan*, acte I, scène II, tome V, p. 86.) — « Mon frère, pouvez-vous tenir là contre? » (*Le Malade imaginaire*, scène dernière.)

2. Partager mon courroux. Comparez, au vers 1648 d'*Amphitryon* (tome VI, p. 454), l'expression analogue de *prendre ma vengeance*.

3. Je le dois, aussi le fais-je, je le fais donc.

4. *Se tournant vers Martine*. Oui. (1734.) — Le *oui* est dit précipitamment, sans qu'aucune pause empêche l'élision de l'*e* muet qui précède.

5. CHRYSALE, *bas*. (1734.)

6. A traiter de bagatelle ce qu'elle a fait, ou, pour emprunter une expression du temps : à penser que ce n'est pas grand cas. *Cas*, dit l'Académie en 1694, « signifie aussi *chose;* comme *Ce n'est pas grand cas*, pour dire : Ce

CHRYSALE.
A-t-elle, pour donner matière à votre haine,
Cassé quelque miroir ou quelque porcelaine[1] ?
PHILAMINTE.
Voudrois-je la chasser[2], et vous figurez-vous
Que pour si peu de chose on se mette en courroux ? 450
CHRYSALE.
Qu'est-ce à dire ? L'affaire[3] est donc considérable ?
PHILAMINTE.
Sans doute. Me voit-on femme déraisonnable ?
CHRYSALE.
Est-ce qu'elle a laissé, d'un esprit négligent,
Dérober quelque aiguière ou quelque plat d'argent ?
PHILAMINTE.
Cela ne seroit rien.
CHRYSALE.
Oh, oh ! peste, la belle ! 455
Quoi[4] ? l'avez-vous surprise à n'être pas fidèle ?
PHILAMINTE.
C'est pis que tout cela.
CHRYSALE.
Pis que tout cela ?
PHILAMINTE.
Pis.
CHRYSALE.
Comment diantre, friponne ! Euh[5] ? a-t-elle commis....

n'est pas grand'chose. *C'est grand cas qu'on ne peut vous faire entendre raison.* »

1. Sur la rareté et par suite le haut prix de la porcelaine alors, voyez une note intéressante dans l'édition que M. Livet a récemment donnée de cette comédie ; voyez aussi le *Dictionnaire* de Littré.

2. En ce cas voudrais-je la chasser ? Mais déjà est venue à la pensée de Philaminte l'idée qu'elle va exprimer au vers 452 et plus énergiquement au vers 457. — *Pour si peu de chose* est le complément de ses deux interrogations qui se suivent.

3. (*A Martine.*) Qu'est-ce, etc. (*A Philaminte.*) L'affaire. (1734.)

4. CHRYSALE, *à Martine.* Oh, etc. (*A Philaminte.*) Quoi ? (*Ibidem.*)

5. (*A Martine.*) Comment, etc. (*A Philaminte.*) Hé ! (*Ibidem.*)

ACTE II, SCÈNE VI.

PHILAMINTE.

Elle a, d'une insolence à nulle autre pareille,
Après trente leçons, insulté mon oreille   460
Par l'impropriété d'un mot sauvage et bas,
Qu'en termes décisifs condamne Vaugelas[1].

CHRYSALE.

Est-ce là....

PHILAMINTE.

Quoi? toujours, malgré nos remontrances,
Heurter le fondement de toutes les sciences,
La grammaire, qui sait régenter jusqu'aux rois,   465
Et les fait la main haute[2] obéir à ses lois[3]?

1. La façon dont Philaminte et Bélise parlent de Vaugelas, et aussi Chrysale d'après elles, « prouve, dit Auger, en quelle recommandation était la mémoire de ce grammairien, mort en 1650, c'est-à-dire vingt-deux ans avant *les Femmes savantes*. Il est certain que ses *Remarques sur la langue françoise* (1647) avaient fait de lui le législateur du langage. » Ce n'est pas qu'il eût affecté ce rôle : Sainte-Beuve l'a bien montré[a]; mais, de son vivant déjà, son autorité était grande; c'est ce dont suffirait à témoigner ce passage d'une lettre de Balzac, qu'Aimé-Martin semble prendre un peu trop au sérieux, mais qu'il cite à propos ici : « Je vous félicite.... Si le mot de *féliciter* n'est pas encore françois (*en ce sens*), il le sera l'année qui vient, et M. de Vaugelas m'a promis de ne lui être pas contraire quand nous solliciterons sa réception. » (A l'Huillier, du 18 janvier 1642, tome I, p. 550 des OEuvres de Balzac, 1665.) — Claude Favre, baron de Vaugelas, fils d'Antoine Favre, qui fut premier président du Sénat de Savoie (1610) et commandant général du duché (1617)[b], était né à Meximieu[c], en Bresse, pays dépendant, au temps de sa naissance, en 1585, de la Savoie, mais, depuis 1601, acquis par Henri IV.
2. Avec une autorité jalouse et jamais en défaut; proprement leur tenant la main haute, par allusion au cavalier attentif à tenir ainsi la main pour faire sentir la bride.
3. Aimé-Martin pense que Philaminte se souvient ici de Vaugelas, parlant, dans sa *Préface*, non de la grammaire en général, mais de la création ou formation des mots; le passage (du paragraphe xi) termine ce qu'il a dit du bon et du mauvais usage. « Il n'est permis à qui que ce soit de faire de nou-

[a] Voyez trois de ses plus intéressants articles, datés, dans les *Lundis*, des 21, 28 et 29 décembre 1863.
[b] Voyez le *Dictionnaire* de Jal, qui nous apprend qu'une statue a été en 1865 élevée, dans la ville de Chambéry, à ce père de Vaugelas.
[c] Ou tout près de là, à Perouges ou Peroge : « *Peroges est* une baronnie, dont nous avons eu un illustre M. de Vaugelas qui.... » (*La France sous le roi Louis XIV*, par P. du Val, géographe de S. M., Ire partie, 1667, p. 165.)

CHRYSALE.

Du plus grand des forfaits je la croyois coupable.

PHILAMINTE.

Quoi? Vous ne trouvez pas ce crime impardonnable?

CHRYSALE.

Si fait[1].

PHILAMINTE.

Je voudrois bien que vous l'excusassiez.

CHRYSALE.

Je n'ai garde.

BÉLISE.

Il est vrai que ce sont des pitiés[2] : 470
Toute construction est par elle détruite,
Et des lois du langage on l'a cent fois instruite.

MARTINE.

Tout ce que vous prêchez est, je crois, bel et bon ;
Mais je ne saurois, moi, parler votre jargon.

PHILAMINTE.

L'impudente! appeler un jargon le langage 475
Fondé sur la raison et sur le bel usage!

MARTINE.

Quand on se fait entendre, on parle toujours bien,
Et tous vos biaux dictons[3] ne servent pas de rien.

PHILAMINTE.

Hé bien! ne voilà pas encore de son style ?
Ne servent pas de rien !

veaux mots, non pas même au Souverain ; de sorte que M. Pomponius Marcellus eut raison de reprendre Tibère d'en avoir fait un, et de dire qu'il pouvait bien donner le droit de bourgeoisie romaine aux hommes, mais non pas aux mots, son autorité ne s'étendant pas jusque-là [a]. »

1. Dans l'édition originale, il y a ici et aux vers 506 et 1580, *siffait;* dans celles de 1674 et de 1682, en cet endroit *si fait,* aux deux autres *sifait* en un seul mot ; dans nos autres textes, partout *si fait,* sauf les éditions hollandaises, où nous rencontrons ces trois formes : *si fait, si fais,* et *siffait.*

2. Que c'est à tout coup une pitié. — 3. Vos beaux dictons. (1674, 82.)

[a] *Histoire romaine* de Dion Cassius, livre LVII, chapitre XVII ; Suétone, *des Grammairiens,* 22.

ACTE II, SCÈNE VI.

BÉLISE.

Ô cervelle indocile ! 480
Faut-il qu'avec les soins qu'on prend incessamment,
On ne te puisse apprendre à parler congrûment ?
De *pas* mis avec *rien* tu fais la récidive[1],
Et c'est, comme on t'a dit, trop d'une négative [2].

MARTINE.

Mon Dieu ! je n'avons pas étugué comme vous[3], 485
Et je parlons tout droit comme on parle cheux nous.

PHILAMINTE.

Ah ! peut-on y tenir ?

BÉLISE.

Quel solécisme[4] horrible !

1. Tu fais la récidive, tu retombes dans ta faute ordinaire de mettre *pas* avec *rien*.

2. C'est une négative de trop. Bélise veut dire que c'est trop après le premier appui, le premier renforcement (*pas*) donné à la négation *ne*, d'en ajouter un second (*rien*). On a vu, du reste, dans une phrase deux fois relevée (tomes VI, p. 561, note 1, et VIII, p. 208, note 1), que *rien*, prenant parfois plus de valeur, servant plutôt de complément à un autre mot de la phrase qu'à la négation *ne*, peut fort bien venir après *pas* [a].

3. « Dame ! je n'entends point le latin, et je n'ai pas appris, comme vous, la filofie dans *le Grand Cyre*. » (Marotte, scène VI des *Précieuses ridicules*, tome II, p. 70.)

4. Le mot *solécisme*, qu'on est habitué au collége à prendre au sens de faute contre la syntaxe, signifie aussi faute quelconque de langage. Au reste, ce qui paraît, comme on le voit par la suite (vers 490), avoir choqué surtout Bélise, c'est bien la faute de syntaxe : « Je n'avons. » Quant à la prononciation *cheux*, qui a dû choquer également, puisque, en termes décisifs, Vaugelas la condamnait (p. 316 de 1670), elle n'était pas uniquement propre aux paysans. Vaugelas constate qu'elle était très-commune, même à la cour. Retz écrit encore ainsi dans le manuscrit autographe de ses *Mémoires* et dans des lettres de 1666, 1667 : voyez le tome I de ses Œuvres, p. 179 et note 3 ; et le tome VII, p. 366, note 3, p. 391, note 3. Thomas Corneille, bien plus tard, dit dans une note sur Vaugelas (édition de 1697, p. 441) : « Quelques-uns prononcent *cheux* pour *chez*, et disent : *J'irai cheux vous*, au lieu de : *chez vous*. C'est une prononciation très-vicieuse. »

[a] Ainsi encore, au vers 472 des *Plaideurs*, où Auger trouve une faute à noter :

On ne veut pas rien faire ici qui vous déplaise,

il n'y a qu'une inversion : On ne veut pas faire ici chose au monde qui vous déplaise.

PHILAMINTE.

En voilà pour tuer¹ une oreille sensible.

BÉLISE.

Ton esprit, je l'avoue, est bien matériel.
Je n'est qu'un singulier, *avons* est pluriel². 490
Veux-tu toute ta vie offenser la grammaire³ ?

1. Voilà de quoi tuer....
2. On a vu, tome V, p. 103, note 4, à la scène I de l'acte II de *Dom Juan*, que, comme le dit Génin (p. 221), le solécisme reproché à Martine, « avant de se trouver dans la bouche des servantes et des paysans,... avait été dans celle des savants et des princes ».
3. Quelques-uns des détails de ce dialogue (à partir du vers 477) paraissent avoir été empruntés par Molière à une scène du *Fedele*, de Luigi Pasqualigo (1579). C'est la traduction que Larivey a publiée, en 1611, de la comédie italienne qui est citée ici par Auger, Aimé-Martin et M. Moland ; elle a peut-être seule aussi passé sous les yeux de notre poëte. Voici les deux textes. Sauf pour les noms des personnages, une Servante et un Pédant, la vieille copie de Larivey est exactement calquée sur l'original ; dans cette même scène, la xiv⁰ du IIᵈ acte, Molière avait déjà trouvé le vers latin que le Philosophe explique à M. Jourdain (voyez à l'acte II, scène IV, du *Bourgeois gentilhomme*, tome VIII, p. 81 et note 3). PANFILA. *Il Signor Fedele sono in casa?* ONOFRIO. *Femina proterva, rude, indocta, imperita, nescia, inscia, indiscreta,... ignorante, chi t'ha insegnato a parlar in questo modo? Tu hai fatto un errore in grammatica, una discordantia in numero, nel modo chiamato Nominativus cum verbo, perche « Fedele » è numeri singularis et « sono » numeri pluralis, et si dee dire è in casa, et non sono in casa.* PANFILA. *Io non so tante grammatiche.* ONOFRIO. *Ecco un altro errore....* PANFILA. *A me non importano niente queste vostre ciancie.* ONOFRIO. *Non si dice non importano niente in questo senso, perche duæ negationes affirmant, et tanto vagliono, quanto se tu dicessi : a me importa un poco, et che tu non intendi dire, perche volevi ch'io intendessi che niente t'importa.* PANFILA. *Io non ho imparato queste cose : ogn'uno sa quello ch'ha imparato.* ONOFRIO. *Sententia di Seneca, in libro de Moribus :* Unusquisque scit quod didicit. — « BABILLE. Le Seigneur Fidèle sont-il à la maison ? M. JOSSE. *Femina proterva,* rude, indocte, imperite, ignare,... qui t'a enseigné à parler en cette façon ? Tu as fait une faute en grammaire, une discordance au nombre, au mode appelé *nominativus cum verbo* pource que « Fidèle » *est numeri singularis,* et « sont » *numeri pluralis ;* et doit-on dire : « est-il en la maison ? » et non : « sont-il en la maison ? » BABILLE. Je ne sai pas tant de grammaires. M. JOSSE. Voici une autre faute.... BABILLE. Toutes ces votres niaiseries ne m'importent rien. M. JOSSE. En ce sens, on ne dit pas « ne m'importe rien », pource que *duæ negationes affirmant* et valent autant comme si tu disois : « il m'importe un peu, » ce que tu n'entends pas dire, parce que tu voulois que j'entendisse qu'il ne t'importe pas. BABILLE. Je n'ai point ap-

ACTE II, SCÈNE VI.

MARTINE.

Qui parle d'offenser grand'mère¹ ni³ grand-père?

PHILAMINTE.

Ô Ciel!

BÉLISE.

Grammaire est prise³ à contre-sens par toi,
Et je t'ai dit déjà d'où vient ce mot.

MARTINE.

Ma foi!

pris toutes ces choses-là; chacun sait ce qu'il a appris. M. JOSSE. Sentence de Sénèque, au livre *de Moribus*[a] : *Unusquisque scit quod didicit.* »

1. La plaisanterie a peut-être été suggérée à Molière par un passage d'Agrippa d'Aubigné que nous avons eu l'occasion de rapporter, tome VIII, à la fin de la note 2 de la page 57. Il n'y a pas d'ailleurs, ici ni là, un jeu de mots trop forcé; on pouvait alors, sans offenser l'oreille des plus savantes, prononcer exactement de même *grammaire* et *grand-mère* : Génin l'a établi, p. 20 et 21, dans ses *Variations du langage français* (1845); mais il suffit, pour le prouver, de rappeler (comme l'a heureusement fait une note d'Édouard Fournier, insérée dans l'édition de M. Moland) ce titre d'un livre curieux, qu'en 1711 encore l'abbé de Dangeau orthographiait ainsi, systématiquement, avec le parti pris de conformer l'écriture à la prononciation : *Essais de granmaire.* C'est ainsi qu'au seizième siècle, quoique beaucoup sans doute alors prononçassent *grand merci*, on écrivait quelquefois *grammerci*; au vers de Marot, cité par Littré, dans l'Historique du mot MERCI, on peut joindre cet exemple d'Henri Estienne, qui se lit au chapitre XXII de l'*Apologie pour Hérodote* (tome II, p. 39 de l'édition de M. Ristelhuber, 1879) : « De pauvres moines.... qui.... sont appelés porteurs de rogatons, parce qu'ils ne vivent que des aumônes des gens de bien et de grammercis. »

2. Comme au vers 1643 de *Psyché* (acte IV, de Corneille, scène V, tome VIII, p. 342), la négation qui est au fond de la pensée explique l'emploi, très-français au reste dans les tournures de ce genre, qui est fait de *ni* dans cette phrase interrogative.

3. Auger remarque que *grammaire* étant considéré ici uniquement comme mot, ne peut être que masculin, et que Bélise devrait dire *grammaire* ou *le mot grammaire est pris*.... Mais Bélise sent bien que, pour Martine, *grammaire* (*granmaire*) et *grand-mère*, confondus par la prononciation, sont un même mot, et c'est à lui faire distinguer les deux choses que ce même mot désigne qu'elle s'évertue; elle veut lui faire entendre : « La chose, la granmaire dont on te parle est prise par toi pour une tout autre, cette granmaire-là n'est pas la grand-mère à qui tu penses. »

[a] Ce livre a été imprimé, d'après d'anciennes éditions, au tome III du *Sénèque* de M. Fr. Haase (Leipsick, Teubner, 1853); on lit au § 2 : *Unusquisque sapit.... quod didicit.*

LES FEMMES SAVANTES.

Qu'il vienne de Chaillot, d'Hauteuil[1], ou de Pontoise, 495
Cela ne me fait rien[2].

BÉLISE.

Quelle âme villageoise!
La grammaire, du verbe et du nominatif[3],
Comme de l'adjectif avec le substantif,
Nous enseigne les lois.

MARTINE.

J'ai, Madame, à vous dire
Que je ne connois point ces gens-là.

PHILAMINTE.

Quel martyre! 500

BÉLISE.

Ce sont les noms des mots, et l'on doit regarder
En quoi c'est qu'il les faut faire ensemble accorder.

MARTINE.

Qu'ils s'accordent entr'eux, ou se gourment, qu'importe[4]?

PHILAMINTE, à sa sœur.

Eh, mon Dieu! finissez un discours de la sorte.
(A son mari.)
Vous[5] ne voulez pas, vous, me la faire sortir? 505

---

1. Telle est l'orthographe de 1673, 74, 82, 97, 1710, 18, 33, et des trois éditions étrangères, où la finale est altérée : Hauteil. — Auteuil. (1730, 34.)

2. « LE DOCTEUR. Sais-tu bien d'où vient le mot de *galant homme?* LE BARBOUILLÉ. Qu'il vienne de Villejuif ou d'Aubervilliers, je ne m'en soucie guère. » (*La Jalousie du Barbouillé*, scène II, tome I, p. 22.)

3. Du verbe et du sujet, de l'accord de l'un avec l'autre. Voyez p. 131, note 5.

4. Le même jeu de mot se lit à l'acte II de *la Zerla*, « la Hotte, » dans la traduction manuscrite des canevas de l'Arlequin Dominique[a] : « Mon ami, me dit *le Docteur*,... savez-vous comment s'accorde le relatif avec le substantif, le nominatif avec le verbe? — Ma foi, réponds-je, qu'ils s'accordent ou qu'ils se battent, je ne m'en embarrasse guère. » (P. 88 et 89 du manuscrit; p. 209 de l'analyse des frères Parfaict, dans leur *Histoire de l'ancien théâtre italien*.) Bien que ce *scenario* soit de ceux auxquels les frères Parfaict n'ont pas cru devoir assigner une date postérieure à 1667, il est fort probable que c'est à Molière que l'emprunt, comme beaucoup d'autres, a été fait : voyez le passage significatif de Palaprat, cité, tome VIII, dans la note 3 de la page 448, et d'autres remarques, soit des notices soit du commentaire, auxquelles il a été renvoyé là.

5. PHILAMINTE, *à Bélise*. Hé, etc. (*A Chrysale.*) Vous. (1734.)

a Voyez tome I, à la *Notice* du *Médecin volant*, p. 48 et suivantes.

ACTE II, SCÈNE VI.

CHRYSALE.

Si fait.[1] A son caprice il me faut consentir.
Va, ne l'irrite point : retire-toi, Martine.

PHILAMINTE.

Comment? vous avez peur d'offenser la coquine?
Vous lui parlez d'un ton tout à fait obligeant?

CHRYSALE. (Bas.)

Moi? point. Allons, sortez. Va-t'en[2], ma pauvre enfant.

SCÈNE VII.

PHILAMINTE, CHRYSALE, BÉLISE.

CHRYSALE.

Vous êtes satisfaite, et la voilà partie ;
Mais je n'approuve point une telle sortie[3] :
C'est une fille propre aux choses qu'elle fait,
Et vous me la chassez pour un maigre sujet.

PHILAMINTE.

Vous voulez que toujours je l'aye à mon service   515
Pour mettre incessamment mon oreille au supplice?
Pour rompre toute loi d'usage et de raison,
Par un barbare amas de vices d'oraison,
De mots estropiés, cousus par intervalles,
De proverbes traînés dans les ruisseaux des Halles[4]? 520

---

1. *A part.* (1734.)
2. (*D'un ton ferme.*) Allons, sortez. (*Bas, d'un ton plus doux.*) Va-t'en. (*Ibidem.*)
3. Une sortie, un départ, un renvoi si peu justifié ; je n'approuve pas que vous la fassiez sortir ainsi, pour un tel motif, de ma maison.
4. Ce passage a rappelé à Aimé-Martin quelques-unes des « lois pour le langage » prescrites dans un petit livre où ne manque pas l'ironie, et que nous avons plusieurs fois rapproché du texte de Molière (notamment tome II, p. 71, note 2), *les Lois de la galanterie* : « Vous parlerez toujours dans les termes les plus polis dont la cour reçoive l'usage, fuyant ceux qui sont trop

BÉLISE.

Il est vrai que l'on sue à souffrir ses discours :
Elle y met Vaugelas en pièces tous les jours ;
Et les moindres défauts de ce grossier génie
Sont ou le pléonasme, ou la cacophonie.

CHRYSALE.

Qu'importe qu'elle manque aux lois de Vaugelas,   525
Pourvu qu'à la cuisine elle ne manque pas ?
J'aime bien mieux, pour moi, qu'en épluchant ses herbes,
Elle accommode mal les noms avec les verbes,
Et redise cent fois un bas ou méchant mot[1],
Que de brûler[2] ma viande, ou saler trop mon pot.   530
Je vis de bonne soupe, et non de beau langage.
Vaugelas n'apprend point à bien faire un potage ;
Et Malherbe et Balzac, si savants en beaux mots,
En cuisine peut-être auroient été des sots.

PHILAMINTE.

Que ce discours grossier terriblement assomme !   535
Et quelle indignité pour ce qui s'appelle homme
D'être baissé sans cesse aux soins matériels,
Au lieu de se hausser vers les spirituels !
Le corps, cette guenille, est-il d'une importance,
D'un prix à mériter seulement qu'on y pense[3],   540

pédantesques ou trop anciens, desquels vous n'userez jamais, si ce n'est par raillerie.... *(voyez ci-après les vers 552-554).* Vous vous garderez surtout d'user de proverbes et de quolibets, si ce n'est aux endroits où il y a moyen d'en faire quelque raillerie à propos. Si vous vous en serviez autrement, ce seroit parler en bourgeois et en langage des halles. » (Article XVI, au tome Ier, p. 85, du *Recueil de pièces en prose les plus agréables de ce temps,* 1658 ou 1660, où ces *Lois* paraissaient *de nouveau corrigées et amplifiées par l'Assemblée générale des Galands de France.*)

1. Et méchant mot. (1734.)
2. Tour plus aisé et plus net que celui du vers 1114 du *Tartuffe*, où un seul *que* en vaut deux et qui serait ici : « Qu'elle brûle, brûlât, ait brûlé. »
3. Philaminte a lu Descartes, elle le dira elle-même au vers 883 ; et n'est-ce pas Descartes qui lui a appris, sinon à parler, du moins à penser ainsi du corps ? Voyez, au *Discours de la Méthode,* le second alinéa de la IVe partie (p. 33 et 34 de l'original, Leyde 1637). « Examinant avec attention ce que

Et ne devons-nous pas laisser cela bien loin?

CHRYSALE.

Oui, mon corps est moi-même, et j'en veux prendre soin :
Guenille si l'on veut, ma guenille m'est chère.

BÉLISE.

Le corps avec l'esprit fait figure[1], mon frère ;
Mais si vous en croyez tout le monde savant,   545
L'esprit doit sur le corps prendre le pas devant[2] ;
Et notre plus grand soin, notre première instance[3],
Doit être à le nourrir du suc de la science.

CHRYSALE.

Ma foi! si vous songez à nourrir votre esprit,
C'est de viande bien creuse[4], à ce que chacun dit,   550
Et vous n'avez nul soin, nulle sollicitude[5]

j'étois,... je connus.... que j'étois une substance dont toute l'essence ou la nature n'est que de penser, et qui, pour être, n'a besoin d'aucun lieu ni ne dépend d'aucune chose matérielle, en sorte que ce moi, c'est-à-dire l'âme, par laquelle je suis ce que je suis, est entièrement distincte du corps,... et qu'encore qu'il ne fût point, elle ne lairroit pas d'être tout ce qu'elle est. »

1. Comme au vers 290 du *Misanthrope*, a son importance, est à compter.

2. Sur cette expression *le pas devant* et les locutions où elle entrait, voyez au vers 1769 d'*Amphitryon*, tome VI, p. 460, note 2.

3. Notre première application. *Instance*, qui ne peut ici, comme le dit Génin, qu'enchérir sur le mot précédent *soin*, paraît bien avoir été employé avec ce sens dans un passage de Montaigne rapporté par Littré : « La menterie seule, et, un peu au-dessous, l'opiniâtreté, me semblent être celles (*entre les actions des enfants*) desquelles on devroit à toute instance combattre la naissance et le progrès. » (*Essais*, livre I, chapitre IX, tome I, p. 50.) *A toute instance*, avec le plus grand soin, la plus persévérante application.

4. *Viande*, au sens, déjà indiqué tome VII, p. 129, note 1, d'aliment, de nourriture : voyez le *Dictionnaire de Littré*, 1° et 6°, où, entre autres exemples, sont cités ceux-ci, du sens propre et du sens figuré, pris dans la 4ᵉ édition (1762) du *Dictionnaire de l'Académie* : « On dit chez le Roi, les jours maigres comme les jours gras : *La viande est servie*. Et on dit : *Aller à la viande...*, aller chercher les plats qu'on doit servir sur table.... — On dit figurément (*emploi très-usité aujourd'hui encore*) *viande creuse*, par opposition à nourriture véritable et solide. *La crème fouettée est une viande bien creuse pour un homme de bon appétit.... La musique est une viande bien creuse pour un homme qui a faim*. Et en parlant d'un homme qui se remplit d'imaginations chimériques et d'espérances mal fondées, on dit qu'*Il se repaît de viandes creuses*. »

5. Littré cite de fort vieux exemples de ce mot, à partir du treizième

Pour....

PHILAMINTE.

Ah! *sollicitude* à mon oreille est rude :
Il put[1] étrangement son ancienneté[2].

BÉLISE.

Il est vrai que le mot est bien collet monté[3].

CHRYSALE.

Voulez-vous que je dise? il faut qu'enfin j'éclate, 555

siècle; on en trouvera plusieurs au *Lexique de Malherbe*, et un de Bossuet dans le *Dictionnaire de Littré*; *sollicitude* paraît avoir été d'usage aussi ordinaire au dix-huitième siècle qu'à présent; et même de ce que Chrysale l'emploie si naturellement, on peut conclure que c'est par pur caprice que les deux précieuses le condamnent comme suranné. Peut-être, dans leur superstition pour le texte de Vaugelas, avaient-elles remarqué, sans autrement chercher la raison du fait, que *sollicitudo*, qui se rencontre à la Remarque supplémentaire sur *Solliciter* (p. 346 de l'édition de 1670, p. 805 de 1697), avait été traduit uniquement par *soin*.

1. Cette forme ancienne, fort usitée jusque dans le dix-huitième siècle, est la leçon de toutes nos éditions. Elle appartient au verbe *puir*, qui a été, dans la vieille langue, employé concurremment avec le verbe *puer* : « C'est puïr que sentir bon, » a dit Montaigne (livre I des *Essais*, chapitre LV, tome I, p. 473 : cité par Génin). Voyez l'Historique et la Remarque du *Dictionnaire de Littré* au mot PUER; ce sont les trois personnes singulières du présent de l'indicatif de *puir* qui paraissent être tombées le plus tard en désuétude; Littré cite encore, pour la troisième, un exemple de Dancourt et un de le Sage ; cette troisième, comme forme contracte (de *puit*), est marquée d'un circonflexe au vers 87 de la *poésie* CIII de Malherbe (tome I, p. 281) :

Phlègre, qui les reçut, pût encore la foudre
Dont ils furent touchés.

2. En vers, dit Littré, *ancienneté* est tantôt, comme ici, de cinq syllabes, tantôt de quatre ; *ancien* est de trois ou de deux.

3. « Un *collet monté*, dit Auger, était un collet où il entrait du carton et du fil de fer pour le soutenir. Comme, du temps de Molière, c'était déjà une mode ancienne, on en donnait le nom à tout ce qui était antique, suranné. » C'est bien ainsi que, à la fin du siècle encore, l'ont entendu Callières et Perrault, et Boileau en 1705. « Ah! fi, Monsieur le commandeur, *désorientée*: ce mot sent *le collet monté*, et je l'ai entendu dire à ma grand-mère. » (De Callières, *des Mots à la mode*, 1692, p. 48 et 49.) — « Elle étoit habillée comme ma mère-grand, et.... elle avoit un collet monté. » (Ch. Perrault, *la Belle au bois dormant*, 1696, p. 90 et 91 de l'édition des *Contes* donnée par M. André Lefèvre.)

Mais ce n'est plus le temps. . . . . .
Tes bons mots, autrefois délices des ruelles,

ACTE II, SCÈNE VII.

Que je lève le masque, et décharge ma rate[1] :
De folles on vous traite, et j'ai fort sur le cœur....

PHILAMINTE.

Comment donc?

CHRYSALE[2].

C'est à vous que je parle, ma sœur.
Le moindre solécisme en parlant vous irrite[3] ;
Mais vous en faites, vous, d'étranges en conduite[4]. 560

> Approuvés chez les grands, applaudis chez les belles,
> Hors de mode aujourd'hui chez nos plus froids badins,
> Sont des collets montés et des vertugadins.
> (Boileau, satire XII, 1705, vers 35-40.)

Mais, ajoute Auger, « il existait et il existe encore une autre signification proverbiale du mot *collet monté*. Ces collets, roides de carton et de fil d'archal, qui s'élevaient en entonnoir, du menton jusqu'aux yeux, obligeaient les gens à tenir la tête haute et droite. C'est ce qui fait dire d'une chose qui a l'air contraint, ou d'une personne qui affecte une gravité outrée, qu'*elle est collet monté*. C'est en ce sens que Mme de Sévigné, parlant du chevalier de Méré, dit[a] : « Corbinelli abandonne Méré et son chien de style, et la ridicule cri-
« tique qu'il fait, en collet monté, d'un esprit libre, badin et charmant comme
« Voiture : tant pis pour ceux qui ne l'entendent pas. »

1. Oppressée par les matières épaisses, l'atrabile qui s'y est accumulée : voyez le *Dictionnaire de Littré*, et la consultation de *M. de Pourceaugnac*, acte I, scène VIII, tome VII, p. 272. *Décharger* « se dit aussi de tout ce qui pèse, qui incommode.... Cette drogue est bonne pour décharger le cerveau, les reins. » (*Dictionnaire de l'Académie*, 1694.)

2. CHRYSALE, *à Bélise*. (1682, 1734.)

3. Comme la savante et pédante de Juvénal que rappelle à propos M. Livet et dont a bien pu se souvenir Molière : le satirique la montre reprenant toute faute dans le langage de ses amies et trouve à plaindre son mari de n'avoir plus la liberté de faire des « solécismes » (*satire* VI, vers 56).

4. « *Solécisme en conduite* est une expression heureuse, dit Auger. Ce n'est pas, au surplus, la première fois qu'on ait appliqué ce mot de solécisme à tout autre chose qu'au langage.... Chez je ne sais plus quel peuple de l'antiquité, un comédien faisait un geste faux ; on lui cria qu'il faisait *un solécisme de la main*. » Voyez les *Vies des sophistes* de Philostrate, livre I, chapitre XXV, § 23. Quintilien dit aussi, livre I, chapitre V, § 36, que le mot a quelquefois été appliqué à de faux gestes ou de fausses expressions de visage (comme dans l'épigramme 148 du livre XI de l'*Anthologie* grecque); et Lucien, dans son *Traité de la Danse*, parle de graves solécismes commis par beaucoup de danseurs dans leurs mouvements et

[a] Lettre du 24 novembre 1679, tome VI, p. 96 et 97.

LES FEMMES SAVANTES.

Vos[1] livres éternels ne me contentent pas,
Et hors un gros Plutarque à mettre mes rabats[2],
Vous devriez[3] brûler tout ce meuble[4] inutile,
Et laisser la science aux docteurs de la ville ;
M'ôter, pour faire bien, du grenier de céans   565
Cette longue lunette à faire peur aux gens,
Et cent brimborions dont l'aspect importune ;
Ne point aller chercher ce qu'on fait dans la lune,
Et vous mêler un peu de ce qu'on fait chez vous,
Où nous voyons aller tout sens dessus dessous.   570
Il n'est pas bien honnête, et pour beaucoup de causes,
Qu'une femme étudie et sache tant de choses.
Former aux bonnes mœurs l'esprit de ses enfants,
Faire aller son ménage, avoir l'œil sur ses gens,
Et régler la dépense avec économie,   575

évolutions. M. Egger a même établi, dans une des remarques qu'il a jointes à ses *Notions élémentaires de grammaire comparée* (voyez la note 68), « que ce mot.... a désigné d'abord une faute de goût ou de convenance dans les actes de la vie, et que Molière lui donnait (*ici*) son sens primitif. »

1. *A Philaminte.* Vos. (1682.)

2. Ce joli trait est emprunté à Furetière : voyez à la *Notice* ci-dessus, p. 39. — Plus d'un ecclésiastique met encore ainsi ses rabats en presse, et l'usage date de loin : Rabelais en parle au chapitre LII du quart livre (tome II, p. 454 ; le passage remet en mémoire le mouchoir de cou trouvé par Tartuffe dans une *Fleur des saints*, acte I, scène II, vers 208) : « Mes deux sœurs, Catharine et Renée, avoient mis dedans ce beau sixième (*livre ou tome des Décrétales*), comme en presses (car il étoit couvert de grosses aisses, *de gros ais*, et ferré à glaz), leurs guimples, manchons et collerettes savonnées de frais, bien blanches et empesées. Par la vertu Dieu,... leurs guimples, collerettes, baverettes, couvre-chefs et tout autre linge y devint plus noir qu'un sac de charbonnier. » Peut-être Molière avait-il vu son père tirer ce parti d'un Plutarque : voyez les *Recherches* de M. Eudore Soulié, p. 14.

3. Nous avons vu *devriez* en deux syllabes au vers 49 de *l'Étourdi*, et deux fois dans le *Dépit amoureux*, aux vers 1083 (tome I, p. 473, note 1) et 1694 ; mais le mot compte pour trois, comme ici, aux vers 27 du *Tartuffe* et 14 du *Misanthrope*.

4. Ce terme est, sans doute, employé dans son sens le plus collectif, et comprend non-seulement les livres, les corps de bibliothèque, mais ce que Chrysale peut là montrer du doigt, les cartes, les globes, tout l'encombrement des « brimborions » scientifiques autres que les accessoires de la lunette.

ACTE II, SCÈNE VII.

Doit être son étude et sa philosophie.
Nos pères sur ce point étoient gens bien sensés,
Qui disoient qu'une femme en sait toujours assez
Quand la capacité de son esprit se hausse
A connoître[1] un pourpoint d'avec un haut de chausse[2]. 580
Les leurs ne lisoient point, mais elles vivoient bien ;
Leurs ménages étoient tout leur docte entretien,
Et leurs livres un dé, du fil et des aiguilles,
Dont elles travailloient au trousseau de leurs filles.
Les femmes d'à présent[3] sont bien loin de ces mœurs : 585
Elles veulent écrire, et devenir auteurs.
Nulle science n'est pour elles trop profonde,
Et céans beaucoup plus qu'en aucun lieu du monde :
Les secrets les plus hauts s'y laissent concevoir,
Et l'on sait tout chez moi, hors ce qu'il faut savoir ; 590
On y sait comme vont lune, étoile polaire,
Vénus, Saturne et Mars, dont je n'ai point affaire ;
Et, dans ce vain savoir, qu'on va chercher si loin,
On ne sait comme va mon pot, dont j'ai besoin.
Mes gens à la science aspirent pour vous plaire, 595

---

1. Est assez haute pour connoître :

   Non, non, je ne veux point d'un esprit qui soit haut,

dit Arnolphe au vers 93 de *l'École des femmes* (tome III, p. 165).

2. « François, duc de Bretagne, fils de Jean V, comme on lui parla de son mariage avec Isabeau, fille d'Écosse, et qu'on lui ajouta qu'elle avoit été nourrie simplement et sans aucune instruction de lettres, répondit « qu'il l'en aimoit mieux, et qu'une femme étoit assez savante quand « elle savoit mettre différence entre la chemise et le pourpoint de son « mari. » (Montaigne, *Essais*, livre I, chapitre XXIV, tome I, p. 180.) Une variante de ce mot du duc de Bretagne se lit dans *l'Été* de Bénigne Poissenot (1583), fos 167 v° et 168 r°ᵃ, et, littéralement répétée, dans la XXIIIᵉ serée de Bouchet (p. 316 de l'édition de Rouen, 1635) : « Une femme me semble assez sage quand elle peut discerner son cotillon d'avec le pourpoint de son mari. »

3. *A présent*, en un seul mot, dans presque tous les anciens textes; *à-présent*, avec trait d'union, dans celui de 1694 B.

a Cité par le *Bulletin du bibliophile*, 1853, p. 272.

LES FEMMES SAVANTES.

Et tous ne font rien moins que ce qu'ils ont à faire ;
Raisonner est l'emploi de toute ma maison,
Et le raisonnement en bannit la raison :
L'un me brûle mon rôt en lisant quelque histoire ;
L'autre rêve à des vers quand je demande à boire ; 600
Enfin je vois par eux votre exemple suivi,
Et j'ai des serviteurs, et ne suis point servi.
Une pauvre servante au moins m'étoit restée,
Qui de ce mauvais air n'étoit point infectée,
Et voilà qu'on la chasse avec un grand fracas, 605
A cause qu'elle manque à[1] parler Vaugelas[2].
Je vous le dis, ma sœur, tout ce train-là me blesse
(Car c'est, comme j'ai dit, à vous que je m'adresse).

1. Nous avons déjà vu *manquer*, avec *à*, au vers 60 de *Sganarelle* : « manquez à le bien recevoir ; » et nous avons relevé un emploi plus rare de la même construction, au tome VIII, p. 455 et 480.
2. A parler comme parlerait Vaugelas, la langue approuvée de Vaugelas. « Je ne doute point, dit de Visé, s'emparant de l'expression dans le premier volume de son *Mercure* (p. 308), qui parut deux mois environ après la première représentation des *Femmes savantes*, je ne doute point que dans quelque temps, au lieu de dire *parler Vaugelas*, pour louer ceux qui parleront bien, on ne dise *parler Ménage* : » de Visé rendait compte des *Observations sur la langue françoise*. Mathurin Régnier (vers la fin de sa satire XI, 1612) donnait à *parler soldat*, *parler citoyen*, le sens de parler d'un ton de soldat, de bourgeois. Rotrou, cité par Auger, avait dit de même, en 1641, dans sa *Clarice ou l'Amour constant* :

    Au reste, allez un peu vous mettre à la moderne :
    Mettez bas pour ce soir ces habits de docteur,
    Essayez de parler plus courtisan qu'auteur.

(Acte II, scène II, Horace, père de Clarice, à Hippocrasse, le Pédant.)

C'était bien voisin du tour de Molière ; mais Maynard, dans une ode imprimée en 1638 qu'indique M. Livet[a], et du Lorens, dans sa XXe satire (1646), ont ce tour même :

    Sans parler Balzac ni Malherbe,

a dit l'un ; et l'autre :

    Ce seroit mal parlé qui parleroit Malherbe.

Comparez aussi le *parler chrétien* de Marotte, tome II, p. 70, et voyez dans

[a] Voyez p. 412 du *Recueil des plus beaux vers de Messieurs de Malherbe*, etc., Paris, Pierre Mettayer, 1638.

Je n'aime point céans tous vos gens à latin,
Et principalement ce Monsieur Trissotin :   610
C'est lui qui dans des vers vous a tympanisées¹;
Tous les propos qu'il tient sont des billevesées ;
On cherche ce qu'il dit après qu'il a parlé,
Et je lui crois, pour moi, le timbre un peu fêlé².

PHILAMINTE.

Quelle bassesse, ô Ciel, et d'âme, et de langage !   615

BÉLISE.

Est-il de petits corps un plus lourd assemblage!
Un esprit composé d'atomes plus bourgeois³!

le *Dictionnaire de Littré*, à PARLER, 27°, l'explication d'autres locutions, analogues à celle de *ne parler rien que cercle et que ruelle*, employée au vers 88 de *l'École des femmes* (tome III, p. 165).

1. *Tympaniser* quelqu'un, c'est le décrier hautement, publiquement et comme à son de tambour ᵃ. Molière connaissait bien ce sens du mot, lui qui..., dans *l'École des femmes* (vers 70-72), fait dire par Chrysalde à Arnolphe :

> Vous devez marcher droit pour n'être point berné ;
> Et s'il faut que sur vous on ait la moindre prise,
> Gare qu'aux carrefours on ne vous tympanise.

Chrysale ne veut pas dire ici que Trissotin a publié des vers satiriques contre sa femme et sa sœur; il veut dire qu'il les a rendues ridicules dans le monde en les célébrant dans ses poésies. (*Note d'Auger*.)

2. « Son timbre est brouillé, » a dit Racine au vers 30 des *Plaideurs* (1668), songeant plus à l'effet qu'à la cause, moins à l'état de l'instrument qu'au son confus qu'il rend en cet état.

3. Il semble bien que, dans cette spirituelle boutade, Bélise emploie *petits corps* tout à fait comme synonyme d'*atomes*, et cela résulte encore de l'emploi qu'elle fait de l'expression au vers 879; elle parle évidemment là des petits corps *indivisibles* de Démocrite et d'Épicure ; sans avoir à ajouter ce dernier qualificatif ᵇ, elle se fait bien comprendre. On ne peut donc sup-

ᵃ C'est bien dans ce sens étymologique, impliquant réellement son du tambour, que le mot s'est pris au seizième siècle : voyez l'Historique de Littré. En 1694, l'Académie ne le définit plus que par « Décrier hautement et publiquement quelqu'un, déclamer contre lui ; » et elle donne pour exemples : *Il l'a tympanisé par toutes les compagnies. Il a eu peur que l'avocat de sa partie ne le tympanisât. Quel plaisir prenez-vous à vous faire tympaniser en plein palais, à l'audience ?*

ᵇ Comme l'ajoute Descartes, traduisant ou définissant *atomes* dans cet intitulé de l'article 20 de la IIᵈᵉ partie des *Principes de la philosophie* : « Qu'il ne peut y avoir aucuns atomes ou petits corps indivisibles. »

Et de ce même sang se peut-il que je sois[1] !
Je me veux mal de mort[2] d'être de votre race,
Et de confusion j'abandonne la place.   620

poser avec M. Fritsche[a], si plaisante que fût une pareille confusion dans la bouche de la philosophe, qu'elle brouille ici des termes caractéristiques appartenant aux deux doctrines différentes d'Épicure et de Descartes, les atomes et les petites parties de la matière divisible à l'infini. — Il n'est pas impossible, comme le croit l'auteur du *Carpentariana* (1741, cité par Auger), que Molière se souvînt d'avoir lu quelque part[b] ce mot ingénieux d'un Grec : « Néoclès disoit de son frère Épicure que lorsqu'il fut conçu, la Nature rassembla dans le ventre de sa mère tous les atomes de la prudence » (c'est-à-dire de la science et de la sagesse). — Quant à l'épithète *bourgeois*, donnée aux atomes, elle signifie : plus grossiers, plus communs, plus vulgaires. « Ah ! mon père, ce que vous dites là est du dernier bourgeois » (*Les Précieuses ridicules*, scène IV, tome II, p. 61.) A la *Notice* des *Précieuses*, on a vu dans une citation de Mlle de Scudery (note 3 à la page 4) le mot appliqué à la satire contre les femmes, de Boileau : « Quoiqu'il croie que cet ouvrage est son chef-d'œuvre, le public.... le trouve très-bourgeois et rempli de phrases très-barbares. » Dans le langage de Magdelon, *marchand* renchérit encore sur *bourgeois* : « Il ne se peut rien de plus marchand que ce procédé. » (Même scène des *Précieuses ridicules*, p. 63.)

1. On peut, comme fait Auger, comparer ce trait avec le langage que, dans *les Précieuses ridicules*, Magdelon tient d'abord à son père (scène IV, p. 66), puis à sa cousine (scène V, p. 69) : « Pour moi, un de mes étonnements, c'est que vous ayez pu faire une fille si spirituelle que moi. » — « J'ai peine à me persuader que je puisse être véritablement sa fille.... »

2. Exagération précieuse sans doute, dont nous ne trouvons pas d'autre exemple, de l'expression, fréquente alors, employée par Done Elvire au vers 729 de *Dom Garcie de Navarre* (tome II, p. 274), et ci-après, au vers 1488, par Henriette.

[a] Voyez son *Lexique* au mot Épicure.
[b] Par exemple, dans Plutarque, à la fin du chapitre XVIII du traité *Que l'on ne sauroit vivre joyeusement selon la doctrine d'Epicurus;* le passage a été ainsi traduit par Amyot : « Il (*Épicure*) a bien eu l'impudence de dire.... que son frère Néoclès affermoit.... que jamais homme n'avoit été si sage ne si savant que Epicurus, et que sa mère étoit bien heureuse, laquelle avoit porté en son ventre tant d'atomes, c'est à dire tant de petits corps individibles, qui avoient, en s'amassant ensemble, formé un si savant personnage. » (*Les OEuvres morales et mêlées de Plutarque*, 1575, tome I, f° 286 r° et v°.)

SCÈNE VIII.

PHILAMINTE, CHRYSALE.

PHILAMINTE.
Avez-vous à lâcher encore quelque trait?
CHRYSALE.
Moi? Non. Ne parlons plus de querelle : c'est fait.
Discourons d'autre affaire. A votre fille aînée
On voit quelque dégoût pour les nœuds d'hyménée :
C'est une philosophe enfin¹, je n'en dis rien, 625
Elle est bien gouvernée, et vous faites fort bien.
Mais de toute² autre humeur se trouve sa cadette,
Et je crois qu'il est bon de pourvoir Henriette,
De choisir un mari....
PHILAMINTE.
　　　　　　　C'est à quoi j'ai songé,
Et je veux vous ouvrir³ l'intention que j'ai. 630
Ce Monsieur Trissotin dont on nous fait un crime,
Et qui n'a pas l'honneur d'être dans votre estime,
Est celui que je prends pour l'époux qu'il lui faut,
Et je sais mieux que vous juger de ce qu'il vaut :
La contestation est ici superflue, 635
Et de tout point chez moi l'affaire est résolue.
Au moins ne dites mot du choix de cet époux :

---

1. Est-il nécessaire de faire remarquer la coupe de cet alexandrin, où *enfin*, rejeté au delà de l'hémistiche, renforce l'effet ironique du mot *philosophe* dont il est inséparable?

2. Le mot est ainsi adjectif dans nos anciens textes : comparez ci-dessus, au vers 36.

3. Vous découvrir, mais il y a une certaine solennité, une certaine emphase dans *ouvrir* : comparez l'expression relevée au vers 1687 d'*Amphitryon* (tome VI, p. 456).

Je veux à votre fille en parler avant vous ;
J'ai des raisons à faire¹ approuver ma conduite,
Et je connoîtrai bien si vous l'aurez instruite². 640

SCÈNE IX.

ARISTE, CHRYSALE.

ARISTE.

Hé bien? la femme³ sort, mon frère, et je vois bien
Que vous venez d'avoir ensemble un entretien.

CHRYSALE.

Oui.

ARISTE.

Quel est le succès⁴ ? Aurons-nous Henriette ?
A-t-elle consenti ? l'affaire est-elle faite ?

CHRYSALE.

Pas tout à fait encor.

ARISTE.

Refuse-t-elle ?

CHRYSALE.

Non. 645

---

1. De nature à faire....

2. Nous dirions peut-être plutôt aujourd'hui : « Si vous l'avez instruite ; » mais c'est un très-juste emploi du futur passé.

3. Cet emploi de l'article au lieu d'un possessif est devenu peu ordinaire (comparez ci-dessus le vers 398); il est ici fort expressif. A l'air déconcerté du mari, à l'air décisif de la femme, Ariste a vite compris quel a été le résultat de leur entretien ; il y a, après le nom, une sorte d'ellipse ironique d'une proposition relative, une courte pause, un geste, imité peut-être d'un geste tout plein de confiance de Chrysale, dans le précédent entretien : la femme dont vous répondiez (vers 412), la femme que vous alliez si bien disposer (vers 414).

4. L'issue, le résultat de cet entretien? Nous avons mainte fois rencontré *succès* avec ce sens : voyez, par exemple, au vers 195 du *Misanthrope*. — Les éditions de 1674, 82, 97, 1710, 18, ne tenant pas compte, pour la mesure, du *Oui* qui précède, portent : « Quel en est le succès ? »

ACTE II, SCÈNE IX.

ARISTE.

Est-ce qu'elle balance ?

CHRYSALE.

En aucune façon.

ARISTE.

Quoi donc ?

CHRYSALE.

C'est que pour gendre elle m'offre un autre [homme.

ARISTE.

Un autre homme pour gendre !

CHRYSALE.

Un autre.

ARISTE.

Qui se nomme ?

CHRYSALE.

Monsieur Trissotin.

ARISTE.

Quoi ? ce Monsieur Trissotin....

CHRYSALE.

Oui, qui parle toujours de vers et de latin.   650

ARISTE.

Vous l'avez accepté ?

CHRYSALE.

Moi, point, à Dieu ne plaise !

ARISTE.

Qu'avez-vous répondu ?

CHRYSALE.

Rien ; et je suis bien aise
De n'avoir point parlé, pour ne m'engager pas.

ARISTE.

La raison est fort belle, et c'est faire un grand pas.
Avez-vous su du moins lui proposer Clitandre ?   655

CHRYSALE.

Non ; car, comme j'ai vu qu'on parloit d'autre gendre [1],

---

1. « Il faudrait, dit Auger, *d'un autre gendre;* l'adjectif *un* est indispen-

J'ai cru qu'il étoit mieux de ne m'avancer point.

ARISTE.

Certes votre prudence est rare au dernier point!
N'avez-vous point de honte avec votre mollesse?
Et se peut-il qu'un homme ait assez de foiblesse   660
Pour laisser à sa femme un pouvoir absolu,
Et n'oser attaquer ce qu'elle a résolu?

CHRYSALE.

Mon Dieu! vous en parlez, mon frère, bien à l'aise,
Et vous ne savez pas comme le bruit me pèse.
J'aime fort le repos, la paix, et la douceur,   665
Et ma femme est terrible avecque son humeur.
Du nom de philosophe elle fait grand mystère[1];
Mais elle n'en est pas pour cela moins colère;
Et sa morale, faite à mépriser le bien[2],
Sur l'aigreur de sa bile opère comme rien[3].   670
Pour peu que l'on s'oppose à ce que veut sa tête,
On en a pour huit jours d'effroyable tempête.
Elle me fait trembler dès qu'elle prend son ton;

sable quand il s'agit d'un objet déterminé. Ce qui le prouve, c'est que *parlons d'autre chose* signifie seulement : changeons de discours; tandis que, si l'on veut passer d'un objet à quelque autre objet qu'on a en vue, il faut dire *parlons d'une autre chose*. » Ne contestons pas la justesse de la remarque par laquelle Auger croit motiver la condamnation grammaticale qu'il prononce. Mais, d'après cette remarque même, ce semble, le tour employé par Molière est facile à justifier. Chrysale a d'abord peu arrêté sa pensée sur le gendre particulier proposé par Philaminte; si odieux qu'il lui soit, il n'a pas eu un mot de révolte en l'entendant nommer; il n'a été frappé, embarrassé que du fait que sa femme a déjà, de son côté, arrangé un projet d'alliance : répondant à la généralité de l'idée, *d'autre gendre* est simplement moins déterminé que *d'un autre gendre*.

1. « On disait alors, explique Auger, *faire un mystère d'une chose* dans le sens de : en faire de l'étalage, y donner de l'importance. Dans *l'Esprit follet* de d'Ouville » (1641, acte II, scène 1), Lisandre engageant Florestan, qui vient d'être légèrement blessé, à se mettre au lit, celui-ci répond :

> Le mal n'est pas si grand pour en faire un mystère :
> Comment? cela vaut-il seulement en parler?

2. Les biens de fortune, les richesses, l'argent.
3. *Rien*, négatif, comme souvent, sans *ne*.

Je ne sais où me mettre, et c'est un vrai dragon ;
Et cependant, avec toute sa diablerie,   675
Il faut que je l'appelle et « mon cœur » et « ma mie¹. »

ARISTE.

Allez, c'est se moquer. Votre femme, entre nous,
Est par vos lâchetés souveraine sur vous.
Son pouvoir n'est fondé que sur votre foiblesse,
C'est de vous qu'elle prend le titre de maîtresse ;   680
Vous-même à ses hauteurs vous vous abandonnez,
Et vous faites mener en bête par le nez².
Quoi? vous ne pouvez pas, voyant comme on vous nomme³,
Vous résoudre une fois à vouloir être un homme ?
A faire condescendre une femme à vos vœux,   685
Et prendre assez de cœur pour dire un : « Je le veux » ?
Vous laisserez sans honte immoler votre fille
Aux folles visions qui tiennent la famille,
Et de tout votre bien revêtir un nigaud,
Pour six mots de latin qu'il leur fait sonner haut,   690
Un pédant qu'à tous coups⁴ votre femme apostrophe
Du nom de bel esprit, et de grand philosophe,

---

1. Ces derniers vers rappellent à Aimé-Martin un passage de Plaute, où le même trait de caractère amène un jeu de scène. Dans l'acte II de *Casina*, scène III, Stalinon, en train de se plaindre de sa femme, la voit venir et, forcé par politique de lui faire accueil, passe subitement du ton des plus grossières injures au ton le plus câlin (vers 122-124) :

. . . . *Uxor me excruciat quia vivit.*
Tristem adstare adspicio : blande hæc mihi mala res adpellanda 'st.
Uxor mea, meaque amœnitas, quid tu agis?

« Ma femme vit pour mon supplice. La voilà ; elle est toute triste ! Allons, il faut encore amadouer la méchante bête. Ma femme, mon cher amour, qu'as-tu donc ? » (*Traduction de Sommer.*)

2. Comme un pauvre ours des rues qu'on mène par sa muselière, ou comme un buffle attelé qu'on mène par son anneau.

3. Vous entendant appeler du nom de mari, de maître, de Monsieur enfin, et non de Madame. Ou peut-être, et même plutôt : Voyant bien qu'on vous nomme partout un lâche et sot mari.

4. Qu'à tout coup. (1730, 34.)

D'homme qu'en vers galants jamais on n'égala[1],
Et qui n'est, comme on sait, rien moins que tout cela?
Allez, encore un coup, c'est une moquerie, 695
Et votre lâcheté mérite qu'on en rie.

CHRYSALE.

Oui, vous avez raison, et je vois que j'ai tort.
Allons, il faut enfin montrer un cœur plus fort,
Mon frère.

ARISTE.

C'est bien dit.

CHRYSALE.

C'est une chose infâme
Que d'être si soumis au pouvoir d'une femme. 700

ARISTE.

Fort bien.

CHRYSALE.

De ma douceur elle a trop profité.

ARISTE.

Il est vrai.

CHRYSALE.

Trop joui de ma facilité.

ARISTE.

Sans doute.

CHRYSALE.

Et je lui veux faire aujourd'hui connoître[2]
Que ma fille est ma fille, et que j'en suis le maître
Pour lui prendre un mari qui soit selon mes vœux. 705

ARISTE.

Vous voilà raisonnable, et comme je vous veux.

CHRYSALE.

Vous êtes pour Clitandre, et savez sa demeure :

---

1. Tous éloges que Cotin se laissait jeter à la tête et qu'il imprimait avec complaisance : voyez ci-dessus, p. 75, note 1, et ci-après, p. 170, note 2.
2. Il y a ainsi *connoître* (*connoistre*) par un *o*, sans égard à la rime, dans nos anciennes éditions.

Faites-le-moi venir, mon frère, tout à l'heure.
ARISTE.
J'y cours tout de ce pas.
CHRYSALE.
C'est souffrir trop longtemps,
Et je m'en vais être homme à la barbe des gens[1]. 710

---

1. *Des gens* ne fait toutefois penser qu'à Philaminte, et cela rend fort drôle l'emploi de la locution qui précède. Il y a au chapitre x des *Mémoires de la vie du comte de Grammont* (1713, p. 335) un passage qui peut être rapproché de celui-ci : la Price dit à la belle Jennings qu' « il s'offroit une belle action à leur courage, qui étoit d'aller vendre leurs oranges jusque dans la salle de la comédie, à la barbe de la duchesse et de toute sa cour. » Où l'intention plaisante est marquée là plus nettement encore, ou peut-être, et nous le croirions, l'expression figurée, sans y entendre tant de finesse, a signifié simplement, pour Molière comme pour Hamilton, *en dépit de*, le sens propre étant entièrement oublié.

FIN DU SECOND ACTE.

ACTE III.

SCÈNE PREMIÈRE.

PHILAMINTE, ARMANDE, BÉLISE, TRISSOTIN[1], L'ÉPINE.

PHILAMINTE.
Ah! mettons-nous ici, pour écouter à l'aise
Ces vers que mot à mot il est besoin qu'on pèse.
ARMANDE.
Je brûle de les voir.
BÉLISE.
Et l'on s'en meurt chez nous.
PHILAMINTE[2].
Ce sont charmes[3] pour moi que ce qui part de vous.
ARMANDE.
Ce m'est une douceur à nulle autre pareille.   715
BÉLISE.
Ce sont repas friands qu'on donne à mon oreille[4].
PHILAMINTE.
Ne faites point languir de si pressants desirs.

---

1. Sur ce personnage, dans lequel, à la plupart des traits qui le caractérisent, tous les contemporains reconnurent l'abbé Cotin, voyez la *Notice*, p. 9.
2. PHILAMINTE, *à Trissotin*. (1734.)
3. Au sujet du non-emploi de l'article après *ce sont*, ici et au vers 716, voyez le *Lexique de Corneille*, tome I, p. 401. — Même sans l'inversion du sujet et l'emploi de *ce* qu'elle amène devant le verbe, celui-ci aurait encore pu s'accorder avec l'attribut : voyez au tome III, p. 214, le vers 729 de *l'École des femmes*, et p. 425, la note 2; et au tome I du *Lexique de Corneille*, p. LXXI.
4. Voyez ci-après, p. 122, note 1.

ARMANDE.

Dépêchez.

BÉLISE.

Faites tôt, et hâtez nos plaisirs.

PHILAMINTE.

A notre impatience offrez votre épigramme.

TRISSOTIN[1].

Hélas! c'est un enfant tout nouveau né, Madame.   720
Son sort assurément a lieu de vous toucher,
Et c'est dans votre cour que j'en viens d'accoucher[2].

PHILAMINTE.

Pour me le rendre cher, il suffit de son père.

TRISSOTIN.

Votre approbation lui peut servir de mère.

BÉLISE.

Qu'il a d'esprit!

SCÈNE II.

HENRIETTE, PHILAMINTE, ARMANDE, BÉLISE[3], TRISSOTIN, L'ÉPINE.

PHILAMINTE[4].

Holà! pourquoi donc fuyez-vous?   725

HENRIETTE.

C'est de peur de troubler un entretien si doux.

PHILAMINTE.

Approchez, et venez, de toutes vos oreilles,

---

1. TRISSOTIN, à *Philaminte*. (1734.)
2. L'original de Trissotin passait, au dire de Tallemant des Réaux, pour faire ses impromptus un peu plus à loisir : « Autrefois, lui (*Vaugelé*) et Cotin apprenoient par cœur des reparties pour se faire valoir l'un l'autre dans les compagnies où ils alloient. » (Tome VII des *Historiettes*, p. 33.) « Ce Cotin est un bon *Phœbus*, » ajoute des Réaux, qui, pour le prouver, cite là une phrase de sermon qu'on ne jugera point des plus authentiques.
3. BÉLISE, ARMANDE. (1734.)
4. PHILAMINTE, à *Henriette qui veut se retirer*. (*Ibidem*.)

Prendre part au plaisir d'entendre des merveilles.
HENRIETTE.
Je sais peu les beautés de tout ce qu'on écrit,
Et ce n'est pas mon fait que les choses d'esprit.   730
PHILAMINTE.
Il n'importe : aussi bien ai-je à vous dire ensuite
Un secret dont il faut que vous soyez instruite.
TRISSOTIN[1].
Les sciences n'ont rien qui vous puisse enflammer,
Et vous ne vous piquez que de savoir charmer.
HENRIETTE.
Aussi peu l'un que l'autre, et je n'ai nulle envie....   735
BÉLISE.
Ah! songeons à l'enfant nouveau né, je vous prie.
PHILAMINTE[2].
Allons, petit garçon[3], vite de quoi s'asseoir.
(Le laquais tombe avec la chaise[4].)
Voyez l'impertinent! Est-ce que l'on doit choir,
Après avoir appris l'équilibre des choses[5]?
BÉLISE.
De ta chute, ignorant, ne vois-tu pas les causes,   740
Et qu'elle vient d'avoir du point fixe écarté
Ce que nous appelons centre de gravité?
L'ÉPINE.
Je m'en suis aperçu, Madame, étant par terre[6].

1. TRISSOTIN, *à Henriette.* (1734.)
2. PHILAMINTE, *à l'Épine.* (*Ibidem.*)
3. Sur les petits laquais qu'il était de mode d'avoir à son service, voyez, tome VIII, la fin de la note 4 à la page 560.
4. *L'Épine se laisse tomber.* (1734.)
5. Est-ce que l'Épine a pris des leçons de statique? On le croirait, à entendre Philaminte (*et à voir, au vers* 743, *qu'il paraît comprendre le parler scientifique de Bélise*). Pourquoi non? Chrysale n'a-t-il pas dit à sa femme (vers 595) :

   Mes gens à la science aspirent pour vous plaire.

(*Note d'Auger.*)
6. « Don Quichotte, qui n'est pas pédant, mais qui aime assez à disserter,

ACTE III, SCÈNE II.

PHILAMINTE[1].

Le lourdaud !

TRISSOTIN.
  Bien lui prend de n'être pas de verre.

ARMANDE.

Ah ! de l'esprit partout !

BÉLISE.
    Cela ne tarit pas.[2]   745

PHILAMINTE.

Servez-nous promptement votre aimable repas.

TRISSOTIN.

Pour cette grande faim qu'à mes yeux on expose,
Un plat seul de huit vers me semble peu de chose,
Et je pense qu'ici je ne ferai pas mal
De joindre à l'épigramme, ou bien au madrigal[3],   750
Le ragoût d'un sonnet, qui chez une princesse[4]

a, dit Auger, une conversation semblable avec Sancho, dans une occasion presque pareille. » Voyez au chapitre xxviii de la II^{de} partie de l'histoire. Sancho, qui d'un grand coup de gaule, déchargé sur lui par un paysan furieux, vient d'être jeté à bas de sa monture, se remet en selle, mais pousse « de temps en temps de profonds soupirs et des gémissements douloureux. Don Quichotte lui demanda la cause d'une si amère affliction. Il répondit que, depuis l'extrémité de l'échine jusqu'au sommet de la nuque, il ressentait une douleur qui lui faisait perdre l'esprit « La cause de cette douleur, « reprit don Quichotte, doit être celle-ci : comme le bâton avec lequel on « t'a frappé était d'une grande longueur, il t'a pris le dos du haut en bas, « où sont comprises toutes les parties qui te font mal, et s'il avait porté « ailleurs, ailleurs tu souffrirais de même. — Pardieu, s'écria Sancho, Votre « Grâce vient de me tirer d'un grand embarras et de m'expliquer la chose en « bons termes. Mort de ma vie ! est-ce que la cause de ma douleur est si ca- « chée, qu'il soit besoin de me dire que je souffre partout où le bâton a « porté ? » (*Traduction de Viardot*.)

1. PHILAMINTE, *à l'Épine qui sort.* (1734.)
2. *Ils s'asseyent.* (*Ibidem.*)
3. « Par *l'épigramme*, ou *le madrigal*, Trissotin entend une seule et même pièce. Autrefois, on appelait *épigramme* toute pièce de vers fort courte, sur un sujet quelconque. Aujourd'hui on distingue.... » (*Note d'Auger.*) Dans les Œuvres de Cotin, en effet, la pièce *Sur un Carrosse...*, qui sera lue plus loin, a reçu le titre de madrigal, et une note qui l'accompagne la nomme une épigramme : voyez ci-après, p. 130, note 2.
4. Voyez la *Notice*, p. 25.

A passé pour avoir quelque délicatesse.
Il est de sel attique assaisonné partout,
Et vous le trouverez, je crois, d'assez bon goût[1].

[1]. Nous trouvons dans l'article sur Cotin que M. Hippolyte Fauche a inséré dans le *Dictionnaire de la Conversation* (2ᵉ édition, 1853), une remarque fort intéressante : c'est que Molière s'est très-probablement inspiré, pour ce début de l'entretien engagé entre Trissotin et ses trois admiratrices, de l'une des œuvres galantes de Cotin, d'une petite pièce ridiculement précieuse, que l'abbé a dû, justement comme telle, comprendre avec le plus de satisfaction dans son recueil ; là se trouve étendue, de façon à remplir la pièce presque tout entière, la métaphore de *friand*, d'*aimable repas*, jetée dans le discours par Bélise et par Philaminte (vers 716 et 746), puis reprise si complaisamment par leur poëte. Nous croyons devoir citer ici une bonne partie de ce petit morceau en prose, aussi connu peut-être des contemporains que les deux poésies dont lecture leur était donnée ; il peut contribuer à achever l'idée qu'on a à se faire du principal modèle qui a servi à Molière pour cette figure : « *FESTIN POÉTIQUE*. — Vous voulez, Madame, que je vous traite, et je veux bien vous traiter ; mais comme les amants déifient ordinairement tout ce qu'ils aiment, je vous traiterai en Déesse. Je vous ferai servir de l'ambrosie, je vous ferai verser du nectar, l'un et l'autre dignes des tables immortelles. Après quelques parfums, et un peu d'encens, c'est-à-dire après des remerciements, le premier service sera de raisonnements forts et solides ; le second, de sentiments épurés, avec quelques pointes d'épigrammes pour ragoûts, et quelques entremets de parenthèses et de pensées. Vous verrez briller en des coupes de cristal l'eau de la fontaine des neuf Sœurs, laquelle, pour peu que vous l'exposiez aux yeux d'Apollon, vous paroîtra, Madame, avec toutes les couleurs de l'arc-en-ciel. — Vous jugez bien qu'un bel esprit, comme vous me nommez par honneur, ne vous doit pas traiter autrement. Pour le nombre des conviés et de ces agréables ombres[a] qui vous suivent quand il vous plaît, je ne vous limite rien, Madame. Il y a eu des jours que j'en ai traité mille à la fois, sans qu'il m'en ait coûté un double de plus.... — Cependant, Madame, je vous remercie de vos belles roses du mois de novembre ; elles sont si vives et si parfumées, qu'elles ne peuvent céder qu'à cette belle bouche où l'on craint de se brûler quand on vous salue, et au doux parfum de cette haleine qui m'est un souffle plus agréable que celui des Zéphyrs ne le fut jamais aux parterres.... » (*OEuvres galantes de M. Cotin...*, édition de 1665, IIᵈᵉ partie, d'une seule pagination avec la Iʳᵉ, p. 431 et 432.) — Voiture, du reste, comme le rappelle Auger, s'était déjà joué avec ce thème : « Monsieur, écrit-il à Costar (lettre CIX, p. 427 et 428 de l'édition de 1650), je voulois rompre pour quelque temps le commerce que j'ai avecque vous, et en une saison où l'on doit faire pénitence, je faisois scrupule de me trouver à ces grands festins que vous me faites. Mais.... j'ai demandé dispense de recevoir de vos lettres.... Pour vous, vous pou-

[a] *Ombres*, dans un sens qui rappelle celui où Horace prend le mot, à la fin de l'*épître* V du livre I, de convives amenés par des invités.

ACTE III, SCÈNE II.

ARMANDE.

Ah! je n'en doute point.

PHILAMINTE.

Donnons vite audience.   755

BÉLISE.

(A chaque fois qu'il veut lire, elle l'interrompt[1].)

Je sens d'aise mon cœur tressaillir par avance.
J'aime la poésie avec entêtement[2],
Et surtout quand les vers sont tournés galamment.

PHILAMINTE.

Si nous parlons toujours, il ne pourra rien dire.

TRISSOTIN.

So....

BÉLISE[3].

Silence! ma nièce[4].   760

vez sans scrupule recevoir ce que je vous envoie : à peine ai-je de quoi vous faire une légère collation. Au lieu de ces *mullos trilibres* que vous me présentez, je n'ai que des *Tiberinos catillones*[a].... Encore n'en aurai-je pas, pour ce coup, pour faire un plat, et je ne vous servirai que des légumes.... Il faut que vous vous accommodiez à cela, » etc. Voyez encore le commencement de sa longue lettre au même datée du 24 janvier 1642, p. 771 et suivantes.

1. BÉLISE, *interrompant Trissotin chaque fois qu'il se dispose à lire*. (1734.)
2. Avec un goût décidé, une passion, une prévention dont il ne serait pas aisé de me faire revenir. « M. et Mme de Mesmes sortent d'ici, écrit Mme de Sévigné en 1679 (tome VI, p. 142); ils ont recommencé sur nouveaux frais à parler de vous et de Grignan avec entêtement. » — Plus loin, au vers 962, Trissotin applique le mot à l'infatuation des auteurs. — On l'a vu, au vers 86, avec le sens d'idée fixe.
3. BÉLISE, *à Henriette*. (1682, 1734.)
4. Les éditeurs de 1718, 30, 33, 34 ont complété le vers de ces trois façons : PHILAMINTE. Allons, laissons-le lire. (1718.) — ARMANDE. Écoutons, il va lire. (1733.) — ARMANDE. Ah! laissez-le donc lire. (1730, 34.) Mais ils ont pris un soin qui était bien superflu : cette interruption du vers marque naturellement ici la longue pause nécessaire à Trissotin pour s'assurer que Bélise aussi s'est réduite au silence et retrouver le ton dont il avait déjà commencé sa lecture. Comparez plus loin le vers 771, que, par la même raison, Molière n'a pas achevé.

a Ou *lupos* : allusion à un passage de la satire II du livre II d'Horace, vers 33-37.

TRISSOTIN.

SONNET A LA PRINCESSE URANIE SUR SA FIÈVRE[1].
   Votre prudence est endormie[2],
   De traiter magnifiquement,
   Et de loger superbement
   Votre plus cruelle ennemie.

BÉLISE.

Ah! le joli début!

ARMANDE.

  Qu'il a le tour[3] galant!   765

PHILAMINTE.

Lui seul des vers aisés possède le talent!

ARMANDE.

A *prudence endormie* il faut rendre les armes.

BÉLISE.

Loger son ennemie est pour moi plein de charmes.

PHILAMINTE.

J'aime *superbement* et *magnifiquement* :

---

1. On a vu à la *Notice*, p. 11, que le sonnet qui va être récité était pris tel quel des *Œuvres galantes* de l'abbé Cotin. L'auteur l'avait déjà fait paraître trois fois : en 1663 et 1665 dans la 1re et la 2de édition de ces *Œuvres galantes;* dès 1659 dans un premier recueil d'*Œuvres mêlées;* et, sans Molière, il ne s'en fût vraisemblablement pas tenu là. — Il n'y avait de changement qu'au titre[a] ; le véritable est : *Sonnet. A Mlle de Longueville, à présent duchesse de Nemours, sur sa fièvre quarte.* La duchesse, mariée en 1657, était devenue veuve deux ans après; elle mourut fort âgée, en 1707 : voyez la *Notice*, p. 25, et note 2.

2. *Prudence endormie* n'est point une expression ridicule : elle est employée.... par Corneille, dans ce vers de *Nicomède* (1651, *acte III, scène II, vers* 832) :

   Ma prudence n'est pas tout à fait endormie.

Ce n'est point de Trissotin, ou pour mieux dire de Cotin, que Molière se moque en cet endroit (*pour ce mot*) : c'est de ce trio de femmes qui s'extasient follement sur les choses qui le méritent le moins. (*Note d'Auger.*)

3. Magdelon, dans *les Précieuses ridicules* (scène IX, tome II, p. 97), dit de même de Mascarille : « Il a un tour admirable dans l'esprit. » (*Note d'Auger.*)

[a] Sauf une insignifiante interversion (relevée en note) au troisième vers du premier tercet.

ACTE III, SCÈNE II.

Ces deux adverbes joints font admirablement. 770

BÉLISE.

Prêtons l'oreille au reste¹.

TRISSOTIN.

Votre prudence est endormie,
De traiter magnifiquement,
Et de loger superbement
Votre plus cruelle ennemie.

ARMANDE.

Prudence endormie !

BÉLISE.

Loger son ennemie !

PHILAMINTE.

Superbement et *magnifiquement !*

TRISSOTIN.

Faites-la sortir, quoi qu'on die,
De votre riche appartement,
Où cette ingrate insolemment
Attaque votre belle vie. 775

BÉLISE.

Ah ! tout doux, laissez-moi, de grâce, respirer.

ARMANDE.

Donnez-nous, s'il vous plaît, le loisir d'admirer.

PHILAMINTE.

On se sent à ces vers, jusques au fond de l'âme,
Couler je ne sais quoi qui fait que l'on se pâme.

ARMANDE.

*Faites-la sortir, quoi qu'on die*²,
De votre riche appartement.

---

1. Nouvelle interruption du vers, que motive une nouvelle pause : voyez plus haut, vers 760. — Quant aux reprises admiratives d'expressions, et aux simples exclamations qui vont couper les deux lectures, « il était difficile, dit Auger, de les assujettir aux règles de la versification, sans ôter au dialogue de son naturel et de sa liberté. »
2. Voyez la fin de la note du vers 797.

Que *riche appartement* est là joliment dit! 780
Et que la métaphore est mise avec esprit!

PHILAMINTE.

Faites-la sortir, quoi qu'on die.
Ah! que ce *quoi qu'on die* est d'un goût admirable!
C'est, à mon sentiment, un endroit impayable.

ARMANDE.

De *quoi qu'on die* aussi mon cœur est amoureux.

BÉLISE.

Je suis de votre avis, *quoi qu'on die* est heureux. 785

ARMANDE.

Je voudrois l'avoir fait.

BÉLISE.

Il vaut toute une pièce.

PHILAMINTE.

Mais en comprend-on bien, comme moi, la finesse?

ARMANDE et BÉLISE.

Oh, oh!

PHILAMINTE.

Faites-la sortir, quoi qu'on die :
Que de la fièvre on prenne ici les intérêts :
N'ayez aucun égard, moquez-vous des caquets,
Faites-la sortir, quoi qu'on die.
Quoi qu'on die, quoi qu'on die.
Ce *quoi qu'on die* en dit beaucoup plus qu'il ne semble. 790
Je ne sais pas, pour moi, si chacun me ressemble;
Mais j'entends là-dessous un million de mots.

BÉLISE.

Il est vrai qu'il dit plus de choses qu'il n'est gros.

PHILAMINTE[1].

Mais quand vous avez fait ce charmant *quoi qu'on die*,
Avez-vous compris, vous, toute son énergie? 795

---

1. PHILAMINTE, *à Trissotin.* (1734.)

Songez-vous bien vous-même à tout ce qu'il nous dit,
Et pensiez-vous alors y mettre tant d'esprit[1] ?

TRISSOTIN.

Hay, hay.

ARMANDE.

J'ai fort aussi l'*ingrate* dans la tête :
Cette ingrate de fièvre, injuste, malhonnête,
Qui traite mal les gens qui la logent chez eux.   800

PHILAMINTE.

Enfin les quatrains sont admirables[2] tous deux.
Venons-en promptement aux tiercets[3], je vous prie.

ARMANDE.

Ah! s'il vous plaît, encore une fois *quoi qu'on die*.

TRISSOTIN.

Faites-la sortir, quoi qu'on die,

PHILAMINTE, ARMANDE et BÉLISE.

Quoi qu'on die!

TRISSOTIN.

De votre riche appartement,

PHILAMINTE, ARMANDE et BÉLISE.

Riche appartement!

---

1. *Quoi qu'on die* n'est qu'une cheville dans une mauvaise pièce, et il ne mériterait pas même qu'on le relevât pour s'en moquer. Mais c'est précisément parce que *quoi qu'on die* ne dit rien, que Molière l'a choisi pour faire éclater, avec le plus de force, le ridicule enthousiasme de ces trois folles. C'est le commentaire seul qui est plaisant. (*Note d'Auger.*) Bussy eut un jour une bonne occasion de se souvenir du merveilleux *quoi qu'on die*, et il l'a très-gaiement conté à Mme de Sévigné (voyez au tome VI des *Lettres* de celle-ci, année 1678, p. 450). — Nous n'avons pas besoin de dire que ce n'était nullement cette forme de subjonctif terminant la locution qui pouvait prêter à rire en 1672 : *die* au lieu de *dise* était encore fort usité, et Molière l'a employé même dans la prose de l'*Impromptu de Versailles* (scène v, tome III, p. 426) : voyez une Remarque de M. Marty-Laveaux, au tome II, p. 306 du *Lexique de la langue de Corneille*.

2. Comparez, pour la coupe, le vers 890.

3. Le mot est écrit *tercet*, dit Auger, « dans toutes les éditions du *Dictionnaire de l'Académie*, à l'article SONNET ; mais, ce qui est extraordinaire, il n'a été placé à son rang (*alphabétique*).... que dans l'édition de 1762. » Les trois précédentes l'omettent.

TRISSOTIN.
Où cette ingrate insolemment
PHILAMINTE, ARMANDE et BÉLISE.
Cette *ingrate* de fièvre !
TRISSOTIN.
Attaque votre belle vie.
PHILAMINTE.
Votre belle vie !
ARMANDE et BÉLISE.
Ah !
TRISSOTIN.
Quoi ? sans respecter votre rang,
Elle se prend à votre sang, 805
PHILAMINTE, ARMANDE et BÉLISE.
Ah !
TRISSOTIN.
Et nuit et jour[1] *vous fait outrage !*

Si vous la conduisez aux bains,
Sans la marchander davantage,
Noyez-la de vos propres mains.
PHILAMINTE.
On n'en peut plus.
BÉLISE.
On pâme.
ARMANDE.
On se meurt de plaisir[2]. 810
PHILAMINTE.
De mille doux frissons vous vous sentez saisir.
ARMANDE.
Si vous la conduisez aux bains,

1. On lit « Et jour et nuit » dans les *OEuvres mêlées* et dans les deux éditions des *OEuvres galantes*.
2. Comparez à la scène ix des *Précieuses ridicules*, tome II, p. 88, les phrases exclamatives de Cathos, après que Mascarille a chanté son impromptu, et voyez la note 2 de cette page 88.

ACTE III, SCÈNE II.

BÉLISE.
Sans la marchander davantage,
PHILAMINTE.
Noyez-la de vos propres mains :
De vos propres mains, là, noyez-la dans les bains.
ARMANDE.
Chaque pas dans vos vers rencontre un trait charmant.
BÉLISE.
Partout on s'y promène avec ravissement.
PHILAMINTE.
On n'y sauroit marcher que sur de belles choses. 815
ARMANDE.
Ce sont petits chemins tout parsemés de roses.
TRISSOTIN.
Le sonnet donc vous semble....
PHILAMINTE.
                    Admirable, nouveau,
Et personne jamais n'a rien fait de si beau[1].
BÉLISE[2].
Quoi ? sans émotion pendant cette lecture ?
Vous faites là, ma nièce, une étrange figure ! 820
HENRIETTE.
Chacun fait ici-bas la figure qu'il peut,
Ma tante ; et bel esprit, il ne l'est pas qui veut[3].
TRISSOTIN.
Peut-être que mes vers importunent Madame.
HENRIETTE.
Point : je n'écoute pas.

---

[1]. Philinte s'acquitte envers Oronte, après la lecture du sonnet, par un dernier compliment presque aussi flatteur ; mais, dans sa manière de rendre le devoir d'admiration qu'on réclame de lui, une certaine légèreté de ton est toujours bien sensible.

[2]. BÉLISE, *à Henriette*. (1734.)

[3]. Pour cet emploi de *il* (ou de *celui-là*), comme antécédent de *qui*, emploi souvent nécessaire à la clarté ou au nombre de la phrase, voyez les

PHILAMINTE.

Ah! voyons l'épigramme.

TRISSOTIN[1].

*SUR UN CARROSSE DE COULEUR AMARANTE, DONNÉ
A UNE DAME DE SES AMIES*[2].

PHILAMINTE.

Ces titres[3] ont toujours quelque chose de rare.   825

ARMANDE.

A cent beaux traits d'esprit leur nouveauté prépare.

TRISSOTIN.

L'Amour si chèrement m'a vendu son lien,

BÉLISE, ARMANDE et PHILAMINTE.

Ah !

TRISSOTIN.

Qu'il m'en coûte[4] *déjà la moitié de mon bien;*

exemples donnés dans le *Dictionnaire* de Littré à Il, 12°, et à Qui, pronom relatif, 9°; on en trouve deux à la fin d'un *Madrigal* de Ménage à *Mlle de la Vergne*, la future Mme de la Fayette (5ᵉ édition des *Poemata*, 1668, p. 244, au livre V des pièces françaises, comprenant les *Sonnets, Madrigaux, Épigrammes, Ballades*) :

D'un grand embrasement, d'un rigoureux servage,
Il se sauve qui peut.
Et vous blâmez Thyrsis d'être volage !
Hélas ! belle Doris, il ne l'est pas qui veut.

(Auger cite l'avant-dernier vers avec une variante d'une édition postérieure :

Vous m'accusez d'être volage.)

1. Il y a ici un jeu de scène très-naturel et bien saisi. Trissotin est blessé des derniers mots d'Henriette (« Point : je n'écoute pas »). M. Fr. Regnier dit le titre, qui suit, de l'épigramme d'une voix altérée, et en lançant des regards de colère sur Henriette : je ne sais si ce jeu de scène lui appartient. (*Note de M. Despois.*)

2. Dans *les OEuvres galantes de Monsieur Cotin* (voyez à la *Notice*, p. 11 et note 1), le titre de la pièce est : *Sur un Carrosse de couleur amarante, acheté pour une Dame*. MADRIGAL. A la suite et par forme d'excuse, Cotin signalait encore ces vers à la curiosité du lecteur : « En faveur des Grecs et des Latins, et de quelques-uns de nos François qui affectent ces rencontres aux mots, quoique froides, j'ai fait grâce à cette Épigramme. »

3. *Ses titres*. (1734.)

4. L'unique inexactitude, dans la transcription qu'a faite Molière, se trouve ici. Cotin avait deux fois imprimé (en 1663 et en 1665) : « Qu'il me coûte. »

ACTE III, SCÈNE II.

Et quand tu vois ce beau carrosse,
Où tant d'or se relève en bosse, 830
Qu'il étonne tout le pays,
Et fait pompeusement triompher ma Laïs,

PHILAMINTE.

Ah! *ma Laïs!* voilà de l'érudition.

BÉLISE.

L'enveloppe¹ est jolie, et vaut un million.

TRISSOTIN.

Et quand tu vois ce beau carrosse,
Où tant d'or se relève en bosse,
Qu'il étonne tout le pays,
Et fait pompeusement triompher ma Laïs,
*Ne dis plus qu'il est amarante*² : 835
*Dis plutôt qu'il est de ma rente*³.

ARMANDE.

Oh, oh, oh! celui-là⁴ ne s'attend point du tout.

PHILAMINTE.

On n'a que lui qui puisse écrire de ce goût.

BÉLISE.

Ne dis plus qu'il est amarante :
Dis plutôt qu'il est de ma rente.

Voilà qui se décline⁵ : *ma rente, de ma rente, à ma rente.*

---

1. Ce nom antique, désignation indirecte d'une courtisane ou d'une maîtresse à gages. Boileau s'est servi de la même « enveloppe, » accompagnée d'une autre, dans sa *satire* x (1693, vers 39) :

    Aux temps les plus féconds en Phrynés, en Laïs,
    Plus d'une Pénélope honora son pays.

2. *Qu'il est d'amarante.* (1674, 82, ici et plus bas.)
3. Sur ces *rencontres* (ainsi Molière et, on vient de le voir, Cotin appelaient-ils ces jeux de mot), voyez un couplet d'Élise à la scène 1 de *la Critique de l'École des femmes*, tome III, p. 314 et 315, et la note 1 de cette dernière page.
4. Ce dernier trait : voyez tome VIII, p. 427, note 1.
5. Dans le français moderne, remarque Littré avant de citer ce vers, se « décliner s'est dit souvent, mais abusivement, puisque les cas n'y existent

PHILAMINTE.

Je ne sais, du moment que je vous ai connu,
Si sur votre sujet j'ai¹ l'esprit prévenu, 840
Mais j'admire partout vos vers et votre prose.

TRISSOTIN².

Si vous vouliez de vous nous montrer quelque chose,
A notre tour aussi nous pourrions admirer.

PHILAMINTE.

Je n'ai rien fait en vers³, mais j'ai lieu d'espérer
Que je pourrai bientôt vous montrer, en amie, 845
Huit chapitres du plan de notre académie.
Platon s'est au projet simplement arrêté,
Quand de sa République il a fait le traité⁴ ;
Mais à l'effet entier je veux pousser l'idée

---

pas, des prépositions *à* et *de* placées devant les noms, soit seules, soit en combinaison avec l'article, » et répondant à certaines désinences des noms dans d'autres langues. C'est déjà Bélise qui a parlé de nominatif au vers 497, et on peut bien croire qu'elle a tenté d'exercer Martine à toute la déclinaison.

1. J'eus. (1682, 1734.) — 2. TRISSOTIN, *à Philaminte*. (1734.)
3. Dans la II^de scène du IVe acte, Armande dit à Philaminte, en parlant de Clitandre (*vers* 1155 *et* 1156) :

. . . . Vingt fois, comme ouvrages nouveaux,
J'ai lu des vers de vous qu'il n'a point trouvé beaux.

Quand Philaminte dit ici : « Je n'ai rien fait en vers, » elle veut dire apparemment : Je n'ai point fait de vers depuis peu, depuis ceux que je vous ai lus. (*Note d'Auger.*)
4. Platon, dans son traité, s'est arrêté à un projet, il n'a montré le tableau que d'une république idéale, irréalisable. On pourrait entendre ainsi ce passage; mais Philaminte veut plutôt dire, ce nous semble, que son *idée*, le plan de son académie (l'idée, le plan seulement) lui ont été inspirés par Platon. On sait qu'au livre V de *la République*, il a exposé le rêve d'une tout autre communauté, pour les hommes et les femmes de la caste d'élite, qu'une communauté académique de connaissances et de lumières; mais l'idée mère de ce chapitre de la constitution que le philosophe poëte fait débattre aux interlocuteurs de son dialogue doit précisément être celle que Philaminte a résolu de pousser, dans les huit chapitres de sa loi écrite, accommodée au temps, à tous les effets actuellement acceptables ; cette idée est qu'il y a dans les deux sexes une aptitude, sinon absolument égale, du moins toujours comparable ; et deux conséquences s'en déduisent : pour l'un et l'autre une même capacité, ou peu différente, engendre des devoirs de même nature envers

Que j'ai sur le papier en prose accommodée.   850
Car enfin je me sens un étrange dépit
Du tort que l'on nous fait du côté de l'esprit,
Et je veux nous venger, toutes tant que nous sommes,
De cette indigne classe où nous rangent les hommes,
De borner[1] nos talents à des futilités,   855
Et nous fermer la porte aux sublimes clartés[2].

ARMANDE.

C'est faire à notre sexe une trop grande offense,
De n'étendre l'effort de notre intelligence
Qu'à juger d'une jupe et de l'air d'un manteau,
Ou des beautés d'un point[3], ou d'un brocart nouveau[4].

l'État ; à l'un et à l'autre, en revanche, est due une éducation uniforme, du corps par la gymnastique, de l'esprit par la *musique*. Philaminte veut sans doute donner à entendre à Trissotin que c'est pour développer un semblable plan d'éducation qu'elle a mis la main à la plume ; on conçoit que la grande académie, mi-partie de savants et de savantes, ait, dans ce plan, reçu la mission d'achever d'ouvrir à tous « la porte aux sublimes clartés ».

1. En bornant, en prétendant borner. Le même tour a été relevé, au vers 163, ci-dessus, p. 69, note 3.

2. Voyez, pour ce mot de *clartés*, au vers 40 ; il revient encore un peu plus loin, au vers 887.

3. D'une dentelle. Ainsi au vers 919 de *Tartuffe* :

   Mon Dieu ! que de ce point l'ouvrage est merveilleux !

4. C'est à une lettre de Balzac à Chapelain[a] qu'Armande semble ici faire allusion. Molière pouvait supposer qu'elle l'avait lue, et qu'elle avait sur le cœur les passages suivants : « C'est à mon gré une belle chose que ce sénat féminin qui s'assemble tous les mercredis chez Mme ***…. Il y a longtemps que je me suis déclaré contre cette pédanterie de l'autre sexe, et que j'ai dit que je souffrirois plus volontiers une femme qui a de la barbe qu'une femme qui fait la savante…. Tout de bon, si j'étois modérateur de la police, j'envoyerois filer toutes les femmes qui veulent faire des livres, qui se travestissent par l'esprit, qui ont rompu leur rang dans le monde. Il y en a qui jugent aussi hardiment de nos vers et de notre prose que de leurs points de Gennes (*Gênes*) et de leurs dentelles. » (Du 30 septembre 1638, tome I, p. 777 de l'édition in-f° des *OEuvres de Balzac*, 1665 ; mais voyez sur la date, et aussi sur la vicomtesse d'Auchy, que désignait Balzac, les *Lettres de Jean Chapelain* publiées par M. Tamizey de Larroque, tome I, 1880, p. 202 et 203 ; p. 215, 216, et note 5 de la page 215.)

[a] Nous la trouvons citée dans l'intéressante *Notice* que M. Livet vient de publier sur *les Précieuses ridicules* et *les Femmes savantes*.

BÉLISE.

Il faut se relever de ce honteux partage,
Et mettre hautement notre esprit hors de page[1].

TRISSOTIN.

Pour les dames on sait mon respect en tous lieux ;
Et, si je rends hommage aux brillants de leurs yeux[2],
De leur esprit aussi j'honore les lumières.   865

PHILAMINTE.

Le sexe aussi vous rend justice en ces matières ;
Mais nous voulons montrer à de certains esprits,
Dont l'orgueilleux savoir nous traite avec mépris,
Que de science aussi les femmes sont meublées[3] ;
Qu'on peut faire comme eux de doctes assemblées, 870
Conduites en cela par des ordres meilleurs,
Qu'on y veut réunir[4] ce qu'on sépare ailleurs,
Mêler le beau langage et les hautes sciences[5],

---

1. Hors de toute dépendance et tutelle. « Expression, dit Auger, tirée de l'ancienne chevalerie. A sept ans, un jeune gentilhomme était placé en qualité de *page*, de *damoiseau*, ou de *varlet*, auprès de quelque haut baron, ou de quelque illustre chevalier. A quatorze ans, il était *hors de page*, et devenait écuyer. » Suivant l'Académie (1694), on dit figurément *hors de page*, pour dire, hors de la puissance d'autrui. *On l'a mis hors de page. Il n'est plus en puissance de tuteur, il est hors de page.* Malherbe, sans craindre l'anachronisme, a employé dans sa traduction de l'*épître* xxxiii de Sénèque (tome II, p. 392) l'expression de *sortir de hors page* (ou plutôt peut-être *sortir hors de page*) pour rendre celle de *tutelæ suæ fieri*.

2.   Mais voyant de ses yeux tous les brillants baisser....
(*Tartuffe*, vers 127.)

Ailleurs encore Molière a employé *brillants* avec le sens d'*éclat* ou de *qualités brillantes* : voyez tome VI, p. 163, note 1.

3. Ont su faire provision de science. Molière a voulu une expression nouvelle, car il lui était aisé de dire *nos têtes sont meublées*.

4. Des assemblées dirigées par des vues plus hautes, en cela, en ce qu'on y veut réunir....

5. Il est difficile de ne pas apercevoir ici une allusion à l'Académie française (*fondée en* 1635) et à l'Académie des sciences (*fondée en* 1666), occupées, l'une du *beau langage*, et l'autre des *hautes sciences*. Philaminte veut réunir, dans son académie, leurs attributions séparées. (*Note d'Auger.*) L'institution d'une grande académie comme celle dont Philaminte a conçu

Découvrir la nature en mille expériences,
Et sur les questions qu'on pourra proposer   875
Faire entrer chaque secte, et n'en point épouser¹.

                    TRISSOTIN.
Je m'attache pour l'ordre au péripatétisme.
                    PHILAMINTE.
Pour les abstractions, j'aime le platonisme.
                    ARMANDE.
Épicure me plaît, et ses dogmes sont forts.
                    BÉLISE.
Je m'accommode assez pour moi des petits corps ; 880
Mais le vuide² à souffrir me semble difficile,
Et je goûte bien mieux la matière subtile.
                    TRISSOTIN.
Descartes pour l'aimant donne fort dans mon sens.
                    ARMANDE.
J'aime ses tourbillons.
                    PHILAMINTE.
            Moi, ses mondes tombants³.

---

le plan avait été, en 1666, débattue dans les conseils de Colbert. Voyez une note de Charles Perrault insérée par M. Pierre Clément au tome V (1868), p. 512 et 513 des *Lettres, instructions et mémoires de Colbert*. M. P. Clément remarque que « cette note autographe.... confirme les assertions de Fontenelle (*Histoire de l'Académie royale des sciences*, 1666) au sujet de l'idée que l'on eut de créer, non pas une simple académie des sciences, mais une académie générale et universelle. » — « L'académie, dit la note de Perrault, pourroit être composée de personnes de quatre talents différents, savoir : belles-lettres, histoire, philosophie, mathématiques. Les gens de belles-lettres excelleroient ou en grammaire, éloquence, poésie; les historiens, ou en histoire, chronologie, géographie; les philosophes, ou en chimie, simples (*botanique*), anatomie, physique expérimentale; les mathématiciens ou en géométrie, astronomie, algèbre. »

1. Chaque secte ou école de philosophie, et ne se déclarer d'aucune.
2. Nous avons déjà fait remarquer, au vers 1049 de *l'Étourdi* (tome I, p. 174, note 4), que cette écriture, *vuide*, générale au dix-septième siècle, était celle de toutes nos éditions, sans en excepter celle de 1773.
3. Dans cet étalage de science.... que font nos trois pédantes et leur *héros d'esprit*, il n'y a pourtant pas un mot qui porte à faux ou qui soit dit en l'air. L'ordre, ou l'enchaînement logique des propositions, distingue en

ARMANDE.

Il me tarde de voir notre assemblée ouverte, 885
Et de nous signaler par quelque découverte.

TRISSOTIN.

On en attend beaucoup de vos vives clartés,
Et pour vous la nature a peu d'obscurités.

effet le péripatétisme (*la doctrine d'Aristote*) ; et *les abstractions* du platonisme (*ou, nom plus ordinaire, de l'Académie*) sont célèbres. Quant à Épicure, on sait que *les petits corps* ou atomes (*voyez plus haut, la note du vers* 618) étaient le principe de sa physique et qu'il admettait *le vide*.... Enfin, personne n'ignore que *la matière subtile*, *les tourbillons* et *les mondes tombants* appartiennent au système du monde imaginé par Descartes[a], et que ce grand homme a cru expliquer les propriétés de l'*aimant* par un certain mouvement de la matière subtile à travers la matière cannelée[b].... (*Note d'Auger*.)

[a] Le lecteur peut trouver aisément une claire et courte exposition de ce système dans la seconde partie du livre VI de *la Recherche de la vérité* de Malebranche, au chapitre IV, ou dans le tome Ier de l'*Histoire de la philosophie cartésienne* par M. Francisque Bouillier, au chapitre IX. L'expression de *mondes tombants* ne semble pas avoir été employée dans *les Principes de la Philosophie* de Descartes (traduits en français par un de ses amis, Picot, et revus par lui, 1647) ; mais il nous paraît certain, comme à M. Fritsche (voyez son article DESCARTES), que ce sont les comètes que Philaminte désigne ainsi et que c'est d'une comète aussi que parle Trissotin à sa rentrée de l'acte IV (scène III, vers 1267-1270) :

> Un monde près de nous a passé tout du long,
> Est chu tout au travers de notre tourbillon ;
> Et s'il eût en chemin rencontré notre terre,
> Elle eût été brisée en morceaux comme verre.

Descartes, dit M. Bouillier (tome I, p. 199 de l'édition de 1868), considère les comètes comme « des astres qui ne diffèrent des planètes que par leur grosseur, et qui s'en vont voyageant de cieux en cieux, de tourbillons en tourbillons, bien au-dessus de Saturne. En raison de leur grosseur, les comètes peuvent passer d'un tourbillon dans un autre, tandis que les planètes, moins massives, demeurent toujours dans le même » (voyez la troisième partie des *Principes* de Descartes, articles 119 et suivants, particulièrement les articles 126 et 127). Si les comètes sont les mondes tombants, encore errants, on peut hasarder de dire que, dans la théorie de Descartes, les planètes sont les mondes tombés, c'est-à-dire descendus à la région où ils ont trouvé leur équilibre dans l'espace : *descendre* est le terme, très-fréquemment employé par le philosophe, qui nous paraît avoir suggéré à Molière celui de *tomber*. Dans l'article 146 de la IIIe partie des *Principes*, il est dit, par exemple, « que les six tourbillons qui avoient Mercure, Vénus, la Terre, Mars, Jupiter et Saturne en leurs centres, étant détruits par un autre plus grand au milieu duquel étoit le Soleil, tous ces astres sont descendus vers lui et s'y sont disposés en la façon qu'ils y paroissent à présent. »

[b] Voyez la quatrième partie des *Principes de la Philosophie*, articles 145 et suivants.

PHILAMINTE.

Pour moi, sans me flatter, j'en ai déjà fait une,
Et j'ai vu clairement des hommes dans la lune.   890

BÉLISE.

Je n'ai point encor vu d'hommes[1], comme je croi;
Mais j'ai vu des clochers tout comme je vous voi.

ARMANDE.

Nous approfondirons, ainsi que la physique,
Grammaire, histoire, vers, morale et politique.

PHILAMINTE.

La morale a des traits dont mon cœur est épris,   895
Et c'étoit autrefois l'amour des grands esprits;
Mais aux Stoïciens je donne l'avantage,
Et je ne trouve rien de si beau que leur sage[2].

ARMANDE.

Pour la langue, on verra dans peu nos règlements,
Et nous y prétendons faire des remuements[3].   900
Par une antipathie ou juste, ou naturelle[4],
Nous avons pris chacune une haine mortelle
Pour un nombre de mots, soit ou verbes ou noms[5],
Que mutuellement nous nous abandonnons;
Contre eux nous préparons de mortelles sentences[6],   905
Et nous devons ouvrir nos doctes conférences

---

1. Rejet bien naturel et expressif ici, comme au vers 801, d'un mot, complément nécessaire des précédents, au delà de la pause de l'hémistiche.

2. Le sage idéal, dont l'image était plus habituellement évoquée dans l'école de Zénon que dans aucune autre; il personnifiait toute la doctrine morale du Portique, et était proposé par le maître, surtout comme type d'héroïsme moral, à la contemplation et à l'émulation du disciple.

3. Changements, modifications. On peut voir dans Littré d'assez nombreux exemples, au propre et au figuré, de ce mot moins usité maintenant qu'autrefois.

4. Ainsi que l'explique Auger, par une antipathie qui vient du jugement, que le raisonnement peut entièrement justifier, ou par une antipathie purement instinctive.

5. Qu'ils soient ou verbes ou noms : comparez un pléonasme analogue relevé tome VII, p. 436, note 1.

6. Des sentences de mort.

Par les proscriptions de tous ces mots divers
Dont nous voulons purger et la prose et les vers¹.
PHILAMINTE.
Mais le plus beau projet de notre académie,
Une entreprise noble, et dont je suis ravie,   910
Un dessein plein de gloire, et qui sera vanté
Chez tous les beaux esprits de la postérité,
C'est le retranchement de ces syllabes sales,
Qui dans les plus beaux mots produisent des scandales,
Ces jouets éternels des sots de tous les temps,   915
Ces fades lieux communs de nos méchants plaisants,
Ces sources d'un amas d'équivoques infâmes,
Dont on vient faire insulte à la pudeur des femmes².

---

1. On avait accusé les premiers académiciens français de vouloir, ainsi que le propose Armande, purger la langue de certains mots qui leur semblaient rudes ou surannés. C'est à ce sujet que Ménage a fait une assez ingénieuse satire, intitulée *la Requête des Dictionnaires*. Saint-Évremond s'est moqué du même projet dans sa comédie des *Académiciens*, et il est probable que Molière y fait ici une allusion maligne. Pellisson, historien de l'Académie, assure que ces plaisanteries n'ont pas le moindre fondement. (*Note d'Auger.*) — Voyez vers la fin de l'article 1 de l'*Histoire de l'Académie françoise*, de Pellisson, au tome I, p. 51-53, dans l'édition de M. Livet : on trouvera, parmi les pièces justificatives jointes à ce même volume, une réimpression de chacune des deux pièces citées par Auger et déjà bien anciennes au temps des *Femmes savantes* : p. 477 et suivantes, la *Requête présentée par les Dictionnaires à MM. de l'Académie pour la réformation de la langue françoise* que Ménage avait fait imprimer en 1652ᵃ; et p. 405 et suivantes, *la Comédie des Académistes* de Saint-Évremond (il a été parlé de cette dernière à la *Notice*, p. 43 et note 1 : voyez particulièrement à la fin de la pièce, p. 452-454, la *Résolution de l'Académie*). La Bruyère, en 1692, rappelle encore la persécution qu'avait essuyée le *car*, et plus d'un autre mot heureusement réchappé de pareilles *mortelles sentences* (voyez *de Quelques usages*, article 73, tome II, p. 206 et suivantes de l'édition de M. Servois).

2. On se rappelle que, dans *la Critique de l'École des femmes* (1663, scène v, tome III, p. 338 et 339), Dorante, raillant « les grimaces d'une pruderie scrupuleuse » de certaines femmes, et se moquant tout particulièrement de la marquise Araminte, prête déjà à celle-ci un projet tout sem-

---

ᵃ Dans ses *Miscellanea*. Mais, d'après Tallemant des Réaux (tome V des *Historiettes*, p. 219), elle « courut les rues » auparavant; elle fut imprimée en 1649, dit M. P. Paris, probablement sans l'aveu de Ménage, et sous le titre du *Parnasse alarmé*.

TRISSOTIN.
Voilà certainement d'admirables projets !
BÉLISE.
Vous verrez nos statuts, quand ils seront tous faits¹. 920
TRISSOTIN.
Ils ne sauroient manquer d'être tous beaux et sages.
ARMANDE.
Nous serons par nos lois les juges des ouvrages ;
Par nos lois, prose et vers, tout nous sera soumis ;
Nul n'aura de l'esprit hors nous et nos amis² ;

---

blable d'épuration des mots : « L'habileté de son scrupule découvre des saletés où jamais personne n'en avoit vu. On tient qu'il va, ce scrupule, jusques à défigurer notre langue, et qu'il n'y a point presque de mots dont la sévérité de cette dame ne veuille retrancher ou la tête ou la queue, pour les syllabes déshonnêtes qu'elle y trouve. » La Comtesse d'Escarbagnas a l'oreille non moins ouverte sur certaines syllabes (scène VII, tome VIII, p. 587 et 588). On ne sauroit, après cette insistance, ne voir là qu'une pure invention comique. C'étaient aussi quelques affectations semblables, et sans doute bien réelles, que Mlle de Gournay avait dénoncées dès 1641. Elle ne plaisantait guère, ce semble, la plume à la main, et c'est avec une indignation bien sincère qu'elle a écrit les lignes suivantes : nous en empruntons la citation à la *Préface* dont M. Livet a fait précéder la réimpression du *Dictionnaire des Précieuses* et d'autres opuscules de Somaize (voyez tome I, p. xij, note 1 ; cet intéressant recueil a été plusieurs fois mentionné, notamment à la *Notice* des *Précieuses ridicules*, tome I, p. 7, note 2, et p. 17, note 1).
« O personnes impures, faut-il que les ruisseaux argentés, clairs et vierges de Parnasse, se convertissent en cloaques, tombants en vos infâmes imaginations?... Que de noms, que de pronoms, de verbes, de composés, tombent en cet accessoire *a* ? » (*Les Avis ou les Présents de la demoiselle de Gournay*, 3ᵉ édition, 1641, p. 274; voyez encore, à la page précédente, le passage commençant ainsi : « Allez dire aux dames.... ») Vaugelas (nous nous bornons à cet exemple), dans sa remarque sur *Poitrine* et *Face* (p. 48 de l'édition de 1670, et fᵒ e xj), indique suffisamment la « ridicule » et « extravagante » raison qui empêchait l'usage du dernier de ces mots.

1. Ici « tous faits », qui est l'orthographe de toutes nos anciennes éditions, pourrait se comprendre de deux façons. Le *tous* du vers suivant indique toutefois que ce mot n'est pas à prendre au sens adverbial d'*entièrement*, mais au sens d'adjectif.

2. Vers se prêtant parfaitement à l'usage proverbial que souvent on en fait.

a En ce fâcheux accident, en ce péril ou inconvénient : voyez tome III, p. 242, note 1 (au vers 1152 de *l'École des femmes*).

Nous chercherons partout à trouver à redire,   925
Et ne verrons que nous qui sache¹ bien écrire.

SCÈNE III.

L'ÉPINE, TRISSOTIN, PHILAMINTE, BÉLISE, ARMANDE, HENRIETTE, VADIUS².

L'ÉPINE³.

Monsieur, un homme est là qui veut parler à vous⁴ ;
Il est vêtu de noir, et parle d'un ton doux.⁵

TRISSOTIN.

C'est cet ami savant qui m'a fait tant d'instance⁶
De lui donner l'honneur de votre connoissance.   930

PHILAMINTE.

Pour le faire venir vous avez tout crédit.⁷

---

1. Et ne verrons personne, ne verrons autre que nous qui sache, sachant.... *Sache* est le texte des trois éditions de 1673, 74, 82 et des trois étrangères ; *sachent*, au pluriel, est la leçon de 1710, 18, 33, 34. Au sujet de cet accord en personne avec le relatif, et non, selon la règle, avec le pronom précédent, voyez la note 1 de la page 169 du tome II, et la note 6 de la page 58 du tome VI. La leçon originale *sache*, au singulier, suppose de plus l'ellipse de *personne* ou *autre* marquée dans notre explication.
2. Vadius est Ménage : à ce sujet et sur les querelles de celui-ci avec Cotin, sur une scène réelle dont ils avaient donné le spectacle dans le monde, chez Mademoiselle ou chez Gille Boileau, voyez à la *Notice*, p. 16 et suivantes. — Une scène des *Académistes*, de Saint-Évremond (composés vers 1650), a été quelquefois comparée à celle-ci : voyez encore la *Notice*, p. 43.
3. TRISSOTIN, PHILAMINTE, BÉLISE, ARMANDE, HENRIETTE, L'ÉPINE.
   L'ÉPINE, *à Trissotin*. (1734.)
4. Voyez dans le *Lexique de la langue de Corneille*, tome II, p. 153 et 154, de nombreux exemples de semblables régimes de *parler* ; nous en trouverons un dans la prose du *Malade imaginaire*, acte II, scène II.
5. *Ils se lèvent.* (1734.) — Il est probable que Ménage parlait habituellement d'un ton doux. Ce qu'on lui fait dire dans le *Menagiana* (tome III, p. 23) donne à croire qu'on voulait lui persuader de se reconnaître particulièrement à ce trait.
6. Qui m'a si instamment demandé (de...).
7. *Trissotin va au-devant de Vadius.* (1773.)

ACTE III, SCÈNE III.

Faisons bien les honneurs au moins de notre esprit¹.
Holà² ! Je vous ai dit en paroles bien claires,
Que j'ai besoin de vous.

HENRIETTE.

Mais pour quelles affaires ?

PHILAMINTE.

Venez, on va dans peu vous les faire savoir.   935

TRISSOTIN³.

Voici l'homme qui meurt du desir de vous voir.
En vous le produisant⁴, je ne crains point le blâme
D'avoir admis chez vous un profane, Madame :
Il peut tenir son coin⁵ parmi de beaux esprits⁶.

PHILAMINTE.

La main qui le présente en dit assez le prix.   940

TRISSOTIN.

Il a des vieux auteurs la pleine intelligence,
Et sait du grec, Madame, autant qu'homme de France⁷.

---

1. Dans *les Précieuses ridicules*, Magdelon dit de même à Cathos, quand on vient leur annoncer la visite du marquis de Mascarille (*scène VI, tome II, p. 70*) : « Soutenons notre réputation. » (*Note d'Auger.*)

2.   SCÈNE IV.
PHILAMINTE, BÉLISE, ARMANDE, HENRIETTE.
PHILAMINTE, *à Armande et à Bélise.* Faisons bien, etc.
(*A Henriette qui veut sortir.*) Holà ! (1734.)

3.   SCÈNE V.
PHILAMINTE, BÉLISE, ARMANDE, HENRIETTE, VADIUS, TRISSOTIN.
TRISSOTIN, *présentant Vadius.* (*Ibidem.*)

4. En vous le faisant connaître, en vous le présentant.

5. Terme du jeu de paume pris au figuré ; un joueur, dit Littré, « tient bien son coin, quand il sait bien soutenir et renvoyer les coups qui viennent de son côté. » Mme de Sévigné rappelle le sens originaire de cette locution dans cette phrase où elle parle d'une conversation (tome VIII de ses *Lettres*, p. 293) : « La balle n'a pas mal été encore aujourd'hui ; mais Mme de Coulanges tenait son coin. »

6. Mascarille, dans *les Précieuses ridicules*, dit de même à Cathos et à Magdelon, en parlant de Jodelet (*scène XI, tome II, p. 99*) : « Mesdames, agréez que je vous présente ce gentilhomme-ci : sur ma parole, il est digne d'être connu de vous. » (*Note d'Auger.*)

7. Ménage avait une réputation d'hellèniste bien établie ; sa savante édi-

PHILAMINTE[1].

Du grec, ô Ciel! du grec! Il sait du grec, ma sœur!

BÉLISE[2].

Ah, ma nièce, du grec!

ARMANDE.

Du grec! quelle douceur!

PHILAMINTE.

Quoi? Monsieur sait du grec? Ah! permettez, de grâce,
Que pour l'amour du grec, Monsieur, on vous embrasse.

(Il les baise toutes, jusques à Henriette, qui le refuse [3].)

HENRIETTE[4].

Excusez-moi, Monsieur, je n'entends pas le grec.[5]

PHILAMINTE.

J'ai pour les livres grecs un merveilleux respect[6].

tion de *Diogène de Laërte* avait paru à Londres en 1664. Plus tard la Bruyère reçut avec déférence des observations de lui sur sa traduction de Théophraste (voyez tome II du *la Bruyère*, p. 208 et suivantes). Il avait pris plaisir à composer en grec et avait déjà plus d'une fois publié tout un recueil de poésies diverses (Αἰγιδίου Μεναγίου Ποικίλων ποιημάτων ἐκλογή : voyez ci-après, p. 145, note 1). Voici un échantillon propre à satisfaire quelques lecteurs curieux. C'est un distique (p. 108 de la 5ᵉ édition) imité des pièces les plus mignardes de l'*Anthologie*, et qui avait pu être offert mainte fois, tourné par lui en français, à l'admiration des précieuses. Il est adressé au Marseillais Balthazar de Vias, qui avait imprimé, en 1660, sous le titre ou l'invocation des *Grâces*, un recueil en trois livres d'élégies latines (*Charitum libri tres*) :

Εἰς Χάριτας Βαλταζάρου τοῦ Βίαντος.

Ὄλβιος ἐσσί, Βίας· ἔδοσαν Χάριτες χάριν ἄλλοις·
Ἀλλὰ δίδως αὐτὸς ταῖς Χαρίτεσσι χάριν.

« Tu es heureux, Vias : les Grâces donnèrent la grâce à d'autres ; mais tu donnes toi-même la grâce aux Grâces. »

1. PHILAMINTE, *à Bélise*. (1734.)
2. BÉLISE, *à Armande*. (*Ibidem*.)
3. *Qui se refuse*, dans les trois éditions étrangères.
4. (*Vadius embrasse aussi Bélise et Armande*.)
   HENRIETTE, *à Vadius qui veut aussi l'embrasser*. (1734.)
5. *Ils s'asseyent*. (*Ibidem*.)
6. Il n'est pas probable qu'Henriette prononçât le mot *grec* comme Martine au vers 1659 ; Philaminte faisait plutôt, quelque dureté qui en résulte, sonner le *c* de *respect* (comme sonne celui d'*aspect* au vers 567). Il y a un

ACTE III, SCÈNE III.

VADIUS.

Je crains d'être fâcheux par l'ardeur qui m'engage
A vous rendre aujourd'hui, Madame, mon hommage,
Et j'aurai pu troubler quelque docte entretien.

PHILAMINTE.

Monsieur, avec du grec on ne peut gâter rien.

TRISSOTIN.

Au reste, il fait merveille en vers ainsi qu'en prose,
Et pourroit, s'il vouloit, vous montrer quelque chose.

VADIUS.

Le défaut des auteurs, dans leurs productions[1],   955
C'est d'en tyranniser les conversations,
D'être au Palais[2], au Cours[3], aux ruelles[4], aux tables,
De leurs vers fatigants lecteurs infatigables.
Pour moi, je ne vois rien de plus sot à mon sens
Qu'un auteur qui partout va gueuser[5] des encens[6],   960

exemple de la même rime à la fin de la *Préface* que Perrault a mise au tome I de son *Parallèle des anciens et des modernes* (1688) :

> Ils devoient, ces auteurs, demeurer dans leur grec,
> Et se contenter du respec
> De la gent qui porte férule.

1. Dans ces productions qu'ils font de leurs œuvres, dans cette manie de les produire ? Ou : Quand ils viennent de produire, de composer quelque œuvre, quand ils écrivent quelque œuvre nouvelle ?

2. Voyez ci-dessus, p. 75, note 2. Une allusion aux librairies du Palais est encore faite ci-après, vers 1030.

3. Aux Cours. (1675 A, 82, 84 A, 94 B.) — Aux Palais, aux Cours. (1697, 1710, 18, 33.) Cette variante : *aux Cours*, indiquerait qu'en 1682 les deux principales promenades de Paris (nous avons eu occasion de les mentionner au *Dépit amoureux*, tome I, p. 408, note 2), le *Cours la Reine* et le *Cours Saint-Antoine*, étaient à peu près également fréquentées. Ajoutons toutefois que le Cours par excellence était le Cours la Reine, et quand plus tard la Bruyère parle de l'autre, il dit le Boulevard (voyez son tome I, p. 285, n° 13, 1690).

4. Voyez sur les ruelles, aux *Précieuses ridicules*, tome II, p. 81, note 2. — *Aux tables*, dans les repas.

5. Molière a déjà employé ce mot énergique, mais au sens absolu de faire le gueux, mendier :

> Et moi qui l'ai reçu gueusant et n'ayant rien....
> (*Tartuffe*, acte V, scène I, vers 1603.)

6. Sur ce pluriel, voyez ci-dessus, au vers 102, p. 66, note 3.

Qui des premiers venus saisissant les oreilles,
En fait le plus souvent les martyrs de ses veilles.
On ne m'a jamais vu ce fol entêtement¹ ;
Et d'un Grec là-dessus je suis le sentiment,
Qui, par un dogme exprès, défend à tous ses sages   965
L'indigne empressement de lire leurs ouvrages ².
Voici de petits vers pour de jeunes amants,
Sur quoi je voudrois bien avoir vos sentiments.

TRISSOTIN.

Vos vers ont des beautés que n'ont point tous les autres.

VADIUS.

Les Grâces et Vénus règnent dans tous les vôtres.   970

TRISSOTIN.

Vous avez le tour libre, et le beau choix des mots.

VADIUS.

On voit partout chez vous l'*ithos* et le *pathos* ³.

1. Le sens semble flotter entre : cette folle prévention, complaisance pour mes œuvres, cette *infatuation ;* et : cette folle opiniâtreté à lire mes œuvres. La première acception toutefois nous paraît plus probable.

2. Il peut bien y avoir un précepte de ce genre de quelque Grec ; mais nous ne nous rappelons pas de qui. Est-ce simplement un souvenir de la fin satirique de l'*Art poétique* d'Horace ? *Martyrs* rappelle le *tenet occiditque legendo.*

3. « Les mœurs » et « les passions »ᵃ, c'est-à-dire peut-être, à prendre ces mots grecs au sens où Cicéron, d'après le début du chapitre xxxvii de *l'Orateur,* semble les avoir entendus : la connaissance ou la peinture des mœurs, des caractères, et la connaissance ou la peinture des passions. Mais c'est plutôt une distinction longuement établie entre les passions par Quintilien, au chapitre ii de son livre VI, que Vadius veut rappeler à son confrère, et c'est d'avoir toujours réussi dans l'expression des plus doux sentiments comme dans celle des plus grandes et fortes passions qu'il le félicite par sa docte allusion. L'analyse de Quintilien est trop minutieuse pour que nous la rapportions ; mais voici un passage du Traité des études de Rollin où elle se trouve résumée (livre quatrième, chapitre iii, article ii, § vii, *des Passions,* tome I, p. 508 et 509 de l'édition in-4° de 1740) : « Outre cette première espèce de passions plus fortes et plus véhémentes, à laquelle les rhéteurs donnent le nom de πάθος, il y en a une autre sorte, qu'ils appellent

ᵃ Le *Dictionnaire de Trévoux* traduit : « la moralité et le pathétique, » et dit que l'*ithos* désignait la dernière partie des sermons des Pères grecs, qui était la morale.

ACTE III, SCÈNE III.

TRISSOTIN.

Nous avons vu de vous des églogues d'un style
Qui passe en doux attraits Théocrite et Virgile [1].

ἦθος, qui consiste dans des sentiments plus doux, plus tendres, plus insinuants, mais qui n'en sont pas pour cela moins touchants ni moins vifs : dont l'effet n'est pas de renverser, d'entraîner, d'emporter tout comme de vive force, mais d'intéresser et d'attendrir, en s'insinuant doucement jusqu'au fond du cœur. » Voltaire a employé ces mots d'*ithos* et de *pathos* avec la même acception que leur donne Vadius, mais ironiquement, pour se moquer des faux effets d'éloquence larmoyante et de pathétique outré (voyez des citations de sa correspondance dans le *Dictionnaire de Littré*, à l'article ITHOS). — *Ithos* est la transcription, conforme à la prononciation des Grecs modernes, du mot ἦθος, que, à l'exemple d'Érasme, la plupart des hellénistes d'Occident prononçaient et que beaucoup prononcent encore *éthos*. On pourrait croire que Molière a écrit le mot par *i* avec intention, et qu'à ce petit détail encore les contemporains purent reconnaître Ménage dans Vadius. C'est ce que nous fait remarquer M. Egger, dans une page, des plus intéressantes à citer ici, de *l'Hellénisme en France*[a]. Après avoir dit que, au dix-septième siècle, la réforme introduite par les disciples d'Érasme « a triomphé dans toute l'Europe savante, » et constaté qu'en France la prononciation des Hellènes, ou de Reuchlin, a été formellement condamnée par Lancelot dans la préface de la *Méthode de Port-Royal*, M. Egger ajoute : « L'Université n'avait pas accueilli sans résistance la prononciation érasmienne. Au dix-septième siècle, quelques savants hommes prononçaient encore à l'orientale, et parmi eux il faut compter Ménage : « Je lis et prononce le grec de la
« manière dont toute la Grèce le lit et le prononce aujourd'hui. Je veux
« que ceux qui lisent et qui prononcent autrement soient fondés en auto-
« rité, particulièrement pour la prononciation de l'ἦτα; mais je ne vois
« pas pourquoi ils prononcent les diphthongues avec un double son....
« Je leur demande s'ils veulent s'opposer à un usage reçu par toute une na-
« tion.... Ils ont bien de la peine à m'entendre quand je parle à ma ma-
« nière. Cela les démonte. Et moi je les entends fort bien quand ils par-
« lent à leur manière.... Ils veulent prononcer le grec comme ils préten-
« dent qu'on le prononçoit il y a deux mille ans. Il y a bien de la préven-
« tion et de l'entêtement[b]. » Molière, qui l'a mis en scène dans *les Femmes savantes* sous le personnage de Vadius, lui fait dire, comme il prononçait en effet :

On voit partout chez vous l'*ithos* et le *pathos*,

l'*ithos* et non pas l'*éthos*, comme aurait dit un Érasmien. » Ajoutons cependant que, même sans cette intention, c'est ainsi qu'il eût peut-être écrit : si le mot ἦθος s'employait dans les écoles, avec ou sans πάθος, il est probable qu'il y avait gardé la vieille prononciation par *i*, antérieure à l'érasmienne.

1. Les *Églogues* et *Idylles* composent le premier livre des pièces fran-

[a] Voyez, tome I, p. 455, l'Appendice à la septième leçon, lequel a pour titre : *de la Prononciation du grec ancien et du grec moderne*.
[b] *Menagiana*, p. 391-393 de la 1ʳᵉ édition (1693).

VADIUS.
Vos odes ont un air noble, galant et doux, 975
Qui laisse de bien loin votre Horace après vous[1].
TRISSOTIN.
Est-il rien d'amoureux comme vos chansonnettes?
VADIUS.
Peut-on voir rien d'égal aux sonnets que vous faites?
TRISSOTIN.
Rien qui soit plus charmant que vos petits rondeaux?
VADIUS.
Rien de si plein d'esprit que tous vos madrigaux? 980
TRISSOTIN.
Aux ballades surtout vous êtes admirable.
VADIUS.
Et dans les bouts-rimés je vous trouve adorable.
TRISSOTIN.
Si la France pouvoit connoître votre prix,
VADIUS.
Si le siècle rendoit justice aux beaux esprits,
TRISSOTIN.
En carrosse doré vous iriez par les rues. 985

çaises dans le volume des *Poemata* de Ménage, déjà cinq fois imprimés (pour la 5ᵉ en 1668). Elles sont suivies de quatre autres livres, celui des *Élégies*, celui des *Stances*, celui des *Épîtres*, enfin celui des *Sonnets, Madrigaux, Épigrammes* et *Ballades*. Le volume comprend, en outre, trois livres de pièces latines, un choix de poésies diverses en grec, et un recueil de pièces en italien. « J'espère qu'au premier jour il écrira en espagnol, » disait Tallemant des Réaux, raillant Ménage de « sa vision d'écrire en tant de langues différentes » (tome V des *Historiettes*, p. 221).

1. Aimé-Martin rapproche de ces derniers vers un passage où la Folie d'Érasme, pour achever de peindre les plus sots fripiers d'écrits et impudents plagiaires du temps, les montre échangeant épîtres, pièces de vers, éloges, et se traitant à l'envi de grands poëtes, de profonds philosophes ou de passe-Cicéron : *Illud autem lepidissimum quum mutuis epistolis, carminibus, encomiis sese vicissim laudant, stulti stultos, indoctos indocti. Hic illius suffragio discedit Alcæus, ille hujus Callimachus, ille huic est M. Tullio superior, hic illi Platone doctior.* (*Éloge de la Folie*, p. 199 de l'édition de 1532, Bâle, Froben.)

ACTE III, SCÈNE III.

VADIUS.

On verroit le public vous dresser des statues [1].
Hom ! [2] C'est une ballade, et je veux que tout net
Vous m'en....

TRISSOTIN [3].

Avez-vous vu certain petit sonnet
Sur la fièvre qui tient la princesse Uranie ?

VADIUS.

Oui, hier il me fut lu dans une compagnie. 990

TRISSOTIN.

Vous en savez l'auteur ?

VADIUS.

Non ; mais je sais fort bien
Qu'à ne le point flatter son sonnet ne vaut rien.

TRISSOTIN.

Beaucoup de gens pourtant le trouvent admirable.

VADIUS.

Cela n'empêche pas qu'il ne soit misérable ;
Et, si vous l'avez vu, vous serez de mon goût. 995

TRISSOTIN.

Je sais que là-dessus je n'en suis point du tout,
Et que d'un tel sonnet peu de gens sont capables.

VADIUS.

Me préserve le Ciel d'en faire de semblables !

TRISSOTIN.

Je soutiens qu'on ne peut en faire de meilleur [4] ;
Et ma grande raison, c'est que [5] j'en suis l'auteur. 1000

---

1. Ici encore, pour un certain mouvement du dialogue et pour la lettre même de deux ou trois vers, non pour l'esprit, l'intention, Molière s'est souvenu d'un court passage des *Visionnaires* de Desmarets (acte IV, scène IV) : voyez la *Notice*, p. 28, note 1.
2. *A Trissotin*. (1734.)
3. TRISSOTIN, *à Vadius*. (*Ibidem.*)
4. Ce tour, avec *meilleur* au singulier, équivaut correctement (est-il besoin de le dire ?) à « un, aucun qui soit meilleur. »
5. Est que. (1734.)

VADIUS.

Vous !

TRISSOTIN.

Moi.

VADIUS.

Je ne sais donc comment se fit l'affaire.

TRISSOTIN.

C'est qu'on fut malheureux de ne pouvoir vous plaire[1].

VADIUS.

Il faut qu'en écoutant j'aye eu l'esprit distrait,
Ou bien que le lecteur m'ait gâté le sonnet[2].
Mais laissons ce discours et voyons ma ballade. 1005

TRISSOTIN.

La ballade, à mon goût, est une chose fade.
Ce n'en est plus la mode ; elle sent son vieux temps.

VADIUS.

La ballade pourtant charme beaucoup de gens.

TRISSOTIN.

Cela n'empêche pas qu'elle ne me déplaise.

VADIUS.

Elle n'en reste pas pour cela plus mauvaise. 1010

1. C'est-à-dire elle eut lieu tout simplement ainsi, par ce fait, qu'on a eu le malheur de....

2. Comme le remarque Auger, l'embarras où se trouve Vadius, après le jugement qu'il a si imprudemment porté, fait souvenir d'une piquante anecdote que Mme de Sévigné avait contée à Pompone, sept ans avant *les Femmes savantes*, dans une lettre du 1ᵉʳ décembre 1664 (tome Iᵉʳ de sa Correspondance, p. 456 et 457) : « Il faut que je vous conte une petite historiette, qui est très-vraie.... Le Roi se mêle depuis peu de faire des vers.... Il fit l'autre jour un petit madrigal, que lui-même ne trouva pas trop joli. Un matin il dit au maréchal de Gramont : « Monsieur le maréchal, je vous prie, lisez ce « petit madrigal, et voyez si vous en avez jamais vu un si impertinent.... » Le maréchal, après avoir lu, dit au Roi : « Sire, Votre Majesté juge divinement « bien de toutes choses : il est vrai que voilà le plus sot et le plus ridicule « madrigal que j'aie lu. » Le Roi se mit à rire, et lui dit : « N'est-il pas vrai « que celui qui l'a fait est bien fat ? — Sire, il n'y a pas moyen de lui don- « ner un autre nom. — Oh bien, dit le Roi, je suis ravi que vous m'en « ayez parlé si bonnement ; c'est moi qui l'ai fait. — Ah ! Sire, quelle « trahison ! Que Votre Majesté me le rende ; je l'ai lu brusquement. » —

ACTE III, SCÈNE III.

TRISSOTIN.
Elle a pour les pédants de merveilleux appas.
VADIUS.
Cependant nous voyons qu'elle ne vous plaît pas[1].
TRISSOTIN.
Vous donnez sottement vos qualités aux autres. [2]
VADIUS.
Fort impertinemment vous me jetez les vôtres.
TRISSOTIN.
Allez, petit grimaud[3], barbouilleur de papier.   1015
VADIUS.
Allez, rimeur de balle[4], opprobre du métier.

« Non, Monsieur le maréchal : les premiers sentiments sont toujours les plus
« naturels. » — Le Roi a fort ri de cette folie.... »

1. Qu'elle ne nous plaît pas. (1674, 82 ; faute corrigée dans les éditions suivantes.)

2. *Ils se lèvent tous.* (1734.)

3. Le mot avait été, en 1664, appliqué par Boileau (*satire* IV, vers 92) aux habitués des mercredis de Ménage :

    Chapelain veut rimer. . . . .
    Mais bien que ses durs vers, d'épithètes enflés,
    Soient des moindres grimauds chez Ménage sifflés...,

et une note jointe à l'édition de 1713 l'explique ou plutôt en fait ressortir la signification méprisante, dans les termes suivants : « On tenoit toutes les semaines chez Ménage une assemblée où alloient beaucoup de petits esprits[a]. » — La Bruyère fait donner à *grimaud*, par un politique ou homme d'affaires parlant d'un savant, la signification d'homme de collège (tome II, p. 84 et 85, n° 19, 1690), et c'est bien dans celle-là que Cotin l'aurait appliqué à Ménage pour son érudition de pédant, eût-il dit. Il faut remarquer que Vadius, trois vers plus bas, réplique par le mot plus grossier, mais de sens bien voisin, *cuistre*.

4. Rimeur à la douzaine, par allusion à *marchandise de balle*, marchandise médiocre, inférieure, de porte-balle, de colporteur. On lit au début de la *Satire Ménippée*, dans « les éditions postérieures à la première, » d'après une note de Ch. Labitte : « Parce que les états catholiques n'a guères tenus à Paris ne sont point états de balle ni de ceux qu'on vend à la douzaine.... » — « Après tout, dit en 1637 *l'Ami du Cid* dans une de ses dernières apostrophes à Claveret (tome III du *Corneille*, p. 55), orateur et poëte de balle, souvenez-vous de n'intéresser personne en votre affaire. »

[a] Tallemant des Réaux n'avait pas de cette « espèce d'académie » une idée différente : « il y a bien du fretin, » dit-il dans l'*Historiette* de Ménage (tome V, p. 234).

TRISSOTIN.
Allez, fripier d'écrits, impudent plagiaire.
VADIUS.
Allez, cuistre....
PHILAMINTE.
Eh! Messieurs, que prétendez-vous faire?
TRISSOTIN[1].
Va, va restituer tous les honteux larcins
Que réclament sur toi les Grecs et les Latins[2].   1020
VADIUS.
Va, va-t'en faire amende honorable au Parnasse
D'avoir fait à tes vers estropier Horace.
TRISSOTIN.
Souviens-toi de ton livre et de son peu de bruit.
VADIUS.
Et toi, de ton libraire à l'hôpital réduit[3].

1. TRISSOTIN, à *Vadius*. (1734.)
2. « Les vols faits par M. Ménage sur les anciens, dit la Monnoye (addition au *Menagiana*, tome I, p. 121), lui ont été reprochés non-seulement par Linière, mais encore par Gilles Boileau, Cotin, Molière, Baillet, etc. » De Cotin sur ces vols, voici deux petites pièces, citées par M. Livet, que l'abbé avait insérées, en 1659, dans ses *OEuvres mêlées* (p. 110 et p. 111) :

Le Plagiaire.
Tout ce qu'il dit est emprunté,
Il pille les sujets qu'il traite,
Et sans avoir rien inventé
Il veut passer pour un poëte.

Jugement d'un livre.
Le seul défaut de cet ouvrage,
Où l'on ne peut faire de choix,
C'est qu'on ne sait quel est Ménage,
S'il est Grec, Latin ou François.

Nombre d'autres pièces analogues ont été rassemblées dans *la Ménagerie*.
3. La Monnoye, dans une autre addition au *Menagiana* (tome III, p. 189), rapporte une épigramme faite en réponse à ce trait de Molière ; il ne semble pas que Ménage soit donné comme l'auteur de cette épigramme, ni qu'elle répondît à une autre de Ménage où Molière aurait pris le trait lancé en riposte par Vadius. Les auteurs du *Menagiana* ont seulement recueilli ce propos assez insignifiant de leur héros : qu' « On ne peut pas faire

ACTE III, SCÈNE III.

TRISSOTIN.

Ma gloire est établie; en vain tu la déchires.   1025

VADIUS.

Oui, oui, je te renvoie à l'auteur des *Satires*[1].

TRISSOTIN.

Je t'y renvoie aussi.

VADIUS.

J'ai le contentement
Qu'on voit qu'il m'a traité plus honorablement :
Il me donne, en passant, une atteinte légère,
Parmi plusieurs auteurs qu'au Palais on révère[2];   1030
Mais jamais, dans ses vers, il ne te laisse en paix,
Et l'on t'y voit partout être en butte à ses traits.

TRISSOTIN.

C'est par là que j'y tiens un rang plus honorable.
Il te met dans la foule, ainsi qu'un misérable,
Il croit que c'est assez d'un coup pour t'accabler,   1035
Et ne t'a jamais fait l'honneur de redoubler ;
Mais il m'attaque à part, comme un noble aversaire[3]
Sur qui tout son effort lui semble nécessaire ;
Et ses coups contre moi redoublés en tous lieux
Montrent qu'il ne se croit jamais victorieux[4].   1040

---

une plus grande injure à un auteur qu'en lui disant qu'il réduit ses libraires à l'hôpital. »

1. Boileau : voyez la *Notice*, p. 12 et suivantes.
2. Voyez encore la *Notice*, p. 16.
3. La forme ancienne *aversaire*[a], pour *adversaire*, est ici, et au vers 1254, la leçon des éditions de 1673, 74, 75 A, 82, 94 B, mais non des suivantes. Comparez, au vers 1746, *aversité*.
4. Boileau, dans la seule IXe satire, « A son esprit » (1668), a redoublé ses attaques contre Cotin avec un véritable acharnement : il y a placé son nom neuf fois, dans neuf vers, faits, à un ou deux près, pour rester dans la mémoire de tous (45, 82, 130, 198, 276, 291, 305, 306, 307); et, non content encore, il signale spécialement l'abbé, comme auteur de libelles diffamatoires, au milieu d'un court avertissement qui précède la pièce. Voyez de plus, contre le Cotin prédicateur, poëte ou philosophe, les vers 59 et 60 de

[a] On en a vu un exemple dans une citation de Cotin, ci-dessus, à la page 15 de la *Notice*.

VADIUS.
Ma plume t'apprendra quel homme je puis être.
TRISSOTIN.
Et la mienne saura te faire voir ton maître.
VADIUS.
Je te défie en vers, prose, grec, et latin.
TRISSOTIN.
Hé bien, nous nous verrons seul à seul chez Barbin[1].

SCÈNE IV[2].

TRISSOTIN, PHILAMINTE, ARMANDE, BÉLISE, HENRIETTE.

TRISSOTIN.
A mon emportement ne donnez aucun blâme : 1045
C'est votre jugement que je défends, Madame,
Dans le sonnet qu'il a l'audace d'attaquer.
PHILAMINTE.
A vous remettre bien je me veux appliquer.
Mais parlons d'autre affaire[3]. Approchez, Henriette.

---

la *satire* III (1665), 239-246 de la *satire* VIII (1667), 20 de l'*épître* I (au Roi, 1669), 452 de la *satire* X (1693), et les *épigrammes* XI et XII (avant 1670).

1. Le plus connu peut-être des libraires du Palais, celui dont la boutique, rendue fameuse par le v° chant du *Lutrin*, se trouvait bien en vue sur le second perron de la Sainte-Chapelle. Rendez-vous sera-t-il pris là, chez l'éditeur, non sans y appeler quelques juges choisis, pour un assaut d'épigrammes ou de satires, pour une lecture à se faire en face l'un à l'autre de vers tout frais imprimés ? Ou bien, ce qui paraît moins probable, cela signifie-t-il qu'ils vont écrire l'un contre l'autre deux libelles qu'on verra ouverts côte à côte à l'étalage de Barbin ? — Quoiqu'il n'y ait pas de points suspensifs après « seul à seul », nous croyons que le défi en combat singulier serait moins plaisant, si Molière n'avait pas voulu que le vers fût prononcé comme s'ils y étaient, et comme si sa propre colère ou la brusque sortie de Vadius coupait la parole à Trissotin. L'option paraît abandonnée aux acteurs. Il serait curieux de savoir comment Molière entendait que cette fin fût jouée.

2. SCÈNE VI. (1734.) — 3. Pour ce tour, comparez le vers 656.

ACTE III, SCÈNE IV.

Depuis assez longtemps mon âme s'inquiète 1050
De ce qu'aucun esprit en vous ne se fait voir,
Mais je trouve un moyen de vous en faire avoir.

HENRIETTE.

C'est prendre un soin pour moi qui n'est pas nécessaire :
Les doctes entretiens ne sont point mon affaire ;
J'aime à vivre aisément[1], et, dans tout ce qu'on dit,
Il faut se trop peiner pour avoir de l'esprit.
C'est une ambition que je n'ai point en tête ;
Je me trouve fort bien, ma mère, d'être bête,
Et j'aime mieux n'avoir que de communs propos,
Que de me tourmenter pour dire de beaux mots. 1060

PHILAMINTE.

Oui, mais j'y suis blessée[2], et ce n'est pas mon conte[3]
De souffrir dans mon sang une pareille honte.
La beauté du visage est un frêle ornement,
Une fleur passagère, un éclat d'un moment,
Et qui n'est attaché qu'à la simple épiderme[4] ; 1065
Mais celle de l'esprit est inhérente[5] et ferme.
J'ai donc cherché longtemps un biais[6] de vous donner

---

1. A l'aise, commodément, sans effort d'esprit.
2. Je suis blessée, je souffre de vous voir vous résigner à ce rôle.
3. *Conte*, pour la rime, est la leçon des premières éditions ; *compte* à partir de 1682. Voyez, tome I, p. 197, note 2, au vers 1376 de *l'Étourdi* ; au vers 36 des *Fâcheux*, tome III, p. 37, on lit *compte*, rimant pourtant aussi avec *honte*. — Longtemps, d'ailleurs, *compte* et *conte* n'ont pas été distingués par l'orthographe.
4. « Le genre de ce mot a été incertain, » dit Littré. Il est ici du féminin, comme le mot grec, d'ailleurs de terminaison différente, ἐπιδερμίς.
5. *Inhérent*, inséparablement attaché, uni au sujet, que rien ne lui peut ôter, aussi durable que lui, un de ces termes de la langue philosophique que Philaminte se pique de parler. Littré en cite deux exemples où il est employé, comme ici, absolument ; voici celui de Bossuet : « Le vice le plus inhérent, si je puis parler de la sorte, et le plus inséparable des choses humaines, c'est leur propre caducité. » (*Discours sur l'histoire universelle*, IIIe partie, chapitre v, avant-dernier alinéa.)
6. Un moyen, comme au vers 1600, du *Tartuffe* (où *biais* est de deux syllabes) :

   Et vous deviez chercher quelque biais plus doux.

La beauté que les ans ne peuvent moissonner,
De faire entrer chez vous le desir des sciences,
De vous insinuer les belles connoissances ; 1070
Et la pensée enfin où mes vœux ont souscrit,
C'est d'attacher à vous un homme plein d'esprit ;[1]
Et cet homme est Monsieur, que je vous détermine [2]
A voir comme l'époux que mon choix vous destine.

HENRIETTE.

Moi, ma mère?

PHILAMINTE.

Oui[3], vous. Faites la sotte un peu. 1075

BÉLISE[4].

Je vous entends : vos yeux demandent mon aveu,
Pour engager ailleurs un cœur que je possède.
Allez, je le veux bien. A ce nœud je vous cède :
C'est un hymen qui fait votre établissement.

TRISSOTIN[5].

Je ne sais que vous dire en mon ravissement, 1080
Madame, et cet hymen dont je vois qu'on m'honore
Me met....

HENRIETTE.

Tout beau, Monsieur, il n'est pas fait encore :
Ne vous pressez pas tant.

PHILAMINTE.

Comme vous répondez !
Savez-vous bien que si.... Suffit[6], vous m'entendez.

1. *Montrant Trissotin.* (1734.)
2. Expression bien choisie pour marquer l'impérieuse volonté de Philaminte ; que je vous décide (à....), que vous allez tout de suite (voir comme l'époux....).
3. Nous avons relevé tous ces *oui* aspirés, ci-dessus, dans la note 2 de la page 59.
4. BÉLISE, *à Trissotin.* (1734.)
5 TRISSOTIN, *à Henriette. (Ibidem.)*
6. Traduction ou imitation du « baste » (venu de l'italien *basta*), plus souvent employé par Molière (voyez tome VIII, p. 109 et note 2, et p. 114). Corneille avait usé, même dans la tragédie (vers 974 d'*Othon*, 1664), de

Elle¹ se rendra sage; allons, laissons-la faire.   1085

SCÈNE V².

HENRIETTE, ARMANDE.

ARMANDE.
On voit briller pour vous les soins de notre mère,
Et son choix ne pouvoit d'un plus illustre époux....
HENRIETTE.
Si le choix est si beau, que ne le prenez-vous?
ARMANDE.
C'est à vous, non à moi, que sa main est donnée.
HENRIETTE.
Je vous le cède tout, comme à ma sœur aînée.   1090
ARMANDE.
Si l'hymen, comme à vous, me paroissoit charmant,
J'accepterois votre offre avec ravissement.
HENRIETTE.
Si j'avois, comme vous, les pédants dans la tête,
Je pourrois le trouver un parti fort honnête.
ARMANDE.
Cependant, bien qu'ici nos goûts soient différents,   1095
Nous devons obéir, ma sœur, à nos parents :
Une mère a sur nous une entière puissance,
Et vous croyez en vain par votre résistance....

ce tour bref et familier, mais moins elliptiquement, en faisant suivre d'une proposition complétive le verbe impersonnel ainsi employé sans pronom :

GALBA.
Vous croirez que Pison est plus digne de Rome :
Pour ne plus en douter suffit que je le nomme.

1. *A Trissotin.* Elle. (1734.)
2. SCÈNE VII. (*Ibidem.*)

SCÈNE VI[1].

CHRYSALE, ARISTE, CLITANDRE, HENRIETTE, ARMANDE.

CHRYSALE[2].

Allons, ma fille, il faut approuver mon dessein :
Ôtez ce gant[3]; touchez à Monsieur dans la main,　1100
Et le considérez désormais dans votre âme
En homme dont je veux que vous soyez la femme.

ARMANDE.

De ce côté, ma sœur, vos penchants sont fort grands.

HENRIETTE.

Il nous faut obéir, ma sœur, à nos parents :
Un père a sur nos vœux une entière puissance.　1105

ARMANDE.

Une mère a sa part à notre obéissance.

CHRYSALE.

Qu'est-ce à dire ?

ARMANDE.

　　　　　　Je dis que j'appréhende fort
Qu'ici ma mère et vous ne soyez pas d'accord ;
Et c'est un autre époux....

CHRYSALE.

　　　　　　Taisez-vous, péronnelle[4] !

---

1. SCÈNE VIII. (1734.)
2. CHRYSALE, à Henriette, lui présentant Clitandre. (Ibidem.)
3. Dans l'original, gand.
4. *Péronnelle*, qui fait l'entendue, la raisonneuse, qui aime à contester et remontrer, sans être d'âge à le faire avec bienséance. L'Académie, en 1694, sans trop préciser le sens du mot, lui en donne un plus fort que celui qu'il semble avoir ici et qu'il a maintenant dans l'usage : « Terme bas, dit-elle, dont on se sert par mépris et par injure à l'égard d'une femme de peu. » Littré le définit simplement par « jeune femme sotte et babillarde. » *Péron-*

Allez philosopher tout le soûl[1] avec elle, 1110
Et de mes actions ne vous mêlez en rien.
Dites-lui ma pensée, et l'avertissez bien
Qu'elle ne vienne pas m'échauffer les oreilles :
Allons vite.

ARISTE.

Fort bien[2] : vous faites des merveilles.

CLITANDRE.

Quel transport! quelle joie! ah! que mon sort est doux !

CHRYSALE[3].

Allons, prenez sa main, et passez devant nous,
Menez-la dans sa chambre. Ah, les douces caresses !
Tenez[4], mon cœur s'émeut à toutes ces tendresses,
Cela ragaillardit tout à fait mes vieux jours,
Et je me ressouviens de mes jeunes amours. 1120

nelle, ajoute-t-il, « était un nom propre.... analogue à Perrette (*féminin de Pierre*), et devenu un nom commun, comme *catin* (*Cathau, Catherine*). » *Perronnelle* est nom de paysanne en effet chez la Fontaine dans les contes IX (vers 8) et XIII (vers 199) de la IIIᵉ partie, où l'a relevé M. Fritsche (au mot PERNELLE).

1. Nous avons rappelé plusieurs fois (notamment tome VIII, p. 101, note 1) que ce mot se prononçait au temps de Molière comme à présent. Il est écrit *saoul* dans notre original.

2.   SCÈNE IX.
   CHRYSALE, ARISTE, HENRIETTE, CLITANDRE.
ARISTE. Fort bien. (1734.)
3. CHRYSALE, *à Clitandre*. (*Ibidem.*)
4. *A Ariste*. Tenez. (*Ibidem.*)

FIN DU TROISIÈME ACTE.

ACTE IV.

SCÈNE PREMIÈRE.
ARMANDE, PHILAMINTE[1].

ARMANDE.

Oui, rien n'a retenu son esprit en balance[2] :
Elle a fait vanité de son obéissance.
Son cœur, pour se livrer, à peine devant moi
S'est-il donné le temps d'en recevoir la loi[3],
Et sembloit suivre moins les volontés d'un père,   1125
Qu'affecter de braver les ordres d'une mère.

PHILAMINTE.

Je lui montrerai bien aux lois de qui des deux
Les droits de la raison soumettent tous ses vœux,
Et qui doit gouverner, ou sa mère ou son père,
Ou l'esprit ou le corps, la forme ou la matière[4].   1130

---

1. PHILAMINTE, ARMANDE. (1734.)

2. *N'a retenu en balance*, n'a fait hésiter, n'a fait revenir, un court moment, son esprit tout de suite emporté. — Corneille avait employé l'expression dans le vers 205 de *Sertorius*, tragédie de 1662, et jouée aussi en 1663 chez Molière (voyez la *Notice* de M. Marty-Laveaux, tome VI du *Corneille*, p. 356) :

   Voilà ce qui retient mon esprit en balance.

3. De recevoir la loi, l'ordre, la permission de se livrer.

4. Philaminte, qui sans doute entend mieux que Cathos ces termes de *forme* (substantielle) et de *matière* au sens que leur donnaient les péripatéticiens ou les scolastiques[a], parle ici tout à fait comme la petite Précieuse

[a] Et en particulier les docteurs dont M. Maurice Raynaud a exposé les doctrines : voyez *les Médecins au temps de Molière*, p. 354 et 378. Sur

ACTE IV, SCÈNE I.

ARMANDE.

On vous en devoit bien au moins un compliment[1] ;
Et ce petit Monsieur en use étrangement,
De vouloir malgré vous devenir votre gendre.

PHILAMINTE.

Il n'en est pas encore où son cœur peut prétendre.
Je le trouvois bien fait, et j'aimois vos amours ;   1135
Mais dans ses procédés il m'a déplu toujours.
Il sait que, Dieu merci, je me mêle d'écrire,
Et jamais il ne m'a prié[2] de lui rien lire.

SCÈNE II.

CLITANDRE[3], ARMANDE, PHILAMINTE.

ARMANDE.

Je ne souffrirois point, si j'étois que de vous[4],
Que jamais d'Henriette il pût être l'époux.   1140
On me feroit grand tort d'avoir quelque pensée
Que là-dessus je parle en fille intéressée,
Et que le lâche tour que l'on voit qu'il me fait

---

ridicule (scène v, tome II, p. 68 et 69) : « Mon Dieu ! ma chère, que ton père a la forme enfoncée dans la matière, que son intelligence est épaisse et qu'il fait sombre dans son âme ! »

1. Ne fût-ce que pour la forme, par simple politesse, on devait bien au moins vous soumettre le projet d'alliance, vous demander votre agrément.

2. Au sujet de ce défaut d'accord du participe, voyez la note du vers 1156.

3. CLITANDRE, *entrant doucement et écoutant sans se montrer.* (1734.)

4. Ce tour a déjà été rencontré deux fois : voyez tome VIII, p. 467, note 2.

une distinction que Philaminte ne faisait peut-être pas entre l'âme forme du corps, c'est-à-dire l'âme principe vital, et l'esprit, voyez l'*Histoire générale de la Philosophie*, de Cousin, troisième leçon, 9ᵉ édition, p. 157, et les endroits d'Aristote où il renvoie (*de l'Âme*, livre II, chapitres I et II).

Jette au fond de mon cœur quelque dépit secret :
Contre de pareils coups l'âme se fortifie
Du solide secours de la philosophie,
Et par elle on se peut mettre au-dessus de tout.
Mais vous traiter ainsi, c'est vous pousser à bout :
Il est de votre honneur d'être à ses vœux contraire,
Et c'est un homme enfin qui ne doit point vous plaire.
Jamais je n'ai connu, discourant entre nous¹,
Qu'il eût au fond du cœur de l'estime pour vous.

PHILAMINTE.

Petit sot !

ARMANDE.

Quelque bruit que votre gloire fasse,
Toujours à vous louer il a paru de glace.

PHILAMINTE.

Le brutal !

ARMANDE.

Et vingt fois, comme ouvrages nouveaux,
J'ai lu des vers de vous qu'il n'a point trouvé² beaux.

PHILAMINTE.

L'impertinent !

ARMANDE.

Souvent nous en étions aux prises ;
Et vous ne croiriez point de combien de sottises....

CLITANDRE³.

Eh ! doucement, de grâce : un peu de charité,

---

1. A remarquer cette incise, d'un participe se rapportant à deux personnes, intercalé dans une phrase qui a pour sujet *je* : « Quand nous discourions entre nous, dans les entretiens que nous avons eus ensemble. »

2. *Trouvé*, sans accord, dans les textes de 1673, 74, 82, et dans nos trois éditions étrangères, de même que plus haut, au vers 1138, *prié*, que l'éditeur de 1734 n'a pas corrigé, comme il a fait celui-ci, parce que la mesure ne le permettait pas. Voyez dans l'*Introduction grammaticale* du *Lexique de Corneille*, p. LVI et suivantes, l'ancienne règle en vertu de laquelle le participe demeurait invariable devant un complément tel qu'ici l'adjectif *beaux*, et ci-dessus, au vers 1138, les mots : *de lui rien lire*.

3. CLITANDRE, *à Armande*. (1734.)

Madame, ou tout au moins un peu d'honnêteté.   1160
Quel mal vous ai-je fait? et quelle est mon offense,
Pour armer contre moi toute votre éloquence?
Pour vouloir me détruire¹, et prendre tant de soin
De me rendre odieux aux gens dont j'ai besoin?
Parlez, dites, d'où vient ce courroux effroyable?   1165
Je veux bien que Madame en soit juge équitable.

            ARMANDE.

Si j'avois le courroux dont on veut m'accuser,
Je trouverois assez de quoi l'autoriser :
Vous en seriez trop digne, et les premières flammes
S'établissent des droits² si sacrés sur les âmes,   1170
Qu'il faut perdre fortune, et renoncer au jour,
Plutôt que de brûler des feux d'un autre amour³ ;
Au changement de vœux nulle horreur ne s'égale,
Et tout cœur infidèle est un monstre en morale.

            CLITANDRE.

Appelez-vous, Madame, une infidélité   1175
Ce que m'a de votre âme ordonné la fierté⁴ ?
Je ne fais qu'obéir aux lois qu'elle m'impose ;
Et si je vous offense, elle seule en est cause.
Vos charmes ont d'abord possédé tout mon cœur ;
Il a brûlé deux ans d'une constante ardeur ;   1180
Il n'est soins empressés, devoirs, respects, services⁵,

---

1. Me perdre: voyez les nombreux exemples de Corneille, et d'autres plus anciens, réunis par M. Marty-Laveaux dans le *Lexique de la langue de Corneille*, tome I, p. 296 et 297.

2. Se font, s'assurent des droits.

3. Ces quatre derniers vers ont été rapprochés de quatre vers, peu différents, d'un couplet de Done Elvire, à la scène II de l'acte III de *Dom Garcie de Navarre* (1661, tome II, p. 284, note 1).

4. La dureté sans doute, la cruauté, la fière rigueur, sens étymologiques qui rappellent celui du latin *ferus* : voyez à la scène II de l'acte V de *Psyché*, tome VIII, p. 346, le vers 1716, de Corneille, et comparez ci-après le vers 1244.

5. *Services*, soins, attentions, complaisances : voyez tomes VII, p. 435, et VIII, p. 323 (vers 1145, de Corneille).

Dont il ne vous ait fait d'amoureux sacrifices.
Tous mes feux, tous mes soins ne peuvent rien sur vous;
Je vous trouve contraire à mes vœux les plus doux.
Ce que vous refusez, je l'offre au choix d'une autre¹.
Voyez : est-ce, Madame, ou ma faute, ou la vôtre?
Mon cœur court-il au change², ou si vous l'y poussez³?
Est-ce moi qui vous quitte, ou vous qui me chassez?

ARMANDE.

Appelez-vous, Monsieur, être à vos vœux contraire,
Que de leur arracher ce qu'ils ont de vulgaire,   1190
Et vouloir les réduire à cette pureté
Où du parfait amour consiste la beauté?
Vous ne sauriez pour moi tenir votre pensée
Du commerce des sens nette et débarrassée?
Et vous ne goûtez point, dans ses plus doux appas,   1195
Cette union des cœurs où les corps n'entrent pas?
Vous ne pouvez aimer que d'une amour grossière?
Qu'avec tout l'attirail des nœuds de la matière?
Et pour nourrir les feux que chez vous on produit,
Il faut un mariage, et tout ce qui s'ensuit?   1200
Ah! quel étrange amour! et que les belles âmes
Sont bien loin de brûler de ces terrestres flammes!
Les sens n'ont point de part à toutes leurs ardeurs,
Et ce beau feu ne veut marier que les cœurs;
Comme une chose indigne, il laisse là le reste.   1205

---

1. C'est bien *une autre* qu'on lit ici et au vers 1241 : comparez le vers 92.

2. Au changement. « Je veux faire autant de pas qu'elle au changement où je la vois courir. » (Cléonte, à la scène ix de l'acte III du *Bourgeois gentilhomme*.) *Courir au change* était une phrase faite (voyez au vers 547 du *Dépit amoureux*), et rien ne le prouve mieux peut-être que ce vers de Cotin ou de l'un de ses correspondants inconnus (p. 18 des *OEuvres galantes*, 2ᵈᵉ édition) :

> De n'adorer que deux beaux yeux,
> Et jamais ne courir au change....

3. Ancien tour très-correct, qui fait suivre une première interrogation, de forme ordinaire et directe, d'une autre par *si*.

C'est un feu pur et net comme le feu céleste[1] ;
On ne pousse, avec lui, que d'honnêtes soupirs,
Et l'on ne penche point vers les sales desirs ;
Rien d'impur ne se mêle au but qu'on se propose ;
On aime pour aimer, et non pour autre chose ;   1210
Ce n'est qu'à l'esprit seul que vont tous les transports,
Et l'on ne s'aperçoit jamais qu'on ait un corps.

CLITANDRE.

Pour moi, par un malheur[2], je m'aperçois, Madame,
Que j'ai, ne vous déplaise, un corps tout comme une âme :
Je sens qu'il y tient trop[3], pour le laisser à part ;   1215
De ces détachements je ne connois point l'art :
Le Ciel m'a dénié cette philosophie,
Et mon âme et mon corps marchent de compagnie.
Il n'est rien de plus beau, comme vous avez dit,
Que ces vœux épurés qui ne vont qu'à l'esprit,   1220
Ces unions de cœurs, et ces tendres pensées
Du commerce des sens si bien débarrassées.
Mais ces amours pour moi sont trop subtilisés ;
Je suis un peu grossier, comme vous m'accusez[4] ;
J'aime avec tout moi-même, et l'amour qu'on me donne
En veut, je le confesse, à toute la personne.
Ce n'est pas là matière à de grands châtiments ;
Et, sans faire de tort à vos beaux sentiments[5],

---

1. L'expression, en elle-même, semble prêter à deux sens : le feu des astres, ou, au figuré, l'amour des esprits célestes, des anges ; mais la comparaison avec le vers 1684 ne permet pas de douter que Molière ne l'ait prise au propre, *le feu du soleil, des astres.*

2. Même tour dans *le Misanthrope*, vers 27 :

   Et si, par un malheur, j'en avois fait autant....

3. Qu'il est trop intimement uni à cette âme.

4. Comme vous m'en accusez ; ellipse, assez fréquente alors, des pronoms neutres, particulièrement de *le :* « comme vous avez dit » (vers 1219) ; « pas si bête.... que vous vous mettez en tête » (vers 1342) ; et qui est encore fort usitée dans plus d'un tour, par exemple : « comme vous voyez. »

5. Sans méconnaître la beauté de vos sentiments, sans les vouloir blâmer injustement.

Je vois que dans le monde on suit fort ma méthode,
Et que le mariage est assez à la mode,
Passe pour un lien assez honnête et doux,
Pour avoir desiré¹ de me voir votre époux,
Sans que la liberté d'une telle pensée
Ait dû vous donner lieu d'en paroître offensée.

ARMANDE.

Hé bien, Monsieur! hé bien! puisque, sans m'écouter,
Vos sentiments brutaux veulent se contenter;
Puisque, pour vous réduire à des ardeurs fidèles,
Il faut des nœuds de chair, des chaînes corporelles,
Si ma mère le veut, je résous mon esprit
A consentir pour vous à ce dont il s'agit.

CLITANDRE.

Il n'est plus temps, Madame : une autre a pris la place;
Et par un tel retour j'aurois mauvaise grâce
De maltraiter l'asile et blesser les bontés
Où je me suis sauvé de toutes vos fiertés².

PHILAMINTE.

Mais enfin comptez-vous, Monsieur, sur mon suffrage,
Quand vous vous promettez cet autre mariage?
Et, dans vos visions, savez-vous, s'il vous plaît³,
Que j'ai pour Henriette un autre époux tout prêt?

CLITANDRE.

Eh, Madame! voyez votre choix⁴, je vous prie :
Exposez-moi, de grâce, à moins d'ignominie,
Et ne me rangez pas⁵ à l'indigne destin

---

1. Pour que j'aie pu desirer.... sans que....
2. Comme au vers 1176, « de vos rigueurs » plutôt peut-être que « de vos dédains ».
3. Ellipse familière, très-commune : « Dites-moi, dites-le-moi, s'il vous plaît. »
4. Songez, réfléchissez un peu au choix que vous avez fait.
5. Et ne me réduisez pas.

    Accablé des malheurs où le destin me range,....
             (Don Diègue, au vers 289 du *Cid*.)

De me voir le rival de Monsieur Trissotin.
L'amour des beaux esprits, qui chez vous m'est contraire,
Ne pouvoit m'opposer un moins noble aversaire[1].
Il en est, et plusieurs, que pour le bel esprit   1255
Le mauvais goût du siècle a su mettre en crédit ;
Mais Monsieur Trissotin n'a pu duper personne,
Et chacun rend justice aux écrits qu'il nous donne :
Hors céans, on le prise en tous lieux ce qu'il vaut ;
Et ce qui m'a vingt fois fait tomber de mon haut,   1260
C'est de vous voir au ciel élever des sornettes
Que vous désavoueriez, si vous les aviez faites.

PHILAMINTE.

Si vous jugez de lui tout autrement que nous,
C'est que nous le voyons par d'autres yeux que vous.

SCÈNE III.

TRISSOTIN, ARMANDE, PHILAMINTE, CLITANDRE.

TRISSOTIN[2].

Je viens vous annoncer une grande nouvelle.   1265
Nous l'avons en dormant, Madame, échappé belle[3] :

1. On a déjà vu cette forme ci-dessus, au vers 1037.
2.   TRISSOTIN, PHILAMINTE, ARMANDE, CLITANDRE.
        TRISSOTIN, à Philaminte. (1734.)
3. Nous avons échappé, évité, une belle aventure. Dans les ellipses analogues : « l'avoir, la donner belle, » c'est l'*occasion* qu'on paraît sous-entendre ; dans d'autres : « Il en a fait de belles, il m'en a conté de belles, » simplement le mot *choses*. La même locution ironique se trouve au vers 1144 de *l'École des femmes;* on y emploie le verbe activement, suivant un usage encore assez ordinaire au dix-septième siècle (voyez le *Dictionnaire de Littré* à ÉCHAPPER, 11°) ; quant au défaut d'accord du participe *échappé* avec le pronom féminin qui le précède, il est de tradition, l'Académie le maintient, et il s'explique aussi par l'ancienne règle de l'accord du participe rappelée ci-dessus, p. 160, note 2.

Un monde près de nous a passé tout du long,
Est chu tout au travers de notre tourbillon;
Et s'il eût en chemin rencontré notre terre,
Elle eût été brisée en morceaux comme verre[1].

PHILAMINTE.

Remettons ce discours pour une autre saison :
Monsieur n'y trouveroit ni rime, ni raison ;
Il fait profession de chérir l'ignorance,
Et de haïr surtout l'esprit et la science.

CLITANDRE.

Cette vérité veut quelque adoucissement.
Je m'explique, Madame, et je hais seulement
La science et l'esprit qui gâtent les personnes.
Ce sont choses de soi qui sont belles et bonnes ;
Mais j'aimerois mieux être au rang des ignorants,
Que de me voir savant comme certaines gens.

TRISSOTIN.

Pour moi, je ne tiens pas, quelque effet qu'on suppose,
Que la science soit pour gâter[2] quelque chose.

CLITANDRE.

Et c'est mon sentiment qu'en faits, comme en propos[3],
La science est sujette à faire de grands sots[4].

---

1. Un joli mot de Voiture, rapporté dans le *Menagiana* (tome I, p. 115 de l'édition de la Monnoye), a peut-être, comme le dit Auger, donné à Molière l'idée de cette entrée de Trissotin, avec sa nouvelle astronomique : « On s'entretenoit, à l'hôtel de Rambouillet, des macules nouvellement découvertes dans le disque du soleil, qui pouvoient faire appréhender que cet astre ne s'affoiblît. M. de Voiture entra dans ce temps-là. Mlle de Rambouillet lui dit : « Eh bien ! Monsieur, quelles nouvelles ? — Mademoiselle, « dit-il, il court de mauvais bruits du soleil. » — Il n'y a guère lieu de supposer que Molière songeât à faire allusion à l'ennuyeuse et plate pièce que Cotin a insérée dans ses *Œuvres galantes* (2de partie, 1665, p. 361-384) sous le titre de *Galanterie sur la comète apparue en décembre 1664 et en janvier 1665*.

2. Soit de nature à gâter, soit faite pour gâter.

3. En conduite, comme en discours.

4. « (Ils) sont si très-savants, qu'ils en sont tous sots. » (Béroalde de Verville, *le Moyen de parvenir*, p. 4 de l'édition du Bibliophile Jacob.)

ACTE IV, SCÈNE III.

TRISSOTIN.

Le paradoxe est fort.

CLITANDRE.

Sans être fort habile, 1285
La preuve m'en seroit, je pense, assez facile :
Si les raisons manquoient, je suis sûr qu'en tout cas
Les exemples fameux ne me manqueroient pas.

TRISSOTIN.

Vous en pourriez citer qui ne concluroient guère.

CLITANDRE.

Je n'irois pas bien loin pour trouver mon affaire. 1290

TRISSOTIN.

Pour moi, je ne vois pas ces exemples fameux.

CLITANDRE.

Moi, je les vois si bien, qu'ils me crèvent les yeux[1].

TRISSOTIN.

J'ai cru jusques ici que c'étoit l'ignorance
Qui faisoit les grands sots, et non pas la science.

CLITANDRE.

Vous avez cru fort mal, et je vous suis garant 1295
Qu'un sot savant est sot plus qu'un sot ignorant[2].

---

1. Auger critique ici le jeu de quelque comédien de son temps : « Le trait, dit-il, est assez direct pour que l'acteur doive s'abstenir, en le disant, de regarder Trissotin avec affectation. Le vers accompagné d'un tel regard n'est plus une épigramme que Trissotin soit le maître de ne pas s'appliquer; c'est une injure dite en face, à bout portant, qu'il serait impossible à Trissotin lui-même de ne pas relever. »

2. La Fontaine, dans une lettre au prince de Conty, dont il communique quelques vers à Racine (6 juin 1686), a dit à peu près de même :

Un sot plein de savoir est plus sot qu'un autre homme.

Érasme a un proverbe analogue dans le *Colloque* qui fut *traduit du latin en françois* par Clément Marot, et qui est *intitulé* Abbatis et Eruditæ (tome Ier, vers la fin de la page 630, de l'édition, en neuf volumes in-folio, de Bâle, Froben, 1540) : *Frequenter audivi vulgo dici, feminam sapientem bis stultam esse.*

. . . . En commun langage
Nous disons une femme sage (*savante*)
Folle deux fois.

(Marot, tome IV, p. 18, de l'édition de Pierre Jannet, 1868.)

TRISSOTIN.

Le sentiment commun est contre vos maximes,
Puisque ignorant et sot sont termes synonymes.

CLITANDRE.

Si vous le voulez prendre [1] aux usages du mot,
L'alliance est plus grande [2] entre pédant et sot.   1300

TRISSOTIN.

La sottise dans l'un se fait voir toute pure.

CLITANDRE.

Et l'étude dans l'autre ajoute à la nature [3].

TRISSOTIN.

Le savoir garde en soi son mérite éminent.

---

1. *Le*, pronom neutre : « si vous voulez prendre la chose, vous en tenir.... »

2. L'alliance est plus forte. (1734.)

3. « On ne pouvait, dit Aimé-Martin, mieux désigner Cotin, qui lisait Homère et Virgile, qui savait l'hébreu et le syriaque, qui était versé dans la philosophie humaine et divine, et dont tant d'études et de sciences n'avaient pu faire qu'un sot. Pour se convaincre de l'excès de sa sottise, il suffit d'ouvrir les *OEuvres galantes*. Voici ce que *l'abbé* y dit de lui dès les premières pages (16 *et* 17 *de la* 2de *édition*, 1665) : « Mon chiffre c'est deux CC
« entrelacés, qui, retournés et joints ensemble, feroient un cercle (je m'ap-
« pelle Charles, comme vous savez). Et parce que mes énigmes ont été tra-
« duits (*sic*) en italien et en espagnol, et que mon Cantique des cantiques a été
« envoyé par toute la Terre, à ce qu'a dit un deviseur du temps, ou, si
« vous voulez, un faiseur de devises, il m'a bien voulu de sa grâce appli-
« quer ce mot des deux chiffres d'un grand prince et d'une grande princesse,
« Charles duc de Savoie et Catherine d'Autriche :

Juncta orbem implent.

« Cela veut dire un peu mystiquement que mes œuvres rempliront le rond
« de la terre, quand elles seront toutes reliées ensemble : Dieu l'en veuille
« bien ouïr ! On les a faits, Madame, ces mêmes chiffres en miniature, avec
« une couronne de myrte et de laurier ; et une Muse de mes amies me les a
« donnés en bonne étrenne avec ce beau madrigal :

Dites : sans audace peut-on
Entreprendre d'orner un nom
Que les Muses, ces immortelles,
Dans leur temple fameux gravèrent de leurs mains,
A dessein que nul des humains
Ne l'entreprît jamais sur elles? »

CLITANDRE.

Le savoir dans un fat [1] devient impertinent [2].

TRISSOTIN.

Il faut que l'ignorance ait pour vous de grands charmes,
Puisque pour elle ainsi vous prenez tant les armes.

CLITANDRE.

Si pour moi l'ignorance a des charmes bien grands,
C'est depuis qu'à mes yeux s'offrent certains savants.

TRISSOTIN.

Ces certains savants-là peuvent, à les connoître,
Valoir certaines gens que nous voyons paroître [3].   1310

CLITANDRE.

Oui, si l'on s'en rapporte à ces certains savants;
Mais on n'en convient pas chez ces certaines gens [4].

— « Comment, ajoute Aimé-Martin, le public n'aurait-il pas fait à un tel homme l'application de ce vers fameux :

Un sot savant est sot plus qu'un sot ignorant » ?

1. *Fat* est ici, comme on voit, tout à fait synonyme de *sot*: voyez aux endroits indiqués tome VII, p. 138, note 3, et ci-après, au vers 1576.
2. Absurde et insupportable.
3. C'est-à-dire, tout simplement, comme vient de dire Clitandre : « qui s'offrent à nos yeux. » Cette réplique par un équivalent nous paraît ici plus probable que le sens, pourtant possible aussi : « que nous voyons faire figure dans le monde. »
4. Ce passage en rappelle à Auger un de Plaute, où une désignation non moins vague, mais que là chacun des interlocuteurs fait de soi, est bien comprise de l'autre, et frappe dans le dialogue par une semblable répétition :

LAMPADISCUS.

. . . . *Est quidam homo, qui illam ait se scire ubi sit.*

HALISCA.

At, pol, ille a quadam muliere, si eam monstret, gratiam ineat.

LAMPADISCUS.

At sibi ille quidam volt dari mercedem.

HALISCA.

At, pol, illa quædam,
Quæ illum cistellam perdidit, quoidam negat esse quod det.

LAMPADISCUS.

At enim ille quidam argentum expetit.

PHILAMINTE¹.

Il me semble, Monsieur....

CLITANDRE.

Eh, Madame! de grâce :
Monsieur est assez fort, sans qu'à son aide on passe ;
Je n'ai déjà que trop d'un si rude assaillant,   1315
Et si je me défends, ce n'est qu'en reculant.

ARMANDE.

Mais l'offensante aigreur de chaque repartie
Dont vous....

CLITANDRE.

Autre second : je quitte la partie.

PHILAMINTE.

On souffre aux entretiens ces sortes de combats,
Pourvu qu'à la personne on ne s'attaque pas.   1320

CLITANDRE.

Eh, mon Dieu! tout cela n'a rien dont il s'offense :
Il entend raillerie autant qu'homme de France ;
Et de bien d'autres traits il s'est senti piquer,
Sans que jamais sa gloire ait fait que s'en moquer².

HALISCA.
At nequidquam argentum expetit.
LAMPADISCUS.
At, pol, ille quidam, mulier, in nulla opera gratuita 'st.
(*Cistellaria*, acte IV, scène II, vers 462-467.)

« LAMPADION. Il y a quelqu'un qui sait ce qu'elle est devenue (*cette cassette*). HALISCA. Ce quelqu'un, s'il la fait retrouver à une certaine femme, n'obligera pas une ingrate. LAMPADION. Mais ce quelqu'un veut avoir son salaire. HALISCA. Mais, par Pollux! cette certaine femme qui a perdu la cassette dit qu'elle n'a rien à donner. LAMPADION. Ce quelqu'un exige de l'argent. HALISCA. Ce quelqu'un exige en vain. LAMPADION. Mais, par Pollux, jeune fille, ce quelqu'un ne fait jamais rien pour rien. » (*Traduction de Naudet.*)

1. PHILAMINTE, *à Clitandre.* (1734.)

2. *Gloire* ne doit pas être entendu dans ce vers comme dans les vers 1017 et 1518 du *Misanthrope*, où il est synonyme de *mauvaise gloire*, *vanité*, *orgueil* : Clitandre donne ironiquement au mot un sens pour lequel le *Dictionnaire de Littré* a cette excellente définition (à 4°) : « Sentiment élevé

ACTE IV, SCÈNE III.

TRISSOTIN.

Je ne m'étonne pas, au combat que j'essuie, 1325
De voir prendre à Monsieur la thèse qu'il appuie.

et fier que la gloire inspire à celui qui la possède. » — L'homme d'épée n'est pas sans railler l'homme de plume sur le procédé ordinaire de ses pareils dans leurs querelles; il sait que plus d'une fois déjà, et vient peut-être d'apprendre que ce jour-là même Vadius et Trissotin, après un échange d'injures, n'ont parlé de se voir seul à seul que chez Barbin. Mais il est possible qu'un trait plus particulier de Cotin ait été rappelé aux spectateurs. C'est par un redoublement extraordinaire de vanité qu'on l'avait vu se mettre au-dessus des railleries blessantes de son premier adversaire. Aimé-Martin signale ici une pièce fort curieuse, et qui avait dû être remarquée, des OEuvres galantes de Cotin (2de partie, p. 446-448), où « le poëte et orateur françois » s'étoit adressé à lui-même, avait approuvé à tout le moins de sa signature publique mise sur le volume, les témoignages de l'admiration la moins discrète. L'exagération est si forte, qu'il semble que si l'abbé n'a pas intrépidement forgé lui-même la lettre suivante, elle n'a pu lui être envoyée que par un des rieurs qui, s'étant intéressé aux premiers coups échangés, voulait de son mieux aider à une reprise. Après les détails donnés dans la *Notice* sur les libelles de Cotin, on trouvera particulièrement piquant ce qui est dit de son inaltérable douceur. — « LETTRE DE MÉLISSE. J'ai vu les premiers vers de raillerie qu'un certain Gilles le Niais [a] s'est attiré de votre part par la sotte affectation qu'il a toujours eue de se faire d'illustres ennemis et d'employer ces recueils [b]. Jusqu'ici votre bouche ne s'étoit ouverte que pour louer les héros et les héroïnes, et après votre chef-d'œuvre du Cantique [c], vous n'aviez écrit que de la plus fine philosophie : vous savez, Monsieur, jusqu'à quel point je l'honore et je la révère.... Enfin j'ai lu votre Satire galante ou votre Galanterie satirique [d],

[a] Ménage, qu'il continuait d'injurier de la sorte, six ans après le début de la querelle racontée dans la *Notice* (cette *Lettre de Mélisse* avait d'abord paru dans *la Ménagerie*, p. 65-67, mais nous la copions dans la seconde édition des *OEuvres galantes*, achevée le 22 mai 1665). Gilles le Niais était le nom d'un « enfariné » du temps (voyez tome V des *Historiettes* de Tallemant des Réaux, p. 239, note 1).

[b] Ces recueils étrangers, de Hollande, dont il est question à la fin de la lettre ?

[c] « Une paraphrase en vers françois sur le Cantique des cantiques, dont j'ai fait voir.... la suite et la liaison jusqu'aux moindres versets, ce que personne n'avait encore fait. » (*A une dame à qui il envoie sa Pastorale sacrée du Cantique*, p. 463 des mêmes *OEuvres galantes*.) Voyez dans les *Précieux et précieuses* de M. Livet, article de Cotin, p. 121, l'énumération des œuvres de l'abbé, comprenant un *Traité de l'âme immortelle*, des *Poésies chrétiennes*, une *Oraison funèbre d'Abel Servien*, etc.

[d] *La Ménagerie*, recueil, comme il va le dire, de ses *gaietés* contre Ménage : voyez la *Notice*, p. 18. Il l'avait d'abord répandue en copies. « Je suis si peu ménagère de votre Ménagerie, se fait-il écrire (2de partie des *OEuvres galantes*, p. 405), que je n'ai plus pas une des dix copies que j'ai eues l'une après l'autre. »

Il est fort enfoncé dans la cour, c'est tout dit[1] :
La cour, comme l'on sait, ne tient pas pour l'esprit;
Elle a quelque intérêt d'appuyer l'ignorance,
Et c'est en courtisan qu'il en prend la défense. 1330

CLITANDRE.

Vous en voulez beaucoup à cette pauvre cour,
Et son malheur est grand de voir que chaque jour
Vous autres beaux esprits vous déclamiez contre elle,
Que de tous vos chagrins vous lui fassiez querelle,
Et, sur son méchant goût lui faisant son procès, 1335
N'accusiez que lui seul de vos méchants succès.
Permettez-moi, Monsieur Trissotin, de vous dire,
Avec tout le respect que votre nom m'inspire,
Que vous feriez fort bien, vos confrères et vous,
De parler de la cour d'un ton un peu plus doux; 1340
Qu'à le bien prendre[2], au fond, elle n'est pas si bête
Que vous autres Messieurs vous vous mettez en tête[3];

comme dit l'abbé de Boisrobert. Je vous loue de n'avoir pas voulu employer ses vers contre votre adversaire : ils sont trop cruels et trop sanglants. Votre raillerie est plus innocente et plus enjouée; et quand on a la raison de son côté, il ne la faut point gâter par des injures. Votre manière est plus d'honnête homme. Elle oblige en quelque sorte ceux-là même qu'elle offense.... En quoi je vous trouve incomparable, c'est que, sans altération et sans chagrin, vous traitez ce malheureux ennemi comme un vrai philosophe que vous êtes. Vous ne lui en faites point pire chère (*visage, mine*) où vous le rencontrez, et l'épargnez même un peu plus que les autres... : le respect pour les dames suspend ici toutes les autres passions. Après cela, on a bien raison de dire que vous n'avez point de fiel, que vous êtes un vrai agneau et une colombe. Je crois même, Monsieur, que votre patience est invincible, si le rapport qu'on m'a fait de vous est véritable.... C'est qu'ayant appris qu'au lieu de supprimer ses vers satiriques, votre galand du Pays Latin les a fait imprimer chez les étrangers et a fourni les frais de l'impression, vous dîtes à celui qui, par bonne amitié, vous faisoit un si beau présent : « Ah! Monsieur, que je vous suis obligé et à votre ami le compila-
« teur! Il m'a remis en droit, malgré sa réconciliation prétendue, de faire
« imprimer mes Gaietés à mon tour. »

1. Et par là tout est dit; c'est tout dire. Littré, qui a recueilli cet exemple, n'en donne pas d'autre de la locution.

2. Qu'à bien se rendre compte des choses, qu'à tout prendre.

3. Vous vous le mettez en tête : *le* est supprimé comme il le serait très-

Qu'elle a du sens commun pour se connoître à tout ;
Que chez elle on se peut former quelque bon goût ;
Et que l'esprit du monde y vaut, sans flatterie,   1345
Tout le savoir obscur de la pédanterie¹.

TRISSOTIN.

De son bon goût, Monsieur, nous voyons des effets.

CLITANDRE.

Où voyez-vous, Monsieur, qu'elle l'ait si mauvais ?

naturellement, dans le commun usage, avec *vous croyez;* voyez ci-dessus, p. 163, la note, du vers 1224, sur ces ellipses pronominales.

1. Molière aussi pouvait sans flatterie, « sans bassesse », dit Bazin (p. 173), adresser, après tant de rudes coups, cet éloge à ses auditeurs ou lecteurs de la cour (voyez la *Notice,* ci-dessus, p. 26). Malgré le rapprochement déjà fait à la scène VI de *la Critique de l'École des femmes* (1663, tome III, p. 354, note 3), nous croyons nécessaire de remettre ici en regard de ce couplet de Clitandre une des répliques de Dorante à Monsieur Lysidas (même tome III, p. 353-355). « DORANTE. La cour n'a pas trouvé cela. LYSIDAS. Ah ! Monsieur, la cour ! DORANTE. Achevez, Monsieur Lysidas. Je vois bien que vous voulez dire que la cour ne se connoît pas à ces choses ; et c'est le refuge ordinaire de vous autres, Messieurs les auteurs, dans le mauvais succès de vos ouvrages, que d'accuser l'injustice du siècle et le peu de lumière des courtisans. Sachez, s'il vous plaît, Monsieur Lysidas, que les courtisans ont d'aussi bons yeux que d'autres ; qu'on peut être habile avec un point de Venise et des plumes aussi bien qu'avec une perruque courte et un petit rabat uni ; que la grande épreuve de toutes vos comédies, c'est le jugement de la cour ; que c'est son goût qu'il faut étudier pour trouver l'art de réussir ; qu'il n'y a point de lieu où les décisions soient si justes ; et sans mettre en ligne de compte tous les gens savants qui y sont, que, du simple bon sens naturel et du commerce de tout le beau monde on s'y fait une manière d'esprit qui, sans comparaison, juge plus finement des choses que tout le savoir enrouillé des pédants. » — Sur le peu de goût qu'avait la cour, non pour l'esprit, mais pour un certain esprit d'érudition, et sur son parti pris de certaines ignorances, voyez le passage de la Fontaine qui suit le vers cité un peu plus haut (p. 167, note 2). A Ronsard, dit-il, *nos aïeux laissoient tout passer,*

    Et d'éruditions ne se pouvoient lasser.
    C'est un vice aujourd'hui. . . . .
. . . .
    Cet auteur a, dit-on, besoin d'un commentaire :
. . . .
    Qu'il cache son savoir et montre son esprit.
. . . .
    Malherbe de ces traits usoit plus fréquemment :
    Sous lui la cour n'osoit encore ouvertement
        Sacrifier à l'ignorance.

TRISSOTIN.

Ce que je vois, Monsieur, c'est que pour la science
Rasius et Baldus¹ font honneur à la France, 1350
Et que tout leur mérite, exposé fort au jour,
N'attire point les yeux et les dons de la cour².

CLITANDRE.

Je vois votre chagrin³, et que par modestie
Vous ne vous mettez point, Monsieur, de la partie;
Et pour ne vous point mettre aussi dans le propos, 1355
Que font-ils pour l'État vos habiles héros?
Qu'est-ce que leurs écrits lui rendent de service,
Pour accuser la cour d'une horrible injustice,
Et se plaindre en tous lieux que sur leurs doctes noms
Elle manque à verser la faveur de ses dons? 1360
Leur savoir à la France est beaucoup nécessaire,
Et des livres qu'ils font la cour a bien affaire.
Il semble à trois gredins⁴, dans leur petit cerveau,

---

1. Auger s'est souvenu que Voltaire a placé ce dernier nom en tête de ceux qu'il a aussi forgés à la latine dans son *Temple du goût* (1731-1733, tome XII, p. 327): « Nous rencontrâmes en chemin bien des obstacles. D'abord nous trouvâmes MM. Baldus, Scioppius, Lexicocrassus, Scriblerius, une nuée de commentateurs. » — Baldus est le nom d'un jurisconsulte italien du quatorzième siècle, qui est cité, avec le nom plus célèbre encore de son maître Bartolus, dans l'*Apologie de Raimond Sebond*, et au chapitre XIII du livre III de Montaigne (tome II, p. 391, et tome IV, p. 103).

2. Trissotin veut dire sans doute qu'ils n'ont pas encore été portés sur cette feuille des pensions, où, depuis 1663, l'était Molière, et jusqu'à des savants étrangers, que leurs noms latinisés en *us* devaient naturellement associer dans sa mémoire à Rasius et Baldus: voyez notre tome III, p. 294; là est du reste, parmi les élus, on trouvera aussi Ménage, « excellent pour la critique des pièces, » et l'abbé Cotin, « poëte et orateur françois. »

3. Votre dépit, votre mécontentement, comme déjà souvent, par exemple à la fin des *Amants magnifiques* (tome III, p. 462).

4. A trois pauvres hères. *Gredin* a signifié mendiant. En 1694, l'Académie définit le mot, comme adjectif, par « gueux, mesquin, » et ajoute que, comme nom, « il se dit figurément d'une personne qui n'a ni bien, ni naissance, ni bonne qualité. » Au sens de vil coquin qu'a pris ce substantif, on ne pourrait l'appliquer à des gens seulement trop prévenus sur leur mérite et leur importance. — « Notez, dit Auger, qu'il a promis à Trissotin *de ne pas le mettre dans le propos*, et de ne parler que de ses deux héros,

Que, pour être imprimés, et reliés en veau,
Les voilà dans l'État d'importantes personnes ;   1365
Qu'avec leur plume ils font les destins des couronnes ;
Qu'au moindre petit bruit de leurs productions
Ils doivent voir chez eux voler les pensions ;
Que sur eux l'univers a la vue attachée ;
Que partout de leur nom la gloire est épanchée,   1370
Et qu'en science ils sont des prodiges fameux,
Pour savoir ce qu'ont dit les autres avant eux,
Pour avoir eu trente ans des yeux et des oreilles,
Pour avoir employé neuf ou dix mille veilles
A se bien barbouiller de grec et de latin,   1375
Et se charger l'esprit d'un ténébreux butin
De tous les vieux fatras qui traînent dans les livres :
Gens qui de leur savoir paroissent toujours ivres,
Riches, pour tout mérite, en babil importun,
Inhabiles à tout, vuides de sens commun,   1380
Et pleins d'un ridicule et d'une impertinence
A décrier partout l'esprit et la science[1].

PHILAMINTE.

Votre chaleur est grande, et cet emportement
De la nature en vous marque le mouvement :
C'est le nom de rival qui dans votre âme excite....   1385

Rasius et Baldus. Voilà pourtant qu'ici il compte *trois gredins*. Il est bien difficile de croire que Trissotin ne fasse pas le troisième. » Il semble cependant que *trois* soit plutôt ici un nombre indéterminé.

1. Voyez le portrait qu'en 1690 la Bruyère, à son tour, a tracé de « ceux que les grands et le vulgaire confondent avec les savants, et que les sages renvoient au pédantisme » (tome I, *des Ouvrages de l'esprit*, p. 148, n° 62).

SCÈNE IV.

JULIEN, TRISSOTIN, PHILAMINTE, CLITANDRE, ARMANDE[1].

JULIEN.

Le savant qui tantôt vous a rendu visite,
Et de qui j'ai l'honneur de me voir le valet[2],
Madame, vous exhorte à lire ce billet [3].

PHILAMINTE.

Quelque important que soit ce qu'on veut que je lise,
Apprenez, mon ami, que c'est une sottise   1390
De se venir jeter au travers d'un discours,
Et qu'aux gens d'un logis [4] il faut avoir recours,
Afin de s'introduire en valet qui sait vivre.

JULIEN.

Je noterai cela, Madame, dans mon livre.

PHILAMINTE lit[5] :

*Trissotin s'est vanté, Madame, qu'il épouseroit votre
fille. Je vous donne avis que sa philosophie n'en veut qu'à
vos richesses, et que vous ferez bien de ne point conclure
ce mariage que vous n'ayez vu*[6] *le poëme que je compose*

---

1. TRISSOTIN, PHILAMINTE, CLITANDRE, ARMANDE, JULIEN. (1734.)
2. Et de qui j'ai l'honneur d'être l'humble valet. (1682, 1734.)
3. Ce Julien, valet du *savantas*, et qui, nous l'allons voir, tient pour lui-même un journal ou livre, sans doute de remarques, d'extraits, de règles de conduite, paraît faire un peu le beau parleur, et placer ici assez mal à propos *vous exhorte* au lieu de *vous invite* ou *vous prie*.
4. Aux serviteurs d'une maison, aux domestiques, introducteurs ordinaires de ceux qui viennent pour faire visite ou pour parler aux maîtres.
5. *Lit* est omis dans les textes de 1694 B, 97, 1710, 18, 33, 34.
6. Avant que vous ayez vu. « Je ne te quitterai point que je ne t'aie vu pendu. » (*Le Médecin malgré lui*, acte III, scène IX, tome VI, p. 117.) Voyez le *Dictionnaire de Littré* à QUE, p. 1412, colonne 1, 9°, et notre tome VII, p. 287, note 5.

ACTE IV, SCÈNE IV.

contre lui. En attendant cette peinture, où je prétends vous le dépeindre de toutes ses couleurs, je vous envoie Horace, Virgile, Térence, et Catulle, où vous verrez notés en marge tous les endroits qu'il a pillés.

PHILAMINTE poursuit[1].

Voilà sur cet hymen[2] que je me suis promis   1395
Un mérite attaqué de beaucoup d'ennemis ;
Et ce déchaînement aujourd'hui me convie
A faire une action qui confonde l'envie,
Qui lui fasse sentir que l'effort qu'elle fait,
De ce qu'elle veut rompre aura pressé l'effet.   1400
Reportez[3] tout cela sur l'heure à votre maître,
Et lui dites qu'afin de lui faire connoître[4]
Quel grand état je fais de ses nobles avis
Et comme je les crois dignes d'être suivis,
Dès ce soir[5] à Monsieur je marierai ma fille.   1405
Vous[6], Monsieur, comme ami de toute la famille,
A signer leur contrat vous pourrez assister,
Et je vous y veux bien, de ma part[7], inviter.
Armande, prenez soin d'envoyer au Notaire[8],
Et d'aller avertir votre sœur de l'affaire.   1410

ARMANDE.

Pour avertir ma sœur, il n'en est pas besoin,

---

1. Cette indication n'est pas dans l'édition de 1734.
2. A cause de cet hymen, ou à l'annonce, sur la nouvelle de cet hymen.
3. *A Julien.* Reportez. (1734.)
4. Même orthographe, sans égard à la rime, que plus haut, vers 703 et 704.
5. *Montrant Trissotin.* Dès ce soir. (*Ibidem.*)
6.   SCÈNE V.
   PHILAMINTE, ARMANDE, CLITANDRE.
   PHILAMINTE, *à Clitandre.* Vous. (*Ibidem.*)
7. De mon côté, pour moi : voyez des exemples analogues dans le *Lexique de la langue de Corneille*, tome II, p. 158.
8. La locution revient au vers 1437. Si elle est aujourd'hui hors d'usage en parlant d'un notaire, on dit bien encore : « envoyer au médecin, » pour envoyer quelqu'un chez le médecin, envoyer chercher le médecin.

Et Monsieur que voilà saura prendre le soin
De courir lui porter bientôt cette nouvelle,
Et disposer son cœur à vous être rebelle.

PHILAMINTE.

Nous verrons qui sur elle aura plus de pouvoir[1], 1415
Et si je la saurai réduire à son devoir.

(Elle s'en va.)

ARMANDE.

J'ai[2] grand regret, Monsieur, de voir qu'à vos visées
Les choses ne soient pas tout à fait disposées.

CLITANDRE.

Je m'en vais travailler, Madame, avec ardeur,
A ne vous point laisser ce grand regret au cœur. 1420

ARMANDE.

J'ai peur que votre effort n'ait pas trop bonne issue.

CLITANDRE.

Peut-être verrez-vous votre crainte déçue.

ARMANDE.

Je le souhaite ainsi.

CLITANDRE.

          J'en suis persuadé,
Et que de votre appui je serai secondé.

ARMANDE.

Oui, je vais vous servir de toute ma puissance. 1425

CLITANDRE.

Et ce service est sûr de ma reconnoissance.

---

1. Tour du comparatif, auquel les éditeurs de 1734 auraient, sans doute encore, dans la prose, substitué le tour du superlatif : comparez tome VII, p. 101, au second renvoi : « Qui est plus criminel, à votre avis, ou celui qui..., ou bien celui qui... » ; et voyez le *Lexique de la langue de Corneille*, tome II, p. 189 et 190, et celui *de la langue de la Bruyère*, p. 276 et 277.

2. SCÈNE VI.
ARMANDE, CLITANDRE.
ARMANDE. J'ai. (1734.)

SCÈNE V[1].

CHRYSALE, ARISTE, HENRIETTE, CLITANDRE.

CLITANDRE.

Sans votre appui, Monsieur, je serai malheureux :
Madame votre femme a rejeté mes vœux,
Et son cœur prévenu veut Trissotin pour gendre.

CHRYSALE.

Mais quelle fantaisie a-t-elle donc pu prendre[2] ? 1430
Pourquoi diantre vouloir ce Monsieur Trissotin ?

ARISTE.

C'est par l'honneur qu'il a de rimer à latin[3]
Qu'il a sur son rival emporté l'avantage.

CLITANDRE.

Elle veut dès ce soir faire ce mariage.

CHRYSALE.

Dès ce soir ?

CLITANDRE.

    Dès ce soir.

CHRYSALE.

        Et dès ce soir je veux, 1435

---

1. SCÈNE VII. (1734.)
2. On paraît avoir dit *prendre la fantaisie* ou *prendre fantaisie de...*, comme on disait *prendre le dessein de...* : voyez le *Lexique de la langue de Corneille*, tome I, p. 288, p. 423-424, et la remarque au haut de cette dernière page. Comparez ci-dessus, vers 902 et 903, l'expression : *prendre une haine pour....*
3. *Latin*, ici, est-ce le latin ? n'est-ce pas plutôt *Latin de profession*[a], *grand Latin*[b], qui est dans l'idée d'Ariste ?

[a] « Caritidès..., Grec de profession », hellénisant, helléniste (*les Fâcheux*, acte III, scène II, tome III, p. 83).
[b] « Je vous crois grand latin, » grand latiniste (*Dépit amoureux*, acte II, scène VI, vers 681, tome I, p. 445).

Pour la contrecarrer[1], vous marier vous deux.

CLITANDRE.

Pour dresser le contrat, elle envoie au Notaire.

CHRYSALE.

Et je vais le querir pour celui qu'il doit faire.

CLITANDRE[2].

Et Madame doit être instruite par sa sœur
De l'hymen où l'on veut qu'elle apprête son cœur. 1440

CHRYSALE.

Et moi, je lui commande avec pleine puissance
De préparer sa main à cette autre alliance.
Ah! je leur ferai voir si, pour donner la loi,
Il est dans ma maison d'autre maître que moi.
Nous allons[3] revenir, songez à nous attendre. 1445
Allons, suivez mes pas, mon frère, et vous, mon gendre.

HENRIETTE[4].

Hélas! dans cette humeur conservez-le toujours.

ARISTE.

J'emploierai toute chose à servir vos amours.

CLITANDRE.

Quelque[5] secours puissant qu'on promette à ma flamme,
Mon plus solide espoir, c'est votre cœur, Madame[6].

---

1. L'orthographe des anciens textes est *contre-quarrer*. — A la fin du vers, toutes nos éditions ont *vous deux*; aucune ne l'a changé en *tous deux* (comparez tome VI, p. 119 et note 1).
2. CLITANDRE, *montrant Henriette*. (1734.)
3. *A Henriette.* Nous allons. (*Ibidem.*)
4. HENRIETTE, *à Ariste*. (*Ibidem.*)

5.   SCÈNE VIII.
             HENRIETTE, CLITANDRE.
CLITANDRE. Quelque. (*Ibidem.*)

6. Dans *Tartuffe*, Valère dit de même à Mariane (vers 815 et 816) :

    .... Quelques efforts que nous préparions tous,
    Ma plus grande espérance, à vrai dire, est en vous.

                              (*Note d'Auger.*)

ACTE IV, SCÈNE V.

HENRIETTE.
Pour mon cœur, vous pouvez vous assurer de lui[1].
CLITANDRE.
Je ne puis qu'être heureux, quand j'aurai son appui.
HENRIETTE.
Vous voyez à quels nœuds on prétend le contraindre.
CLITANDRE.
Tant qu'il sera pour moi, je ne vois rien à craindre.
HENRIETTE.
Je vais tout essayer pour nos vœux les plus doux ;   1455
Et si tous mes efforts ne me donnent à vous,
Il est une retraite où notre âme se donne[2]
Qui m'empêchera d'être à toute autre personne.
CLITANDRE.
Veuille le juste Ciel me garder en ce jour
De recevoir de vous cette preuve d'amour[3] !   1460

---

1. Vous pouvez être sûr de lui, compter sur lui. Ainsi Xipharès dit à Monime, au vers 163 de *Mithridate*, 1673 :

Madame, assurez-vous de mon obéissance.

2. Se donne aussi tout entière, s'engage pour toujours. — « Le couvent, dit Auger, est la ressource ordinaire des amoureuses de Molière, quand leurs parents menacent de contraindre leur inclination. Elvire, dans *Dom Garcie de Navarre* (acte *V*, scène *V*, vers 1722-1724), et Mariane, dans *Tartuffe* (acte *IV*, scène *III*, vers 1299 et 1300), annoncent la même résolution qu'Henriette. »

3. Auger se plaint (en 1825) que les comédiens se permettent parfois de supprimer cette dernière scène de l'acte IV.

FIN DU QUATRIÈME ACTE.

ACTE V.

SCÈNE PREMIÈRE.
HENRIETTE, TRISSOTIN.

HENRIETTE.
C'est sur le mariage où ma mère s'apprête
Que j'ai voulu, Monsieur, vous parler tête à tête ;
Et j'ai cru, dans le trouble où je vois la maison,
Que je pourrois vous faire écouter la raison.
Je sais qu'avec mes vœux[1] vous me jugez capable   1465
De vous porter en dot un bien considérable ;
Mais l'argent, dont on voit tant de gens faire cas,
Pour un vrai philosophe a d'indignes appas ;
Et le mépris du bien et des grandeurs frivoles
Ne doit point éclater dans vos seules paroles.   1470

TRISSOTIN.
Aussi n'est-ce point là ce qui me charme en vous ;
Et vos brillants attraits, vos yeux perçants et doux,
Votre grâce, et votre air, sont les biens, les richesses,
Qui vous ont attiré mes vœux et mes tendresses :
C'est de ces seuls trésors que je suis amoureux.   1475

HENRIETTE.
Je suis fort redevable à vos feux généreux :
Cet obligeant amour a de quoi me confondre,

---

1. Avec l'engagement que je prendrais d'unir ma vie à la vôtre, ou peut-être, comme si souvent, et, par exemple, neuf vers plus loin, avec mon affection, avec quelque inclination pour vous : comparez l'emploi du mot fait aux vers 1493, 1512, 1530, 1565.

Et j'ai regret, Monsieur, de n'y pouvoir répondre.
Je vous estime autant qu'on sauroit estimer;
Mais je trouve un obstacle à vous pouvoir aimer : 1480
Un cœur, vous le savez, à deux ne sauroit être,
Et je sens que du mien Clitandre s'est fait maître.
Je sais qu'il a bien moins de mérite que vous,
Que j'ai de méchants yeux pour le choix d'un époux,
Que par cent beaux talents vous devriez me plaire;
Je vois bien que j'ai tort, mais je n'y puis que faire;
Et tout ce que sur moi peut le raisonnement,
C'est¹ de me vouloir mal² d'un tel aveuglement.

TRISSOTIN.

Le don de votre main où l'on me fait prétendre
Me livrera ce cœur que possède Clitandre; 1490
Et par mille doux soins j'ai lieu de présumer
Que je pourrai trouver l'art de me faire aimer.

HENRIETTE.

Non : à ses premiers vœux³ mon âme est attachée,
Et ne peut de vos soins, Monsieur, être touchée.
Avec vous librement j'ose ici m'expliquer, 1495
Et mon aveu n'a rien qui vous doive choquer.
Cette amoureuse ardeur qui dans les cœurs s'excite
N'est point, comme l'on sait, un effet du mérite :

---

1. Et tout ce que, par un effort de raisonnement, je puis sur moi, c'est....
2. C'est de m'en vouloir de..., de me reprocher... :

.... Je me veux mal d'une telle foiblesse,

dit donc Elvire, au vers 729 de *Dom Garcie de Navarre*. Et Célimène (aux vers 1411 et 1412 du *Misanthrope*) :

Je suis sotte et veux mal à ma simplicité
De conserver encor pour vous quelque bonté.

Bélise, dans son langage de précieuse, a renchéri (vers 619) :

Je me veux mal de mort d'être de votre race.

3. Ici, et au vers 1512, *vœux* est à ramener plutôt au sens de souhaits, désirs intimes, inclination, qu'à celui de promesse, d'engagement.

Le caprice y prend part, et quand quelqu'un nous plaît,
Souvent nous avons peine à dire pourquoi c'est.   1500
Si l'on aimoit, Monsieur, par choix et par sagesse,
Vous auriez tout mon cœur et toute ma tendresse;
Mais on voit que l'amour se gouverne autrement.
Laissez-moi, je vous prie, à mon aveuglement,
Et ne vous servez point de cette violence   1505
Que pour vous on veut faire à mon obéissance.
Quand on est honnête homme, on ne veut rien devoir
A ce que des parents ont sur nous de pouvoir ;
On répugne à se faire immoler ce qu'on aime,
Et l'on veut n'obtenir un cœur que de lui-même¹.   1510
Ne poussez point ma mère à vouloir par son choix
Exercer sur mes vœux la rigueur de ses droits;
Ôtez-moi votre amour², et portez à quelque autre
Les hommages d'un cœur aussi cher³ que le vôtre⁴.

TRISSOTIN.

Le moyen que ce cœur puisse vous contenter ?   1515
Imposez-lui des lois qu'il puisse exécuter.
De ne vous point aimer peut-il être capable,
A moins que vous cessiez⁵, Madame, d'être aimable,

---

1. Comparez dans *Dom Garcie de Navarre* (acte V, scène IV, tome II, p. 322) les vers 1712-1719 adressés par Done Elvire à Dom Sylve, et où, dans un style sensiblement monté au ton de la comédie héroïque, le même sentiment est exprimé.

2. Retirez-moi votre amour. « Pourvu que Dieu me fasse la grâce de l'aimer encore plus que vous.... Cette petite circonstance d'un cœur que l'on ôte au Créateur pour le donner à la créature me donne quelquefois de grandes agitations. » (Mme de Sévigné, tome III, 1673, p. 322.)

3. D'aussi haut prix; le mot *cher* a été employé avec ce sens au vers 55 du *Misanthrope* : voyez tome V, p. 447 et note 3.

4. Que le nôtre. (1674, 82; faute corrigée dans les éditions suivantes, sauf 1697.)

5. *A moins que* est ici sans *ne*, comme au vers 72 du *Dépit amoureux* et au vers 723 de *Dom Garcie de Navarre*. Au tome II, p. 109 du *Lexique de Corneille*, M. Marty-Laveaux dit, après avoir cité de lui de nombreux exemples sans *ne* : « Richelet, Furetière, l'Académie, s'accordent à faire suivre *à moins que* de *ne*. » Pour l'Académie, cela est vrai de ses trois

Et d'étaler aux yeux les célestes appas....
HENRIETTE.
Eh, Monsieur! laissons là ce galimatias. 1520
Vous avez tant d'Iris, de Philis, d'Amarantes,
Que partout dans vos vers vous peignez si charmantes,
Et pour qui vous jurez tant d'amoureuse ardeur[1]....
TRISSOTIN.
C'est mon esprit qui parle, et ce n'est pas mon cœur.
D'elles on ne me voit amoureux qu'en poëte; 1525
Mais j'aime tout de bon l'adorable Henriette.
HENRIETTE.
Eh! de grâce, Monsieur....
TRISSOTIN.
     Si c'est vous offenser,
Mon offense envers vous n'est pas prête à cesser.
Cette ardeur, jusqu'ici de vos yeux ignorée,
Vous consacre des vœux d'éternelle durée; 1530
Rien n'en peut arrêter les aimables transports;
Et, bien que vos beautés condamnent mes efforts,
Je ne puis refuser le secours d'une mère
Qui prétend couronner une flamme si chère[2];

premières éditions; mais, à la quatrième (1762), elle admet pour correcte, ce qu'il eût été plus opportun de faire dans les précédentes, la locution avec ou sans négative.

1. *Iris* et *Amarante* étaient en effet les deux beautés en l'air à qui l'abbé Cotin adressait ses madrigaux. Envoyant le recueil de ces fadeurs à un M. de la Moussaye, il lui dit[a] : « Ne faites point d'application aux dames que nous connoissons, quand vous lirez ce que j'ai fait pour Iris et pour Amarante : ce sont, Monsieur, des noms de roman, et s'il y a quelque vérité, elle est cachée sous la fable. » C'est exactement le sens de la réponse que Trissotin va faire à Henriette :

  D'elles on ne me voit amoureux qu'en poëte.
      (*Note d'Auger*.)

2. Qui m'est si chère; si précieuse pour moi, à laquelle je tiens tant.

[a] Page 28 de la seconde pagination des *OEuvres mêlées*, 1659, au-devant d'un recueil d'Épigrammes accompagnant *l'Uranie ou la Métamorphose d'une nymphe en oranger*.

Et pourvu que j'obtienne un bonheur si charmant, 1535
Pourvu que je vous aye, il n'importe comment.

HENRIETTE.

Mais savez-vous qu'on risque un peu plus qu'on ne pense
A vouloir sur un cœur user de violence ?
Qu'il ne fait pas bien sûr¹, à vous le trancher net²,
D'épouser une fille en dépit qu'elle en ait³,   1540
Et qu'elle peut aller, en se voyant contraindre,
A des ressentiments que le mari doit craindre ?

TRISSOTIN.

Un tel discours n'a rien dont je sois altéré⁴ :
A tous événements le sage est préparé ;
Guéri par la raison des foiblesses vulgaires,   1545
Il se met au-dessus de ces sortes d'affaires⁵,

---

1. Corneille, par analogie de ce tour *il fait bon*, a employé les locutions *il fait dangereux, il fait mauvais*, construisant à la suite un infinitif sans *de* (voyez son *Lexique*, tome I, p. 420). Thomas Corneille, cité par Littré, avait déjà dit dans *le Galand doublé* (1660, acte V, scène II), également avec un infinitif sans *de* :

> Il doit faire mal sûr recevoir vos serments.

2. . . . . . Et, pour le trancher net,
   L'ami du genre humain n'est point du tout mon fait.
   (*Le Misanthrope*, vers 63 et 64.)

3. Pour cette locution *en dépit que...*, déjà plusieurs fois rencontrée (par exemple au vers 232 du *Misanthrope*, tome V, p. 457 ; à la scène I de l'acte II de *Monsieur de Pourceaugnac*, tome VII, p. 286), voyez dans le *Dictionnaire de Littré* les exemples cités à DÉPIT 2° ; voyez aussi la Remarque 2 à ce mot.

4. Troublé, affecté. « Il y a des passions naturelles qui peuvent bien altérer le sage, mais non lui faire peur. » (Malherbe, *Argument de l'épître* LVII de Sénèque, tome II, p. 470.)

> Je ne sais quels soupçons ont mon âme altérée.
> (Rotrou, *les Occasions perdues*, 1631, acte II, scène III.)

> Quel sujet inconnu vous trouble et vous altère ?
> (Boileau, *satire* III, 1665, vers 1.)

On a vu plus haut (p. 172, note au vers 1324) dans une citation de Cotin, *altération* employé dans le sens de *trouble, émotion*.

5. De ses sortes d'affaires. (1673, 75 A ; faute évidente.)

Et n'a garde de prendre aucune ombre d'ennui¹
De tout ce qui n'est pas pour² dépendre de lui.

HENRIETTE.

En vérité, Monsieur, je suis de vous ravie;
Et je ne pensois pas que la philosophie   1550
Fût si belle qu'elle est, d'instruire³ ainsi les gens
A porter constamment⁴ de pareils accidents.
Cette fermeté d'âme, à vous si singulière⁵,
Mérite qu'on lui donne une illustre matière,
Est digne de trouver qui prenne avec amour   1555
Les soins continuels de la mettre en son jour;
Et comme, à dire vrai, je n'oserois me croire
Bien propre à lui donner tout l'éclat de sa gloire,
Je le laisse⁶ à quelque autre, et vous jure entre nous
Que je renonce au bien⁷ de vous voir mon époux. 1560

1. *Ennui*, au sens d'*affliction*, de *chagrin*, de *souci*, où on l'a vu employé dans les vers 545 et 567 de *l'Étourdi*.
2. N'est pas de nature à...; tour souvent relevé.
3. C'est-à-dire eût la beauté, le mérite, qu'elle a, d'instruire ainsi....
4. *Porter* est plusieurs fois avec le sens de *supporter* dans Corneille :

> J'ai su par son rapport. . . . .
> Comme de vos deux fils vous portez le trépas.
> (*Horace*, acte V, scène II, vers 1449 et 1450; et encore
> au vers 1458 du couplet de Tulle.)

> .... Il avoit porté cette mort constamment
> Avant que des bourreaux il éprouvât la rage.
> (Livre II, chapitre IX de *l'Imitation*, vers 943 et 944, tome VIII, p. 222.)

— *Constamment*, avec constance, avec courage : c'est ainsi qu'il faut sans doute expliquer aussi le mot au vers 529 de *Psyché* (acte I, scène IV, de Molière, tome VIII, p. 295).

5. Qui vous est si particulière : le *Dictionnaire* de Littré n'a pas d'autre exemple de *singulier* avec un complément de ce genre.
6. *Le* neutralement : je laisse la chose, ce soin....
7. A l'avantage, au bonheur.

> VALÈRE (*à Sganarelle*).
> ....J'ai le bien d'être de vos voisins,
> Et j'en dois rendre grâce à mes heureux destins.
> (*L'École des maris*, acte I, scène III, vers 289 et 290.)

> Il s'est dit grand chasseur, et nous a priés tous
> Qu'il pût avoir le bien de courir avec nous.
> (*Les Fâcheux*, acte II, scène VI; vers 505 et 506.)

TRISSOTIN [1].

Nous allons voir bientôt comment ira l'affaire,
Et l'on a là dedans fait venir le Notaire.

SCÈNE II.

CHRYSALE, CLITANDRE, MARTINE, HENRIETTE [2].

CHRYSALE.

Ah, ma fille ! je suis bien aise de vous voir.
Allons, venez-vous-en faire votre devoir,
Et soumettre vos vœux aux volontés d'un père.   1565
Je veux, je veux apprendre à vivre à votre mère,
Et, pour la mieux braver, voilà, malgré ses dents [3],
Martine que j'amène, et rétablis céans.

HENRIETTE.

Vos résolutions sont dignes de louange.
Gardez que cette humeur, mon père, ne vous [4] change ;
Soyez ferme à vouloir ce que vous souhaitez,
Et ne vous laissez point séduire à vos bontés [5] ;
Ne vous relâchez pas, et faites bien en sorte
D'empêcher que sur vous ma mère ne l'emporte.

---

1. TRISSOTIN, *en sortant.* (1734.)
2. CHRYSALE, CLITANDRE, HENRIETTE, MARTINE. (*Ibidem.*)
3. En dépit d'elle. « Ils m'ont fait médecin malgré mes dents. » (*Le Médecin malgré lui*, acte III, scène I, tome VI, p. 98.) Ailleurs c'est *en dépit de vos dents* (par exemple, scène VIII du *Sicilien*, même tome VI, p. 256).
4. Régime indirect : « à vous, » équivalent ici, pour le sens, à « en vous. »
5. À vos mouvements ordinaires de bonté, à votre bonté naturelle. — Pour cette construction, fréquente alors (il y en a un autre exemple un peu plus loin, au vers 1582), où *à*, après un infinitif réfléchi accompagné de *laisser*, prend la valeur de *par* marquant le régime du passif, voyez les exemples du *Dictionnaire de Littré* à l'article À, 21°, et le *Lexique de la langue de Corneille*, tome I, p. 10 et 11.

CHRYSALE.

Comment? Me prenez-vous ici pour un benêt?   1575

HENRIETTE.

M'en préserve le Ciel!

CHRYSALE.

Suis-je un fat¹, s'il vous plaît?

HENRIETTE.

Je ne dis pas cela.

CHRYSALE.

Me croit-on incapable
Des fermes sentiments d'un homme raisonnable?

HENRIETTE.

Non, mon père.

CHRYSALE.

Est-ce donc qu'à l'âge où je me vois,
Je n'aurois pas l'esprit d'être maître chez moi?   1580

HENRIETTE.

Si fait.

CHRYSALE.

Et que j'aurois cette foiblesse d'âme,
De me laisser mener par le nez à ma femme?

HENRIETTE.

Eh! non, mon père.

CHRYSALE.

Ouais²! qu'est-ce donc que ceci?
Je vous trouve plaisante à me parler ainsi³.

---

1. Un sot, comme au vers 1304.

2. *Ouais* est sans doute à prononcer en une syllabe, comme au vers 349 du *Dépit amoureux* et ci-après au vers 1640, et, en ce cas, l'*e* muet de *père* n'est point à élider. Une pause semblable, séparant *oui*, dernier mot de l'hémistiche, et l'*e* muet de l'avant-dernier mot, a empêché aussi l'élision au vers 353.

3. Je trouve qu'à me parler ainsi, qu'en me parlant ainsi, vous êtes plaisante. Au vers 157, Molière a usé de la construction plus usuelle par *de* :

Je vous trouve plaisant de vous le figurer.

HENRIETTE.
Si je vous ai choqué, ce n'est pas mon envie. 1585
CHRYSALE.
Ma volonté céans doit être en tout suivie.
HENRIETTE.
Fort bien, mon père.
CHRYSALE.
Aucun, hors moi, dans la maison,
N'a droit de commander.
HENRIETTE.
Oui, vous avez raison.
CHRYSALE.
C'est moi qui tiens le rang de chef de la famille.
HENRIETTE.
D'accord.
CHRYSALE.
C'est moi qui dois disposer de ma fille. 1590
HENRIETTE.
Eh! oui[1].
CHRYSALE.
Le Ciel me donne un plein pouvoir sur vous.
HENRIETTE.
Qui vous dit le contraire ?
CHRYSALE.
Et pour prendre un époux,
Je vous ferai bien voir que c'est à votre père
Qu'il vous faut obéir, non pas à votre mère.
HENRIETTE.
Hélas! vous flattez là les plus doux de mes vœux. 1595
Veuillez[2] être obéi, c'est tout ce que je veux.

---

1. Pour la légère aspiration de *oui*, comparez le début du vers 361.
2. Ayez la ferme volonté d'être obéi, de vous faire obéir : sur cet impératif de *vouloir* et les formes diverses qu'on emploie à ce mode et au subjonctif, voyez les *Remarques* 1 et 2 du *Dictionnaire de Littré*.

CHRYSALE.

Nous verrons si ma femme à mes desirs rebelle....
CLITANDRE.
La voici qui conduit le Notaire avec elle.
CHRYSALE.
Secondez-moi bien tous.
MARTINE.
     Laissez-moi, j'aurai soin
De vous encourager, s'il en est de besoin¹. 1600

SCÈNE III.

PHILAMINTE, BÉLISE, ARMANDE, TRISSOTIN,
LE NOTAIRE², CHRYSALE, CLITANDRE,
HENRIETTE, MARTINE.

PHILAMINTE³.

Vous ne sauriez changer votre style sauvage,
Et nous faire un contrat qui soit en beau langage ?
LE NOTAIRE.
Notre style⁴ est très-bon, et je serois un sot,
Madame, de vouloir y changer un seul mot.

---

1. Ce tour était sans doute déjà vieilli. Littré n'en cite, avec cet exemple, que deux autres, de Regnier et de Descartes. Malherbe aussi l'employait dans sa prose : « Vous demandez.... comme vous devez donner, de quoi il ne seroit point de besoin, si le donner étoit desirable de soi. » (*Traduction du* Traité *des bienfaits de Sénèque*, livre IV, chapitre IX, tome II, p. 98 et 99.) Dans sa poésie XLII (vers 25, tome I, p. 150), il a dit :

  Mais sans qu'il soit besoin d'en parler davantage....

2. UN NOTAIRE. (1734.)
3. PHILAMINTE, *au Notaire. (Ibidem.)*
4. *Style* ici n'est pas une expression générale, signifiant simplement *manière d'écrire* : dans la bouche d'un notaire, c'est un mot technique, qui s'entend de la manière de dresser, de *formuler* des actes. Il y a des livres qui l'enseignent.... (*Note d'Auger.*) Philaminte l'entendait des vieilles *dictions* qui ont été si longtemps conservées dans la langue de la pratique

BÉLISE.

Ah! quelle barbarie au milieu de la France! 1605
Mais au moins, en faveur, Monsieur, de la science,
Veuillez, au lieu d'écus, de livres et de francs,
Nous exprimer la dot en mines et talents,
Et dater par les mots d'ides et de calendes[1].

LE NOTAIRE.

Moi? Si j'allois, Madame, accorder vos demandes, 1610

(elles n'en ont pas encore toutes disparu) et que Vaugelas ne désapprouvait que hors de leur place, dans cette page de sa *Préface* (feuillet *i* r° de l'édition de 1670) : « Les termes de l'art sont toujours fort bons et fort bien reçus dans l'étendue de leur jurisdiction, où les autres ne vaudroient rien; et le plus habile notaire de Paris se rendroit ridicule et perdroit toute sa pratique, s'il se mettoit dans l'esprit de changer son style et ses phrases pour prendre celles de nos meilleurs écrivains. Mais aussi que diroit-on d'eux s'ils écrivoient *icelui*, *jaçoit que*, *ores que*, *pour et à icelle fin*, et cent autres semblables que les notaires employent? Ce n'est pas pourtant une conséquence.... que toutes les dictions qui entrent dans le style d'un notaire soient mauvaises; au contraire, la plupart sont bonnes, mais on peut dire, sans blesser une profession si nécessaire dans le monde, que beaucoup de gens usent de certains termes qui sentent le style de notaire, et qui dans les actes publics sont très-bons, mais qui ne valent rien ailleurs. » Tout en s'amusant des réformes proposées par Philaminte et Bélise, le public pouvait rire du refus que fait le notaire de changer un seul de ces « mots solennes » triés, de ces « clauses artistes » formées par « les princes de cet art » particulier dont se plaint déjà Montaigne : voyez le passage des *Essais* que rappelle M. Paringault (p. 22), chapitre XIII du livre III, tome IV, p. 102.

1. Balzac, dans *le Barbon*, satire en prose contre Montmaur, prête aussi à son pédant la manie de dater par *ides* et *calendes*, et d'exprimer les sommes d'argent en *mines* et *talents*. « Je vous laisse à penser, dit-il, si un homme de cette humeur date ses lettres du 1er et du 20e [a] du mois, ou bien des *calendes* et des *ides*.... Il compte son âge quelquefois par *lustres* et quelquefois par *olympiades*. Il suppute son argent tantôt par *sesterces romains*, tantôt par *drachmes* et tantôt par *mines attiques*. » (*Tome II^d*, p. 696 des Œuvres de Balzac, 1665.) Il y a certainement imitation de la part de Molière. (*Note d'Auger.*) *Certainement* est trop dire; cette idée comique pouvait bien d'elle-même venir à Molière. Chez ce Barbon de Balzac, on le voit, la manie grecque et la manie romaine alternaient. Bélise, par une confusion plaisante, une autre barbarie dont elle ne se doute pas, veut voir dater, à la romaine, par ides ou calendes un acte où les évaluations seraient faites, à la grecque, par mines et talents.

[a] Il fallait sans doute, au lieu de 1er, imprimer 15e ou 13e, cette seconde date semblant correspondre aux ides, comme la première aux calendes.

ACTE V, SCÈNE III.

Je me ferois siffler de tous mes compagnons.

PHILAMINTE.

De cette barbarie en vain nous nous plaignons.
Allons, Monsieur, prenez la table pour écrire.
Ah! ah![1] cette impudente ose encor se produire?
Pourquoi donc, s'il vous plaît, la ramener chez moi?

CHRYSALE[2].

Tantôt, avec loisir[3], on vous dira pourquoi.
Nous avons maintenant autre chose à conclure.

LE NOTAIRE.

Procédons au contrat. Où donc est la future?

PHILAMINTE.

Celle que je marie est la cadette.

LE NOTAIRE.

                  Bon.

CHRYSALE[4].

Oui. La voilà, Monsieur; Henriette est son nom. 1620

LE NOTAIRE.

Fort bien. Et le futur?

PHILAMINTE[5].

              L'époux que je lui donne
Est Monsieur.

CHRYSALE[6].

              Et celui, moi, qu'en propre personne

---

1. *Apercevant Martine.* Ah! ah! (1734.)
2. Les anciens textes portent ici MARTINE, qu'à l'exemple des éditions de 1718 et de 1734 on peut, croyons-nous, remplacer hardiment par CHRYSALE. La question de Philaminte s'adresse à Chrysale, c'est à lui de répondre, et les deux vers qui suivent ne paraissent, ni pour le fond ni pour la forme, convenables à la servante. Cette remise d'explication à tantôt est au contraire toute naturelle et même caractéristique dans la bouche de Chrysale, et elle a été justement relevée comme telle par Auger.
3. Avec plaisir. (1697, 1710, 33.)
4. CHRYSALE, *montrant Henriette.* (1734.)
5. PHILAMINTE, *montrant Trissotin.* (1682, 1734.)
6. CHRYSALE, *montrant Clitandre.* (*Ibidem.*)

Je prétends qu'elle épouse, est Monsieur.
LE NOTAIRE.
Deux époux !
C'est trop pour la coutume.
PHILAMINTE[1].
Où vous arrêtez-vous ?
Mettez, mettez, Monsieur, Trissotin pour mon gendre.
CHRYSALE.
Pour mon gendre mettez, mettez, Monsieur, Clitandre.
LE NOTAIRE.
Mettez-vous donc d'accord, et d'un jugement mûr
Voyez à convenir entre vous du futur.
PHILAMINTE.
Suivez, suivez, Monsieur, le choix où je m'arrête.
CHRYSALE.
Faites, faites, Monsieur, les choses à ma tête.   1630
LE NOTAIRE.
Dites-moi donc à qui j'obéirai des deux ?
PHILAMINTE[2].
Quoi donc? vous combattez les choses que je veux ?
CHRYSALE.
Je ne saurois souffrir qu'on ne cherche[3] ma fille
Que pour l'amour du bien qu'on voit dans ma famille.
PHILAMINTE.
Vraiment à votre bien on songe bien ici,   1635
Et c'est là pour un sage un fort digne souci !
CHRYSALE.
Enfin pour son époux j'ai fait choix de Clitandre.
PHILAMINTE.
Et moi, pour son époux,[4] voici qui je veux prendre :

1. PHILAMINTE, *au Notaire*. (1734.)
2. PHILAMINTE, *à Chrysale*. (*Ibidem.*)
3. Qu'on ne cherche à épouser. Mais, dit Auger non sans raison, ce semble, *recherche* serait ici « l'expression propre et nécessaire ».
4. *Montrant Trissotin*. (1734.)

Mon choix sera suivi, c'est un point résolu.

CHRYSALE.

Ouais! vous le prenez là d'un ton bien absolu ? 1640

MARTINE.

Ce n'est point à la femme à prescrire, et je sommes
Pour céder le dessus en toute chose aux hommes.

CHRYSALE.

C'est bien dit.

MARTINE.

Mon congé cent fois me fût-il hoc[1],
La poule ne doit point chanter devant le coq[2].

1. Me fût-il assuré. Cette locution vient d'un jeu de cartes appelé *le hoc*, et où le mot *hoc* sert à annoncer qu'on joue certaines cartes maîtresses et fait la levée. Dans sa première édition (1694), l'Académie se borne à donner le sens de cette figure très-familière ; mais, dès la seconde (1718), elle ajoute cette explication : « Au jeu du *Hoc* les quatre rois, la dame de pique, le valet de carreau, et toutes les cartes au-dessus desquelles il ne s'en trouve point d'autres, comme les six quand tous les sept sont joués, sont *hoc*; et parce qu'en jouant ces sortes de cartes on a accoutumé de dire *hoc*, de là vient que, dans le discours familier, pour dire qu'une chose est assurée à quelqu'un, on dit : *cela lui est hoc.* » La Fontaine, quatre ans avant *les Femmes savantes*, avait fait dire au Loup renonçant à attaquer le Cheval (fable VIII du livre V, 1668, vers 9) :

Eh! que n'es-tu mouton! car tu me serois hoc.

2. Dans les textes de 1673, 74, 82, 97, 1710, 30, 33, et dans les trois éditions étrangères, *coc*, pour rimer aux yeux. — Auger remarque (d'accord avec le Dictionnaire historique de la Curne de Sainte-Palaye, à Poule) que « Jean de Meung avait dit longtemps avant Molière :

C'est chose qui moult me déplaît
Quand poule parle et coq se tait. »

Le proverbe se lit, comme l'indique encore la Curne (à Coq), dans un sermon de Barletta, lequel le cite d'après un auteur antérieur : *Unde Asculanus* : « *Familia mihi displicet, in qua, gallina canente, gallus tacet.* » (*Feria 1ª quartæ hebdomadæ quadragesimæ. De Amore conjugali, vel de Laudibus mulierum.* Édition de Venise, 1585, f° 167 v°.) Il se trouve enfin dans un des opuscules réimprimés par M. Édouard Fournier, au tome IV, p. 10 de ses *Variétés historiques et littéraires* : « C'est de pareilles femmes (*bien dotées et hautaines*) que l'on tient ce discours : que la poule chante (*que c'est une de ces poules qui chantent, que cette poule-là chante*) ordinairement devant le coq. » (*Brief discours pour la réformation des mariages*, 1614.)

CHRYSALE.

Sans doute.

MARTINE.

Et nous voyons que d'un homme on se gausse,
Quand sa femme chez lui porte le haut-de-chausse[1].

CHRYSALE.

Il est vrai.

MARTINE.

Si j'avois un mari, je le dis,
Je voudrois qu'il se fît le maître du logis ;
Je ne l'aimerois point, s'il faisoit le jocrisse[2] ;
Et si je contestois contre lui par caprice,   1650
Si je parlois trop haut, je trouverois fort bon
Qu'avec quelques soufflets il rabaissât mon ton.

CHRYSALE.

C'est parler comme il faut.

MARTINE.

Monsieur est raisonnable
De vouloir pour sa fille un mari convenable.

CHRYSALE[3].

Oui.

MARTINE.

Par quelle raison, jeune et bien fait qu'il est[4],   1655

---

1. « On dit proverbialement et figurément qu'une femme porte le *haut-de-chausse*, pour dire qu'elle est plus maîtresse que son mari. (*Dictionnaire de l'Académie*, 1694.)

2.   Mais je le laisse aller après un tel indice,
    Et demeure les bras croisés comme un jocrisse ?
(Sganarelle, à la scène XVI du *Cocu imaginaire*, vers 353 et 354, tome II, p. 193 : voyez la note 4 de cette dernière page.)

3. Nous croyons encore pouvoir nous conformer à l'édition de 1734, et substituer CHRYSALE à TRISSOTIN, qui est la leçon de tous les anciens textes. C'est, sans nul doute, Chrysale qui approuve ici Martine, comme il vient de le faire quatre fois, et comme il le fera, après la réplique suivante, au vers 1660.

4. *Comme il est.* Même tour dans la poésie XI de Malherbe, vers 75 :
    La cruelle qu'elle est se bouche les oreilles.

Lui refuser Clitandre? Et pourquoi, s'il vous plaît,
Lui bailler un savant, qui sans cesse épilogue?
Il lui faut un mari, non pas un pédagogue;
Et ne voulant savoir le grais¹, ni le latin,
Elle n'a pas besoin de Monsieur Trissotin.   1660

CHRYSALE.

Fort bien.

PHILAMINTE.

Il faut souffrir qu'elle jase à son aise.

MARTINE.

Les savants ne sont bons que pour prêcher en chaise²;
Et pour mon mari, moi, mille fois je l'ai dit,
Je ne voudrois jamais prendre un homme d'esprit.
L'esprit n'est point du tout ce qu'il faut en ménage;
Les livres cadrent³ mal avec le mariage;
Et je veux, si jamais on engage ma foi,
Un mari qui n'ait point d'autre livre que moi,
Qui ne sache A ne⁴ B, n'en déplaise à Madame,

---

1. « C'est, dit Génin, l'ancienne et légitime prononciation, comme dans *échecs, legs*. Ce passage nous montre que, du temps de Molière, le peuple la retenait encore. » Voyez, à l'historique du mot GREC, dans le *Dictionnaire de Littré*, une citation de Marot, empruntée au *Cantique de la Reine*.... (1539, tome II, p. 114 de l'édition de M. Pierre Jannet), où riment ensemble *regrets* et *Grecs* (à la suite vient, par redoublement, *grés* et *indiscrets*); ailleurs Marot a employé la rime analogue *grecs* et *aigrets*, dans le *Colloque de l'Abbé et de la Femme savante* (tome IV, p. 6).

2. Vaugelas avait depuis longtemps prescrit la distinction des deux formes *chaire* et *chaise*, et elle devait être assez bien établie déjà dans l'usage : l'emploi même que Molière, avec intention probablement, a voulu que la servante paysanne fît ici de *chaise* pourrait, ce semble, le montrer. Toutefois des demeurants d'un autre âge préféraient encore, en ce sens, cette vieille forme; ainsi Retz, dans ses *Mémoires* autographes, et de même dans une lettre, écrit *chaise* (tomes II, p. 593; VII, p. 57); et nous avons vu (tome V, p. 229) Rochemont, en 1665, parler, lui aussi, des *chaises* de prédicateur.

3. Dans les anciennes éditions, *quadrent*. — Voyez, p. 28 et 29 de la *Notice*, sur l'emploi que fait Martine de ce mot et de tel autre qui n'est pas de son pays, une citation de Bussy et les observations qui la suivent.

4. Ce *ne* au lieu de *ni* est, dit Génin, « un archaïsme. Thomas Diafoirus

Et ne soit en un mot docteur que pour sa femme. 1670

                PHILAMINTE[1].

Est-ce fait? et sans trouble[2] ai-je assez écouté
Votre digne interprète?

                CHRYSALE.

          Elle a dit vérité.

                PHILAMINTE.

Et moi, pour trancher court toute cette dispute,
Il faut qu'absolument mon désir s'exécute.
Henriette et[3] Monsieur seront joints de ce pas[4]; 1675
Je l'ai dit, je le veux : ne me répliquez pas;
Et si votre parole à Clitandre est donnée,
Offrez-lui le parti d'épouser son aînée.

                CHRYSALE.

Voilà dans cette affaire un accommodement.
Voyez[5], y donnez-vous votre consentement? 1680

                HENRIETTE.

Eh, mon père !

                CLITANDRE[6].

      Eh, Monsieur !

---

s'en sert également : « Mademoiselle, ne plus ne moins que la statue de « Memnon rendoit un son harmonieux.... » (*Le Malade imaginaire*, acte II, scène v.) « Cette forme, ajoute Génin, jadis seule en usage, était commode pour l'élision :

      Onc n'avoit vu, ne lu, n'ouï conter
      Que coups de griffe eussent semblable forme.
        (La Fontaine, conte v de la IVe partie, vers la fin.) »

1. PHILAMINTE, *à Chrysale*. (1734.)
2. Sans impatience, avec assez de sang-froid. Auger l'entendait plutôt avec la signification active de : Sans avoir en rien troublé, sans avoir interrompu tout ce caquet.
3. *Montrant Trissotin.* (1734.)
4. Nous allons de ce pas joindre, tour explicatif qui cadrerait avec la métaphore. « L'armée de ce pas assiégea Bré-sur-Seine, » dit Agrippa d'Aubigné, cité par Littré (*l'Histoire universelle*, Ire partie, p. 219).
5. *A Henriette et à Clitandre.* Voyez. (1734.)
6. CLITANDRE, *à Chrysale*. (Ibidem.)

BÉLISE.
                    On pourroit bien lui faire
Des propositions qui pourroient mieux lui plaire ;
Mais nous établissons une espèce d'amour
Qui doit être épuré comme l'astre du jour :
La substance qui pense y peut être reçue,   1685
Mais nous en bannissons la substance étendue¹.

SCÈNE DERNIÈRE².

ARISTE, CHRYSALE, PHILAMINTE, BÉLISE,
HENRIETTE, ARMANDE, TRISSOTIN, le Notaire³,
CLITANDRE, MARTINE.

ARISTE.

J'ai regret de troubler un mystère⁴ joyeux
Par le chagrin qu'il faut que j'apporte en ces lieux.
Ces deux lettres me font porteur de deux nouvelles,
Dont j'ai senti pour vous les atteintes cruelles :   1690
L'une,⁵ pour vous, me vient de votre procureur ;
L'autre,⁶ pour vous, me vient de Lyon.

1. Ces deux notions de l'âme substance qui pense et du corps substance étendue étaient familières aux lecteurs de Descartes : voyez particulièrement le 8ᵉ alinéa de la *Méditation* vɪᵉ, et la Iʳᵉ partie des *Principes de la philosophie*, articles ʟɪ et suivants. « Nous pouvons aussi, lit-on à l'article ʟxɪɪɪ, considérer la pensée et l'étendue comme les choses principales qui constituent la nature de la substance intelligente et (*de la substance*) corporelle, et alors nous ne devons point les concevoir autrement que comme la substance même qui pense et (*comme la substance même*) qui est étendue, c'est-à-dire comme l'âme et le corps ;... il est même plus aisé de connoître une substance qui pense ou une substance étendue que la substance toute seule, » etc.
2. SCÈNE IV. (1734.)
3. UN NOTAIRE. (*Ibidem.*)
4. Le mystère, l'intimité de cette heureuse réunion de famille.
5. *A Philaminte.* (1734.)
6. *A Chrysale.* (*Ibidem.*)

LES FEMMES SAVANTES.

PHILAMINTE.

Quel malheur,
Digne de nous troubler, pourroit-on nous écrire ?

ARISTE.

Cette lettre en contient un que vous pouvez lire.

PHILAMINTE.

Madame, j'ai prié Monsieur votre frère de vous rendre cette lettre, qui vous dira ce que je n'ai osé vous aller dire. La grande négligence que vous avez pour vos affaires a été cause que le clerc de votre rapporteur ne m'a point averti, et vous avez perdu absolument votre procès que vous deviez gagner.

CHRYSALE[1].

Votre procès perdu !

PHILAMINTE[2].

Vous vous troublez beaucoup !
Mon cœur n'est point du tout ébranlé de ce coup.
Faites, faites paroître une âme moins commune,
A braver[3], comme moi, les traits de la fortune.

Le peu de soin que vous avez vous coûte quarante mille écus, et c'est à payer cette somme, avec les dépens, que vous êtes condamnée par arrêt de la Cour.

Condamnée ! Ah ! ce mot est choquant[4], et n'est fait
Que pour les criminels.

ARISTE.

Il a tort en effet, 1700

---

1. CHRYSALE, à *Philaminte*. (1734.)
2. PHILAMINTE, à *Chrysale*. (*Ibidem.*)
3. En bravant. « Mais.... je m'engage (*c'est un engagement que je prends*) insensiblement chaque jour, à recevoir de trop grands témoignages de votre passion. » (*Le Bourgeois gentilhomme*, acte III, scène XV, tome VIII, p. 150 et 151.)
4. « Cette susceptibilité de Philaminte, dit Auger,... fait penser à Madame de Pimbêche, qui ne veut pas être *liée*. » Du reste, Philaminte, qui veut et sait montrer qu'elle prend son stoïcisme au sérieux, marque bien, en affectant de ne se récrier que sur le mot, combien peu elle tient compte du fait.

Et vous vous êtes là justement récriée.
Il devoit avoir mis que vous êtes priée,
Par arrêt de la Cour, de payer au plus tôt
Quarante mille écus, et les dépens qu'il faut.

PHILAMINTE.

Voyons l'autre.

CHRYSALE lit[1] :

Monsieur, l'amitié qui me lie à Monsieur votre frère me fait prendre intérêt à tout ce qui vous touche. Je sais que vous avez mis votre bien entre les mains d'Argante et de Damon, et je vous donne avis qu'en même jour ils ont fait tous deux banqueroute.

Ô Ciel! tout à la fois perdre ainsi tout mon bien[2]! 1705

PHILAMINTE[3].

Ah! quel honteux transport! Fi! tout cela n'est rien.
Il n'est pour le vrai sage aucun revers funeste,
Et perdant toute chose, à soi-même il se reste.
Achevons notre affaire, et quittez votre ennui :
Son bien[4] nous peut suffire, et pour nous, et pour lui.

TRISSOTIN.

Non, Madame : cessez de presser cette affaire.
Je vois qu'à cet hymen tout le monde est contraire,
Et mon dessein n'est point de contraindre les gens.

PHILAMINTE.

Cette réflexion vous vient en peu de temps!
Elle suit de bien près, Monsieur, notre disgrâce. 1715

TRISSOTIN.

De tant de résistance à la fin je me lasse.
J'aime mieux renoncer à tout cet embarras,
Et ne veux point d'un cœur qui ne se donne pas[5].

---

1. CHRYSALE. (1734.) — 2. Tout son bien. (*Ibidem.*)
3. PHILAMINTE, *à Chrysale.* (*Ibidem.*)
4. *Montrant Trissotin.* Son bien. (*Ibidem.*)
5. Cette expression d'*un cœur qui ne se donne pas* avait déjà été employée

PHILAMINTE.

Je vois, je vois de vous, non pas pour votre gloire,
Ce que jusques ici j'ai refusé de croire.   1720

TRISSOTIN.

Vous pouvez voir de moi tout ce que vous voudrez,
Et je regarde peu comment vous le prendrez.
Mais je ne suis point homme[1] à souffrir l'infamie
Des refus offensants qu'il faut qu'ici j'essuie ;
Je vaux bien que de moi l'on fasse plus de cas,   1725
Et je baise les mains à qui ne me veut pas[2].

PHILAMINTE.

Qu'il[3] a bien découvert son âme mercenaire !
Et que peu philosophe[4] est ce qu'il vient de faire !

CLITANDRE.

Je ne me vante point de l'être, mais enfin
Je m'attache, Madame, à tout votre destin,   1730
Et j'ose vous offrir avecque ma personne
Ce qu'on sait que de bien la fortune me donne.

PHILAMINTE.

Vous me charmez, Monsieur, par ce trait généreux,

---

par Molière dans *Dom Garcie de Navarre* (1661, acte V, scène v, vers 1711) ; elle se trouve aussi dans le *Mithridate* de Racine (acte I, scène iii, vers 314), tragédie qui fut représentée au mois de janvier suivant (1673) :

.... Contraindre des cœurs qui ne se donnent pas.

Voyez notre tome II, p. 322 et note 2.

1. Pas homme. (1730, 33, 34.)

2. Je salue très-humblement, mais refuse à mon tour qui ne me veut pas. On a vu la valeur de cette formule au vers 689 de *l'Étourdi*, et à la scène vi de l'acte III de *George Dandin* (tome VI, p. 581) ; on y peut comparer celle qui a été expliquée au même tome VI, p. 548, note 4.

3. SCÈNE DERNIÈRE.

ARISTE, CHRYSALE, PHILAMINTE, BÉLISE, ARMANDE, HENRIETTE,
CLITANDRE, UN NOTAIRE, MARTINE.

PHILAMINTE. Qu'il. (1734.)

4. Comparez les vers 97 et 166 du *Misanthrope* (tome V, p. 449, et note 1). On peut considérer le nom comme qualifiant adjectivement, tout en restant substantif. On dirait de même : « C'est peu soldat, peu roi. »

Et je veux couronner vos desirs amoureux.
Oui, j'accorde Henriette à l'ardeur empressée.... 1735
                    HENRIETTE.
Non, ma mère : je change à présent de pensée.
Souffrez que je résiste à votre volonté.
                    CLITANDRE.
Quoi? vous vous opposez à ma félicité?
Et lorsqu'à mon amour je vois chacun se rendre....
                    HENRIETTE.
Je sais le peu de bien que vous avez, Clitandre, 1740
Et je vous ai toujours souhaité pour époux,
Lorsqu'en satisfaisant à mes vœux les plus doux,
J'ai vu que mon hymen ajustoit vos affaires ;
Mais lorsque nous avons les destins si contraires,
Je vous chéris assez dans cette extrémité, 1745
Pour ne vous charger point de notre aversité¹.
                    CLITANDRE.
Tout destin, avec vous, me peut être agréable;
Tout destin me seroit, sans vous, insupportable.
                    HENRIETTE.
L'amour dans son transport parle toujours ainsi.
Des retours² importuns évitons le souci : 1750
Rien n'use tant l'ardeur de ce nœud qui nous lie,
Que les fâcheux besoins des choses de la vie;
Et l'on en vient souvent à s'accuser tous deux
De tous les noirs chagrins qui suivent de tels feux.
                    ARISTE³.
N'est-ce que le motif que nous venons d'entendre 1755
Qui vous fait résister à l'hymen de Clitandre ?

1. Telle est la leçon des textes de 1673, 74, 75 A, 82; dans les éditions suivantes, *adversité*; nous avons vu, aux vers 1037 et 1254, une orthographe semblable : *aversaire*, pour *adversaire*.
2. Des regrets, du changement de dispositions : voyez les exemples cités par Littré, au mot *Retour*, 24°.
3. ARISTE, *à Henriette*. (1734.)

HENRIETTE.

Sans cela, vous verriez tout mon cœur y courir [1],
Et je ne fuis sa main que pour le trop chérir.

ARISTE.

Laissez-vous donc lier par des chaînes si belles.
Je ne vous ai porté que de fausses nouvelles ;   1760
Et c'est un stratagème, un surprenant secours,
Que j'ai voulu tenter pour servir vos amours,
Pour détromper ma sœur [2], et lui faire connoître
Ce que son philosophe à l'essai [3] pouvoit être.

CHRYSALE.

Le Ciel en soit loué !

PHILAMINTE.

         J'en ai la joie au cœur,   1765
Par le chagrin qu'aura ce lâche déserteur.
Voilà le châtiment de sa basse avarice,
De voir qu'avec éclat cet hymen s'accomplisse.

CHRYSALE [4].

Je le savois bien, moi, que vous l'épouseriez.

ARMANDE [5].

Ainsi donc à leurs vœux vous me sacrifiez ?   1770

PHILAMINTE.

Ce ne sera point vous que je leur sacrifie [6],

---

1. Mon cœur court-il au change ? a dit Clitandre au vers 1187.
2. *Ma sœur* est dit par courtoisie, par amitié : Ariste est certainement frère, non beau-frère, de Chrysale.
3. A l'épreuve. Le mot a aussi ce sens au vers 411 de *Psyché* (acte I, de Molière, scène III, tome VIII, p. 290).
4. CHRYSALE, *à Clitandre*. (1682, 1734.)
5. ARMANDE, *à Philaminte*. (1734.)
6. Ce vers n'est point parfaitement clair. Le sens le plus probable nous paraît être : « Par ce mariage, ce ne sera pas vous, il se trouvera que ce n'est pas vous que je sacrifie en ce moment, que j'aurai sacrifié à ce couple, » mais moi-même, sous-entend-elle sans doute en songeant à son plan rendu vain par la vile conduite de Trissotin, et à tout ce qu'elle s'en promettait. Et, pour vous, ayant l'appui de la philosophie, vous vous estimerez heureuse d'être restée à vous-même, de pouvoir aspirer encore

ACTE V, SCÈNE DERNIÈRE.

Et vous avez l'appui de la philosophie,
Pour voir d'un œil content couronner leur ardeur.

BÉLISE.

Qu'il prenne garde au moins que je suis dans son cœur :
Par un prompt désespoir souvent on se marie, 1775
Qu'on s'en repent[1] après tout le temps de sa vie.

CHRYSALE[2].

Allons, Monsieur, suivez l'ordre que j'ai prescrit,
Et faites le contrat ainsi que je l'ai dit.

à une plus spirituelle union. » Une explication plus simple serait : « Ce n'est point vous que je leur sacrifie, mais, trop justement, le lâche déserteur. » Mais cette façon d'entendre est, cela va sans dire, bien peu significative; d'ailleurs n'est-elle pas impossible avec le futur? Il n'est pas besoin d'attendre l'avenir pour voir que le sacrifié est Trissotin; c'est un fait actuel.

1. De telle sorte, si bien qu'on s'en repent..., pour s'en repentir....

On lève les cachets, qu'on ne l'aperçoit pas.
(Vers 1467 d'*Amphitryon*, tome VI, p. 439.)

Cailhava, à en juger par sa ponctuation, n'entendait plus bien ce vers (*Études sur Molière*, 1802, p. 295) :

Par un prompt désespoir souvent on se marie :
Qu'on s'en repent, après, tout le temps de sa vie!

2. CHRYSALE, *au Notaire.* (1734.)

FIN DES FEMMES SAVANTES.

LE
MALADE IMAGINAIRE

COMÉDIE

MÊLÉE DE MUSIQUE ET DE DANSES[1]

REPRÉSENTÉE POUR LA PREMIÈRE FOIS

SUR LE THÉÂTRE DE LA SALLE DU PALAIS-ROYAL

LE 10ᵉ FÉVRIER 1673

PAR LA TROUPE DU ROI

---

1. Ici l'édition de 1682 ajoute : « *Corrigée, sur l'original de l'auteur, de toutes les fausses additions et suppositions de scènes entières, faites dans les éditions précédentes.* »

NOTICE.

Le Malade imaginaire, qui fut représenté pour la première fois le 10 février 1673, est la dernière en date des pièces de Molière, son adieu prématuré, non-seulement au théâtre, mais à la vie. C'est en le jouant qu'il se sentit frappé du coup mortel, par qui l'on a dit si justement que l'aimable comédie fut terrassée avec lui[1]. Préoccupé du souvenir touchant, qui demeure attaché à l'œuvre de gaieté, et très-frappé aussi de la grande valeur de cette œuvre, on l'a saluée du nom de *chant du cygne*[2]. Ce n'est peut-être pas le mot auquel on se fût attendu. Le chant du cygne, une des plus mélancoliques inventions des poètes, étonne parmi le bruit des pilons et des autres armes de l'officine de M. Fleurant. Mais nous craindrions de trop chicaner sur une expression dont sans doute le sens est seulement que la comédie par laquelle Molière a mis fin à ses ouvrages n'a pas indignement fermé la carrière de son génie : nous sommes loin d'y contredire.

Il serait injuste, en effet, de ne voir dans *le Malade imaginaire* qu'une facétie de carnaval. Voltaire, tout en le mettant, à tort, au nombre des farces, y a reconnu « beaucoup de scènes dignes de la haute comédie[3]. » Le sujet même, c'est-à-dire la peinture d'une des plus ridicules lâchetés de l'égoïsme, appartient au vrai comique, qui, chez Molière, devient aisément le comique profond. Nous ne venons pas d'ailleurs d'indiquer le sujet tout entier. Molière ne s'est pas uniquement

---

1. Boileau, *épître* VII, vers 36.
2. Taschereau, *Histoire de la vie et des ouvrages de Molière,* 5ᵉ édition (1863), p. 224.
3. Voyez ci-après le *Sommaire* de Voltaire, p. 256.

proposé de mettre sous nos yeux le risible spectacle d'un homme bien portant que la préoccupation puérile de sa santé rend le jouet de tous. Cette peur de la maladie et de la mort entraîne naturellement une foi aveugle et superstitieuse dans l'art de guérir. Que vaut cet art? Que valaient, pour mieux dire, la plupart de ceux qui en faisaient profession en ce temps-là? Autre peinture à faire. A côté du maniaque il y aura les charlatans, tout aussi vrais médecins que leur dupe est vrai malade. C'est plutôt encore contre eux que contre leur pusillanime client que notre comédie est partie en guerre. Molière, qui ne les regardait pas comme les moins utiles à poursuivre parmi ses justiciables, leur avait déjà porté bien des coups; mais c'est dans *le Malade imaginaire* qu'il leur a livré la plus grande bataille. Il y avait là un des fléaux du siècle à combattre. De ce point de vue encore, la pièce paraît quelque chose de plus qu'un agréable badinage.

Le Malade imaginaire est une de ces comédies à divertissements que d'ordinaire Molière ne composait que pour être représentées devant la cour. Son intention n'avait pas été que celle-ci fît exception. Quelques lignes imprimées en tête du *Prologue* nous apprennent qu'après les exploits victorieux du Roi en Hollande, il avait fait le projet de cette comédie « pour le délasser de ses nobles travaux. » Les vers du même Prologue[1] sont également un témoignage de ce dessein. Et cependant la pièce, si incontestablement écrite pour égayer le carnaval de la cour, fut représentée en 1673, non pas à Saint-Germain, où le Roi était revenu le 1er août 1672, mais sur le théâtre du Palais-Royal. Un changement si surprenant dans les destinées du *Malade imaginaire* a besoin d'une explication. L'obstacle qui détourna l'excellente comédie du chemin qu'elle

---

1. Nous parlons de celui des deux prologues qui se trouve dans le livret de 1673, et qui a été évidemment composé pour le théâtre de la cour. Qu'il n'ait pas été chanté sur celui du Palais-Royal, et que Molière l'y ait remplacé par le prologue que donne le livret de 1674, nous serions fort tenté de le croire, à ne tenir compte que des vraisemblances morales. On verra cependant ci-après, p. 260, 270 et 271, dans les notes sur les prologues, sur quels indices dignes d'attention s'appuie une opinion contraire à celle qui n'a pour elle que ces vraisemblances.

avait compté prendre n'est pas difficile à signaler. Ce fut un musicien qui sur ce chemin jeta la pierre d'achoppement.

Le Roi aimait Molière et la comédie; mais il aimait aussi l'opéra et Lulli; il semble même que sa faveur, au moment où nous sommes avec *le Malade imaginaire*, avait décidément penché de ce dernier côté, s'il n'est pas plus juste de dire qu'elle y avait de tout temps penché. Il est remarquable que tant de fois, quand Louis XIV réclamait pour ses fêtes le concours de Molière, il lui ait tracé des programmes qui mettaient son génie au service des ballets de cour. Ces ballets et le pompeux spectacle des tragédies chantées avaient évidemment pour Louis XIV un attrait particulier. C'était, a dit l'éditeur de nos premiers volumes, son « goût le plus prononcé[1]. » Aussi Lulli était-il son homme, l'objet pour lui d'un véritable engouement. La faveur constante dont il jouit auprès du Roi a paru à M. Despois bien autrement constatée par les contemporains que celle de Molière[2]. Ce n'était pas au Roi seul que plaisait le Florentin : l'admiration pour lui était alors générale. Si elle est moindre aujourd'hui, son talent n'est pas contesté; mais quand on donnerait à ce talent, et il se pourrait bien que ce fût excéder la mesure, le nom de génie musical, qui voudrait le mettre en balance avec le génie comique de Molière? Il est donc étrange que l'un ait pu faire échec à l'autre. Il y avait d'ailleurs, dans ce triomphe de Lulli, à faire la part de ses manœuvres peu honnêtes. C'était un homme âpre au gain, un égoïste impatient de toute concurrence, qui prétendait tout accaparer, et qui abusa jusqu'au scandale de la faveur du Prince. Expliquons comment Molière trouva cet intrigant en travers de sa route.

Le privilége obtenu en 1669 par Perrin pour l'établissement d'académies de musique à Paris et en d'autres villes du Royaume, quoiqu'il lui eût été accordé pour douze ans, lui fut retiré au bout de trois, et transféré à Lulli, à qui des lettres patentes du mois de mars 1672 permirent d'établir à Paris une *Académie royale de musique*. Les mêmes lettres portaient défense à toutes personnes « de faire chanter aucune pièce entière en

---

1. *Le Théâtre français sous Louis XIV*, par E. Despois, p. 328.
2. *Ibidem*, p. 323.

France, soit en vers françois ou autres langues, sans la permission par écrit dudit sieur Lully, à peine de dix mille livres d'amende, et de confiscation des théâtres, machines, décorations, habits...[1]. » Charles Perrault a dit à ce sujet : « Lulli demanda cette grâce au Roi avec tant de force et d'importunité, que le Roi, craignant que, de dépit, il ne quittât tout, dit à M. Colbert qu'il ne pouvoit pas se passer de cet homme dans ses divertissements, et qu'il falloit lui accorder ce qu'il demandoit : ce qui fut fait dès le lendemain[2]. » Les défenses, signifiées dans le privilége de Lulli, ne purent empêcher Molière de continuer sur la scène du Palais-Royal la représentation de *Psyché*, qui n'était pas une « pièce entière en musique. » Mais les envahissements du musicien ne savaient point s'arrêter : il ne cessa de faire étendre son monopole et de le rendre de plus en plus gênant pour les autres théâtres, où les pièces mêlées de chants et de danses étaient encore tolérées. Par une ordonnance signée à Saint-Germain, le 14 avril 1672, le Roi défendait « aux troupes de ses comédiens françois et étrangers qui représentent dans Paris.... de se servir, dans leurs représentations, de musiciens au delà du nombre de six et de violons ou joueurs d'instruments au delà du nombre de douze ; et recevoir dans ce nombre aucun des musiciens et violons qui auront été arrêtés par ledit Lully... ; comme aussi de se servir d'aucuns des danseurs qui reçoivent pension de Sa Majesté[3]. »

Il est certain et prouvé par les registres[4] que lorsque *Psyché* fut reprise en novembre 1672, Molière se contenta de remplacer par d'autres musiciens et danseurs ceux qui appartenaient au théâtre où Lulli régnait désormais en maître jaloux,

---

1. On trouvera cette *Permission* à la suite du livret de *Cadmus et Hermione*, imprimé en 1673 et aussi à la suite du livret d'*Alceste*, imprimé en 1675.

2. *Mémoires de Charles Perrault*, Avignon, 1759, p. 189 et 190.

3. Après la mort de Molière, l'Opéra ne se gêna pas pour faire peser plus durement encore sur les autres théâtres ces lois jalouses. Une nouvelle ordonnance du 30 avril 1673 ne permit plus aux comédiens français et étrangers que deux voix et six violons. Voyez le *Registre de la Grange*, p. 142.

4. Voyez au tome VIII, p. 262.

et que l'on n'exigea pas du Palais-Royal qu'il se réduisît, pour la musique, à la portion congrue fixée par l'ordonnance. Ce n'était pas faire une trop grande grâce à l'œuvre de Molière et de Corneille, dont la musique était d'ailleurs de Lulli, et à laquelle le Roi, après en avoir été charmé sur le grand théâtre des Tuileries, ne pouvait entièrement retirer sa protection. On verra ci-après[1] qu'une demi-tolérance ne fut pas refusée à la troupe du Palais-Royal, pour les représentations du *Malade imaginaire*.

Molière cependant avait dû se sentir atteint par le monopole excessif de l'Académie Royale de musique; et le mécontentement qu'il en eut est attesté par la résolution qu'il prit, au moment où *la Comtesse d'Escarbagnas* fut jouée sur son théâtre (8 juillet 1672), de substituer à la musique de Lulli celle de Charpentier[2]. Ainsi « les deux grands Baptistes », comme on les a appelés en leur temps (ils étaient grands fort inégalement), se trouvaient dès lors en état de guerre.

De la veille même du jour où la tragédie-ballet de *Psyché* avait recommencé ses représentations au Palais-Royal, est daté l'*Achevé d'imprimer* du livret des *Fêtes de l'Amour et de Bacchus*, auquel était jointe la première impression sans doute d'un nouveau privilége du Roi, donné à Lulli, et signé à Versailles le 20 septembre 1672. Ce privilége était exorbitant. Il n'est pas inutile d'en citer ce qui nous intéresse ici : « Notre bien-amé Jean-Baptiste Lully.... nous a fait remontrer que les airs de musique qu'il a ci-devant composés, ceux qu'il compose journellement par nos ordres, et ceux qu'il sera obligé de composer à l'avenir pour les pièces qui seront représentées par l'Académie Royale de musique.... étant purement de son invention et de telle qualité que le moindre changement ou omission leur fait perdre leur grâce naturelle..., nous lui avons permis et accordé, permettons et accordons par ces présentes de faire imprimer par tel libraire ou imprimeur.... qu'il voudra.... tous et chacuns les airs de musique qui seront par lui faits, comme aussi les vers, paroles, sujets, desseins et ouvrages sur lesquels lesdits airs de musique auront

1. A la page 246.
2. Voyez au tome VIII, p. 539, et p. 602, note 3.

été composés, sans en rien excepter, et ce pendant le temps de trente années consécutives. » Ce texte autorisait-il, par un effet rétroactif, la confiscation des vers, paroles, sujets, et (l'expression la plus générale s'y remarque) des *ouvrages* que Molière avait eu le malheur d'orner des airs de musique devenus la propriété inviolable du compositeur? On en croirait trouver une preuve dans ce fait que *les Fêtes de l'Amour et de Bacchus*, données par Lulli sur son théâtre le 15 novembre 1672[1], étaient composées en grande partie de morceaux tirés des ouvrages de Molière[2]. Il se serait fait ainsi la part du lion dans les intermèdes des pièces de notre auteur, les regardant comme siens, par la raison qu'il en avait écrit la musique.

Vers ces derniers mois de 1672, Molière devait déjà travailler à son *Malade imaginaire*. Il lui fallait la collaboration d'un musicien; mais il ne pouvait plus être tenté de la demander à l'homme qui tirait tout à lui. Ce fut à Charpentier qu'il s'adressa, comme il avait fait pour les représentations à la ville de *la Comtesse d'Escarbagnas*. Charpentier se mit d'abord à l'œuvre, sans prévoir encore, à ce qu'il semble, les difficultés que Lulli allait susciter. On lit, à la page 48 du cahier manuscrit qui contient sa musique : « *Le Malade imaginaire* avant *les défenses*; » et en tête de la page 49 : « Ouverture du *Prologue* du *Malade imaginaire* dans sa splendeur; » enfin à la page 52 : « *Le Malade imaginaire* avec les défenses. Ouverture. » Aurait-il convenu qu'une fois dépouillée de *sa splendeur* musicale, la pièce nouvelle fût jouée devant le Roi? Et même n'était-il pas douteux que l'accès du théâtre de la cour pût être permis à une seule note qui ne fût pas de Lulli? *Le Malade imaginaire* se trouva donc exclu, ou Molière pensa qu'il l'était. Le silence des contemporains sur la manière dont les choses se passèrent, silence qui s'explique par le devoir de ne pas mêler un nom auguste au récit de la triste victoire du surintendant de la musique de la chambre, nous réduit aux conjectures. Celle que nous ferons le plus vo-

---

1. Le *Privilége* du 20 septembre a été, comme il vient d'être dit, imprimé en tête du livret de cette Pastorale.

2. De la *Pastorale comique*, de *George Dandin*, des *Amants magnifiques*, du *Bourgeois gentilhomme*.

lontiers, c'est que la fierté de Molière l'empêcha d'engager la lutte contre l'injustice.

Un des grands titres de Louis XIV à la reconnaissance des lettres est la faveur que notre poëte a trouvée près de lui. Elle avait été jusque-là si éclatante, que l'on répugnerait à admettre que Molière en ait été banni, à la fin de sa carrière, sans recours possible, et que, s'il avait fortement réclamé, on eût repoussé tout accommodement pour dispenser, en dépit de Lulli, son *Malade imaginaire* d'être soumis aux *défenses*, et pour le laisser en état d'être représenté devant le Roi. Ce serait bien après ce refus si dur, et, ce semble, si invraisemblable, qu'il aurait eu le droit de répéter ces vers de son *Amphitryon* :

> Vingt ans d'assidu service
> N'en obtiennent rien pour nous[1].

Croyons plutôt qu'il lui déplut de rien tenter pour disputer la place à Lulli, et qu'avec sa comédie, il se retira dans son théâtre, comme dans sa tente, ne faisant, par respect, entendre aucune plainte, quoique profondément blessé de voir sacrifier à l'insatiable monopoleur les intérêts de sa troupe et la propriété même de quelques-unes de ses œuvres. De cette blessure, cruellement sentie, on ne saurait douter. Autrement, que signifieraient ces paroles qu'en présence de Baron, qui paraît les avoir lui-même citées à Grimarest, il adressa à sa femme, le jour de la troisième représentation du *Malade imaginaire?* « Tant que ma vie a été mêlée également de douleur et de plaisir, je me suis cru heureux; mais aujourd'hui que je suis accablé de peines, sans pouvoir compter sur aucuns moments de satisfaction et de douceur, je vois bien qu'il faut quitter la partie[2]. » Qu'il voulût parler des souffrances de la maladie, ou faire allusion à ses peines domestiques, devant celle même à qui, dit-on, il aurait eu à les reprocher, ce n'est point le sens le plus probable. Son découragement semble bien être celui de l'homme qui ne se sent plus soutenu dans ses travaux, comme il l'avait été si longtemps, par une main toute-puissante. Il crut sans doute que cette main s'était, sinon tout à fait

1. Acte I, scène 1, vers 174 et 175.
2. Grimarest, *la Vie de M. de Molière*, p. 284 et 285.

retirée, au moins un peu éloignée de lui. La même déception devait, un peu plus tard, porter à Racine le coup de la mort; nous ne voulons pas dire qu'elle ait tué aussi Molière; mais sans doute elle augmenta la tristesse de ses derniers jours. On ne rencontre pas ici les calomniateurs puissants auxquels Racine a attribué sa disgrâce; ce ne furent pas eux qui firent peser sur un autre grand poëte la douleur d'un injuste abandon, ce fut l'homme placé fort au-dessous de lui dans la hiérarchie des illustres de l'art, et longtemps heureux de travailler avec lui aux amusements du Roi[1], ce fut l'opéra avec l'éclat, peut-être aussi avec le clinquant de ses séductions.

Dans le chagrin qu'éprouva Molière de ne pas jouer *le Malade imaginaire* devant le Roi, il pouvait être un peu consolé par l'espoir d'un succès à la ville. Cet espoir ne parut pas trompé dans les quatre représentations qu'il donna du 10 février 1673 au 17 du même mois, c'est-à-dire jusqu'à la fin de sa vie. Le *Registre de la Grange* établit ainsi les recettes de ces représentations :

Vendredi 10° (*février* 1673). — 1re REPRÉSENTATION DU MALADE IMAGINAIRE[2] . . . . 1992^{tt}
Dimanche 12. — *Malade imaginaire* 1459
Mardi 14°. — *Malade imaginaire*. 1879   10°
Du vendredi 17. 1219

1. Brossette a dit que, sous les traits d'*un bouffon odieux*, d'*un coquin ténébreux*, Boileau avait peint Lulli dans les vers 105-110 de son *épître* ix (voyez le *Bolæana* joint par Cizeron-Rival au tome III des *Lettres familières de*.... *Boileau*.... *et Brossette*, 1770, p. 180 et 181 ; voyez aussi le *Bolæana* de Monchesnay, p. 62). L'*épître* ix est datée de 1673 dans la liste des écrits de Boileau que donne l'édition de 1713 de ses *OEuvres* (Paris, chez Billiot, in-4°). Il serait significatif que l'ami de Molière eût cruellement flagellé Lulli dans l'année même où tant d'amertume a débordé du cœur de notre poëte. Boileau était assez peu craintif courtisan pour se charger de cette vengeance. Mais il faut dire que l'application à Lulli du sanglant passage est contestée; et quant à la date de 1673, elle est démentie par les allusions historiques des vers 21 et 22. Brossette, dans son commentaire, indique la date de 1675, que Berriat-Saint-Prix a adoptée.

2. A la marge : *Pièce nouvelle et dernière de M. de Molière*.

Le lendemain de ce vendredi 17, Robinet écrivait sa lettre hebdomadaire, et parlait ainsi de l'empressement du public à voir la nouvelle comédie :

> Notre vrai Térence françois,
> Qui vaut mieux que l'autre cent fois,
> *Molière*, cet incomparable,
> Et de plus en plus admirable,
> Attire aujourd'hui tout Paris
> Par le dernier de ses écrits,
> Où d'un *Malade imaginaire*
> Il nous dépeint le caractère
> Avec des traits si naturels,
> Qu'on ne peut voir de portraits tels.
> La Faculté de médecine
> Tant soit peu, dit-on, s'en chagrine,
> Et....

La ligne commencée ne devait être achevée qu'au milieu d'une douloureuse surprise :

> .... Mais qui vient en ce moment
> M'interrompre si hardiment?
> Ô Dieux! j'aperçois un visage
> Tout pâle et de mauvais présage!
> « Qu'est-ce, Monsieur? vite parlez :
> Je vous vois tous les sens troublés....
> — Vous les allez avoir de même.
> — Hé comment? ma peine est extrême :
> Dites vite. — Molière.... — Hé bien,
> Molière.... — A fini son destin.
> Hier, quittant la comédie,
> Il perdit tout soudain la vie. »
> Seroit-il vrai? Clion[1], adieu :
> Pour rimer je n'ai plus de feu.
> Non, la plume des doigts me tombe,
> Et sous la douleur je succombe.
> A l'extrême chagrin par ce trépas réduit,
> Je mis fin à ces vers, en février le dix-huit.

L'éloquence n'est pas ici à la hauteur du tragique événement; car chez ce rimeur de balle il ne faut jamais chercher un

---

1. Clio, nom de la Muse, avec addition d'*n* pour éviter l'hiatus.

poëte; et cependant cette fin de sa lettre est touchante, parce que son émotion a été vraie et qu'il nous trouve disposés à la partager, comme si ce grand deuil de la scène française était d'hier.

Quoique la douleur des camarades de Molière ait été, à n'en pas douter, bien plus vive encore que celle de Robinet, le *Registre de la Grange* mentionne avec la simplicité dont ne pouvait guère s'écarter un journal de comptable, la malheureuse fin de la représentation du 17 février. Après la ligne ci-dessus transcrite, où il a été constaté quel jour (le vendredi 17 février) fut donnée la quatrième représentation et avec quelle recette, on lit cette note : « Ce même jour, après la comédie, sur les dix heures du soir, M. de Molière mourut dans sa maison, rue de Richelieu, ayant joué le rôle dudit *Malade imaginaire*, fort incommodé d'un rhume et fluxion sur la poitrine qui lui causoit une grande toux, de sorte que, dans les grands efforts qu'il fit pour cracher, il se rompit une veine dans le corps, et ne vécut pas demie heure ou trois quarts d'heure depuis ladite veine rompue. » La note n'a pas été écrite au moment même du coup de foudre, mais quelques jours après; car elle finit ainsi : « Son corps est enterré à Saint-Joseph, aide de la paroisse Saint-Eustache. Il y a une tombe élevée d'un pied hors de terre. » On peut comparer le court récit de la mort de Molière dans la *Préface* de l'édition de 1682[1] : « Le 17ᵉ février, jour de la quatrième représentation du *Malade imaginaire*, il fut si fort travaillé de sa fluxion, qu'il eut de la peine à jouer son rôle : il ne l'acheva qu'en souffrant beaucoup, et le public connut aisément qu'il n'étoit rien moins que ce qu'il avoit voulu jouer : en effet, la comédie étant faite, il se retira promptement chez lui; et à peine eut-il le temps de se mettre au lit, que la toux continuelle dont il étoit tourmenté redoubla sa violence. Les efforts qu'il fit furent si grands, qu'une veine se rompit dans ses poumons. Aussitôt qu'il se sentit en cet état, il tourna toutes ses pensées du côté du Ciel; un moment après, il perdit la parole, et fut suffoqué en demie heure par l'abondance du sang qu'il perdit par la bouche. » Plus de détails ne devront

---

1. Pages xvij et xviij de notre tome I.

trouver place que dans la *Notice biographique.* Quelques-uns toutefois seront toujours inséparables de l'histoire de la pièce. Grimarest raconte[1] qu'en prononçant le *juro* de la cérémonie[2], il lui prit une convulsion, dont la moitié des spectateurs s'aperçurent; mais il la cacha sous un ris forcé et put achever son rôle. Il s'entretint même, la pièce finie, quelques moments avec Baron, dans la loge de celui-ci, avant qu'il fallût le transporter chez lui. Lorsqu'il était pour la dernière fois monté sur la scène, il sentait toute sa fatigue et ne savait pas s'il pourrait aller jusqu'à la fin de la représentation. Ce qui lui donna cependant le courage d'un dernier effort, et le fit résister aux instances de ceux qui lui conseillaient le repos, ce fut la crainte de faire perdre à de pauvres ouvriers du théâtre le gain d'une journée : bonté touchante dont, au milieu même de la gloire de son génie, on verra toujours le rayon sur son dernier jour.

On voudrait n'avoir pas à parler si sérieusement, si tristement, à propos d'une des comédies les plus amusantes. Mais ici le contraste est inévitable. Il n'a pu manquer de frapper tout le monde, dans ce jour funèbre de la quatrième représentation. Un Shakespeare lui-même n'en aurait su imaginer d'un plus saisissant effet dans la tragi-comique vie humaine. Représentons-nous ce que fut cette agonie, pleine des souffrances du corps et de l'âme, au bruit de l'hilarité de la foule et, pour laisser parler Bossuet avec son impitoyable rigueur contre ceux qui rient, ce dernier soupir presque rendu parmi les plaisanteries du théâtre. On a beau, dans *le Malade imaginaire*, entendre sonner le grelot du carnaval, il nous semble qu'il s'y mêle, comme dans le lointain, le glas de la mort d'un grand

---

1. Page 287.
2. Ce n'est pas tout à fait à ce moment du *juro*, mais un peu après, suivant l'auteur de *la Fameuse comédienne* (édition de M. Livet, 1876, p. 26) : « Dans le temps qu'il récitoit ces vers :

Grandes doctores doctrinæ
De la rhubarbe et du séné,

dans la cérémonie des médecins, il lui tomba du sang de la bouche : ce qui ayant effrayé les spectateurs et ses camarades, on l'emporta chez lui fort promptement. »

génie ; et ceux qui réfléchissent retrouveront toujours dans la joyeuse pièce le souvenir de la « muse éclipsée[1] » et du veuvage de la comédie. C'est depuis longtemps la coutume que la réjouissante cérémonie finale laisse une place à une sorte de fête plus grave de la Comédie-Française, à une grande revue de tous ses acteurs, glorieuse commémoration du poëte, du chef dévoué de sa troupe, resté, à travers les âges, le chef de la *Maison de Molière*.

Les réflexions qui s'offrent naturellement sur cette antithèse entre la gaieté et la mort ne furent pas les seules que firent les contemporains. On en rencontre d'autres chez eux, notamment dans des épitaphes[2], dont l'intention n'était pas d'honorer la mémoire du poëte. Molière, dans son *Malade imaginaire*, avait poussé, comme nous l'avons déjà dit, ses critiques contre la médecine plus loin encore qu'il ne l'avait fait jusque-là ; et la médecine semblait avoir trouvé, fort à point, une éclatante revanche. N'était-ce pas pour avoir dédaigné ses secours que le mécréant était mort ? Qui oserait rire désormais de la malédiction de Monsieur Purgon ? On pouvait voir si ce puissant mortel, qui tient en sa main le fil de nos jours, est outragé impunément.

Il était naturel que ce vindicatif Purgon voulût faire croire à un châtiment du moqueur et en ressentît quelque mauvaise joie. Le badinage de Molière n'avait pas été de son goût. Robinet nous a dit, en effet, que la Faculté en conçut du chagrin. Elle saisit l'occasion qui se présentait d'exhaler son ressentiment et de tirer de la circonstance une redoutable morale. M. Loiseleur cite[3] une page de Jean Bernier, médecin de la duchesse douairière d'Orléans, où il reproche amèrement à Molière ses irrespectueuses plaisanteries, et l'avertit, un peu

---

1. Boileau, *épître* VII, vers 35.
2. On peut voir dans l'édition d'Utrecht (1697) du *Voyage de Messieurs de Bachaumont et de la Chapelle* (p. 232-243 ; par faute, 132-143) le *Recueil des épitaphes les plus curieuses faites sur la mort surprenante du fameux comédien le sieur Molière*. Ce recueil est suivi (p. 244-250) d'une petite pièce d'assez mauvais vers intitulée *les Médecins vangés ou la suite funeste du Malade imaginaire*. Elle est d'un ennemi, non pas de Molière, mais des médecins.
3. *Les Points obscurs de la vie de Molière*, p. 354 et 355.

tard, qu'il eût mieux fait de suivre les préceptes de la médecine et d'avoir « moins échauffé son imagination et sa petite poitrine. » Ce n'est évidemment qu'un échantillon des oraisons funèbres dont Molière fut honoré par le docte corps. Pour ne pas s'étonner que Boileau, dans son *épître* VII, n'ait point mis les médecins au nombre de ceux qui, du vivant de Molière, venaient aux représentations de ses chefs-d'œuvre pour les diffamer, il faut se rappeler qu'ils ne croyaient pas de leur dignité de se faire voir à la comédie. S'ils ne se joignirent pas là aux détracteurs du poëte, hors du théâtre du moins ils ne furent pas de ceux qui l'épargnèrent, lorsque

. . . . . d'un trait de ses fatales mains
La Parque l'eut rayé du nombre des humains[1].

Les médecins d'aujourd'hui n'ont pas hérité de leur mauvaise humeur. Ils n'ont pas à prendre parti pour un charlatanisme ni pour un pédantisme ridicule, qu'il n'y a eu ni injustice ni inutilité à discréditer. Ils sont seulement en droit de dire que Molière s'est laissé emporter trop loin[2], lorsque, par la bouche de Béralde, il a nié absolument qu'il pût y avoir un art de guérir et affirmé que la nature suffit toujours à se tirer elle-même et sans secours du désordre où il lui arrive de tomber. C'est l'exagération, qu'on ne peut mettre entièrement au compte de la plaisanterie, d'une vue juste sur la tendance des forces vitales à rejeter ce qui fait obstacle à leur jeu, et sur le danger de la contrarier en la voulant aider. Mais dans la guerre aux abus, souvent le but est dépassé. Ajoutons que si Molière a plus outré la satire dans cette comédie que dans les

1. *Épître* VII, vers 33 et 34.
2. Charles Perrault, dont le frère était médecin, l'a dit, dans ses *Hommes illustres*, avec une modération dont on lui sait gré, et qui était dans son caractère. A l'article JEAN-BAPTISTE POQUELIN DE MOLIÈRE, tome I, p. 80, il n'a pas été au delà de cette protestation courtoise : « On peut dire qu'il se méprit un peu dans cette dernière pièce (*le Malade imaginaire*) et qu'il ne se contint pas dans les bornes du pouvoir de la comédie; car au lieu de se contenter de blâmer les mauvais médecins, il attaqua la médecine en elle-même, la traita de science frivole et posa pour principe qu'il est ridicule à un homme de vouloir en guérir un autre. »

précédentes, c'est qu'en ce temps-là, se sentant très-malade, il devenait plus âpre et plus sérieusement irrité contre une science qu'il voyait dans une voie trop fausse pour en espérer du secours. Il n'est pas douteux qu'il ait exprimé cette disposition de son esprit dans le second de ses deux prologues, où, sous le nom de la bergère, c'est bien lui-même qui se plaint ainsi des « vains et peu sages médecins » :

> Vous ne pouvez guérir par vos grands mots latins
> La douleur qui me désespère.

Il y a, dans la curieuse scène entre Argan et Béralde[1], un passage bien remarquable, et qui devait produire une impression étrange, dit par Molière si visiblement menacé par un mal que chaque heure aggravait. C'est celui où il fait tomber l'entretien et la dispute sur lui-même. Il y défie les médecins, qui lui crient avec Argan : « Crève, crève ! » et il souffle à Béralde la déclaration qu'il ne leur demande aucune assistance : « Il a ses raisons pour n'en point vouloir, et il soutient que cela n'est permis qu'aux gens vigoureux et robustes, et qui ont des forces de reste pour porter les remèdes avec la maladie ; mais que, pour lui, il n'a justement de la force que pour porter son mal. » De quel effet devait être cet aveu, bien inattendu entre des éclats de rire, du déclin irrémédiable de ses forces ! et quel singulier courage il avait fallu à Molière pour trouver dans son esprit, tout plein, à cette heure même, de lugubres pressentiments, la source vive de gaieté qui, de toutes parts, jaillit dans la pièce ! Don Juan donnant sa main à la main de pierre est égalé dans cette résistance si intrépidement railleuse à la maladie, dans ce refus obstiné de se rendre à la médecine, dont le moment semblait pourtant venu d'implorer l'assistance. On ne peut imaginer un plus parfait contraste avec la faiblesse, l'imbécillité d'Argan. Tandis que l'homme de santé robuste, dont Molière joue le rôle, est obsédé du fantôme de toutes les maladies, lui-même, par ses plaisanteries, nargue celle qui, chez lui, n'est que trop réelle.

Et cependant Grimarest a dit : « Le Malade imaginaire dont

---

1. Scène III de l'acte III.

on prétend qu'il était l'original[1]. » Il semble d'abord qu'il n'y ait qu'à se moquer d'un si étonnant paradoxe ; mais peut-être mérite-t-il plutôt d'être expliqué que d'être absolument contredit.

Ceux à qui Grimarest l'avait entendu soutenir se souvenaient sans doute de cette comédie de le Boulanger de Chalussay[2] dont on a dit avec raison que le titre : *Élomire hypocondre*, peut se traduire : *Molière malade imaginaire*[3]. Là Élomire s'inquiète fort de sa toux :

> . . . . Je me crois bien malade,
> Et qui croit l'être l'est[4].

Dans ses alarmes sur sa santé, il a recours aux plus bas charlatans, à l'Orviétan, à Bary. Après eux, arrivent trois médecins, qu'Élomire rend témoins de son trouble, voisin de la folie. Épouvanté par leur consultation, il dit tout bas à son valet Lazarile :

> Ils m'ont fait tant de peur que j'ai pensé mourir,
> Et me traitent de fou.

Lazarile répond :

> . . . . Songez à vous guérir,
> Vous en pourrez un jour faire une comédie[5].

C'est comme une prédiction de celle du *Malade imaginaire* ; peut-être aussi n'est-ce qu'un souvenir de *Monsieur de Pourceaugnac* (1669), alors tout récent. A son tour vient un prétendu médecin qui examine de prétendus malades en présence d'Élomire. Il dit à l'un d'eux :

> Monsieur, vous vous croyez étique et pulmonique ;
> Mais vous vous abusez : vous êtes frénétique,
> Autrement hypocondre[6].

Dans son intention, c'est à l'hypocondrie d'Élomire que ce discours s'adresse.

---

1. *La Vie de M. de Molière*, p. 283.
2. La première édition est de 1670.
3. M. Louis Moland, *OEuvres complètes de Molière*, tome V, p. 527.
4. Acte I, scène I. — 5. Acte II, scène VI.
6. Acte III, scène II.

Mais parce qu'il a plu à un ennemi de faire ainsi passer Molière pour hypocondre jusqu'à la folie, est-ce à dire qu'il le fût en effet, et que lui-même, se jugeant tel, se soit représenté sous les traits de son Argan ? Non sans doute, et pourtant n'y a-t-il pas quelque chose que l'on puisse raisonnablement accorder ?

Il est probable que la comédie-pamphlet d'*Élomire hypocondre* mêle à beaucoup de satire mensongère quelques vérités et n'a pas entièrement inventé un Molière effrayé du mal qui le minait. Si ce n'est pas une raison pour que le modèle, clairement désigné, de cette caricature n'ait point été très-défiguré dans le rôle qu'elle lui donnait, il se peut toutefois qu'elle ait contribué à lui suggérer l'idée de la comédie dans laquelle, il est vrai, il n'a refait l'ouvrage du satirique méchant que pour y donner un démenti et le réfuter. On l'avait, lui trop vraiment moribond, choisi pour un type de malade imaginaire ; il voulut montrer comment on peint le véritable caractère de l'égoïste peureux qui ne saurait se passer un seul jour de toutes sortes de remèdes dont il n'a aucun besoin ; et, dans la comédie où il l'introduisit, il prit soin de faire déclarer par un de ses personnages combien lui-même, cet Élomire hypocondre, se moque des médecins, de ces médecins soi-disant *vengés*[1]. Quoique rien jusque-là ne justifie l'assertion de Grimarest, n'affirmons pas que le Boulanger de Chalussay ait fourni seulement à Molière l'occasion d'une riposte, et ne lui ait pas aussi donné envie de sonder ses propres misères, d'y trouver quelques traits de la peinture d'un homme livré aux inquiétudes dont sont tourmentés les malades. En traçant le portrait d'Argan, qui est si loin d'être le sien, Molière n'a-t-il point profité d'observations faites sur lui-même ? On constate sans peine dans plusieurs de ses comédies qu'il ne cherchait pas seulement au dehors, mais dans son propre cœur, des faiblesses humaines à noter. C'était d'ailleurs son art de ne jamais rien mettre de sa personne dans ses créations sans transformer le modèle qui lui avait été offert par le *Connais-toi toi-même*.

Un passage de la *Préface* d'*Élomire hypocondre* est remarquable : « Tous ces portraits qu'il a exposés en vue à toute la

---

1. *Les Médecins vengés* est le sous-titre d'*Élomire hypocondre*.

France, n'ayant pas eu une approbation générale, comme il pensoit..., il s'est enfin résolu de faire le sien.... Il y a longtemps qu'il a dit, en particulier et en public, qu'il s'alloit jouer lui-même, et que ce seroit là que l'on verroit un coup de maître de sa façon.... J'ai appris que, pour des raisons qui ne me sont pas connues, mais que je pourrois deviner, ce fameux peintre a passé l'éponge sur ce tableau.... Je me suis consolé d'une si grande perte; et, afin de le faire plus aisément, j'ai ramassé toutes ces idées dont j'avois formé ce portrait dans mon imagination, et j'en ai fait celui que je donne au public. Si Élomire le trouve trop au-dessous de celui qu'il avoit fait, et qu'une telle copie défigure par trop un si grand original, il lui sera facile de tirer raison de ma témérité, puisqu'il n'aura qu'à refaire ce portrait effacé et à le mettre au jour. »

Le Malade imaginaire serait-il justement le portrait que l'auteur d'*Élomire hypocondre* avait provoqué Molière à refaire et à donner enfin au public impatient? Si ce n'est pas certain, ce n'est pas impossible. Quoi qu'il en soit, le peintre n'y a laissé saisir que quelques lointaines ressemblances avec lui-même, et y a mêlé les différences les plus propres à dérouter. Il avait compris que si, dans sa comédie, il voulait peindre ses propres angoisses, le seul moyen de les rendre comiques était de les prêter à un homme qui n'aurait que la peur du mal; et l'on peut supposer qu'il traita ce sujet, non-seulement pour montrer qu'il avait été manqué par son détracteur, mais peut-être aussi pour avoir occasion de raffermir son courage en riant des vaines terreurs que l'amour de la vie inspire, en même temps qu'il trouverait un plaisir de vengeance à rendre publique sa révolte contre un art dont il avait éprouvé l'impuissance.

Le dernier intermède de sa comédie, la réception du malade imaginaire, n'en est pas la moins ingénieuse, la moins parfaite plaisanterie. Parmi tous les intermèdes de ses pièces à divertissements, il n'y en a point, on l'a remarqué bien souvent, d'aussi naturellement amené et rattaché à la comédie proprement dite. La fantaisie burlesque y est moins outrée que dans la turquerie du *Bourgeois gentilhomme,* et Molière a eu le talent de mettre dans cette folie de carnaval une plus grande part de vérité, de comique excellent, que l'on n'en demande ordinairement à ces imaginations bouffonnes. Le critique Geoffroy en portait à peu près le même jugement[1]. Après avoir protesté contre le nom de farce donné quelquefois à une comédie où il admirait avec raison l'étude profonde d'un caractère, il disait : « C'est la réception du médecin qui est une véritable farce, meilleure cependant que la cérémonie turque du *Bourgeois gentilhomme*. La réception du médecin est satirique ; le Mamamouchi n'est que burlesque. » Nous dirions plus volontiers que le joyeux intermède lui-même n'est une farce que dans la forme : dans le fond, c'est une satire qui ne s'écarte pas trop de la peinture fidèle de l'objet de ses railleries. « Ce morceau, dit M. Maurice Raynaud[2], doit être considéré comme un abrégé, non-seulement des cérémonies du doctorat, mais de toutes celles par où devait passer un candidat, depuis le commencement de ses études jusqu'au jour où il recevait le bonnet. Tout s'y trouve.... » La spirituelle parodie en effet était un coup d'autant mieux asséné qu'elle reproduisait, avec toute la vérité comportée par la caricature, les solennités, d'un caractère moitié imposant, moitié ridicule, des différents actes soutenus par les futurs médecins. Au jour fixé pour l'acte de Vespéries, « la séance était ouverte par un discours latin, prononcé par le président, et ayant presque toujours pour sujet l'éloge de la Faculté ou de l'Université, l'éloge de la profession médicale, les devoirs qu'elle impose.... L'acte devait être présidé par un ancien, c'est-à-dire par un docteur régent, comptant au moins dix ans de doctorat. Il argumentait lui-même le futur docteur[3]. » C'était quelques jours après, et sous la même présidence, qu'avait lieu l'acte du doctorat. Le récipiendaire, « précédé des deux appariteurs de la Faculté, en robe et portant leurs masses d'argent, ayant à sa droite le président de l'acte, suivi des docteurs régents qui doivent l'argumenter, et des bacheliers,... se rend aux écoles inférieures (*ou salles basses*).... Il est dans la grande chaire avec le président.... Le premier appariteur lui rappelle la formule

---

1. Feuilleton du *Journal de l'Empire*, du 16 février 1806.
2. *Les Médecins au temps de Molière*, p. 57 et 58.
3. *L'Ancienne Faculté de médecine de Paris*, par M. le docteur A. Corlieu, 1 volume in-8°, Paris, 1877, p. 80.

du serment : *Domine doctorande, antequam incipias, habes tria juranda*[1].... » Il y a trois serments aussi dans Molière, quoiqu'il n'ait pas donné d'équivalent à celui qui venait le second dans l'ordre, et dont le caractère religieux échappait nécessairement aux railleries du théâtre : c'était le serment d'assister le lendemain de la Saint-Luc à la messe pour les docteurs décédés. Il n'a pas négligé de traduire à sa manière les deux autres, à savoir : « 1° D'observer les droits, statuts, décrets, lois et coutumes de la Faculté.... 3° De combattre de toutes ses forces ceux qui, pratiquant illicitement la médecine, peuvent nuire à la santé et à la vie des citoyens : *vis ita jurare ?*... Le récipiendaire prononçait le *juro*[2]. »

Il devait répondre à un certain nombre de questions, comme on le voit dans notre cérémonie. Dans l'acte de Licence, dans l'acte de Vespéries et dans celui de Doctorat, il en était proposé de plusieurs côtés. Voici comment les choses étaient réglées par les *Statuts de la Faculté de médecine de Paris*, tels qu'on peut les lire dans l'édition de 1660[3]. Nous les traduisons du latin :

Article xxxiii. « .... [*Dans l'acte de Licence*]. Les aspirants à la licence ayant la tête couverte et tombant à genoux, le chancelier, ou celui qui tient sa place, lui accorde, par l'autorité dont il est revêtu, la permission et faculté de lire, d'interpréter et d'exercer la médecine ici et par toute la terre, au nom du Père, du Fils et du Saint-Esprit. Alors à celui qui aura le premier rang dans ces actes de licences, il doit proposer une question médicale[4]. »

Article xxxviii. « Celui qui recevra le laurier doctoral, au même moment, et avant sa promotion au doctorat, devra se lier par le serment d'usage[5]. »

Article L. « .... Celui qui aura présidé aux Vespéries du

---

1. *L'Ancienne Faculté de médecine de Paris*, p. 83. — On peut voir ces mêmes détails dans l'ouvrage de Baron, *Ritus, usus et laudabiles Facultatis medicinæ Parisiensis consuetudines*, Paris, 1751, p. 94.
2. *L'Ancienne Faculté de médecine de Paris*, p. 84.
3. *Statuta Facultatis medicinæ Parisiensis*, 1660, Parisiis, apud Franciscum Muguet, 1 volume petit in-12.
4. Page 34.
5. Page 38.

licencié sera aussi celui qui donnera au même (*aspirant*) le laurier doctoral ; et, dans les Vespéries, il proposera au candidat une question de médecine à discuter ; un autre docteur cependant, désigné suivant la coutume de l'École, et dont la chaire sera placée plus bas, posera à celui qui doit être vespérisé, une question analogue à celle-là[1].... Dans l'acte de Maîtrise, le président mettra sur la tête du licencié le bonnet, insigne du doctorat, et, avec grand soin, l'avertira du devoir à remplir dans l'exercice de la médecine ; puis le nouveau docteur proposera une question médicale à un autre docteur placé dans une plus petite chaire. Quand il aura été satisfait à cette question, le président donnera à discuter une question *du même genre* au second docteur, assistant du premier. Qu'alors le nouveau docteur, dans un élégant discours, rende des actions de grâces à Dieu très-grand et très-bon, au collége des médecins, aux parents et amis présents[2]. »

Les mêmes statuts (*article* LII) règlent le costume des docteurs : « Lorsqu'ils font une lecture publique, les docteurs en médecine sont revêtus de la robe longue, à manches, ont le bonnet carré[3] et la chausse[4]. »

1. Page 47.
2. Page 48.
3. On peut voir la forme carrée de ce bonnet vénérable (*boneto venerabili et docto*) dans le portrait de Gui Patin, qui est en tête du tome Ier de ses *Lettres choisies* (édition de Rotterdam, 1725). — Le médecin Jacques Perreau, lorsqu'il reçut Victor Pallu, le 28 août 1630, voulut, avant de lui mettre sur la tête ce bonnet carré, ce *birretum*, comme on l'appelait, lui apprendre à admirer la signification profonde de sa forme : *Quadratum vides, ut in omnibus constantem te et perfectum præstes, virtutum tetragono insistentem, scientiarumque quadrivio ornatum; quatuor veluti cornua orbis imperium portendunt, quatuor plagis distinctum et elementis quatuor conflatum,* etc. : voyez à la page 355 du *Stadium medicum ad lauream scholæ Parisiensis, emensum a Victore Pallu....* (Parisiis, apud Joannem Camusat, MDCXXX). Si Molière avait connu ce magnifique morceau de rhétorique, n'en aurait-il pas enrichi sa réception burlesque ?
4. *Humerale coccinum.* — Voyez à la page 49 et 50 des *Statuts.* Ces Statuts ont été promulgués au Parlement le 3 septembre 1598 : *Promulgata sunt in Senatu, III. septembris anno Domini* MDXCVIII.

On reconnaît là les principaux traits de l'amusant tableau de notre cérémonie, dans lequel il n'y avait pas à distinguer les différents *actes* de la Faculté, mais à réunir tout ce qu'ils offraient de plus caractéristique.

La plupart des questions qui y étaient proposées paraîtraient aujourd'hui bien étranges. Les curieux les trouveront dans un recueil[1] publié à Paris, en 1752. Molière, on n'en doute pas, en a exagéré le ridicule : c'était son droit d'auteur comique ; on retrouve d'ailleurs chez lui, sinon la lettre, du moins l'esprit du bizarre enseignement. La question sur l'opium et la réponse sont demeurées célèbres, comme une raillerie qui porte à fond, et donne un très-caractéristique échantillon de la mauvaise philosophie de l'école.

Le remercîment d'Argan rappelle tout à fait par ses hyperboles et par son lyrisme les louanges sans mesure qui se débitaient dans ces solennités. « Il a beau, dit M. Maurice Raynaud[2], comparer l'assistance au soleil et aux étoiles, aux ondes de l'Océan et aux roses du printemps, jamais il ne surpassera en emphase les compliments gigantesques qui étaient alors la monnaie courante des réceptions académiques ; » et il en cite des exemples qui font en effet trouver à peine exagérées les plaisanteries de Molière.

Ce que l'on a surtout envie de prendre pour une fantaisie, c'est l'air des révérences, après le cérémonial du bonnet ; ce sont les instruments et les voix qui accompagnent les danses des chirurgiens et des apothicaires. Molière cependant n'avait ajouté que le petit divertissement chorégraphique ; quant à la musique médicale, elle était dans les coutumes de la Faculté, sinon peut-être de Paris, du moins de Montpellier. Nous le savons par le témoignage de Locke. Vers la fin de l'année 1675, le philosophe anglais vint en France, pour y donner des soins à sa santé. Il

---

1. *Quæstionum medicarum.... series chronologica* (in-4°). Dans la première série sont les questions du *Baccalauréat* (de 1539 à 1751) ; dans la seconde, celles des *Vespéries*, du *Doctorat* et de la *Régence* (*Regentiæ vulgo* Pastillariæ[a] *dictæ*). Cette série est de 1576 à 1752. On peut donc chercher dans l'une et l'autre série les questions du temps de Molière.

2. Page 62.

[a] *Pâtissière*, à cause des gâteaux qu'on y mangeait.

était, au mois de mars 1676, à Montpellier, où il écrivait son *Journal*, dans lequel on lit sous la date du 18[1] : « La manière dont on faisait un médecin était celle-ci : le cortége en robes écarlates et en bonnets noirs. Le professeur s'assit, et après que des violons eurent joué quelque temps, il leur fit donner le signal de se taire, afin qu'il lui fût loisible de parler à la compagnie, ce qu'il fit dans un discours contre les nouveautés. Reprise alors de la musique. Puis l'aspirant commença son discours, où je trouvai peu de sujet d'être édifié : il y devait adresser un compliment au chancelier et aux professeurs qui étaient présents. Le docteur alors lui mit sur la tête, en signe de son doctorat, le bonnet, qui, dans la marche du cortége, était venu là au bout du bâton de l'huissier, lui passa au doigt un anneau, et s'étant ceint lui-même d'une chaîne d'or, le fit asseoir près de lui, pour qu'après avoir pris tant de peines, il pût maintenant se mettre à l'aise ; il le baisa et l'embrassa, en gage de cette amitié qui allait désormais exister entre eux. »

Le latin de la Faculté n'était sans doute pas plus barbare que ne l'aurait paru nécessairement aux anciens une bonne partie du latin moderne. Molière lui en a prêté un qui est, comme on dit, *de cuisine*, parce que c'était le seul moyen de le rendre comique, et vraisemblablement aussi parce que, voyant une solennelle charlatanerie dans l'emploi emphatique et pédantesque d'une langue inconnue au vulgaire et destinée par son mystère à cacher beaucoup de sottises, il trouvait plaisir à la discréditer par le ridicule.

Monchesnay, dans le *Bolæana*[2], dit que ce latin macaronique du *Malade imaginaire* avait été « fourni à Molière par son ami Despréaux, en dînant ensemble avec Mlle Ninon de l'Enclos et Mme de la Sablière. » Nous voudrions tout au moins admettre l'explication ou la correction proposée par les

---

1. Au tome Ier, p. 118 et 119 de *la Vie de Locke* (*the Life of John Locke*), par lord King, nouvelle édition, Londres, 1830, 2 volumes in-8°. — Aimé-Martin (*OEuvres de Molière*, 1845, tome VI, p. 430 et 431, à la note) a donné de ce même passage une traduction d'une infidélité qui peut étonner, n'étant pas probable qu'il ait eu sous les yeux un texte différent.

2. Page 34.

auteurs de l'*Histoire du théâtre françois*[1] : « Il auroit été plus clair de dire que M. Despréaux donna l'idée du latin macaronique du *Malade imaginaire*. » Si, en effet, l'on suppose un fond de vérité dans l'anecdote, on ne peut cependant croire à l'exactitude des termes dans lesquels elle est contée. A entendre l'auteur du *Bolæana*, ne semblerait-il pas que Boileau ait été le véritable auteur de toutes les paroles de l'intermède? Lorsqu'on en apprécie, comme il est juste, toutes les intentions comiques, il est difficile de les attribuer à un autre que Molière ; et s'il fallait accorder qu'il ait pu avoir des collaborateurs, leur part ne doit pas avoir été la plus grande. M. Maurice Raynaud n'a pas moins restreint celle de Molière que ne l'a fait le *Bolæana*, tout en ne reproduisant pas assez fidèlement le renseignement qu'il y a trouvé, et qu'il n'a sans doute pas puisé à une autre source. Une première inexactitude est d'avoir dit, comme si nous en savions quelque chose, que le fameux dîner eut lieu « chez Mme de la Sablière[2]. » Monchesnay l'a nommée seulement au nombre des convives. C'est d'ailleurs un détail de peu d'importance. Voici qui est plus hasardé : « Molière fournit le canevas; chacun y mit son mot. » Rien de semblable dans le *Bolæana*. Ce ne peut donc être qu'une supposition ; et si l'on doit en faire une, la moins invraisemblable serait que Molière aurait récité à ses amis la scène toute faite, et que ceux-ci, au milieu des gais propos qui suivirent la lecture, auraient, brodant sur le texte, jeté quelques mots de leur estoc, dont Molière fit ou ne fit pas son profit.

Serait-ce là, comme M. Magnin penchait à le croire, l'origine des cent cinquante vers ajoutés à la cérémonie authentique dans une édition de cet intermède, imprimée à Rouen le 24 mars 1673[3], trente-cinq jours après la mort de Molière?

---

1. Tome XI, p. 282, note *b*.

2. *Les Médecins au temps de Molière*, p. 56. — Dans l'édition de 1773 des *OEuvres de Molière*, au tome VI, p. 486, Bret a le premier, nous le croyons, dit que le souper fut donné chez Mme de la Sablière. Parmi les convives, il nomme la Fontaine, sans dire où il a puisé ce renseignement.

3. Dans un in-12, dont le titre est : *Receptio publica unius juvenis*

M. Magnin conjecture[1] que cette longue macaronée est la première forme de la réception d'Argan, improvisée en collaboration *inter pocula*. Nous la croyons plutôt imaginée après la mort de Molière, sans intention bien certaine de la faire passer pour son œuvre. Elle n'a donc pas à nos yeux la valeur que lui a prêtée M. Magnin, qui, le premier, a conseillé d'ajouter ces quelques pages aux œuvres de notre auteur. Lorsque, en nous défendant de toute prévention, nous comparons cette satire délayée à celle dont le texte a seul une évidente authenticité, nous n'y trouvons ni la même urbanité dans la plaisanterie, ni la même habileté dans le maniement du latin burlesque. Cette langue macaronique a ses lois, que jamais aucun grammairien ne fixera, mais que le goût fin et l'oreille fine de Molière ont senties avec la même justesse que, en d'autres occasions, les lois, non moins impossibles à rédiger, du vers libre. Ces lois ne sont pas observées dans la lourde contrefaçon, où le français et le latin s'amalgament avec maladresse. Nous n'y saurions reconnaître ni Molière, ni Boileau. Ce n'est pas eux qui eussent manqué à la simplicité si nécessaire ici, en étalant des élégances de bons thèmes de collége, *lepidum caput*, — *gravis ærc*, — *coronæ nos admirantis*. Ils n'auraient pas compliqué leur français latinisé de bribes d'italien[2], qui ont paru dénoncer la main de Lulli. Que dirons-nous des grossièretés, des obscénités de quelques passages? Personne, en tout cas, ne

---

medici in *Academia burlesca Joannis-Baptistæ Molière, doctoris comici. Editio deuxième, revisa et de beaucoup augmentata super manuscriptos trovatos post suam mortem.* — Ce titre semble attribuer à Molière ces variantes de son intermède, mais il ne le fait que d'une manière très-équivoque. — La même *Receptio publica...., editio troisième, revisa*, etc., a été publiée la même année 1673, et dans le même format, à Amsterdam. — Elle était connue de Bret, qui en parle au tome VI, p. 491, des *OEuvres de Molière* (1773.)

1. Voyez la *Revue des Deux Mondes* du 1er juillet 1846, tome XV, p. 172 et suivantes. — Malgré l'opinion que nous exprimons sur cette variante de notre intermède, nous la donnons ci-après en appendice, à l'exemple des plus récents éditeurs des *OEuvres de Molière*.

2. Nous n'en trouvons pas seulement dans le couplet de la *demoiselle italienne* (*una domicella italiana*), mais aussi dans d'autres couplets.

pourra croire qu'elles aient été destinées aux oreilles des spectateurs. Un critique aussi fin que M. Magnin aurait dû plus décidément y déclarer Molière étranger, et ne pas croire une bouffonnerie si médiocrement plaisante « rédigée en commun dans le salon de Mme de la Sablière [1]. »

M. Magnin dit qu'il est de tradition au théâtre d'ajouter au texte imprimé, en 1673, chez Christophe Ballard, des vers sur la demoiselle aux pâles couleurs, qui rappellent un peu la longue tirade du livret de Rouen. Rien ne nous apprend que cette tradition remonte au temps de Molière, ce qui serait nécessaire pour la justifier. Elle prouverait seulement que, depuis assez longtemps, les comédiens connaissaient les développements qu'on s'était amusé à donner à la cérémonie. L'authenticité de ces développements n'est pas mieux démontrée par ce fait, rapporté aussi par M. Magnin, qu'on les trouve dans la traduction en italien du *Malade imaginaire* qui a été publiée, en 1697, à Leipsick, par Nic. di Castelli, secrétaire de l'électeur de Brandebourg. M. Magnin fait remarquer que ce même Castelli a donné exactement, dans sa traduction du *Festin de pierre*, la scène du Pauvre. Cela suppose sans doute que le traducteur avait mis beaucoup de soin à s'enquérir du vrai texte des comédies de Molière; mais, en même temps qu'il cherchait curieusement ce texte jusque dans des éditions non cartonnées, ne peut-il, pour la cérémonie du *Malade imaginaire*, l'avoir cherché où il n'était pas, trop peu en garde contre la longue et fausse variante, fabriquée on ne sait par qui?

Si nous ne croyons pas que Molière ait eu besoin d'aide pour traduire en latin de fantaisie celui de la *très-salubre Faculté*, une conjecture que nous repousserions moins, sans la juger toutefois nécessaire, c'est qu'il se serait adressé à quelque homme de l'art pour se faire initier à la connaissance exacte des majestueuses solennités de la rue de la Bûcherie. Cela s'est dit; et le médecin de la Faculté de Paris qui a passé pour le traître ayant vendu ses frères est le docteur Mauvillain, ami de notre poëte. Nous avons cité ailleurs[2] l'acte d'accusa-

---

1. *Revue des Deux Mondes* déjà citée, p. 175.
2. Dans notre tome IV, p. 395 et 396, à la note 2 du *troisième Placet* de Molière.

tion contre Mauvillain, que l'on trouve dans un exemplaire de l'*Index funereus chirurgorum Parisiensium*, publié en 1714. C'est une addition manuscrite, que l'on croit de la main même de Jean de Vaux, auteur de l'*Index*. Il y reproche à Mauvillain d'avoir fourni à Molière ce qu'il appelle « les scènes accessoires, » c'est-à-dire le fameux intermède de son *Malade imaginaire* : quelques notes seulement, ce serait plus facile à admettre ; et nous croyons que pour en faire usage avec tant d'esprit, Molière n'a eu recours à personne.

Il nous a semblé que l'on pouvait parler un peu longuement de ce dernier intermède de la pièce, qui est, à lui seul, une petite comédie, et qui d'ailleurs a pris plus de place encore dans l'histoire du théâtre de Molière par le funeste souvenir de ce jour où, pendant qu'il était joué pour la quatrième fois, le dernier rire de son auteur se perdit dans une convulsion d'agonie. Mais nous ne voudrions pas mériter le reproche d'oublier, pour des *scènes accessoires*, comme on les a bien nommées, la principale et véritable comédie. Sans que l'on puisse nous demander ici une analyse détaillée de l'excellente pièce, les jugements qui en ont été portés nous amènent à l'apprécier en quelques mots.

Des critiques l'ont trouvée moins divertissante que lugubre, au milieu de toute cette apothicairerie déchaînée sur un pauvre corps, malade ou non, dont il y a lieu de craindre qu'elle n'ait bientôt raison, et parmi ces sinistres corbeaux de la gent médicale, ces affreux tourmenteurs qui ne laissent aucune trêve à leur patient, tandis qu'une femme hypocrite guette le moment où docteurs et apothicaires auront avancé l'heure de son héritage, et qu'une servante insolente, avec son rire sans pitié, s'amuse des terreurs du pauvre hypocondre[1].

Il y a bien des misères, en effet, autour du fauteuil d'Argan. Avec quel art cependant Molière a caché au spectateur derrière tant de détails comiques le triste fond du tableau, qui n'est reconnu qu'à la réflexion ! Il fallait n'avoir pas un moment perdu de vue les vraies conditions de la comédie pour remplir d'une telle gaieté une chambre où l'on ne parle que

---

1. Voyez *les Deux masques*, de Paul de Saint-Victor, tome III, p. 494-497.

de maux d'entrailles, de bile à expulser et de mort. Après tout, la maladie n'est pas sérieuse, et le burlesque des scènes où sont étalées crûment toutes les impuretés de notre misérable nature en sauve le répugnant spectacle. Si les oiseaux de malheur, lâchés par la Faculté, viennent là s'abattre sur leur proie, ils paraissent avec des têtes, non de Méduses, mais de grotesques, et sont si drôles, qu'ils cessent d'être terribles. On admire comment Molière a pu surpasser, dans notre pièce, la gaieté et la vérité des tableaux qui déjà, dans *l'Amour médecin,* dans *le Médecin malgré lui* et dans *Monsieur de Pourceaugnac,* nous avaient représenté avec des couleurs si vivantes et, par bien des côtés, si fidèles, les ridicules des Esculapes du dix-septième siècle. Les portraits des deux Diafoirus ont toujours été regardés comme des chefs-d'œuvre. Le jeune benêt Thomas, parfait exemplaire de la bêtise ornée de science, fait admirablement comprendre quelle éducation formait ces prodigieux médicastres. Quant à Toinette, à qui l'on reproche son impitoyable malice, elle n'est assurément pas tendre; mais que de verve amusante dans ses incartades, au fond pleines de bon sens! Tel est, en général, le caractère des servantes dans les comédies de Molière, où il n'y en a aucune dont le rôle soit aussi nécessaire à la pièce que celui de Toinette. Sa rude franchise fait le plus heureux contraste avec la méchanceté doucereuse de Béline. Celle-ci est, dans notre comédie, la seule physionomie vraiment noire; car le redoutable Purgon n'est pas nécessairement méchant diable, et ses cruautés ne sont que celles de son fanatisme médical. La figure de Béline cependant ne sort pas du cadre comique, parce que le ridicule s'y montre toujours à côté de l'odieux, et qu'elle a, comme celle du Tartuffe, des traits qui rendent risibles les plus vilains artifices.

Le petit rôle de Louison était fort admiré de Goethe. Dans ses *Conversations*[1] recueillies par Eckermann, il a jugé la scène VIII de l'acte II une des plus vivantes qu'il y ait au théâtre. L'enfance en effet, sa grâce naïve, son espièglerie n'ont jamais trouvé pour les peindre avec autant de vérité et d'agrément, un aussi délicat pinceau. Horace a dit au poëte :

1. Voyez la traduction de M. E. Delerot, tome Ier, p. 322.

« Tu dois noter les mœurs de chaque âge[1]. » Molière, qui savait tout de l'homme, n'a pas manqué au précepte, et les traits du premier âge même n'ont pas échappé à sa fine observation.

Il nous reste à chercher s'il y a des ressemblances à noter entre la dernière œuvre du génie de Molière et d'autres comédies soit antérieures, soit postérieures en date.

Des comédies antérieures, avons-nous réellement quelque chose à dire? Molière a-t-il fait à tel ou tel de ses devanciers des emprunts bien avérés? Pour ce qui est du principal et vrai sujet de sa pièce, il est, tout au plus, permis d'admettre, ainsi que nous l'avons dit, qu'*Élomire hypocondre* lui en a fait naître l'idée, idée toutefois dont il s'est emparé pour la transformer entièrement et la rectifier, en la prenant comme à rebours.

On a conjecturé[2], mais seulement sur la très-vague indication fournie par un titre de pièce, que, dans les rôles des deux Diafoirus, il avait tiré quelque chose du *Grand benêt de fils aussi sot que son père*. Nous ne savons rien de cette comédie, si ce n'est qu'elle fut jouée pour la première fois, en visite, chez le secrétaire d'État le Tellier, le 17 janvier 1664, et plusieurs fois, la même année, sur le théâtre de Molière. Il y a bien des variétés de benêts, fils de sots ; et nous n'avons guère de raisons de croire que Molière ait trouvé là les figures de son jeune médecin et de son respectable papa. Lorsqu'on a vu quelque vraisemblance à un tel emprunt, c'est qu'on a pensé, comme les frères Parfaict, que ce *Grand benêt* pouvait être attribué à Molière, qui souvent reprenait son bien dans ses anciennes farces. Mais la comédie, connue seulement par son titre, n'était pas un de ces petits canevas, tels que le *Médecin volant* ou *la Jalousie du Barbouillé*, puisque, à elle seule, elle a pu quelquefois composer le spectacle, et le *Registre de la Grange* nous apprend qu'elle est de Brécourt[3].

1.   *Ætatis cujusque notandi sunt tibi mores.*
(*Art poétique*, vers 156.)
2. Voyez l'*Histoire du théâtre françois*, tome X, p. 110 et note *c* de la même page.
3. Voyez notre tome I, p. 9.

Un des éditeurs de Molière, Petitot[1], a cru trouver le modèle du rôle de Béline dans une comédie en un acte et en vers, antérieure au *Malade imaginaire* et qui a pour titre *le Mari malade*. Il avait sous les yeux cette comédie, que nous avons cherchée en vain. Elle « porte, dit-il, le nom de *Molières*. » Ce *Molières*, dont il écrit ainsi le nom, était, selon lui, un comédien de l'Hôtel de Bourgogne[2] qui avait composé d'autres pièces de théâtre, entre autres une tragédie de *Polyxène*[3]. Voici la courte analyse que Petitot donne du *Mari malade* : « Un vieillard qui a épousé une jeune femme est malade ; sa femme paraît avoir le plus grand soin de lui ; mais elle le hait en secret, et profite de sa maladie pour recevoir un amant. Le mari meurt pendant la pièce ; et, ce qui est odieux, la femme se réjouit de sa mort. » Pour que, en dépit des différences qui de cette courte analyse ressortent entre les deux rôles, la ressemblance de la perfide épouse avec Béline permît de croire, sans hésiter, à des imitations, il faudrait savoir si quelques traits des câlineries de celle-là, ou l'expression de son conten-

---

1. *OEuvres de Molière*, Paris, nouvelle édition (1823), 6 volumes in-8° : voyez au tome VI, p. 436.

2. Petitot a fait une confusion. Le comédien de l'Hôtel de Bourgogne à qui l'on paraît avoir donné quelquefois le nom de *Molière*, et qui est d'un temps moins ancien, est Raisin cadet. Voyez *le Moliériste* du 1er septembre 1880, p. 177-179.

3. La seule *Polyxène*, d'un *sieur de Molière*, que nous connaissions, est un roman (mentionné aux *Précieuses*, tome II, p. 67, note 1). Nous en avons vu une édition (la troisième) de 1632, publiée après la mort de l'auteur, François de Molière. *Le Moliériste* (juin 1881, p. 70) dit, d'après des documents, qu'il s'appelait François Forget, sieur de Molière et *d'Essertines* ; on écrivait aussi *d'Essartines*. A la même page du *Moliériste*, on cite le titre d'un ouvrage de sa femme, publié en 1619 : « *Odes spirituelles....* par Anne Picardel, vefve du.... sieur de *Moulières* et *d'Essartines*. » Maupoint, dans sa *Bibliothèque des théâtres* (1733), parle, à la page 254, d'un *Molière le tragique*, et de sa tragédie de *Polixène*, qu'il croit avoir été représentée souvent à la cour. L'existence de cette pièce est généralement mise en doute. C'est évidemment sur la foi de Maupoint que Voltaire, dans sa *Vie de Molière*, a dit (tome XXXVIII des *OEuvres*, p. 191) : « Il y avait déjà eu un comédien appelé Molière, auteur de la tragédie de *Polyxène*. »

tement quand elle est débarrassée de son valétudinaire, rappellent certains détails des scènes correspondantes du *Malade imaginaire.*

Ce qui nous paraît moins douteux, c'est un petit emprunt fait par Molière, dans une des scènes épisodiques de sa pièce, au *Don Bertran de Cigarral*, de Thomas Corneille, qui fut joué en 1650. Parmi les comédies de ses devanciers, celle-ci est une de celles que Molière a dû ne pas dédaigner ; souvent les vers en sont très-spirituels, et l'on y trouve des idées plaisantes. En voici une dont on croit que Molière a fait son profit. En présence d'Isabelle, que le bizarre et grossier don Bertran veut épouser, du père de cette Isabelle et de don Bertran lui-même, don Alvar, amant de la jeune fille, la voyant en danger d'être sacrifiée, raconte une histoire (acte II, scène IV), qui, sous un voile transparent, est celle même de leur mutuel amour. Le récit de Cléante (acte II, scène V) est une fiction ingénieuse imaginée avec une intention toute semblable. Don Bertran n'a pas plus de peine qu'Argan à comprendre qu'on se joue de lui, et ne montre pas avec moins de mauvaise humeur qu'il n'est pas dupe. Il déclare à Isabelle qu'elle « entend trop le jargon » :

> Holà ! vous en savez bien d'autres, que je pense.
> . . . . Je me trompe bien
> Si, pour vous égayer, il vous conte plus rien.

Il est fort vraisemblable que Molière ne s'est pas rencontré fortuitement avec Thomas Corneille, et qu'il lui doit la ruse de Cléante[1], à moins qu'il n'ait, lui aussi, puisé à la source espagnole, et directement imité don Francisco de Rojas, que l'auteur de *Don Bertran de Cigarral* reconnaît, dans l'*Épître* imprimée en tête de la pièce, lui avoir servi de modèle[2].

---

1. C'est aussi, dans *le Barbier de Séville*, la ruse d'Almaviva, qui vient chez Bartholo remplacer le maître de musique absent, comme fait Cléante chez Argan. C'est un petit emprunt que Molière, plutôt sans doute que Thomas Corneille, a fourni à Beaumarchais.

2. Rojas a intitulé sa comédie : *Le jeu roule entre des sots* ou *Don Lucas de Cigarral*. Demeuré justement célèbre, il était bien connu en France de ses contemporains du dix-septième siècle. Scarron

Après avoir rencontré dans la comédie de Molière de si rares emprunts, les uns douteux, les autres assez insignifiants, on peut désirer savoir ce que lui ont dû les imitateurs.

Le titre d'un ouvrage de Dufresny, *la Malade sans maladie*, semblerait promettre une imitation du sujet lui-même. Cette comédie, en cinq actes et en prose, fut représentée pour la première fois le 27 novembre 1699[1]. C'est une pièce des plus médiocres, sans gaieté, sans peinture sérieuse des caractères. S'il est naturel de s'attendre à y trouver un Argan, dont l'imitateur se serait borné à changer le sexe, cette attente est trompée. Dans la maladie du principal personnage il entre beaucoup d'inquiétudes d'une imagination frappée, et, comme on disait alors, de *vapeurs;* mais cette hypocondrie est faiblement indiquée, et Dufresny n'en a rien su tirer de comique, malgré le modèle que lui avait donné Molière, et auquel il est évident qu'il a pensé. Voulant que sa malade eût près d'elle une sorte de Béline, il lui a donné une perfide amie. Puis il y a une suivante, Lisette, qui, lorsqu'elle introduit auprès de la malade un faux médecin, s'est souvenue de Toinette, jouant elle-même ce rôle de docteur. Enfin, comme dans *le Malade imaginaire*, l'intrigue ourdie par une avide cajoleuse est déjouée. On trouve donc là quelques idées, dont la source est visible ; mais Dufresny en a fait un très-pauvre usage.

Le rôle de Béline, qu'il est plus facile de s'approprier que le rôle d'Argan, principal objet de notre comédie, a surtout tenté les imitateurs, entre autres Goldoni, celui des auteurs étrangers qui s'est le plus attaché aux traces de Molière. Dans sa *Serva amorosa*[2], comédie au fond si différente du *Malade imaginaire*, et dont l'intrigue est tout autre, Béatrice, une marâtre

l'a eu pour modèle dans son *Jodelet* ou *le Maître-valet*, et, ce qui vaut mieux, Rotrou dans son *Venceslas*.

1. Voyez au tome II des *OEuvres de M. Rivière du Fresny* (Paris, chez Briasson, 1731). — Maupoint dit à tort (*Bibliothèque des Théâtres*, 1733, p. 193-194) que cette pièce n'a pas été jouée. Il est vrai qu'on ne put l'achever ; après le second acte, il fallut changer le spectacle.

2. Cette comédie en trois actes et en prose a été représentée, pour la première fois, à Bologne, au printemps de 1752. Sablier l'a traduite en français sous le titre de *la Domestique généreuse:*

copiée sur Béline, a obtenu du vieillard Ottavio, son mari, qu'il chassât de la maison Florindo, le fils du premier lit. Pour qu'il soit déshérité à son profit, elle n'épargne aucune manœuvre. Ottavio fera un testament, pour lequel elle mande un notaire, qu'elle se croit assurée de mettre dans ses intérêts. Mais, par les conseils de Corallina, la servante amoureuse, le bonhomme Ottavio se prête, comme Argan, à une comédie de mort. Béatrice, le croyant défunt, mais se gardant d'en rien dire, fait semblant de recueillir de sa bouche ses dernières volontés, qu'elle dicte au Notaire. Celui-ci, qui n'est pas, comme elle l'avait espéré, son complice, donne lecture du vrai testament, par lequel le fils est institué seul héritier. Béatrice essaye de protester. Ottavio ressuscite alors pour confirmer ses véritables intentions et remercier, comme elle le mérite, la méchante femme de tout le bien qu'elle lui veut. On voit que l'auteur du *Malade imaginaire* a passé par là : ce n'était pas trop la peine[1].

Regnard a su mieux imiter Molière. Ce n'est pas que nous pensions, comme on l'a fait quelquefois, à un de ses plus faibles ouvrages, composé pour le théâtre italien, à son *Arlequin homme à bonne fortune*, comédie en trois actes et en prose, représentée, pour la première fois, le 10 janvier 1690. Il s'y trouve sans doute une réminiscence de notre pièce. Brocantin veut faire épouser à sa fille Isabelle le médecin Bassinet, qui n'est pas un parti du goût de la demoiselle. On reconnaît la scène v de l'acte Ier du *Malade imaginaire*; mais l'analogie n'a pas grande importance. Dans cette même pièce,

voyez les *OEuvres de M****, Londres, 1761, ou, ce qui est la même chose, le *Théâtre d'un Inconnu*, Paris, chez Duchesne, 1765.

1. Parmi les auteurs étrangers, qui ont imité *le Malade imaginaire*, il peut suffire ici d'avoir nommé Goldoni, le plus marquant. On en rencontrerait sans doute plusieurs autres. M. Henri van Laun, dans *le Moliériste* du 1er mai et du 1er août 1881, a signalé en Angleterre : 1° la comédie de *Sir Patient Fancy*, jouée en 1678, et dont l'auteur était une dame hollandaise, Mme Alphra Behn ; on reconnaît Argan dans le héros de la pièce, laquelle d'ailleurs doit beaucoup aussi à *l'Amour médecin*; 2° la comédie intitulée *Doctor Last in his chariot*, où beaucoup d'emprunts ont également été faits au *Malade imaginaire;* elle est d'Isaac Bickerstaffe.

assez grossière, Regnard a, suivant son habitude, glané chez Molière de plusieurs autres côtés, prenant çà et là des traits à *l'Avare*, au *Bourgeois gentilhomme*, au *Mariage forcé*, aux *Femmes savantes*, aux *Précieuses ridicules*. Toutes ces imitations, très-superficielles, ont peu d'intérêt.

Il faut faire plus d'attention au *Légataire universel*, que le même Regnard fit jouer pour la première fois le 9 janvier 1708. C'est assurément du *Malade imaginaire* qu'est née cette comédie, dont le sujet est tout autrement lugubre, mais qui n'en est pas moins étincelante de verve, et que l'on regarde, avec raison, comme la plus plaisante de toutes celles de Regnard. Plus hardi que Molière, et il ne l'a été qu'en passant les justes bornes, Regnard, dans son tableau des misères d'un homme devenu la proie des remèdes de la Faculté et des intrigues de coquins qui pourchassent sa succession, nous montre, au lieu d'un maniaque qui s'imagine être malade, un trop vrai moribond. Cela n'empêche pas que, en entendant son Géronte, il nous semble souvent que c'est Argan qui parle :

> J'ai, cette nuit, été secoué comme il faut,
> Et je viens d'essuyer un dangereux assaut :
> Un pareil, à coup sûr, emporteroit la place[1].

Il quitte fréquemment la scène sans autres raisons que celles qui forcent Argan à sortir avec la même hâte. Les lavements qui mettent Géronte en fuite viennent de chez Molière. L'apothicaire Clistorel, « plus têtu qu'une mule, » est évidemment de la famille du médecin Purgon, dont il ne sauroit être désavoué, quand il arrive tout en colère, pour reprocher à Géronte ses sottises :

> Non, non, je ne veux plus de commerce avec vous[2].

Lisette a quelques traits de Toinette, quoiqu'elle ne l'imite pas dans sa fidélité :

> Il ne me donne rien ; mais j'ai pour récompense
> Le droit de lui parler avec toute licence.
> Je lui dis, à son nez, des mots assez piquants[3].

---

1. *Le Légataire*, acte I, scène IV. — 2. Acte II, scène XI.
3. Acte I, scène I.

Le notaire Scrupule est proche parent, son nom même l'indique, de Monsieur de Bonnefoi.

Lorsque Crispin prend la robe de malade et le bonnet de nuit de Géronte, qu'il tient pour trépassé, il a peur un moment de sa hardiesse :

Mais, avec son habit, si son mal m'alloit prendre[1] ?

Cette frayeur superstitieuse rappelle celle d'Argan : « N'y a-t-il point quelque danger à contrefaire le mort[2] ? » C'est ainsi que l'on trouve, d'un bout à l'autre de la comédie de Regnard, une suite de gentilles variations sur le thème fourni par Molière. Si l'on veut que ce soient des larcins, ils ont trouvé si naturellement leur place dans une œuvre très-différente, qu'il n'y en a pas de plus légitimes; ils n'ôtent pas à cette œuvre la valeur comique qui lui est propre, et dont, bon gré mal gré, l'on est fort amusé, au milieu même de cet appareil mortuaire et des plus pendables coquineries. Le tour de force de Molière, de nous faire si franchement rire dans une chambre de malade, avait été grand : celui de Regnard, qui a voulu renchérir, est plus extraordinaire; mais dans *le Légataire*, dans cette prodigieuse débauche de facéties, qu'on est loin de la profondeur de la peinture du *Malade imaginaire*, loin aussi du style de Molière ! Si celui de Regnard est très-agréablement plaisant et d'une vivacité étourdissante, il manque, dans sa facilité spirituelle, de cette forte originalité qui, chez Molière, fait penser en faisant rire, et, par chaque trait, met en saillie les caractères.

Sur la distribution des rôles de la pièce aux premières représentations le livre publié dès lors chez Christophe Ballard ne nous apprend rien : il « ne donne ni les noms des acteurs qui ont joué la comédie, ni même, ce qui est singulier, les noms des chanteurs, des danseurs et des musiciens[3]. » C'est donc ailleurs qu'il faut chercher des renseignements.

1. *Le Légataire*, acte IV, scène IV.
2. *Le Malade imaginaire*, acte III, scène XI.
3. *Documents sur le Malade imaginaire....* par M. Édouard Thierry (Paris, 1880), p. 1. — Peut-être s'était-on abstenu de donner les listes des chanteurs et des danseurs engagés par Molière, parce

Que Molière ait joué le principal rôle, celui d'*Argan*, pour n'en pas douter il était à peine besoin des témoignages positifs des contemporains qui ont parlé de la représentation où il mourut dans ce rôle, sinon de ce rôle. L'inventaire de 1673 ne dit rien des habits qu'il portait en le jouant, relique funèbre, que vraisemblablement on ne voulut pas y faire figurer, et qui était peut-être tachée du sang de la veine rompue. On donnera ci-après, dans les notes sur les personnages, la description du costume d'Argan, d'après les indications de la contrefaçon de la pièce, imprimée à Amsterdam chez Daniel Elzevir. Nous ne pouvons affirmer que ce costume ait exactement été celui de Molière; c'est toutefois le plus probable. On y remarque surtout la camisole rouge, qui aurait dû rester toujours de tradition, au lieu de la robe de chambre. Eudore Soulié a fait l'observation que ce costume est bien celui d'Argan dans la planche gravée en 1676 par le Pautre, laquelle reproduit la représentation du 21 août 1674, à Versailles[1]; et que, dans l'édition de 1682, la gravure de P. Brisart montre également Argan vêtu de la camisole[2]. Il en conclut qu'il faut tenir pour très-suspecte l'anecdote racontée par le président Hénault dans ses *Mémoires*[3], où il dit : « Jean-Remi Hénault, mon père.... donna à Molière, pour son *Malade imaginaire*, la robe de chambre et le bonnet de nuit de.... M. Foucault, son parent, l'homme le plus chagrin et le plus redouté dans sa famille, et qui travailloit toute la journée en robe de chambre. »

Il existe aujourd'hui encore un vénérable témoin du rôle joué par Molière dans sa dernière comédie : c'est le fauteuil dans lequel il réglait le mémoire de M. Fleurant. Les meubles ont la vie plus dure que les hommes, sans exception ni privilége pour les poëtes immortels, qui ne le sont que dans la mémoire de la postérité. Ce fauteuil, où successivement se sont assis les

qu'elles auraient été un aveu public des contraventions, simplement tolérées, au Privilége de Lulli.

1. Voyez ci-après, p. 248.
2. *Recherches sur Molière*, p. 88 et 89.
3. *Mémoires du président Hénault.... recueillis et mis en ordre par son arrière-neveu, M. le baron de Vigan*, 1 volume in-8°, Paris, 1855, p. 4 et 5.

héritiers du rôle d'*Argan* dans la maison de Molière, et, pendant quelque temps, à l'Odéon, a toute une histoire que M. Monval, archiviste de la Comédie-Française, nous a racontée dans la Revue mensuelle qu'il publie sous le titre du *Moliériste*[1]. Il en a donné la description et nous a appris que, revenu de l'Odéon au Théâtre-Français depuis près d'un siècle, il y est précieusement conservé, mais que, pour le ménager, on a récemment décidé que l'on ne s'en servirait plus dans les représentations du *Malade imaginaire*, où il serait remplacé par un fauteuil qui n'en est que la fidèle copie.

Pour attribuer à Mlle Molière et à la Grange les rôles d'*Angélique* et de *Cléante*, on n'en est pas réduit à la vraisemblance. Le *Mercure* de 1740 dit de la première : « Elle avoit de la voix, et chantoit ordinairement avec la Grange dans le second acte (*scène v*) du *Malade imaginaire*[2]. » Il vaut encore mieux citer ce que, bien plus près du temps de Molière, écrivait l'auteur des *Entretiens galants*, publiés en 1681; il ne se contente pas de nommer la comédienne et le comédien ; il porte un jugement sur leur talent dans cette même scène : « Cette belle scène du *Malade imaginaire*.... n'a-t-elle pas toujours eu sur le théâtre de Guénegaud un agrément qu'elle n'auroit jamais sur celui de l'Opéra ? La Molière et la Grange, qui la chantent, n'ont pas cependant la voix du monde la plus belle. Je doute même qu'ils entendent finement la musique ; et quoiqu'ils chantent par les règles, ce n'est point par leur chant qu'ils s'attirent une si générale approbation ; mais ils savent toucher le cœur, ils peignent les passions[3]. » Il est vrai que là c'est seulement du théâtre Guénegaud qu'il est parlé ; mais ne doit-on pas regarder comme certain que sur le théâtre aussi du Palais-Royal, et dès la première représentation, Mlle Molière et la Grange ont joué les rôles dont, si peu d'années après, nous les trouvons en possession avec beaucoup de succès ?

Si les frères Parfaict ont puisé à bonne source, comme nous

1. Voyez aux pages 355-360 de la 1re année du *Moliériste*, 1er mars 1880.
2. *Mercure de France*, de mai 1740, *Lettre sur la vie et les ouvrages de Molière et sur les comédiens de son temps*, p. 843.
3. *Entretiens galants* (Paris, Jean Ribou, 1681). *La Musique*, vie *Entretien*, tome II, p. 91.

sommes disposé à le croire, leurs informations sur les rôles de *Thomas Diafoirus* et de *Toinette*, ce fut par Beauval et par sa femme que ces rôles furent remplis; et voici l'anecdote qu'ils racontent : « On dit que Molière, en faisant répéter cette pièce (*le Malade imaginaire*), parut mécontent des acteurs qui y jouoient, et principalement de Mlle Beauval, qui représentoit le personnage de *Toinette*. Cette actrice peu endurante, après lui avoir répondu assez brusquement, ajouta : « Vous nous « tourmentez tous, et vous ne dites mot à mon mari. — J'en « serois bien fâché, reprit Molière : je lui gâterois son jeu; la « nature lui a donné de meilleures leçons que les miennes « pour ce rôle[1]. »

C'est par une distraction évidente, peut-être par une simple faute d'impression, que l'on a donné l'âge de trois ans[2] à celle des petites Beauval qui, dit-on, représenta *Louison* en 1673. L'enfant eût été vraiment trop précoce, et personne ne soupçonnera Molière d'avoir voulu indiquer cet âge, ou à peu près, pour celui de sa gentille petite rusée, dont l'innocence en sait déjà, ou du moins en devine assez long, avec ses *tout ci tout ça*. Celle des nombreux enfants des Beauval qui avait alors, non pas trois ans, mais deux ans et trois mois (le prodige auquel il nous faudrait croire serait encore plus étonnant), n'était pas Louise, comme nous le lisons au même endroit, mais Jeanne-Catherine, levée sur les fonts par Molière et Mlle de Brie, le 15 novembre 1670. Pour Louise, on la croit née à Lyon vers 1665[3]. M. Jal[4] a eu raison de la désigner comme celle qui joua le charmant rôle, à l'âge d'environ huit ans. « La veuve de Beaubourg.... vit encore aujourd'hui, dit l'abbé d'Allainval dans sa *Lettre à Mylord*** sur Baron*.... (1730, p. 21 et 22) ;... elle est fille de la Beauval.... et elle fit le rôle de Louison dans *le Malade imaginaire*. »

Les deuils sont de courte durée à la comédie : une impérieuse

---

1. *Histoire du Théâtre françois*, tome XIV, p. 535.
2. Note de M. Livet, page 162 de *la Fameuse comédienne*.
3. L'acte de son mariage, daté du 16 janvier 1683, la dit âgée d'environ dix-huit ans. Elle fit partie de la Troupe du Théâtre-Français sous le nom de Mlle Bertrand en 1685, et plus tard sous celui de Mlle Beaubourg. Ce fut une comédienne médiocre.
4. *Dictionnaire critique*, p. 156, colonne 2, et p. 158, colonne 1.

nécessité les abrége. Le septième jour après la mort de Molière, ses camarades jouèrent son *Misanthrope*, puis ses deux petites pièces de *la Comtesse d'Escarbagnas* et des *Fâcheux;* et bientôt, malgré le lugubre et si récent souvenir (il remontait seulement à deux semaines), *le Malade imaginaire* fut repris. On lit dans le *Registre de la Grange*, à la suite des détails que nous avons ci-dessus transcrits sur la mort de notre poëte : « Dans le désordre où la Troupe se trouva après cette perte irréparable, le Roi eut dessein de joindre les acteurs qui la composoient aux comédiens de l'Hôtel de Bourgogne. Cependant, après avoir été le dimanche 19 et mardi 21 sans jouer, en attendant les ordres du Roi, on recommença le vendredi 24e février par *le Misanthrope*. M. Baron joua le rôle.... Dimanche 26e, *idem*.... Mardi 28e, *Escarbagnas* et *Fâcheux*.... Vendredi 3e mars, on recommença *le Malade imaginaire*. M. de la Torillière joua le rôle de M. de Molière. » La recette de cette représentation du 3 mars et celle des huit représentations qui suivirent dans le même mois furent très-belles et à peu près égales à celles des représentations données du vivant de l'auteur.

Le *Registre* parle ensuite des fortes dépenses que la Troupe avait dû faire pour notre comédie. Les détails dans lesquels il entre ne sont pas sans intérêt, surtout parce qu'ils font connaître que le Palais-Royal, par faveur spéciale sans doute, n'observa pas rigoureusement, dans cette pièce, les inhibitions signifiées aux théâtres de Paris par les Priviléges de Lulli : « Les frais.... du *Malade imaginaire* ont été grands à cause du prologue et des intermèdes remplis de danses, musique et ustensiles, et se sont montés à deux mille quatre cents livres....

« Les frais journaliers ont été grands, à cause de douze violons à 3 l., douze danseurs à 5 l. 10 s., trois symphonistes à 3 l., sept musiciens ou musiciennes, dont il y en a deux à 11 l., les autres à 5 l. 10 s.... Lorsqu'on cessa les représentations à Pâques, la Troupe devoit encore plus de 1000 l. desdits frais extraordinaires. »

Lulli ne pensa-t-il pas, après la mort de Molière, que les infractions à son monopole, tolérées dans les représentations du *Malade imaginaire*, avaient rendu nécessaire la confirmation de ses droits? C'est ce que nous porte à croire cette petite note du *Registre de la Grange :* « Ordonnance du Roi du 30 avril 1673, portant défense et règlement pour les voix et danseurs que le Roi permet d'avoir aux comédiens[1], confirmée depuis en faveur du sieur Lully le 21 mars 1675 et 30 juillet 1682. »

Parmi les représentations de 1673, enregistrées par la Grange, la dernière est du 21 mars. On était arrivé à la clôture d'usage. Les tristes conséquences qu'eut la mort de Molière pour la fortune de son théâtre allaient être de plus en plus senties. Ses camarades, privés de leur illustre chef, commencèrent à donner le spectacle d'un régiment qui se débande. « Les sieurs de la Torillière et Baron, dit le *Registre de la Grange,* quittèrent la Troupe pendant les fêtes de Pâques ; Mlle de Beauval et son mari les suivirent. Ainsi la troupe de Molière fut rompue. » Sans toutefois perdre courage, elle s'occupa de combler les vides faits par la désertion. Elle reçut, le 3 mai 1673, l'engagement de Rosimond, qui se sépara alors de la troupe du Marais, dont il était le meilleur comédien, et prit au Palais-Royal, comme nous l'avons déjà dit ailleurs[2], les rôles de Molière. L'*Histoire du théâtre françois*[3] fait, par erreur, remonter au 25 février 1673 cet engagement de Rosimond et dit qu'il fut en état de jouer le rôle d'*Argan* le vendredi 3 mars, et qu'il le continua jusqu'à la clôture ordinaire. Ce n'est pas lui, mais la Thorillière, on l'a vu ci-dessus[4], qui fut alors chargé de ce rôle. Il ne put être donné que plus tard à Rosimond, lorsque la Troupe se fut établie rue Mazarine, dans le jeu de paume de Laffemas, connu depuis, ou peut-être dès le court séjour qu'y avait fait l'*Académie des opéras,* sous le nom d'hôtel Guénegaud. On fut redevable de ce déménagement à Lulli, l'homme de malheur, qui semblait avoir à cœur d'achever la désorganisation du théâtre de Molière. La note du *Registre de la Grange* sur la retraite de plusieurs des comédiens de la Troupe continue ainsi : « Ceux des acteurs et actrices qui restoient, se trou-

1. Voyez ci-dessus, p. 212 et note 3 de la même page.
2. Tome VI, p. 23.
3. Tome XI, p. 284 et 285.
4. Page 246.

vèrent non-seulement sans troupe, mais sans théâtre, le Roi ayant trouvé à propos de donner la jouissance de la salle du Palais-Royal à M. de Lully. »

L'envahissante *Académie royale de musique*, pour se procurer une nouvelle installation, chassait la comédie, mais sans pouvoir la tuer : la maison de Molière était solide. *La Troupe du Roi* (elle avait conservé ce titre), ayant émigré à l'hôtel Guénegaud, y recommença ses représentations le 9 juillet 1673. Une ordonnance du 23 du mois précédent l'avait renforcée par l'adjonction de la troupe du Marais. *Le Malade imaginaire* ne fut repris que le 4 mai 1674, avec parts d'auteur pour la veuve de Molière. Quoique *la Troupe Royale* de l'Hôtel de Bourgogne fût en droit de représenter concurremment les comédies de Molière, elle n'avait pu mettre la main sur son dernier ouvrage. « Le 7 janvier 1674, dit le *Registre de la Grange*, la Troupe obtint une lettre de cachet[1] portant défenses à tous autres comédiens que ceux de la Troupe du Roi de jouer *le Malade imaginaire* jusques à ce que ladite pièce fût imprimée. » Depuis le 4 mai 1674, jusqu'au 31 juillet inclusivement, *le Malade imaginaire* fut représenté tous les jours où la Troupe jouait, ce qui porte à trente-huit le nombre de ces représentations. A la date du 21 août 1674, jour où il n'y eut pas spectacle à la ville, le *Registre* nous apprend qu'on représenta *le Malade imaginaire* « à Versailles pour le Roi : » première mention que nous trouvions de cette comédie jouée devant celui pour qui Molière l'avait composée[2]. Depuis l'époque où un

1. Il y en a un fac-simile dans *le Moliériste* de septembre 1883, p. 177.

2. Dans le tableau des *Représentations à la cour* donné par M. Despois, à la page 557 du tome Ier, celle-ci est la seule qu'il ait pu constater de 1673 à 1680. Il en a relevé cinq de 1680 à 1715. Félibien, qui a laissé une relation officielle, et ornée de gravures de le Pautre, des *Divertissements de Versailles donnés* (en six journées) *par le Roi à toute sa cour au retour de la conquête de la Franche-Comté en l'année* 1674, dit que *le Malade imaginaire* fut joué là, le 19° du même mois (de juillet, ce semble), dans la troisième journée; mais toute sa chronologie est peu claire; il faut s'en tenir à la date de la Grange, qui plus que jamais alors a dû tenir note exacte de ces visites à la cour, et n'a certainement omis la mention d'aucune.

ordre du Roi, daté du 8 août 1680, avait réuni les comédiens de l'Hôtel de Bourgogne à ceux de Guénegaud, ce que nous savons de la distribution des rôles du *Malade imaginaire* nous est appris par le *Répertoire des comédies françoises qui se peuvent jouer* (à la cour) *en* 1685 :

DAMOISELLES.

BÉLINE.	*de Brie.*
ANGÉLIQUE.	*Guerin*[1].
TOINETTE	*Beauval* ou *Guiot.*
LOUISON.	. . . . . .

HOMMES.

CLÉANTE	*la Grange.*
ARGAN.	*Rosimont.*
BERALDE	*Guerin.*
DIAPHOIRUS père	*Hubert.*
DIAPHOIRUS fils	*Beauval.*
PURGON	*la Grange.*
FLORANT, apothicaire	*Raisin.*
BONNEFOY, notaire.	*du Croisy.*

On voit que la Grange faisait alors deux personnages.

Parmi les comédiens d'un temps moins éloigné, qui jouèrent dans *le Malade imaginaire*, quelques-uns doivent être nommés. Dans la seconde moitié du dix-huitième siècle, Bonneval joua supérieurement, dit-on[2], le rôle d'*Argan*. Au bas d'un de ses portraits[3], on l'a représenté dans la 1re scène de la pièce. Un peu après lui (c'était dans les premières années de notre siècle), Grandmesnil eut, dans le même rôle, le plus grand succès. Geoffroy, qui le loue, ne lui trouvait pas tout à fait cependant le physique requis, à cause d'une maigreur sans doute, qui faisait un peu contre-sens, et qu'il avait bien fallu d'ailleurs accepter, dès le début des représentations, dans la personne de Molière; « mais il a, dit le critique, l'esprit du per-

---

1. La veuve remariée de Molière.
2. Lemazurier, *Galerie historique des acteurs du théâtre français*, tome Ier, p. 156.
3. Dessiné par Huquier fils, gravé par J. B. Michel.

sonnage[1]. » Le choix que Grandmesnil fit de ce rôle pour une de celles qui mirent fin à sa carrière théâtrale, le 21 mars 1811, prouve qu'il le jugeait lui-même un de ses meilleurs. La personne de Montmesnil (le fils aîné de le Sage), par « son air de santé, » avait mieux répondu à l'idée d'un malade imaginaire : voyez ce qu'en dit Remond de Sainte-Albine dans *le Comédien*[2].

Dans le rôle de *Thomas Diafoirus*, que Beauval avait joué au gré de Molière, Dangeville, qui avait débuté en 1702 et se retira en 1740, était fort plaisant, « inimitable, » dit Lemazurier[3]. Nous avons sur Dangeville ce témoignage de Collé : « Je n'ai jamais manqué, tant qu'il a vécu, de voir *le Malade imaginaire*, dans lequel il étoit curieux de lui voir rendre le rôle de *Thomas Diafoirus*[4]. » Baptiste cadet, le *Thomas Diafoirus* du temps où Grandmesnil était *Argan*, faisait beaucoup rire, mais sans être aussi approuvé des connaisseurs que Dangeville, et sans se contenter, dans la niaiserie, de la même naïveté. Geoffroy, disposé peut-être à peu de bienveillance pour lui, se plaignait de ses lazzis, qui lui paraissaient gâter un des rôles les plus comiques du *Malade imaginaire*[5]. Il est à croire que cette critique n'était pas trop injuste; on la trouve aussi dans les *Études sur Molière*[6] de Cailhava; car c'est évidemment Baptiste cadet qui y est désigné comme ce Diafoirus assis sur une chaise d'enfant, qui « voulant se donner une petite collation, tire de sa poche successivement un gobelet, une bouteille d'osier, avec un biscuit qu'il met tremper dans du vin, et que Toinette lui enlève finement, dans le temps qu'il déploie un mouchoir en guise de serviette. » Le même Cailhava propose comme le plus parfait modèle du personnage de Purgon, le fameux Préville, qui brilla sur la scène de la Comédie-Française de 1753 à 1786[7].

1. Feuilleton du *Journal de l'Empire*, du 16 février 1806. Voyez aussi l'éloge que fait de Grandmesnil, dans ce rôle, un feuilleton antérieur du même Geoffroy, du 13 nivôse an XI (3 janvier 1803).
2. Édition de 1747, p. 195, ou à la suite des *Mémoires de Molé*, 1825, p. 235.
3. Dans l'ouvrage cité, tome Ier, p. 209.
4. *Journal et Mémoires de Charles Collé*, tome Ier, p. 146.
5. Voyez les deux feuilletons cités plus haut dans la note 1.
6. Page 341. — 7. *Ibidem*, p. 334-337.

Mlle Dangeville et Mme Bellecourt, qui prit ses rôles, ont été d'excellentes *Toinettes*. Après elles, et avec moins de perfection, Mme Devienne a été très-piquante dans le même rôle.

On sait que Mlle Gaussin était charmante dans la comédie comme dans la tragédie ; un des rôles où elle a laissé ce souvenir fut celui de notre *Angélique*. Aussi charmante au moins y fut Mlle Mars, dès les premières années de ce siècle.

Au temps où elle jouait dans *le Malade imaginaire* à côté de Grandmesnil, *Béline* était représentée par Mme Lachassaigne[1], que nous nommons pour cette seule raison, que le choix qu'on avait fait d'elle donna lieu à des observations de quelque intérêt sur l'emploi auquel ce rôle doit appartenir. Geoffroy ne pensait pas que cet emploi fût celui que Mme Lachassaigne remplissait, celui « que les comédiens appellent des *caractères*, et qu'il faudrait plutôt appeler des *caricatures*[2]. » Il aurait voulu que le rôle fût donné à de jeunes femmes[3]. Tel était aussi l'avis de Cailhava. Il pensait que la seconde femme d'*Argan* était mal représentée par une duègne[4] ; et les raisons qu'il tire de l'examen du rôle nous semblent concluantes. « Béline, disait-il, ne doit.... avoir qu'environ trente ans ; aussi Mme Grandval[5] ne se donnait-elle que cet âge en jouant le rôle. » La question qui fut alors soulevée ferait désirer de savoir à qui le personnage de Béline avait été confié par Molière. Est-ce à Mlle la Grange, comme l'a dit un récent éditeur de Molière[6], nous ignorons d'après quel renseignement ? En 1685, on l'a vu ci-dessus[7], le rôle appartenait

1. Reçue en 1769, retirée du théâtre en 1804, elle avait joué dans la tragédie les confidentes, dans la comédie, les *caractères*. Voyez la *Galerie historique* de Lemazurier, tome II, p. 402.
2. *Journal des Débats* du 3 janvier 1803.
3. *Journal de l'Empire* du 16 février 1806.
4. *Études sur Molière*, p. 330-332.
5. Cette comédienne avait débuté en 1734, et se retira en 1760. Elle joua surtout avec succès les rôles de grandes coquettes. Cependant elle en a aussi joué d'autres, puisque, dans *le Chevalier à la mode*, de Dancourt, elle remplissait celui de la ridicule Mme Patin, qui toutefois ne nous semble pas être dans les *caractères*. Voyez la *Galerie* de Lemazurier, tome II, p. 244-246.
6. M. L. Moland, au tome VII des *OEuvres de Molière*, p. 150.
7. Page 249.

à Mlle de Bric. N'est-il pas vraisemblable qu'elle l'avait créé? Elle était assez âgée en 1685, et déjà même en 1673; mais ses rôles, plus jeunes que son âge, n'étaient pas ceux qu'on appelait *caractères*, lesquels étaient plutôt remplis par Mlle la Grange, qui, beaucoup plus jeune, avait cependant, en 1671 et 1672, fait le personnage de la Comtesse d'Escarbagnas[1].

Ceux qui de nos jours ont vu M. Provost dans le rôle d'*Argan*, M. Regnier dans celui de *Thomas Diafoirus*, ont gardé le souvenir du talent qu'y faisaient admirer ces excellents comédiens. Mme Augustine Brohan, qui n'a quitté le théâtre qu'en 1868, a été la plus parfaite *Toinette*. Dans ces dernières années, *Argan* a été fort bien joué par MM. Talbot, Barré et Thiron, *Thomas Diafoirus* par M. Coquelin, *Purgon* et le *Præses* par M. Got, *Angélique* par Mme Barretta-Worms, *Béline* par Mme Jouassain.

L'impression du *Malade imaginaire* qu'on pourrait dire vraiment la première, parce que le texte qu'elle donne a seul tous les caractères de l'authenticité, se fit attendre longtemps. Nous avons parlé[2] de la lettre de cachet obtenue par les comédiens de la Troupe du Roi, pour constater leur droit de faire jouer la pièce, à l'exclusion de toute autre troupe, tant qu'ils ne l'auraient pas fait imprimer. Il y avait donc un grand intérêt pour eux à ne s'y décider que le plus tard possible. Une publication si longtemps différée contrariait les libraires étrangers. Ils résolurent de prendre les devants, sans souci des mauvaises conditions dans lesquelles ils étaient réduits à le faire. La dernière comédie de Molière, mais étrangement défigurée, fut d'abord publiée à Amsterdam, en 1674, chez Daniel Elzevir. Pour fabriquer le texte, qui est complétement dénaturé et falsifié, sauf les prologues et les intermèdes, empruntés aux livrets de 1673 et de 1674, on paraît s'être adressé à quelqu'un qui avait assisté aux représentations de notre comédie, et se chargea de donner comme l'œuvre de Molière ce qui en était resté dans sa mémoire. Comment, ayant pu généralement en garder un souvenir assez étonnant, avait-il oublié les noms des personnages, ou les avait-il si mal entendus? Il change *Argan*

1. Voyez au tome VIII, p. 537. — 2. Ci-dessus, p. 248.

en *Orgon*, *Purgon* en *Turbon*, etc. Ce qui est plus grave, c'est la façon dont il altère, non-seulement le style, mais la pensée de Molière. Un passage du rôle de *Béralde* (devenu *Oronte*), où les attaques contre la médecine perdent toute leur force, a fait penser que le faussaire était un ami des médecins. On lit dans un avis *Au lecteur* des éditions d'Amsterdam (1683) et de Bruxelles (1694) : « Ces vénérables Messieurs (*de la Faculté*), voyant leur art aboli et devenu infructueux par leur ignorance, et leurs momeries tournées en dérision, et que leur science n'était devenue que pure chimère, eurent recours à Sa Majesté pour en empêcher l'impression, pour qu'elle ne parût en public et principalement en France... : c'est ce qui fit qu'un de leurs amis en mit une au jour sous ce même titre, n'y ayant ni rime ni raison.... »

Mais évidemment il n'était pas juste d'accuser les médecins des retards de l'impression, dont nous avons dit la vraie cause; et même rien ne prouve qu'il faille les rendre responsables de l'altération du texte dans la dispute d'Argan et de Béralde sur l'art de guérir. Leur intervention n'est guère là plus vraisemblable que ne serait celle des notaires dans la suppression, qu'on s'était permise, du personnage de Monsieur de Bonnefoi. Il ne faut voir sans doute dans ces ridicules changements que la prétention de corriger de prétendues fautes de Molière, ou des maladresses de l'écrivain qui, fournissant de mémoire le texte dont le libraire d'Amsterdam se contenta, était forcé de combler à sa façon les lacunes de ses souvenirs.

La même année 1674, il y eut deux autres impressions du *Malade imaginaire* : l'une de Cologne, chez Jean Sambix; l'autre datée de Paris, quoique probablement elle sortît d'une presse hollandaise. Elles sont beaucoup moins infidèles. Elles furent reproduites dans l'édition publiée à Paris en 1675, chez Thierry et Barbin, où l'on se borna à en corriger les fautes typographiques.

Enfin une édition, dont le texte est authentique, fut donnée, en 1682, par la Grange et Vinot au tome II des *OEuvres posthumes*, qui est le tome VIII des *OEuvres*. Les éditeurs avertissent que, dans les éditions précédentes, des scènes entières avaient été faussement ajoutées et supposées, que ces altérations sont corrigées par eux sur l'original de l'auteur; et qu'ainsi les scènes vii et viii de l'acte Ier et l'acte III tout entier sont, pour la première fois, « de la prose de M. de Molière. » C'est ce que nous admettons sans peine, non-seulement sur la foi de leur témoignage, difficile à récuser, mais parce qu'il suffit de comparer leur texte au texte de ces parties dans l'impression de 1675 (nous donnons celui-ci en appendice) pour reconnaître lequel des deux porte la vraie marque de Molière.

Voici le titre de l'édition de 1682 :

LE

MALADE
IMAGINAIRE,

COMEDIE

MESLÉE DE MUSIQUE

ET

DE DANSES.

Par Monsieur de MOLIERE.

Corrigée fur l'original de l'Autheur, de toutes les fauffes additions et fuppofitions de Scenes entieres, faites dans les Editions precedentes.

Reprefentée pour la premiere fois, fur le Theatre de la Salle du Palais Royal, le dixiéme Février 1673.
Par la Trouppe du Roy.

Nous avons suivi, pour la comédie même, le texte de 1682, auquel nous comparons, dans les notes, les deux éditions de 1674, datées, l'une de Cologne, l'autre de Paris[1], et de plus celles de Paris 1675, de Rouen 1680, d'Amsterdam 1683, de Bruxelles 1694. Pour le premier prologue et les intermèdes,

---

1. Nous ne connaissons de cette édition datée de Paris qu'un exemplaire, qui appartenait au regretté baron James de Rothschild, et qu'il nous avait permis de collationner dans sa bibliothèque. C'est un petit in-8º, de 112 pages, qui porte la rubrique de Paris et le nom d'Étienne Loyson ; il ne contient ni le premier ni le second prologue. Nous distinguons les deux éditions de 1674 par les initiales C et P : « 1674C, 1674P. »

nous suivons le livre ou livret de Paris 1673, imprimé par Christophe Ballard, dont nous avons rapproché l'impression hollandaise de ce même livret (1673 A), les éditions énumérées au commencement de cet alinéa, et, en outre, un autre livret de Paris (1673 R), sans nom de libraire, que nous avons vu dans la bibliothèque de M. le baron de Ruble, et qui nous a fourni aussi quelques variantes. Pour le second prologue, nous nous conformons au livret de 1674, qui n'a que ce prologue-là, et où il a paru pour la première fois ; nous donnons aussi les variantes de ce livret pour les intermèdes.

Parmi les traductions ou imitations du *Malade imaginaire*, publiées à part, nous en indiquerons ici deux en italien (1700, 1701), et une en dialecte napolitain (1835) ; une en portugais (1842) ; trois en anglais (1678, 1769, 1875) ; trois en néerlandais (une de 1715, deux de 1866 ; plus une adaptation, datée de 1742, de la cérémonie finale ou réception burlesque, avec traduction en néerlandais, par J. J. Mauricius, des indications françaises) ; une en allemand (1868) ; trois en danois (1747, 1813, 1849) ; deux en suédois (1769, 1857) ; une en polonais (1783) ; une en russe (1802) ; deux en serbo-croate (1852, 1867) ; une en grec moderne (1834) ; une en magyar (1800) ; une en turc (1849 ?)[1].

SOMMAIRE

DU *MALADE IMAGINAIRE*, PAR VOLTAIRE.

C'est une de ces farces de Molière dans laquelle on trouve beaucoup de scènes dignes de la haute comédie. La naïveté, peut-être poussée trop loin, en fait le principal caractère. Ses farces ont le défaut d'être quelquefois un peu trop basses, et ses comédies de n'être pas toujours assez intéressantes ; mais, avec tous ces défauts-là, il sera toujours le premier de tous les poëtes comiques. Depuis

---

1. « A Constantinople, on a joué récemment *le Malade imaginaire*, traduit en turc, et tous les rôles indistinctement étaient joués par de jeunes Turcs de la maison du sultan. » (Article de M. Deschanel sur Aristophane, dans *la Liberté de penser*, numéro du 15 août 1849, p. 230.)

lui, le théâtre français s'est soutenu, et même a été asservi à des lois de décence plus rigoureuses que du temps de Molière. On n'oserait aujourd'hui hasarder la scène où le Tartufe presse la femme de son hôte; on n'oserait se servir des termes de *fils de putain*, de *carogne* et même de *cocu;* la plus exacte bienséance règne dans les pièces modernes[1]. Il est étrange que tant de régularité n'ait pu lever[2] encore cette tache qu'un préjugé très-injuste attache à la profession de comédien. Ils étaient honorés dans Athènes, où ils représentaient de moins bons ouvrages. Il y a de la cruauté à vouloir avilir des hommes nécessaires à un État bien policé, qui exercent, sous les yeux des magistrats, un talent très-difficile et très-estimable. Mais c'est le sort de tous ceux qui n'ont que leur talent pour appui de travailler pour un public ingrat[3].

On demande pourquoi, Molière ayant autant de réputation que Racine, le spectacle cependant est désert quand on joue ses comédies, et qu'il ne va[4] presque plus personne à ce même *Tartufe* qui attirait autrefois tout Paris, tandis qu'on court encore avec empressement aux tragédies de Racine, lorsqu'elles sont bien représentées? C'est que la peinture de nos passions nous touche encore davantage que le portrait de nos ridicules; c'est que l'esprit se lasse des plaisanteries et que le cœur est inépuisable. L'oreille est aussi plus flattée de l'harmonie des beaux vers tragiques, et de la magie étonnante du style de Racine, qu'elle ne peut l'être du langage propre à la comédie; ce langage peut plaire, mais il ne peut jamais émouvoir, et l'on ne vient au spectacle que pour être ému.

Il faut encore convenir que Molière, tout admirable qu'il est dans son genre, n'a ni des intrigues assez attachantes, ni des dénouements assez heureux, tant l'art dramatique est difficile.

1. Voltaire, en parlant ainsi, flattait beaucoup trop son temps. Il y aurait bien des objections à faire, si c'en était la place, à quelques-uns des jugements de ce *Sommaire*.

2. C'est ainsi que Voltaire a laissé imprimer dans sa première et dans sa dernière édition (1739, 1764) : faut-il avec Beuchot lire *laver?*

3. Tel est le texte de 1764; en 1739, Voltaire avait dit : « Mais c'est le sort de tous les gens à talent, qui sont sans pouvoir, de travailler pour un public ingrat, » et là se terminait le *Sommaire*.

4. Et pourquoi il ne va : voyez le *Dictionnaire de Littré* à Que conjonction, vers la fin de 17°.

AU LECTEUR[1].

La troupe de Molière ayant voulu borner la gloire de cet illustre auteur et la satisfaction du public[2] dans la seule représentation du MALADE IMAGINAIRE, sans en laisser imprimer la copie[3], quelques gens se sont avisés de composer une pièce à laquelle ils ont donné le même titre[4], dont on a fait[5] plusieurs impressions, tant dedans que dehors le Royaume, qui ont été débitées et ont bien abusé du monde[6]. Mais les mémoires sur lesquels ces gens-là avoient travaillé, ou l'idée qu'ils croyoient avoir conservée de la pièce, lorsqu'ils l'avoient vu représenter, se sont trouvés si éloignés de la conduite de l'original[7] et du sujet même, qu'au lieu de plaire, ils n'ont fait qu'inspirer des desirs plus pressants de voir[8]

---

1. AVIS AU LECTEUR. (1683, 94.) — Cet *Avis au lecteur* n'est pas dans les éditions de 1675, 1682, ni de 1734. Bien que nous suivions celle de 1682 pour le texte de la comédie, nous avons cru devoir le reproduire, à cause des renseignements qu'il donne sur les premières impressions du *Malade imaginaire*. Il se trouve dans les éditions de 1674 (Cologne et Paris), de 1680, 1683 et 1694; le texte est identique dans les trois premières; nous donnons les variantes des deux autres.

2. Ayant bien voulu borner la gloire de cet illustre auteur pour la satisfaction du public. (1683, 94.)

3. La véritable copie. (*Ibidem.*)

4. Il s'agit de l'édition tout à fait infidèle publiée en 1674 chez Daniel Elzevir et qui a été attribuée par le duc de la Vallière à Pradon : voyez ci-dessus à la *Notice*, p. 252 et 253, ci-après, p. 276, et p. 455, note 1.

5. Ce même titre, dont on en a fait. (1683, 94.)

6. Qui ont été débitées, lesquelles ont jusqu'à présent abusé bien du monde. (*Ibidem.*)

7. Si éloignés de l'original. (*Ibidem.*)

8. Voici quelle est, à partir d'ici, la fin de cet avant-propos dans les éditions de 1683 et de 1694 : « de voir celle de cet illustre qui avoit si bien su remarquer les défauts de la médecine et de ceux qui en exercent la pratique ; cette impression ici la fera distinguer des autres, n'y ayant aucune ressemblance, sinon au titre ; et il étoit fort aisé de voir qu'un si habile homme n'avoit pas fait (*n'avoit fait*, 1683) une si pitoyable pièce, qui auroit plutôt servi à ternir sa réputation qu'à augmenter sa gloire. C'est ce qui fait que nous la donnons au public, quoiqu'on ait défendu de l'imprimer : où le lecteur trouvera une grande différence et y pourra remarquer le style,

celle de Molière imprimée. Cette impression que je donne aujourd'hui satisfera à cet empressement ; et quoiqu'elle ne soit qu'un effort de la mémoire d'une personne qui en a vu plusieurs représentations, elle n'en est pas moins correcte, et les scènes en ont été transcrites avec tant d'exactitude, et le jeu observé si régulièrement où il est nécessaire, que l'on ne trouvera pas un mot omis ni transposé, et que je suis persuadé que ceux qui liront cette copie avoueront, à la gloire de Molière, qu'il avoit trouvé l'art de plaire aussi bien sur le papier que sur le théâtre.

l'embellissement, les jeux, et le tour que ce grand homme savoit donner aux belles choses. Le prologue [a] est mêlé de diverses chansons contre le corps de la Faculté, de danses, de musique, d'entrées de ballet, d'intermèdes et d'une cérémonie grotesque pour la réception du Malade en médecin; et cette pièce n'avoit pu être mise au jour, parce que ces vénérables Messieurs, voyant leur art aboli et devenu infructueux par leur ignorance et leurs momeries tournées en dérision (*et momeries en dérision*, 1683), et que leur science n'étoit devenue que pure chimère, et que leur corps alloit en décadence depuis que la Faculté avoit été bernée et mise tant de fois au Théâtre à leur confusion [b], eurent recours à Sa Majesté pour en empêcher l'impression, pour qu'elle ne parût en public et principalement en France, où ces Messieurs s'étoient faits si riches à force d'avoir tué tant de monde en les étourdissant par leurs caquets. C'est ce qui fit qu'un de leurs amis en mit une au jour sous ce même titre, n'y ayant ni rime ni raison, et n'y ayant aucune chanson, entrée de ballet, musique, danse, ni aucune cérémonie : au lieu que celle-ci en est toute remplie, et le lecteur n'aura pas de peine à connoître que celle-ci est l'original. »

[a] C'est-à-dire ici la première partie du volume, tous les divertissements (depuis l'un et l'autre prologue jusqu'à la cérémonie finale), imprimés de suite au-devant du texte de la comédie : voyez ci-après, p. 271, la seconde partie de la note 1.

[b] Ces derniers mots, à partir de « et que leur corps », ont été intervertis par l'imprimeur étranger, et placés à la fin de la phrase, après « par leurs caquets ».

LE MALADE IMAGINAIRE.

COMÉDIE

MÊLÉE DE MUSIQUE ET DE DANSE,
REPRÉSENTÉE SUR LE THÉÂTRE DU PALAIS-ROYAL[1].

LE PROLOGUE[2].

Après les glorieuses fatigues et les exploits victorieux de notre auguste monarque, il est bien juste que tous ceux qui se mêlent d'écrire travaillent ou à ses louanges, ou à son divertissement. C'est ce qu'ici l'on a voulu faire, et ce prologue est un essai des louanges de ce grand prince, qui donne entrée à la comédie du

---

1. Tel est le titre intérieur (p. 3) du livret original de 1673 que nous suivons. Le grand titre, identique à celui-ci, porte, en outre, avec le millésime, l'adresse suivante : « A Paris, chez Christophe Ballard, seul imprimeur du Roi pour la musique, rue Saint-Jean-de-Beauvais, au Mont Parnasse. » Ce petit volume in-4°, en gros caractères, avait été, suivant toute apparence, imprimé à l'usage des spectateurs curieux des paroles du chant et des sujets des entrées. Des livrets analogues, pour *les Fêtes de l'Amour et de Bacchus* (1672), pour *Cadmus et Hermione* (1673), s'achetaient, dans le même temps, à la porte de l'Opéra. — Les éditions de 1675, 82, 83, 94 ont seules *danses* au pluriel. — Mêlée de musique, représentée sur le théâtre de la troupe du Roi. (Livret de 1674.) — COMÉDIE-BALLET. (1734.) Dans cette édition les huit lignes d'avis suivent, non, comme dans notre original, le titre de PROLOGUE, mais immédiatement le titre, qu'on vient de lire, de la comédie. Cet avis est omis dans le texte de 1773.
2. Ce prologue-ci, donné d'abord dans le livret de 1673 destiné aux premiers spectateurs du Palais-Royal, ne se trouve pas dans le livret de 1674 : voyez plus bas, p. 271, note 1. — L'édition de 1674 P ne contient ni le premier ni le second prologue.

Malade imaginaire, dont le projet a été fait pour le délasser de ses nobles travaux[1].

La décoration représente un lieu champêtre fort agréable[2].

1. Molière, on l'a vu à la *Notice* (p. 210), a dû concevoir l'idée de ce Prologue après le retour du Roi (le 1ᵉʳ août 1672) qui marqua la fin des premières opérations si heureuses, en apparence si décisives, de la guerre de Hollande; et c'est chez le Roi lui-même, comme cet Avertissement le constate, qu'il avait espéré produire d'abord sa nouvelle comédie-ballet; cette satisfaction lui fut refusée. A la date où *le Malade imaginaire* fut représenté au Palais-Royal, vers le printemps de 1673, si Turenne surtout, par sa campagne d'automne et d'hiver, avait appris au public que le Roi n'avait pas précisément *quitté les armes faute d'ennemis* (ci-après, p. 263), « la situation générale paraissait très-bonne pour Louis XIV[a], » et le prologue avait encore son à-propos. Il eût donc été possible que la louangeuse églogue servît d'ouverture aux quatre représentations données du vivant de Molière et aux neuf qui, quinze jours plus tard, avant Pâques 1673, avant les défenses signifiées par Lulli le 30 avril, précédèrent la rupture de la troupe du Palais-Royal : ç'aurait été là, pour l'œuvre musicale associée à la comédie du *Malade imaginaire*, et dont l'églogue est la partie la plus considérable, de beaucoup la plus brillante, ce temps de splendeur que, bien qu'il l'eût espéré plus beau encore, se rappelait toujours Charpentier[b]; d'une part l'impression de ce premier prologue seul tout au-devant du livret de 1673 que Molière fit distribuer ou vendre aux spectateurs[c], d'autre part quelques indices recueillis par M. Édouard Thierry[d], la mention de certains accessoires portés dans les comptes du théâtre en 1673, ne seraient pas contraires à la supposition que le récit-solo de la Bergère malade d'amour et le court divertissement qui le suit ne furent qu'en 1674 substitués à la grande pastorale de Flore. Mais si Molière, qui mourut au sortir de la quatrième représentation, avait fait exécuter le premier prologue, comment expliquerait-on l'existence du second, dont l'authenticité est hors de doute et attestée par les éditeurs de 1682? Voyez ci-après, p. 270, note 4, la conjecture que l'on serait amené à faire. — Ce qui est certain, c'est que l'un et l'autre prologue ont été mis en musique ; la partition du premier, accompagnée de toutes les indications nécessaires pour en diriger l'exécution, est conservée intacte dans les cahiers originaux du compositeur : voyez le dernier *Appendice* (p. 504-506).

2. *Un lieu champêtre et néanmoins fort agréable.* (1675, 82.)

[a] Voyez l'*Histoire de France* d'Henri Martin, tome XIII (1860), p. 414.
[b] Voyez p. 214 de la *Notice*.
[c] Voyez le titre de ce livret, ci-dessus, p. 259 et note 1.
[d] Voyez les *Documents* qu'il a publiés en 1880 *sur le Malade imaginaire*, particulièrement p. 242 ; il s'agit d'accessoires nécessaires au premier prologue et peu utilisables dans le second.

ÉCLOGUE[1]

EN MUSIQUE ET EN DANSE[2].

FLORE, PAN, CLIMÈNE, DAPHNÉ, TIRCIS, DORILAS, DEUX ZÉPHIRS, TROUPE DE BERGÈRES ET DE BERGERS[3].

FLORE[4].

Quittez, quittez vos troupeaux,
Venez, Bergers, venez, Bergères,
Accourez, accourez sous ces tendres ormeaux :
Je viens vous annoncer des nouvelles bien chères,
Et réjouir tous ces hameaux.
Quittez, quittez vos troupeaux,
Venez, Bergers, venez, Bergères,
Accourez, accourez sous ces tendres ormeaux[5].

CLIMÈNE ET DAPHNÉ.

Berger, laissons là tes feux,
Voilà Flore qui nous appelle.

TIRCIS ET DORILAS[6].

Mais au moins dis-moi, cruelle,

---

1. ÉGLOGUE. (1674, 75, 80.) — 2. Et en danses. (1683, 94.)
3. TROUPE DE BERGERS ET DE BERGÈRES. (*Ibidem.*)
 4. Une ouverture instrumentale précède, dans la partition, ce récit de Flore. — On trouvera au dernier *Appendice* l'énumération des morceaux composés par Charpentier pour les intermèdes du *Malade imaginaire*, et quelques renseignements sur les premiers interprètes du II^d intermède et de la Cérémonie.
—   PROLOGUE.
    Le théâtre représente un lieu champêtre.
    SCÈNE PREMIÈRE.
    FLORE, DEUX ZÉPHIRS *dansants.*
    FLORE. (1734.)
5. Au lieu de ce dernier vers, le musicien faisait chanter : « Venez, accourez, venez, accourez sous ces tendres ormeaux, venez, accourez, accourez sous ces tendres ormeaux. »
6.   SCÈNE II.
FLORE, DEUX ZÉPHIRS *dansants*, CLIMÈNE, DAPHNÉ, TIRCIS, DORILAS.
    CLIMÈNE, *à Tircis, et* DAPHNÉ, *à Dorilas.*
Berger, etc.
    TIRCIS, *à Climène, et* DORILAS, *à Daphné.* (1734.)

TIRCIS.
Si d'un peu d'amitié tu payeras[1] *mes vœux?*
DORILAS.
Si tu seras sensible à mon ardeur fidèle?
CLIMÈNE ET DAPHNÉ.
Voilà Flore qui nous appelle.
TIRCIS ET DORILAS.
Ce n'est qu'un mot, un mot, un seul mot que je veux.
TIRCIS.
Languirai-je toujours dans ma peine mortelle?
DORILAS.
Puis-je espérer qu'un jour tu me rendras heureux?
CLIMÈNE ET DAPHNÉ.
Voilà Flore qui nous appelle.

ENTRÉE DE BALLET.
Toute la troupe des Bergers et des Bergères[2] va se placer[3] en cadence autour de Flore.

CLIMÈNE.
Quelle nouvelle parmi nous,
Déesse, doit jeter tant de réjouissance?
DAPHNÉ.
Nous brûlons d'apprendre de vous
Cette nouvelle d'importance.
DORILAS.
D'ardeur nous en soupirons tous.

---

1. Même compte de syllabes qu'au vers 802 de *Tartuffe* et au vers 940 du *Misanthrope;* comparez encore *gayeté* mesuré en trois syllabes au vers 1290 d'*Amphitryon*, et voyez la note à ce dernier vers.
2. *Des Bergers et Bergères.* (1683, 94.)
3. SCÈNE III.
FLORE, DEUX ZÉPHIRS *dansants*, CLIMÈNE, DAPHNÉ, TIRCIS, DORILAS, BERGERS *et* BERGÈRES *de la suite de Tircis et de Dorilas, chantants et dansants.*
PREMIÈRE ENTRÉE DE BALLET.
Les bergers et les bergères vont se placer, etc. (1734.)

PROLOGUE.

TOUS[1].

Nous en mourons d'impatience.

FLORE.

La voici : silence, silence !
Vos vœux[2] sont exaucés, Louis est de retour,
Il ramène en ces lieux les plaisirs et l'amour,
Et vous voyez finir vos mortelles alarmes.
Par ses vastes exploits son bras voit tout soumis :
Il quitte les armes,
Faute d'ennemis[3].

TOUS[4].

Ah ! quelle douce nouvelle[5] !
Qu'elle est grande ! qu'elle est belle !
Que de plaisirs ! que de ris ! que de jeux !
Que de succès heureux !
Et que le Ciel a bien rempli nos vœux !
Ah[6] ! quelle douce nouvelle !
Qu'elle est grande ! qu'elle est belle ![7]

---

1. TOUS ENSEMBLE. (1675, 82.) — CLIMÈNE, DAPHNÉ, TIRCIS, DORILAS. (1734.) Dans la partition, Tircis dit d'abord seul : « Nous en mourons, nous en mourons d'impatience; » puis les trois autres amants, mêlant plus ou moins leurs voix, font encore entendre une quadruple répétition de ces paroles.

2. Nos vœux. (1673 R.)

3. Flore, dans le chant, ajoute encore deux fois le premier de ces deux vers, et une fois le second.

4. CHŒUR. (1734.) Ici en effet les voix basses d'autres bergers se joignent à celles des deux couples.

5. Ce vers est dit trois fois ; *Ah!* est à marquer *ter* la première fois, *bis* la seconde, et, la troisième, n'est pas répété. — Le vers suivant est répété tout entier, et dans le troisième vers les mots « que de ris, que de jeux ! » sont repris.

6. *Ah!* est ici à marquer *quater*.

7. Le musicien, après cette reprise des deux premiers vers du couplet, a amené celle-ci des trois suivants : « Que de plaisirs (*bis* ces trois mots)! que de ris! que de jeux! Que de succès heureux (*bis* ce vers)! Et que le Ciel a bien rempli nos vœux! », et il y a encore, pour finir, une triple redite des deux premiers, avec un *Ah!* qui est à marquer *ter*. Pendant que le chœur des voix, accompagné par un petit chœur d'instruments (quelquefois par tous), rechante ainsi les vers de ce couplet, les danseurs, soutenus par le grand

ENTRÉE DE BALLET[1].

Tous les Bergers et Bergères expriment par des danses[2] les transports de leur joie.

FLORE.

De vos flûtes bocagères
Réveillez les plus beaux sons :
Louis offre à vos chansons
La plus belle des matières.
 Après cent combats,
 Où cueille son bras
 Une ample victoire,
 Formez entre vous
 Cent combats plus doux,
 Pour chanter sa gloire[3].

TOUS[4].

Formons entre nous
Cent combats plus doux,
Pour chanter sa gloire[5].

FLORE.

Mon jeune amant[6], *dans ce bois,*
Des présents de mon empire

---

orchestre, se mettent en branle, remplissant de leur mimique les pauses indiquées aux voix après chaque membre de phrase, et exprimant de nouveau à leur manière le sens des paroles ; à la dernière redite des deux vers du refrain, il est écrit que « la danse se mêle (*se mêle tout à fait*) avec le chant. » Puis la danse continue seule.

1. Autre entrée de ballet. (1675, 82.)
2.   II° entrée de ballet.
Les bergers et les bergères expriment par leurs danses, etc. (1734.)
3. Pour chanter la gloire. (Livret de 1673 A ; faute évidente, qui ne revient point trois vers plus bas.)
4. Chœur. (1734.)
5. Climène et Daphné font entendre d'abord seules le couplet en entier ; puis Tous se réunissent pour le redire deux fois.
6. Zéphyre, dont les couronnes seront, vers la fin du prologue, apportées aux bergers par deux génies ou moindres dieux de sa suite.

*Prépare un prix à la voix
Qui saura le mieux nous dire
Les vertus et les exploits
Du plus auguste des rois.*

CLIMÈNE.

Si Tircis a l'avantage,

DAPHNÉ.

Si Dorilas est vainqueur,

CLIMÈNE.

A le chérir je m'engage.

DAPHNÉ.

Je me donne à son ardeur.

TIRCIS.

Ô trop chère espérance!

DORILAS.

Ô mot plein de douceur!

TOUS DEUX[1].

*Plus beau sujet, plus belle récompense
Peuvent-ils animer un cœur[2]?*

Les violons jouent un air pour animer les deux Bergers au combat, tandis que Flore, comme juge, va se placer au pied de l'arbre, avec deux Zéphirs[3], et que le reste, comme spectateurs, va occuper les deux coins du théâtre[4].

TIRCIS.

*Quand la neige fondue enfle un torrent fameux,
Contre l'effort soudain de ses flots écumeux
   Il n'est rien d'assez solide;
   Digues, châteaux, villes, et bois,*

---

1. TIRCIS *et* DORILAS. (1734.)
2. Ces deux vers sont redits par les deux.
3. *Au pied d'un bel arbre, qui est au milieu du théâtre, avec deux Zéphirs.* (1682.)
4. *Les deux côtés de la scène.* (*Ibidem.*) — *Tandis que les violons jouent un air pour animer les deux Bergers au combat, Flore, comme juge, va se placer au pied d'un arbre, qui est au milieu du théâtre; les deux troupes de Bergers et de Bergères se placent chacune du côté de leur chef.* (1734.)

Hommes et troupeaux à la fois,
Tout cède au courant qui le guide :
Tel, et plus fier, et plus rapide,
Marche Louis dans ses exploits.

BALLET.

Les Bergers et Bergères de son côté¹ dansent autour de lui, sur une ritornelle, pour exprimer² leurs applaudissements.

DORILAS.

Le foudre menaçant, qui perce avec fureur
L'affreuse obscurité de la nue enflammée,
Fait d'épouvante et d'horreur
Trembler le plus ferme cœur :
Mais à la tête d'une armée
*Louis jette plus de terreur*³.

BALLET.

Les Bergers et Bergères de son côté⁴ font de même que les autres⁵.

TIRCIS.

Des⁶ fabuleux exploits que la Grèce a chantés,
Par un brillant amas de belles vérités
Nous voyons la gloire effacée,
Et tous ces fameux demi-dieux
Que vante l'histoire passée
Ne sont point à notre pensée
Ce que Louis est à nos yeux ⁷.

---

1. *Du côté de Tircis.* (1675, 82.)
2.   III. ENTRÉE DE BALLET.
Les Bergers et les Bergères de la suite de Tircis dansent autour de lui pour exprimer, etc. (1734.)
3. Dorilas redit ces deux derniers vers.
4. *Du côté de Dorilas.* (1734.)
5.   IV. ENTRÉE DE BALLET.
Les Bergers et les Bergères de la suite de Dorilas applaudissent à ses chants en dansant autour de lui. (*Ibidem.*)
6. Dans la partition de Charpentier : « De ».
7. Ces deux derniers vers sont répétés dans le chant.

BALLET.

Les Bergers et Bergères de son côté font encore la même chose [1].

DORILAS.

Louis fait à nos temps, par ses faits inouïs,
Croire tous les beaux faits que nous chante l'histoire
    Des siècles évanouis :
    Mais nos neveux, dans leur gloire,
    N'auront rien qui fasse croire
    Tous les beaux faits de Louis [2].

BALLET.

Les [Bergers et] Bergères [3] de son côté font encore de même, après quoi les deux partis se mêlent.

PAN, suivi de six Faunes.

Laissez [4], *laissez, Bergers, ce dessein téméraire.*
    Hé [5] *! que voulez-vous faire ?*
    Chanter sur vos chalumeaux
    Ce qu'Apollon sur sa lyre,
    Avec ses chants les plus beaux,
    N'entreprendroit pas de dire,

---

1.   V. ENTRÉE DE BALLET.
Les Bergers et les Bergères du côté de Tircis recommencent leurs danses. (1734.)
2. Dorilas redit ce dernier vers.
3. *Les Bergers* manquent ici, sans doute par faute, dans le livret original.
4.   VI. ENTRÉE DE BALLET.
Les Bergers et les Bergères du côté de Dorilas recommencent aussi leurs danses.
    VII. ENTRÉE DE BALLET.
Les Bergers et les Bergères de la suite de Tircis et de Dorilas se mêlent et dansent ensemble.

SCÈNE IV.

FLORE, PAN, DEUX ZÉPHIRS *dansants*, CLIMÈNE, DAPHNÉ, TIRCIS, DORILAS, FAUNES *dansants*, BERGERS *et* BERGÈRES *chantants et dansants.*

PAN.

Laissez. (1734.)
5. On lit « Et » au lieu de « Hé ! » dans la partition.

C'est donner trop d'essor au feu qui vous inspire,
C'est monter [1] *vers les cieux sur des ailes de cire,*
  Pour tomber dans le fond des eaux [2].

Pour chanter de Louis l'intrépide courage,
 Il n'est point d'assez docte voix,
Point de mots assez grands pour en tracer l'image :
  Le silence est le langage
  Qui doit louer ses exploits.
Consacrez d'autres soins à sa pleine victoire :
Vos louanges n'ont rien qui flatte ses desirs;
  Laissez, laissez là sa gloire,
  Ne songez qu'à ses plaisirs [3].

    TOUS [4].

  Laissons, laissons là sa gloire,
  Ne songeons qu'à ses plaisirs [5].

    FLORE [6].

Bien que, pour étaler ses vertus immortelles,
  La force manque à vos esprits,
Ne laissez pas tous deux de recevoir le prix [7] :

1. « C'est voler. » (*Partition de Charpentier.*) C'est, croyons-nous, la seule faute ou variante de quelque importance qui soit à y relever.

2. Ce couplet rappelle la première strophe de l'ode II du livre IV d'Horace :

  Pindarum quisquis studet æmulari,
  Jule, ceratis ope Dædalea
  Nititur pennis vitreo daturus
   Nomina ponto.

  L'ambitieux rival qui veut suivre Pindare
  Sur une aile de cire est porté dans les airs,
  Et va donner son nom, comme un nouvel Icare,
   A l'abîme des mers. (*Traduction de Daru.*)

3. Pan, après avoir dit ces deux derniers vers en répétant le premier, les reprend de suite.

4. CHOEUR. (1734.)

5. Ces deux vers sont repris dans le chant, et la seconde fois le dernier est encore répété.

6. FLORE, *à Tircis et à Dorilas.* (1734.)

7. Ici Charpentier avait écrit dans sa partition, mais pour le biffer ensuite : « Elle présente à tous deux une couronne de fleurs. » On va voir dans le livret que ce sont les Zéphyrs qui apportent les couronnes.

PROLOGUE.

*Dans les choses grandes et belles
Il suffit d'avoir entrepris*[1].

ENTRÉE DE BALLET.

Les deux Zéphirs dansent avec deux couronnes de fleurs à la main, qu'ils viennent donner ensuite aux deux Bergers.

CLIMÈNE ET DAPHNÉ, *en leur donnant la main*[2].

Dans les choses grandes et belles[3]
Il suffit d'avoir entrepris.

TIRCIS ET DORILAS.

Ha! que d'un doux succès notre audace est suivie!

FLORE ET PAN.

Ce qu'on fait pour Louis, on ne le perd jamais.

LES QUATRE AMANTS[4].

Au soin[5] *de ses plaisirs donnons-nous désormais*[6].

---

1. C'est la traduction de l'adage tiré de Tibulle (*lisez* de Properce : voyez le vers 6 de l'élégie x de son livre II[a]) :

    .... *In magnis et voluisse sat est.*

La Fontaine a dit de même, en terminant son discours à *Mgr le Dauphin* (qui précède le Ier livre des *Fables*, 1668) :

    Et si de t'agréer je n'emporte le prix,
    J'aurai du moins l'honneur de l'avoir entrepris.
                                (*Note d'Auger.*)

2.   VIII. ENTRÉE DE BALLET.
Les deux Zéphirs dansent avec deux couronnes de fleurs à la main, qu'ils viennent donner ensuite à Tircis et à Dorilas.
    CLIMÈNE *et* DAPHNÉ, *donnant la main à leurs amants.* (1734.)

3. C'est à la fin de ce vers que la partition donne l'indication qu'on vient de lire au-devant du couplet : « Elles donnent la main à leurs amants. »

4. CLIMÈNE, DAPHNÉ, TIRCIS, DORILAS. (1734.)

5. Dans le livret de 1673, « au soins (*sic*) » : faut-il mettre les deux mots au pluriel, ou, comme nous avons fait, d'après la partition et d'après toutes les autres éditions, au singulier?

6. Le second hémistiche est répété dans le chant.

a Auger se souvenait du vers 7 de la pièce non élégiaque placée d'ordinaire en tête du IVe livre de Tibulle :

    Est nobis voluisse satis.

FLORE ET PAN.
Heureux, heureux qui peut lui consacrer sa vie!
TOUS [1].
Joignons tous dans ces bois
Nos flûtes et nos voix,
Ce jour nous y convie [2] *;*
Et faisons aux échos redire mille fois :
 « Louis est le plus grand des rois;
Heureux, heureux qui peut lui consacrer sa vie! »

DERNIÈRE ET GRANDE ENTRÉE DE BALLET.

Faunes, Bergers et Bergères, tous se mêlent, et il se fait [3] entre eux des jeux de danse, après quoi ils se vont préparer pour la Comédie [4].

1. CHŒUR. (1734.)
2. Tout le Chœur (Flore, les deux couples, Pan et les Bergers) commence par faire entendre les deux premiers vers du couplet, et, les quatre amants seuls ayant fait entendre le troisième, il redit ces trois vers en répétant le dernier. Et voici comment, après avoir dit une seule fois le quatrième, il chante celui qu'il envoie aux échos, et dont lui-même sans doute (faute d'autres voix dans la coulisse) il faisait entendre les retours : *Fort*, « Louis »; *doux*, « Louis »; *fort*, « Louis »; *doux*, « Louis »; *fort*, « est le plus grand des rois »; *doux*, « plus grand des rois. » Après que le *Chœur des violons* a répété la phrase avec ses alternances de *fort* et de *doux* : « Et faisons aux échos redire; *fort*, mille fois; *doux*, « mille fois »; *fort*, « mille fois »; *doux*, « mille fois »; « Louis est le plus grand des rois »; *écho*, « plus grand des rois. » Violons et écho de violons. Puis : « Louis est le plus grand des rois »; *écho*, « plus grand des rois ». Violons et écho de violons. Puis : *fort*, « Louis »; *écho*, « Louis »; *subrécot*[a], « Louis »; *fort*, « Louis »; *écho*, « Louis »; *subrécot*, « Louis »; *fort*, « Louis est le plus grand des rois »; *fort*, « Louis »; *écho*, « Louis »; *subrécot*, « Louis »; « Louis est le plus grand des rois. » Pour terminer l'hymne éclatant, le vers qui suit, « Heureux, heureux.... », déjà chanté à deux (par Flore et Pan), parut faible au musicien, et il l'a supprimé; mais tout ce chant de gloire, à partir de « Et faisons aux échos.... », était encore à redire, et à la reprise commençaient, pour se continuer pendant trois ou quatre airs de ballet, les évolutions des danseurs. »
3. IX⁰ *et dernière* ENTRÉE DE BALLET. — *Les Faunes, les Bergers et les Bergères se mêlent ensemble; il se fait, etc.* (1734.)
4. C'est donc toute la troupe champêtre qui, inspirée par Flore, va

[a] Charpentier a employé ce mot (est-ce par plaisanterie?) pour *sur-écho, second écho, écho lointain;* il l'écrit et le récrit ainsi : *subrecot*, tout en orthographiant très-bien *écho*.

AUTRE PROLOGUE[1].

Le théâtre représente une forêt.

L'ouverture du théâtre se fait par un bruit agréable d'instruments[2]. Ensuite une Bergère vient se plaindre tendrement de ce qu'elle ne trouve aucun remède pour soulager les peines qu'elle

donner au Roi le divertissement de la comédie et des intermèdes. Ainsi le premier prologue se rattache à la pièce. Le second, qu'on va lire, s'y relie par un fil plus léger encore; il ne contient qu'une vague annonce du sujet, et n'était qu'une simple ouverture en musique, non à la comédie, mais à la soirée, à un spectacle qu'allaient encore varier (sans compter le dialogue de Cléante et d'Angélique et la grande cérémonie finale) deux intermèdes de chant et de danse tout aussi hors d'œuvre que ce premier concert. Il est à présumer cependant que la mise en scène, et aussi la mimique des Faunes et Égipans indiquaient que la comédie-ballet est une des réjouissances de la fête qui les rassemble, et qu'ils se disposent à en être les acteurs. — Si l'on admettait que le premier prologue a pu être exécuté du vivant de Molière sur son théâtre, il faudrait sans doute supposer ou que le second prologue était une scène épisodique du premier, scène d'abord retranchée, et plus tard retrouvée pour être utilisée avec plus ou moins d'à-propos, ou qu'il est un fragment d'un prologue inachevé, mais réellement préparé par Molière en prévision d'un temps où le prologue de circonstance devrait disparaître. Il est hors de doute qu'à la reprise de 1674, il en fallut un tout autre que le premier. De vieilles allusions à des conquêtes abandonnées ne pouvaient plaire, et quant à la conquête nouvelle de la Franche-Comté, c'était bien définitivement alors à Lulli qu'appartenait le privilége de mettre en musique, pour le public, les vers qui la célébraient. C'est par la simple plainte de la Bergère amoureuse que s'ouvrit probablement la représentation donnée à Versailles cette année-là, comme par elle seule s'était ouverte (le livret de 1674 en fait foi) la première reprise de la pièce au Palais-Royal.

1. AUTRE PROLOGUE. CHANSON contre les médecins. (1683, 94.) — Ce second prologue, qui n'est pas dans les livrets de 1673, est donné ici d'après le livret de 1674, où il est intitulé simplement PROLOGUE, car il y sert de prologue unique. AUTRE PROLOGUE est le titre dans toutes les autres éditions; les vers y suivent ce titre, sans être précédés des indications intermédiaires que nous reproduisons d'après le livret de 1674. — Dans l'édition falsifiée d'Elzevir (Amsterdam, 1674: voyez ci-dessus, p. 257, note 4), où les prologues et les intermèdes sont placés avant la comédie, ce second prologue est en tête, et suivi immédiatement des couplets italiens du premier intermède (voyez p. 323-325); après ce commencement, emprunté au livret de 1674, viennent le premier prologue et toute la suite des intermèdes, tels que les donne le livret de 1673.

2. La partition de second état (on verra au dernier *Appendice* qu'elle a été remaniée deux fois) comprend aussi une ouverture pour le nouveau prologue.

endure. Plusieurs Faunes et Ægipans, assemblés pour des fêtes et des jeux qui leur sont particuliers, rencontrent la Bergère. Ils écoutent ses plaintes, et forment un spectacle très-divertissant[1].

PLAINTE DE LA BERGÈRE[2].

Votre plus haut savoir n'est que pure chimère,
 Vains et peu sages médecins;
Vous ne pouvez guérir par vos grands mots latins
 La douleur qui me désespère :
Votre plus haut savoir n'est que pure chimère.

 Hélas[3]*! je n'ose découvrir*
  Mon amoureux martyre
 Au Berger pour qui je soupire,
  Et qui seul peut me secourir.
 Ne prétendez pas le finir,
Ignorants médecins, vous ne sauriez le faire :
Votre plus haut savoir n'est que pure chimère.

Ces remèdes peu sûrs dont le simple vulgaire
Croit que vous connoissez l'admirable vertu,
Pour les maux que je sens n'ont rien de salutaire;
Et tout votre caquet ne peut être reçu
 Que d'un Malade imaginaire.

Votre[4] *plus haut savoir n'est que pure chimère,*
 Vains et peu sages médecins;

1. Ce préambule n'est pas dans l'édition de 1734. — A la fin de la dernière phrase, s'agit-il simplement des entrées de ballet qui terminaient le prologue? n'était-ce pas plutôt tout le spectacle qui allait suivre qu'annonçait ainsi le programme? Voyez ci-dessus, p. 270, note 4.
2. Dans la partition, la Bergère a nom *Climeine*. — UNE BERGÈRE *chantante*. (1734.)
3. Hélas! Hélas! (1674 C, 75, 80, 82, 83, 94.) *Hélas* est aussi répété dans le chant.
4. Ce premier couplet est ainsi redonné tout entier dans le livret de 1674. La partition indique également qu'on le redisait; elle lui donne le nom

AUTRE PROLOGUE.

Vous ne pouvez guérir par vos grands mots latins
  La douleur qui me désespère :
Votre plus haut savoir n'est que pure chimère[1].

Le théâtre change et représente une chambre[2].

assez singulier de « grande intercallate », c'est-à-dire couplet intercalaire, grande reprise, grand refrain, par différence avec le premier vers servant, avec sa mélodie, de petit refrain au second couplet.

1. « Après quoi, porte ici la partition, les violons recommencent l'ouverture. » Il n'y a pas d'autre air de ballet; mais, dans son troisième arrangement, Charpentier en ajouta un, avant la reprise de l'ouverture, pour une entrée de Satyres.

2. *Une chambre où est le malade.* (1683, 94.) — A la suite de cette indication, on lit dans les livrets de 1673, qui n'ont pas, nous l'avons dit, le second prologue, et dans le livret de 1674, ces mots : LE PREMIER ACTE DE LA COMÉDIE. Ces livrets marquent de même la place des actes après les deux intermèdes suivants.

— .... n'est que pure chimère.

Fin des prologues. (1734.)

ACTEURS[1].

ARGAN, malade imaginaire.
BÉLINE[2], seconde femme d'Argan.
ANGÉLIQUE, fille d'Argan, et amante de Cléante.
LOUISON, petite fille d'Argan, et sœur d'Angélique[3].
BÉRALDE, frère d'Argan.
CLÉANTE, amant d'Angélique.
MONSIEUR DIAFOIRUS, médecin.
THOMAS DIAFOIRUS, son fils, et amant d'Angélique.
MONSIEUR PURGON, médecin d'Argan[4].

1. Sur la première distribution des rôles, voyez à la *Notice* les renseignements donnés p. 243 et suivantes, et aussi, p. 249, ceux que peut fournir, non sans vraisemblance, le *Répertoire* de 1685. M. Moland, par conjecture sans doute, attribue la création du rôle de *Béralde* à du Croisy, celle de *Monsieur Diafoirus* à de Brie, de *Monsieur Purgon* à la Thorillière. Pour l'un ou l'autre de ces personnages, ou encore pour celui du *Præses* de la Cérémonie, on peut croire que Molière ne se priva point du concours de Baron. — La liste des acteurs de la Comédie, du Prologue et des Intermèdes est placée avant le premier prologue dans l'édition de 1734.

2. Ce nom de la doucereuse femme d'Argan dérive sans doute du mot *belin*, qui dans l'ancien français désignait le mouton. *Beline*, lit-on dans le *Dictionnaire de l'ancienne langue française* de M. Godefroy, « terme de caresse, en parlant d'une femme, comme qui dirait petite brebis; » l'exemple suivant est pris des *Poésies* de J. Tahureau (1574, f° 60, r°) :

> Les baisers de sa Méline,
> De sa Méline beline.

Sur le personnage, voyez ci-dessus la *Notice*, p. 235, et ci-après, p. 306, note 1.

3. ANGÉLIQUE, *fille d'Argan.*
LOUISON, *petite fille, sœur d'Angélique.* (1734.)

4. THOMAS DIAFOIRUS, *fils de Monsieur Diafoirus.*
MONSIEUR PURGON, *médecin.* (*Ibidem.*)

ACTEURS.

MONSIEUR FLEURANT[1], apothicaire[2].
MONSIEUR BONNEFOY[3], notaire.
TOINETTE, servante[4].

La scène est à Paris[5].

1. Le nom de l'apothicaire est de ceux que M. Eud. Soulié a rencontrés dans des actes authentiques du temps (voyez notre tome V, p. 77, note 2); il a été choisi pour sa signification. Sur le verbe neutre *fleurer*, voyez au tome II la note 2 de la page 365, et, au tome VI, la note 5 de la page 459. — Le rôle revint probablement à celui des acteurs qui avait représenté l'Apothicaire de *Monsieur de Pourceaugnac*: pour l'un et l'autre personnage on nomme, en 1685, Raisin : voyez ci-dessus, p. 249, et tome VII, p. 228.

2. Apothicaire d'Argan. (1674 C, 74 P, 80, 83, 94.)

3. Monsieur de Bonnefoi. (1773.) C'est également ainsi (avec la particule) qu'il est nommé par Argan dans l'édition originale de 1682 et dans celle de 1734, au commencement de la scène VII de l'acte I. — Sur le premier acteur probable et son costume, voyez p. 312, note 1.

4. Servante d'Argan. (1674 C, 74 P, 80, 83, 94, 1734.)

5. Le vieux décorateur a laissé de la scène et des accessoires la description suivante, à côté de laquelle est inscrite la date de 1680[a]. Il n'y a nulle mention de Prologue. « [Le] théâtre est une chambre et une alcôve dans le fond. Au Ier acte, une chaise[b], table, sonnette, et une bourse avec jetons, un manteau fourré, six oreillers, un bâton[c]. — Ier intermède. Une guitare ou luth, quatre mousquetons, quatre lanternes sourdes, quatre bâtons, une vessie[d]. — II{d} acte. Il faut quatre chaises, une poignée de verges, du pa-

---

[a] C'est évidemment avant la réunion que ceci était écrit ; car à la page suivante on voit la mention de la réunion au 25 août 1680. (*Note de M. Despois.*) — Voyez dans les *Documents sur le Malade imaginaire* publiés par M. Éd. Thierry (particulièrement p. 241 et suivantes) l'énumération complète des accessoires fournis pour les toutes premières représentations, qui furent les plus brillantes ; la comparaison fera constater que la mise en scène, la figuration avaient été réduites en 1680.

[b] Un fauteuil à crémaillère, et à planchette mobile pouvant servir de table, d'après la description qu'a donnée M. Monval du vieux meuble historique contemporain du premier Argan (voyez la *Notice*, p. 244 et note 1).

[c] Le bâton qu'Argan réclame au début de la scène III, et qui était, ainsi que les verges du II{d} acte, accroché au fauteuil.

[d] Que Polichinelle se trouve avoir sur lui, qu'il gonfle et fait éclater en coup de pistolet?

pier *a*. — II*d* intermède. Quatre tambours de basque. — III*e* intermède. Il faut la chaise *b* du *Præses* et les deux grands bancs, huit seringues, quatre échelles, quatre marteaux, quatre mortiers, quatre pilons, six tabourets. Les robes rouges frnisse (*illisible* : « finissent ? fraiches ? fraises ? fourrées ? » *ce dernier est le plus naturel, sinon le mieux indiqué par l'écriture*). — Il faut changer le théâtre au I*er* intermède et représenter une ville ou des rues ; et la chambre paraît comme on a commencé. Il faut trois pièces de tapisserie de haute lice, et des perches et cordes pou....*c*. »

Dans l'édition de 1674 (Amsterdam, D. Elzevir), où la pièce, sauf les prologues et les intermèdes, est complètement dénaturée ou falsifiée *d*, et dans les éditions de 1683, 94, 1733, est indiquée, à la suite de la liste des Acteurs, *la manière dont chaque personnage doit être habillé*. Bien que ces descriptions de costumes ne puissent être en aucune façon attribuées à Molière, il y a apparence qu'elles sont assez exactes, et nous croyons devoir les donner ici.

Argan. Est vêtu en malade : de gros bas, des mules, un haut-de-chausse étroit, une camisole rouge avec quelque galon ou dentelle, un mouchoir de cou à vieux passements, négligemment attaché, un bonnet de nuit avec la coiffe de dentelle. (*Voyez à la* Notice, *p.* 243, *et toute la fin de cette note, empruntée à M. É. Thierry*.)

Béralde. En habit de cavalier modeste.

Cléante. Est vêtu galamment et en amoureux.

Purgon, Diafoirus père et *Diafoirus* fils. Tous trois sont vêtus de noir, les deux premiers en habit ordinaire de médecin, et le dernier avec un grand collet uni, de longs cheveux plats, un manteau qui lui passe les genoux, et portant une mine tout à fait niaise.

L'Apothicaire. Est aussi vêtu de noir, ou de gris-brun, avec une courte serviette devant soi et une seringue à la main, sans chapeau.

Les Femmes. Sont vêtues comme elles le sont ordinairement dans les pièces comiques.

Parmi les nombreux *Documents sur le Malade imaginaire*, publiés par M. Édouard Thierry, se trouve (p. 205) le mémoire du tailleur qui, immédiatement après la mort de Molière, habilla la Thorillière pour le rôle d'Argan. Si le nouveau costume ne fut pas une copie du premier, il en conserva certainement, comme le remarque M. Édouard Thierry, l'aspect, le goût général et en quelque sorte

---

a Des rouleaux de musique probablement, pour Cléante et Angélique.
b C'est-à-dire la chaire.
c Pour tendre la salle de réception sans doute : voyez à la Cérémonie.
d Voyez à la *Notice*, p. 252 et 253, et ci-dessus, p. 257, note 4. — Nous rétablissons, dans la citation qu'on va lire, les vrais noms des personnages, qui, sauf celui des Diafoirus, ont été changés ou défigurés par l'éditeur de Hollande.

l'esprit. Voici ce mémoire, et quelques passages, que nous ne pouvons, bien à regret, citer plus au long, de l'intéressante note dont l'a fait suivre M. Édouard Thierry. — « *Parties pour les Messieurs du Palais-Royal pour un habit du Malade imaginaire.* — .... En velours amarante pour la chemisette, 14 ₶. — Plus une panne[a] pour les chausses, 13 ₶. — En ratine[b] grise pour doubler ladite chemisette, 6 ₶. — Plus pour le fourreur qui a fourni les bandes de petit-gris pour la chemisette et le bonnet, 20 ₶. — La soie et le galon, 1 ₶ 15ˢ. — La doublure des chausses et le padou[c], 2 ₶ 10ˢ. — Plus en parements, 1 ₶. — Plus pour avoir fait l'habit deux fois, 12 ₶. — Plus j'ai fourni en boutons d'or pour le long des chausses, 1 ₶ 4ˢ.... — Somme toute, 66 ₶. » — « Dans le mémoire de Baraillon, dit M. Éd. Thierry (p. 208 et 209), nous retrouvons la camisole (*de la description de Hollande*) qui s'appelle la chemisette, et la couleur de la camisole rouge dans celle du velours amarante. Ce qui diffère, c'est l'ornement...; mais la différence est moins dans le détail que dans la physionomie générale des deux costumes : l'un plus pauvre, l'autre plus riche; l'un plus coquet, l'autre plus négligé.... Nous verrons.... par le mémoire du bonnetier.... que les bas fournis pour la Thorillière étaient des bas de soie rouge extrafins; et tandis que la description.... de 1674 rétrécit le haut-de-chausses d'Argan amaigri, Baraillon égaye le même haut-de-chausses avec des boutons d'or.... La tradition de Molière c'est toujours la comédie riante et, de là, son malade pour rire. Molière d'ailleurs savait bien par lui-même qu'un malade amoureux, marié à une jeune femme, n'a garde de se négliger.... Baraillon, comme le tailleur de M. Jourdain, fit aussi son chef-d'œuvre, un habit de cacochyme qui fût en même temps un habit d'honnête homme. »

L'éditeur de 1734 donne à la suite de la liste des acteurs de la Comédie, qu'on vient de voir, p. 274 et 275, celle-ci des acteurs du Prologue et des Intermèdes (il a, nous l'avons dit, placé ces listes avant le premier prologue.)

ACTEURS DU PROLOGUE.

FLORE.
DEUX ZÉPHIRS, *dansants*.
CLIMÈNE.
DAPHNÉ.

---

[a] Étoffe de soie : voyez tome VIII, p. 41, note *b*.
[b] Sorte de « drap croisé dont le poil est tiré en dehors, et frisé de manière à former comme de petits grains. » (*Dictionnaire de l'Académie*, 1835.)
[c] Sorte de ruban à border : voyez tome VI, p. 22, note 1.

Tircis, *amant de Climène, chef d'une troupe de bergers.*
Dorilas, *amant de Daphné, chef d'une troupe de bergers.*
Bergers et bergères *de la suite de Tircis, chantants et dansants.*
Bergers et bergères *de la suite de Dorilas, chantants et dansants.*
Pan.
Faunes, *dansants.*

ACTEURS DES INTERMÈDES.

Dans le premier acte.

Polichinelle.
Une vieille.
Violons.
Archers, *chantants et dansants.*

Dans le second acte.

Une Égyptienne, *chantante.*
Un Égyptien, *chantant.*
Égyptiens et Égyptiennes, *chantants et dansants.*

Dans le troisième acte.

Tapissiers, *dansants.*
Le président *de la Faculté de médecine.*
Docteurs.
Argan, *bachelier.*
Apothicaires, *avec leurs mortiers et leurs pilons.*
Porte-seringues.
Chirurgiens.

La scène est à Paris.

ACTE PREMIER.

SCÈNE PREMIÈRE.

ARGAN, seul dans sa chambre assis[1], une table devant lui, compte des parties d'apothicaire avec des jetons ; il fait, parlant à lui-même[2], les dialogues suivants[3].

Trois et deux font cinq, et cinq font dix, et dix font

---

1. *Seul dans une chambre assis.* (1675.)
2. *Parlant à soi-même.* (*Ibidem.*)
3. ARGAN, *dans une chaise, avec une table devant lui, compte des parties d'apothicaire avec des jetons.* (1674 C, 74 P, 83, 94.) — L'indication qui suit le nom d'ARGAN manque dans l'édition de 1680.

ACTE I.
Le théâtre représente la chambre d'Argan.
SCÈNE PREMIÈRE.
ARGAN, *assis, ayant une table devant lui, comptant avec des jetons les parties de son apothicaire.* (1734.)

— *Des parties d'apothicaire*, un mémoire d'apothicaire. *Partie*, article de compte, de mémoire ; *les parties*, la note, le compte détaillé. Le mot n'était pas particulier au style d'apothicaire : on l'a lu ci-dessus, p. 277, dans l'intitulé mis par le tailleur Baraillon à son mémoire détaillé du costume d'Argan. « L'une (*de ces belles*) a soin de son équipage, l'autre lui fournit de quoi jouer, celle-ci arrête les parties de son tailleur. » (Dancourt, *le Chevalier à la mode*, 1687, acte III, scène II.) — « Les jetons.... se réduisent à une échelle dont les puissances successives, au lieu de se placer de droite à gauche, comme dans l'arithmétique ordinaire, se mettent du bas en haut, chacune dans une ligne où il faut autant de jetons qu'il y a d'unités dans les coefficients : cet inconvénient de la quantité de jetons vient de ce qu'on n'emploie qu'une seule figure ou caractère, et c'est pour y remédier en partie qu'on abrège dans la même ligne, en marquant les nombres 5, 50, 500, etc., par un seul jeton séparé des autres. Cette façon de compter est très-ancienne, et elle ne laisse pas d'être utile ; les femmes et tant d'autres gens qui ne savent ou ne veulent pas écrire, aiment à manier des jetons. » (Buffon, *Essai d'arithmétique morale*, Imprimerie royale, tome IV du Supplément, 1777, § XXVIII, p. 122.) M. Camille Da-

vingt. Trois et deux font cinq[1]. « Plus, du vingt-qua-
« trième[2], un petit clystère insinuatif[3], préparatif, et

reste, dans un article *sur l'Histoire de la numération*, inséré au tome XX (1862) de la *Revue germanique et française* et auquel nous empruntons cette citation de Buffon, prouve par des exemples (p. 379 et 380) que cette méthode de calcul était fort usitée au dix-septième siècle : voyez, entre autres, une lettre de Mme de Sévigné du 10 juin 1671 (tome II, p. 240). « Il n'y a pas, lit-on p. 264 d'un mémoire de Mahudel (1724) analysé au tome V de l'*Histoire de l'Académie des inscriptions et belles-lettres*, il n'y a pas un siècle qu'on employoit encore dans la dot d'une fille à marier la science qu'elle avoit dans cette sorte de calcul, » c'est-à-dire qu'on n'oubliait pas de comprendre cette science dans le compte, établi par les parents, de son apport moral, qu'on l'énumérait et relevait parmi les connaissances et talents dont, suivant l'expression de Philaminte (vers 869), la future était *meublée*. On trouvera au tome V, 2ᵉ série, de la *Bibliothèque de l'École des chartes*, p. 274 et 275, un exposé intéressant, fait par M. Léopold Delisle, du procédé de calcul par les jetons employé pour la reddition des comptes les plus considérables devant la cour normande de l'Échiquier. La petite méthode d'Argan, comme on va le comprendre par son dialogue avec M. Fleurant, est toute conforme à celle qu'a observée Buffon. Il faut supposer entre ses mains un sac rempli de jetons tous de même forme, et, sur la petite table ou la planchette placée devant lui, trois lignes ; le long du tracé de celles-ci il range : 1° au bas, les jetons représentant les six-deniers ou demi-sous (il n'y avait pas lieu de diviser cette unité) ; 2° au-dessus, les jetons représentant les sous, et qu'il partage entre trois casiers ou groupes, en trois tas bien séparés : celui des sous simples, celui des cinq-sous, et celui des dix-sous ; 3° au haut, les jetons représentant les livres (ou vingt sous) et formant aussi quatre groupes : celui des livres simples, celui des cinq-livres, celui des dix-livres (unité approchant du louis ou de la pistole) et celui des vingt-livres.

1. Au moment où Argan est montré au spectateur, il procède à une simplification de la manière dont il a figuré les sommes qu'il vient d'énoncer : ramassant 5 jetons (3 et 2) au casier ou tas des sous simples (ou peut-être des livres simples, mais nous ne pouvons savoir de laquelle de ces unités il s'agit), puis 1 jeton aux cinq-sous (ou cinq-livres), et 1 aux dix-sous (ou dix-livres), il les remplace par un seul jeton porté soit aux livres simples (ou vingt sous) soit aux vingt-livres. Enfin trouvant encore 5 jetons soit aux sous soit aux livres simples, il les remplace par un jeton mis aux cinq. Il peut continuer, dans la suite, ces petites corrections de pose sans les indiquer tout haut ; il ne les marque plus de la voix qu'une seule fois, un peu avant d'énumérer le total de toute son opération.

2. Ce sont les parties d'un mois tout entier qu'Argan examine, comme nous le verrons à la fin. Mais la vérification d'un mémoire aussi chargé d'articles aurait été extrêmement longue. C'est pourquoi le rideau ne se lève qu'au moment où Argan en est au 24° du mois. (*Note d'Auger.*)

3. Propre à faire pénétrer des médicaments.

ACTE I, SCÈNE I.

« rémollient[1], pour amollir, humecter, et rafraîchir les « entrailles de Monsieur[2]. » Ce qui me plaît de Monsieur Fleurant, mon apothicaire, c'est que ses parties sont toujours fort civiles : « les entrailles de Monsieur, trente sols. » Oui, mais, Monsieur Fleurant, ce n'est pas tout que d'être civil, il faut être aussi raisonnable, et ne pas écorcher les malades. Trente sols un lavement[3] : je suis votre serviteur[4], je vous l'ai déjà dit. Vous ne me les avez mis dans les autres parties qu'à vingt sols, et vingt sols en langage d'apothicaire, c'est à dire dix sols ; les voilà, dix sols. « Plus[5], dudit jour, « un bon clystère détersif[6], composé avec catholicon[7] « double, rhubarbe, miel rosat, et autres, suivant « l'ordonnance, pour balayer, laver, et nettoyer le « bas-ventre de Monsieur, trente sols. » Avec votre permission, dix sols. « Plus, dudit jour, le soir, un « julep hépatique[8], soporatif, et somnifère, composé « pour faire dormir Monsieur, trente-cinq sols. » Je ne me plains pas de celui-là, car il me fit bien dormir. Dix, quinze, seize et dix-sept sols, six deniers[9]. « Plus,

1. Le mot est employé par M. Macroton à *l'Amour médecin* (tome V. p. 329) ; le *Dictionnaire de Littré* ne donne que la forme ordinaire *émollient*.
2. « Les entrailles de Monsieur, trente sols. » (1674 C, 74 P, 75, 80, 83, 94.)
3. Un lavement. (1674 C, 74 P, 80.) — Un lavement? (1675.)
4. Formule de négation et de refus, comme *je suis votre valet* (voyez tome VI, p. 548, note 4).
5. Les voilà. « Plus. » (1674 C, 74 P, 75, 80, 83, 94.)
6. Propre à nettoyer.
7. *Catholicon*, remède universel. « Électuaire de séné et de rhubarbe qu'on croyait propre à toutes sortes de maladies. » (*Dictionnaire de Littré*.)
8. « *Hépatique*, propre aux maladies du foie, » explique Auger, et nous verrons (à la fin de la scène vi de l'acte II) que M. Purgon a reconnu chez Argan une maladie de foie. Cependant Littré ne donne point ce sens, et peut-être le mot indique-t-il plutôt qu'il entrait du foie de soufre, *hépar*, dans la préparation. — D'après ce qui a été dit tome V, p. 329, note 2, Argan prononçait *julet*.
9. La manière dont Argan suppute en réglant ces parties a embarrassé quelques personnes. Voici un *julep* porté pour 35 *sols* par M. Fleurant. Argan se loue de l'effet de ce remède, de manière à faire croire qu'il va

« du vingt-cinquième, une bonne médecine purgative
« et corroborative[1], composée de casse récente avec
« séné levantin, et autres, suivant l'ordonnance de
« Monsieur Purgon, pour expulser[2] et évacuer la bile
« de Monsieur, quatre livres. » Ah ! Monsieur Fleurant[3], c'est se moquer ; il faut vivre avec les malades.
Monsieur Purgon ne vous a pas ordonné de mettre
quatre francs[4]. Mettez, mettez trois livres, s'il vous
plaît. Vingt et trente sols[5]. « Plus, dudit jour, une
« potion anodine[6], et astringente, pour faire reposer
« Monsieur, trente sols. » Bon, dix et quinze sols[7].
« Plus, du vingt-sixième, un clystère carminatif, pour
« chasser les vents de Monsieur, trente sols. » Dix

passer l'article tel qu'il est. Point du tout. Comme, suivant son principe que, « en langage d'apothicaire, » 20 sols veut dire 10 sols, il accorde la moitié juste des 35 sols, c'est-à-dire 17 *sols* 6 *deniers*. Ainsi, avec ses jetons, il marque d'abord dix (1 *jeton aux dix-sous*), puis cinq (1 *jeton aux cinq-sous*), ce qui fait quinze ; puis un (1 *jeton aux sous simples*), ce qui fait seize ; puis enfin un et demi (*encore* 1 *jeton aux sous et* 1 *dernier jeton aux six-deniers ou demi-sous*), ce qui fait dix-sept et demi. (*Note d'Auger.*)

1. D'après le *Dictionnaire de Littré :* qui a la vertu de donner de la force, du ton.
2. « Pour expurger. » (1674 P.)
3. « Quatre livres. » Holà ! Monsieur Fleurant. (1683, 94.)
4. De mettre quatre livres. (1674 C, 74 P, 75, 80, 83, 94.)
5. Il en est de même en cet endroit (*de même qu'au* 9ᵉ *renvoi de la page précédente*). La *médecine* est portée pour 4 *francs*. Argan dit : « Mettez, mettez 3 livres, s'il vous plaît. » Il va donc passer 3 *livres?* Nullement : 3 *livres* est ce que M. Fleurant devait porter ; et lui, Argan, qui sait le « langage d'apothicaire », réduit les 3 livres à la moitié, savoir 30 *sous*. Car, il ne faut pas s'y tromper, quand il dit : « vingt et trente sous, » ce n'est pas le total des deux nombres, c'est-à-dire 50 sous, qu'il accorde : il marque d'abord vingt avec ses jetons (*un aux livres simples*), puis il ajoute dix (1 *jeton aux dix-sous*), ce qui fait 30. (*Note d'Auger.*)
6. A prendre dans le sens propre, étymologique de *calmant les douleurs*. Comparez l'emploi que M. Macroton fait du mot, tome V, p. 329.
7. « De même ici, dit Auger, 10 *et* 15 *sous* ne sont pas 25 sous, mais 15 sols seulement, moitié des 30 *sols* demandés. » Continuant d'accompagner de la voix des gestes précis, méthodiques, Argan appuie successivement un jeton sur le casier des dix-sous et un autre sur le casier des cinq-sous.

sols, Monsieur Fleurant. « Plus, le clystère de Mon-
« sieur réitéré le soir, comme dessus, trente sols. »
Monsieur Fleurant, dix sols. « Plus, du vingt-septième,
« une bonne médecine composée pour hâter d'aller[1],
« et chasser dehors les mauvaises humeurs de Mon-
« sieur, trois livres. » Bon, vingt et trente sols : je
suis bien aise que vous soyez raisonnable. « Plus, du
« vingt-huitième, une prise de petit-lait[2] clarifié, et
« dulcoré[3], pour adoucir, lénifier, tempérer, et rafraî-
« chir le sang de Monsieur, vingt sols. » Bon, dix
sols. « Plus, une potion cordiale et préservative, com-
« posée avec douze grains de bézoard[4], sirops de limon
« et grenade, et autres[5], suivant l'ordonnance, cinq
« livres. » Ah[6]! Monsieur Fleurant, tout doux, s'il
vous plaît ; si vous en usez comme cela, on ne voudra
plus être malade : contentez-vous de quatre francs[7].
Vingt et quarante sols. Trois et deux font cinq, et cinq
font dix, et dix font vingt. Soixante et trois livres[8],

1. L'expression avait-elle dès lors le sens que M. Fleurant lui donne et que le *Dictionnaire de Littré* a omis de noter? ou M. Fleurant l'a-t-il imaginée comme un euphémisme ?
2. « Du petit-lait. » (1674 P.)
3. *Édulcoré* est encore la seule forme que donne le *Dictionnaire de Littré*.
4. *Bézoard*, lit-on dans le *Dictionnaire de Littré*, vient d'un mot persan qui signifie pierre contre le venin. C'est le « nom donné aux concrétions calculeuses qui se forment dans l'estomac, les intestins et les voies urinaires des quadrupèdes. Bézoard oriental, celui qui se trouve dans le quatrième estomac de la gazelle des Indes. Bézoard occidental, celui qui se trouve dans le quatrième estomac de la chèvre sauvage du Pérou, de l'isard ou du chamois. Ces bézoards étaient regardés autrefois comme ayant de grandes vertus alexipharmaques, » c'est-à-dire, explique le *Dictionnaire* à ce dernier mot, propres à expulser du corps les principes morbifiques ou qui préviennent l'effet des poisons pris à l'intérieur. De là l'épithète de *préservative* donnée à la potion.
5. « Sirop de limon et grenade. » (1683, 94.) — « Sirops de limon, grenade et autres. » (1675, 94.)
6. Ha ! (1683, 94.)
7. Contentez-vous de quarante sols. (1674 C, 74 P, 75, 80, 83, 94.)
8. Soixante-trois livres. (1674 P.)

quatre sols, six deniers[1]. Si bien donc que de ce mois j'ai pris une, deux, trois, quatre, cinq, six, sept et huit médecines ; et un, deux, trois, quatre, cinq, six, sept, huit, neuf, dix, onze et douze lavements ; et l'autre mois il y avoit douze médecines, et vingt lavements[2]. Je ne m'étonne pas si je ne me porte pas si bien ce mois-ci que l'autre. Je le dirai à Monsieur Purgon, afin qu'il mette ordre à cela. Allons, qu'on m'ôte tout ceci.[3] Il n'y a personne : j'ai beau dire, on me laisse toujours seul ; il n'y a pas moyen de les arrêter ici. (Il sonne une sonnette pour faire venir ses gens[4].) Ils n'entendent point, et ma sonnette ne fait pas assez de bruit. Drelin, drelin, drelin : point d'affaire[5]. Drelin, drelin,

1. On peut voir dans *l'Intermédiaire* des 10 et 25 avril 1875, colonnes 222 et 254, les mémoires de parties fournies par deux apothicaires en 1661 et 1642 : ces pièces réelles permettent de constater que Molière n'a pas poussé loin l'exagération comique ; elle se fait tout au plus sentir dans l'obséquieuse civilité de M. Fleurant et dans le charlatanisme mercantile avec lequel, tout en étalant sa parfaite connaissance de la matière médicale et du vocabulaire des docteurs, il vante et garantit les merveilleux effets de ses préparations. — Nombre de médecins, ennemis d'une corporation que la Faculté n'avait pas toujours trouvée assez soumise, étaient les premiers à la décrier dans le public (voyez M. Raynaud, p. 331 et suivantes) ; ils étaient, dit Gui Patin, le plus acharné de tous (dans sa lettre du 2 mai 1660, tome III, p. 202), bien résolus « à délivrer Paris de la tyrannie et de la trop grande cherté des parties d'apothicaire ; » et voici en quels termes, dans un temps bien rapproché de celui du *Malade imaginaire*, ils se plaisaient à parler de ces auxiliaires et de leur profitable commerce : « Pour souffrir cela, il faut avoir une âme vénale et aussi mal faite qu'un apothicaire, qui étoit défini par M. Hautin : *Animal fourbissimum, faciens bene partes et lucrans mirabiliter* » (lettre du 6 octobre 1671, tome III, p. 790).

2. Si bien donc que de ce mois j'ai pris une (*un*, 1683), deux, trois, quatre, cinq, six, sept, huit, neuf, dix, onze et douze lavements ; et l'autre mois il y avoit douze médecines et vingt lavements. (1674 C, 75, 80, 83.)

3. *Voyant que personne ne vient et qu'il n'y a aucun de ses gens dans sa chambre.* (1734.)

4. *Ses gens, et dit.* (1675.) — Ce jeu de scène et le suivant ne sont pas dans les éditions de 1674 C, 74 P, 80, 83, 94. — *Après avoir sonné une sonnette qui est sur sa table.* (1734.)

5. Assez de bruit. Drelin, drelin ; point d'affaire. (1694.) — Assez de bruit. (*Après avoir sonné pour la deuxième fois.*) Point d'affaire. (*Après avoir sonné encore.*) Ils sont sourds. (1734.)

drelin : ils sont sourds. Toinette! Drelin, drelin, drelin : tout comme si je ne sonnois point. Chienne, coquine ! Drelin, drelin, drelin : j'enrage. (Il ne sonne plus, mais il crie[1].) Drelin[2], drelin, drelin : carogne, à tous les diables ! Est-il possible qu'on laisse comme cela un pauvre malade tout seul ? Drelin[3], drelin, drelin : voilà qui est pitoyable! Drelin, drelin, drelin : ah[4], mon Dieu! ils me laisseront ici mourir. Drelin, drelin, drelin.

SCÈNE II.

TOINETTE, ARGAN.

TOINETTE, *en entrant dans la chambre*[5].

On y va.

ARGAN.

Ah, chienne ! ah, carogne...!

---

1. « Jusqu'ici, remarque Auger, les mots *drelin, drelin* ne sont écrits que pour figurer le son de la sonnette d'Argan, et des éditeurs modernes les ont retranchés comme inutiles. Mais, à partir de cet endroit, ce sont des mots qu'Argan lui-même prononce, pour suppléer au bruit de sa sonnette, en l'imitant. » Nous croirions plutôt, d'après les indications intercalées dans le texte, qu'Argan, après avoir deux ou trois fois agité inutilement sa sonnette, prononce tous les *drelin* qui sont écrits ; il accompagne et renforce son carillon d'une voix de plus en plus impatiente, jusqu'au moment, marqué ici, où, jetant, de rage, sa sonnette, il crie les *drelin* à pleins poumons.

2. Toinette ! (*Après avoir fait le plus de bruit qu'il peut avec sa sonnette.* Tout comme, etc. (*Voyant qu'il sonne encore inutilement.*) J'enrage. Drelin. (1734.)

3. Un pauvre malade ? Drelin. (1734.)

4. Ha. (1683, 94 : ici et 7 lignes plus loin.)

5. *En entrant dans la chambre d'Argan.* (1675.) Cette indication et les suivantes de cette scène ne sont pas dans les éditions de 1674 C, 74 P, 80, 83, 94.
— ARGAN, TOINETTE.
TOINETTE, *en entrant.* (1734.)

TOINETTE, faisant semblant de s'être cogné la tête[1].

Diantre soit fait de votre impatience[2]! vous pressez si fort les personnes, que je me suis donné un grand coup de la tête[3] contre la carne[4] d'un volet.

ARGAN, en colère[5].

Ah[6], traîtresse...!

TOINETTE, pour l'interrompre et l'empêcher de crier, se plaint toujours en disant[7] :

Ha[8] !

ARGAN.

Il y a....

TOINETTE.

Ha !

ARGAN.

Il y a une heure....

TOINETTE.

Ha !

ARGAN.

Tu m'as laissé....

TOINETTE.

Ha !

ARGAN.

Tais-toi donc, coquine, que je te querelle.

TOINETTE.

Çamon[9], ma foi! j'en suis d'avis, après ce que je me suis fait.

---

1. TOINETTE, *en colère, et tenant sa tête*. (1675.)

2. On a vu, au vers 767 du *Tartuffe*, Dorine employer la même forme d'imprécation : « Diantre soit fait de vous...! », et, au vers 325 des *Femmes savantes*, Clitandre en employer une peu différente : « Diantre soit de la folle...! » L'éditeur de 1734 a préféré cette dernière : « Diantre soit de votre impatience! »

3. A la tête. (1734.)

4. « Carne,... l'angle extérieur d'une pierre, d'une table, etc. » (*Dictionnaire de l'Académie*, 1694.) Le terme est plus populaire et plus précis que celui d'*angle*.

5. ARGAN, *en fureur*. (1675.) — 6. Ha! (1683, 94.)

7. TOINETTE, *interrompant Argan*. (1734.) — 8. Ah! (1680; ici et plus bas.)

9. Cette expression affirmative a déjà été relevée, dans la bouche de Mme Jourdain, tome VIII, p. 108, note 3.

ARGAN.

Tu m'as fait égosiller, carogne.

TOINETTE.

Et vous m'avez fait, vous, casser la tête : l'un vaut bien l'autre ; quitte à quitte, si vous voulez.

ARGAN.

Quoi ? coquine....

TOINETTE.

Si vous querellez, je pleurerai.

ARGAN.

Me laisser, traîtresse[1]....

TOINETTE, toujours pour l'interrompre[2] :

Ha !

ARGAN.

Chienne, tu veux....

TOINETTE.

Ha !

ARGAN.

Quoi ? il faudra encore que je n'aye pas le plaisir de la quereller[3].

TOINETTE.

Querellez tout votre soûl[4], je le veux bien.

ARGAN.

Tu m'en empêches, chienne, en m'interrompant à tous coups.

TOINETTE.

Si vous avez le plaisir de quereller, il faut bien que, de mon côté, j'aye le plaisir de pleurer : chacun le sien, ce n'est pas trop. Ha !

---

1. Me laisser, traîtresse? (1675, 83, 94, 1773.)
2. TOINETTE, *interrompant encore Argan*. (1734.)
3. De quereller. (1683, 94.)
4. Le mot est écrit *soû* dans notre original, et c'est ainsi qu'il se prononçait toujours, de quelque façon qu'on l'écrivît : voyez ci-dessus, au vers 1110 des *Femmes savantes*, où une pause naturelle, et non l'*l* mise au bout du mot, empêche ou adoucit l'hiatus.

ARGAN[1].

Allons, il faut en passer par là[2]. Ôte-moi ceci, coquine, ôte-moi ceci. (Argan se lève de sa chaise[3].) Mon lavement d'aujourd'hui a-t-il bien opéré?

TOINETTE.

Votre lavement?

ARGAN.

Oui. Ai-je bien fait de la bile?

TOINETTE.

Ma foi! je ne me mêle point de ces affaires-là : c'est à Monsieur Fleurant à y mettre le nez, puisqu'il en a le profit.

ARGAN.

Qu'on ait soin de me tenir un bouillon prêt, pour l'autre que je dois tantôt prendre.

TOINETTE.

Ce Monsieur Fleurant-là et ce Monsieur Purgon s'égayent[4] bien sur votre corps; ils ont en vous une bonne vache à lait; et je voudrois bien leur demander quel mal vous avez, pour vous faire tant de remèdes.

ARGAN.

Taisez-vous, ignorante, ce n'est pas à vous à contrôler les ordonnances de la médecine. Qu'on me fasse venir ma fille Angélique, j'ai à lui dire quelque chose.

TOINETTE.

La voici qui vient d'elle-même : elle a deviné votre pensée.

---

1. ARGAN *se lève de sa chaise et lui donne les jetons et ses parties d'apothicaire.* (1675.)
2. En passer là. (1694.)
3. *Après s'être levé.* (1734.)
4. Se donnent carrière. Voyez le *Dictionnaire de Littré* au mot s'ÉGAYER et les exemples qu'il cite.

SCÈNE III.

ANGÉLIQUE, TOINETTE, ARGAN[1].

ARGAN.

Approchez, Angélique; vous venez à propos : je voulois vous parler.

ANGÉLIQUE.

Me voilà prête à vous ouïr.

ARGAN, *courant au bassin*[2].

Attendez. Donnez-moi[3] mon bâton. Je vais revenir tout à l'heure.

TOINETTE, *en le raillant.*

Allez[4] vite, Monsieur, allez. Monsieur Fleurant nous donne des affaires.

SCÈNE IV.

ANGÉLIQUE, TOINETTE.

ANGÉLIQUE, *la regardant d'un œil languissant, lui dit confidemment*[5] :
Toinette.

TOINETTE.

Quoi ?

---

1. ARGAN, ANGÉLIQUE, TOINETTE. (1734.)
2. Ce jeu de scène et l'indication suivante ne sont pas dans les éditions de 1674 C, 74 P, 80, 83, 94. — Une semblable sortie, rappelant aux spectateurs les opérations de M. Fleurant, a lieu au début de l'acte III.
3. ARGAN. Attendez. (*A Toinette.*) Donnez-moi. (1734.)
4. TOINETTE. Allez. (*Ibidem.*)
5. *La regarde d'un œil languissant et lui dit confidemment.* (1675.) — Ce jeu de scène n'est pas dans les éditions de 1674 C, 74 P, 80, 83, 94, 1734.

ANGÉLIQUE.

Regarde-moi[1] un peu.

TOINETTE.

Hé bien ! je vous regarde.

ANGÉLIQUE.

Toinette.

TOINETTE.

Hé bien, quoi, « Toinette » ?

ANGÉLIQUE.

Ne devines-tu point de quoi je veux parler ?

TOINETTE.

Je m'en doute assez : de notre[2] jeune amant ; car c'est sur lui, depuis six jours, que roulent tous nos[3] entretiens ; et vous n'êtes point bien si vous n'en parlez à toute heure.

ANGÉLIQUE.

Puisque tu connois cela, que n'es-tu donc la première à m'en entretenir, et que ne m'épargnes-tu[4] la peine de te jeter sur ce discours ?

TOINETTE.

Vous ne m'en donnez pas le temps, et vous avez des soins là-dessus qu'il est difficile de prévenir[5].

ANGÉLIQUE.

Je t'avoue que je ne saurois me lasser de te parler de lui, et que mon cœur profite avec chaleur de tous les moments de s'ouvrir à toi. Mais dis-moi, condamnes-tu, Toinette, les sentiments que j'ai pour lui ?

TOINETTE.

Je n'ai garde.

1. Regardez-moi. (1682 ; faute probable.)
2. De votre. (1674 C, 74 P, 75, 80, 83, 94.)
3. Tous vos. (*Ibidem.*)
4. Et ne m'épargnes-tu. (1674 C, 74 P, 75, 80, 83.)
5. Et il est bien difficile de prévenir le soin que vous prenez si souvent à cet égard, le soin que vous prenez de me jeter, de m'amener sur ce sujet.

ANGÉLIQUE.

Ai-je tort de m'abandonner à ces douces impressions ?

TOINETTE.

Je ne dis pas cela.

ANGÉLIQUE.

Et voudrois-tu que je fusse insensible aux tendres protestations de cette passion ardente qu'il témoigne pour moi?

TOINETTE.

A Dieu ne plaise !

ANGÉLIQUE.

Dis-moi un peu, ne trouves-tu pas, comme moi, quelque chose du Ciel, quelque effet du destin, dans l'aventure inopinée de notre connoissance ?

TOINETTE.

Oui.

ANGÉLIQUE.

Ne trouves-tu pas que cette action d'embrasser ma défense sans me connoître est tout à fait d'un honnête homme ?

TOINETTE.

Oui.

ANGÉLIQUE.

Que l'on ne peut pas en user plus généreusement ?

TOINETTE.

D'accord.

ANGÉLIQUE.

Et qu'il fit tout cela[1] de la meilleure grâce du monde ?

TOINETTE.

Oh ! oui.

ANGÉLIQUE.

Ne trouves-tu pas, Toinette, qu'il est bien fait de sa personne ?

---

1. Et qu'il fait tout cela. (1674 C, 74 P, 75, 80, 83, 94.)

TOINETTE.

Assurément.

ANGÉLIQUE.

Qu'il a l'air le meilleur du monde[1] ?

TOINETTE.

Sans doute.

ANGÉLIQUE.

Que ses discours, comme ses actions, ont quelque chose de noble ?

TOINETTE.

Cela est sûr.

ANGÉLIQUE.

Qu'on ne peut rien entendre de plus passionné que tout ce qu'il me dit ?

TOINETTE.

Il est vrai.

ANGÉLIQUE.

Et qu'il n'est rien de plus fâcheux que la contrainte où l'on me tient, qui bouche tout commerce aux doux empressements[2] de cette mutuelle ardeur que le Ciel nous inspire ?

TOINETTE.

Vous avez raison.

ANGÉLIQUE.

Mais, ma pauvre Toinette, crois-tu qu'il m'aime autant qu'il me le dit ?

TOINETTE.

Eh, eh ! ces choses-là, parfois, sont un peu sujettes à caution. Les grimaces d'amour ressemblent fort à la vérité ; et j'ai vu de grands comédiens là-dessus.

ANGÉLIQUE.

Ah ! Toinette, que dis-tu là ? Hélas ! de la façon

---

1. Qu'il a le meilleur air du monde? (1734.)
2. Qui empêche absolument l'échange des doux empressements..., qui

qu'il parle, seroit-il bien possible qu'il ne me dît pas vrai?

TOINETTE.

En tout cas, vous en serez bientôt éclaircie; et la résolution où il vous écrivit hier qu'il étoit de vous faire demander en mariage¹ est une prompte voie à vous faire connoître s'il vous dit vrai, ou non² : c'en sera là la bonne preuve³.

ANGÉLIQUE.

Ah! Toinette, si celui-là me trompe, je ne croirai de ma vie aucun homme.

TOINETTE.

Voilà votre père qui revient.

SCÈNE V.

ARGAN, ANGÉLIQUE, TOINETTE.

ARGAN *se met dans sa chaise*⁴.

O çà⁵, ma fille, je vais vous dire une nouvelle, où

nous empêche de nous communiquer, de nous avouer l'un à l'autre les doux empressements....

1. En nous apprenant que Cléante a écrit hier qu'il allait demander Angélique en mariage, Toinette prépare le quiproquo de la scène suivante, entre Angélique et son père. Nous verrons, *à la fin du second acte*, que c'est Béralde, l'oncle même d'Angélique, qui a été chargé par Cléante de cette demande. (*Note d'Auger.*)

2. Est une prompte marque de vous faire connoître s'il dit vrai, ou non. (1674 C, 74 P, 80, 83, 94.)

3. Est une prompte marque pour vous faire connoître s'il dit vrai, ou non. C'en sera là une bonne preuve. (1675.)

4. Cette indication n'est pas dans les éditions de 1674 C, 74 P, 75, 80, 83, 94.

5. La même forme, écrite un peu différemment, se lit au vers 788 du *Tartuffe* :

Ho çà n'ai-je pas lieu de me plaindre de vous?

— ARGAN, *s'asseyant*. Or çà. (1734.) C'est bien de parti pris que l'éditeur de 1734 a substitué *or çà* à l'*o çà* ou *oh çà* de notre texte. Comparez, par exemple, p. 380, note 1 et p. 382, note 4, et la variante relevée ci-après, p. 328, note 2.

peut-être ne vous attendez-vous pas[1] : on vous demande en mariage. Qu'est-ce que cela ? vous riez. Cela est plaisant, oui, ce mot de mariage; il n'y a rien de plus drôle pour les jeunes filles : ah! nature, nature[2]! A ce que[3] je puis voir, ma fille, je n'ai que faire de vous demander si vous voulez bien vous marier[4].

ANGÉLIQUE.

Je dois faire, mon père, tout ce qu'il vous plaira de m'ordonner.

ARGAN.

Je suis bien aise d'avoir une fille si obéissante. La chose est donc conclue, et je vous ai promise.

ANGÉLIQUE.

C'est à moi[5], mon père, de suivre[6] aveuglément toutes vos volontés.

ARGAN.

Ma femme, votre belle-mère, avoit envie que je vous fisse religieuse, et votre petite sœur Louison aussi, et de tout temps elle a été aheurtée à cela[7].

1. *Où* pour *à laquelle* : on lit de même dans *Pourceaugnac* (acte I, scène IV, tome VII, p. 260) : « Voilà une connoissance où je ne m'attendois point. » (*Note d'Auger.*)

2. Dans la pastorale héroïque de *Mélicerte*, Myrtil, cru fils de Lycarsis, a obtenu de son prétendu père, à force d'instances et de cajoleries, qu'il consentît à son mariage avec Mélicerte; et le bonhomme, étourdi de l'éloquente vivacité de cet adolescent, s'écrie de même qu'Argan (*acte II, scène V, vers* 551) : « Ha! nature, nature! » C'est une exclamation qui devait échapper bien souvent à Molière lui-même. (*Note d'Auger.*)

3. Ah! nature! A ce que. (1674 P.)

4. Si vous voulez bien être mariée. (1675.) — Si vous voulez vous marier. (1683, 94.)

5. ARGAN.... Si obéissante. ANGÉLIQUE. C'est à moi. (1674 P.)

6. A suivre. (1674 C, 74 P, 75, 80, 83, 94.)

7. Obstinée à cela, entêtée de cette idée. *Aheurté* est le participe du pronominal *s'aheurter*, se heurter, puis se tenir, s'opiniâtrer (à quelque chose). « Ainsi faisoit David... : nous le voyons.... écoutant toujours, et entrant dans la pensée des autres, point aheurté à la sienne. » (Bossuet, *Politique tirée.... de l'Écriture sainte*, livre V, article II, troisième proposition.) Voyez les autres exemples du *Dictionnaire de Littré* au participe et au verbe, et particulièrement l'historique du seizième siècle; voyez

TOINETTE, tout bas[1].

La bonne bête a ses raisons.

ARGAN.

Elle ne vouloit point consentir à ce mariage, mais je l'ai emporté, et ma parole est donnée.

ANGÉLIQUE.

Ah! mon père, que je vous suis obligée de toutes vos bontés.

TOINETTE[2].

En vérité, je vous sais bon gré de cela, et voilà l'action la plus sage que vous ayez faite de votre vie.

ARGAN.

Je n'ai point encore vu la personne ; mais on m'a dit que j'en serois content, et toi aussi.

ANGÉLIQUE.

Assurément, mon père.

ARGAN.

Comment l'as-tu vu[3] ?

ANGÉLIQUE.

Puisque votre consentement m'autorise à vous pouvoir ouvrir mon cœur, je ne feindrai point de vous dire[4] que le hasard nous a fait connoître[5] il y a six jours, et que la demande qu'on vous a faite est un effet de l'inclination que, dès cette première vue, nous avons prise l'un pour l'autre.

---

aussi l'article AHEURTEMENT, où le mot est défini « attachement opiniâtre à un sentiment, à une opinion. »

1. Cette indication n'est pas dans les éditions de 1674 C, 74 P, 80, 83, 94. — TOINETTE, à part. (1734.)
2. TOINETTE, à Argan. (1734.)
3. Comment? L'as-tu vu? (1675, 1734.)
4. Nous avons vu *feindre*, hésiter, construit tantôt, comme ici, avec *de* (tome IV, p. 200, à *la Princesse d'Élide*; tome V, p. 151, à *Dom Juan*; tome VII, p. 240, à *Monsieur de Pourceaugnac*) : tantôt avec *à* (tome I, p. 227, à *l'Étourdi* ; tome V, p. 538, au *Misanthrope*; tome VII, p. 72, à *l'Avare*).
5. *Nous a fait nous connaître* : ellipse du pronom régime devant l'infinitif d'un verbe réfléchi dépendant de *faire*, laquelle a déjà été relevée au

ARGAN.

Ils ne m'ont pas dit cela ; mais j'en suis bien aise, et c'est tant mieux que les choses soient de la sorte. Ils disent que c'est un grand jeune garçon bien fait.]

ANGÉLIQUE.

Oui, mon père.

ARGAN.

De belle taille.

ANGÉLIQUE.

Sans doute.

ARGAN.

Agréable de sa personne.

ANGÉLIQUE.

Assurément.

ARGAN.

De bonne physionomie.

ANGÉLIQUE.

Très-bonne.

ARGAN.

Sage, et bien né.

ANGÉLIQUE.

Tout à fait.

ARGAN.

Fort honnête.

ANGÉLIQUE.

Le plus honnête du monde[1].

ARGAN.

Qui parle bien latin, et grec.

ANGÉLIQUE.

C'est ce que je ne sais pas.

ARGAN.

Et qui sera reçu médecin dans trois jours.

---

tome VI, p. 451, note 1, et au tome VIII, p. 205, note 2, et pour laquelle nous renvoyons de nouveau aux divers *Lexiques* de la Collection.

1. Le plus honnête homme du monde. (1684 C, 74 P, 75, 80, 83, 94.)

ANGÉLIQUE.

Lui, mon père?

ARGAN.

Oui. Est-ce qu'il ne te l'a pas dit?

ANGÉLIQUE.

Non vraiment. Qui vous l'a dit à vous?

ARGAN.

Monsieur Purgon.

ANGÉLIQUE.

Est-ce que Monsieur Purgon le connoît?

ARGAN.

La belle demande! il faut bien qu'il le connoisse, puisque c'est son neveu.

ANGÉLIQUE.

Cléante, neveu de Monsieur Purgon?

ARGAN.

Quel Cléante? Nous parlons de celui pour qui l'on t'a demandée en mariage.

ANGÉLIQUE.

Hé! oui.

ARGAN.

Hé bien, c'est le neveu de Monsieur Purgon qui est le fils de son beau-frère le médecin, Monsieur Diafoirus; et ce fils s'appelle Thomas Diafoirus, et non pas Cléante; et nous avons conclu ce mariage-là ce matin, Monsieur Purgon, Monsieur Fleurant et moi, et, demain[1], ce gendre prétendu[2] doit m'être amené[3] par son père. Qu'est-ce? vous voilà toute ébaubie[4]?

1. Toinette, à la fin de l'acte, quitte Angélique sur un brusque *bonsoir* et un intermède qui dure toute la nuit sépare cet acte du suivant.

2. Ce gendre futur: comparez plus loin, p. 345, « son prétendu mari »; on a déjà vu, à *l'Avare* (tome VII, p. 160), « sa prétendue belle-mère »; à *Pourceaugnac*, « votre prétendu gendre » et « notre beau-père prétendu » (même tome VII, p. 288 et 302).

3. Me doit être amené. (1734.)

4. Cet accord de *tout* était alors le plus ordinaire: comparez ci-dessus les vers 36 et 627 des *Femmes savantes*. — Tout ébaubie. (1674 P.)

ANGÉLIQUE.

C'est, mon père, que je connois que vous avez parlé d'une personne, et que j'ai entendu une autre[1].

TOINETTE.

Quoi ? Monsieur, vous auriez fait ce dessein burlesque ? Et avec tout le bien que vous avez, vous voudriez marier votre fille avec un médecin ?

ARGAN.

Oui. De quoi te mêles-tu, coquine, impudente que tu es ?

TOINETTE.

Mon Dieu ! tout doux : vous allez d'abord aux invectives. Est-ce que nous ne pouvons pas raisonner[2] ensemble sans nous emporter ? Là[3], parlons de sang-froid[4]. Quelle est votre raison, s'il vous plaît, pour un tel mariage ?

ARGAN.

Ma raison est que, me voyant infirme et malade comme je suis, je veux me faire un gendre et des alliés médecins, afin de m'appuyer de bons secours[5] contre ma maladie, d'avoir dans ma famille les sources des remèdes qui me sont nécessaires, et d'être à même des consultations[6] et des ordonnances.

---

1. Le Cléante de *l'Avare*, à la scène IV de l'acte I (tome VII, p. 77-79), après s'être pris aussi vite à espérer, a un semblable saisissement.

2. Est-ce que nous ne pouvons raisonner. (1683, 94.)

3. Ce *la* est, dans notre original, écrit avec un accent qu'il y a lieu de retrancher, ici et p. 309, comme ailleurs celui de la syllabe redoublée : voyez p. 307, note 3.

4. Dans *Tartuffe*, la servante Dorine, en une circonstance toute semblable, dit de même à Orgon (*acte II, scène II, vers* 478) :

Parlons sans nous fâcher, Monsieur, je vous supplie.

Mais Dorine, qui veut qu'on ne se fâche pas, se fâche elle-même aussitôt :

Vous moquez-vous des gens ? etc.,

au lieu que Toinette raisonne effectivement de sang-froid, sans s'emporter, et son flegme est aussi plaisant que la colère de Dorine. C'est la même situation, mais habilement variée. (*Note d'Auger.*)

5. De bon secours. (1674 C, 74 P, 75, 80, 1730, 33, 34, mais non 1773.)

6. D'être tout à portée des consultations. « On dit *être à même* en parlant d'une personne qui aime extrêmement quelque chose et qui se trouve en état

ACTE I, SCÈNE V.

TOINETTE.

Hé bien! voilà dire une raison, et il y a plaisir à se répondre[1] doucement les uns aux autres. Mais, Monsieur, mettez la main à la conscience : est-ce que vous êtes malade?

ARGAN.

Comment, coquine, si je suis malade? si je suis malade, impudente[2]?

TOINETTE.

Hé bien! oui, Monsieur, vous êtes malade, n'ayons point de querelle là-dessus; oui, vous êtes fort malade, j'en demeure d'accord, et plus malade que vous ne pensez[3] : voilà qui est fait. Mais votre fille doit épouser un mari pour elle ; et, n'étant point malade, il n'est pas nécessaire de lui donner un médecin.

ARGAN.

C'est pour moi que je lui donne ce médecin ; et une fille de bon naturel doit être ravie d'épouser ce qui est utile à la santé de son père.

TOINETTE.

Ma foi! Monsieur, voulez-vous qu'en amie je vous donne un conseil?

ARGAN.

Quel est-il ce conseil?

---

de se satisfaire pleinement là-dessus. *Vous aimez les figues, en voilà, vous êtes à même.* » (*Dictionnaire de l'Académie*, 1694.) Molière a aussi employé la locution absolument, à la scène II du *Mariage forcé* (tome IV, p. 27) : « Je serai à même pour vous caresser; » et Corneille, dans le vers 736 de *la Place royale* (tome II, p. 263), avec un régime non précédé de la préposition *de* :

Cherches-tu de la joie à même mes douleurs?

au milieu de mes douleurs, dans mes douleurs mêmes.

1. A répondre. (1674 P.)

2. Montaigne, qu'Aimé-Martin rappelle ici, a bien pu suggérer ce trait à Molière : « J'en ai vu prendre la chèvre de ce qu'on leur trouvoit le visage frais et le pouls posé. » (Livre III des *Essais*, chapitre IX, tome III, p. 491.)

3. Nous croyons que Toinette entend parler de cette « maladie des médecins » dont Béralde tentera de guérir son frère au troisième acte.

TOINETTE.

De ne point songer à ce mariage-là.

ARGAN.

Hé la raison[1] ?

TOINETTE.

La raison? C'est que votre fille n'y consentira point.

ARGAN.

Elle n'y consentira point ?

TOINETTE.

Non.

ARGAN.

Ma fille ?

TOINETTE.

Votre fille. Elle vous dira qu'elle n'a que faire de Monsieur Diafoirus, ni de son fils Thomas Diafoirus, ni de tous les Diafoirus du monde.

ARGAN.

J'en ai affaire, moi, outre que le parti est plus avantageux qu'on ne pense. Monsieur Diafoirus n'a que ce fils-là pour tout héritier ; et, de plus, Monsieur Purgon, qui n'a ni femme, ni enfants, lui donne tout son bien, en faveur de ce mariage ; et Monsieur Purgon est un homme qui a huit mille bonnes livres de rente.

TOINETTE.

Il faut qu'il ait tué bien des gens, pour s'être fait si riche.

ARGAN.

Huit mille livres de rente sont quelque chose, sans compter le bien du père.

TOINETTE.

Monsieur, tout cela est bel et bon ; mais j'en reviens toujours là : je vous conseille, entre nous, de lui choisir

---

1. Et la raison? (1734.)

un autre mari, et elle n'est point faite pour être Madame Diafoirus.

ARGAN.

Et je veux, moi, que cela soit.

TOINETTE.

Eh fi! ne dites pas cela.

ARGAN.

Comment, que je ne dise pas cela?

TOINETTE.

Hé non!

ARGAN.

Et pourquoi ne le dirai-je pas?

TOINETTE.

On dira que vous ne songez pas à ce que vous dites.

ARGAN.

On dira ce qu'on voudra; mais je vous dis que je veux qu'elle exécute la parole que j'ai donnée.

TOINETTE.

Non : je suis sûre qu'elle ne le fera pas[1].

ARGAN.

Je l'y forcerai bien.

TOINETTE.

Elle ne le fera pas, vous dis-je.

ARGAN.

Elle le fera, ou je la mettrai dans un convent[2].

1. Depuis cette phrase de Toinette inclusivement jusques et y compris cette phrase d'Argan (p. 303) : « Je ne suis point bon et je suis méchant quand je veux », se trouve répété textuellement le dialogue entre Scapin et Argante, dans la IVe scène du Ier acte des *Fourberies de Scapin* (tome VIII, p. 433-436 : *voyez la note 1 de la page 434*). Il n'y a guère, entre les deux passages, qu'une seule différence... : Argante parle de déshériter son fils, et Argan de mettre sa fille au couvent. (*Note d'Auger.*) Un petit couplet, amenant une courte réplique, a été avec à-propos ajouté à ce dialogue-ci (voyez p. 303, note 1).

2. *Convent*, dans toutes les éditions, sauf celles de 1683, et de 1733, 34. Plusieurs, aux autres endroits de la pièce où ce mot revient, ont tantôt *n*, tantôt *u*. Au reste, comme nous l'avons dit au tome IV, p. 486, note 5, quelle que fût l'écriture, le mot se prononçait *couvent*.

TOINETTE.

Vous ?

ARGAN.

Moi.

TOINETTE.

Bon.

ARGAN.

Comment, « bon » ?

TOINETTE.

Vous ne la mettrez point dans un convent.

ARGAN.

Je ne la mettrai point dans un convent ?

TOINETTE.

Non.

ARGAN.

Non ?

TOINETTE.

Non.

ARGAN.

Ouais ! voici qui est plaisant : je ne mettrai pas ma fille dans un convent, si je veux ?

TOINETTE.

Non, vous dis-je.

ARGAN.

Qui m'en empêchera ?

TOINETTE.

Vous-même.

ARGAN.

Moi ?

TOINETTE.

Oui : vous n'aurez pas ce cœur-là.

ARGAN.

Je l'aurai.

TOINETTE.

Vous vous moquez.

ARGAN.

Je ne me moque point.

TOINETTE.

La tendresse paternelle vous prendra.

ARGAN.

Elle ne me prendra point [1].

TOINETTE.

Une petite larme ou deux, des bras jetés au cou, un « mon petit papa mignon [2] », prononcé tendrement, sera assez pour vous toucher.

ARGAN.

Tout cela ne fera rien.

TOINETTE.

Oui, oui.

ARGAN.

Je vous dis que je n'en démordrai point [3].

TOINETTE.

Bagatelles.

ARGAN.

Il ne faut point dire « bagatelles ».

TOINETTE.

Mon Dieu! je vous connois, vous êtes bon naturellement.

ARGAN, avec emportement [4].

Je ne suis point bon, et je suis méchant quand je veux [5].

---

1. Au lieu de ces deux dernières phrases, on lit dans *les Fourberies de Scapin* : « La tendresse paternelle fera son office. — Elle ne fera rien. » — Le couplet qui suit et la réplique ne se trouvent naturellement pas dans l'autre dialogue, où, au lieu d'une jeune fille, il est question d'un grand jeune homme.
2. Un « petit papa mignon ». (1683, 94.)
3. Dans le dialogue des *Fourberies de Scapin* : « Je vous dis que cela sera. »
4. Cette indication manque, ainsi que toutes les autres jusqu'à la fin de cette scène, dans les éditions de 1674 C, 74 P, 80, 83, 94. Elle n'est pas non plus, ni les deux suivantes, dans l'édition de 1675.
5. Dans *Tartuffe*, Dorine, qui contrarie de même Orgon au sujet du gendre qu'il a choisi, lui dit (*acte II, scène II, vers* 545) : « Si l'on ne vous aimoit.... », et Orgon répond : « Je ne veux pas qu'on m'aime. » La réponse d'Orgon et celle d'Argan sont des mots de même caractère. (*Note d'Auger.*)

TOINETTE.

Doucement, Monsieur : vous ne songez pas que vous êtes malade[1].

ARGAN.

Je lui commande absolument de se préparer à prendre le mari que je dis.

TOINETTE.

Et moi, je lui défends absolument d'en faire rien.

ARGAN.

Où est-ce donc que nous sommes ? et quelle audace est-ce là à une coquine de servante de parler de la sorte devant son maître ?

TOINETTE.

Quand un maître ne songe pas à ce qu'il fait, une servante bien sensée est en droit de le redresser.

ARGAN *court*[2] *après Toinette.*

Ah ! insolente, il faut que je t'assomme.

TOINETTE *se sauve de lui*[3].

Il est de mon devoir de m'opposer aux choses qui vous peuvent déshonorer.

ARGAN, *en colère, court après elle autour de sa chaise*[4], *son bâton à la main*[5].

Viens, viens, que je t'apprenne à parler.

TOINETTE, *courant, et se sauvant du côté de la chaise où n'est pas Argan*[6].

Je m'intéresse, comme je dois, à ne vous point laisser faire de folie.

1. « C'est ainsi, remarque encore Auger, que Dorine dit à Orgon (*vers* 552) :

Ah ! vous êtes dévot, et vous vous emportez ?

La ressemblance continue jusqu'à la fin de la scène. »

2. *Courant.* (1734.)

3. TOINETTE, *évitant Argan, et mettant la chaise entre elle et lui.* (*Ibidem.*)

4. *Autour de sa table.* (1675.)

5. ARGAN, *courant après Toinette autour de la chaise, avec son bâton.* (1734.)

6. TOINETTE, *courant d'un bout à l'autre.* (1675.) — TOINETTE, *se sauvant du côté où n'est pas Argan.* (1734.)

ACTE I, SCÈNE V. 305

ARGAN.

Chienne !

TOINETTE.

Non, je ne consentirai jamais à ce mariage.

ARGAN.

Pendarde !

TOINETTE.

Je ne veux point qu'elle épouse votre Thomas Diafoirus.

ARGAN.

Carogne !

TOINETTE.

Et[1] elle m'obéira plutôt qu'à vous.

ARGAN[2].

Angélique, tu ne veux pas m'arrêter cette coquine-là ?

ANGÉLIQUE.

Eh ! mon père, ne vous faites point malade.

ARGAN[3].

Si tu ne me l'arrêtes, je te donnerai ma malédiction.

TOINETTE[4].

Et moi, je la déshériterai, si elle vous obéit.

ARGAN *se jette dans sa chaise, étant las de courir après elle.*

Ah ! ah[5] ! je n'en puis plus. Voilà pour me faire mourir[6].

---

1. ARGAN, *de même.* Chienne ! — TOINETTE, *de même.* Non, etc. — ARGAN, *de même.* Pendarde ! — TOINETTE, *de même.* Je, etc. — ARGAN, *de même.* Carogne ! — TOINETTE, *de même,* Et, etc. (1734.)
2. ARGAN, *à Angélique.* (1675.) — ARGAN, *s'arrêtant.* (1734.)
3. ARGAN, *à Angélique.* (1734.)
4. TOINETTE, *en s'en allant.* (*Ibidem.*)
5. ARGAN *s'étend sur sa chaise.* Ah ! ah ! (1675.) — ARGAN, *se jetant dans sa chaise.* Ah ! ah ! (1734.)
6. Je l'ai déjà fait remarquer, cette scène et la deuxième du second acte de *Tartuffe* ont entre elles des rapports nombreux et frappants. Orgon et Argan, ayant chacun leur manie, et ne consultant que leur intérêt dans le choix d'un gendre, veulent, l'un un saint homme qui attire sur sa maison

SCÈNE VI.

BELINE[1], ANGÉLIQUE, TOINETTE, ARGAN[2].

ARGAN.

Ah! ma femme, approchez.

BÉLINE.

Qu'avez-vous, mon pauvre mari?

ARGAN.

Venez-vous-en ici à mon secours.

BÉLINE.

Qu'est-ce que c'est donc qu'il y a, mon petit fils[3]?

les bénédictions du Ciel, l'autre un médecin qui lui donne à chaque instant des consultations et des ordonnances. Ce choix, qui n'est point du goût des deux filles, est combattu, dans l'une et dans l'autre pièce, par une servante qui met son maître en fureur en lui parlant avec une familiarité qui approche fort de l'insolence. (*Note d'Auger.*)

1. Parlant des ressemblances « qu'un regard attentif peut découvrir entre la vieille comédie et le théâtre du dix-septième siècle, » M. Aubertin, au tome Ier, p. 531 et 532 de son *Histoire de la langue et de la littérature française au moyen âge*, signale « dans la farce de *la Cornette*^a un personnage de femme qui.... fait songer à la Béline du *Malade imaginaire*. Une femme coquette a un vieux mari qui est sa dupe. Les neveux du vieillard, bonnes gens et fort en peine de l'héritage, ont résolu de détromper l'oncle; mais leur dessein est éventé par le valet..., qui prévient sa maîtresse. Celle-ci redoublant de caresses hypocrites prend les devants sur ses accusateurs.... Le meilleur endroit de la pièce est sans contredit la scène où notre Béline, pour se rendre absolue maîtresse du cœur de son mari et en fermer l'accès à tous les assaillants, déploie les artifices accoutumés de sa feinte tendresse, dont elle connaît l'irrésistible empire sur le vieillard crédule; la sottise du mari, le manège de la femme sont décrits avec un art instinctif déjà fort habile. »

2. BÉLINE, ARGAN. (1734.) On ne voit pas en effet qu'Angélique assiste à la scène, et il est naturel qu'elle se retire à la vue de sa belle-mère qui entre et va donner ses soins à Argan. Quant à Toinette, elle sort aussi, puisque peu après elle est rappelée. Toutefois les deux peuvent s'arrêter quelque temps à observer ce spectacle des faux empressements de Béline répondant aux appels dolents du mari de plus en plus capté par elle.

3. Nous avons déjà vu ce terme de *mon fils* dans la bouche de Mme de

^a « Recueil de Rouen, tome III. Cette farce, composée sous François Ier, est de Jehan d'Abundance, bazochien et notaire au Pont-Saint-Esprit. » Nous

ACTE I, SCÈNE VI.   307

ARGAN.

Mamie.

BÉLINE.

Mon ami.

ARGAN.

On vient de me mettre en colère!

BÉLINE.

Hélas! pauvre petit mari¹. Comment donc, mon ami?

ARGAN.

Votre coquine de Toinette est devenue plus insolente que jamais.

BÉLINE.

Ne vous passionnez donc point.

ARGAN.

Elle m'a fait enrager, mamie.

BÉLINE.

Doucement, mon fils.

ARGAN.

Elle a contrecarré², une heure durant, les choses que je veux faire.

BÉLINE.

La, la³, tout doux.

ARGAN.

Et a eu l'effronterie de me dire que je ne suis point malade.

Sotenville et dans celle d'une Vieille bourgeoise parlant l'une et l'autre à leur mari (tome VI, p. 524, au 3ᵉ renvoi, et tome VIII, p. 218, au 4ᵉ renvoi), et même dans la bouche de Lélie parlant à Mascarille (au vers 690 de *l'Étourdi*).

1. Hélas! mon pauvre petit mari. (1734.)

2. Quelques-uns de nos anciens textes ont ici, comme au vers 1436 des *Femmes savantes*, l'orthographe *contrequarré*.

3. Dans notre texte, ces *la* sont marqués d'un accent que nous supprimons, comme nous avons fait tome VI, p. 363 (au vers 136 d'*Amphitryon* : voyez la note à ce vers), et p. 530 (au 1ᵉʳ renvoi); tome VIII, p. 594 (au 2ᵈ renvoi); ci-dessus, p. 298 (au 3ᵉ renvoi), et comme nous ferons plus loin.

en avons déjà cité un passage, d'après M. Aubertin, à la scène III de l'acte I de *l'Avare* (tome VII, p. 68, note 1).

BÉLINE.

C'est une impertinente.

ARGAN.

Vous savez, mon cœur, ce qui en est.

BÉLINE.

Oui, mon cœur, elle a tort.

ARGAN.

Mamour, cette coquine-là me fera mourir.

BÉLINE.

Eh la, eh la[1]!

ARGAN.

Elle est cause de toute la bile que je fais.

BÉLINE.

Ne vous fâchez point tant.

ARGAN.

Et il y a je ne sais combien[2] que je vous dis de me la chasser.

BÉLINE.

Mon Dieu! mon fils, il n'y a point de serviteurs et de servantes qui n'ayent leurs défauts. On est contraint parfois de souffrir leurs mauvaises qualités à cause des bonnes. Celle-ci est adroite, soigneuse, diligente, et surtout fidèle[3]; et vous savez qu'il faut maintenant de grandes précautions pour les gens que l'on prend[4]. Holà! Toinette.

---

1. Eh la la, la la. (1675.)
2. Je ne sais combien de temps, comme déjà à la scène II du *Mariage forcé* (tome IV, p. 27) : « Il y a je ne sais combien que j'enrage du peu de liberté qu'il me donne. »
3. Probe, incapable de rien détourner, de se ménager, dans cette riche maison, des profits illicites. C'est ainsi que Chrysale entend le mot (au vers 456 des *Femmes savantes*) :

    Quoi? l'avez-vous surprise à n'être pas fidèle?

4. Au soin, dit Auger, que Béline « prend d'excuser Toinette, on voit qu'elle compte sur elle pour l'exécution de ses desseins; mais un aparté de Toinette nous a prévenus (ci-dessus, p. 295) qu'elle n'était ni la dupe, ni la

TOINETTE.

Madame[1].

BÉLINE.

Pourquoi donc est-ce que vous mettez mon mari en colère?

TOINETTE, d'un ton doucereux[2].

Moi, Madame, hélas! Je ne sais pas ce que vous me voulez dire, et je ne songe qu'à complaire à Monsieur en toutes choses.

ARGAN.

Ah! la traîtresse!

TOINETTE.

Il nous a dit qu'il vouloit donner sa fille en mariage au fils de Monsieur Diafoirus; je lui ai répondu que je trouvois le parti avantageux pour elle; mais que je croyois qu'il feroit mieux de la mettre dans un convent.

BÉLINE.

Il n'y a pas grand mal à cela, et je trouve qu'elle a raison.

ARGAN.

Ah! mamour, vous la croyez. C'est une scélérate : elle m'a dit cent insolences.

BÉLINE.

Hé bien! je vous crois, mon ami. La, remettez-vous. Écoutez, Toinette, si vous fâchez jamais mon mari, je vous mettrai dehors. Çà, donnez-moi son manteau fourré, et des oreillers, que je l'accommode dans sa chaise. Vous voilà je ne sais comment. Enfoncez bien

---

complice de cette femme artificieuse; et, plus loin (p. 319), elle s'expliquera ouvertement à ce sujet. »

1. SCÈNE VII.
ARGAN, BÉLINE, TOINETTE.
TOINETTE.
Madame. (1734.)
2. Les éditions de 1674 C, 74 P, 80 n'ont ni cette indication ni les suivantes de cette scène. Les éditions de 1683, 94 n'en ont qu'une : voyez p. 310, note 3. Celle de 1675 en a deux : voyez *ibidem*, notes 2 et 3.

votre bonnet jusque sur vos oreilles : il n'y a rien qui enrhume tant que de prendre l'air par les oreilles[1].

ARGAN.

Ah! mamie, que je vous suis obligé de tous les soins que vous prenez de moi!

BÉLINE, *accommodant les oreillers qu'elle met autour d'Argan*[2].

Levez-vous, que je mette ceci sous vous. Mettons celui-ci pour vous appuyer, et celui-là de l'autre côté. Mettons celui-ci derrière votre dos, et cet autre-là pour soutenir votre tête.

TOINETTE, *lui mettant rudement un oreiller sur la tête, et puis fuyant.*

Et celui-ci[3] pour vous garder du serein.

ARGAN *se lève en colère, et jette tous les oreillers à Toinette*[4].

Ah! coquine, tu veux m'étouffer.

BÉLINE.

Eh la, eh la! Qu'est-ce que c'est donc?

ARGAN, *tout essoufflé, se jette dans sa chaise.*

Ah[5], ah, ah! je n'en puis plus.

1. Aimé-Martin remarque que Molière semble ici mettre en action un des petits conseils que le Tirésias d'Horace donne à Ulysse dans le passage où il lui décrit et recommande tout le manége des captateurs de testaments (satire V du livre II, vers 93 et 94):

> *Obsequio grassare; mone, si increbuit aura,*
> *Cautus uti velet carum caput....*

« Gagne du terrain à force de complaisances; si le vent s'élève et fraîchit, avertis ton patron de bien couvrir une tête si chère. » (*Traduction d'Aug. Desportes.*)

2. *Raccommodant les oreillers qui sont autour d'Argan.* (1675.)

3. *Lui mettant un oreiller sur la tête. Et celui-ci.* (1675.) — *Lui met un oreiller sur la tête. Et celui-ci.* (1683, 94.) — *Lui mettant rudement un oreiller sur la tête. Et celui-ci.* (1734.)

4. ARGAN, *se levant en colère, et jetant tous les oreillers à Toinette qui s'enfuit.* (1734.)

5.
SCÈNE VIII.
ARGAN, BÉLINE.
BÉLINE.

Hé là, etc.

ARGAN, *se jetant dans sa chaise.*

Ah. (*Ibidem.*)

BÉLINE.

Pourquoi vous emporter ainsi? Elle a cru faire bien.
ARGAN.

Vous ne connoissez pas, mamour, la malice de la pendarde. Ah! elle m'a mis tout hors de moi; et il faudra plus de huit médecines, et de douze lavements[1], pour réparer tout ceci.
BÉLINE.

La, la, mon petit ami, apaisez-vous un peu.
ARGAN.

Mamie, vous êtes toute ma consolation.
BÉLINE.

Pauvre petit fils.
ARGAN.

Pour tâcher de reconnoître l'amour que vous me portez, je veux, mon cœur, comme je vous ai dit, faire mon testament.
BÉLINE.

Ah! mon ami, ne parlons point de cela, je vous prie : je ne saurois souffrir cette pensée ; et le seul mot[2] de testament me fait tressaillir de douleur.
ARGAN.

Je vous avois dit de parler pour cela à votre notaire.
BÉLINE.

Le voilà là dedans, que j'ai amené avec moi.
ARGAN.

Faites-le donc entrer, mamour.
BÉLINE.

Hélas! mon ami, quand on aime bien un mari, on n'est guère en état de songer à tout cela[3].

---

1. Et plus de douze lavements. (1680.) — Plus de huit médecins, et de douze lavements. (1694.)

2. Cette pensée; le seul mot. (1694.)

3. Dans les éditions de 1674 C, 74 P, 75, 80, 83, 94, la scène VI, au lieu des mots : « Le voilà », etc., jusqu'à « tout cela », a pour fin ceux-ci : « Bé-

SCÈNE VII[1].

Le Notaire, BÉLINE, ARGAN[2].

ARGAN.

Approchez, Monsieur de Bonnefoy, approchez. Prenez un siége, s'il vous plaît. Ma femme m'a dit, Monsieur, que[3] vous étiez fort honnête homme, et tout à fait de ses amis; et je l'ai chargée de vous parler pour un testament que je veux faire.

BÉLINE.

Hélas! je ne suis point capable de parler de ces choses-là.

LE NOTAIRE[4].

Elle m'a, Monsieur, expliqué vos intentions, et le dessein où vous êtes pour elle; et j'ai à vous dire là-dessus que vous ne sauriez rien donner à votre femme par votre testament.

LINE. Le voici dans votre antichambre, et je l'ai fait venir tout exprès. — ARGAN. Faites-le entrer (*venir*, 1674 P), mamour. »

1. Après le titre : SCÈNE VII, l'édition de 1682 porte cet avis : *Cette scène entière n'est point, dans les éditions précédentes, de la prose de Monsieur Molière; la voici, rétablie sur l'original de l'auteur.* C'est précisément cette scène qui a été choisie pour sujet de la gravure mise au-devant de la pièce dans l'édition de 1682. A la droite d'Argan, M. de Bonnefoy, en habit noir, de coupe élégante, manteau court, et perruque assez lourde de magistrat, donne d'un air souriant sa consultation de casuiste retors. A gauche, Béline assez jeune de figure et de mise porte son mouchoir à l'un de ses yeux. — Du Croisy, le créateur du rôle de Tartuffe, créa très-probablement aussi celui de ce Notaire, qu'il jouait en 1685 (voyez à la page 249 de la *Notice*). — Les éditions énumérées au commencement de la note précédente ont, pour cette scène VII et pour la scène VIII, un texte très-différent du nôtre, c'est-à-dire de celui de 1682 (et de 1734). Nous donnons cette leçon à l'*Appendice* (p. 454-457), d'après l'édition de Paris 1675, et mettons au bas des pages les variantes des autres.

2. SCÈNE IX.
MONSIEUR DE BONNEFOI, BÉLINE, ARGAN. (1734.)

3. M'a dit que. (*Ibidem.*) — 4. M. DE BONNEFOI. (*Ibidem;* ici et plus bas.)

ARGAN.

Mais pourquoi?

LE NOTAIRE.

La Coutume y résiste. Si vous étiez en pays de droit écrit, cela se pourroit faire[1]; mais, à Paris, et dans les pays coutumiers, au moins dans la plupart[2], c'est ce qui ne se peut, et la disposition seroit nulle. Tout l'avantage qu'homme et femme conjoints par mariage se peuvent faire l'un à l'autre, c'est un don mutuel entre-vifs; encore faut-il qu'il n'y ait enfants, soit des deux conjoints, ou de l'un d'eux, lors du décès du premier mourant[3].

1. « Dans les pays de France qui se règlent par le droit écrit..., suivant le droit romain qui y est observé, le mari et la femme ne peuvent s'avantager l'un l'autre par donation entre-vifs...; mais ils peuvent exercer leur libéralité l'un envers l'autre par donation pour cause de mort. — Les donations mêmes entre-vifs que l'un des conjoints peut avoir faites à l'autre deviennent valables si le donateur décède le premier, sans avoir changé de volonté, auquel cas la donation est confirmée par sa mort. » (*Dictionnaire de droit et de pratique* de Ferrière, édition de 1771, tome I, p. 518.)

2. « Quelques coutumes autorisaient entre époux toute espèce de donations entre-vifs ou testamentaires...; d'autres, les donations pour cause de mort seulement...; mais le plus grand nombre interdisaient les unes et les autres ou les restreignaient à l'usufruit.... Parmi les coutumes qui admettaient ces donations, la plupart exigeaient que le donateur n'eût pas d'enfants légitimes...; un petit nombre seulement les permettaient nonobstant l'existence des enfants, à la seule condition que ceux-ci eussent leur légitime sauve. » (Ch. Giraud, *Précis de l'ancien droit coutumier français*, 2ᵈᵉ édition, 1875, p. 89.)

3. « Cette exposition de principes..., dit M. Paringault (p. 36), est la reproduction très-exacte des articles CCLXXX et CCLXXXII de la Coutume de Paris, dont il convient de transcrire la teneur, pour que chacun puisse juger de la fidélité de la reproduction : ARTICLE CCLXXX : « Homme et
« femme conjoints par mariage, étants en santé, peuvent et leur loit (*et il
« leur est loisible*) faire donation mutuelle l'un à l'autre également de tous
« leurs biens meubles et conquêts immeubles, faits durant et constant
« leur mariage, et qui sont trouvés à eux appartenir et être communs entre
« eux à l'heure du trépas du premier mourant desdits conjoints, pour en
« jouir par le survivant d'iceux conjoints sa vie durant seulement, en bail-
« lant par lui caution suffisante de restituer lesdits biens après son trépas :
« pourvu qu'il n'y ait enfants, soit des deux conjoints, ou de l'un d'eux,
« lors du décès du premier mourant. » — ARTICLE CCLXXXII : « Homme et
« femme conjoints par mariage, constant icelui, ne peuvent avantager l'un
« l'autre, par donation faite entre vifs, par testament ou ordonnance de der-

ARGAN.

Voilà une Coutume bien impertinente[1], qu'un mari ne puisse rien laisser à une femme dont il est aimé tendrement, et qui prend de lui tant de soin. J'aurois envie de consulter mon avocat, pour voir comment je pourrois faire.

LE NOTAIRE.

Ce n'est point à des avocats qu'il faut aller, car ils sont d'ordinaire sévères là-dessus, et s'imaginent que c'est un grand crime que de disposer en fraude de la loi. Ce sont gens de difficultés, et qui sont ignorants des détours de la conscience[2]. Il y a d'autres personnes à consulter, qui sont bien plus accommodantes, qui ont des expédients pour passer doucement par-dessus la loi, et rendre juste ce qui n'est pas permis; qui savent aplanir les difficultés d'une affaire, et trouver des moyens d'éluder la Coutume par quelque avantage indirect. Sans cela, où en serions-nous tous les jours? Il faut de la facilité dans les choses; autrement nous ne ferions rien, et je ne donnerois pas un sou[3] de notre métier.

ARGAN.

Ma femme m'avoit bien dit, Monsieur, que vous étiez

« nière volonté, ne autrement, directement ne indirectement, en quelque « manière que ce soit, sinon par don mutuel, tel que dessus. » « Charondas, ajoute M. Paringault, explique la défense des donations *constant le mariage*, et ce qu'il dit va directement à l'adresse de Béline[a] : « S'il leur eût « été possible de s'entre-donner, l'un eût pu, par blandices, feintes larmes « et mignardises, et autres fardées caresses d'amour attirer l'autre à lui « donner tous ses biens. » .... Tels sont bien les procédés de captation de la seconde femme d'Argan. »

1. Bien sotte, bien absurde : comparez ci-après, p. 367, au 1er renvoi, et voyez p. 341, note 4.

2. Des détours où peut s'engager la conscience, des moyens détournés, des biais qu'on peut prendre en sûreté de conscience.

3. Un sol. (1734.)

[a] Voyez la « *Coutume de la ville, prévôté et vicomté de Paris* ou *Droit civil parisien*, avec les commentaires de L. Charondas le Caron, jurisconsulte parisien, » édition in-folio de 1637, p. 202.

fort habile, et fort honnête homme. Comment puis-je faire, s'il vous plaît, pour lui donner mon bien, et en frustrer mes enfants ?

LE NOTAIRE.

Comment vous pouvez faire ? Vous pouvez choisir doucement un ami intime de votre femme, auquel vous donnerez en bonne forme par votre testament tout ce que vous pouvez[1]; et cet ami ensuite lui rendra tout. Vous pouvez encore contracter un grand nombre d'obligations, non suspectes, au profit de divers créanciers, qui prêteront leur nom à votre femme, et entre les mains de laquelle ils mettront leur déclaration que ce qu'ils en ont fait n'a été que pour lui faire plaisir. Vous pouvez aussi, pendant que vous êtes en vie, mettre entre ses mains de l'argent comptant, ou des billets que vous pourrez avoir, payables au porteur[2].

1. C'est-à-dire toute la part de vos biens dont la Coutume vous permet de disposer, tout ce que vous pouvez donner sans entamer la réserve, la légitime assurée par cette Coutume à vos enfants. « C'était un principe général du droit coutumier, dit M. Giraud (même *Précis*, p. 99 et 100), et surtout de la jurisprudence, que les donations entre-vifs ou testamentaires, faites par les père et mère au préjudice de leurs enfants, étaient sujettes, à la plainte d'inofficiosité, soit à la réduction pour leur légitime.... — En ce qui touche la quotité de la légitime, elle était inégalement fixée. Paris (article ccxcviii[a]), Orléans.... la fixaient à la moitié de ce qu'aurait eu *ab intestat* l'enfant qui la réclamait. » Argan, par le détour que lui indique le notaire, eût donc pu tenter de faire passer à sa femme la moitié de son bien.

2. « A cette époque, dit M. Paringault (p. 37 et 38), où les valeurs industrielles n'existaient pas et où l'on ne pratiquait pas dans la bourgeoisie le prêt à intérêt, les fraudes à la loi, en matière de libéralités interdites, étaient plus difficiles qu'aujourd'hui ; on voit cependant par l'exposé de M. de Bonnefoy, qu'avec quelque ressource dans l'intelligence il y avait encore possibilité de se tirer d'affaire. — Le moyen de déguisement alors le plus usuel, et que ne néglige pas non plus M. de Bonnefoy, était le fidéicommis tacite[b], ainsi appelé par opposition au fidéicommis simple ou ordi-

[a] « La légitime, disait cet article, est la moitié de telle part et portion que chacun enfant eût eue en la succession desdits père et mère,.... si lesdits père et mère.... n'eussent disposé par donations entre-vifs, ou dernière volonté.... »

[b] « On appelle *fidéicommis tacite* la disposition d'un bien qui est faite

BÉLINE.

Mon Dieu! il ne faut point vous tourmenter de tout cela. S'il vient faute de vous[1], mon fils, je ne veux plus rester au monde.

ARGAN.

Mamie!

BÉLINE.

Oui, mon ami, si je suis assez malheureuse pour vous perdre....

ARGAN.

Ma chère femme!

BÉLINE.

La vie ne me sera plus de rien.

ARGAN.

Mamour!

BÉLINE.

Et je suivrai vos pas, pour vous faire connoître la tendresse que j'ai pour vous.

ARGAN.

Mamie, vous me fendez le cœur. Consolez-vous, je vous en prie.

LE NOTAIRE[2].

Ces larmes sont hors de saison, et les choses n'en sont point encore là.

---

naire. L'article CCLXXXII de la Coutume de Paris, que nous avons cité, déclarait nul le fidéicommis fait par l'un des conjoints au profit de l'autre par personne interposée ; mais quand on parvenait à tenir secret ce fidéicommis, et c'est le conseil que donne M. de Bonnefoy, il produisait son effet, car *de ignotis non judicat prætor.* »

1. S'il vient manque de vous, si vous venez à me manquer, à mourir. Racine a employé l'expression dans une de ses notes manuscrites (tome VI, p. 348) : « On craignoit que le duc d'Orléans ne se rendît maître de la personne de Monsieur, s'il venoit faute du Roi. »

2. M. DE BONNEFOI, *à Béline.* (1734.)

en faveur de quelqu'un avec intention qu'il le rende à un autre, sans que toutefois cette intention soit exprimée. » (*Dictionnaire de l'Académie,* 1694.)

BÉLINE.

Ah! Monsieur, vous ne savez pas ce que c'est qu'un mari qu'on aime tendrement.

ARGAN.

Tout le regret que j'aurai, si je meurs, mamie, c'est de n'avoir point un enfant de vous. Monsieur Purgon m'avoit dit qu'il m'en feroit faire un.

LE NOTAIRE.

Cela pourra venir encore.

ARGAN.

Il faut faire mon testament, mamour, de la façon que Monsieur dit; mais, par précaution, je veux vous mettre entre les mains vingt mille francs en or, que j'ai dans le lambris[1] de mon alcôve, et deux billets payables au porteur, qui me sont dus, l'un par Monsieur Damon, et l'autre par Monsieur Gérante.

BÉLINE.

Non, non, je ne veux point de tout cela. Ah! combien dites-vous qu'il y a dans votre alcôve?

ARGAN.

Vingt mille francs, mamour.

BÉLINE.

Ne me parlez point de bien, je vous prie. Ah! de combien[2] sont les deux billets?

ARGAN.

Ils sont, mamie, l'un de quatre mille francs, et l'autre de six.

BÉLINE.

Tous les biens du monde, mon ami, ne me sont rien au prix de vous.

LE NOTAIRE[3].

Voulez-vous que nous procédions au testament?

---

1. *Lambris*, ici, placard dissimulé dans le lambris.
2. *Ah!... De combien.* (1734.) — 3. M. DE BONNEFOI, *à Argan.* (*Ibidem.*)

ARGAN.

Oui, Monsieur; mais nous serons mieux[1] dans mon petit cabinet. Mamour, conduisez-moi, je vous prie.

BÉLINE.

Allons, mon pauvre petit fils.

SCÈNE VIII[2].

ANGÉLIQUE, TOINETTE.

TOINETTE.

Les voilà avec un notaire, et j'ai ouï parler de testament. Votre belle-mère ne s'endort point, et c'est sans doute quelque conspiration contre vos intérêts où elle pousse votre père.

ANGÉLIQUE.

Qu'il dispose de son bien à sa fantaisie, pourvu qu'il ne dispose point de mon cœur. Tu vois, Toinette, les desseins violents que l'on fait sur lui[3]. Ne m'abandonne point, je te prie, dans l'extrémité où je suis.

TOINETTE.

Moi, vous abandonner? j'aimerois mieux mourir.

---

1. Mais nous serions mieux. (1734.)

2. SCÈNE X. (*Ibidem.*) — Après le titre : SCÈNE VIII, l'édition de 1682 porte ce nouvel avis, semblable à celui dont elle a fait précéder la scène VII (voyez p. 312, note 1) : *Cette scène n'est point, dans les éditions précédentes, de la prose de Monsieur Molière; la voici, rétablie sur l'original de l'auteur.*

3. La violence qu'on projette d'exercer sur lui, de lui faire. Nous avons déjà (tome VI, p. 561, note 3) renvoyé au *Lexique* du *Corneille* (tome I, p. 287 et 288) pour l'expression de « faire des desseins » équivalant à *projeter (de)*; la construction même qu'emploie Angélique se trouve au vers 1354 de *la Place royale* (tome II, p. 293) et au vers 703 d'*Héraclius* (tome V, p. 186) :

> Bien qu'il eût fait dessein sur une autre personne....
> Quel dessein faisiez-vous sur cet aveugle inceste?

Mais le sens est là : *Bien qu'il eût en vue.... Quel dessein fondiez-vous...?* D'autres emplois remarquables de *faire* ont été rapprochés dans notre tome VIII, p. 416, note 1.

ACTE I, SCÈNE VIII.

Votre belle-mère a beau me faire sa confidente, et me vouloir jeter dans ses intérêts, je n'ai jamais pu avoir d'inclination pour elle, et j'ai toujours été de votre parti. Laissez-moi faire : j'emploierai toute chose pour vous servir ; mais pour vous servir avec plus d'effet, je veux changer de batterie, couvrir le zèle que j'ai pour vous, et feindre d'entrer dans les sentiments de votre père et de votre belle-mère.

ANGÉLIQUE.

Tâche, je t'en conjure, de faire donner avis à Cléante du mariage qu'on a conclu.

TOINETTE.

Je n'ai personne à employer à cet office, que le vieux usurier Polichinelle[1], mon amant, et il m'en coûtera pour cela quelques paroles de douceur, que je veux bien dépenser pour vous. Pour aujourd'hui il est trop tard ; mais demain, du grand matin[2], je l'envoierai querir, et il sera ravi de....

BÉLINE.

Toinette.

TOINETTE.

Voilà[3] qu'on m'appelle. Bonsoir. Reposez-vous sur moi.

FIN DU PREMIER ACTE.

Le théâtre change, et représente une ville.

---

1. « Il n'est question ici du *vieux usurier Polichinelle*, remarque Auger, que pour amener l'intermède suivant, dont ce même Polichinelle est le principal personnage. » Polichinelle lui-même parlera de son négoce (p. 321) : il paraît que la condition de ce personnage était plus variable que son caractère. « Il représente, dit Galiani (p. 135 et 136 du volume cité à la note *b* de la page suivante), un homme ridiculement grossier, porté pour la bouche et pour les femmes, et qui, lorsqu'il parle, dit des balourdises, mais d'une manière plaisante et enjouée.... Il est tour à tour, et selon le caprice de la pièce, seigneur, valet, philosophe, etc. »

2. De grand matin. (1734.) On a vu dans le vers 1789 du *Tartuffe* et la note qui s'y rapporte (tome IV, p. 516) que *du matin* était usité dans le sens de *dès le matin, le matin, au matin*.

3. SCÈNE XI. — BÉLINE *dans la maison*, ANGÉLIQUE, TOINETTE. — BÉLINE. Toinette. — TOINETTE, *à Angélique*. Voilà. (1734.)

PREMIER INTERMÈDE.

Polichinelle[1], dans la nuit, vient pour donner une sérénade à sa

[1]. Les paroles italiennes que, comme on va le voir, on fit dans certaines représentations chanter à ce personnage principal de l'Intermède indiquent bien que c'est le Polichinelle étranger, non le nôtre, que Molière amenait ici sur la scène. « Le *Pulcinella* de Naples, dit Charles Magnin[a], grand garçon aussi droit qu'un autre, bruyant, alerte, sensuel, au long nez crochu, au demi-masque noir, au bonnet gris et pyramidal, à la camisole blanche, sans fraise, au large pantalon blanc, plissé et serré à la ceinture par une cordelière à laquelle pend quelquefois une clochette, Pulcinella, dis-je, peut bien, à la rigueur, rappeler le Mimus Albus et de très-loin le Maccus antique ; mais il n'a, sauf son nez en bec et son nom d'oiseau[b], aucune parenté ni ressemblance avec notre Polichinelle. Pour un trait de ressemblance, on signalerait dix contrastes. Polichinelle, tel que nous l'avons fait ou refait, présente au plus haut degré l'humeur et la physionomie gauloises. Je dirai même, pour ne rien cacher de ma pensée, que, sous l'exagération obligée d'une.... caricature, Polichinelle laisse percer le type populaire, je n'ose dire d'Henri IV, mais tout au moins de l'officier gascon imitant les allures du maître.... Quant à la bosse, Guillaume Bouchet vient de nous apprendre qu'elle a été de temps immémorial l'apanage du badin ès farces de France. » — « Ce n'est qu'au seizième siècle, dit de son côté M. Maurice Sand[c],... qu'un comédien (*chef de troupe*).... tira ce personnage de l'oubli et introduisit Pulcinella dans les parades napolitaines.... Au milieu du dix-septième siècle, Pulcinella change tout à coup de costume.... En 1697, Michel-Ange da Fracassano exagère les deux bosses du costume, et se coiffe d'un feutre gris orné de deux plumes de coq, ce qui le rend tout à fait semblable au Polichinelle de la foire. C'est ainsi que l'a représenté Watteau. » Voyez, dans les *Balli di Sfessania* de Callot le Pulliciniello de son temps, et dans l'OEuvre de Charles le Brun (tome II de la Bibliothèque nationale), une gravure, d'après ce maître, de Gilles Rousselet, où est représenté, causant avec un grand Pantalon, un petit Polichinelle italien, tel à peu

[a] Voyez son *Histoire des Marionnettes en Europe, depuis l'antiquité jusqu'à nos jours*, 1852, p. 126 et 127.
[b] « Le nom de Maccus (*un des acteurs des farces atellanes*) paraît avoir signifié dans la langue étrusque un cochet, un jeune coq ; et les Napolitains, en conservant ce symbole de la fatuité bruyante, n'auraient fait que traduire le nom de Maccus par son équivalent *Pulcino, Pulcinella*. » (*Les Origines du théâtre antique et du théâtre moderne*, par Charles Magnin, p. 47 et 48.) — Le masque napolitain a une tout autre origine, et l'étymologie du nom qu'il porte est bien différente dans l'agréable récit, mais évidemment fait à plaisir, que M. Moland, p. VII et VIII de *Molière et la comédie italienne*, a emprunté à l'abbé Galiani (voyez p. V, et p. 135-139 du volume de *Contes, lettres et pensées* de l'abbé publié par M. Paul Ristelhuber en 1866).
[c] Dans ses *Masques et bouffons*, tome I, p. 131-133.

PREMIER INTERMÈDE.

maîtresse. Il est interrompu d'abord par des violons, contre lesquels il se met en colère, et ensuite par le Guet[1], composé de musiciens et de danseurs[2].

POLICHINELLE.

O amour[3], amour, amour, amour! Pauvre Polichinelle, quelle diable de fantaisie[4] t'es-tu allé mettre dans la cervelle? A quoi t'amuses-tu, misérable insensé que tu es? Tu quittes le soin de ton négoce, et tu laisses aller tes affaires à l'abandon. Tu ne manges plus, tu ne bois presque plus, tu perds le repos de la nuit; et tout cela pour qui? Pour une dragonne, franche dragonne[5], une diablesse qui te rembarre, et se moque de tout ce que tu peux lui dire. Mais il n'y a point à raisonner là-dessus. Tu le veux, amour : il faut être fou comme beaucoup d'autres. Cela n'est pas le mieux du monde à un homme de mon âge; mais qu'y faire? On n'est pas sage quand on veut, et les vieilles cervelles se démontent[6] comme les jeunes.

Je viens voir si je ne pourrai point adoucir ma tigresse par une sérénade. Il n'y a rien parfois qui soit si touchant qu'un amant qui vient chanter ses doléances

près qu'il a été décrit par Ch. Magnin et que sans doute il parut sur le théâtre du Palais-Royal. — Toutes les variétés de Polichinelles purent se montrer à la fois dans l'une des dernières entrées du divertissement final de *Psyché* (tome VIII, p. 360).

1. Un faux Guet de carnaval, une troupe de masques costumés en archers.
2. *Et danseurs.* (1683, 94.)
3. PREMIER INTERMÈDE. — *Le théâtre représente une place publique.* — SCÈNE PREMIÈRE. — POLICHINELLE. O amour. (1734.)
4. Fantaisie. (1673 R.)
5. Un dragon de vertu, une femme de vertu farouche, plutôt sans doute qu'une femme impérieuse et acariâtre. Ce féminin burlesque n'a pas été recueilli, pour ce sens, dans le *Dictionnaire de Littré.* Ailleurs, dans Molière, *dragon* et *diablesse* ou *diablerie* se trouvent aussi rapprochés : voyez le vers 1296 de *l'École des femmes*, et les vers 674 et 675 des *Femmes savantes*.
6. Se dérangent. « Il eut une horrible vapeur à la tête : la machine se démontoit. » — « Dieu a soin des cervelles démontées. » (*Mme de Sévigné*, tomes VIII, p. 271, et V, p. 538.) — Se démentent. (1674 P.)

aux gonds et aux verrous de la porte de sa maîtresse[1]*. Voici*[2] *de quoi accompagner ma voix. O nuit! ô chère nuit! porte mes plaintes amoureuses jusque dans le lit de mon inflexible.*[3] (Il chante ces paroles[4]) :

1. Allusion à certaines plaintes amoureuses, comme l'ode x du livre III d'Horace, et au nom, παρακλαυσίθυρον, que les Grecs leur donnaient.
2. *Après avoir pris son luth.* Voici. (1734.)
3. L'indication « Il chante, » etc. et les couplets italiens qui suivent ne sont pas dans les livrets de 1673, mais se trouvent, sans autres différences que quelques fautes, dans toutes les éditions de la comédie et dans le livret de 1674. Les couplets sont précédés, dans ce dernier livret, de l'indication suivante: « Premier intermède. Un seignor Pantalon, accompagné d'un Docteur et d'un Trivelin[a], vient donner une sérénade à sa maîtresse, et chante ces paroles; » et ils forment à eux seuls, avec ces deux lignes de programme, tout le premier intermède. Cela donne à penser que ces airs italiens ont été intercalés dans l'intermède postérieurement aux premières représentations, et même, pour certaines représentations, ont pu à eux seuls tenir lieu du reste et remplir tout l'intermède. — Si nous en laissons les paroles au milieu de ce texte de 1673 que nous reproduisons et dont Molière les avait finalement retranchées, c'est que les scrupuleux éditeurs de 1682 les ont ainsi admises : ils n'ont pu, croyons-nous, se décider à le faire que parce qu'ils savaient qu'elles avaient été préparées par Molière, ou tout au moins acceptées par lui, à un certain moment, de la main du musicien, et qu'ici était la place qu'il leur avait provisoirement assignée. — M. Édouard Thierry est d'avis que cette partie italienne de l'intermède n'est point de Molière, et trouve qu'elle a été maladroitement introduite ici, au début; la place à peu près naturelle en eût été, selon lui, plus loin, au moment « où Polichinelle, interrompu jusque-là par les violons, a trouvé moyen d'avoir du silence et tire enfin son luth de l'étui : » voyez la note 13 à l'un des *Documents sur le Malade imaginaire*, p. 247-250.
4. Cette indication a été omise dans l'édition de 1734. — L'air de *Notte e dì* avec son prélude, et un air pour les violons devant succéder au second air chanté (celui de *Zerbinetti*) sont tout ce qui reste, dans les cahiers originaux de Charpentier, de la musique qu'il avait écrite pour le Ier intermède : l'air pour les violons, et le prélude de *Notte e dì* se trouvent insérés parmi les indications qu'il donne sur le troisième arrangement de sa partition du *Malade imaginaire*. L'air même, sans prélude, est parmi les indications données sur le second arrangement; et là aussi Charpentier semble rappeler deux morceaux composés pour l'intermède primitif, une Fantaisie et un air des Archers, l'un et l'autre destinés aux violons; mais

[a] Sur le Trivelin, voyez notre tome V, p. 335, note 1. Sur les personnages bien connus du Docteur et du vieux marchand Pantalon, voyez l'*Histoire du théâtre italien* de Louis Riccoboni (1731), à l'*Explication des figures*, tome II, p. 310-313; les *Masques et bouffons* de M. Maurice Sand, tome II, p. 1-35; *Molière et la comédie italienne* par M. Louis Moland, p. 12-18.

PREMIER INTERMÈDE. 323

Notte e dì[1] v' amo e v' adoro,
Cerco un sì[2] per mio ristoro;
Ma se voi dite di no,
Bell' ingrata, io morirò[3].

    Fra[4] la speranza
    S' afflige il cuore,
    In lontananza
    Consuma l' hore;
    Sì dolce inganno
    Che mi figura
    Breve l' affanno
    Ahi! troppo dura!
Così per tropp' amar languisco e muoro.

Notte e dì v' amo e v' adoro,
Cerco un sì per mio ristoro;
Ma se voi dite di no,
Bell' ingrata, io morirò.

    Se non dormite,
    Almen pensate

nous ne les avons point rencontrés, non plus que le Dialogue chanté des Archers, dans ses manuscrits : voyez à l'*Appendice* (p. 506 et p. 510) les renseignements, d'ailleurs incomplets, que donne Charpentier sur la façon dont, à deux époques indéterminées après la mort de Molière, fut réglé ce Ier intermède, ou plutôt l'intermède qu'on substitua à celui du livret de 1673. — En 1680, avant la jonction, à la date du vieux *Mémoire* de décorateur rapporté ci-dessus (p. 275, note 5), on s'en tenait encore, ce semble, aux scènes primitives.

1. *Nott' e dì*, dans l'édition de 1734; plus bas, *Cerc' un sì*, et *D'almen*, pour *Deh! almen*.
2. *Un sì* est répété dans le chant de ce refrain.
3. Les deux derniers vers de ce premier couplet, de ce refrain se disent ici trois fois, avec répétition du tout dernier. Quand le refrain revient, ces mêmes vers ne sont plus chantés qu'une fois après le second couplet, deux fois après le troisième couplet, mais toujours avec reprise de *Bell' ingrata, io morirò*.
4. C'est ici, au-devant du couplet qui suit celui du refrain, que Charpentier a inscrit le titre *Aria*.

Alle ferite
Ch' al cuor mi fate;
Deh! almen fingete,
Per mio conforto,
Se m' uccidete,
D' haver il torto :
Vostra pietà mi scemerà il martoro[1].

Notte e dì v' amo e v' adoro,
Cerco un sì per mio ristoro,
Ma se voi dite di no,
Bell' ingrata, io morirò[2].

UNE VIEILLE se présente à la fenêtre, et répond au seignor[3] Polichinelle en se moquant de lui[4].

Zerbinetti[5], *ch' ogn' hor con finti sguardi,*
   Mentiti desiri,
   Fallaci sospiri,
   Accenti bugiardi,
Di fede vi pregiate,
Ah! che non m' ingannate,

1. *Il martiro.* (1734.)
2. Voici comment Auger a traduit les paroles de cette sérénade en rondeau; nous lui emprunterons également la traduction des couplets de la Vieille. « Nuit et jour, je vous aime et vous adore. Je demande un oui pour mon réconfort; mais si vous dites un non, belle ingrate, je mourrai. — Au sein de l'espérance le cœur s'afflige; dans l'absence, il consume tristement les heures. Ah! la douce illusion qui me fait apercevoir la fin prochaine de mon tourment dure trop longtemps. Pour trop vous aimer, je languis, je meurs. — Nuit et jour, etc. — Si vous ne dormez pas, au moins pensez aux blessures que vous faites à mon cœur; si vous me faites périr, ah! pour ma consolation, feignez au moins de vous le reprocher : votre pitié diminuera mon martyre. — Nuit et jour, » etc.
3. *Au seigneur.* (1674 P, 1730, 33.) — *Au signor.* (1683, 94.) — *Au seignor Pantalon.* (Livret de 1674.)
4. SCÈNE II.
POLICHINELLE, UNE VIEILLE à *la fenêtre.*
LA VIEILLE *chante.* (1734.)
5. Cet air est mentionné dans le troisième arrangement de Charpentier; il ne l'est point dans le second : voyez au n° V de l'*Appendice*, p. 506 et p. 510.

Che già so per prova
Ch' in voi non si trova
Constanza ne fede :
Oh! quanto è pazza colei che vi crede!

Quei sguardi languidi
Non m' innamorano.
Quei sospir fervidi
Più non m' infiammano,
Vel giuro a fè.
Zerbino misero,
Del vostro piangere
Il mio cor libero
Vuol sempre ridere,
Credet' a me :
Che già so per prova
Ch' in voi non si trova
Constanza ne fede :
Oh! quanto è pazza colei che vi crede[1]*!*

VIOLONS.

POLICHINELLE.

Quelle impertinente harmonie vient interrompre ici ma voix?

VIOLONS.

POLICHINELLE.

Paix là, taisez-vous, violons. Laissez-moi me plaindre à mon aise des cruautés de mon inexorable.

1. « Petits galants, qui à chaque instant, avec des regards trompeurs, des désirs mensongers, des soupirs fallacieux et des accents perfides, vous vantez d'être fidèles, ah! vous ne me trompez plus. Je sais par expérience qu'on ne trouve en vous ni constance, ni foi. Oh! combien est folle celle qui vous croit! — Ces regards languissants ne m'attendrissent plus; ces soupirs brûlants ne m'enflamment plus, je vous le jure sur ma foi. Pauvre galant, mon cœur, rendu à la liberté, veut toujours rire de vos plaintes : croyez-moi, je sais par expérience, » etc. — Ici finit, nous l'avons dit plus haut (p. 322, note 3), le premier intermède dans le livret de 1674, intermède qui y est réduit à ces deux scènes italiennes, non comprises dans le livret de 1673.

VIOLONS.

POLICHINELLE.

Taisez-vous[1] vous dis-je. C'est moi qui veux chanter.

VIOLONS[2].

POLICHINELLE.

Paix donc.

VIOLONS.

POLICHINELLE.

Ouais!

VIOLONS.

POLICHINELLE.

Ahi[3]!

VIOLONS.

POLICHINELLE.

Est-ce pour rire?

VIOLONS.

POLICHINELLE.

Ah! que de bruit!

VIOLONS.

POLICHINELLE.

Le diable vous emporte!

VIOLONS.

POLICHINELLE.

J'enrage.

VIOLONS.

POLICHINELLE.

Vous ne vous tairez pas? Ah, Dieu soit loué!

---

1. SCÈNE III.

POLICHINELLE, VIOLONS *derrière le théâtre.*

Les Violons commencent un air.

POLICHINELLE.

Quelle, etc.

LES VIOLONS *continuant à jouer.*

POLICHINELLE.

Paix là, etc.

LES VIOLONS, *de même.*

POLICHINELLE.

Taisez-vous. (1734.)

2. LES VIOLONS. (1734; ici et jusqu'à la fin de la scène.)

3. Ah! (*Ibidem.*)

PREMIER INTERMÈDE.   327

VIOLONS.
POLICHINELLE.

Encore?

VIOLONS.
POLICHINELLE.

Peste des violons!

VIOLONS.
POLICHINELLE.

La sotte musique que voilà!

VIOLONS.
POLICHINELLE[1].

La, la, la, la, la, la.

VIOLONS.
POLICHINELLE[2].

La, la, la, la, la, la.

VIOLONS.
POLICHINELLE.

La, la, la, la, la, la, la, la[3].

VIOLONS.
POLICHINELLE.

La, la, la, la, la[4].

VIOLONS.
POLICHINELLE.

La, la, la, la, la, la.

VIOLONS.
POLICHINELLE[5].

Par ma foi! cela me divertit. Poursuivez, Messieurs les Violons, vous me ferez plaisir.[6] *Allons donc, continuez. Je vous en prie. Voilà*[7] *le moyen de les faire*

1. POLICHINELLE, *chantant pour se moquer des violons.* (1734.)
2. POLICHINELLE, *de même.* (1734; ici et aux trois reprises suivantes.)
3. On ne lit ici que six de ces *la* fredonnés, au lieu de huit, dans les éditions de 1674 C, 74 P, 75, 80, 82, 83, 94, 1734.
4. Il y a ici un *la* de plus dans les éditions de 1680, 82, 83, 94, 1734.
5. POLICHINELLE, *avec un luth, dont il ne joue que des lèvres et de la langue, en disant plin tan plan, etc.* (1682.)
6. *N'entendant plus rien.* (1734.)
7. SCÈNE IV.
POLICHINELLE, *seul.*
Voilà. (*Ibidem.*)

taire. *La musique est accoutumée à ne point faire ce qu'on veut*[1]. *Ho sus, à nous*[2] *! Avant que de chanter, il faut que je prélude un peu, et joue quelque pièce, afin de mieux prendre mon ton. Plan*[3], *plan, plan. Plin, plin, plin. Voilà un temps fâcheux pour mettre un luth d'accord. Plin, plin, plin. Plin tan plan. Plin, plin. Les cordes ne tiennent point par ce temps-là. Plin, plan. J'entends du bruit, mettons mon luth contre la porte.*

ARCHERS.

Qui va là[4]*, qui va là ?*

POLICHINELLE[5].

Qui diable est cela[6]*? Est-ce que c'est la mode*[7] *de parler en musique*[8] *?*

1. « Tant, dit Auger, que Polichinelle s'est plaint de la musique, elle a été son train ; quand il a dit aux violons : « Poursuivez, vous me ferez plai-« sir, » ils se sont tus…. Horace a dit, avant Polichinelle, que *les musiciens* « *sont accoutumés à ne point faire ce qu'on veut.* »

>   *Omnibus hoc vitium est cantoribus, inter amicos*
>   *Ut nunquam inducant animum cantare rogati,*
>   *Injussi nunquam desistant.*
>
>   (Début de la satire III du livre I.)
>
>   On sait de tout chanteur le caprice ordinaire :
>   Pressez-le de chanter, il s'obstine à se taire ;
>   Cessez de le prier, il ne tarira plus.
>
>   (*Traduction de Daru.*)

2. Notre original : « Ho, sus à nous ! » Mais le sens est : « Maintenant vite, à nous, à notre tour, à moi et à mon luth ! » — Or sus. (1734.) Le même éditeur, tenant plus compte de l'étymologie que d'un adoucissement de prononciation voulu par l'usage du siècle précédent, a aussi changé en *or* l'*o* de la locution *o çà* (comparez ci-dessus, p. 293, note 5).

3. *Il prend son luth, dont il fait semblant de jouer, en imitant avec les lèvres et la langue le son de cet instrument. Plan.* (1734.)

4. ARCHERS, *passant* (*passants*, 1682) *dans la rue, accourent au bruit qu'ils entendent, et demandent :* Qui va là. (1675, 82.)

5. POLICHINELLE, *tout bas.* (1675, 82.)

6. Qui diable est-ce là ? (1675, 82, 83, 94, 1734.) Comparez *qu'est-ce ci*, que nous avons le plus souvent trouvé coupé de la sorte, mais quelquefois écrit *qu'est ceci* (voyez tomes I, p. 465, note 2 ; IV, p. 134, note 4 ; VI, p. 41, note 4 ; VII, p. 166, note 2).

7. Est-ce la mode. (1730, 34.)

8. « Il est si accoutumé à chanter, qu'il ne sauroit parler d'autre façon, » dit Moron du Satyre, à la scène II du IIIe intermède de *la Princesse d'Élide*

PREMIER INTERMÈDE.

ARCHERS.

Qui va là[1]*, qui va là, qui va là?*

POLICHINELLE[2].

Moi, moi, moi.

ARCHERS[3].

Qui va là, qui va là? vous dis-je.

POLICHINELLE.

Moi, moi, vous dis-je.

ARCHERS.

Et qui toi, et qui toi?

POLICHINELLE.

Moi, moi, moi, moi, moi, moi.

ARCHERS.

Dis ton nom, dis ton nom, sans davantage attendre.

POLICHINELLE[4].

Mon nom est : « Va te faire pendre. »

ARCHERS.

Ici, camarades[5]*, ici.*
Saisissons l'insolent qui nous répond ainsi.

(tome IV, p. 177). On peut bien croire avec Castil-Blaze (voyez son *Molière musicien*, tome II, p. 81) qu'ici Molière n'était pas sans quelque intention « de se moquer de l'Académie royale de musique, où ce langage, adopté pour l'opéra, n'en paraissait pas moins étrange à la majorité du public. » On a vu à la *Notice* (p. 211 et suivantes) qu'au temps des premières représentations du *Malade imaginaire* l'Académie de musique était très-récemment établie ; Lulli en avait fait l'ouverture, avec ses *Fêtes de l'Amour et de Bacchus*, le 15 septembre 1672.

1.   SCÈNE V.
    POLICHINELLE, ARCHERS *chantants et dansants.*
                UN ARCHER *chantant.*
Qui va là? Qui va là?
                POLICHINELLE, *bas.*
Qui diable, etc.
                L'ARCHER.
Qui va là? (1734.)
2. POLICHINELLE, *épouvanté*. (1675, 82, 1734.)
3. L'ARCHER. (1734 ; ici et jusqu'à l'Entrée de Ballet.)
4. POLICHINELLE, *feignant d'être bien hardi*. (1675, 82, 1734.)
5. Tous nos textes, sauf ceux de 1682 et de 1734, ont ici le singulier *camarade ;* c'est évidemment une faute : voyez le premier vers de la page 332.

ENTRÉE DE BALLET.

Tout le Guet vient, qui cherche Polichinelle dans la nuit.

VIOLONS ET DANSEURS.
POLICHINELLE.

Qui va là[1]*?*

VIOLONS ET DANSEURS.
POLICHINELLE.

Qui sont les coquins que j'entends?

VIOLONS ET DANSEURS.
POLICHINELLE.

Euh?

VIOLONS ET DANSEURS.
POLICHINELLE.

Holà, mes laquais, mes gens!

VIOLONS ET DANSEURS.
POLICHINELLE.

Par la mort!

VIOLONS ET DANSEURS.
POLICHINELLE.

Par la sang[2]*!*

VIOLONS ET DANSEURS.
POLICHINELLE.

J'en jetterai par terre.

---

1. PREMIÈRE ENTRÉE DE BALLET.
Les Archers dansants cherchent Polichinelle dans l'obscurité pour le saisir.
POLICHINELLE.
Qui va là? (1734.)

2. Par le sang! (1683, 94.) — Un même emploi de l'article féminin a été fait dans ce juron à la scène VI de l'acte II des *Fourberies de Scapin* et à la scène VIII de *la Comtesse d'Escarbagnas* (tome VIII, p. 469 et 592); il a été expliqué au même tome VIII, p. 468, note 5 (note à la fin de laquelle manque un rapprochement qui était à faire avec la page 138 du tome IV, au 5ᵉ renvoi).

VIOLONS ET DANSEURS.
POLICHINELLE.

Champagne, Poitevin, Picard, Basque, Breton[1] !
VIOLONS ET DANSEURS.
POLICHINELLE.

Donnez-moi mon mousqueton.
VIOLONS ET DANSEURS.
POLICHINELLE [2].

Poue. (Ils tombent tous et s'enfuient[3].)
POLICHINELLE [4].

Ah, ah, ah, ah, comme je leur ai donné l'épouvante! Voilà de sottes gens d'avoir peur de moi, qui ai peur des autres. Ma foi! il n'est que de jouer d'adresse[5] *en ce monde. Si je n'avois tranché du grand seigneur, et n'avois fait le brave, ils n'auroient pas manqué de me happer. Ah, ah, ah.* [6]

1. Auger remarque que Dom Pèdre, à la scène IV du *Sicilien* (tome VI, p. 244), fait le même semblant d'appel.
2. POLICHINELLE *tire un coup de pistolet.* (1675.) — POLICHINELLE *fait semblant de tirer un coup de pistolet.* (1682.)
3. *Ils tombent tous par terre.* (1683, 94.)
— Qui va là? (*Entendant encore du bruit autour de lui.*)
Qui sont les coquins que j'entends?...
Hé?.., Holà, mes laquais, mes gens....
Par la mort!... Par la sang!... J'en jetterai par terre....
Champagne, Poitevin, Picard, Basque, Breton....
Donnez-moi mon mousqueton....
(*Pendant les intervalles qui sont marqués avec des points, les Archers dansent au son de la symphonie, en cherchant Polichinelle.*)
POLICHINELLE, *faisant semblant de tirer un coup de pistolet.*
Pouë. (*Les Archers tombent tous et s'enfuient.*) (1734.)
4. POLICHINELLE, *en se moquant.* (1675, 82.) — SCÈNE VI. POLICHINELLE, *seul.* (1734.)
5. Il n'est rien de tel que de jouer d'adresse.
Il n'est que d'être libre.
(Mathurin Regnier, épître II, vers 67.)
Voyez d'autres exemples dans le *Dictionnaire de Littré* à ÊTRE, 13°.
6. *Les Archers se rapprochent, et ayant entendu ce qu'il disoit, ils le saisissent au collet.* (1675, 82.)

ARCHERS.

Nous le tenons[1]. *A nous, camarades, à nous:*
Dépêchez, de la lumière.

BALLET.

Tout le Guet vient avec des lanternes.

ARCHERS.

Ah, traître[2] *! ah, fripon! c'est donc vous*[3] *?*
Faquin, maraud, pendard, impudent, téméraire,
Insolent, effronté, coquin, filou, voleur,
   Vous osez nous faire peur?

POLICHINELLE.

Messieurs, c'est que j'étois ivre.

ARCHERS*[4]*.

Non, non, non, point de raison[5] *:*
Il faut vous apprendre à vivre.
En prison, vîte, en prison.

POLICHINELLE.

Messieurs, je ne suis point voleur.

ARCHERS.

En prison.

---

1. Ah, ah, ah. (*Pendant que Polichinelle croit être seul, des archers reviennent sans faire de bruit, pour entendre ce qu'il dit.*)
SCÈNE VII.
POLICHINELLE, DEUX ARCHERS *chantants.*
LES DEUX ARCHERS, *saisissant Polichinelle.*
Nous le tenons. (1734.)
2. Dépêchez, de la lumière.
SCÈNE VIII.
POLICHINELLE, LES DEUX ARCHERS *chantants,* ARCHERS
chantants et dansants, venant avec des lanternes.
QUATRE ARCHERS *chantants ensemble.*
Ah, traître! (*Ibidem.*)
3. Nous ajoutons ici un point d'interrogation, qui serait peut-être tout aussi bien placé à l'avant-dernier vers du couplet.
4. LES QUATRE ARCHERS. (1734; ici et jusqu'à la fin de l'Intermède.)
5. Non, non, point de raison. (1675, 82, 1734.)

PREMIER INTERMÈDE.

POLICHINELLE.

Je suis un bourgeois de la ville.

ARCHERS.

En prison.

POLICHINELLE.

Qu'ai-je fait?

ARCHERS.

En prison, vite en prison.

POLICHINELLE.

Messieurs, laissez-moi aller.

ARCHERS.

Non.

POLICHINELLE.

Je vous prie.

ARCHERS.

Non.

POLICHINELLE.

Eh!

ARCHERS.

Non.

POLICHINELLE.

De grâce.

ARCHERS.

Non, non.

POLICHINELLE.

Messieurs.

ARCHERS.

Non, non, non.

POLICHINELLE.

S'il vous plaît.

ARCHERS.

Non, non.

POLICHINELLE.

Par charité.

ARCHERS.

Non, non.

POLICHINELLE.

Au nom du Ciel!

ARCHERS.

Non, non.

POLICHINELLE.

Miséricorde!

ARCHERS.

Non, non, non, point de raison[1] *:*
Il faut vous apprendre à vivre.
En prison vite, en prison.

POLICHINELLE.

Eh! n'est-il rien, Messieurs, qui soit capable d'attendrir vos âmes?

ARCHERS.

Il est aisé de nous toucher,
Et nous sommes humains plus qu'on ne sauroit croire :
Donnez-nous doucement six pistoles pour boire,
Nous allons vous lâcher.

POLICHINELLE.

Hélas! Messieurs, je vous assure que je n'ai pas un sou[2] *sur moi.*

ARCHERS.

Au défaut de six pistoles[3]*,*
Choisissez donc sans façon
D'avoir trente croquignoles,
Ou douze coups de bâton.

POLICHINELLE.

Si c'est une nécessité, et qu'il faille en passer par là, je choisis les croquignoles.

ARCHERS.

Allons, préparez-vous,
Et comptez bien les coups.

1. Non, non, point dé raison. (1730, 34.)
2. Un sol. (1675, 82.)
3. *Au défaut de* et *à défaut de....* sont des locutions également autorisées et entre lesquelles aucune distinction n'est à faire : voyez, dans le *Dictionnaire de Littré*, le mot DÉFAUT, à la fin de 1° et à la Remarque qui termine l'article.

PREMIER INTERMÈDE.

BALLET.

Les Archers danseurs[1] lui donnent des croquignoles en cadence.

POLICHINELLE.

Un et deux[2], *trois et quatre, cinq et six, sept et huit, neuf et dix, onze et douze, et treize, et quatorze, et quinze*[3].

ARCHERS.

Ah, ah! vous en voulez passer :
Allons, c'est à recommencer.

POLICHINELLE.

Ah! Messieurs, ma pauvre tête n'en peut plus, et vous venez de me la rendre comme une pomme cuite. J'aime mieux encore les coups de bâtons[4] *que de recommencer.*

ARCHERS.

Soit! puisque le bâton est pour vous plus charmant,
Vous aurez contentement.

BALLET.

Les Archers danseurs lui donnent des coups de bâtons en cadence.

POLICHINELLE[5].

Un, deux, trois, quatre, cinq, six, ah, ah, ah, je n'y

---

1. *Des Archers danseurs.* (Livret de 1673 A, 1683.)
2.   II. ENTRÉE DE BALLET.
(*Les Archers dansants donnent en cadence des croquignoles à Polichinelle.*)
    POLICHINELLE, *pendant qu'on lui donne des croquignoles.*
Une et deux. (1734.)
3. Et douze, quatorze et quinze. (*Ibidem.*) Mais, sans sauter de chiffre, Polichinelle a compté double l'une des croquignoles.
4. De bâton. (1683, 94, 1710, 18, 30, 33, 34.) — Même variante dans ces éditions, cinq lignes plus loin (sauf 1730).
5.   III. ENTRÉE DE BALLET.
(*Les Archers donnent en cadence des coups de bâton à Polichinelle.*)
    POLICHINELLE, *comptant les coups de bâton.* (1734.)

saurois plus résister. Tenez, Messieurs, voilà six pistoles que je vous donne.

ARCHERS.

Ah, l'honnête homme! Ah, l'âme noble et belle!
Adieu, Seigneur, adieu, Seigneur Polichinelle.

POLICHINELLE.

Messieurs, je vous donne le bonsoir.

ARCHERS.

Adieu, Seigneur, adieu, Seigneur Polichinelle.

POLICHINELLE.

Votre serviteur.

ARCHERS.

Adieu, Seigneur, adieu, Seigneur Polichinelle.

POLICHINELLE.

Très-humble valet.

ARCHERS.

Adieu, Seigneur, adieu, Seigneur Polichinelle.

POLICHINELLE.

Jusqu'au revoir.

BALLET.

Ils dansent tous, en réjouissance de l'argent qu'ils ont reçu.

Le théâtre change et représente la même chambre[1].

---

1. Et représente encore une chambre. (1675, 82.) — IV. ET DERNIÈRE ENTRÉE DE BALLET. — *Les Archers dansent en réjouissance de l'argent qu'ils ont reçu.* — *Fin du premier Intermède.* (1734.) — « L'idée de l'avance de six pistoles, rachetables en croquignoles ou en coups de bâton, et que Polichinelle paye définitivement en espèces, faute d'avoir pu supporter jusqu'au bout les coups de bâton et les croquignoles, cette idée, dit Auger, est absolument la même que celle du conte de la Fontaine (*le XI*e *et dernier de la I*re *partie*) intitulé *d'un Paysan qui avoit offensé son seigneur.* Ce pauvre diable, condamné à payer cent écus ou à manger trente aulx sans boire, ou à recevoir trente coups de gaule, ne peut venir à bout ni d'avaler tous les aulx, ni de supporter tous les coups; et, après, comme dit la Fontaine, s'être senti enflammer le gosier et émoucher les épaules, il est contraint de vider encore sa bourse. » Molière aurait bien pu emprunter au conte de la Fontaine, publié en 1665, ou à l'original espagnol qui en existe

PREMIER INTERMÈDE.

peut-être[a], l'idée principale de son intermède. Là pourtant n'en est pas la première origine, et si Auger pensait, comme il semble, l'y avoir trouvée, c'est que de son temps on ne connaissait plus, malgré la célébrité du malheureux auteur et l'ancienne notoriété de la pièce, la curieuse comédie de Giordano Bruno Nolano intitulée *Candelaio*, publiée par lui à Paris même en 1582, et, en 1633, imitée sous le titre de *Boniface et le Pédant*[b]. Comme l'ont indiqué Walckenaer et Aimé-Martin, la scène de Polichinelle et des faux Archers du Guet est très-directement imitée de l'avant-dernière scène du *Candelaio* ou de *Boniface et le Pédant* : on trouvera cet original italien, accompagné de l'ancienne copie, qui est fort exacte, au *IIIe Appendice*, ci-après, p. 493-499. — M. Édouard Thierry a constaté (en 1880) que « dans ces vingt dernières années, le Théâtre-Français d'abord, l'Odéon ensuite, ont fait deux reprises du *Malade imaginaire* avec les intermèdes[c]. » Tous ces intermèdes ont été également donnés avec la pièce sur le théâtre de la Gaieté à la fin de janvier 1875 ; et récemment, le mardi 29 avril 1884, MM. Got, Garraud, Baillet, Truffier, Leloir, ont joué au Trocadéro l'entrée de ballet de Polichinelle et des Archers.

[a] Walckenaer nous apprend (tome III de son édition de la Fontaine, 1826, p. 59, note 1), que parmi les copies recueillies par Conrart il en existe de la pièce de la Fontaine une portant cet intitulé : *Conte d'un gentilhomme espagnol et d'un paysan son vassal*, « ce qui indique que le sujet est pris dans quelque nouvelle espagnole. »

[b] CANDELAIO, *comedia del Bruno Nolano, achademico* (sic) *di nulla achademia, detto il Fastidito*. Il y a de plus, sur le titre, cette épigraphe latine : *In tristitia hilaris, in hilaritate tristis*. — « *Boniface et le Pédant*, comédie en prose, imitée de l'italien de Bruno Nolano. » Cette imitation ou traduction a déjà été citée dans le tome I, p. 143, note 1, et p. 444, note 6. — Molière avait peut-être remarqué là (vers la fin de la scène XVI de l'acte IV) le vers de Despautère qu'il fait réciter au petit comte de *la Comtesse d'Escarbagnas* (scène VII, tome VIII, p. 587).

[c] *Documents sur le Malade imaginaire*, p. 250, fin de la note 13.

ACTE II.[1]

SCÈNE PREMIÈRE.

TOINETTE, CLÉANTE.

TOINETTE[2].

Que demandez-vous, Monsieur?

CLÉANTE.

Ce que je demande?

TOINETTE.

Ah, ah, c'est vous? Quelle surprise! Que venez-vous faire céans?

CLÉANTE.

Savoir ma destinée, parler à l'aimable Angélique, consulter les sentiments de son cœur, et lui demander ses résolutions sur ce mariage fatal dont on m'a averti.

TOINETTE.

Oui, mais on ne parle pas comme cela de but en blanc à Angélique : il faut des mystères, et l'on vous a dit l'étroite garde où elle est retenue, qu'on ne la laisse ni sortir, ni parler à personne, et que ce ne fut que la curiosité d'une vieille tante qui nous fit accorder la liberté d'aller à cette comédie qui donna lieu à la naissance de votre passion ; et nous nous sommes bien gardées[3] de parler de cette aventure.

---

1. *Le théâtre représente la chambre d'Argan.* (1734.)
2. CLÉANTE, TOINETTE. — TOINETTE, *ne reconnoissant pas Cléante* (*Ibidem.*)
3. « Bien gardés », sans accord de genre, dans l'édition de 1682.

CLÉANTE.

Aussi ne viens-je pas ici comme Cléante et sous l'apparence de son amant, mais comme ami de son maître de musique[1], dont j'ai obtenu le pouvoir de dire qu'il m'envoie à sa place.

TOINETTE.

Voici son père. Retirez-vous un peu, et me laissez lui dire que vous êtes là.

SCÈNE II.

ARGAN, TOINETTE, CLÉANTE.

ARGAN[2].

Monsieur Purgon m'a dit de me promener le matin dans ma chambre, douze allées, et douze venues[3]; mais j'ai oublié à lui demander[4] si c'est en long, ou en large[5].

---

1. De son maître en musique. (1694.)
2. ARGAN, TOINETTE. — ARGAN, *se croyant seul, et sans voir Toinette.* (1734.)
3. Douze allées et venues. (1674 C, 74 P, 75, 80, 83, 94.)
4. *Oublier à* avait tout à fait le même sens qu'*oublier de...*, et cette construction était fort usitée : voyez les *Lexiques* du *Corneille*, du *Racine*, du *Sévigné*, et le *Dictionnaire de Littré* à 2°.
5. Ce passage est un de ceux dont s'amusa le plus Mme de Sévigné, quand on lui conta la pièce, déjà vieille de plus de trois ans et qu'elle n'avait encore ni vue ni lue. « Ah! dit-elle dans sa lettre datée de Livry le 16 septembre 1676 (tome V, p. 66), que j'en veux aux médecins! quelle forfanterie que leur art! On me contoit hier la comédie de ce Malade imaginaire, que je n'ai point vue : il étoit donc dans l'obéissance exacte à ces Messieurs; il comptoit tout : c'étoit seize gouttes de vin dans treize cuillerées d'eau[a]; s'il y en eût eu quatorze, tout eût été perdu. Il prend une pilule :

[a] Ce qui ressemble le plus à ceci, c'est le trait des grains de sel, qui se trouve à la fin de la scène vi de cet acte II. Est-ce une ancienne leçon que les éditeurs n'ont pas recueillie? N'est-ce pas plutôt une citation inexacte, soit de Mme de Sévigné, soit de ceux qui lui avaient fait connaître la pièce?

TOINETTE.

Monsieur, voilà un....

ARGAN.

Parle bas, pendarde : tu viens m'ébranler tout le cerveau, et tu ne songes pas qu'il ne faut point parler si haut à des malades.

TOINETTE.

Je voulois[1] vous dire, Monsieur....

ARGAN.

Parle bas, te dis-je.

TOINETTE.

Monsieur....

(Elle fait semblant de parler[2].)

ARGAN.

Eh ?

TOINETTE.

Je vous dis que....

(Elle fait semblant de parler[3].)

ARGAN.

Qu'est-ce que tu dis ?

TOINETTE, haut.

Je dis que voilà un homme qui veut parler à vous[4].

ARGAN.

Qu'il vienne.

(Toinette fait signe à Cléante d'avancer.)

CLÉANTE.

Monsieur....

on lui a dit de se promener dans sa chambre ; mais il est en peine, et demeure tout court, parce qu'il a oublié si c'est en long ou en large : cela me fit fort rire, et l'on applique cette folie à tout moment. »

1. *Je voudrois.* (1734.)
2. Cette indication et les quatre suivantes ne sont pas dans les éditions de 1674 C, 74 P, 75, 80, 83, 94.
3. *Elle fait encore semblant de parler.* (1734.)
4. Cette construction a été relevée ci-dessus, p. 140, au vers 927 des *Femmes savantes*.

ACTE II, SCÈNE II. 341

TOINETTE, raillant[1].

Ne parlez pas si haut[2], de peur d'ébranler le cerveau de Monsieur.

CLÉANTE.

Monsieur, je suis ravi de vous trouver debout et de voir que vous vous portez mieux.

TOINETTE, feignant d'être en colère[3].

Comment « qu'il se porte mieux »? Cela est faux : Monsieur se porte toujours mal.

CLÉANTE.

J'ai ouï dire que Monsieur étoit mieux, et je lui trouve bon visage.

TOINETTE.

Que voulez-vous dire avec votre bon visage? Monsieur l'a fort mauvais, et ce sont des impertinents[4] qui vous ont dit qu'il étoit mieux. Il ne s'est jamais si mal porté.

ARGAN.

Elle a raison.

TOINETTE.

Il marche, dort, mange, et boit tout comme les autres ; mais cela n'empêche pas qu'il ne soit fort malade.

ARGAN.

Cela est vrai.

CLÉANTE.

Monsieur, j'en suis au désespoir. Je viens de la part du maître à chanter de Mademoiselle votre fille. Il s'est

---

1. SCÈNE III.
ARGAN, CLÉANTE, TOINETTE.
CLÉANTE.
Monsieur....
TOINETTE, à Cléante. (1734.)

2. ARGAN. Qu'il vienne. — TOINETTE (dans l'édition de 1680, TOINETTE, à Cléante). Ne parlez pas si haut. (1674 C, 74 P, 75, 80, 83, 94.)

3. Cette indication n'est pas dans les éditions de 1674C, 74P, 80, 83, 94.

4. Des malavisés, des gens sans jugement ni tact : voyez tome VIII, p. 453, note 6 ; comparez ci-dessus, p. 314, p. 359 ; et ci-après, p. 367, p. 401.

vu obligé d'aller à la campagne pour quelques jours; et comme son ami intime, il m'envoie à sa place[1], pour lui continuer ses leçons, de peur qu'en les interrompant elle ne vînt à oublier ce qu'elle sait déjà.

ARGAN.

Fort bien.[2] Appelez Angélique.

TOINETTE.

Je crois, Monsieur, qu'il sera mieux de mener Monsieur à sa chambre.

ARGAN.

Non; faites-la venir.

TOINETTE.

Il ne pourra lui donner leçon comme il faut, s'ils ne sont en particulier.

ARGAN.

Si fait, si fait.

TOINETTE.

Monsieur, cela ne fera que vous étourdir, et il ne faut rien pour vous émouvoir en l'état où vous êtes, et vous ébranler le cerveau.

ARGAN.

Point, point[3] : j'aime la musique, et je serai bien aise de.... Ah! la voici.[4] Allez-vous-en voir, vous, si ma femme est habillée[5].

1. En sa place. (1683, 94.)
2. A Toinette. (1734.)
3. En l'état où vous êtes. — ARGAN. Point, point. (1674 C, 74 P, 75, 80, 83, 94.)
4. A Toinette. (1734.)
5. « Pour recevoir la visite de Messieurs Diafoirus père et fils, » remarque Auger.

SCÈNE III[1].

ARGAN, ANGÉLIQUE, CLÉANTE.

ARGAN.

Venez, ma fille : votre maître de musique est allé aux champs, et voilà une personne qu'il envoie à sa place pour vous montrer.

ANGÉLIQUE[2].

Ah, Ciel !

ARGAN.

Qu'est-ce ? d'où vient cette surprise ?

ANGÉLIQUE.

C'est....

ARGAN.

Quoi ? qui vous émeut de la sorte ?

ANGÉLIQUE.

C'est, mon père, une aventure surprenante qui se rencontre ici.

ARGAN.

Comment ?

ANGÉLIQUE.

J'ai songé cette nuit que j'étois dans le plus grand embarras du monde, et qu'une personne faite tout comme Monsieur s'est présentée à moi, à qui j'ai demandé secours[3], et qui m'est venue[4] tirer de la peine

---

1. SCÈNE IV. (1734.) — 2. ANGÉLIQUE, *reconnoissant Cléante*. (*Ibidem.*)
3. Demandé du secours. (1730, 33, 34.)
4. Dans l'édition de 1682, *venu*, bien qu'il y ait, un peu avant, *présentée*. On verra (p. 379, note 3, et p. 429, note 1) que tous nos textes, pour le premier exemple, que la plupart, pour le second, donnent également sans accord les participes, de sens incomplet, de cette phrase de Louison : « Je vous suis venu dire..., » et celle-ci de Toinette : « Je me suis trouvé.... toute seule. » C'étaient là de ces participes que le P. Bouhours trouvait « suffisamment soutenus par ce qui suit » et que pour cette raison on laissait invariables : voyez le *Lexique de la langue de Corneille*, tome I, p. LIX, et comparez les participes restés sans accord aux vers 1138 et 1156 des *Femmes savantes*.

où j'étois; et ma surprise a été grande de voir inopinément, en arrivant ici, ce que j'ai eu dans l'idée toute la nuit.

CLÉANTE.

Ce n'est pas être malheureux que d'occuper votre pensée, soit en dormant, soit en veillant[1], et mon bonheur seroit grand sans doute si vous étiez dans quelque peine dont vous me jugeassiez digne[2] de vous tirer; et il n'y a rien que je ne fisse pour....

SCÈNE IV.

TOINETTE, CLÉANTE, ANGÉLIQUE, ARGAN.

TOINETTE, par dérision[3].

Ma foi, Monsieur, je suis pour vous maintenant, et je me dédis de tout ce que je disois hier. Voici Monsieur Diafoirus le père, et Monsieur Diafoirus le fils[4], qui viennent vous rendre visite. Que vous serez bien engendré[5]! Vous allez voir le garçon le mieux fait du monde, et le plus spirituel. Il n'a dit que deux mots, qui m'ont ravie, et votre fille va être charmée de lui.

---

1. Soit quand vous dormez, soit quand vous veillez.
2. Dont vous me jugeassiez assez digne. (1675.)
3. Cette indication et la suivante sont omises dans les éditions de 1674 C, 74 P, 80, 83, 94.)

SCÈNE V.
ARGAN, ANGÉLIQUE, CLÉANTE, TOINETTE.
TOINETTE, à Argan. (1734.)

4. Le père, Monsieur Diafoirus le fils. (1675.)
5. Que vous aurez un bon gendre! Au vers 656 de *l'Étourdi*,

Ma foi, je m'engendrois d'une belle manière,

on a déjà relevé l'expression de *s'engendrer*, se donner un gendre, qui se trouve aussi dans *la Sœur* de Rotrou.

ARGAN, à Cléante, qui feint de vouloir s'en aller.

Ne vous en allez point, Monsieur. C'est que je marie ma fille; et voilà qu'on lui amène son prétendu mari [1], qu'elle n'a point encore vu.

CLÉANTE.

C'est m'honorer beaucoup, Monsieur, de vouloir que je sois témoin d'une entrevue si agréable.

ARGAN.

C'est le fils d'un habile médecin, et le mariage se fera dans quatre jours.

CLÉANTE.

Fort bien.

ARGAN.

Mandez-le un peu à son maître de musique, afin qu'il se trouve à la noce.

CLÉANTE.

Je n'y manquerai pas.

ARGAN.

Je vous y prie aussi.

CLÉANTE.

Vous me faites beaucoup d'honneur.

TOINETTE.

Allons, qu'on se range, les voici.

---

1. Voyez ci-dessus, p. 297, note 2.

SCÈNE V[1].

MONSIEUR DIAFOIRUS, THOMAS DIAFOIRUS[2], ARGAN, ANGÉLIQUE, CLÉANTE, TOINETTE[3].

ARGAN, *mettant la main à son bonnet sans l'ôter*[4].

Monsieur Purgon, Monsieur, m'a défendu de décou-

1. SCÈNE VI. (1734.)
2. Sur une comédie intitulée *le Grand Benêt de fils aussi sot que son père*, où l'on a cru que Molière avait trouvé une ébauche de ces deux Diafoirus, voyez ci-dessus la *Notice*, p. 236. — Sur certains lazzis que Baptiste cadet n'avait pas craint d'ajouter au rôle de Thomas, voyez encore la *Notice*, p. 250. — M. Aubertin, au tome I, p. 532 et 533, de l'*Histoire* à laquelle nous avons déjà plus haut (p. 306, note 1) emprunté un passage, signale, dans la vieille *Farce joyeuse de Maître Mimin*[a], un personnage « qui a quelques traits de Thomas Diafoirus : c'est Maître Mimin, jeune savant, farci du latin de l'École, « fort comme un Turc » sur Donat et la logique, « argumentant à outrance » *pro et contra*, mais ahuri et abêti par un savoir baroque. » Il est amené et présenté à sa fiancée par le maître dont il est le disciple ; l'intention de la scène qui s'engage alors n'est d'ailleurs pas celle de la scène des Diafoirus; car ce sont les « parents désolés *qui ont imaginé* de mettre *leur fils* en présence de sa fiancée, pour lui débrouiller la cervelle et lui guérir l'esprit. Celle-ci, d'un air simple et doux,... ramène au bon sens le jeune homme. » Ces traits de ressemblance entre les deux figures de Maître Mimin et de Thomas avaient frappé Sainte-Beuve, témoin ces quelques lignes écrites par lui au crayon, en marge des pages 345, 347 et 350 de son exemplaire du volume cité ci-dessous (à la note *a*) de l'*Ancien Théâtre françois* : « On voit[b] que tout ce latin macaronique dont se servit Molière était dans la tradition. — C'est un petit Thomas Diafoirus. — Et c'est ici le lieu (car ces rapprochements sont ici notre sujet même) de vous rappeler la scène divine de Molière dans *le Malade imaginaire*, Thomas Diafoirus présenté par son père : cela rejoint la scène de *l'Écolier limousin*, et toutes deux rejoignent la scène de *Maître Mimin* ; ce sont les mêmes ridicules à un ou deux siècles de distance. »
3. TOINETTE, LAQUAIS. (1734.)
4. ARGAN. *Il met la main à son bonnet sans l'ôter*. (1674 C, 74 P, 80, 83, 94.) — ARGAN, *coiffé d'un bonnet de nuit, y met la main sans l'ôter*. (1675.)

[a] Elle a été imprimée dans la collection Jannet, au tome II, p. 338 et suivantes, de l'*Ancien Théâtre françois*, publié par M. Viollet le Duc. Elle est à six personnages, qui sont : le Maître d'école, Maître Mimin étudiant, Raulet son père, Lubine sa mère, Raoul Machue, et la Bru, c'est-à-dire la fiancée, de Maître Mimin.
[b] Maître Mimin ne s'exprime d'abord qu'en latin de son cru, et Sainte-Beuve songeait ici à la Cérémonie.

vrir ma tête. Vous êtes du métier, vous savez les conséquences.

MONSIEUR DIAFOIRUS.

Nous sommes dans toutes nos visites pour porter secours aux malades, et non pour leur porter de l'incommodité.[1]

ARGAN.

Je reçois, Monsieur....

(Ils parlent tous deux en même temps, s'interrompent et confondent[2].

MONSIEUR DIAFOIRUS.

Nous venons ici, Monsieur....

ARGAN.

Avec beaucoup de joie....

MONSIEUR DIAFOIRUS.

Mon fils Thomas, et moi....

ARGAN.

L'honneur que vous me faites....

MONSIEUR DIAFOIRUS.

Vous témoigner, Monsieur....

ARGAN.

Et j'aurois souhaité....

MONSIEUR DIAFOIRUS.

Le ravissement où nous sommes....

ARGAN.

De pouvoir aller chez vous....

MONSIEUR DIAFOIRUS.

De la grâce que vous nous faites....

ARGAN.

Pour vous en assurer....

---

1. *Argan et M. Diafoirus parlent en même temps.* (1734.)
2. *Se confondent,* c'est-à-dire emmêlent, embrouillent leurs discours. — Cette indication et les suivantes, jusqu'à la page 356, manquent dans les éditions de 1674 C, 74 P, 83, 94, et, sauf celle de la page 350, dans l'édition de 1680.

MONSIEUR DIAFOIRUS.

De vouloir bien nous recevoir....

ARGAN.

Mais vous savez, Monsieur....

MONSIEUR DIAFOIRUS.

Dans l'honneur, Monsieur....

ARGAN.

Ce que c'est qu'un pauvre malade[1]....

MONSIEUR DIAFOIRUS.

De votre alliance....

ARGAN.

Qui ne peut faire autre chose....

MONSIEUR DIAFOIRUS.

Et vous assurer....

ARGAN.

Que de vous dire ici[2]....

MONSIEUR DIAFOIRUS.

Que dans les choses qui dépendront de notre métier....

ARGAN.

Qu'il cherchera toutes les occasions....

MONSIEUR DIAFOIRUS.

De même qu'en toute autre....

ARGAN.

De vous faire connoître, Monsieur....

MONSIEUR DIAFOIRUS.

Nous serons toujours prêts, Monsieur....

ARGAN.

Qu'il est tout à votre service....

MONSIEUR DIAFOIRUS.

A vous témoigner notre zèle. (Il se retourne[3] vers son fils, et lui dit[4]:) Allons, Thomas, avancez. Faites vos compliments.

1. Ce que c'est d'un pauvre malade. (1674 P.)
2. Que vous dire ici. (*Ibidem.*)
3. *Il se tourne.* (1675.) — 4. *A son fils.* (1734.)

THOMAS DIAFOIRUS est[1] un grand benêt, nouvellement sorti des Écoles, qui fait toutes choses[2] de mauvaise grâce et à contre-temps[3]. N'est-ce pas par le père qu'il convient commencer ?

MONSIEUR DIAFOIRUS.

Oui.

THOMAS DIAFOIRUS[4].

Monsieur, je viens saluer, reconnoître, chérir, et révérer en vous un second père ; mais un second père auquel j'ose dire que je me trouve plus redevable qu'au premier. Le premier m'a engendré ; mais vous m'avez choisi. Il m'a reçu par nécessité ; mais vous m'avez accepté par grâce. Ce que je tiens de lui est un ouvrage de son corps ; mais ce que je tiens de vous est un ouvrage de votre volonté[5] ; et d'autant plus que les facultés spirituelles sont au-dessus des corporelles, d'autant plus je vous dois, et d'autant plus je tiens précieuse cette future filiation, dont je viens aujourd'hui vous rendre par avance les très-humbles et très-respectueux hommages[6].

TOINETTE.

Vivent les colléges[7], d'où l'on sort si habile homme !

1. THOMAS DIAFOIRUS. C'est. (1675.) — 2. Toutes les choses. (Ibidem.)
3. THOMAS DIAFOIRUS, à M. Diafoirus. (1734.)
4. THOMAS DIAFOIRUS, à Argan. (Ibidem.)
5. « Thomas Diafoirus connaît ses auteurs, dit Auger, et il les met à contribution. Ce début de son compliment à Argan semble imité d'un passage du discours de Cicéron ad Quirites post reditum (§ 11) : » A parentibus, id quod necesse erat, parvus sum procreatus : a vobis natus sum consularis. Illi mihi fratrem incognitum qualis futurus esset dederunt : vos spectatum et incredibili pietate cognitum reddidistis. « Je vous dois plus qu'aux auteurs de mes jours : ils m'ont fait naître enfant, [ils m'ont reçu par nécessité,] et par vous je renais consulaire. J'ai reçu d'eux un frère avant que je pusse savoir ce que j'en devais attendre : vous me l'avez rendu après qu'il m'a donné des preuves admirables de sa tendresse. » (Traduction de Gueroult.)
6. Argan, voyant Thomas se tourner tout de suite vers son père, ou quelque peu étourdi par le débit de l'orateur, ne répond pas au compliment ; mais il n'en a pas tout perdu, et il en tirera parti pour son remerciement d'apparat aux Docteurs de la Faculté.
7. « Vive les colléges, » dans toutes nos éditions, sauf 1675 et 1734, les imprimeurs ayant considéré vive comme une exclamation invariable.

THOMAS DIAFOIRUS[1].

Cela a-t-il bien été, mon père?

MONSIEUR DIAFOIRUS.

Optime[2].

ARGAN, à Angélique.

Allons, saluez Monsieur.

THOMAS DIAFOIRUS[3].

Baiserai-je[4]?

1. THOMAS DIAFOIRUS, *à M. Diafoirus*. (1734.)
2. « Très-bien. » — On contait de Colletet et de son fils, introduit par lui dans le monde, des traits analogues. « Pour son fils, dit Tallemant des Réaux (tome VII, p. 105, des *Historiettes*), il l'a toujours pris pour quelque chose de merveilleux.... Ce fils pourtant n'est qu'un dadais. Un jour, dans je ne sais quelle compagnie, il lui dit : « Jean Colletet, saluez ces « dames. » Il les salua toutes, et puis il dit : « Mon père, j'ai fait. »
3. THOMAS DIAFOIRUS, *à M. Diafoirus*. (1734.)
4. L'hésitation de Thomas rappelait peut-être aux spectateurs un jeu de scène beaucoup plus prolongé qu'on avait vu, deux ans auparavant, sur le théâtre du Marais. Nous en citerons quelque chose, parce qu'il semble constater l'usage qui obligeait encore, comme au temps de Montaigne[a], les femmes à recevoir, par civilité, un baiser de ceux qui les saluaient. A la scène VI de la petite comédie que de Visé a intitulée *le Gentilhomme guespin*[b] (1670), « le grand benêt de fils de Monsieur de Bois-Douillet » (ainsi la *Préface* de la pièce appelle-t-elle ce personnage) est amené par son père dans une réunion de campagne, où il n'ose même s'avancer vers la maîtresse du logis; son caractère diffère donc de celui de Thomas, qui, loin d'être aussi timide, croit faire merveille au contraire, et, un seul moment embarrassé sur le cérémonial, est tout prêt à l'exécuter intrépidement.

M. DE BOIS-DOUILLET, *faisant signe à son fils* (après lui avoir donné l'exemple).

. . . . Ste! Approchez, vous dis-je,
Et saluez Madame. Approchez donc....
La, saluez-la donc, faites-lui compliment.

CLARICE, *voyant l'action du fils*.

Est-il un plus grand sot?

LISETTE.

Quel divertissement!

LE FILS, *faisant des révérences à Lucrèce*.

Madame.

BOIS-DOUILLET, *le poussant par derrière*.

Il est honteux. La, baisez donc Madame :
C'est toujours en baisant qu'on salue une femme.

« C'est la manière de France, » dit aussi Adraste, au début de la scène XI du

[a] Voyez le livre III des *Essais*, chapitre V, tome III, p. 335.
[b] *Guêpin*, à guêpes, qui élève des mouches à miel, campagnard, d'après

MONSIEUR DIAFOIRUS.

Oui, oui.

THOMAS DIAFOIRUS, à Angélique.

Madame, c'est avec justice que le Ciel vous a concédé le nom de belle-mère, puisque l'on....

ARGAN[1].

Ce n'est pas ma femme, c'est ma fille à qui vous parlez.

THOMAS DIAFOIRUS.

Où donc est-elle?

ARGAN.

Elle va venir.

THOMAS DIAFOIRUS.

Attendrai-je, mon père, qu'elle soit venue[2]?

MONSIEUR DIAFOIRUS.

Faites toujours le compliment de Mademoiselle.

THOMAS DIAFOIRUS.

Mademoiselle, ne plus ne moins[3] que la statue de Memnon rendoit un son harmonieux, lorsqu'elle venoit à être éclairée des rayons du soleil : tout de même me sens-je animé d'un doux transport à l'apparition du soleil de vos beautés[4]. Et comme les naturalistes remarquent que la fleur nommée héliotrope tourne sans cesse vers

---

Sicilien (tome VI, p. 260); mais son témoignage ne suffiroit pas : on pourrait bien douter de sa bonne foi.

1. ARGAN, *à Thomas Diafoirus.* (1734.)
2. Cette question de Thomas Diafoirus a été omise dans l'édition de 1680.
3. Sur cette vieille forme de *ne* au lieu de *ni*, employée aussi par Martine, voyez ci-dessus, p. 197, note 4.
4. La comparaison choisie par Thomas pour le début de son compliment était, comme on va le voir, un lieu commun des plus usés. Elle se trouve : dans l'*Épître liminaire* de Mathurin Regnier *au Roi* (1608) : « On lit qu'en Éthiopie il y avoit une statue qui rendoit un son harmonieux toutes les fois que le soleil levant la regardoit. Ce même miracle, Sire, avez-vous fait en moi, qui, touché de l'astre de Votre Majesté, ai reçu la voix et la parole; » —dans le discours du garde des sceaux de Marillac ouvrant l'assemblée des notables de 1626 : on y remarque, nous apprend la *Correspondance* de Grimm[a],

le *Dictionnaire historique de l'ancien langage français* par la Curne de Sainte-Palaye.

[a] En janvier 1787 (tome XIV, p. 525 de l'édition de M. Tourneux), à pro-

cet astre du jour, aussi mon cœur dores-en-avant[1] tournera-t-il toujours vers les astres resplendissants de vos yeux adorables, ainsi que vers son pôle unique[2]. Souffrez

« parmi beaucoup d'autres traits également sublimes, la belle comparaison de la statue de Memnon dont Molière s'est permis d'enrichir depuis la superbe harangue de M. Thomas Diafoirus ; » — dans *l'Anti-roman ou l'Histoire du berger Lysis*, par Jean de la Lande (Charles Sorel), tome I (1633), p. 594 et 595 : « On dit qu'en Éthiopie il y avoit une statue de Memnon qui rendoit un son harmonieux quand le soleil la regardoit...; ainsi, lorsque vous, ou quelque autre de pareil mérite jettera des rayons dessus moi, je dirai des choses qui contenteront vos oreilles ; » — dans une lettre du comte d'Avaux à Voiture, écrite au temps des négociations de Munster[a] : « Quand vous seriez devenu tout philosophe et quand vous auriez perdu le sentiment et la vie, tout au moins, ma chère pierre, vous devriez parler lorsque Mme de Longueville vous regarde, comme faisoit la statue de Memnon lorsqu'elle étoit éclairée des rayons du soleil ; » — dans la *Dissertation* de l'abbé d'Aubignac sur l'*OEdipe* de Corneille (1663, p. 24)[b] : « A l'exemple de cette statue de Memnon qui rendoit ses oracles sitôt que le Soleil la touchoit de ses rayons, M. Corneille a repris ses esprits et sa voix à l'éclat de l'or qu'un grand ministre du temps a fait briller dans l'obscurité de sa retraite; la couleur et le son de ce beau métal l'ont réveillé et remis sur le théâtre. » — Ajoutons une dernière citation, recueillie dans la note suivante de M. Despois : « On croirait vraiment qu'ici Molière a voulu imiter le début du discours prononcé par d'Aligre, directeur des finances, à l'assemblée du clergé de 1665 : « Messieurs,... j'ai ressenti dans ce moment, par le « lustre de vos personnes et de vos pourpres, l'effet des rayons de l'Aurore « naissante sur la statue égyptienne de son fils, qu'elle animoit chaque matin, « et lui donnoit assez de mouvement pour former un son harmonieux avec le « sistre et l'archet qu'il tenoit en ses mains. » (Cité par P. Lanfrey dans *l'Église et les philosophes au dix-huitième siècle*, p. 15 de la 2de édition, 1857 : voyez la *Collection des procès-verbaux des assemblées générales du clergé de France*, tome IV, 1770, p. 837.) »

1. Il est évident, par cette écriture même de l'édition originale, que l'exacte et pesante prononciation étymologique qu'elle indique était tout à fait surannée : comparez le vers 1255 du *Cid* : « Crois que dorénavant Chimène a beau parler.... »

2. C'est à Francion, dans un de ses doux propos à sa maîtresse Nays, remarque M. V. Fournel[c], que Thomas Diafoirus « a bien l'air d'avoir volé » sa seconde comparaison; le trait final même dont il l'a variée est encore une réminiscence de *la Vraie histoire comique* : « Il n'est non plus raisonnable,

pos d'une réimpression des Procès-verbaux de cette assemblée des notables. Voyez le Procès-verbal publié en 1652, p. 25.

[a] Elle a été imprimée par V. Cousin, p. 318 et 319 de *la Jeunesse de Mme de Longueville*.

[b] Passage rapporté par Aimé-Martin.

[c] Dans son *Introduction* au *Roman comique* de Scarron, p. xvij.

ACTE II, SCÈNE V. 353

donc, Mademoiselle, que j'appende aujourd'hui à l'autel de vos charmes l'offrande de ce cœur, qui ne respire et n'ambitionne autre gloire[1], que d'être toute sa vie, Mademoiselle, votre très-humble, très-obéissant, et très-fidèle serviteur, et mari.

TOINETTE, en le raillant[2].

Voilà ce que c'est que d'étudier, on apprend à dire de belles choses.

ARGAN[3].

Eh ! que dites-vous de cela ?

CLÉANTE.

Que Monsieur fait merveilles[4], et que s'il est aussi bon[5] médecin qu'il est bon orateur, il y aura plaisir à être[6] de ses malades.

TOINETTE.

Assurément. Ce sera quelque chose d'admirable s'il fait d'aussi belles cures qu'il fait de beaux discours.

ARGAN.

Allons vite ma chaise, et des siéges à tout le monde. Mettez-vous là, ma fille. Vous voyez[7], Monsieur, que tout le monde admire Monsieur votre fils, et je vous trouve bien heureux de vous voir un garçon comme cela.

MONSIEUR DIAFOIRUS.

Monsieur, ce n'est pas parce que je suis son père,

répond Francion à Nays (livre IX, p. 363 et 364 de l'édition de M. Colombey), de s'enquérir quel chemin je viendrai que de s'enquérir de quel côté se tournera la fleur du souci : l'on sait bien que c'est sa nature de se tourner toujours vers le soleil ; l'on ne doit pas douter aussi non plus que je ne suive vos beaux yeux, les soleils de mon âme, en quelque part qu'ils veuillent donner le jour. » Dans un de ses premiers récits (p. 47), Francion avait dit : « *Cette* bourgeoise étoit mon pôle vers lequel je me tournois sans cesse. »

1. Et n'ambitionne d'autre gloire. (1734, mais non 1773.)
2. Cette indication n'est pas dans 1734. — 3. *Argan, à Cléante.* (1734.)
4. Pour cet emploi du pluriel, comparez l'exemple relevé à la scène xi du *Sicilien*, tome VI, p. 263, note 1, et les vers 2 et 3 du *Savetier et le Financier* de la Fontaine (fable ii du livre VIII).
5. Si bon. (1683, 94.) — 6. Il y aura plaisir d'être. (*Ibidem*.)
7. (*Des laquais donnent des siéges.*) Mettez-vous là, ma fille. (*A M. Diafoirus.*) Vous voyez. (1734.)

mais je puis dire que j'ai sujet d'être content de lui, et que tous ceux qui le voient en parlent comme d'un garçon qui n'a point de méchanceté. Il n'a jamais eu l'imagination bien vive, ni ce feu d'esprit qu'on remarque dans quelques-uns ; mais c'est par là que j'ai toujours bien auguré de sa judiciaire[1], qualité requise pour l'exercice de notre art. Lorsqu'il étoit petit, il n'a jamais été ce qu'on appelle mièvre[2] et éveillé. On le voyoit toujours doux, paisible, et taciturne, ne disant jamais mot, et ne jouant jamais à tous ces petits jeux que l'on nomme enfantins. On eut toutes les peines du monde à lui apprendre à lire, et il avoit neuf ans, qu'il[3] ne connoissoit pas encore ses lettres. « Bon, disois-je en moi-même, les arbres tardifs sont ceux qui portent les meilleurs fruits ; on grave sur le marbre bien plus malaisément que sur le sable ; mais les choses y sont conservées bien plus longtemps, et cette lenteur à comprendre, cette pesanteur d'imagination, est la marque d'un bon jugement à venir. » Lorsque je l'envoyai au collége, il trouva de la peine ; mais il se roidissoit contre les difficultés, et ses régents[4] se louoient toujours à moi de son assiduité, et de son travail. Enfin, à force de battre le fer[5], il en est venu glorieusement à avoir ses licences[6] ; et je puis dire sans vanité que depuis deux ans qu'il est sur les bancs[7], il n'y a point de candidat qui ait

1. *Judiciaire* est aussi le mot de M. de Pourceaugnac (tome VII, p. 302) : « Vous êtes-vous mis dans la tête que Léonard de Pourceaugnac.... n'ait pas là dedans quelque morceau de judiciaire pour se conduire...? »
2. *Mièvre* « se dit proprement d'un enfant vif, remuant et un peu malicieux. » (*Dictionnaire de l'Académie*, 1694.)
3. Sans qu'il connût, sans connaître encore, et pourtant ne connaissait pas encore.... « On est souvent un fort honnête homme, qu'on n'est pas un très-bon chrétien. » (Mme de Sévigné, 1677, tome V, p. 344.)
4. Et les régents. (1683, 94.)
5. Cette locution a été expliquée au tome VIII, p. 75, note 2.
6. Ses lettres de licence : voyez tome VI, p. 74, note 3.
7. Sur les bancs des bacheliers. Au moment de leur réception, dit Maurice

fait plus de bruit que lui dans toutes les disputes de notre École. Il s'y est rendu redoutable, et il ne s'y passe point d'acte où il n'aille argumenter à outrance pour la proposition contraire. Il est ferme dans la dispute[1], fort comme un Turc sur ses principes[2], ne démord jamais de son opinion, et poursuit un raisonnement jusque dans les derniers recoins de la logique. Mais sur toute chose ce qui me plaît en lui, et en quoi il suit mon exemple, c'est qu'il s'attache aveuglément aux opinions de nos anciens, et que jamais il n'a voulu comprendre ni écouter les raisons et les expériences des prétendues découvertes de notre siècle, touchant la circulation du sang, et autres opinions de même farine[3].

Raynaud dans ses *Médecins au temps de Molière* (1862, p. 40 et 41), les bacheliers juraient « d'assister aux exercices de l'Académie et aux argumentations de l'École pendant deux ans.... Bien qu'en possession de leur grade, *ils* devaient, pour le conserver, se soumettre à de nouvelles épreuves. » Sur le nombre de ces épreuves soutenues en grand appareil et en nombreuse assemblée, la « durée effrayante » des argumentations auxquelles tous étaient tenus de prendre part, l'acharnement des disputeurs de l'École, voyez les pages suivantes des *Médecins au temps de Molière*.

1. Dans sa dispute. (1683, 94.)

2. Sur les principes. (1683.) — *Fort comme un Turc* se dit, d'après Littré, par allusion à « la force qu'on attribue aux porte-faix de Constantinople ». Cette phrase de M. Diafoirus, remarque Auger, « où le propre et le figuré sont confondus si ridiculement, est souvent employée en plaisanterie. »

3. De même forme. (1674 C, 74 P, 75, 80, 83, 94.) — « *De même farine*, dit Auger, est une expression traduite du latin..., qui se dit des hommes qui ont les mêmes vices, qui sont de la même cabale, comme dans ce vers de Perse (le 115ᵉ de la satire I*ʳ*) : *Sin tu, quum fueris nostræ paulo ante farinæ....* » L'Académie, en 1694, explique de même la locution, sans ajouter, comme Auger, qu'elle ne se dit pas ordinairement des choses. — Sur les trois grandes découvertes physiologiques de la circulation du sang par Harvey en 1619, des veines lactées par Aselli en 1622, et du réservoir du chyle par Pecquet en 1649, sur « la gravité du coup porté par *elles* aux doctrines médicales régnantes », sur les ardentes controverses auxquelles elles donnèrent lieu au sein de la Faculté de Paris, voyez *les Médecins au temps de Molière* de Maurice Raynaud (p. 160 et suivantes). « Pour être juste, dit-il (p. 169-173), il faut reconnaître que la lutte de la Faculté de Paris contre la circulation se résume tout entière dans Riolan (*son premier anatomiste*). Harvey y avait trouvé, dès le principe, des partisans décidés; sa doctrine y fut discutée, mais jamais absolument condamnée. Quant à Gui Patin,...

THOMAS DIAFOIRUS. Il tire une grande thèse roulée
de sa poche, qu'il présente à Angélique[1].

J'ai contre les circulateurs soutenu une thèse, qu'avec

un esprit très-fin, mais très-étroit,... il s'en rapportait volontiers à son ami Riolan, et se chargeait de la partie épigrammatique de la discussion. Les sectateurs d'Harvey étaient appelés les *circulateurs*. Or *circulator*, en latin, veut dire charlatan. Cela lui suffit : pour lui, un circulateur est un charlatan. Il ne sort pas de là.... Riolan mort[a],... les discussions qu'il avait suscitées, et qui lui survivent, ne sont que l'écho affaibli de celles auxquelles il avait pris part.... *Les adversaires de la circulation* devenaient de plus en plus rares. Cependant nous trouvons encore après lui deux thèses soutenues à la Faculté, et pleines de son esprit. L'une est.... soutenue en 1670, sous la présidence de Gui Patin.... L'auteur traite la découverte d'Harvey de songe creux ou du moins d'ingénieux paradoxe. « Car, ajoute-t-il, qui a « jamais surpris la nature dans ses opérations? » Il n'a du reste rien de mieux à invoquer à l'appui de son opinion que l'horreur du vide et l'inconvénient qu'il y aurait à refaire ainsi la science pour le caprice d'un médecin étranger. La seconde thèse (1672) va encore plus loin.... L'auteur.... le prend encore sur le ton badin et ironique : *Jocose fabulatus est Harveius, toto divisus orbe Britannus;* et voici les choses sérieuses qu'il oppose aux plaisanteries de ce pauvre Harvey : le mouvement circulaire étant parfait ne convient qu'aux corps simples, comme les astres. Or le sang n'est pas un corps simple.... On invoque des expériences! L'auteur en fait bon marché et les condamne en bloc, en posant le principe : les expériences irritent la nature, et, quand elle est irritée, elle agit autrement que lorsqu'on la laisse tranquille. Donc il ne faut pas faire d'expériences.... — Tels sont à peu près les derniers événements de cette longue controverse.... La circulation avait sa cause gagnée.... En 1673, Louis XIV consacrait cette victoire en instituant, au Jardin des plantes, une chaire spéciale d'anatomie *pour la propagation des découvertes nouvelles*. Elle fut donnée à Dionis. Ce fut l'année même de cette reconnaissance en quelque sorte officielle de la circulation du sang que Molière traduisit au tribunal du ridicule les derniers champions d'une cause surannée.... Cette phrase célèbre (*de Monsieur Diafoirus*) a un digne pendant : c'est l'*Arrêt burlesque* de Boileau (1671). » Nous nous contentons de renvoyer à cet *Arrêt*, et ajouterons seulement encore un court passage d'une lettre de Gui Patin; nous en empruntons la citation à Flourens, qui, dans les chapitres VI et VII de son *Histoire de la découverte de la circulation du sang* (2de édition, 1857), a aussi raconté « le ridicule entêtement que la Faculté mit à repousser la circulation ». — « Si, dit Gui Patin dans un langage qui est tout à fait à l'unisson de celui de M. Diafoirus (8 janvier 1650, tome I, p. 513 de l'édition Réveillé-Parise), si M. Duryer ne savoit que mentir et la circulation du sang, il ne savoit que deux choses dont je hais fort la première et ne me soucie guère de la seconde.... S'il revient, je le mènerai par d'autres chemins plus importants en la bonne médecine que la prétendue circulation. »

1. *Il tire une thèse de sa poche, qu'il présente.* (1674 C, 74 P, 80, 83,

a « Riolan et Harvey moururent tous deux la même année (1657). » — Gui

la permission de Monsieur¹, j'ose présenter à Mademoiselle, comme un hommage que je lui dois des prémices de mon esprit.

ANGÉLIQUE.

Monsieur, c'est pour moi un meuble inutile², et je ne me connois pas à ces choses-là.

TOINETTE³.

Donnez, donnez, elle est toujours bonne à prendre pour l'image ; cela servira à parer notre chambre⁴.

THOMAS DIAFOIRUS⁵.

Avec la permission aussi de Monsieur, je vous invite à venir voir l'un de ces jours, pour vous divertir, la dissection d'une femme, sur quoi je dois raisonner⁶.

94.) — *Il tire une thèse de sa poche, qu'il présente à Angélique.* (1675.) — *Tirant de sa poche une grande thèse roulée, etc.* (1734.)

1. *Saluant Argan.* (1734.)

2. *Meuble inutile* semble avoir été une sorte d'expression proverbiale ; Chrysale, au vers 563 des *Femmes savantes*, l'a employée avec le même sentiment de mépris (et en donnant à *meuble* son sens collectif*ᵃ*) ; Boileau, faisant parler le vulgaire, l'a appliquée à une chose toute morale (dans le vers 86 de la vᵉ épître, 1674) :

　　La vertu sans l'argent n'est qu'un meuble inutile.

3. TOINETTE, *prenant la thèse.* (1734.)

4. « Les thèses de la Faculté, dit Maurice Raynaud (p. 42),... longtemps bornées à de simples propositions,... avaient fini par prendre,.... des développements plus considérables. Parfois même elles étaient enrichies d'enluminures plus ou moins somptueuses, qui pouvaient les faire rechercher *pour l'image*. Ainsi on y faisait graver le portrait d'un bienfaiteur, des armoiries enguirlandées ou quelque emblème sentimental. Elles portaient pour épigraphe ces mots : *Virgini Deiparæ et sancto Lucæ.* »

5. THOMAS DIAFOIRUS, *saluant encore Argan.* (1734.)

6. Dans *les Plaideurs*, Dandin dit à Isabelle (*acte III, scène IV*) :

　　N'avez-vous jamais vu donner la question ?...
　　Venez, je vous en veux faire passer l'envie.

Et comme Isabelle répugne à cette aimable proposition, il ajoute :

　　Bon ! cela fait toujours passer une heure ou deux.

Molière a probablement imité le trait des *Plaideurs*, joués cinq ans (*en no-*

Patin ne mourut qu'un an avant *le Malade imaginaire* (à la fin du mois de mars 1672).

ᵃ Sens où le mot est également pris dans cette phrase de Montaigne

TOINETTE.

Le divertissement sera agréable. Il y en a qui donnent la comédie à leurs maîtresses ; mais donner une dissection est quelque chose de plus galand.

MONSIEUR DIAFOIRUS.

Au reste, pour ce qui est des qualités requises pour le mariage et la propagation, je vous assure que, selon les règles de nos docteurs, il est tel qu'on le peut souhaiter, qu'il possède en un degré louable la vertu prolifique, et qu'il est du tempérament qu'il faut pour engendrer et procréer des enfants bien conditionnés.

ARGAN.

N'est-ce pas votre intention, Monsieur, de le pousser à la cour, et d'y ménager pour lui une charge de médecin ?

MONSIEUR DIAFOIRUS.

A vous en parler franchement, notre métier auprès des grands ne m'a jamais paru agréable, et j'ai toujours trouvé qu'il valoit mieux, pour nous autres, demeurer au public. Le public est commode. Vous n'avez à répondre de vos actions à personne ; et pourvu que l'on suive le courant des règles de l'art, on ne se met point en peine de tout ce qui peut arriver. Mais ce qu'il y a de fâcheux auprès des grands, c'est que, quand ils viennent à être malades, ils veulent absolument que leurs médecins[1] les guérissent.

---

vembre 1668) avant *le Malade imaginaire*. (*Note d'Auger.*) Il se pourrait que Racine se fût lui-même souvenu d'un passage du *Roman bourgeois* de Furetière (1666), qui a été cité au tome II, p. 217 des *OEuvres* de Racine. — M. Challamel, p. 61 du tome VIII de ses *Mémoires du peuple français*, dit qu'au mois de février 1667 la ville avait beaucoup parlé de l'autopsie d'une jeune femme, faite en pleine séance de l'Académie des sciences.

1. Les médecins. (1683, 94.)

(Lettre à sa femme du 10 septembre 1570, tome IV, p. 233) : « M. de la Boëtie.... me donna, mourant, ses papiers et ses livres, qui m'ont été depuis le plus favori meuble des miens. »

ACTE II, SCÈNE V.

TOINETTE.

Cela est plaisant, et ils sont bien impertinents[1] de vouloir que vous autres Messieurs vous les guérissiez : vous n'êtes point auprès d'eux pour cela ; vous n'y êtes[2] que pour recevoir vos pensions, et leur ordonner des remèdes ; c'est à eux à guérir s'ils peuvent.

MONSIEUR DIAFOIRUS.

Cela est vrai. On n'est obligé qu'à traiter les gens dans les formes[3].

ARGAN, à Cléante[4].

Monsieur, faites un peu chanter ma fille devant la compagnie.

CLÉANTE.

J'attendois vos ordres, Monsieur, et il m'est venu en pensée, pour divertir la compagnie, de chanter avec Mademoiselle une scène d'un petit opéra qu'on a fait depuis peu.[5] Tenez, voilà votre partie.

ANGÉLIQUE.

Moi ?

CLÉANTE[6].

Ne vous défendez point, s'il vous plaît, et me laissez vous faire comprendre ce que c'est que la scène que nous devons chanter.[7] Je n'ai pas une voix à chanter ; mais ici il suffit[8] que je me fasse entendre, et l'on aura

---

1. Bien malavisés, bien singuliers, bien peu raisonnables : voyez ci-dessus, p. 341, note 4.
2. Vous les guérissiez ; vous n'y êtes. (1694.)
3. On se souvient du mot plus plaisant encore de M. Macroton (à la scène v de l'acte II de *l'Amour médecin*, 1665, tome V, p. 330) : « Vous aurez la consolation que *votre fille* sera morte dans les formes. » — Racine a dit non moins heureusement dans l'avis *Au lecteur* mis au-devant des *Plaideurs* (1668) : « Ceux mêmes qui s'y étoient le plus divertis eurent peur de n'avoir pas ri dans les règles. »
4. Cette indication et toutes les suivantes de cette scène ne sont pas dans les éditions de 1674 C, 74 P, 80, 83, 94.
5. *A Angélique, lui donnant un papier.* (1734.)
6. CLÉANTE, *bas, à Angélique.* (*Ibidem.*) — 7. Haut. (*Ibidem.*)
8. Mais il suffit. (1674 C, 74 P, 75, 80, 83, 94.)

la bonté de m'excuser par la nécessité où je me trouve de faire chanter Mademoiselle[1].

ARGAN.

Les vers en sont-ils beaux ?

CLÉANTE.

C'est proprement ici un petit opéra impromptu, et vous n'allez entendre chanter que de la prose cadencée, ou des manières de vers libres[2], tels que la passion et la nécessité peuvent faire trouver à deux personnes qui disent les choses d'eux-mêmes[3], et parlent[4] sur-le-champ.

ARGAN.

Fort bien. Écoutons.

CLÉANTE, sous le nom d'un berger, explique à sa maîtresse son amour depuis leur rencontre[5], et ensuite ils s'appliquent[6] leurs pensées l'un à l'autre en chantant[7].

Voici le sujet de la scène. Un Berger étoit attentif

---

1. Le public comprenait bien que l'indulgence si naturellement réclamée ici par le personnage l'était aussi par l'acteur. On a vu toutefois (p. 244 de la *Notice*) avec quel succès les premiers interprètes, la Grange et Mlle Molière, s'acquittèrent de cette partie chantée de leurs rôles. On trouvera tout au long l'intéressant passage des *Entretiens galants* qui concerne le comédien et la comédienne dans l'édition de M. Moland et dans la *Notice* dont M. Édouard Thierry a fait précéder le *Registre* de la Grange (p. XIII, note 4).

2. Dans d'autres pièces de Molière, particulièrement dans *le Sicilien*, nous avons fait remarquer des exemples de cette *prose cadencée*, de ces *manières de vers libres*. Ici l'emploi en est un peu différent, parce qu'il y a quelques à peu près de rimes. Il ne s'agissait que de donner plus de vraisemblance à l'impromptu. C'est bien à tort que les éditions de 1683 et 1694 (voyez ci-après) ont corrigé la rime incorrecte du second vers, et partout ont remplacé par des vers réguliers ceux dont l'irrégularité a été volontaire.

3. « Jamais je n'ai vu deux personnes être si contents l'un de l'autre. » (*Dom Juan*, acte I, scène II, tome V, p. 93.) Pour cet emploi du masculin avec le mot *personne*, nous avons deux autres fois encore (tomes III, p. 391, note 1, et VII, p. 357, note 1) renvoyé aux *Lexiques* de la Collection.

4. Qui disent les choses, et parlent. (1683, 94.)

5. Il a été dit à la *Notice* (p. 238) que c'est probablement dans le *Don Bertran de Cigarral* de Thomas Corneille, ou dans l'original espagnol de cette comédie, que Molière a pris l'idée de la ruse de Cléante.

6. *Ils s'expliquent.* (1675.)

7. Cette indication n'est pas dans l'édition de 1734.

aux beautés d'un spectacle, qui ne faisoit que de commencer[1], lorsqu'il fut tiré de son attention par un bruit qu'il entendit à ses côtés. Il se retourne, et voit un brutal, qui de paroles[2] insolentes maltraitoit une Bergère. D'abord[3] il prend les intérêts d'un sexe[4] à qui tous les hommes doivent hommage ; et après avoir donné au brutal le châtiment[5] de son insolence, il vient à la Bergère, et voit une jeune personne qui, des deux plus beaux yeux[6] qu'il eût jamais vus, versoit des larmes, qu'il trouva[7] les plus belles du monde. « Hélas ! dit-il en lui-même, est-on capable d'outrager une personne si aimable ? Et quel inhumain, quel barbare ne seroit touché par de telles larmes ? » Il prend soin de les arrêter, ces larmes, qu'il trouve si belles ; et l'aimable Bergère prend soin en même temps de le remercier de son léger service, mais d'une manière si charmante, si tendre, et si passionnée, que le Berger n'y peut résister ; et chaque mot, chaque regard[8], est un trait plein de flamme, dont son cœur se sent pénétré. « Est-il, disoit-il, quelque chose qui puisse mériter les aimables paroles d'un tel remercîment ? Et que ne voudroit-on pas faire, à quels services[9], à quels dangers, ne seroit-on pas ravi de courir, pour s'attirer un seul moment des touchantes douceurs[10] d'une âme si reconnoissante ? » Tout le spec-

1. Que commencer. (1734.) — 2. Qui par de[s] paroles. (1694.)
3. Tout d'abord, aussitôt, acception bien souvent relevée déjà.
4. L'intérêt du sexe. (1683, 94.)
5. Aujourd'hui on ne dirait pas *donner*, mais plutôt *infliger le châtiment*..., quoique l'on disc *recevoir le châtiment*. On dit très-bien « donner à quelqu'un une leçon » dans un sens bien voisin.
6. Qui, des plus beaux yeux. (1734.) — 7. Qu'il trouvoit. (1683, 94.)
8. N'y pût résister. (1674 P.) — N'y peut résister : chaque mot et chaque regard. (1675.)
9. *Services* a bien plus de force ici qu'en quelques autres endroits (voyez ci-dessus, p. 161, note 5), il a tout le sens d'actes d'assistance, actes de dévouement.
10. Un seul moment les touchantes douceurs. (1683, 94.)

tacle passe sans qu'il y donne aucune attention; mais il se plaint qu'il est trop court, parce qu'en finissant il le sépare de son adorable Bergère[1]; et de[2] cette première vue, de ce premier moment, il emporte chez lui tout ce qu'un amour de plusieurs années peut avoir de plus violent. Le voilà aussitôt à sentir tous les maux de l'absence, et il est tourmenté de ne plus voir ce qu'il a si peu vu. Il fait tout ce qu'il peut pour se redonner cette vue, dont il conserve, nuit et jour, une si chère idée; mais la grande contrainte où l'on tient sa Bergère lui en ôte tous les moyens. La violence de sa passion le fait résoudre à demander en mariage l'adorable beauté sans laquelle il ne peut plus vivre, et il en obtient d'elle la permission, par un billet qu'il a l'adresse de lui faire tenir. Mais dans le même temps on l'avertit que le père de cette belle a conclu son mariage avec un autre, et que tout se dispose pour en célébrer la cérémonie. Jugez quelle atteinte cruelle au cœur de ce triste Berger. Le voilà accablé d'une mortelle douleur. Il ne peut souffrir l'effroyable idée de voir tout ce qu'il aime entre les bras d'un autre; et son amour au désespoir lui fait trouver moyen de s'introduire dans la maison de sa Bergère, pour apprendre ses sentiments et savoir d'elle la destinée à laquelle il doit se résoudre. Il y rencontre les apprêts de tout ce qu'il craint; il y voit venir l'indigne rival que le caprice d'un père oppose aux tendresses de son amour. Il le voit triomphant, ce rival ridicule, auprès de l'aimable Bergère, ainsi qu'auprès d'une conquête qui lui est assurée; et cette vue le remplit d'une colère, dont il a peine à se rendre le maître. Il jette de douloureux regards sur celle qu'il adore; et son respect, et la présence de son

1. Il se sépare de son aimable Bergère. (1683, 94.)
2. *De*, ici, à la suite de..., par le seul effet de....

père l'empêchent de lui rien dire que des yeux. Mais enfin il force[1] toute contrainte, et le transport de son amour l'oblige à lui parler ainsi :

(Il chante[2].)

Belle Philis, c'est trop, c'est trop souffrir[3];
Rompons ce dur silence, et m'ouvrez vos pensées[4].
Apprenez-moi ma destinée :
Faut-il vivre ? Faut-il mourir ?

ANGÉLIQUE répond en chantant[5] :

Vous me voyez, Tircis, triste et mélancolique,
Aux apprêts[6] *de l'hymen dont vous vous alarmez :*
Je lève au ciel les yeux, je vous regarde, je soupire[7],
C'est vous en dire assez[8].

1. Il surmonte. On a vu, au vers 898 de *l'Étourdi*, un emploi non moins remarquable du même verbe :

. . . . Oh! malheur qui ne se peut forcer!

malheur qu'on ne peut vaincre, dont on ne peut triompher.

2. Cette indication et la suivante manquent aussi bien dans l'édition de 1675 que dans celles qu'énumère la note 4 de la page 359.

3. Belle Philis, c'est trop souffrir. (1674 P, 83, 94.)

4. Cette rime incorrecte est dans tous nos textes, sauf ceux de 1683, 94, qui donnent ainsi ce vers :

Rompons ce dur silence, ouvrez votre pensée.

5. ANGÉLIQUE, *en chantant*. (1734.)

6. A la vue des apprêts.

7. Le premier imprimeur a-t-il négligé de diviser cette ligne en deux, et doit-on lire :

Je lève au ciel les yeux,
Je vous regarde, je soupire ;

et de même un peu plus loin :

Pour avoir quelque place
Dans votre cœur?

Ces changements ne nous paraissent pas cependant nécessaires. Dans ces vers libres que les deux amants improvisent, en les accommodant aux notes, rien d'étonnant si Molière n'a pas voulu respecter la mesure plus que la rime. Les vers, avec leurs fautes de mesure, ne sont pas assurément moins propres à être chantés.

8. . . . . dont vous vous alarmez :
Mais si plus clairement il faut que je m'explique,
Je vous aime, Tirsis : c'est vous en dire assez. (1683, 94.)

— La suite des vers, après l'interruption d'Argan, est aussi toute différente

ARGAN.

Ouais ! je ne croyois pas que ma fille fût si habile que de chanter ainsi à livre ouvert, sans hésiter.

dans ces deux éditions. Voici leur texte, où des rimes ont été cousues à des vers réguliers de douze ou de huit syllabes :

CLÉANTE.
Ah! mon adorable maîtresse,
Philis, dans le mal qui m'oppresse,
Pourrois-je espérer le bonheur
D'avoir place dans votre cœur?
ANGÉLIQUE.
Je ne m'en défends point dans cette peine extrême :
Oui, mon cher Tirsis, je vous aime.
CLÉANTE.
O parole pleine d'appas,
Et qui me redonnes (*redonne*, 1694) la vie!
Parole, encore un coup, dont mon âme est ravie,
T'ai-je bien entendue? Hélas!
Redites-la, Philis, que*a* je n'en doute pas.
ANGÉLIQUE.
Oui, mon cher Tirsis, je vous aime.
CLÉANTE.
De grâce, encor, Philis.
ANGÉLIQUE.
Cher Tirsis, je vous aime.
CLÉANTE.
O parole pleine d'appas!
Redites-la cent fois, ne vous en lassez pas.
ANGÉLIQUE.
C'est pour votre Philis une douceur extrême
De redire cent fois : « Cher Tirsis, je vous aime. »
CLÉANTE.
Dieux craints et redoutés sur la terre et sur l'onde,
Et vous rois, qui sous vous regardez tout le monde,
Depuis que j'ai l'honneur d'un si doux entretien,
Pouvez-vous comparer votre bonheur au mien?
Votre pouvoir est grand, infini, redoutable;
Mais tout cela n'est rien qui me fût comparable *b*,
Si le souvenir d'un rival
A mon repos n'étoit fatal.
Ah, Philis!
ANGÉLIQUE.
Ah! Tirsis, doutez-vous de ma flamme?
Qu'un rival que je hais ne trouble point votre âme!
CLÉANTE.
Mais un père à ses vœux vous veut assujettir.
ANGÉLIQUE.
Ah! je mourrai, Tirsis, avant d'y consentir.

a Afin que.
b Qui fût comparable à mon bonheur, ou plutôt : avec quoi je consentisse à établir une comparaison, qui pour moi pût être l'objet d'une comparaison.

ACTE II, SCÈNE V.

CLÉANTE.

Hélas! belle Philis,
Se pourroit-il que l'amoureux Tircis
Eût assez de bonheur,
Pour avoir quelque place dans votre cœur[1] *?*

ANGÉLIQUE.

Je ne m'en défends point dans cette peine extrême :
Oui, Tircis, je vous aime.

CLÉANTE.

Ô parole pleine d'appas!
Ai-je bien entendu, hélas[2] *!*
Redites-la, Philis, que je n'en doute pas.

ANGÉLIQUE.

Oui, Tircis, je vous aime.

CLÉANTE.

De grâce, encor, Philis.

ANGÉLIQUE.

Je vous aime.

CLÉANTE.

Recommencez cent fois, ne vous en lassez pas.

ANGÉLIQUE.

Je vous aime, je vous aime,
Oui, Tircis, je vous aime.

---

1. Voyez ci-dessus, p. 363, note 7.
2. Cet *hélas!* semble ici, après un premier mouvement de joie, marquer un mouvement de crainte, la crainte d'avoir mal entendu. — Du reste, *hélas!* n'est pas une exclamation nécessairement plaintive. Est-ce avec un ton d'humilité ou de résignation hypocrite que doit être prononcé l'*hélas!* qui accompagne « très-volontiers » dans la réponse de Tartuffe à Dorine (au vers 875), et avec un ton de pitié affectée que doit être dit celui qui accompagne « je le veux bien » dans la réponse du Clitandre de *l'Amour médecin* à Lucinde (acte III, scène VI, tome V, p. 349) ? *Hélas!* n'est-il pas plutôt, à ces deux derniers endroits, l'expression d'une joie contenue ? Il n'est même pas absolument certain qu'il ne puisse avoir le même sens ici et dans la phrase des *Amants magnifiques* relevée tome VII, p. 417, note 3. — Une autre ponctuation est aussi possible : « Ai-je bien entendu ? — Hélas! redites-la.... », et alors *hélas!* s'expliqueroit un peu différemment : *par pitié, de grâce.*

CLÉANTE.
Dieux, rois, qui sous vos pieds regardez tout le monde,
Pouvez-vous comparer votre bonheur au mien?
Mais, Philis, une pensée
Vient troubler ce doux transport:
Un rival, un rival....

ANGÉLIQUE.
Ah! je le hais plus que la mort;
Et sa présence, ainsi qu'à vous,
M'est un cruel supplice.

CLÉANTE.
Mais un père à ses vœux vous veut assujettir.

ANGÉLIQUE.
Plutôt, plutôt mourir,
Que de jamais y consentir;
Plutôt, plutôt mourir, plutôt mourir.

ARGAN.
Et que dit le père à tout cela?

CLÉANTE.
Il ne dit rien.

ARGAN[1].
Voilà un sot père que ce père-là, de souffrir toutes ces sottises-là sans rien dire.

CLÉANTE[2].
Ah! mon amour....

ARGAN.
Non, non, en voilà assez. Cette comédie-là est de fort mauvais exemple. Le berger Tircis est un impertinent, et la bergère Philis une impudente, de parler de la sorte devant son père.[3] Montrez-moi ce papier. Ha, ha. Où sont donc les paroles que vous avez dites? Il n'y a là que de la musique écrite[4]?

---

1. ARGAN, *en colère.* (1675.)
2. CLÉANTE, *voulant continuer à chanter.* (1734.) — 3. *A Angélique.* (*Ibid.*)
4. Il n'y a rien d'écrit que de la musique.

CLÉANTE.

Est-ce que vous ne savez pas, Monsieur, qu'on a trouvé depuis peu l'invention d'écrire les paroles avec les notes mêmes ?

ARGAN.

Fort bien. Je suis votre serviteur, Monsieur; jusqu'au revoir. Nous nous serions bien passés de votre impertinent d'opéra[1].

CLÉANTE.

J'ai cru vous divertir.

ARGAN.

Les sottises ne divertissent point. Ah ! voici ma femme.

SCÈNE VI.

BÉLINE, ARGAN, TOINETTE, ANGÉLIQUE, MONSIEUR DIAFOIRUS, THOMAS DIAFOIRUS[2].

ARGAN.

Mamour, voilà le fils de Monsieur Diafoirus.

THOMAS DIAFOIRUS *commence un compliment qu'il avoit étudié, et la mémoire*[3] *lui manquant, il ne peut le continuer.*

Madame, c'est avec justice que le Ciel vous a concédé le nom de belle-mère, puisque l'on voit sur votre visage....

BÉLINE.

Monsieur, je suis ravie d'être venue ici à propos pour avoir l'honneur de vous voir.

---

1. De votre sot opéra : comparez ci-dessus, p. 314, au 1er renvoi, et voyez, p. 341, note 4.
2. SCÈNE VII. BÉLINE, ARGAN, ANGÉLIQUE, M. DIAFOIRUS, THOMAS DIAFOIRUS, TOINETTE. (1734.)
3. THOMAS DIAFOIRUS *commence le récit d'un compliment qu'il avoit étudié, mais la mémoire,* etc. (1675.) — Cette indication n'est pas dans les éditions de 1674 C, 74 P, 80, 83, 94, 1734.

THOMAS DIAFOIRUS.

Puisque l'on voit sur votre visage.... puisque l'on voit sur votre visage[1].... Madame, vous m'avez interrompu dans le milieu de ma période, et cela m'a troublé la mémoire[2].

MONSIEUR DIAFOIRUS.

Thomas, réservez cela pour une autre fois.

ARGAN.

Je voudrois, mamie, que vous eussiez été ici tantôt.

TOINETTE.

Ah! Madame, vous avez bien perdu de n'avoir point été au second père, à la statue de Memnon, et à la fleur nommée héliotrope.

ARGAN.

Allons, ma fille, touchez dans la main de Monsieur[3], et lui donnez votre foi, comme à votre mari.

ANGÉLIQUE.

Mon père.

ARGAN.

Hé bien! « Mon père »? Qu'est-ce que cela veut dire?

ANGÉLIQUE.

De grâce, ne précipitez pas les choses. Donnez-nous au moins le temps de nous connoître, et de voir naître en nous l'un pour l'autre cette inclination si nécessaire à composer une union[4] parfaite.

---

1. Les mots : « puisque l'on voit sur votre visage », ne sont pas répétés dans les éditions de 1674 C, 74 P, 75, 80, 83, 94.

2. Thomas Diafoirus est comme Petit-Jean, des *Plaideurs*, qui, arrêté au milieu de sa période, dit (*vers 686 et 687*) :

    Oh! pourquoi celui-là m'a-t-il interrompu?
    Je ne dirai plus rien.   (*Note d'Auger*.)

3. « Voilà le mari que je vous donne...; allons, touchez-lui dans la main, » dit M. Jourdain à sa fille (dans l'avant-dernière scène du *Bourgeois gentilhomme*). Et Chrysale fiance de même Henriette à Cléante (au début de la scène VI de l'acte III des *Femmes savantes*) :

    Ôtez ce gant; touchez à Monsieur dans la main....

4. On dirait aujourd'hui : « .... pour *former* une union..., » remarque

ACTE II, SCÈNE VI.

THOMAS DIAFOIRUS.

Quant à moi, Mademoiselle, elle est déjà toute née en moi, et je n'ai pas besoin d'attendre davantage.

ANGÉLIQUE.

Si vous êtes si prompt, Monsieur, il n'en est pas de même de moi, et je vous avoue que votre mérite n'a pas encore fait assez d'impression dans mon âme.

ARGAN.

Ho[1] bien, bien! cela aura tout le loisir de se faire, quand vous serez mariés ensemble.

ANGÉLIQUE.

Eh! mon père, donnez-moi du temps, je vous prie. Le mariage est une chaîne où l'on ne doit jamais soumettre un cœur par force ; et si Monsieur est honnête homme, il ne doit point vouloir accepter une personne qui seroit à lui par contrainte[2].

THOMAS DIAFOIRUS.

Nego consequentiam[3], Mademoiselle, et je puis être honnête homme et vouloir bien vous accepter des mains de Monsieur votre père.

ANGÉLIQUE.

C'est un méchant moyen de se faire aimer de quelqu'un que de lui faire violence.

THOMAS DIAFOIRUS.

Nous lisons des anciens[4], Mademoiselle, que leur coutume étoit d'enlever par force de la maison des pères

---

Auger, en rappelant que Molière a déjà employé cette locution de *composer une union* dans *le Bourgeois gentilhomme* (acte III, scène xv, tome VIII, p. 151).

1. Hé. (1683, 94.)
2. On peut comparer dans le rôle d'Henriette (à la scène I de l'acte V des *Femmes savantes*) les vers 1507 et 1508.
3. « Je nie la conséquence. »
4. Au sujet des anciens. Voyez l'article DE dans les *Lexiques* de la Collection : dans celui *de la langue de Malherbe*, à 13°; dans celui de *Corneille*, tome I, p. 252, à l'avant-dernier vers cité; dans celui de *Racine*, à 4°; de *la Bruyère*, à 5°; de *Mme de Sévigné*, à 1°.

les filles qu'on menoit marier¹, afin qu'il ne semblât pas que ce fût de leur consentement qu'elles convoloient dans les bras d'un homme.

ANGÉLIQUE.

Les anciens, Monsieur, sont les anciens, et nous sommes les gens de maintenant. Les grimaces ne sont point nécessaires dans notre siècle; et quand un mariage nous plaît, nous savons fort bien y aller, sans qu'on nous y traîne. Donnez-vous patience : si vous m'aimez, Monsieur, vous devez vouloir tout ce que je veux.

THOMAS DIAFOIRUS.

Oui, Mademoiselle, jusqu'aux² intérêts de mon amour exclusivement.

ANGÉLIQUE.

Mais la grande marque d'amour, c'est d'être soumis aux volontés de celle qu'on aime.

THOMAS DIAFOIRUS.

*Distinguo*³, Mademoiselle : dans ce qui ne regarde point sa possession, *concedo*⁴; mais dans ce qui la regarde, *nego*⁵.

TOINETTE⁶.

Vous avez beau raisonner : Monsieur est frais émoulu du collége, et il vous donnera toujours votre reste. Pourquoi tant résister, et refuser la gloire d'être attachée au corps de la Faculté?

BÉLINE.

Elle a peut-être quelque inclination en tête.

ANGÉLIQUE.

Si j'en avois, Madame, elle seroit telle que la raison et l'honnêteté pourroient me la permettre.

1. Voyez au chapitre II du livre II de *la Cité antique*, par M. Fustel de Coulanges, p. 44-45 et p. 46.
2. Jusques aux. (1674 C, 74 P, 75, 80, 83, 94.)
3. « Je distingue. » — 4. « Je le concède. » — 5. « Je le nie. »
6. TOINETTE, *à Angélique*. (1734.)

ARGAN.

Ouais! je joue ici un plaisant personnage[1].

BÉLINE.

Si j'étois que de vous[2], mon fils, je ne la forcerois point à se marier, et je sais bien ce que je ferois.

ANGÉLIQUE.

Je sais, Madame, ce que vous voulez dire, et les bontés que vous avez pour moi; mais peut-être que vos conseils ne seront pas assez heureux pour être exécutés.

BÉLINE.

C'est que les filles bien sages et bien honnêtes, comme vous, se moquent d'être[3] obéissantes, et soumises aux volontés de leurs pères. Cela étoit bon autrefois.

ANGÉLIQUE.

Le devoir d'une fille a des bornes, Madame, et la raison et les lois ne l'étendent point à toutes sortes de choses.

BÉLINE.

C'est-à-dire que vos pensées ne sont que pour le mariage; mais vous voulez choisir un époux à votre fantaisie.

ANGÉLIQUE.

Si mon père ne veut pas me donner un mari qui me plaise, je le conjurerai au moins de ne me point forcer à en épouser un que je ne puisse pas aimer.

ARGAN.

Messieurs, je vous demande pardon de tout ceci.

ANGÉLIQUE.

Chacun a son but en se mariant. Pour moi, qui ne

---

1. Un plaisantant personnage. (1682; faute évidente, que les éditions suivantes n'ont pas reproduite.)
2. Pour ce tour, qui revient encore plus loin (p. 403 et 423), nous avons déjà renvoyé ci-dessus (p. 159, note 4) au tome VIII, p. 467, note 2.
3. Se gardent comme d'une chose ridicule d'être... : voyez tome IV, p. 437, note 3.

veux un mari que pour l'aimer véritablement, et qui prétends en faire tout l'attachement de ma vie, je vous avoue que j'y cherche quelque précaution[1]. Il y en a d'aucunes qui prennent des maris seulement pour se tirer de la contrainte de leurs parents, et se mettre en état de faire tout ce qu'elles voudront. Il y en a d'autres, Madame, qui font du mariage un commerce de pur intérêt, qui ne se marient que pour gagner des douaires, que pour s'enrichir par la mort de ceux qu'elles épousent, et courent sans scrupule de mari en mari, pour s'approprier leurs dépouilles. Ces personnes-là, à la vérité, n'y cherchent pas tant de façons, et regardent peu la personne.

BÉLINE.

Je vous trouve aujourd'hui bien raisonnante[2], et je voudrois bien savoir ce que vous voulez dire par là.

ANGÉLIQUE.

Moi, Madame, que voudrois-je dire que[3] ce que je dis?

BÉLINE.

Vous êtes si sotte, mamie, qu'on ne sauroit plus vous souffrir.

ANGÉLIQUE.

Vous voudriez bien, Madame, m'obliger à vous répondre quelque impertinence; mais je vous avertis que vous n'aurez pas cet avantage.

BÉLINE.

Il n'est rien d'égal à votre insolence.

1. Que j'y cherche précaution. (1683, 94.)
2. Bien en humeur de raisonner : le mot diffère, par une nuance, de *raisonneuse*, qui marquerait plus l'habitude. Bossuet s'en est servi : « Vous serez toujours raisonnante. Ne croyez pas que je vous permette de raisonner autant que vous voudriez avec le médecin.... Quand je vous verrai bien obéissante et peu raisonnante, je vous reconnoîtrai pour ma fille. » (N° CXXXII des *Lettres à l'abbesse et aux religieuses de l'abbaye de Jouarre*.)
3. Que voudrais-je dire d'autre que...: voyez tome VI, p. 403, note 1, et p. 519, note 5.

ANGÉLIQUE.

Non, Madame, vous avez beau dire.

BÉLINE.

Et vous avez un ridicule orgueil, une impertinente présomption qui fait hausser les épaules à tout le monde.

ANGÉLIQUE.

Tout cela, Madame, ne servira de rien. Je serai sage en dépit de vous; et pour vous ôter l'espérance de pouvoir réussir dans ce que vous voulez, je vais m'ôter de votre vue.

ARGAN.

Écoute[1], il n'y a point de milieu à cela : choisis[2] d'épouser dans quatre jours, ou Monsieur, ou un couvent[3]. Ne[4] vous mettez pas en peine, je la rangerai bien[5].

BÉLINE.

Je suis fâchée de vous quitter, mon fils, mais j'ai une affaire en ville, dont je ne puis me dispenser. Je reviendrai bientôt.

ARGAN.

Allez, mamour, et passez chez votre notaire, afin qu'il expédie ce que vous savez.

BÉLINE.

Adieu, mon petit ami.

---

1. SCÈNE VIII. — ARGAN, BÉLINE, M. DIAFOIRUS, THOMAS DIAFOIRUS, TOINETTE. — ARGAN, *à Angélique qui sort.*
Écoute. (1734.)
2. Choisissez. (1674 P.)
3. Sur l'écriture de ce mot, voyez ci-dessus, p. 301, note 2.
4. *A Béline.* Ne. (1734.)
5. Je la rangerai bien à son devoir !

> Il faut avec vigueur ranger les jeunes gens.
> (Vers 1682 de *l'École des femmes*, tome III, p. 272.)

Littré, au mot RANGER, 8°, cite également un exemple de Dancourt :

> Vous faites en très-brave père
> De ranger un fils libertin.
> (*Les Enfants de Paris*, 1704, acte V, scène 1.)

ARGAN.

Adieu, mamie. Voilà[1] une femme qui m'aime.... cela n'est pas croyable.

MONSIEUR DIAFOIRUS.

Nous allons, Monsieur, prendre congé de vous.

ARGAN.

Je vous prie, Monsieur, de me dire un peu comment je suis.

MONSIEUR DIAFOIRUS lui tâte le pouls[2].

Allons, Thomas, prenez l'autre bras de Monsieur, pour voir si vous saurez porter un bon jugement de son pouls[3]. *Quid dicis*[4]?

THOMAS DIAFOIRUS.

Dico que le pouls de Monsieur est le pouls d'un homme qui ne se porte point bien.

MONSIEUR DIAFOIRUS.

Bon.

THOMAS DIAFOIRUS.

Qu'il est duriuscule, pour ne pas dire dur.

SCÈNE IX.

ARGAN, M. DIAFOIRUS, THOMAS DIAFOIRUS, TOINETTE.

ARGAN.

1. Voilà. (1734.)
2. Ce jeu de scène n'est pas dans les éditions de 1674 C, 74 P, 80, 83 94.) — M. DIAFOIRUS, *tâtant le pouls d'Argan*. (1734.) — « Chose vraiment incroyable, dit Maurice Raynaud (p. 35 et 36), la plupart des élèves arrivaient au baccalauréat sans.... avoir jamais vu un seul *malade*. Alors seulement ils étaient supposés capables de le faire avec profit. Ils s'attachaient à un docteur, qu'ils suivaient dans ses visites, et qui les introduisait dans sa clientèle, à peu près comme cela se pratiquait dans l'ancienne Rome. On voit d'ici l'incommodité, l'appareil pédantesque et prétentieux de ce système, qui transformait souvent la chambre d'un pauvre patient en une salle de cours. Rappelez-vous les deux Diafoirus père et fils, s'installant chacun à un bras du malade et dissertant à lui faire perdre la tête.... Tout cela est copié d'après nature. »
3. L'orthographe de ce mot est, dans nos anciennes éditions (1674-94, mais non les suivantes), *poux*.
4. « Qu'en dis-tu ? » — A la réponse de Thomas, *Dico*, « je dis. »

MONSIEUR DIAFOIRUS.

Fort bien.

THOMAS DIAFOIRUS.

Repoussant.

MONSIEUR DIAFOIRUS.

Bene[1].

THOMAS DIAFOIRUS.

Et même un peu caprisant[2].

MONSIEUR DIAFOIRUS.

Optime[3].

THOMAS DIAFOIRUS.

Ce qui marque une intempérie[4] dans le *parenchyme splénique*[5], c'est-à-dire la rate.

MONSIEUR DIAFOIRUS.

Fort bien.

ARGAN.

Non: Monsieur Purgon dit que c'est mon foie qui est malade.

MONSIEUR DIAFOIRUS.

Eh! oui[6]: qui dit *parenchyme*, dit l'un et l'autre, à

---

1. « Bien. »
2. Le texte de nos diverses éditions est bien *caprisant*, et non, comme on dit d'ordinaire en citant ce passage, *capricant;* dans le texte de 1734, *caprizant*, corrigé en *capricant* dans celui de 1773. « Pouls *caprisant*, dit Littré, pouls qui, interrompu au milieu de sa diastole, l'achève ensuite avec précipitation. — Étymologie : bas-latin *caprizans*, de *capra*, chèvre, » sans doute ayant des mouvements de chèvre. Littré ajoute qu'on dit aussi *capricant*, mais sur la seule foi, ce semble, d'éditions peu autorisées de Molière.
3. « Très-bien. »
4. « Terme d'ancienne médecine, dit Littré : mauvaise constitution des humeurs du corps. » Plus loin, à la scène v de l'acte III (p. 410), M. Purgon se servira du même mot. Sur la doctrine de l'humorisme dont, comme on en peut juger à leur langage et à leurs raisonnements, étaient imbus tous ces médecins de Molière, nous renvoyons de nouveau aux pages de Maurice Raynaud indiquées tome V, p. 326, note 1, et d'où nous avons, tome VII, p. 274, note 3, tiré une définition de la *cacochymie*.
5. *Parenchyme*, « tissu propre aux viscères, et, particulièrement, aux organes glanduleux. » (*Dictionnaire de Littré.*) — *Splénique*, « qui appartient, qui a rapport à la rate. » (*Ibidem.*)
6. Et oui. (1730, 34; ici et sept lignes plus bas.)

cause de l'étroite sympathie qu'ils ont ensemble, par le moyen du *vas breve du pylore*, et souvent des *méats cholidoques*¹. Il vous ordonne sans doute de manger force rôti ?

ARGAN.

Non, rien que du bouilli.

MONSIEUR DIAFOIRUS.

Eh! oui : rôti, bouilli, même chose. Il vous ordonne fort prudemment, et vous ne pouvez être en de meilleures mains.

ARGAN.

Monsieur, combien est-ce qu'il faut mettre de grains de sel dans un œuf ?

---

1. « *Vas breve*, mots purement latins, qui désignent un vaisseau situé au fond de l'estomac, et ainsi appelé à cause de sa brièveté, de son peu de longueur. » (*Note d'Auger.*) — *Pylore*, « orifice droit ou inférieur de l'estomac, par où les aliments passent dans le duodenum. » (*Dictionnaire de Littré.*) — Les méats (ou conduits) cholédoques versent la bile dans le duodenum. L'*êta* du mot grec dont *cholédoques* est la transcription était prononcé *i* par une partie des hellénistes (voyez ci-dessus la seconde partie de la note 3 de la page 144), et de là cette forme de *cholidoques* qu'emploie M. Diafoirus, attaché en tout aux plus anciennes traditions. — Auger suppose que M. Diafoirus ne donne cette prétendue explication au malade, qui n'a pas trouvé le diagnostic de Thomas d'accord avec celui de M. Purgon, que par égard pour celui-ci, son parent, le négociateur généreux du mariage de son fils, ou parce qu'en général il garde envers ses confrères, « parmi le monde », les ménagements politiques si bien recommandés par M. Filerin (à la scène I de l'acte III de *l'Amour médecin*ᵃ). Il est plus vraisemblable que le vieux docteur veut couvrir un jugement un peu précipité du jeune licencié et mettre en pratique un des conseils qu'osait donner expressément à ses disciples l'ancien maître de l'art, « cet impudent Arnaud de Villeneuve » dont parle Victor le Clerc dans son *Discours sur l'état des lettres en France au quatorzième siècle*ᵇ : « La septième précaution est d'un usage presque universel. Tu ne sauras peut-être pas ce que dénote l'urine que tu viens d'examiner : dis toujours : *Il y a obstruction au foie*. Si le malade répond : *Non, Maître, c'est à la tête que j'ai mal*, hâte-toi de répliquer : *Cela vient du foie*. Sers-toi de ce mot d'obstruction, parce qu'ils ne savent pas ce qu'il signifie et qu'il importe qu'ils ne le sachent pas. »

ᵃ Tome V, p. 336 et suivantes.
ᵇ Seconde partie, p. 472 du tome XXIV (1862) de l'*Histoire littéraire de la France*.

MONSIEUR DIAFOIRUS.

Six, huit, dix, par les nombres pairs; comme dans les médicaments, par les nombres impairs[1].

ARGAN.

Jusqu'au revoir[2], Monsieur.

SCÈNE VII[3].

BÉLINE, ARGAN.

BÉLINE.

Je viens, mon fils, avant que de sortir, vous donner avis d'une chose à laquelle il faut que vous preniez garde. En passant par-devant la chambre d'Angélique, j'ai vu un jeune homme avec elle, qui s'est sauvé d'abord qu'il m'a vue.

ARGAN.

Un jeune homme avec ma fille?

BÉLINE.

Oui. Votre petite fille Louison étoit avec eux, qui pourra vous en dire des nouvelles.

ARGAN.

Envoyez-la ici, mamour, envoyez-la ici.[4] Ah, l'effrontée! je ne m'étonne plus de sa résistance.

---

1. Henri Estienne, dans son *Discours merveilleux de la vie, actions et déportements de Catherine de Médicis, reine mère* (1575, p. 5), nous apprend que les médecins « ont accoutumé » d'ordonner les pilules en nombre impair; et Montaigne dit la même chose dans le chapitre XXXVII, déjà souvent cité, du livre II (tome III, p. 158) : « Je laisse à part le nombre impair de leurs pilules, la destination de certains jours et fêtes de l'année, la distinction des heures à cueillir les herbes de leurs ingrédients.... » Le second Médecin de *Monsieur de Pourceaugnac* paraît préférer ce nombre impair d'une façon plus absolue encore (tome VII, p. 276-277).
2. *Jusques au revoir.* (1674 C, 74 P, 75, 80, 83, 94.)
3. SCÈNE X. (1734.)
4. *Seul.* (*Ibidem.*)

SCÈNE VIII.

LOUISON, ARGAN[1].

LOUISON.

Qu'est-ce que vous voulez[2], mon papa? Ma belle-maman m'a dit que vous me demandez.

ARGAN[3].

Oui, venez çà, avancez là. Tournez-vous, levez les yeux, regardez-moi. Eh!

LOUISON.

Quoi, mon papa?

ARGAN.

Là[4].

LOUISON.

Quoi?

ARGAN.

N'avez-vous rien à me dire?

LOUISON.

Je vous dirai, si vous voulez, pour vous désennuyer, le conte de *Peau d'âne*[5], ou bien la fable du *Cor-*

---

1. SCÈNE XI. — ARGAN, LOUISON. (1734.)
2. Qu'est-ce que vous me voulez. (*Ibidem.*)
3. ARGAN, *lui montrant le doigt.* (1675.)
4. Tu sais bien quoi, tu m'entends bien, comme dans la scène IV de l'acte I de *l'Avare*, tome VII, p. 71, au 4ᵉ renvoi.
5. Le conte de *Peau-d'âne* n'avait pas encore été mis en vers par Perrault, mais il était dans la tradition orale, et bien d'autres que Molière en ont parlé avant l'année 1694, où l'auteur futur des *Histoires ou contes du temps passé* (imprimées en 1696 et 1697) publia, à part, la version qui en a fixé le récit chez nous. On trouve, par exemple, mention de *Peau-d'âne* dans le chapitre VIII de la Iʳᵉ partie du *Roman comique* de Scarron (1651, p. 47 de l'édition de M. V. Fournel), et au livre IIᵈ du *Virgile travesti en vers burlesques* (1660, p. 74); dans la *Dissertation* de Boileau *sur la* nouvelle de *Joconde* (1665, 5ᵉ alinéa); dans *le Pouvoir des fables* de la Fontaine (livre VIII, 1678, fable IV, vers 67); dans le tome II (1690, p. 126) du *Parallèle* de Perrault. Et il est fort improbable que ce fût la dernière des Nouvelles de Bonaventure des Périers qui eût laissé un si long souvenir. Voyez la Vᵉ et la VIᵉ des *Lettres* de Walckenaer *sur les contes de fées* (édition de 1862, Didot).

beau et du Renard, qu'on m'a apprise depuis peu[1].

ARGAN.

Ce n'est pas là[2] ce que je demande.

LOUISON.

Quoi donc?

ARGAN.

Ah! rusée, vous savez bien ce que je veux dire.

LOUISON.

Pardonnez-moi, mon papa.

ARGAN.

Est-ce là comme vous m'obéissez?

LOUISON.

Quoi?

ARGAN.

Ne vous ai-je pas recommandé de me venir dire d'abord tout ce que vous voyez?

LOUISON.

Oui, mon papa.

ARGAN.

L'avez-vous fait?

LOUISON.

Oui, mon papa. Je vous suis venue[3] dire tout ce que j'ai vu.

ARGAN.

Et n'avez-vous rien vu aujourd'hui?

LOUISON.

Non, mon papa.

---

1. On voit par ce passage que l'on avait déjà la coutume de mettre entre les mains ou dans la mémoire des enfants les fables de la Fontaine, dont les six premiers livres avaient paru en 1668. En constatant ce fait, Molière était sans doute bien aise de rappeler les ouvrages de son ami au souvenir de ses spectateurs. (*Note d'Auger.*) La fable du *Corbeau et du Renard* est, comme on sait, la seconde de ce premier recueil.

2. Ce n'est pas cela. (1734.)

3. Dans tous nos textes, *venu*, sans accord devant l'infinitif : voyez plus haut, p. 343, note 4.

ARGAN.

Non ?

LOUISON.

Non, mon papa.

ARGAN.

Assurément ?

LOUISON.

Assurément.

ARGAN.

Oh çà[1] ! je m'en vais vous faire voir quelque chose, moi.

(Il va prendre une poignée de verges[2].)

LOUISON[3].

Ah ! mon papa.

ARGAN.

Ah, ah ! petite masque[4], vous ne me dites pas que vous avez vu un homme dans la chambre de votre sœur ?

LOUISON.

Mon papa.

ARGAN.

Voici[5] qui vous apprendra à mentir.

---

1. Or çà. (1734, mais non 1773.) Voyez ci-dessus, p. 293, note 5.
2. Au lieu de ces mots, les éditions de 1674 C, 74 P, 75, 80, 83, 94 ont, trois lignes plus haut, après ARGAN, ceux-ci : « *Il prend une poignée de verges.* »
3. LOUISON, *voyant une poignée de verges qu'Argan a été prendre.* (1734.)
4. « *Masque* est aussi une injure que le peuple dit aux femmes pour leur reprocher la laideur ou la vieillesse, et surtout la malice ; et en ce sens il est féminin. » (*Dictionnaire de l'Académie*, édition de 1762 : en 1694, en 1718 et en 1740, l'Académie avait omis le reproche de malice que peut renfermer et que renferme ici le mot.) « En provençal, dit M. Adelphe Espagne (p. 12), *ce mot* signifie toute individualité effrayante, méchante, désagréable, ou simplement fastidieuse.... On dit d'un homme ennuyeux : *Quanta mascal!*... D'une personne fâcheuse et importune on dit encore, en languedocien : *Quanta mascarilha!* » Pour l'étymologie, voyez le *Dictionnaire de Littré* aux deux articles MASQUE. Molière a déjà employé le mot, à peu près comme ici, dans le sens d'*effrontée, malicieuse*, au vers 336 de *Sganarelle* (tome II, p. 191) :

    La masque encore après lui fait civilité !

5. LOUISON, *pleurant.* Mon papa. ARGAN, *prenant Louison par le bras.* Voici. (1734.)

LOUISON se jette à genoux[1].

Ah! mon papa, je vous demande pardon. C'est que ma sœur m'avoit dit de ne pas vous le dire ; mais je m'en vais vous dire tout.

ARGAN.

Il faut premièrement que vous ayez le fouet pour avoir menti. Puis après[2] nous verrons au reste.

LOUISON.

Pardon, mon papa.

ARGAN.

Non, non.

LOUISON.

Mon pauvre papa, ne me donnez pas le fouet.

ARGAN.

Vous l'aurez.

LOUISON.

Au nom de Dieu! mon papa, que je ne l'aye pas.

ARGAN, la prenant pour la fouetter[3].

Allons, allons.

LOUISON.

Ah! mon papa, vous m'avez blessée. Attendez : je suis morte. (Elle contrefait la morte.)

ARGAN.

Holà! Qu'est-ce là? Louison, Louison. Ah, mon Dieu! Louison. Ah! ma fille! Ah! malheureux, ma pauvre fille est morte. Qu'ai-je fait, misérable? Ah!

---

1. Ce jeu de scène et le suivant ne sont pas dans les éditions de 1674 C, 74 P, 80, 83, 94; le premier manque aussi dans l'édition de 1675. — *Se jetant à genoux.* (1734.)

2. *Puis après*, qui revient nombre de fois dans cette scène, n'était pas un pléonasme enfantin ou populaire; on trouvera cette locution dans les Lexiques du *Malherbe* et du *Corneille*, et Littré l'a recueillie dans la traduction (faite par Clerselier et vue par l'auteur) des *Réponses* de Descartes *aux secondes objections* (fin de l'article 47).

3. ARGAN *la prend pour la fouetter.* (1675.) — ARGAN, *voulant la fouetter.* (1734.)

chiennes de verges. La peste soit des verges ! Ah ! ma pauvre fille[1], ma pauvre petite Louison.

LOUISON.

La, la[2], mon papa, ne pleurez point tant, je ne suis pas morte tout à fait[3].

ARGAN.

Voyez-vous la petite rusée ? Oh[4] çà, çà ! je[5] vous pardonne pour cette fois-ci, pourvu que vous me disiez bien tout.

LOUISON.

Ho ! oui, mon papa.

ARGAN.

Prenez-y bien garde au moins[6], car voilà un petit doigt[7] qui sait tout, qui me dira si vous mentez.

LOUISON.

Mais, mon papa, ne dites pas à ma sœur que je vous l'ai dit.

ARGAN.

Non, non.

LOUISON[8].

C'est, mon papa, qu'il est venu un homme dans la chambre de ma sœur comme j'y étois.

ARGAN.

Hé bien ?

LOUISON.

Je lui ai demandé ce qu'il demandoit, et il m'a dit qu'il étoit son maître à chanter.

1. Ah ! ma pauvre fille, ma pauvre fille. (1734.)
2. Voyez ci-dessus, p. 307, note 3.
3. Je ne suis pas encore morte tout à fait. (1675.)
4. Or. (1734, mais non 1773 : comme ci-dessus, p. 380, note 1.)
5. Oh çà ! je. (1674 P.)
6. Sur toutes choses. On trouve des exemples d'*au moins* ayant ce sens dans la scène 1re de *Dom Juan* (tome V, p. 84), dans la 1re scène de l'acte II du *Bourgeois gentilhomme* (tome VIII, p. 66 : voyez à la note 2 de cette même page), et dans la scène xvi de l'acte III de la même pièce (tome VIII, p. 154).
7. Mon petit doigt. (1683, 94.)
8. LOUISON, *après avoir regardé si personne n'écoute*. (1734.)

ARGAN.

Hon, hon. Voilà l'affaire.[1] Hé bien ?

LOUISON.

Ma sœur est venue après.

ARGAN.

Hé bien ?

LOUISON.

Elle lui a dit : « Sortez, sortez, sortez, mon Dieu ! sortez ; vous me mettez au désespoir. »

ARGAN.

Hé bien ?

LOUISON.

Et lui, il ne vouloit pas[2] sortir.

ARGAN.

Qu'est-ce qu'il lui disoit ?

LOUISON.

Il lui disoit je ne sais combien de choses.

ARGAN.

Et quoi encore ?

LOUISON.

Il lui disoit tout ci, tout ça[3], qu'il l'aimoit bien, et qu'elle étoit la plus belle du monde.

ARGAN.

Et puis après ?

LOUISON.

Et puis après, il se mettoit à genoux devant elle.

ARGAN.

Et puis après ?

LOUISON.

Et puis après, il lui baisoit les mains.

1. Hom, hom, etc. *A Louison.* (1734.)
2. Et lui, il ne vouloit point. (1674 C, 74 P, 75, 80, 83, 94.) — Et lui ne vouloit pas. (1730, 34.)
3. Tout ceci, tout cela, et ceci et cela.

ARGAN.

Et puis après ?

LOUISON.

Et puis après, ma belle-maman est venue à la porte, et il s'est enfui.

ARGAN.

Il n'y a point autre chose ?

LOUISON.

Non, mon papa.

ARGAN.

Voilà mon petit doigt pourtant qui gronde quelque chose. (Il met son doigt à son oreille[1].) Attendez. Eh ! ah, ah ! oui ? Oh, oh ! voilà mon petit doigt qui me dit quelque chose que vous avez vu, et que vous ne m'avez pas dit.

LOUISON.

Ah ! mon papa, votre petit doigt est un menteur.

ARGAN.

Prenez garde.

LOUISON.

Non, mon papa, ne le croyez pas, il ment, je vous assure[2].

1. Ce jeu de scène n'est pas dans les éditions de 1674 G, 74 P, 75, 80, 83, 94, non plus que les deux suivants de cet acte. — *Mettant son doigt à son oreille.* (1734.)

2. « Il y a, dit Goethe dans celle de ses *Conversations* recueillies par Eckermann qui est indiquée à la *Notice* (p. 235, note 1), une scène (*du Malade imaginaire*) qui, toutes les fois que je lis la pièce, me semble toujours le symbole de la parfaite connaissance des planches.... Un autre poëte, qui n'aurait pas su son métier comme Molière, aurait fait raconter par la petite Louison, tout simplement et tout de suite, ce qui s'est passé, et tout était fini. Mais quelle vie, quel effet dans tout ce que Molière invente pour retarder cet interrogatoire !... Enfin tout se raconte peu à peu.... Lisez cette scène, pénétrez-vous de sa valeur théâtrale, et vous avouerez qu'elle contient plus de leçons pratiques que toutes les théories. » — Une note de M. Eud. Soulié signalait ici, comme objet de rapprochement, la scène 1 de l'acte V de l'*Angelica*, comédie de Fabritio de Fornaris, imprimée à Paris (1585) pendant le séjour de la troupe des *Comici confidenti*, et

ACTE II, SCÈNE VIII.

ARGAN.

Oh bien, bien! nous verrons cela. Allez-vous-en, et prenez bien garde à tout : allez.[1] Ah! il n'y a plus d'enfants. Ah! que d'affaires[2]! je n'ai pas seulement le loisir de songer à ma maladie. En vérité, je n'en puis plus.

(Il se remet dans sa chaise[3].)

SCÈNE IX[4].

BÉRALDE, ARGAN.

BÉRALDE.

Hé bien! mon frère, qu'est-ce? comment vous portez-vous?

ARGAN.

Ah! mon frère, fort mal.

BÉRALDE.

Comment « fort mal » ?

ARGAN.

Oui, je suis dans une foiblesse si grande, que cela n'est pas croyable.

à laquelle Molière a fait deux emprunts de détail dans la scène IV de l'acte IV de *l'Étourdi* (tome I, p. 205 et 206). On peut remarquer en effet entre la scène de Fabritio de Fornaris et celle de Molière, non pour l'art avec lequel elles sont conduites, pour la vérité de l'observation, pour le naturel (à cet égard elles sont trop inégales pour être comparées), mais pour le sujet, la situation, une certaine ressemblance. L'auteur-acteur italien a amené l'interrogatoire, non d'une enfant, mais d'une jeune servante qui vient d'être témoin d'une rencontre amoureuse; après quelque résistance, elle fait à sa maîtresse, tout d'une haleine, un récit aussi détaillé, mais moins voilé qu'il ne l'eût sans doute été dans un procès-verbal judiciaire. Il serait difficile de pousser loin la citation de ce texte italien, et nous nous contentons de l'indiquer au lecteur.

1. *Seul.* (1734.)
2. A tout. Ah! que d'affaires! (1674 C, 74 P, 75, 80, 83, 94.)
3. *Il se laisse tomber dans sa chaise.* (1734.)
4. SCÈNE XII. (*Ibidem.*)

BÉRALDE.

Voilà qui est fâcheux.

ARGAN.

Je n'ai pas seulement la force de pouvoir parler.

BÉRALDE.

J'étois venu ici, mon frère, vous proposer un parti pour ma nièce Angélique.

ARGAN, parlant avec emportement, et se levant de sa chaise.

Mon frère, ne me parlez point de cette coquine-là. C'est une friponne, une impertinente[1], une effrontée, que je mettrai dans un convent avant qu'il soit deux jours[2].

BÉRALDE.

Ah! voilà qui est bien : je suis bien aise que la force vous revienne un peu, et que ma visite vous fasse du bien. Oh çà[3] ! nous parlerons d'affaires[4] tantôt. Je vous amène ici un divertissement, que j'ai rencontré, qui dissipera votre chagrin, et vous rendra l'âme mieux disposée aux choses que nous avons à dire. Ce sont des Égyptiens[5], vêtus en Mores, qui font des danses mêlées de chansons, où je suis sûr que vous prendrez plaisir ; et cela vaudra bien une ordonnance de Monsieur Purgon. Allons.

FIN DU SECOND ACTE[6].

1. Une sotte : voyez ci-dessus, p. 341, note 4.

2. Toujours ce jeu de scène si comique et si vrai, qui nous fait voir Argan, oubliant qu'il n'en peut plus, exécuter des mouvements et pousser des éclats de voix qui exigent la plus grande vigueur. (*Note d'Auger.*)

3. Or çà. (1734, mais non 1773.) Voyez ci-dessus, p. 293, note 5.

4. D'affaire. (1674 P.)

5. Des bohémiens. Voyez tome VIII, p. 415, note 1. — C'est une troupe de masques que Béralde a rencontrée par les rues ; il s'agit d'un divertissement de carnaval comme sera la Cérémonie finale : voyez ci-après, p. 438, note.

6. A la suite de Second acte, le livret de 1674 ajoute : « Le théâtre change, et représente un jardin. »

SECOND INTERMÈDE.

Le frère du Malade imaginaire lui amène, pour le divertir, plusieurs Égyptiens et Égyptiennes, vêtus en Mores, qui font des danses entremêlées de chansons [1].

PREMIÈRE FEMME MORE [2].

Profitez[3] *du printemps*
De vos beaux ans,
Aimable jeunesse;
Profitez du printemps
De vos beaux ans,
Donnez-vous à la tendresse.

Les plaisirs les plus charmants,
Sans l'amoureuse flamme,
Pour contenter une âme
N'ont point d'attraits assez puissants.

Profitez du printemps
De vos beaux ans,

---

1. *En Mores qui font des jeux.* (Livret de 1674.) — *Qui font des danses mêlées de chansons.* (1674 P.)

2. Suivant la partition primitive de Charpentier, une ouverture instrumentale ou long air de ballet accompagnait l'*Entrée des Mores*. Puis venaient les chansons, dont les ritournelles étaient sans doute dansées. — Un dessus (Mlle Mouvant, première nommée) chantait, les trois fois qu'il est à dire, ce premier couplet servant de refrain. Deux autres dessus (Mlle ou Mme Hardy et Mlle Marion, seconde et troisième nommées) chantaient successivement les couplets « Les plaisirs les plus charmants » et « Ne perdez point ». — Sur les ritournelles alternant avec le chant et sur les autres airs de ballet, sur le second et le troisième arrangement de cet intermède, voyez le dernier *Appendice*, p. 507 et 508; et p. 510.

3.   II. INTERMÈDE.
UNE ÉGYPTIENNE *chantante,* UN ÉGYPTIEN *chantant,* ÉGYPTIENS *et* ÉGYPTIENNES *dansants, vêtus en Maures, et portant des singes*[a].
UNE ÉGYPTIENNE.
Profitez. (1734.)

[a] Ces singes sont en effet mentionnés dans notre original, à la fin de l'intermède : voyez p. 390.

Aimable jeunesse;
Profitez du printemps
De vos beaux ans,
Donnez-vous à la tendresse.

Ne perdez point[1] *ces précieux moments :*
La beauté passe,
Le temps l'efface,
L'âge de glace
Vient à sa place,
Qui nous ôte le goût de ces doux passe-temps.

Profitez du printemps[2]
De vos beaux ans,
Aimable jeunesse;
Profitez du printemps
De vos beaux ans,
Donnez-vous à la tendresse.

SECONDE FEMME MORE[3].

Quand[4] *d'aimer on nous presse,*
A quoi songez-vous ?
Nos cœurs, dans la jeunesse,
N'ont vers la tendresse
Qu'un penchant trop doux[5] *;*
L'amour a pour nous prendre
De si doux attraits,

1. Ne perdez pas. (Partition de Charpentier et Livret de 1674.)
2. Ce second retour du refrain est omis dans l'édition de 1674 P.
3. La quatrième nommée (et elle l'est, plus loin, d'un nom d'homme) dans la partition primitive ; le personnage était représenté par Poussin, ayant une voix de haute-contre.
4.
PREMIÈRE ENTRÉE DE BALLET.
Danse des Égyptiens et des Égyptiennes.
UN ÉGYPTIEN.
Quand. (1734.)
5. Ici finit dans le chant une première reprise, qui est à redire ainsi que la seconde.

SECOND INTERMÈDE.

Que de soi, sans attendre,
On voudroit se rendre
A ses premiers traits :
Mais tout ce qu'on écoute [1]
Des vives douleurs
Et des pleurs
Qu'il nous coûte [2]
Fait qu'on en redoute
Toutes les douceurs.

TROISIÈME FEMME MORE [3].

Il est doux, à notre âge [4],
D'aimer tendrement
Un amant
Qui s'engage :
Mais s'il est volage,
Hélas! quel tourment!

QUATRIÈME FEMME MORE [5].

L'amant qui se dégage
N'est pas le malheur ;
La douleur
Et la rage,
C'est que le volage
Garde notre cœur.

SECONDE FEMME MORE [6].

Quel parti faut-il prendre

---

1. Tout ce qu'on entend raconter.
2. « Et des pleurs qu'il nous coûte », en un seul vers, dans les éditions de 1675, 82, 94, 1734.
3. D'après la partition, le second dessus, celle qui a chanté le second couplet du rondeau « Les plaisirs.... » — PREMIÈRE FEMME MORE. (Livret de 1674.)
4. Toutes les douceurs. (*A l'Égyptienne.*) Il est doux, à votre âge. (1734.)
5. Dans la partition, ce couplet est donné au troisième dessus, à celle qui a dit la troisième reprise du rondeau « Ne perdez point.... » — TROISIÈME FEMME MORE. (Livret de 1674.) — L'ÉGYPTIENNE. (1734.)
6. La quatrième dans la partition, la haute-contre qui a chanté le second air « Quand d'aimer on nous presse. »

Pour nos jeunes cœurs ?[1]
QUATRIÈME FEMME MORE[2].

Devons-nous nous y rendre
Malgré ses rigueurs ?
ENSEMBLE.

Oui, suivons ses ardeurs,
Ses transports, ses caprices,
Ses douces langueurs[3] *;*
S'il a quelques supplices,
Il a cent délices
Qui charment les cœurs[4].

ENTRÉE DE BALLET.

Tous les Mores dansent ensemble, et font sauter des singes qu'ils ont amenés avec eux[5].

1. On lit à la suite, dans la partition primitive, ces deux vers, que chantait le troisième dessus, et que le livret de 1674 donne aussi, en les attribuant à la PREMIÈRE FEMME MORE :

Faut-il nous en défendre,
Et fuir ses douceurs ?

2. Le second dessus dans la partition. — SECONDE FEMME MORE dans le livret de 1674. — L'en-tête est omis dans l'édition de 1674 P.

3. L'ÉGYPTIEN. Quel parti, etc. L'ÉGYPTIENNE. Faut-il nous en défendre Et fuir ses douceurs? L'ÉGYPTIEN. Devons-nous, etc. TOUS DEUX ENSEMBLE. Oui, suivons ses caprices, Ses douces langueurs, etc. (1734.)

4. Voici comment se disaient les paroles de cet ensemble : *le Troisième dessus*, « Oui, suivons » ; *la Haute-contre*, « ses ardeurs » ; *le Second dessus*, « Oui, suivons » ; *le Troisième dessus et la Haute-contre*, « ses transports » ; *les Trois*, tout le reste et sans aucune répétition.

5. Qui charment les cœurs. — *Ensuite tous les Mores font des jeux. Le théâtre change et représente la même chambre.* (Livret de 1674.)

II. ENTRÉE DE BALLET.
Les Égyptiens et Égyptiennes dansent et font, etc.
Fin du second intermède. (1734.)

ACTE III.

SCÈNE PREMIÈRE[1].

BÉRALDE, ARGAN, TOINETTE.

BÉRALDE.

Hé bien! mon frère, qu'en dites-vous? cela ne vaut-il pas bien une prise de casse?

TOINETTE.

Hon[2], de bonne casse est bonne[3].

BÉRALDE.

Oh çà[4]! voulez-vous que nous parlions un peu ensemble?

ARGAN.

Un peu de patience, mon frère, je vais revenir[5].

TOINETTE.

Tenez, Monsieur, vous ne songez pas que vous ne sauriez marcher sans bâton.

ARGAN.

Tu as raison.

---

1. A la suite des mots : SCÈNE PREMIÈRE, on lit cette note dans l'édition de 1682, dont nous suivons le texte : *Cet acte entier n'est point, dans les éditions précédentes, de la prose de M. Molière; le voici, rétabli sur l'original de l'auteur.* — Nous renvoyons à l'*Appendice* (p. 458-481) le troisième acte, tel qu'il a été imprimé dans l'édition de 1675, dont le texte est reproduit, sauf quelques variantes que nous indiquerons, dans les éditions de 1674 C, 74 P, 80, 83, 94. Voyez plus haut, p. 312, le début et la fin de la note 1, et p. 318, la note 2.
2. Hom. (1734.)
3. « Cette phrase, dit Auger, est devenue proverbe. »
4. Or çà. (1734, mais non 1773.) — Voyez ci-dessus, p. 293, note 5.
5. Nouvel effet des ordonnances de M. Purgon; la sortie de la scène III de l'acte I a été motivée de même.

SCÈNE II.

BÉRALDE, TOINETTE.

TOINETTE.

N'abandonnez pas, s'il vous plaît, les intérêts de votre nièce.

BÉRALDE.

J'emploierai toutes choses pour lui obtenir ce qu'elle souhaite.

TOINETTE.

Il faut absolument empêcher ce mariage extravagant qu'il s'est mis dans la fantaisie, et j'avois songé en moi-même que ç'auroit été une bonne affaire de pouvoir introduire ici un médecin à notre poste[1], pour le dégoûter de son Monsieur Purgon, et lui décrier sa conduite[2]. Mais, comme nous n'avons personne en main pour cela, j'ai résolu de jouer un tour de ma tête.

BÉRALDE.

Comment ?

TOINETTE.

C'est une imagination burlesque. Cela sera peut-être plus heureux que sage. Laissez-moi faire ; agissez de votre côté. Voici notre homme.

---

1. Un médecin qui soit à notre convenance, à notre dévotion ; nous avons fait remarquer l'expression dans le canevas du *Médecin volant* (tome I, p. 54, note 1).

2. *Pour lui décrier...*, pour décrier auprès de lui, dans l'esprit de mon maître.... *Sa conduite*, la conduite de M. Purgon, la manière dont M. Purgon le conduit, c'est-à-dire le traite et gouverne.

SCÈNE III.

ARGAN, BÉRALDE.

BÉRALDE.

Vous voulez bien, mon frère, que je vous demande, avant toute chose, de ne vous point échauffer l'esprit dans notre conversation.

ARGAN.

Voilà qui est fait.

BÉRALDE.

De répondre sans nulle aigreur aux choses que je pourrai vous dire.

ARGAN.

Oui.

BÉRALDE.

Et de raisonner ensemble, sur les affaires dont nous avons à parler, avec un esprit détaché de toute passion.

ARGAN.

Mon Dieu! oui. Voilà bien du préambule.

BÉRALDE.

D'où vient, mon frère, qu'ayant le bien que vous avez, et n'ayant d'enfants qu'une fille, car je ne compte pas la petite, d'où vient, dis-je, que vous parlez de la mettre dans un convent?

ARGAN.

D'où vient, mon frère, que je suis maître dans ma famille pour faire ce que bon me semble?

BÉRALDE.

Votre femme ne manque pas de vous conseiller de vous défaire ainsi de vos deux filles, et je ne doute point que, par un esprit de charité, elle ne fût ravie de les voir toutes deux bonnes religieuses.

ARGAN.

Oh çà[1] ! nous y voici. Voilà d'abord la pauvre femme en jeu[2] : c'est elle qui fait tout le mal, et tout le monde lui en veut.

BÉRALDE.

Non, mon frère ; laissons-la là : c'est une femme qui a les meilleures intentions du monde pour votre famille, et qui est détachée de toute sorte d'intérêt, qui a pour vous une tendresse merveilleuse, et qui montre pour vos enfants une affection et une bonté qui n'est pas concevable : cela est certain. N'en parlons point, et revenons à votre fille. Sur quelle pensée, mon frère, la voulez-vous donner en mariage au fils d'un médecin ?

ARGAN.

Sur la pensée, mon frère, de me donner un gendre tel qu'il me faut.

BÉRALDE.

Ce n'est point là, mon frère, le fait de votre fille, et il se présente un parti plus sortable pour elle.

ARGAN.

Oui, mais celui-ci, mon frère, est plus sortable pour moi.

BÉRALDE.

Mais le mari qu'elle doit prendre, doit-il être, mon frère, ou pour elle, ou pour vous ?

ARGAN.

Il doit être, mon frère, et pour elle, et pour moi, et je veux mettre dans ma famille les gens dont j'ai besoin.

---

1. Or çà. (1734.)

2. Mise en jeu, mêlée à cette affaire. Mettre quelqu'un en jeu, c'est lui faire jouer un rôle, le compromettre, comme, par exemple, lorsqu'on l'accuse de quelque complicité. « Elle me dit.... que la Brinvilliers mettoit bien du monde en jeu. » (Mme de Sévigné, 1676, tome IV, p. 504.)

ACTE III, SCÈNE III.

BÉRALDE.

Par cette raison-là, si votre petite étoit grande, vous lui donneriez en mariage un apothicaire?

ARGAN.

Pourquoi non?

BÉRALDE.

Est-il possible que vous serez toujours[1] embéguiné[2] de vos apothicaires et de vos médecins, et que vous vouliez être malade en dépit des gens et de la nature?

ARGAN.

Comment l'entendez-vous, mon frère?

BÉRALDE.

J'entends, mon frère, que je ne vois point d'homme qui soit moins malade que vous, et que je ne demanderois point une meilleure constitution que la vôtre. Une grande marque que vous vous portez bien, et que vous avez un corps parfaitement bien composé[3], c'est qu'avec tous les soins que vous avez pris, vous n'avez pu parvenir encore à gâter la bonté de votre tempérament, et que vous n'êtes point crevé de[4] toutes les médecines qu'on vous a fait prendre.

1. Faut-il croire que vous serez toujours...? Philarète Chasles a raison rigoureusement de trouver une faute dans ce futur. Elle est « d'autant plus évidente, dit-il, que dans le second membre de la même phrase, Molière emploie le subjonctif. » Il faut dire cependant que ce futur, s'il est contraire à l'usage, rend la pensée avec plus d'exactitude. Le subjonctif suffit souvent, il est vrai, à marquer un temps à venir; mais ici *que vous soyez toujours* serait pris pour l'équivalent de *que vous soyez encore* et ne répondrait point à la pensée de Béralde. Si Molière s'est servi du subjonctif dans le dernier membre de phrase, c'est que là il convenait seul au sens.

2. On a vu, à la scène III de l'acte III du *Bourgeois gentilhomme* (tome VIII, p. 109), *embéguiné* employé, avec ce même sens d'*entêté*, *coiffé* (engoué), dans une forme réfléchie : « Ce beau Monsieur le comte dont vous vous êtes embéguiné. »

3. Constitué. « Il n'est point de corps si bien composés, qu'une demeure mal aérée n'apporte quelque altération à leur santé. » (Malherbe, tome II, p. 373.) — « Avoir voulu détruire une si belle santé et une machine si bien composée.... » (Mme de Sévigné, tome V, p. 199.)

4. Et que votre estomac, votre corps ne s'est pas encore crevé, rompu

ARGAN.

Mais savez-vous, mon frère, que c'est cela qui me conserve, et que Monsieur Purgon dit que je succomberois, s'il étoit seulement trois jours sans prendre soin de moi ?

BÉRALDE.

Si vous n'y prenez garde, il prendra tant de soin de vous, qu'il vous envoiera en l'autre monde.

ARGAN.

Mais raisonnons un peu, mon frère. Vous ne croyez donc point à la médecine ?

BÉRALDE.

Non, mon frère, et je ne vois pas que, pour son salut, il soit nécessaire d'y croire.

ARGAN.

Quoi ? vous ne tenez pas véritable une chose établie par tout le monde, et que tous les siècles ont révérée ?

BÉRALDE.

Bien loin de la tenir véritable, je la trouve, entre nous, une des plus grandes folies qui soit parmi les hommes[1]; et à regarder les choses en philosophe, je ne vois point de plus plaisante momerie[2], je ne vois rien de plus ridicule qu'un homme qui se veut mêler d'en guérir un autre.

ARGAN.

Pourquoi ne voulez-vous pas, mon frère, qu'un homme en puisse guérir un autre ?

---

par l'effet de.... *Crever* n'a probablement pas ici le sens où, dans sa fureur, le prend Argan vers la fin de la scène (p. 403).

1. « SGANARELLE. Comment, Monsieur, vous êtes aussi impie en médecine ? DOM JUAN. C'est une des grandes erreurs qui soit parmi les hommes.» (*Dom Juan*, acte III, scène 1, tome V, p. 136.)

2. Tromperie, comédie, farce. L'Académie, en 1694, après avoir expliqué le mot par *mascarade*, puis par *déguisement de sentiments*, ajoute : « Il se dit aussi des choses concertées pour faire rire, ou d'un jeu joué pour tromper quelqu'un agréablement. *C'est une plaisante momerie.* »

BÉRALDE.

Par la raison, mon frère, que les ressorts de notre machine sont des mystères, jusques ici, où les hommes ne voient goutte, et que la nature nous a mis au-devant des yeux des voiles trop épais pour y connoître quelque chose.

ARGAN.

Les médecins ne savent donc rien, à votre compte?

BÉRALDE.

Si fait, mon frère. Ils savent la plupart de fort belles humanités[1], savent parler en beau latin[2], savent nommer en grec toutes les maladies, les définir et les diviser; mais, pour ce qui est de les guérir, c'est ce qu'ils ne savent point du tout[3].

ARGAN.

Mais toujours faut-il demeurer d'accord que, sur cette matière, les médecins en savent plus que les autres.

BÉRALDE.

Ils savent, mon frère, ce que je vous ai dit, qui ne guérit pas de grand'chose; et toute l'excellence de leur art consiste en un pompeux galimatias, en un spécieux babil, qui vous donne des mots pour des raisons, et des promesses pour des effets.

1. Ce que peuvent savoir d'excellents humanistes.
2. « Le latin des médecins du dix-septième siècle, dit Maurice Raynaud (p. 406),... a des longueurs, des élégances de convention, des périodes qui finissent par être monotones. La forme n'en est pas moins très-pure, très-correcte : la langue latine était si bien entrée dans les habitudes des savants d'alors, que plusieurs ont su la manier avec un rare talent, et même lui imprimer un véritable cachet personnel. Et sans parler des maîtres, il est certain que les humanités étaient cultivées mieux qu'elles ne l'ont jamais été depuis. J'ai lu, pour ma part, un grand nombre de thèses de cette époque, et je puis affirmer qu'elles sont presque toutes d'une latinité irréprochable. »
3. Aimé-Martin rappelle ici ce mot de Montaigne (au chapitre XXIV du livre Ier des *Essais*, tome I, p. 177) : « Ils connoissent bien Galien, mais nullement le malade. »

ARGAN.

Mais enfin, mon frère, il y a des gens aussi sages et aussi habiles que vous ; et nous voyons que, dans la maladie, tout le monde a recours aux médecins.

BÉRALDE.

C'est une marque de la foiblesse humaine, et non pas de la vérité de leur art.

ARGAN.

Mais il faut bien que les médecins croient leur art véritable, puisqu'ils s'en servent pour eux-mêmes.

BÉRALDE.

C'est qu'il y en a parmi eux qui sont eux-mêmes dans l'erreur populaire, dont ils profitent, et d'autres qui en profitent sans y être[1]. Votre Monsieur Purgon, par exemple, n'y sait point de finesse : c'est un homme tout médecin, depuis la tête jusqu'aux pieds ; un homme qui croit à ses règles plus qu'à toutes les démonstrations des mathématiques, et qui croiroit du crime à les vouloir examiner[2] ; qui ne voit rien d'obscur dans la médecine, rien de douteux, rien de difficile, et qui, avec une impétuosité de prévention, une roideur de confiance, une brutalité de sens commun et de raison[3], donne au travers des purgations et des saignées, et ne balance aucune chose[4]. Il ne lui faut point vouloir mal

---

1. Ces médecins qui *connoissent la fausseté de leur doctrine* et la *dédaignent pour leur service* n'ont pas été oubliés par Montaigne dans ce chapitre XXXVII du livre II, où l'on peut croire qu'a été prise ou beaucoup fortifiée l'opinion que Béralde s'est proposé de soutenir dans cet entretien (voyez tome III des *Essais*, p. 175 et 176).

2. Qui verrait du crime à les vouloir examiner. Le même tour est dans le *Don Sanche* de Corneille (au vers 1410, tome V, p. 476) :

Et j'ai cru moins de crime à paroître infidèle.

3. Une brutalité de ce qu'il appelle sens commun et raison, une brutalité dans l'affirmation ou l'application des principes qu'il croit reconnus par le sens commun et la raison.

4. Il n'examine plus rien, ne s'arrête à aucune objection. Molière a déjà

de tout ce qu'il pourra vous faire : c'est de la meilleure foi du monde qu'il vous expédiera, et il ne fera, en vous tuant, que ce qu'il a fait à sa femme et à ses enfants, et ce qu'en un besoin il feroit à lui-même[1].

ARGAN.

C'est que vous avez, mon frère, une dent de lait contre lui[2]. Mais enfin venons au fait. Que faire donc quand on est malade ?

BÉRALDE.

Rien, mon frère.

ARGAN.

Rien ?

BÉRALDE.

Rien. Il ne faut que demeurer en repos. La nature, d'elle-même, quand nous la laissons faire, se tire doucement du désordre où elle est tombée. C'est notre inquiétude, c'est notre impatience qui gâte tout, et

employé ainsi *balancer* activement dans *George Dandin* (tome VI, p. 535). — *L'impétuosité de prévention*, la *roideur de confiance*, la *brutalité de sens commun et de raison* qui caractérisent ici M. Purgon rappellent à Auger quelques traits qui peignent Trissotin à peu près de la même manière dans le portrait que Dorante fait de lui (à la fin de la scène III de l'acte I des *Femmes savantes*, vers 253-255) :

> La constante hauteur de sa présomption,
> Cette intrépidité de bonne opinion,
> Cet indolent état de confiance extrême....

1. C'est tout à fait là l'idée que les plus furieux adversaires de l'antimoine avaient dû donner de son principal partisan, le célèbre Guénault, à un grand nombre de contemporains. Voici comment Gui Patin parlait de lui dans ses lettres : « Je viens d'apprendre (écrit-il le 9 avril 1655, tome II, p. 163 et 164) que Guénault brigue la place.... Cet homme n'a tout son cœur qu'à l'argent ;... il n'a presque plus personne ici de sa famille : il en a tué la plupart avec son antimoine, neveu, femme, fille et deux gendres. » Et annonçant sa mort en 1667 (tome III, p. 652) : « Aujourd'hui.... ce 16 mai, est mort à Saint-Germain M. Guénault d'une apoplexie : Dieu n'a pas permis que le vin émétique le sauvât, lui qui autrefois en a tant tué avec ce poison. »

2. *Avoir une dent contre quelqu'un*, c'est lui en vouloir, être toujours disposé à le mordre, à le déchirer ; *avoir une dent de lait contre quelqu'un*, c'est avoir contre lui une haine ancienne, une haine qui remonte aux jours de l'enfance. (*Note d'Auger.*)

presque tous les hommes meurent de leurs remèdes, et non pas de leurs maladies [1]. »

ARGAN.

Mais il faut demeurer d'accord, mon frère, qu'on peut aider cette nature par de certaines choses.

BÉRALDE.

Mon Dieu! mon frère, ce sont pures idées, dont nous aimons à nous repaître ; et, de tout temps, il s'est glissé parmi les hommes de belles imaginations, que nous venons à croire, parce qu'elles nous flattent et qu'il seroit à souhaiter qu'elles fussent véritables. Lorsqu'un médecin vous parle d'aider, de secourir, de soulager la nature, de lui ôter ce qui lui nuit et lui donner ce qui lui manque, de la rétablir et de la remettre dans une pleine facilité de ses fonctions ; lorsqu'il vous parle de rectifier le sang, de tempérer les entrailles et le cerveau, de dégonfler la rate, de raccommoder la poitrine, de réparer le foie, de fortifier le cœur, de rétablir et conserver la chaleur naturelle, et d'avoir des secrets pour étendre la vie à de longues années : il vous dit justement le roman de la médecine. Mais quand vous en venez à la vérité et à l'expérience, vous ne trouvez rien de tout cela, et il en est comme de ces beaux songes [2] qui ne vous laissent au réveil que le déplaisir de les avoir crus.

ARGAN.

C'est-à-dire que toute la science du monde est renfermée dans votre tête, et vous voulez en savoir plus que tous les grands médecins de notre siècle [3].

1. « Tant de puants bruvages, cautères, incisions, suées, setons, diètes, et tant de formes de guarir qui nous apportent souvent la mort pour ne pouvoir soutenir leur violence et importunité. » (Montaigne, livre III des *Essais*, chapitre XIII, tome IV, p. 148.) Voyez encore ci-après, dans la note 4 de la page 403, une autre citation de Montaigne.
2. Comme des beaux songes. (1734.)
3. Orgon dit de même à Cléante (*acte I, scène V du* Tartuffe, *vers* 346

ACTE III, SCÈNE III.

BÉRALDE.

Dans les discours et dans les choses[1], ce sont deux sortes de personnes que vos grands médecins. Entendez-les parler : les plus habiles gens du monde; voyez-les faire : les plus ignorants de tous les hommes.

ARGAN.

Hoy[2] ! Vous êtes un grand docteur, à ce que je vois, et je voudrois bien qu'il y eût ici quelqu'un de ces Messieurs pour rembarrer vos raisonnements et rabaisser votre caquet.

BÉRALDE.

Moi, mon frère, je ne prends point à tâche de combattre la médecine ; et chacun, à ses périls et fortune, peut croire tout ce qu'il lui plaît. Ce que j'en dis n'est qu'entre nous, et j'aurois souhaité de pouvoir un peu vous tirer de l'erreur où vous êtes, et, pour vous divertir, vous mener voir sur ce chapitre quelqu'une des comédies de Molière.

ARGAN.

C'est un bon impertinent[3] que votre Molière avec ses comédies, et je le trouve bien plaisant d'aller jouer d'honnêtes gens comme les médecins.

BÉRALDE.

Ce ne sont point les médecins qu'il joue, mais le ridicule de la médecine[4].

---

et 347, tome IV, p. 421) :

> Oui, vous êtes sans doute un docteur qu'on révère;
> Tout le savoir du monde est chez vous retiré.   (*Note d'Auger.*)

1. Comparez les deux expressions *en faits* et *en propos* opposées l'une à l'autre par Clitandre au vers 1283 des *Femmes savantes*.
2. Ouais! (1730, 33, 34.) Voyez ci-après, p. 420, note 2.
3. Un malavisé qui ne sait ce qu'il dit, un grand sot plutôt encore qu'un insolent : *c'est un malavisé* sera le dernier mot d'Argan, et ce ne sera qu'une redite, expliquant bien le sens d'*impertinent* et d'*impertinence* qui, dans son humeur, vont encore lui revenir à la bouche. Voyez ci-dessus, p. 341, et note 4.
4. Auger rappelle ici un passage de Montaigne emprunté à ce chapitre XXXVII

ARGAN.

C'est bien à lui à faire de se mêler[1] de contrôler la médecine ; voilà un bon nigaud, un bon impertinent, de se moquer des consultations et des ordonnances, de s'attaquer au corps des médecins, et d'aller mettre sur son théâtre des personnes vénérables comme ces Messieurs-là.

BÉRALDE.

Que voulez-vous qu'il y mette que[2] les diverses professions des hommes ? On y met bien tous les jours les princes et les rois, qui sont d'aussi bonne maison que les médecins.

du livre II des *Essais* où l'on peut trouver tout le fond des sentiments professés par Béralde. « Au demourant, dit Montaigne (tome III, p. 175), j'honore les médecins, non pas, suivant le précepte[a], pour la nécessité (car à ce passage on en oppose un autre du prophète[b]....), mais pour l'amour d'eux-mêmes.... Ce n'est pas à eux que j'en veux, c'est à leur art. » — Voyez ci-dessus la *Notice*, p. 221 et 222.

1. C'est bien à lui qu'il appartient de se mêler.... « Ils disent.... que de l'épouser c'est faire à un sot. » (Montaigne, Lettre à sa femme, tome IV, p. 232.)

> Devant une telle beauté,
> C'est à faire à des insensibles
> De conserver leur liberté.
>
> (Corneille, *Poésies diverses*, 1632, tome X, p. 30.)

Voyez dans Littré, à FAIRE, 68°, d'autres exemples de cette locution. Dans celui que donne l'Académie (à partir de la 4° édition de son *Dictionnaire*, 1762) et où se trouve, comme ici, le pronom *à lui*, ce dernier est placé après *à faire*, suivant l'arrangement conforme, dit Auger, à l'usage actuel : *C'est à faire à lui*.

2. Si ce n'est : emploi elliptique de *que* des plus fréquents ; voyez, par exemple, tomes VI, p. 403 et 519 ; VII, p. 156 ; VIII, p. 144 et 562.

[a] Le premier du chapitre xxxviii de *l'Ecclésiastique*, chapitre commenté par Bossuet au livre X de la *Politique tirée.... de l'Écriture sainte* (article v, seconde proposition). Bossuet dit là : « Dieu n'a pas condamné la médecine, dont il est l'auteur.... Dieu veut donc que l'on se serve de la médecine.... Gardez-vous bien de mépriser *le médecin*, à la manière de ceux qui, parce qu'il n'est pas un Dieu, qui ait la vie et la santé dans la main, en dédaignent le travail. » M. Despois se demandait si les plaisanteries de Molière contre les médecins n'étaient pas une des impiétés que Bossuet condamnait en lui.

[b] Le passage qui termine le verset 12 du chapitre xvi du livre II des *Paralipomènes*.

ARGAN.

Par la mort non de diable[1]! si j'étois que des médecins[2], je me vengerois de son impertinence; et quand il sera malade, je le laisserois mourir sans secours. Il auroit beau faire et beau dire, je ne lui ordonnerois pas la moindre petite saignée, le moindre petit lavement, et je lui dirois : « Crève, crève! cela t'apprendra une autre fois à te jouer à la Faculté[3]. »

BÉRALDE.

Vous voilà bien en colère contre lui.

ARGAN.

Oui, c'est un malavisé, et si les médecins sont sages, ils feront ce que je dis.

BÉRALDE.

Il sera encore plus sage que vos médecins, car il ne leur demandera point de secours.

ARGAN.

Tant pis pour lui s'il n'a point recours aux remèdes.

BÉRALDE.

Il a ses raisons pour n'en point vouloir, et il soutient que cela n'est permis qu'aux gens vigoureux et robustes, et qui ont des forces de reste pour porter les remèdes avec la maladie; mais que, pour lui, il n'a justement de la force que pour porter son mal[4].

---

1. M. Moland explique fort bien ce juron par la correction ou rétractation mentale qui l'a d'abord adouci : « Par la mort de Dieu, non, de diable! »
2. Comparez p. 371 au second renvoi, et p. 423 au premier renvoi.
3. Signalons particulièrement ici dans la version de 1675 les quatre derniers couplets de la scène III de l'acte III qui répondent aux cinq couplets précédents, et qu'on trouvera plus loin à l'*Appendice*, p. 463 : ce n'est plus là contre Molière, mais contre les comédiens que s'emporte Argan. Le changement fut sans doute fait par les camarades du grand poëte lors des premières représentations qui suivirent sa mort. A ce moment, la récitation du vrai texte, loin d'égayer la scène (et même, dans la bouche de Molière, déjà si menacé, avait-il pu avoir cet effet?), l'aurait beaucoup trop attristée, et il y avait là comme des paroles de malheur qu'aucun acteur n'eût aimé à dire.
4. « Cette opinion de Molière était exactement celle de Montaigne, » dit

ARGAN.

Les sottes raisons que voilà ! Tenez, mon frère, ne parlons point de cet homme-là davantage, car cela m'échauffe la bile, et vous me donneriez mon mal.

BÉRALDE.

Je le veux bien, mon frère ; et, pour changer de discours, je vous dirai que, sur une petite répugnance[1] que vous témoigne votre fille, vous ne devez point prendre les résolutions violentes de la mettre dans un convent ; que, pour le choix d'un gendre, il ne vous faut pas suivre aveuglément la passion qui vous emporte, et qu'on doit, sur cette matière, s'accommoder un peu à l'inclination d'une fille, puisque c'est pour toute la vie, et que de là dépend tout le bonheur d'un mariage.

SCÈNE IV.

MONSIEUR FLEURANT, une seringue à la main ; ARGAN, BÉRALDE.

ARGAN.

Ah ! mon frère, avec votre permission.

Auger, d'après le passage suivant des *Essais* (livre I, chapitre XXIII, tome I, p. 158 et 159) : « Je croi *de la médecine* tout le pis ou le mieux qu'on voudra, car nous n'avons, Dieu merci ! nul commerce ensemble.... Je la méprise bien toujours ; mais quand je suis malade, au lieu d'entrer en composition, je commence encore à la haïr et à la craindre, et réponds à ceux qui me pressent de prendre médecine qu'ils attendent au moins que je sois rendu à mes forces et à ma santé, pour avoir plus de moyen de soutenir l'effort et le hasard de leur bruvage. Je laisse faire nature, et présuppose qu'elle se soit pourvue de dents et de griffes pour se défendre des assauts qui lui viennent.... Je crains au lieu de l'aller secourir, ainsi comme elle est aux prinses bien étroites et bien jointes avecque la maladie, qu'on secoure son adversaire au lieu d'elle, et qu'on la recharge de nouveaux affaires. »

1. Pour le seul motif d'une petite répugnance. Comparez un emploi analogue de *sur* relevé dans la 1re scène de *Monsieur de Pourceaugnac*, tome VII, p. 240, note 5.

BÉRALDE.

Comment? que voulez-vous faire?

ARGAN.

Prendre ce petit lavement-là; ce sera bientôt fait.

BÉRALDE.

Vous vous moquez. Est-ce que vous ne sauriez être un moment[1] sans lavement ou sans médecine? Remettez cela à une autre fois, et demeurez un peu en repos.

ARGAN.

Monsieur Fleurant, à ce soir, ou à demain au matin[2].

MONSIEUR FLEURANT, à Béralde.

De quoi vous mêlez-vous de vous opposer aux ordonnances de la médecine, et d'empêcher Monsieur de prendre mon clystère? Vous êtes bien plaisant d'avoir cette hardiesse-là!

BÉRALDE.

Allez, Monsieur, on voit bien que vous n'avez pas accoutumé de parler à des visages[3].

MONSIEUR FLEURANT.

On ne doit point ainsi se jouer des remèdes, et me faire perdre mon temps. Je ne suis venu ici que sur une bonne ordonnance, et je vais dire à Monsieur Purgon comme on m'a empêché d'exécuter ses ordres et de faire ma fonction. Vous verrez, vous verrez....

---

1. Un moment être. (1734, mais non 1773.)
2. A demain matin. (1734.) Racine aussi disait « demain au matin » : voyez le *Lexique* de sa langue.
3. On peut voir, parmi les *Lettres nouvelles* de Boursault publiées en 1697, une lettre écrite, pour la récréation d'un évêque de Langres[a], sous le titre de *Remarques et bons mots* : Boursault y a recueilli (p. 120) une première version de ce mot de Béralde à M. Fleurant qui nous paraît fort peu authentique. — « Regnard, dans *la Critique du Légataire* (1708, *scène VI*), a, dit

---

[a] Très-probablement ce *bon Langres* (Simiane de Gordes, mort en 1695) dont il est question dans la Correspondance de Mme de Sévigné, et dont le portrait par Saint-Simon a été en partie cité tome V des *Lettres*, p. 477, note 10.

ARGAN.

Mon frère[1], vous serez cause ici de quelque malheur.

BÉRALDE.

Le grand malheur de ne pas prendre un lavement que Monsieur Purgon a ordonné. Encore un coup, mon frère, est-il possible qu'il n'y ait pas moyen de vous guérir de la maladie des médecins[2], et que vous vouliez être, toute votre vie, enseveli dans leurs remèdes ?

ARGAN.

Mon Dieu ! mon frère, vous en parlez comme un homme qui se porte bien ; mais, si vous étiez à ma place, vous changeriez bien de langage. Il est aisé de parler contre la médecine quand on est en pleine santé.

BÉRALDE.

Mais quel mal avez-vous ?

ARGAN.

Vous me feriez enrager. Je voudrois que vous l'eussiez mon mal, pour voir si vous jaseriez tant. Ah ! voici Monsieur Purgon.

Auger, visiblement imité la phrase de Molière. La Comtesse dit à Clistorel, qui se vante d'avoir raccommodé des visages : « Vous avez raccommodé « des visages ? Je croyois qu'un visage n'étoit pas de la compétence d'un « apothicaire. »

1. SCÈNE V.
ARGAN, BÉRALDE.
ARGAN.
Mon frère. (1734.)

2. L'expression rappelle à Auger le mot de Lisette dans la scène 1 de l'acte II de *l'Amour médecin* (tome V, p. 318) : « Il ne faut jamais dire : « Une telle « personne est morte d'une fièvre et d'une fluxion sur la poitrine ; » mais : « Elle est morte de quatre médecins et de deux apothicaires. » Mais *la maladie des médecins*, ce n'est point ici le funeste effet qu'ont sur la santé leurs ordonnances : c'est la manie de les toujours consulter et écouter. Béralde veut faire entendre que cette maladie est, chez Argan, beaucoup plus réelle que celle dont il veut se faire guérir.

SCÈNE V[1].

MONSIEUR PURGON, ARGAN, BÉRALDE, TOINETTE.

MONSIEUR PURGON.
Je viens d'apprendre là-bas, à la porte, de jolies nouvelles : qu'on se moque ici de mes ordonnances, et qu'on a fait refus de prendre le remède que j'avois prescrit.

ARGAN.
Monsieur, ce n'est pas....

MONSIEUR PURGON.
Voilà une hardiesse bien grande, une étrange rébellion d'un malade contre son médecin.

TOINETTE.
Cela est épouvantable.

MONSIEUR PURGON.
Un clystère que j'avois pris plaisir à composer moi-même.

ARGAN.
Ce n'est pas moi....

MONSIEUR PURGON.
Inventé et formé dans toutes les règles de l'art.

TOINETTE.
Il a tort.

MONSIEUR PURGON.
Et qui devoit faire dans des entrailles un effet merveilleux.

ARGAN.
Mon frère ?[2]

---

1. SCÈNE VI. (1734.)
2. Cette ponctuation de l'édition originale indique sans doute qu'un geste, un regard d'Argan doit demander à Béralde de se charger de la faute, ou lui reprocher son mauvais conseil.

MONSIEUR PURGON.

Le renvoyer avec mépris !

ARGAN[1].

C'est lui....

MONSIEUR PURGON.

C'est une action exorbitante.

TOINETTE.

Cela est vrai.

MONSIEUR PURGON.

Un attentat énorme contre la médecine.

ARGAN[2].

Il est cause....

MONSIEUR PURGON.

Un crime de lèse-Faculté, qui ne se peut assez punir.

TOINETTE.

Vous avez raison.

MONSIEUR PURGON.

Je vous déclare que je romps commerce avec vous.

ARGAN.

C'est mon frère....

MONSIEUR PURGON.

Que je ne veux plus d'alliance avec vous.

TOINETTE.

Vous ferez bien.

MONSIEUR PURGON.

Et que, pour finir toute liaison avec vous, voilà[3] la donation que je faisois à mon neveu, en faveur du mariage[4].

ARGAN.

C'est mon frère qui a fait tout le mal.

---

1. ARGAN, *montrant Béralde.* (1734.)
2. ARGAN, *montrant Béralde.* (*Ibidem.*)
3. Voilà en pièces, voilà au vent.
4. *Il déchire la donation et en jette les morceaux avec fureur.* (Une partie du tirage de 1734.)

ACTE III, SCÈNE V.

MONSIEUR PURGON.

Mépriser mon clystère !

ARGAN.

Faites-le venir, je m'en vais le prendre.

MONSIEUR PURGON.

Je vous aurois tiré d'affaire avant qu'il fût peu.

TOINETTE.

Il ne le mérite pas.

MONSIEUR PURGON.

J'allois nettoyer votre corps et en évacuer entièrement les mauvaises humeurs.

ARGAN.

Ah, mon frère !

MONSIEUR PURGON.

Et je ne voulois plus qu'une douzaine de médecines, pour vuider le fond du sac.

TOINETTE.

Il est indigne de vos soins.

MONSIEUR PURGON.

Mais puisque vous n'avez pas voulu guérir par mes mains,

ARGAN.

Ce n'est pas ma faute.

MONSIEUR PURGON.

Puisque vous vous êtes soustrait de l'obéissance[1] que l'on doit à son médecin,

TOINETTE.

Cela crie vengeance.

MONSIEUR PURGON.

Puisque vous vous êtes déclaré rebelle aux remèdes que je vous ordonnois,

---

1. Le *Dictionnaire de Littré* a plusieurs exemples (à la fin de 4° et à l'Historique) de cette construction de *se soustraire* avec la préposition *de*.

ARGAN.

Hé ! point du tout.

MONSIEUR PURGON.

J'ai à vous dire que je vous abandonne à votre mauvaise constitution, à l'intempérie[1] de vos entrailles, à la corruption de votre sang, à l'âcreté de votre bile et à la féculence[2] de vos humeurs.

TOINETTE.

C'est fort bien fait.

ARGAN.

Mon Dieu !

MONSIEUR PURGON.

Et je veux qu'avant qu'il soit quatre jours, vous deveniez dans[3] un état incurable.

ARGAN.

Ah, miséricorde !

MONSIEUR PURGON.

Que vous tombiez dans la bradypepsie[4],

ARGAN.

Monsieur Purgon.

MONSIEUR PURGON.

De la bradypepsie dans la dyspepsie[5],

ARGAN.

Monsieur Purgon.

MONSIEUR PURGON.

De la dyspepsie dans l'apepsie[6],

---

1. Voyez ci-dessus, p. 375, note 4.

2. Nous avons déjà (tome VII, p. 275, note 2, à la scène VIII de l'acte I de *Monsieur de Pourceaugnac*) expliqué ce mot d'après Littré ; *féculence*, c'est l'« état des humeurs troublées comme par une lie. »

3. Vous soyez mis dans..., réduit à... ; la construction usuelle de *devenir à rien* est analogue à celle-ci.

4. *Bradypepsie*, « digestion lente et difficile. » (*Dictionnaire de Littré*, auquel sont également empruntées les définitions de termes de médecine tirés du grec qui suivent.) — 5. *Dyspepsie*, « difficulté à digérer, digestion dépravée. » — 6. *Apepsie*, « mauvaise digestion ; défaut de digestion. »

ARGAN.

Monsieur Purgon.

MONSIEUR PURGON.

De l'apepsie dans la lienterie[1],

ARGAN.

Monsieur Purgon.

MONSIEUR PURGON.

De la lienterie dans la dyssenterie,

ARGAN.

Monsieur Purgon.

MONSIEUR PURGON.

De la dyssenterie dans l'hydropisie,

ARGAN.

Monsieur Purgon.

MONSIEUR PURGON.

Et de l'hydropisie[2] dans la privation de la vie[3], où vous aura conduit votre folie[4].

1. *Lientérie*, « espèce de diarrhée symptomatique dans laquelle on rend les aliments à demi digérés. »
2. De l'hydropisie. (1734.)
3. Gui Patin, dans une lettre du 4 mars 1659 (tome III, p. 125 de l'édition Réveillé-Parise), s'est laissé aller, non à une menace, mais à une gradation semblable. « C'est, dit-il d'un malade, un corps brûlé qu'il faut un peu saignotter, *ad spoliationem*[a], et pour empêcher que faute d'air la gangrène ne se mette là dedans. *Humor enim non difflatus putrescit, intemperiem adauget, visceribus labem imprimit nullo artis nostræ præsidio delebilem, unde atrophia, cachexia, febris lenta, hydrops, scirrhus, tandemque ultima rerum linea, mors*[b]. — Comme cela a été dit à la *Notice* (p. 241), il y a une imitation de cette scène dans la scène XI de l'acte II du *Légataire universel* de Regnard.
4. L'effet comique de ces consonnances de mots en *ie* dans cette docte litanie a été évidemment cherché.

[a] Auquel il faut quelques saignées spoliatives, saignées, dit Littré, « qu'on ne pratique que pour diminuer la masse du sang, par opposition à la saignée dite dérivative. »
[b] Allusion au dernier vers de l'*Épître* XVI du livre I d'Horace.

SCÈNE VI[1].

ARGAN, BÉRALDE.

ARGAN.

Ah, mon Dieu! je suis mort. Mon frère, vous m'avez perdu.

BÉRALDE.

Quoi? qu'y a-t-il?

ARGAN.

Je n'en puis plus. Je sens déjà que la médecine se venge.

BÉRALDE.

Ma foi! mon frère, vous êtes fou[2], et je ne voudrois pas, pour beaucoup de choses, qu'on vous vît faire ce que vous faites. Tâtez-vous un peu, je vous prie, revenez à vous-même, et ne donnez point tant à votre imagination.

ARGAN.

Vous voyez, mon frère, les étranges maladies dont il m'a menacé.

BÉRALDE.

Le simple homme que vous êtes!

ARGAN.

Il dit que je deviendrai incurable avant qu'il soit quatre jours.

BÉRALDE.

Et ce qu'il dit, que fait-il à la chose? Est-ce un oracle qui a parlé? Il semble, à vous entendre, que Monsieur

---

1. SCÈNE VII. (1734.)
2. Cléante dit de même à Orgon (*acte I, scène V du* Tartuffe, *vers* 311):
   Parbleu! vous êtes fou, mon frère, que je croi.
   (*Note d'Auger.*)

Purgon tienne dans ses mains le filet de vos jours¹, et
que, d'autorité suprême, il vous l'allonge et vous le
raccourcisse comme il lui plaît. Songez que les principes de votre vie sont en vous-même, et que le courroux de Monsieur Purgon est aussi peu capable de vous
faire mourir que ses remèdes de vous faire vivre. Voici
une aventure, si vous voulez, à vous défaire² des médecins, ou, si vous êtes né à³ ne pouvoir vous en passer,
il est aisé d'en avoir un autre, avec lequel, mon frère,
vous puissiez courir un peu moins de risque.

ARGAN.

Ah! mon frère, il sait tout mon tempérament et la
manière dont il faut me gouverner.

BÉRALDE.

Il faut vous avouer⁴ que vous êtes un homme d'une
grande prévention, et que vous voyez les choses avec
d'étranges yeux.

1. Diminutif de fil, et ici, ce semble, plus familier. Cependant Racan avait
dit dans le style le plus noble (acte II des *Bergeries*, scène II; cité par Littré) :

> Donc après tant de maux soufferts,
> Il faudra mourir dans les fers
> Où les yeux d'une ingrate ont mon âme asservie ;
> Je n'en puis échapper :
> On ne les peut couper
> Qu'on ne coupe avec eux le filet de ma vie.

2. Toute propre à..., de nature à... : comparez ci-dessus, p. 112, au
1ᵉʳ renvoi, et tome VIII, p. 291, au 1ᵉʳ renvoi.

3. Si vous avez été destiné en naissant à (ne pouvoir....). Voici un exemple
de cette locution pris d'une lettre de Malherbe (1612, tome III, p. 260) :
« Étant né comme vous êtes (*Ayant certainement reçu en naissant une inclination*) à faire de bons offices, si ce n'est vous obliger de vous offrir des
sujets d'exercer votre bonté, au moins est-ce en quelque chose satisfaire à
votre désir. »

4. Vous me forcez à vous dire franchement.

SCÈNE VII.

TOINETTE, ARGAN, BÉRALDE.

TOINETTE[1].

Monsieur, voilà un médecin qui demande à vous voir.

ARGAN.

Et quel médecin ?

TOINETTE.

Un médecin de la médecine.

ARGAN.

Je te demande qui il est?

TOINETTE.

Je ne le connois pas; mais il me ressemble comme deux gouttes d'eau, et si je n'étois sûre que ma mère étoit honnête femme, je dirois que ce seroit quelque petit frère qu'elle m'auroit donné depuis le trépas de mon père.

ARGAN.

Fais-le venir.

BÉRALDE.

Vous[2] êtes servi à souhait : un médecin vous quitte, un autre se présente.

ARGAN.

J'ai bien peur que vous ne soyez cause de quelque malheur.

BÉRALDE.

Encore ! vous en revenez toujours là ?

---

1. SCÈNE VIII.
ARGAN, BÉRALDE, TOINETTE.
TOINETTE, à *Argan*. (1734.)

2. SCÈNE IX.
ARGAN, BÉRALDE.
BÉRALDE.
Vous. (*Ibidem.*)

ARGAN.

Voyez-vous? j'ai sur le cœur toutes ces maladies-là que je ne connois point, ces....

SCÈNE VIII.

TOINETTE, en médecin; ARGAN, BÉRALDE[1].

TOINETTE.

Monsieur, agréez que je vienne vous rendre visite et vous offrir mes petits services pour toutes les saignées et les purgations dont vous aurez besoin.

ARGAN.

Monsieur, je vous suis fort obligé.[2] Par ma foi! voilà Toinette elle-même.

TOINETTE.

Monsieur, je vous prie de m'excuser, j'ai oublié de donner une commission à mon valet; je reviens tout à l'heure.

ARGAN.

Eh[3]! ne diriez-vous pas que c'est effectivement Toinette?

BÉRALDE.

Il est vrai que la ressemblance est tout à fait grande. Mais ce n'est pas la première fois qu'on a vu de ces

---

1. SCÈNE X.
ARGAN, BÉRALDE, TOINETTE, *en médecin*. (1734.)
2. *A Béralde. (Ibidem.)*
3. SCÈNE XI.
ARGAN, BÉRALDE.
ARGAN.
Hé! (*Ibidem.*)

sortes de choses, et les histoires ne sont pleines que de ces jeux de la nature.

ARGAN.

Pour moi, j'en suis surpris, et....

SCÈNE IX.

TOINETTE, ARGAN, BÉRALDE.

TOINETTE *quitte son habit de médecin si promptement qu'il est difficile de croire que ce soit elle qui a paru en médecin*[1].

Que[2] voulez-vous, Monsieur ?

ARGAN.

Comment ?

TOINETTE.

Ne m'avez-vous pas appelé ?

ARGAN.

Moi ? non.

TOINETTE.

Il faut donc que les oreilles m'ayent corné.

ARGAN.

Demeure un peu ici pour voir comme ce médecin te ressemble.

TOINETTE, *en sortant, dit*[3] :

Oui, vraiment, j'ai affaire là-bas, et je l'ai assez vu.

---

1. Ces rapides métamorphoses de Toinette rappellent celles du Médecin volant : voyez les scènes xi et suivantes dans le scenario qui nous reste de la farce de ce nom (tome I, p. 68 et suivantes).

2. SCÈNE XII.
ARGAN, BÉRALDE, TOINETTE.
TOINETTE.

Que. (1734.)

3. Cette indication n'est pas dans l'édition de 1734.

ARGAN.

Si[1] je ne les voyois tous deux, je croirois que ce n'est qu'un.

BÉRALDE.

J'ai lu des choses surprenantes de ces sortes de ressemblances, et nous en avons vu de notre temps où tout le monde s'est trompé.

ARGAN.

Pour moi, j'aurois été trompé à celle-là, et j'aurois juré que c'est la même personne.

SCÈNE X.

TOINETTE, en médecin; ARGAN, BÉRALDE[2].

TOINETTE.

Monsieur, je vous demande pardon de tout mon cœur.

ARGAN[3].

Cela est admirable!

TOINETTE.

Vous ne trouverez pas mauvais, s'il vous plaît, la curiosité[4] que j'ai eue de voir un illustre malade comme

---

1. Si. (1734.)

2. SCÈNE XIII.
ARGAN, BÉRALDE.
ARGAN.
SCÈNE XIV.
ARGAN, BÉRALDE, TOINETTE, en médecin. (Ibidem.)

3. ARGAN, bas, à Béralde. (Ibidem.)

4. *Vous ne trouverez pas mauvais* est à considérer ici comme un composé inséparable et invariable, où *mauvais*, au lieu d'être détaché du verbe pour s'accorder avec *la curiosité*, fait corps avec lui et reste neutre : vous ne trouverez pas chose mauvaise, vous ne prendrez pas mal, vous ne blâmerez pas.... Dans l'emploi d'une telle locution, non plus que dans l'exemple du verbe simple dont elle est l'équivalent, on n'est tenu de prévoir de quelle nature sera son complément (proposition conjonctive, nom masculin ou féminin, singulier ou pluriel). Cependant si ce complément, au lieu de venir après

vous êtes ; et votre réputation, qui s'étend partout, peut excuser la liberté que j'ai prise.

ARGAN.

Monsieur, je suis votre serviteur.

TOINETTE.

Je vois, Monsieur, que vous me regardez fixement. Quel âge croyez-vous bien que j'aye ?

ARGAN.

Je crois que tout au plus vous pouvez avoir vingt-six, ou vingt-sept ans.

TOINETTE.

Ah, ah, ah, ah, ah ! j'en ai quatre-vingt-dix.

ARGAN.

Quatre-vingt-dix ?

TOINETTE.

Oui. Vous voyez un effet des secrets de mon art, de me conserver ainsi frais et vigoureux.

ARGAN.

Par ma foi ! voilà un beau jeune vieillard [1] pour quatre-vingt-dix ans.

TOINETTE.

Je suis médecin passager [2], qui vais de ville en ville, de province en province, de royaume en royaume, pour chercher d'illustres matières à ma capacité, pour trouver

plusieurs mots qui l'isolent, était tout à fait rapproché, l'attraction entre le nom et l'adjectif serait nécessairement la plus forte, l'accord s'imposerait : *vous ne trouverez pas, s'il vous plaît, mauvaise (indiscrète) la curiosité....*

1. Beaumarchais a repris l'expression dans le portrait de Bartholo, à la scène IV de l'acte I du *Barbier de Séville* : « C'est un beau gros, court, jeune vieillard.... » — Un beau vieillard. (1734.)

2. « Sans parler des docteurs de Montpellier, gens honorables d'ailleurs,... Paris était inondé.... d'une foule de charlatans de toute sorte, vendeurs d'orviétan, médecins ambulants, chiromanciens, diseurs de bonne aventure...; ces guérisseurs de rencontre avaient le privilège d'inspirer la plus grande confiance, je ne dis pas au menu peuple, mais aux belles marquises et aux grands seigneurs, fort sceptiques en fait de médecine, mais fort croyants sur ce point. Tout cela, en y ajoutant le droit qu'a la comédie de dépasser un peu la vraisemblance, explique suffisamment tous ces rôles

ACTE III, SCÈNE X.

des malades dignes de m'occuper, capables d'exercer[1] les grands et beaux secrets que j'ai trouvés dans la médecine. Je dédaigne de m'amuser à ce menu fatras[2] de maladies ordinaires, à ces bagatelles de rhumatisme[3] et défluxions[4], à ces fiévrottes, à ces vapeurs, et à ces migraines. Je veux des maladies d'importance : de bonnes fièvres continues avec des transports au cerveau, de bonnes fièvres pourprées, de bonnes pestes, de bonnes hydropisies formées, de bonnes pleurésies avec des inflammations de poitrine : c'est là que je me plais, c'est là que je triomphe; et je voudrois, Monsieur, que vous eussiez toutes les maladies que je viens de dire, que vous fussiez abandonné de tous les médecins, désespéré, à l'agonie, pour vous montrer l'excellence de mes remèdes, et l'envie que j'aurois de vous rendre service.

ARGAN.

Je vous suis obligé, Monsieur, des bontés que vous avez pour moi[5].

de médecins improvisés qui abondent dans les pièces de Molière : Toinette déguisée en « médecin passager... »; Clitandre (de *l'Amour médecin*) transformé en chiromancien...; sans compter le fagotier Sganarelle. » (Maurice Raynaud, *les Médecins au temps de Molière*, p. 83 et 84.)

1. De mettre en œuvre, de donner occasion d'utiliser, d'appliquer.
2. L'expression de « beaucoup de menus fatras et abus » se trouve dans une phrase de Calvin citée par Littré (voyez le livre I de l'*Institution de la religion chrétienne*, chapitre XIII, section 29, p. 76 de l'édition de 1562).
3. De rhumatismes. (1710, 18, 30, 33, 34.)
4. Littré explique le mot par *catarrhe*, et il en cite un exemple de Balzac et un de Regnier. Cependant Regnier semble l'avoir pris tout à fait dans le sens ordinaire de fluxion (*satire* XIV, vers 147-149) :

Il n'est point enrhumé pour dormir sur la terre,
Son poumon enflammé ne tousse le caterrhe.
Il ne craint ni les dents ni les défluxions.

L'Académie, en 1694, le définit : « fluxion sur quelque partie du corps. *Défluxion sur les yeux* est son exemple, et elle ajoute : « Il n'est guère en usage. » — Et de fluxions. (1734.)
5. « SGANARELLE. Je suis ravi, Monsieur, que votre fille ait besoin de

TOINETTE.

Donnez-moi votre pouls. Allons donc, que l'on batte comme il faut. Ahy[1], je vous ferai bien aller comme vous devez. Hoy[2], ce pouls-là fait l'impertinent : je vois bien que vous ne me connoissez pas encore. Qui est votre médecin ?

ARGAN.

Monsieur Purgon.

TOINETTE.

Cet homme-là n'est point écrit sur mes tablettes entre les grands médecins. De quoi dit-il que vous êtes malade ?

ARGAN.

Il dit que c'est du foie, et d'autres disent[3] que c'est de la rate.

TOINETTE.

Ce sont tous des ignorants : c'est du poumon que vous êtes malade.

ARGAN.

Du poumon ?

TOINETTE.

Oui. Que sentez-vous ?

ARGAN.

Je sens de temps en temps des douleurs de tête.

---

moi ; et je souhaiterois de tout mon cœur que vous en eussiez besoin aussi, vous et toute votre famille, pour vous témoigner l'envie que j'ai de vous servir. Géronte. Je vous suis obligé de ces sentiments. » (*Le Médecin malgré lui*, acte II, scène II, tome VI, p. 76 : voyez la note 1 de cette dernière page.) — « Devenez malade, Nourrice, je vous prie ; devenez malade, pour l'amour de moi : j'aurois toutes les joies du monde de vous guérir. » (Même comédie, acte III, scène III, p. 105.)

1. Ah. (1734.)

2. Ouais. (*Ibidem*.) Un semblable changement a déjà été fait ci-dessus, p. 401 (au 2ᵈ renvoi). Voyez au tome VIII, p. 434 (au 2ᵈ renvoi), cette même interjection *hoy!* ainsi que la note qui en constate l'altération arbitraire dans le texte de 1734 et la suppression dans les dictionnaires.

3. Les Diafoirus, comme on se le rappelle (à la fin de la scène II de l'acte II).

ACTE III, SCÈNE X.

TOINETTE.

Justement, le poumon.

ARGAN.

Il me semble parfois que j'ai un voile devant les yeux.

TOINETTE.

Le poumon.

ARGAN.

J'ai quelquefois des maux de cœur.

TOINETTE.

Le poumon.

ARGAN.

Je sens parfois des lassitudes par tous les membres.

TOINETTE.

Le poumon.

ARGAN.

Et quelquefois il me prend des douleurs dans le ventre, comme si c'étoit des coliques.

TOINETTE.

Le poumon. Vous avez appétit à ce que vous mangez?

ARGAN.

Oui, Monsieur.

TOINETTE.

Le poumon. Vous aimez à boire un peu de vin?

ARGAN.

Oui, Monsieur.

TOINETTE.

Le poumon. Il vous prend un petit sommeil après le repas, et vous êtes bien aise de dormir?

ARGAN.

Oui, Monsieur.

TOINETTE.

Le poumon, le poumon, vous dis-je. Que vous ordonne votre médecin pour votre nourriture?

ARGAN.

Il m'ordonne du potage.

TOINETTE.

Ignorant.

ARGAN.

De la volaille.

TOINETTE.

Ignorant.

ARGAN.

Du veau.

TOINETTE.

Ignorant.

ARGAN.

Des bouillons.

TOINETTE.

Ignorant.

ARGAN.

Des œufs frais.

TOINETTE.

Ignorant.

ARGAN.

Et le soir de petits pruneaux pour lâcher le ventre.

TOINETTE.

Ignorant.

ARGAN.

Et surtout de boire mon vin fort trempé.

TOINETTE.

Ignorantus, ignorantà, ignorantum[1]. Il faut boire votre

---

1. Auger se demande où Toinette a « appris les différentes terminaisons des adjectifs latins suivant les différents genres? Sganarelle, qui estropie aussi le latin, a du moins « su, dans son jeune âge, son rudiment par « cœur » (scène 1 du *Médecin malgré lui,* tome VI, p. 36). Le rudiment se récitait de tous côtés, et Toinette, qui n'est nullement, comme Martine, une servante de campagne, qui est plutôt, comme Dorine, sur le pied de fille suivante, admise, les jours même de visite, à tenir son coin dans les

vin pur ; et pour épaissir votre sang, qui est trop subtil, il faut manger de bon gros bœuf, de bon gros porc, de bon fromage de Hollande, du gruau et du riz, et des marrons et des oublies, pour coller et conglutiner. Votre médecin est une bête. Je veux vous en envoyer un de ma main, et je viendrai vous voir de temps en temps, tandis que je serai en cette ville.

ARGAN.

Vous m'obligez beaucoup.

TOINETTE.

Que diantre faites-vous de ce bras-là ?

ARGAN.

Comment ?

TOINETTE.

Voilà un bras que je me ferois couper tout à l'heure, si j'étois que de vous[1].

ARGAN.

Et pourquoi ?

TOINETTE.

Ne voyez-vous pas qu'il tire à soi toute la nourriture, et qu'il empêche ce côté-là de profiter ?

ARGAN.

Oui ; mais j'ai besoin de mon bras.

TOINETTE.

Vous avez là aussi un œil droit que je me ferois crever, si j'étois en votre place.

ARGAN.

Crever un œil ?

---

entretiens, qui est trop bonne comédienne pour n'avoir pas beaucoup vu et beaucoup lu, Toinette a bien pu retenir ces terminaisons latines et en former d'elle-même cette espèce particulière de superlatif par répétition.

1. Ce tour a été plusieurs fois relevé (entre autres ci-dessus, p. 159, note 4, p. 371, note 2, et p. 403, note 2). Nous avons déjà rappelé (tome VIII, p. 467, note 2) qu'au vers 35 du *Tartuffe*, Molière en a retranché le *que* :

Mais enfin, si j'étois de mon fils,...

TOINETTE.

Ne voyez-vous pas qu'il incommode l'autre, et lui dérobe sa nourriture? Croyez-moi, faites-vous-le crever au plus tôt, vous en verrez plus clair de l'œil gauche[1].

ARGAN.

Cela n'est pas pressé.

TOINETTE.

Adieu. Je suis fâché de vous quitter si tôt; mais il faut que je me trouve à une grande consultation qui se doit faire pour un homme qui mourut hier.

ARGAN.

Pour un homme qui mourut hier?

TOINETTE.

Oui, pour aviser, et voir ce qu'il auroit fallu lui faire pour le guérir. Jusqu'au revoir.

ARGAN.

Vous savez que les malades ne reconduisent point.

BÉRALDE.

Voilà[2] un médecin vraiment qui paroît fort habile.

ARGAN.

Oui, mais il va un peu bien vite.

BÉRALDE.

Tous les grands médecins sont comme cela.

ARGAN.

Me couper un bras, et me crever un œil, afin que

---

1. Nous savons (par la scène 1 de l'acte II, p. 338) que Toinette a accompagné Angélique à la comédie. Béralde a dû lui faire faire connaissance avec le Médecin volant et le Médecin malgré lui : ne s'inspire-t-elle pas un peu de leurs fantaisies dans le rôle qu'elle a entrepris de jouer? Par exemple, n'est-ce pas un souvenir du Fagotier qui lui suggère ces derniers conseils qu'elle donne à Argan? ne sont-ce pas les saignées de précaution (tome VI, p. 90) sur lesquelles elle imagine de renchérir?

2. SCÈNE XV.
ARGAN, BÉRALDE.
BÉRALDE.
Voilà. (1734.)

l'autre se porte mieux? J'aime bien mieux qu'il ne se porte pas si bien. La belle opération, de me rendre borgne et manchot!

SCÈNE XI.

TOINETTE, ARGAN, BÉRALDE.

TOINETTE[1].

Allons, allons, je suis votre servante[2], je n'ai pas envie de rire.

ARGAN.

Qu'est-ce que c'est?

TOINETTE.

Votre médecin, ma foi! qui me vouloit tâter le pouls[3].

ARGAN.

Voyez un peu, à l'âge de quatre-vingt-dix ans!

BÉRALDE.

Oh çà[4]! mon frère, puisque voilà votre Monsieur Purgon brouillé avec vous, ne voulez-vous pas bien que je vous parle du parti qui s'offre pour ma nièce?

ARGAN.

Non, mon frère : je veux la mettre dans un convent,

---

1. SCÈNE XVI.
ARGAN, BÉRALDE, TOINETTE.
Toinette, *feignant de parler à quelqu'un*. (1734.)

2. Claudine répondant à Lubin (à la scène 1 de l'acte II de *George Dandin*, tome VI, p. 544) a employé la locution avec le sens où Toinette veut qu'elle soit prise ici.

3. Qui vouloit me tâter le pouls. (1734.)

4. Or çà. (*Ibidem.*) Voyez ci-dessus, p. 293, note 5.

puisqu'elle s'est opposée à mes volontés. Je vois bien qu'il y a quelque amourette là-dessous, et j'ai découvert certaine entrevue secrète, qu'on ne sait pas que j'aye découverte[1].

BÉRALDE.

Hé bien ! mon frère, quand il y auroit quelque petite inclination, cela seroit-il si criminel, et rien peut-il vous offenser, quand tout ne va qu'à des choses honnêtes comme le mariage ?

ARGAN.

Quoi qu'il en soit, mon frère, elle sera religieuse, c'est une chose résolue.

BÉRALDE.

Vous voulez faire plaisir à quelqu'un.

ARGAN.

Je vous entends : vous en revenez toujours là, et ma femme vous tient au cœur.

BÉRALDE.

Hé bien ! oui, mon frère, puisqu'il faut parler à cœur ouvert, c'est votre femme que je veux dire ; et non plus que l'entêtement de la médecine, je ne puis vous souffrir l'entêtement où vous êtes pour elle, et voir que vous donniez tête baissée dans tous les piéges qu'elle vous tend.

TOINETTE.

Ah ! Monsieur, ne parlez point de Madame : c'est une femme sur laquelle il n'y a rien à dire, une femme sans artifice, et qui aime Monsieur, qui l'aime.... on ne peut pas dire cela.

ARGAN.

Demandez-lui un peu les caresses qu'elle me fait.

---

1. Subjonctif amené par la négation contenue dans la proposition principale. Il nous semble qu'Auger a eu tort de ne pas le croire ici justifié, bien que le tour *qu'on ne sait pas que j'ai découverte* soit plus ordinaire.

ACTE III, SCÈNE XI.

TOINETTE.

Cela est vrai.

ARGAN.

L'inquiétude que lui donne ma maladie.

TOINETTE.

Assurément.

ARGAN.

Et les soins et les peines qu'elle prend autour de moi.

TOINETTE.

Il est certain[1]. Voulez-vous[2] que je vous convainque, et vous fasse voir tout à l'heure comme Madame aime Monsieur?[3] Monsieur, souffrez que je lui montre son bec jaune[4], et le tire d'erreur.

ARGAN.

Comment?

TOINETTE.

Madame s'en va revenir. Mettez-vous tout étendu dans cette chaise, et contrefaites le mort. Vous verrez la douleur où elle sera, quand je lui dirai la nouvelle.

ARGAN.

Je le veux bien.

TOINETTE.

Oui; mais ne la laissez pas longtemps dans le désespoir, car elle en pourroit bien mourir.

ARGAN.

Laisse-moi faire.

---

1. Cela est certain. Voyez tome I, p. 416, note 2.
2. *A Béralde.* Voulez-vous. (1734.)
3. *A Argan.* (*Ibidem.*)
4. Son béjaune. (*Ibidem.*) — Cette expression proverbiale a déjà été deux fois employée : à la scène IV de l'acte II de *Dom Juan*, et à la scène III de l'acte II de *l'Amour médecin* (tome V, p. 129, où elle est expliquée, et p. 324).

TOINETTE, à Béralde.

Cachez-vous, vous, dans ce coin-là.

ARGAN.

N'y a-t-il[1] point quelque danger à contrefaire le mort[2] ?

TOINETTE.

Non, non : quel danger y auroit-il ? Étendez-vous là seulement[3]. (Bas[4].) Il y aura plaisir à confondre votre frère. Voici Madame. Tenez-vous bien.

SCÈNE XII.

BÉLINE, TOINETTE, ARGAN, BÉRALDE.

TOINETTE s'écrie[5] :

Ah, mon Dieu ! Ah, malheur ! Quel étrange accident !

BÉLINE.

Qu'est-ce, Toinette ?

TOINETTE.

Ah, Madame !

BÉLINE.

Qu'y a-t-il ?

1.   SCÈNE XVII.
          ARGAN, TOINETTE.
               ARGAN.

N'y a-t-il. (1734.)

2. Encore un trait dont Regnard s'est souvenu dans *le Légataire* : voyez la *Notice*, ci-dessus, p. 242.

3. « Approchons votre chaise : mettez-vous dedans tout de votre long, » lit-on dans le texte de 1675 (ci-après, p. 476). Toinette abaissait sans doute plus ou moins le dossier du fauteuil : on a vu que cet accessoire doit être à crémaillère (ci-dessus, p. 275, note *b*).

4. Cette indication n'est pas dans l'édition de 1734.

5.   SCÈNE XVIII.
     BÉLINE, ARGAN, *étendu dans sa chaise*, TOINETTE.
         TOINETTE, *feignant de ne pas voir Béline*. (1734.)

TOINETTE.

Votre mari est mort.

BÉLINE.

Mon mari est mort ?

TOINETTE.

Hélas! oui. Le pauvre défunt est trépassé.

BÉLINE.

Assurément ?

TOINETTE.

Assurément. Personne ne sait encore cet accident-là, et je me suis trouvée[1] ici toute seule. Il vient de passer entre mes bras. Tenez, le voilà tout de son long dans cette chaise.

BÉLINE.

Le Ciel en soit loué! Me voilà délivrée d'un grand fardeau. Que tu es sotte, Toinette, de t'affliger de cette mort!

TOINETTE.

Je pensois, Madame, qu'il fallût pleurer[2].

BÉLINE.

Va, va, cela n'en vaut pas la peine. Quelle perte est-ce que la sienne ? et de quoi servoit-il sur la terre ? Un homme incommode à tout le monde, malpropre[3], dégoûtant, sans cesse un lavement ou une médecine dans le ventre[4], mouchant, toussant, crachant toujours, sans esprit, ennuyeux, de mauvaise humeur, fatiguant sans cesse les gens, et grondant jour et nuit servantes et valets.

1. *Trouvé*, sans accord, dans l'édition de 1682, et dans celles qui la suivent : 1692-1733; l'accord est rétabli dans le texte de 1734. Comparez ci-dessus, p. 343, note 4.
2. L'emploi, alors ordinaire, du subjonctif après les verbes du sens de *croire*, a été déjà relevé tomes VI, p. 268, note 3, et VIII, p. 582, note 3.
3. Ici le sens du mot ne diffère pas de celui qu'il a le plus souvent aujourd'hui (il n'en est pas de même au vers 721 du *Misanthrope*).
4. Ayant sans cesse... : comparez pour cette ellipse les vers 26 et 27 de la fable de la Fontaine intitulée *le Cochet, le Chat, et le Souriceau* (fable v du livre VI).

TOINETTE.

Voilà une belle oraison funèbre.

BÉLINE.

Il faut, Toinette, que tu m'aides à exécuter mon dessein, et tu peux croire qu'en me servant[1] ta récompense est sûre. Puisque, par un bonheur[2], personne n'est encore averti de la chose, portons-le dans son lit, et tenons cette mort cachée, jusqu'à ce que j'aye fait mon affaire. Il y a des papiers, il y a de l'argent dont je me veux saisir, et il n'est pas juste que j'aye passé sans fruit auprès de lui mes plus belles années. Viens, Toinette, prenons auparavant toutes ses clefs.

ARGAN, se levant brusquement.

Doucement.

BÉLINE, surprise, et épouvantée[3].

Ahy!

ARGAN.

Oui, Madame ma femme, c'est ainsi que vous m'aimez?

TOINETTE.

Ah, ah! le défunt n'est pas mort[4].

ARGAN, à Béline, qui sort.

Je suis bien aise de voir votre amitié, et d'avoir entendu le beau panégyrique que vous avez fait de moi. Voilà un avis au lecteur[5] qui me rendra sage à l'avenir, et qui m'empêchera de faire bien des choses.

---

1. Que si tu me sers.
2. Molière a de même dit *par un malheur*, aux vers 27 du *Misanthrope* et 1213 des *Femmes savantes*.
3. Cette indication n'est pas dans l'édition de 1734.
4. C'est un mot qu'à la fin du siècle dernier Alexandre Duval a fort heureusement emprunté, dont il a même tiré toute l'idée de sa petite comédie des *Héritiers* (1796). — Toinette avait dit plaisamment tout à l'heure (p. 429) : « Le pauvre défunt est trépassé. »
5. Molière a déjà mis ce proverbe dans la bouche de Léandre, au vers 1081 de *l'Étourdi* :

Ceci doit s'appeler un avis au lecteur.

BÉRALDE, sortant de l'endroit où il étoit caché.

Hé bien[1] ! mon frère, vous le voyez.

TOINETTE.

Par ma foi ! je n'aurois jamais cru cela. Mais j'entends votre fille : remettez-vous comme vous étiez, et voyons de quelle manière elle recevra votre mort. C'est une chose qu'il n'est pas mauvais d'éprouver ; et puisque vous êtes en train, vous connoîtrez par là les sentiments que votre famille a pour vous.

SCÈNE XIII.

ANGÉLIQUE, ARGAN, TOINETTE, BÉRALDE.

TOINETTE s'écrie[2] :

Ô Ciel ! ah, fâcheuse aventure ! Malheureuse journée !

ANGÉLIQUE.

Qu'as-tu, Toinette, et de quoi pleures-tu ?

TOINETTE.

Hélas ! j'ai de tristes nouvelles à vous donner.

ANGÉLIQUE.

Hé quoi ?

TOINETTE.

Votre père est mort.

ANGÉLIQUE.

Mon père est mort, Toinette ?

---

1. SCÈNE XIX.
BÉRALDE, *sortant de l'endroit où il s'étoit caché*, ARGAN, TOINETTE.
BÉRALDE.
Hé bien ! (1734.)
2. *Béralde va encore se cacher.*
SCÈNE XX.
ARGAN, ANGÉLIQUE, TOINETTE.
TOINETTE, *feignant de ne pas voir Angélique.* (*Ibidem.*)

TOINETTE.

Oui ; vous le voyez là. Il vient de mourir tout à l'heure d'une foiblesse qui lui a pris[1].

ANGÉLIQUE.

Ô Ciel! quelle infortune! quelle atteinte cruelle ! Hélas ! faut-il que je perde mon père, la seule chose qui me restoit au monde? et qu'encore, pour un surcroît de désespoir, je le perde dans un moment où il étoit irrité contre moi ? Que deviendrai-je, malheureuse, et quelle consolation trouver après une si grande perte?

SCÈNE XIV ET DERNIÈRE.

CLÉANTE, ANGÉLIQUE, ARGAN, TOINETTE, BÉRALDE[2].

CLÉANTE.

Qu'avez-vous donc, belle Angélique ? et quel malheur pleurez-vous ?

ANGÉLIQUE.

Hélas! je pleure tout ce que dans la vie je pouvois perdre de plus cher et de plus précieux : je pleure la mort de mon père.

CLÉANTE.

Ô Ciel! quel accident! quel coup inopiné ! Hélas! après la demande que j'avois conjuré votre oncle de lui faire[3] pour moi, je venois me présenter à lui, et

---

1. *Prise*, au lieu de *pris*, dans nos textes de 1682-1733. — La même faute se lit dans l'édition, non authentique, de 1675 et dans celles qui en sont rapprochées : voyez ci-après, p. 478, note 4.

2. SCÈNE XXI.
ARGAN, ANGÉLIQUE, CLÉANTE, TOINETTE. (1734.)

3. De faire. (*Ibidem.*)

ACTE III, SCÈNE DERNIÈRE.

tâcher par mes respects et par mes prières de disposer son cœur à vous accorder à mes vœux.

ANGÉLIQUE.

Ah! Cléante, ne parlons plus de rien. Laissons là toutes les pensées du mariage. Après la perte de mon père, je ne veux plus être du monde, et j'y renonce pour jamais. Oui, mon père, si j'ai résisté tantôt à vos volontés, je veux suivre du moins une de vos intentions, et réparer par là le chagrin que je m'accuse de vous avoir donné.[1] Souffrez, mon père, que je vous en donne ici ma parole, et que je vous embrasse, pour vous témoigner mon ressentiment[2].

ARGAN se lève[3].

Ah, ma fille!

ANGÉLIQUE, épouvantée[4].

Ahy[5]!

ARGAN.

Viens. N'aye point de peur, je ne suis pas mort. Va, tu es mon vrai sang, ma véritable fille; et je suis ravi d'avoir vu ton bon naturel.

1. *Se jetant à genoux.* (1734.)
2. La reconnaissance dont je suis pénétrée pour vos bontés : voyez tome II, p. 288, note, tome IV, p. 202, au 3ᵉ renvoi, et le *Dictionnaire de Littré* à RESSENTIMENT, 3°. On peut même renvoyer aux derniers vers du remerciement adressé par le *Bachelierus* aux Docteurs (ci-après, p. 450), où les sentiments d'éternelle reconnaissance sont dits

> . . . . . . *Ressentimenta*
> *Qui dureront in secula.*

3. ARGAN, *embrassant Angélique.* (1734.)
4. Cette indication n'est pas dans l'édition de 1734.
5. On a vu à la *Notice* (p. 251) que Mlle Gaussin avait été une des plus charmantes interprètes du rôle d'Angélique. Son jeu produisait ici un grand effet : « Dans le dernier acte, dit Cailhava (p. 326 de ses *Études sur Molière*, 1802),... Angélique fond en larmes aux pieds de son père qu'elle croit mort, s'aperçoit de son erreur et s'écrie : *ahi...*! voilà tout ce que prescrit Molière. Que faisait Mlle Gaussin? au lieu d'un seul cri, elle en poussait deux, mais qui se suivaient avec la rapidité d'un éclair; le premier peignait la terreur, le dernier portait subitement dans l'âme du spectateur les sentiments délicieux qui s'emparent de celle de l'actrice au moment où elle est si heureusement détrompée. »

ANGÉLIQUE.

Ah[1]! quelle surprise agréable, mon père! Puisque par un bonheur extrême le Ciel vous redonne à mes vœux, souffrez qu'ici je me jette à vos pieds pour vous supplier d'une chose. Si vous n'êtes pas favorable au penchant de mon cœur, si vous me refusez Cléante pour époux, je vous conjure au moins de ne me point forcer d'en épouser un autre. C'est toute la grâce que je vous demande.

CLÉANTE se jette à genoux[2].

Eh! Monsieur, laissez-vous toucher à ses prières et aux miennes, et ne vous montrez point contraire aux mutuels empressements d'une si belle inclination.

BÉRALDE.

Mon frère, pouvez-vous tenir là contre?

TOINETTE.

Monsieur, serez-vous insensible à tant d'amour?

ARGAN.

Qu'il se fasse médecin, je consens au mariage.[3] Oui, faites-vous médecin, je vous donne ma fille.

CLÉANTE

Très-volontiers, Monsieur: s'il ne tient qu'à cela pour être votre gendre, je me ferai médecin, apothicaire mêmes[4], si vous voulez. Ce n'est pas une affaire que cela, et je ferois bien d'autres choses pour obtenir la belle Angélique.

SCÈNE XXII.

ARGAN, BÉRALDE, ANGÉLIQUE, CLÉANTE, TOINETTE.

ANGÉLIQUE.

1. Ah! (1734.)
2. CLÉANTE, *se jetant aux genoux d'Argan.* (*Ibidem.*)
3. *A Cléante.* (*Ibidem.*)
4. Dans le texte de 1682, que nous suivons, *mêmes*, adverbe, terminé par *s* après un nom singulier, conformément à la règle de Vaugelas; *même*, dans les éditions de 1692-1773.

BÉRALDE.

Mais, mon frère, il me vient une pensée : faites-vous médecin vous-même. La commodité sera encore plus grande, d'avoir en vous tout ce qu'il vous faut.

TOINETTE.

Cela est vrai. Voilà le vrai moyen de vous guérir bientôt ; et il n'y a point de maladie si osée, que de se jouer à la personne d'un médecin.

ARGAN.

Je pense, mon frère, que vous vous moquez de moi : est-ce que je suis en âge d'étudier ?

BÉRALDE.

Bon, étudier ! Vous êtes assez savant ; et il y en a beaucoup parmi eux qui ne sont pas plus habiles que vous.

ARGAN.

Mais il faut savoir bien parler latin, connoître les maladies, et les remèdes qu'il y faut faire.

BÉRALDE.

En recevant la robe et le bonnet de médecin, vous apprendrez tout cela, et vous serez après plus habile que vous ne voudrez.

ARGAN.

Quoi ? l'on sait discourir sur les maladies quand on a cet habit-là ?

BÉRALDE.

Oui. L'on n'a qu'à parler avec une robe et un bonnet, tout galimatias devient savant, et toute sottise devient raison.

TOINETTE.

Tenez, Monsieur, quand il n'y auroit que votre barbe, c'est déjà beaucoup, et la barbe fait plus de la moitié d'un médecin[1].

---

1. Pour se donner un air de gravité et inspirer un certain respect, les

CLÉANTE.

En tout cas, je suis prêt à tout.

BÉRALDE[1].

Voulez-vous que l'affaire se fasse tout à l'heure ?

ARGAN.

Comment tout à l'heure ?

BÉRALDE.

Oui, et dans votre maison.

ARGAN.

Dans ma maison ?

BÉRALDE.

Oui. Je connois une Faculté de mes amies, qui viendra tout à l'heure en faire la cérémonie dans votre salle[2]. Cela ne vous coûtera rien.

---

médecins de ce temps-là portaient la barbe longue, de même qu'on les a vus de nos jours continuer à porter la grande perruque, quel que fût leur âge, quand tous ceux qui avaient encore leurs cheveux avaient renoncé aux cheveux postiches. (*Note d'Auger*, 1825.) Quelque positif que soit le texte, il est fort douteux que Molière jouant Argan portât cette barbe entière qui convient à la négligence naturelle aux vrais malades. Les gravures du temps l'ont toutes, croyons-nous, montré seulement avec les grosses moustaches et la longue et large mouche qu'il semble avoir adoptées pour caractériser assez uniformément la tête des personnages comiques ou ridicules qu'il représentait (dans son rôle sérieux et noble d'Alceste il avait, d'après la gravure de l'édition de 1682, tout à fait réduit ces bouquets de barbe) : voyez tomes VI, p. 51, note 3, VII, p. 273. On a vu du reste (tome V, p. 298, note 5) que des docteurs de *l'Amour médecin*, le plus vieux seul était tout barbu. — Le Clitandre de *l'Amour médecin*, travesti à l'improviste, n'a pu laisser s'étaler au milieu de son visage une barbe plus large qu'elle ne convenait à sa figure d'élégant amoureux, et tout naturellement Lisette, sa complice, a réponse, et une réponse différente de celle de Toinette, à l'observation de Sganarelle (acte III, scène v, tome V, p. 343) : « Voilà un médecin qui a la barbe bien jeune. LISETTE. La science ne se mesure pas à la barbe, et ce n'est pas par le menton qu'il est habile. »

1. BÉRALDE, *à Argan*. (1734.)

2. Cette Faculté « chambrelane », comme l'appelle Auger, allant « faire des réceptions en ville » n'était pas aussi imaginaire, d'une exagération comique aussi forte qu'on est d'abord tenté de le croire. On peut conclure d'un amusant récit des *Mémoires* de Charles Perrault[a] que la commodité

[a] Pages 20-23, citées tout au long dans *les Points obscurs de la vie de Molière* par M. Loiseleur, p. 68 et 69.

ACTE III, SCÈNE DERNIÈRE. 437

ARGAN.

Mais moi, que dire, que répondre?

BÉRALDE.

On vous instruira en deux mots, et l'on vous donnera par écrit ce que vous devez dire. Allez-vous-en vous mettre en habit décent, je vais les envoyer querir.

ARGAN.

Allons, voyons cela.

CLÉANTE.

Que[1] voulez-vous dire, et qu'entendez-vous avec cette Faculté de vos amies...?

TOINETTE.

Quel est donc votre dessein?

BÉRALDE.

De nous divertir un peu ce soir. Les comédiens ont fait un petit intermède de la réception d'un médecin, avec des danses et de la musique ; je veux que nous en

---

de « l'affaire » était parfois bien grande, et les examinateurs bien près d'être tout à fait aux ordres des candidats. « Il est.... certain, dit Maurice Raynaud (p. 59, p. 260 et 261), qu'il existait alors, non pas à Paris, mais en province, des Facultés pauvres, où l'amitié avait des droits excessifs, et où un diplôme de docteur ne prouvait guère que la fortune de celui qui l'avait obtenu.... » Parmi les confrères que s'était associés Renaudot pour ses consultations charitables, « une très-petite minorité appartenait à Montpellier. La plupart venaient des petites universités de province, Angers, Reims, Caen, Bordeaux, Toulouse, Valence, etc., où la facilité des réceptions était en quelque sorte proverbiale. Montpellier même n'était pas entièrement à l'abri de ce reproche. La pénurie de cette école y avait introduit un abus considérable. On y recevait deux sortes de docteurs. Ceux qui devaient rester dans la ville.... et.... pouvaient aspirer aux honneurs de l'agrégation.... étaient examinés avec toute la rigueur que comportaient les règlements.... Il en était d'autres qui ne venaient à Montpellier que pour y prendre leurs grades et s'en aller ensuite...; après des épreuves dérisoires, on leur délivrait un diplôme, moyennant la promesse qu'ils quitteraient immédiatement la ville. »

SCÈNE DERNIÈRE.

BÉRALDE, ANGÉLIQUE, CLÉANTE, TOINETTE.

CLÉANTE.

1. Que. (1734.)

prenions ensemble le divertissement, et que mon frère y fasse le premier personnage.

ANGÉLIQUE.

Mais, mon oncle, il me semble que vous vous jouez un peu beaucoup de mon père.

BÉRALDE.

Mais, ma nièce, ce n'est pas tant le jouer, que s'accommoder à ses fantaisies. Tout ceci n'est qu'entre nous. Nous y pouvons aussi prendre chacun un personnage, et nous donner ainsi la comédie les uns aux autres. Le carnaval autorise cela[1]. Allons vite préparer toutes choses.

CLÉANTE, à Angélique.

Y consentez-vous ?

ANGÉLIQUE.

Oui, puisque mon oncle nous conduit.

---

1. *Le Malade imaginaire* fut représenté pour la première fois devant le public le vendredi de l'avant-dernière semaine du carnaval; il fut rejoué le dimanche et le mardi gras; il avait été écrit pour servir, en cette saison, bien plus tôt et bien plus souvent sans doute, aux divertissements de la cour : voyez la *Notice*, p. 210 et p. 216.

FIN DU TROISIÈME ACTE.

TROISIÈME INTERMÈDE[1].

C'est une cérémonie burlesque d'un homme qu'on fait médecin en récit, chant, et danse[2].

ENTRÉE DE BALLET.

Plusieurs tapissiers[3] viennent préparer la salle[4] et placer les bancs en cadence[5]; ensuite de quoi[6] toute l'assemblée (composée de

---

1. Pour la Cérémonie qui forme cet intermède, nous suivons, comme pour les autres divertissements du *Malade imaginaire*, le texte du livret que Molière lui-même a fait imprimer en 1673. — Nous donnons à l'*Appendice* (p. 482-492) la Cérémonie amplifiée qui a été publiée, à part, à Rouen et à Amsterdam, en 1673, et en grande partie reproduite dans l'édition de 1694.

2. Voyez la *Notice*, p. 225 à 234. — Sur le genre particulier de latin (on pourrait presque aussi bien dire de français) burlesque dont s'est servi Molière, sans avoir eu le moins du monde besoin de recourir aux nombreux modèles qui en existaient, on peut voir l'*Histoire de la poésie macaronique* de Genthe (en allemand, 1829), l'intéressant article où Raynouard a rendu compte de ce livre dans le *Journal des savants* (numéro de décembre 1831, p. 731 et suivantes), et le *Macaronéana* de M. Octave Delepierre (1852) : on trouvera là des renseignements fort complets sur les auteurs de macaronées, et des extraits plus ou moins curieux de pièces qui, avant ou après Molière, ont été écrites dans la plupart des langues modernes, ainsi facétieusement travesties à l'aide de simples terminaisons latines.

3. *En récit et chant. Plusieurs tapissiers.* (Livret de 1674.)

4. « Les salles inférieures où la cérémonie (*de réception au doctorat*) doit avoir lieu sont magnifiquement ornées pour la circonstance et garnies de tapisseries, aux frais du candidat,... qui versait à cet effet trente-six livres (*valant bien deux cents francs d'aujourd'hui*) à la Faculté. » (*L'Ancienne Faculté de médecine de Paris*, par M. le docteur A. Corlieu, p. 82.) Voyez ci-dessus, p. 276, le vieux mémoire du décorateur. Voyez aussi parmi les *Documents* publiés par M. Édouard Thierry le n° XXII : on trouvera là (p. 243) mention de *cordes garnies de fleurs*, de *festons*, de *pièces de rubans pour attacher les fleurs aux portes*; ces accessoires purent sans doute décorer la scène où se jouait le Prologue, l'Églogue de Flore ; mais les portes ornées de guirlandes, n'étaient-ce pas celles de la salle de réception? Des fleurs convenaient parfaitement à l'air de fête qu'on lui donnait.

5. Une symphonie ouvre ce dernier divertissement du *Malade imaginaire*, et précède la danse des Tapissiers. La salle prête, c'est au son d'une Marche que s'avancent et prennent place les nombreux acteurs de la Cérémonie : voyez ci-après l'*Appendice*, p. 508 et 509.

6. *Les bancs ; ensuite de quoi.* (Livret de 1674.)

huit porte-seringues, six apothicaires, vingt-deux docteurs, celui[1] qui se fait recevoir médecin, huit chirurgiens dansants, et deux chantants[2]) entre[3], et prend ses places, selon les rangs[4].

PRÆSES.

Sçavantissimi doctores[5],
Medicinæ professores,
Qui hic assemblati estis,
Et vos, altri[6] *Messiores,*
Sententiarum Facultatis
Fideles executores,
Chirurgiani et apothicari,
Atque tota compania aussi,
Salus, honor, et argentum,
Atque bonum appetitum[7].

Non possum, docti Confreri,

---

1. *Vingt-deux docteurs, et celui.* (1675, 82.)
2. Voyez ci-après, p. 451, note 3.
3. *Huit chirurgiens, entre.* (Livret de 1674.) — *Et deux chantants, chacun entre.* (1675, 82.) — *Et deux chantants, entrent.* (1680.)
4. *Et prennent leurs places, selon leurs rangs.* (1680.) — *Et prend ses places, selon son rang.* (1682.)
5.   III. INTERMÈDE.

PREMIÈRE ENTRÉE DE BALLET.

Des tapissiers viennent, en dansant, préparer la salle, et placer les bancs en cadence.

DEUXIÈME ENTRÉE DE BALLET.

Marche de la Faculté de médecine, au son des instruments.
Les Porte-seringues, représentant les Massiers, entrent les premiers. Après eux viennent, deux à deux, les Apothicaires avec des mortiers, les Chirurgiens et les Docteurs, qui vont se placer aux deux côtés du théâtre. Le Président monte dans une chaire, qui est au milieu; et Argan, qui doit être reçu docteur, se place dans une chaire plus petite, qui est au-devant de celle du Président.

     LE PRÉSIDENT.

Sçavantissimi doctores. (1734.)
6. *Alteri.* (1683.)
7. La partition marque ici la place d'une première Ritournelle de violons.

En moi satis admirari[1]
Qualis bona inventio
Est medici professio,
Quam bella chosa est, et bene trovata[2]*,*
Medicina illa benedicta,
Quæ suo nomine solo,
Surprenanti miraculo,
Depuis si longo tempore,
Facit à gogo[3] *vivere*
Tant de gens omni genere[4]*.*

Per totam terram videmus
Grandam vogam ubi sumus,
Et quod grandes et petiti
Sunt de nobis infatuti[5]*.*
Totus mundus, currens ad nostros remedios,
Nos regardat sicut Deos;
Et nostris ordonnanciis
Principes et reges soumissos videtis[6]*.*

Donque il est nostræ sapientiæ,
Boni sensus atque prudentiæ,
De fortement travaillare

---

1.   *Non possunt docti Confreri,*
    Et moi satis admirari. (1683.)

2. *Trouvata.* (1673 R.)

3. Sur cette expression, voyez le *Dictionnaire de Littré* : le premier exemple, à l'historique, est du quinzième siècle.

4. La même première Ritournelle se reprend après ce couplet.

5. C'est l'expression dont n'a pas craint non plus de se servir Monsieur Filerin, parlant à ses confrères dans la scène 1 de l'acte III de *l'Amour médecin* (tome V, p. 337) : « Puisque le Ciel nous fait la grâce que, depuis tant de siècles, on demeure infatué de nous. »

6. *Soumissos voyatis* dans une note de la partition, indiquant qu'à cette réplique doit succéder une seconde Ritournelle, qui permet encore à l'orateur de reprendre haleine. — Ce troisième couplet manque dans le livret de 1674.

A nos bene conservare
In tali credito, voga, et honore,
Et prandere gardam à non recevere [1]
    In nostro docto corpore
    Quam personas capabiles,
    Et totas dignas ramplire
    Has plaças honorabiles [2].

C'est pour cela que nunc convocati estis ;
    Et credo quod trovabitis
    Dignam matieram [3] *medici*
    In sçavanti homine que voici,
    Lequel, in chosis [4] *omnibus,*
    Dono ad interrogandum,
    Et à fond examinandum
    Vostris [5] *capacitatibus* [6].

PRIMUS DOCTOR [7].

Si mihi licenciam [8] *dat Dominus Præses,*
    Et tanti docti Doctores,
    Et assistantes illustres,
    Très sçavanti Bacheliero [9],
    Quem estimo et honoro,
Domandabo [10] *causam et rationem quare*

---

1. *Ricevere.* (1674 P.) — *Ad non recevere.* (1680.)
2. Nouvelle pause et reprise de la seconde Ritournelle.
3. *Materiam.* (1673 R, 83.) — 4. *In choisis.* (1674 P ; faute évidente.)
5. *Vestris.* (1734.)
6. Ce premier discours du *Præses* achevé, les violons font entendre une troisième et plus longue Ritournelle.
7. PREMIER DOCTEUR. (1734 ; et, plus bas, SECOND DOCTEUR, TROISIÈME DOCTEUR, etc.)
8. *Licentiam.* (1673 R.)
9. Voilà, dans l'action rapide de cette cérémonie, le récipiendaire créé bachelier d'un mot, ou plutôt la robe qu'il a revêtue l'a fait tel ; et ce bachelier va, par dispense honorable des épreuves de licence et par acclamation, être élevé au grade suprême. Voyez la *Notice*, p. 226.
10. « *Demandabo* » : ici seulement. (Livret de 1674.)

Opium facit dormire.
           BACHELIERUS[1].
*Mihi a docto Doctore
Domandatur causam et rationem quare
   Opium facit dormire :
     A quoi respondeo,
   Quia est in eo
   Virtus dormitiva,
   Cujus est natura
     Sensus assoupire*[2].

1. ARGAN. (1734 : ici et plus bas, au lieu de BACHELIERUS.)
2. *Assopire.* (Livret de 1673 A.) — N'oublions pas, dit M. Paul Janet dans le travail auquel nous avons déjà emprunté plus d'une citation[a], « le dernier trait de Molière, celui qu'il a en quelque sorte décoché en mourant dans l'admirable bouffonnerie du *Malade imaginaire.* Pourquoi l'opium fait-il dormir?... Parce qu'il a une vertu dormitive : plaisanterie immortelle que tout philosophe et tout savant doivent avoir toujours présente à l'esprit, pour ne pas confondre leur ignorance avec leur science ni les mots avec les choses. » Il y avait longtemps, ce semble, que Socrate ou Platon avait raillé le néant de ces sortes de réponses : « Maintenant, dit Socrate à Cébès au chapitre LIV du *Phédon*[b], je vais recommencer à te faire des questions, et toi ne me fais pas des réponses qui soient identiques à mes demandes.... Si tu me demandais ce qui dans le corps fait qu'il est chaud, je ne te ferais pas cette réponse à la fois très-sûre et très-ignorante que c'est la chaleur.... Si tu me demandes ce qui fait que le corps est malade, je ne te répondrai pas que c'est la maladie.... » — « Nous sommes en plein aristotélisme, en plein règne des qualités occultes, » dit Maurice Raynaud, en faisant allusion à ce passage (p. 59 et p. 402). Et « si l'on veut bien se rappeler (*dans l'exposé, fait au chapitre* VII, *de la doctrine et de la méthode de l'École*) et l'œil qui voit parce que le cerveau lui envoie des *esprits optiques*, et l'estomac qui digère parce qu'il est doué de la faculté *concoctrice*, et le séné qui purge parce qu'il a la *vertu cholagogue*, ne trouvera-t-on pas que tout cela n'est guère, au pied de la lettre, qu'une variante du fameux couplet ? » On peut voir dans *la Recherche de la vérité* de Malebranche[c] un piquant passage, en partie cité par Maurice Raynaud (p. 381), sur les faux savants, philosophes et médecins, rendant hardiment raison des choses par des principes « encore plus incompréhensibles que toutes les questions que l'on peut leur faire. » Toutefois, ajoute Maurice Raynaud (p. 370 et 371), après avoir montré de quelle importance était encore

[a] Voyez au *Mariage forcé*, tome IV, p. 35 et suivantes.
[b] Tome I, p. 294 et 295 de la traduction de Cousin.
[c] Chapitre IV de la II[de] partie de la Méthode, tome II, p. 71 et 72 de l'édition de M. Francisque Bouillier; voyez aussi le chapitre II.

CHORUS[1].

Bene, bene, bene, bene respondere.
 Dignus, dignus est entrare[2]
 In nostro docto corpore[3].

SECUNDUS DOCTOR.

Cum permissione Domini Præsidis,
 Doctissimæ Facultatis,
 Et totius his nostris actis
 Companiæ assistantis,
Domandabo[4] *tibi, docte Bacheliere,*
 Quæ sunt remedia
 Quæ in maladia

dans la thérapeutique la science des qualités occultes, « le moment qui nous occupe est précisément celui de la grande réaction contre *elles*, et.... cette réaction se fait au sein même de la Faculté (*Molière ne l'ignorait certainement point*). Gui Patin en est un des principaux inspirateurs.... Mais cette révolution n'est point encore descendue, si l'on peut ainsi dire, de la théorie dans les faits.... Les causes occultes ont perdu leur nom; mais elles dominent encore la science. »

1. Partout *Facultas*, au lieu de *Chorus*, dans le livret de 1674. — CHŒUR, dans l'édition de 1734.

2. *Intrare.* (1734; ici et plus bas.)

3. Ici les éditions de 1682 et de 1734 ajoutent un quatrième vers : *Bene, bene respondere.* — La partition n'indique pas que le Chœur applaudit à la première réponse du *Bachelierus*, mais c'est par erreur sans doute; il est bien probable qu'on chantait ici les *Bene* comme elle indique qu'on les chantait après la seconde réponse : voyez ci-contre, p. 445, la note 4. — Seize ans avant *le Malade imaginaire*, en janvier 1657, dans la ve entrée du ballet d'*Amour malade*, dansé à la cour par le Roi, dont les vers chantés étaient en italien[a] et dont Lulli avait composé la musique, on avait vu « onze docteurs *recevoir* un docteur en ânerie, qui pour mériter cet honneur *soutenait* des thèses dédiées à Scaramouche. » Lulli en Scaramouche était le principal personnage, animant de ses lazzi une scène qui n'a pas été écrite pour le livret. Lerambert était « l'Ane Docteur *lui* dédiant sa thèse. » Le Chœur des docteurs intervenait pour chanter un couplet d'approbation commençant et finissant par des *oh bene!* Voyez *Molière et la comédie italienne* de M. Moland, p. 179-183.

4. « *Demandabo* » : ici seulement. (1675, 82.)

a Bensserade, qui ajouta au livret des vers pour les personnages, était peut-être aussi l'auteur de la traduction en vers accompagnant les paroles italiennes et de ces paroles mêmes.

Ditte[1] *hydropisia*
Convenit facere.
BACHELIERUS.

Clysterium donare,
  Postea seignare[2]*,*
    Ensuitta[3] *purgare.*
CHORUS.

Bene, bene, bene, bene respondere.
Dignus, dignus est entrare
In nostro docto corpore[4]*.*

1. *Dicte.* (1674 C, 74 P, 80.) — *Dicta.* (1675.)
2. Dans les quatre livrets et les éditions de 1674 C, 74 P, 80, 83, ce verbe, à l'infinitif, est écrit *segnare*; aux autres formes (*seignandi, seignet*), la première syllabe en est écrite *sei;* les textes de 1675, 82, 1734 ont partout *sei*. — Sur l'incroyable abus que certains médecins faisaient alors de la saignée, voyez tome VII, p. 265, la note 5 empruntée à Maurice Raynaud.
3. « *Ensuita* », ici et plus bas. (1683, 1734.) Le livret de 1673 R a deux fois *Ensuita* et, plus bas, *Ensuitta*.
4. Le musicien, qui donne ici le nom des principaux exécutants employés à l'origine, a fait chanter de la manière suivante les paroles de ce chœur. Après que l'orchestre qui va soutenir les voix a donné le signal, *Tous* (ayant pour coryphées deux hauts-dessus, Mlles Mouvant et Hardy; un bas-dessus, Mlle Marion; une haute-contre, Poussin; une taille, Forestier; une basse, Frison) : d'abord *bis* « Bene, bene respondere », et une fois encore « bene respondere. Orchestre. Puis *Tous* : « Dignus (*bis*) est entrare In nostro docto corpore. Bene (*bis*) respondere. Dignus (*bis*) est intrare In nostro docto corpore ». Puis *le Haut-dessus, le Bas-dessus et la Haute-contre seuls*, avec accompagnement du petit Chœur des instrumentistes : « Bene respondere ». Orchestre. Puis *Tous* encore le premier vers comme il a été dit d'abord. Terminaison par l'orchestre. Le compositeur remarque que le couplet entier du *Bene* ne se chante qu'après le premier et le quatrième (le dernier) couplet du *Clysterium*, tandis qu' « après le second *Clysterium* on reprend » seulement le premier vers, employé comme il l'a été au commencement et à la fin du chœur complet (*bis* « Bene bene respondere » et une fois « bene respondere »), et qu' « après le troisième *Clysterium* on ne chante rien. » Mais le livret original semble prouver que le grand chœur du *Bene* s'entonnait pour la première fois après la première réponse du *Bachelierus*, c'est-à-dire après les mots *sensus assoupire* (réplique qui, ne venant qu'une fois, aura moins frappé Charpentier que celle d'*Ensuitta purgare* qu'il a notée au-devant du chœur). Si le grand chœur se chantait là, après la première réponse, ici naturellement après la seconde réponse, comme aussi après la troisième qui va suivre, on ne reprenait que le petit chœur, le premier vers seul.

TERTIUS DOCTOR.
Si bonum semblatur Domino Præsidi,
Doctissimæ Facultati,
Et companiæ presenti,
Domandabo tibi, docte Bacheliere,
Quæ remedia eticis[1],
Pulmonicis, atque asmaticis[2],
Trovas à propos facere.

BACHELIERUS.
Clysterium donare,
Postea seignare,
Ensuitta purgare.

CHORUS.
Bene, bene, bene, bene respondere[3].
Dignus, dignus est entrare
In nostro docto corpore.

QUARTUS DOCTOR.
Super illas maladias
Doctus Bachelierus dixit maravillas :
Mais si non ennuyo Dominum Præsidem,
Doctissimam Facultatem,
Et totam honorabilem
Companiam ecoutantem,
Faciam illi unam quæstionem.
De hiero[4] *maladus unus*
Tombavit in meas manus :
Habet grandam fievram cum redoublamentis,
Grandam dolorem capitis,

1. *Hetticis.* (1734.) « Aux hectiques ou étiques, pris de fièvre étique, tombés en étisie. »
2. *Asthmaticis.* (1683.)
3. Le Chœur, comme il vient d'être dit, ne faisait entendre cette fois que ce premier vers.
4. *Dez hiero.* (1682.) — *Dès hiero.* (1734.)

Et grandum malum au costé,
Cum granda difficultate
Et pena de respirare[1] :
Veillas mihi dire,
Docte Bacheliere,
Quid illi facere?

BACHELIERUS.

Clysterium donare,
Postea seignare,
Ensuitta purgare[2].

QUINTUS DOCTOR.

Mais si maladia
Opiniatria
Non vult se garire,
Quid illi facere?

BACHELIERUS.

Clysterium donare,
Postea seignare,
Ensuitta purgare[3].

CHORUS[4].

Bene, bene, bene, bene respondere.
Dignus, dignus est entrare
In nostro docto corpore.

PRÆSES[5].

Juras gardare statuta
Per Facultatem præscripta

1. *Et pena respirare.* (1674C, 74 P, 75, 82, 1734.) — *Et pœna respirare.* (1680, 1710, 18, 33.) — *Et pena à respirare.* (1773.)
2. Cette fois, sans doute sur un geste du Cinquième docteur, impatient de proposer son objection, le Chœur garde le silence.
3. Ici les éditions de 1682 et de 1734 ajoutent : « *Reseignare, repurgare, et reclysterisare* » (le dernier mot est, par faute, écrit *rechlitterisare* dans 1682, 97, 1710).
4. Suivant la note de Charpentier, après cette réponse qui met fin à l'interrogation du récipiendaire, « on reprend tout le *Bene, bene* » : voyez ci-dessus, p. 445, note 4.
5. Le Président, *à Argan.* (1734.)

Cum sensu et jugeamento ?

BACHELIERUS.

Juro.

PRÆSES [1].

Essere, in omnibus
Consultationibus,
Ancieni aviso,
 Aut bono,
 Aut mauvaiso[2] *?*

BACHELIERUS.

Juro.

PRÆSES.

De non jamais te servire
De remediis aucunis
Quam de ceux seulement doctæ[3] *Facultatis,*
Maladus dust-il crevare,
Et mori de suo malo ?

BACHELIERUS.

Juro[4].

PRÆSES.

Ego, cum isto boneto
Venerabili et docto,
Dono tibi et concedo
Virtutem et puissanciam
 Medicandi,
 Purgandi,

---

1. Ici et plus bas, Le Président, au lieu de Præses, dans l'édition de 1734.
2. Ceci rappelle ce que Molière avait fait dire à Tomès, le sévère formaliste, dans la consultation de *l'Amour médecin* (acte II, scène III, tome V, p. 323) : « Ce n'est pas que son avis, comme on a vu, n'ait tué le malade, et que celui de Théophraste ne fût beaucoup meilleur assurément; mais enfin il a tort dans les circonstances, et il ne devoit pas être d'un autre avis que son ancien.»
3. *Almæ*. (1694 : voyez sur cette édition, ci-après, p. 482, note 1, et p. 490, note 1.)
4. C'est, d'après Grimarest, en prononçant l'un de ces *juro* que Molière reçut, le soir de la quatrième représentation, la dernière atteinte de son mal : voyez la *Notice*, p. 219 et note 2.

TROISIÈME INTERMÈDE.

Seignandi,
Perçandi,
Taillandi,
Coupandi,
Et occidendi
Impune per totam terram[1].

ENTRÉE DE BALLET.

Tous les Chirurgiens et Apothicaires viennent lui faire
la révérence en cadence[2].

BACHELIERUS.

Grandes doctores doctrinæ
De la rhubarbe et du séné,
Ce seroit sans douta à moi chosa folla,

1. « Je n'ai ici qu'une toute petite réserve à faire, dit Maurice Raynaud (p. 62). *Medicandi, purgandi,* rien de mieux. — Passe encore pour *occidendi*. Mais *seignandi, perçandi, taillandi, coupandi!* c'est presque toute la chirurgie; autant d'anachronismes que de mots : nous avons vu les médecins s'engager par écrit à s'en abstenir comme de la peste[a]. — Au surplus, ce n'est pas un reproche que je fais à Molière, tant s'en faut. Pour lui, comme pour le public qu'il veut divertir, médecins et chirurgiens, cela fait tout un. Il y joint même les apothicaires, escortant le char triomphal de la Faculté, comme des licteurs, les armes à la main. Il en résulte un effet théâtral des plus grotesques, et c'est tout ce qu'il lui faut. — Mais certes, il ne les a jamais maltraités autant qu'ils se haïssaient entre eux. » Voyez le chapitre VI des *Médecins au temps de Molière*, où Maurice Raynaud a raconté l'histoire, terminée en 1660, des luttes soutenues par la Faculté contre les deux corporations des chirurgiens et des apothicaires. « Au moment, dit-il à la fin de ce chapitre, où *Molière* allait lui porter le coup décisif, la Faculté était partout triomphante; de quelque côté qu'elle portât ses regards, elle ne voyait que des ennemis terrassés; tous ses procès étaient gagnés[b]. »

2. C'est-à-dire sur un air de ballet : « Après qu'il a reçu le bonnet de

[a] « S'il se trouvait un bachelier qui eût exercé la chirurgie *ou tout autre art manuel*, il devait avant d'être admis à la licence, non plus seulement prêter un serment, mais s'engager par un acte passé devant notaire à renoncer pour jamais à l'exercice de cet art » (p. 46).

[b] « Nos chirurgiens sont fort étourdis de leur arrêt, écrit Gui Patin le 2 mai 1660 (tome III, p. 202)...; ils nous haïssent fort et nous eux, comme des misérables.... Pour les apothicaires (*frappés aussi d'un arrêt dès* 1647 : *tome I, p.* 136, *et tome II, p.* 503), ils sont souples comme un gant, et voudroient bien avoir nos bonnes grâces. »

Inepta et ridicula,
Si j'alloibam m'engageare
Vobis louangeas donare,
Et entreprenoibam adjoutare[1]
Des lumieras au soleillo,
Et des etoilas au cielo,
Des ondas à l'Oceano,
Et des rosas au printanno[2].
Agreate qu'avec uno moto,
Pro toto remercimento,
Rendam gratiam corpori tam docto.
Vobis, vobis debeo
Bien plus qu'à naturæ et qu'à patri meo[3] :
Natura et pater meus
Hominem me habent factum;
Mais vos me, ce qui est bien plus,
Avetis factum medicum[4],
Honor, favor, et gratia
Qui, in hoc corde que voilà,
Imprimant ressentimenta[5]
Qui dureront in secula[6].

docteur, dit une note du musicien, on joue l'air suivant (l'air des Révérences, *comme il est appelé ailleurs par Charpentier*), et les danseurs lui font la révérence. » — *Lui faire la révérence.* (Livret de 1674.)

TROISIÈME ENTRÉE DE BALLET.

Les Chirurgiens et Apothicaires viennent faire la révérence en cadence à Argan. (1734.)

1. *Ajoutare.* (1683.)
2. *Au pritanno.* (Livret de 1673 A, 1680.)
3. *Qu'à naturæ, qu'à patri meo.* (Livret de 1673 A.)
4. « Ici, dit Auger, Argan s'approprie et accommode à la circonstance une phrase du compliment que Thomas Diafoirus lui a fait à lui-même : » voyez ci-dessus, p. 349.
5. *Imprimant sentimenta.* (1674 P.)
6. On lit dans les *Mémoires sur la vie de Jean Racine* par son fils (vers la fin de la Ire partie) : « *Boileau* lui fournit aussi le compliment latin qui termine *le Malade imaginaire.* » Louis Racine n'entendait-il parler que du remerciement d'Argan, ou affectait-il de ne se souvenir que vaguement de

TROISIÈME INTERMÈDE.

CHORUS.

Vivat, vivat, vivat, vivat, cent fois vivat
Novus Doctor, qui tam bene parlat!
Mille, mille annis et manget et bibat,
   Et seignet et tuat[1] *!*

ENTRÉE DE BALLET[2].

Tous les Chirurgiens[3] et les Apothicaires dansent au son des instruments et des voix, et des battements de mains, et des mortiers[4] d'apothicaires.

---

la Cérémonie, en la réduisant ainsi à un compliment latin? Que sa brève assertion s'applique à une partie ou au tout, il n'y a sans doute pas à en tenir plus de compte que de l'on-dit recueilli dans le *Bolæana* : voyez aux pages 230 et 231 de la *Notice*, dont l'auteur aurait désiré que l'oubli du passage des *Mémoires* de Louis Racine n'eût pas eu besoin d'être réparé ici.

1. Voici comment sont employées dans le chant, ici et tout à la fin de la Cérémonie, les paroles de ce couplet formant *le grand Vivat*. Après une vigoureuse attaque de l'orchestre, que renforcent des mortiers-timbales, *Tous* : « Vivat (*bis* seulement, non *quater*), cent fois vivat Novus Doctor, qui tam bene parlat! » ce début, terminé par quelques mesures d'orchestre, est ce que le compositeur appelle *le petit Vivat*, entendu une fois plus loin; mais le Chœur, pour achever le grand Vivat, continue : « Vivat (*quater*), cent fois vivat Novus Doctor, qui tam bene parlat, Vivat (*ter*) ». Orchestre. Puis *le Haut-dessus, le Bas-dessus, la Haute-contre et la Basse seuls* et accompagnés par le petit orchestre : « Mille annis et manget et bibat »; *les Deux dessus et la Taille* : « et seignet »; *le Haut-dessus, la Haute-contre et la Basse* : « et tuat »; *le Bas-dessus et la Taille* : « Et seignet »; *le Premier dessus, la Haute-contre et la Basse* : « et tuat »; *les Six* avec le petit orchestre : « Et seignet et tuat »; *Tous*, avec le grand orchestre et les mortiers : « Vivat (*quater*), cent fois vivat Novus Doctor, qui tam bene parlat! »

2. IV. ENTRÉE DE BALLET. (1734.)

3. Un mémoire d'*ustensiles* fournis au Palais-Royal pour les premières représentations compte « vingt-six palettes à saigner argentées et peintes : » c'étaient là les attributs naturels des figures de chirurgiens; mais le livret (ci-dessus, p. 440) ne mentionne de ceux-ci qu'un groupe de dix, chantants ou dansants; M. Éd. Thierry (p. 250 et 251) suppose que seize autres grossissaient encore l'assemblée, mais en simples assistants, ou, ce qui lui paraît moins probable, que les palettes de surplus avaient place dans les trophées de la décoration.

4. *Et de mortiers*. (1674 P.) — *Et des battements des mains, et de mortiers*. (1694.) Ces mortiers, quelques-uns du moins, de métal bien sonore

452   LE MALADE IMAGINAIRE.

    CHIRURGUS[1].
Puisse-t-il voir doctas
Suas[2] *ordonnancias*
Omnium chirurgorum
Et apothiquarum[3]
Remplire boutiquas[4] *!*
    CHORUS.
Vivat, vivat, vivat, vivat, cent fois vivat
 Novus Doctor, qui tam bene parlat[5] *!*
Mille, mille annis et manget et bibat,
  Et seignet et tuat!
    CHIRURGUS [6].
Puissent[7] *toti anni*

et dominant le faible bruit de ceux qui n'étaient que pour la montre[a], s'accordaient régulièrement avec les instruments de l'orchestre : d'après la partition, le compositeur les a employés pour caractériser l'accompagnement du grand et du petit *Vivat*, mais non l'air qui règle la danse des Chirurgiens et Apothicaires indiquée avant le couplet du *premier Chirurgus*.

 1. PREMIER CHIRURGIEN. (1734.) Le couplet est chanté : la partition le donne à une *Taille*. — Ce couplet et les suivants manquent dans le livret de 1674, qui se termine ainsi : *Et tuat! — Tous les Chirurgiens et les Apothicaires applaudissent par des battements de mains et des mortiers d'apothicaires. Ensuite toute l'assemblée sort en cérémonie. —* FIN.

 2. *Puisse-t-il voir doctas, Suas* (sic, avec une virgule après *doctas*). (Livret de 1673 A, 1694.) — *Puisse-t-il voir doctus, Suas.* (1674 C, 74 P, 75, 80, 83.)

 3. *Et apotiquariorum.* (1694.)

 4. Les chirurgiens, dit Maurice Raynaud (p. 303 : voyez encore p. 317), « *tenaient* boutique et *suspendaient* à leurs fenêtres, en guise d'enseignes, trois boîtes emblématiques surmontées d'une bannière aux images des saints Côme et Damien. »

 5. Le Chœur ne chante ici que *le petit Vivat*, c'est-à-dire la première partie du grand finissant avec ce second vers.

 6. APOTICARIUS. (1694.) — SECOND CHIRURGIEN. (1734.) Le Livret, donnant plus haut (p. 440) la composition de l'assemblée, constate en effet qu'à l'origine il y avait deux Chirurgiens chantants. Le personnage qui chante ce couplet n'a pas de titre dans la partition; seulement elle désigne un autre que celui qui a dit le couplet précédent : une *Haute-contre*.

 7. Toutes les éditions : *Puisse.*

 [a] Des « six mortiers peints et argentés avec six mortiers de bois dedans » et des « six pilons argentés » dont parlent les comptes publiés par M. Édouard Thierry (p. 242).

TROISIÈME INTERMÈDE.

Lui essere boni
Et favorabiles,
Et n'habere[1] *jamais*
Quam pestas, verolas[2],
Fievras, pluresias[3],
Fluxus de sang, et dyssenterias!

CHORUS[4].

Vivat, vivat, vivat, vivat, cent fois vivat
Novus Doctor, qui tam bene parlat!
Mille, mille annis et manget et bibat,
Et seignet et tuat!

DERNIÈRE ENTRÉE DE BALLET[5].

1. *Et n'abere.* (1675.)
2. Voyez tome V, p. 334, note 2.
3. *Pleuresias.* (1734.)
4. Ici, après qu'a été rejoué et sans doute redansé l'air des Chirurgiens et Apothicaires, un nouveau petit *Vivat* à deux est, de la manière suivante, entonné par les deux *Chirurgus* (ou par le *Chirurgus* et l'*Apothicarius* : voyez ci-contre, les notes 1 et 6) : *la Haute-contre* : « Vivat » ; *la Haute-contre et la Taille* : « Vivat (*bis*), cent fois vivat Novus Doctor, qui tam bene parlat! » Les Chœurs des voix et des instruments répondent par tout le grand *Vivat*, et cet ensemble accompagne la sortie solennelle de l'assemblée.
5. Dans l'édition de 1682 : DERNIÈRE ENTRÉE DE BALLET. — *Des médecins, des chirurgiens et des apothicaires, qui sortent tous, selon leur rang, en cérémonie, comme ils sont entrés.*
— V. ET DERNIÈRE ENTRÉE DE BALLET.
Pendant que le dernier chœur se chante, les Médecins, les Chirurgiens et les Apothicaires sortent tous selon leur rang, etc. (1734.)

FIN DU MALADE IMAGINAIRE.

APPENDICE
AU
MALADE IMAGINAIRE.

I

EXTRAITS DU TEXTE, NON AUTHENTIQUE, DE 1675.

Nous donnons ici les scènes VII et VIII de l'acte I, et l'acte III tout entier de l'édition de 1675, qui sont très-différents des mêmes scènes et du même acte tels qu'ils ont été imprimés dans l'édition de 1682 et par suite dans celle-ci.

ACTE I[1].

SCÈNE VII.
MONSIEUR BONNEFOI, BÉLINE, ARGAN.

ARGAN.

Ah! bonjour, Monsieur Bonnefoi. Je veux faire mon testament; et pour cela dites-moi, s'il vous plaît, comment je dois faire pour donner tout mon bien à ma femme, et en frustrer mes enfants.

MONSIEUR BONNEFOI.

Monsieur, vous ne pouvez rien donner à votre femme par votre testament.

ARGAN.

Et par quelle raison?

MONSIEUR BONNEFOI.

Parce que la Coutume y résiste : cela seroit bon partout ailleurs et dans le pays de droit écrit; mais à Paris et dans les pays cou-

---

1. Voyez plus haut, p. 312, note 1, et p. 318, note 2.

tumiers, cela ne se peut : tout avantage qu'homme et femme se peuvent faire réciproquement l'un à l'autre en faveur de mariage[1], n'est qu'un avantage indirect, et qu'un don mutuel entre-vifs; encore faut-il qu'il n'y ait point d'enfants d'eux ou de l'un d'iceux avant le décès du premier mourant.

ARGAN.

Voilà une Coutume bien impertinente, de dire qu'un mari ne puisse rien donner à une femme qui l'aime, et qui prend tant soin[2] de lui. J'ai envie de consulter mon avocat, pour voir ce qu'il y a à faire pour cela.

MONSIEUR BONNEFOI.

Ce n'est pas aux avocats à qui il faut s'adresser : ce sont gens fort scrupuleux sur cette matière, qui ne savent pas[3] disposer en fraude de la loi, et qui sont ignorants des tours de la conscience; c'est notre affaire à nous autres, et je suis venu à bout de bien plus grandes difficultés. Il vous faut pour cela, auparavant que de mourir, donner à votre femme tout votre argent comptant, et des billets payables au porteur, si vous en avez ; il vous faut, outre ce, contracter quantité de bonnes[4] obligations sous main avec de vos intimes amis, qui, après votre mort, les remettront entre les mains de votre femme sans lui rien demander, qui prendra ensuite le soin de s'en faire payer.

ARGAN.

Vraiment, Monsieur, ma femme m'avoit bien dit que vous étiez un fort habile et fort honnête homme. J'ai, mon cœur, vingt mille francs dans le petit coffret de mon alcôve, en argent comptant, dont je vous donnerai la clef, et deux billets payables au porteur, l'un de six mille livres, et l'autre de quatre, qui me sont dues[5], le premier par Monsieur Damon, et l'autre par Monsieur Gérante, que je vous mettrai entre les mains.

1. En faveur du mariage. (1674 P.) — Les éditions de 1674, dont nous donnons les variantes, sont celles de Paris (P) et de Cologne (C). — Quant à la prétendue édition donnée précédemment, la même année, à Amsterdam, il n'y avait pas à la citer. Disons, par occasion, que la disposition peu nette des articles dans la *Bibliothèque du théâtre françois* du duc de la Vallière nous a fait d'abord penser que ce catalogue (tome III, p. 89) attribuait à Pradon cette édition subreptice, où la pièce est si étrangement défigurée. Mais en y regardant de nouveau nous avons cru reconnaître que l'alinéa où il est fait mention du *Malade imaginaire* fabriqué pour Daniel Elzevir ne se rattache point à la liste, qui précède immédiatement, des pièces de Pradon.
2. Tant de soin. (1683, 94.)
3. Qui ne savent point. (*Ibidem.*)
4. Contracter de bonnes. (*Ibidem.*)
5. Qui me sont dus. (1674 C, 74 P, 80, 83, 94.)

BÉLINE, feignant de pleurer [1].

Ne me parlez point de cela, je vous prie, vous me faites mourir de frayeur.... (Elle se ravise, et lui dit :) Combien dites-vous qu'il y a d'argent comptant dans votre alcôve?

ARGAN.

Vingt mille francs, mon cœur.

BÉLINE.

Tous les biens de ce monde ne me sont rien en comparaison de vous.... De combien sont les deux billets?

ARGAN.

L'un de six, et l'autre de quatre mille livres.

BÉLINE.

Ah! mon fils, la seule pensée de vous quitter me met au désespoir; vous mort, je ne veux plus rester au monde : ah, ah!

MONSIEUR BONNEFOI.

Pourquoi pleurer, Madame? Les larmes sont hors de saison, et les choses, grâces à Dieu, n'en sont pas encore là.

BÉLINE.

Ah! Monsieur Bonnefoi, vous ne savez pas ce que c'est qu'être toujours séparée d'un mari que l'on aime tendrement.

ARGAN.

Ce qui me fâche le plus, mamie, auparavant de mourir, c'est de n'avoir point eu d'enfants de vous; Monsieur Purgon m'avoit promis qu'il m'en feroit faire un.

MONSIEUR BONNEFOI.

Voulez-vous que nous procédions au testament?

ARGAN.

Oui, mais nous serons[2] mieux dans mon petit cabinet qui est ici près; allons-y, Monsieur: soutenez-moi, mamour.

BÉLINE.

Allons, pauvre petit mari.

SCÈNE VIII.
TOINETTE, ANGÉLIQUE.

TOINETTE.

Entrez, entrez : ils ne sont plus ici. J'ai une inquiétude prodigieuse: j'ai vu un notaire avec eux, et ai entendu parler de testa-

---

1. Ce jeu de scène et le suivant ne se trouvent pas dans les éditions de 1674 C, 74 P, 80, 83, 94.
2. Nous serions. (1674 P.)

ment; votre belle-mère ne s'endort point, et veut sans doute profiter de la colère où vous avez tantôt mis votre père ; elle aura pris ce temps pour nuire à vos intérêts.

ANGÉLIQUE.

Qu'il dispose de tout mon bien en faveur de qui il lui plaira, pourvu qu'il ne dispose pas de mon cœur; qu'il ne me contraigne point[1] d'accepter pour époux celui dont il m'a parlé, je me soucie fort peu du reste, qu'il en fasse ce qu'il voudra.

TOINETTE.

Votre belle-mère tâche par toutes sortes de promesses de m'attirer dans son parti ; mais elle a beau faire, elle n'y réussira jamais, et je me suis toujours trouvé de l'inclination à vous rendre service ; cependant comme il nous est nécessaire dans la conjoncture présente de savoir ce qui se passe, afin de mieux prendre nos mesures, et de mieux venir à bout de notre dessein, j'ai envie de lui faire croire par de feintes complaisances que je suis entièrement dans ses intérêts. L'envie qu'elle a que j'y sois ne manquera pas de la faire donner dans le panneau; c'est un sûr moyen pour découvrir ses intrigues, et cela nous servira de beaucoup.

ANGÉLIQUE.

Mais comment faire pour rompre ce coup terrible dont je suis menacée ?

TOINETTE.

Il faut, en premier lieu, avertir Cléante du dessein de votre père, et le charger de s'acquitter au plus tôt de la parole qu'il vous a donnée ; il n'y a point de temps à perdre, il faut qu'il se détermine.

ANGÉLIQUE.

As-tu quelqu'un propre à faire ce message ?

TOINETTE.

Il est assez difficile, et je ne trouve personne plus propre à s'en acquitter que le vieux usurier Polichinelle, mon amant ; il m'en coûtera pour cela quelques faveurs, et quelques baisers, que je veux bien dépenser pour vous : allez, reposez-vous sur moi, dormez seulement en repos. Il est tard, je crains qu'on n'ait[2] affaire de moi ; j'entends qu'on m'appelle : retirez-vous ; adieu, bonsoir : je vais songer à vous.

1. De mon cœur; il ne me contraint point. (1674 C, 74 P.) — De mon cœur; s'il ne me contraint point. (1683, 94.)
2. Qu'on ait. (1674 C, 74 P, 80, 83, 94.)

ACTE III[1].

SCÈNE I.
BÉRALDE, ARGAN, TOINETTE.

BÉRALDE.

Hé bien! mon frère, que dites-vous du plaisir que vous venez d'avoir? cela ne vaut-il pas bien une prise de casse?

TOINETTE.

De bonne casse est bonne.

BÉRALDE.

Puisque vous êtes mieux, mon frère, vous voulez bien que je vous entretienne un peu de l'affaire de tantôt.

ARGAN court au bassin[2].

Un peu de patience, mon frère, je reviens dans un moment.

TOINETTE.

Monsieur, vous oubliez votre bâton : vous ne songez pas que vous ne sauriez marcher sans lui.

ARGAN.

Tu as raison, donne vite.

SCÈNE II.
BÉRALDE, TOINETTE.

TOINETTE.

Eh! Monsieur, n'avez-vous point de pitié pour votre nièce, et la laisserez-vous sacrifier au caprice de son père, qui veut absolument qu'elle épouse ce qu'elle hait le plus au monde?

BÉRALDE.

Dans le vrai, la nouvelle de ce bizarre mariage m'a fort surpris : je veux tout mettre en usage pour rompre ce coup, et[3] je porterai même les choses à la dernière extrémité, plutôt que de le souffrir. Je lui ai déjà parlé en faveur de Cléante; j'ai été très-mal reçu;

---

1. Voyez plus haut, p. 391, note 1.
2. Cette indication n'est pas dans les éditions de 1674 C, 74 P, 80, 83, 94.
3. Pour rompre, et. (1674 P.)

mais afin de faire réussir leurs feux, il faut commencer par le dégoûter de l'autre, et c'est ce qui m'embarrasse fort.

TOINETTE.

Il est vrai que difficilement le fait-on changer de sentiment. Écoutez pourtant, je songe à quelque chose qui pourroit bien nous réussir.

BÉRALDE.

Que prétends-tu faire ?

TOINETTE.

C'est un dessein assez burlesque, et une imagination fort plaisante qui me vient dans l'esprit pour duper notre homme : je songe qu'il faudroit faire venir ici un médecin à notre poste, qui eût une méthode toute contraire à celle de Monsieur Purgon, qui le décriât, et le fît passer pour un ignorant, qui lui offrît ses services, et lui promît de prendre soin de lui en sa place. Peut-être serons-nous plus heureux que sages : éprouvons ceci à tout hasard ; mais comme je ne vois personne propre à bien faire le médecin, j'ai envie de jouer un tour de ma tête.

BÉRALDE.

Quel est-il ?

TOINETTE.

Vous verrez ce que c'est : j'entends votre frère, secondez-moi bien seulement.

SCÈNE III.

ARGAN, BÉRALDE.

BÉRALDE.

Je veux, mon frère, vous faire une prière avant que vous parler d'affaires.

ARGAN.

Quelle est-elle cette prière ?

BÉRALDE.

C'est d'écouter favorablement tout ce que j'ai à vous dire.

ARGAN.

Bien, soit.

BÉRALDE.

De ne vous point emporter à votre ordinaire.

ARGAN.

Oui, je le ferai.

BÉRALDE.

Et de me répondre sans chaleur précisément sur chaque chose.

ARGAN.

Hé bien! oui : voici bien du préambule.

BÉRALDE.

Ainsi, mon frère, par quelle raison, dites-moi, voulez-vous marier votre fille à un médecin?

ARGAN.

Par la raison, mon frère, que je suis le maître chez moi, et que je puis disposer à ma volonté de tout ce qui est en ma puissance.

BÉRALDE.

Mais encore, pourquoi choisir plutôt un médecin qu'un autre?

ARGAN.

Parce que, dans l'état où je suis, un médecin m'est plus nécessaire que tout autre; et si ma fille étoit raisonnable, c'en seroit assez pour le lui faire accepter.

BÉRALDE.

Par cette même raison, si votre petite Louison étoit plus grande, vous la donneriez en mariage à un apothicaire.

ARGAN.

Eh[1] ! pourquoi non? Voyez un peu le grand mal qu'il y auroit.

BÉRALDE.

En vérité, mon frère, je ne puis souffrir l'entêtement que vous avez des médecins, et que vous vouliez être malade en dépit de vous-même.

ARGAN.

Qu'entendez-vous par là, mon frère?

BÉRALDE.

J'entends, mon frère, que je ne vois guère d'hommes qui se portent mieux que vous, et que je ne voudrois pas avoir une meilleure constitution que la vôtre : une grande marque que vous vous portez bien, c'est que toutes les médecines et les lavements qu'on vous a fait prendre n'ayent point encore altéré la bonté de votre tempérament; et un de mes étonnements est que vous ne soyez point crevé à force de remèdes.

ARGAN.

Monsieur Purgon dit que c'est ce qui me fait vivre ; et que je mourrois, s'il étoit seulement deux jours sans prendre soin de moi.

BÉRALDE.

Oui, oui, il en prendra tant de soin, que, devant qu'il soit peu, vous n'aurez plus besoin de lui.

ARGAN.

Mais, mon frère, vous ne croyez donc point à la médecine?

1. Et. (1694.)

BÉRALDE.

Moi, mon frère? Nullement, et je ne vois pas que, pour son salut, il soit nécessaire d'y croire.

ARGAN.

Quoi? vous ne croyez pas à une science qui depuis un si long temps est si solidement établie par toute la terre, et respectée de tous les hommes?

BÉRALDE.

Non, vous dis-je, et je ne vois pas même une plus plaisante momerie : rien au monde de plus impertinent qu'un homme qui se veut mêler d'en guérir un autre.

ARGAN.

Eh! pourquoi, mon frère, ne voulez-vous pas qu'un homme en puisse guérir un autre?

BÉRALDE.

Parce que les ressorts de notre machine sont mystères jusques ici inconnus, où les hommes ne voient goutte, et dont l'auteur de toutes choses s'est réservé la connoissance.

ARGAN.

Que faut-il donc faire lorsque l'on est malade?

BÉRALDE.

Rien que se tenir de repos, et laisser faire la nature : puisque c'est elle qui est tombée dans le désordre, elle s'en peut aussi bien retirer, et se rétablir elle-même.

ARGAN.

Mais encore devez-vous m'avouer qu'on peut aider cette nature.

BÉRALDE.

Bien éloigné de cela, on ne fait bien souvent que l'empêcher de faire son effet ; et j'ai connu bien des gens qui sont morts des remèdes qu'on leur a fait prendre, qui se porteroient bien présentement s'ils l'eussent laissée[1] faire.

ARGAN.

Vous voulez donc dire, mon frère, que les médecins ne savent rien?

BÉRALDE.

Non, je ne dis pas cela; la plupart d'entre eux sont de très-bons humanistes qui parlent fort bien latin, qui savent nommer en grec toutes les maladies, les définir; mais pour les guérir, c'est ce qu'ils ne savent pas.

ARGAN.

Mais pourquoi donc, mon frère, tous les hommes sont-ils dans la même erreur où vous voulez que je sois[2]?

1. Il y a *laissé*, sans accord devant l'infinitif, dans tous nos textes.
2. Cette question d'Argan a été omise dans l'édition de 1674 P.

BÉRALDE.

C'est, mon frère, parce qu'il y a des choses dont l'apparence nous charme et que nous croyons[1] véritables par l'envie que nous avons qu'elles se fassent[2]. La médecine est de celles-là : il n'y a rien de si beau et de si charmant que son objet : par exemple, lorsqu'un médecin vous parle de purifier le sang, de fortifier le cœur, de rafraîchir les entrailles, de rétablir la poitrine, de raccommoder la rate, d'apaiser la trop grande chaleur du foie, de régler, modérer et retirer la chaleur naturelle, il vous dit justement le roman de la médecine, et il en est comme de ces beaux songes qui pendant la nuit nous ont bien divertis et qui ne nous laissent au réveil que le déplaisir de les avoir eus.

ARGAN.

Ouais, vous êtes devenu fort habile homme en peu de temps.

BÉRALDE.

Dans les discours et dans les choses, ce sont deux sortes de personnes que vos grands médecins : entendez-les parler, ce sont les plus habiles gens du monde; voyez-les faire, les plus ignorants de tous les hommes; de telle manière que toute leur science est renfermée en un pompeux galimatias, et un spécieux babil.

ARGAN.

Ce sont donc de méchantes gens[3], d'abuser ainsi de la crédulité et de la bonne foi des hommes.

BÉRALDE.

Il y en a entre eux qui sont dans l'erreur aussi bien que les autres, d'autres qui en profitent sans y être. Votre Monsieur Purgon y est plus que personne. C'est un homme tout médecin depuis la tête jusques aux pieds, qui croit plus aux règles de son art qu'à toutes les démonstrations de mathématique[4], et qui donne à travers les purgations et les saignées sans y rien connoître, et qui, lorsqu'il vous tuera, ne fera dans cette occasion que ce qu'il a fait à sa femme et à ses enfants, et ce qu'en un besoin il feroit à lui-même.

ARGAN.

C'est que vous avez une dent de lait contre lui.

BÉRALDE.

Quelle raison m'en auroit-il donnée?

1. Nous charme, que nous croyons. (1683, 94.)
2. Qu'elles le fassent. (1674 C, 74 P, 80.) — Qu'elles le fussent. (1683, 94.)
3. Ce sont de méchantes gens. (1683, 94.) — Toutes les éditions que nous comparons ont, sauf celle de 1675, un simple point, au lieu d'un point d'interrogation, à la fin de cette phrase.
4. De mathématiques. (1674 C, 74 P, 80.)

ARGAN.

Je voudrois bien, mon frère, qu'il y eût ici quelqu'un de ces Messieurs pour vous tenir tête, pour rembarrer un peu tout ce que vous venez de dire, et vous apprendre à les attaquer.

BÉRALDE.

Moi, mon frère? Je ne prétends point les attaquer; ce que j'en dis n'est qu'entre nous, et que par manière de conversation; chacun à ses périls et fortunes en peut croire tout ce qu'il lui plaira.

ARGAN.

Voyez-vous, mon frère, ne me parlez plus contre ces gens-là: ils me tiennent trop au cœur, vous ne faites que m'échauffer et augmenter mon mal.

BÉRALDE.

Soit, je le veux bien; mais je souhaiterois seulement, pour vous désennuyer, vous mener voir un de ces jours représenter une des comédies de Molière sur ce sujet.

ARGAN.

Ce sont de plaisants impertinents que vos comédiens, avec leurs comédies de Molière; c'est bien à faire à eux à se moquer de la médecine; ce sont de bons nigauds, et je les trouve bien ridicules de mettre sur leur théâtre de vénérables Messieurs comme ces Messieurs-là.

BÉRALDE.

Que voulez-vous qu'ils y mettent que les diverses professions des hommes? Nous y voyons bien tous les jours des princes et des rois, qui sont du moins d'aussi bonne maison que les médecins.

ARGAN.

Par la mort non d'un diable, je les attraperois bien[1] quand ils seroient malades : ils auroient beau me prier, je prendrois plaisir à les voir souffrir, je ne voudrois pas les soulager en rien, je ne leur ordonnerois pas la moindre petite saignée, le moindre petit lavement; je me vengerois bien de leur insolence, et leur dirois : « Crevez, crevez, crevez, mes petits Messieurs : cela vous apprendra à vous moquer une autre fois de la Faculté. »

BÉRALDE.

Ils ne s'exposent point à de pareilles épreuves, et ils savent très-bien se guérir eux-mêmes lorsqu'ils sont malades.

1. Ô! que je les attraperois bien. (1674 P.)

SCÈNE IV.

MONSIEUR FLEURANT, ARGAN, BÉRALDE.

MONSIEUR FLEURANT, *avec une seringue à la main.*
C'est un petit clystère que je vous apporte : prenez vite, Monsieur, prenez vite, il est comme il faut, il est comme il faut.
BÉRALDE.
Que voulez-vous faire, mon frère ?
ARGAN.
Attendez un moment, cela sera bientôt fait.
BÉRALDE.
Je crois que vous vous moquez de moi ; eh ! ne sauriez-vous prendre un autre temps ? Allez, Monsieur, revenez une autre fois.
ARGAN.
A ce soir, s'il vous plaît, Monsieur Fleurant.
MONSIEUR FLEURANT.
De quoi vous mêlez-vous, Monsieur ? Vous êtes bien plaisant d'empêcher Monsieur de prendre son clystère ; sont-ce là vos affaires ?
BÉRALDE.
On voit bien, Monsieur, que vous n'avez pas accoutumé de parler à des visages.
MONSIEUR FLEURANT.
Que voulez-vous dire avec vos visages ? Sachez que je ne perds pas ainsi mes pas, et que je viens ici en vertu d'une bonne ordonnance ; et vous, Monsieur, vous vous repentirez du mépris que vous en faites : je vais le dire[1] à Monsieur Purgon, vous verrez, vous verrez[2].

SCÈNE V.

ARGAN, BÉRALDE.

ARGAN.
Mon frère, vous allez être cause ici de quelque malheur ; et je crains fort que Monsieur Purgon ne se fâche quand il saura que je n'ai pas pris son lavement.

---

1. Je le vais dire. (1674 C, 74 P, 80, 83, 94.)
2. L'édition de 1682, que nous avons suivie, n'a point ici coupé la scène, pour en marquer, comme le fait ce texte-ci de 1675, une nouvelle après la sortie de M. Fleurant.

TEXTE DE 1675. — ACTE III, SCÈNE V.

BÉRALDE.

Voyez un peu le grand mal de n'avoir pas pris un lavement que Monsieur Purgon a ordonné; vous ne vous mettriez pas plus en peine si vous aviez commis un crime considérable. Encore un coup, est-il possible qu'on ne vous puisse pas guérir de la maladie des médecins, et ne vous verrai-je jamais qu'avec un lavement et une médecine dans le corps?

ARGAN.

Mon Dieu! mon frère, vous parlez comme un homme qui se porte bien; si vous étiez en ma place, vous seriez aussi embarrassé que moi.

BÉRALDE.

Hé bien! mon frère, faites ce que vous voudrez; mais j'en reviens toujours là : votre fille n'est point destinée pour un médecin; et le parti dont je veux vous parler lui est bien plus convenable.

ARGAN.

Il ne l'est pas pour moi, et cela me suffit; en un mot, elle est promise, et elle n'a qu'à se déterminer à cela, ou à un convent[1].

BÉRALDE.

Votre femme n'est pas des dernières à vous donner ce conseil.

ARGAN.

Ah! j'étois bien étonné si l'on ne me parloit pas de la pauvre femme; c'est toujours elle qui fait tout, il faut que tout le monde en parle.

BÉRALDE.

Ah! j'ai tort, il est vrai : c'est une femme qui a trop d'amitié pour vos enfants, et qui, pour l'amitié qu'elle leur porte, voudroit les voir toutes deux bonnes religieuses.

SCÈNE VI[2].

MONSIEUR PURGON, TOINETTE, ARGAN, BÉRALDE.

MONSIEUR PURGON.

Qu'est-ce? on vient de m'apprendre de belles nouvelles. Comment? refuser un clystère que j'avois pris plaisir moi-même de composer avec grand soin?

ARGAN.

Monsieur Purgon, ce n'est pas moi, c'est mon frère.

1. Il y a bien *convent*, dans les éditions de 1674 P, 75 et 94.
2. Répondant à la scène v de l'édition de 1682, et par conséquent de la nôtre.

MONSIEUR PURGON.

Voilà une étrange rébellion d'un malade contre son médecin!

TOINETTE.

Cela est vrai.

MONSIEUR PURGON.

Le renvoyer avec audace! c'est une action exorbitante.

TOINETTE.

Assurément.

MONSIEUR PURGON.

Un attentat énorme contre la médecine.

TOINETTE.

Cela est certain.

MONSIEUR PURGON.

C'est un crime de lèse-Faculté.

TOINETTE.

Vous avez raison.

MONSIEUR PURGON.

Je vous aurois dans peu tiré d'affaire[1] et je ne voulois plus que dix médecines et vingt lavements pour vuider le fond du sac.

TOINETTE.

Il ne le mérite pas.

MONSIEUR PURGON.

Mais puisque vous avez eu l'insolence de mépriser mon clystère,

ARGAN.

Eh! Monsieur Purgon, ce n'est pas ma faute, c'est la sienne.

MONSIEUR PURGON.

Que vous vous êtes soustrait de l'obéissance qu'un malade doit à son médecin[2],

ARGAN.

Ce n'est pas moi, vous dis-je.

MONSIEUR PURGON.

Je ne veux plus avoir d'alliance avec vous, et voici le don que je faisois de tout mon bien à mon neveu, en faveur du mariage avec votre fille, que je déchire en mille pièces.

TOINETTE.

C'est fort bien fait.

ARGAN.

Mon frère, vous êtes cause de tout ceci.

MONSIEUR PURGON.

Je ne veux plus prendre soin de vous et être davantage votre médecin.

1. Tiré d'affaires. (1674 C, 74 P, 80.)
2. Quoi vous vous êtes soustrait de l'obéissance qu'un malade doit à son médecin? (1683, 94; faute évidente.)

ARGAN.

Je vous demande pardon.

MONSIEUR PURGON.

Je vous abandonne à votre méchante constitution, à l'intempérie de votre tempérament et à la pétulance de vos humeurs.

ARGAN.

Faites-le venir, je le prendrai devant vous.

MONSIEUR PURGON.

Je veux que dans peu vous soyez en un état incurable.

ARGAN.

Ah ! je suis mort.

MONSIEUR PURGON.

Et je vous avertis que vous tomberez dans l'épilepsie[1],

ARGAN.

Monsieur Purgon.

MONSIEUR PURGON.

De l'épilepsie dans la phthisie[2],

ARGAN.

Monsieur Purgon.

MONSIEUR PURGON.

De la phthisie dans la bradypepsie[3],

ARGAN.

Doucement, Monsieur Purgon.

MONSIEUR PURGON.

De la bradypepsie dans la lienterie[4],

ARGAN.

Ah, Monsieur Purgon !

MONSIEUR PURGON.

De la lienterie dans la dyssenterie[5],

ARGAN.

Mon pauvre Monsieur Purgon !

MONSIEUR PURGON.

De la dyssenterie dans l'hydropisie,

ARGAN.

Monsieur Purgon !

MONSIEUR PURGON.

De l'hydropisie dans l'apoplexie,

---

1. Épileptie. (1674 C, 74 P, 80 ; ici et plus bas.)
2. Ptysie. (*Ibidem ;* ici et plus bas.)
3. Pratipeptie. (1674 C, 74 P, 80, 83, 94 ; ici et plus bas.) — L'édition de 1675 porte : *pratipeptsie,* ici et plus bas.
4. Lyanterie. (1674 C, 74 P, 80 ; ici et plus bas.) C'est aussi l'orthographe de l'édition de 1675.
5. Disenterie. (1694 ; ici et plus bas.)

ARGAN.

Monsieur Purgon!

MONSIEUR PURGON.

De l'apoplexie dans la privation[1] de la vie, où vous aura conduit votre folie.

SCÈNE VII[2].

ARGAN, BÉRALDE.

ARGAN.

Ah! c'en est fait de moi, je suis perdu, je n'en puis revenir; ah! je sens déjà que la médecine se venge.

BÉRALDE.

Sérieusement, mon frère, vous n'êtes pas raisonnable, et je ne voudrois pas qu'il y eût ici personne qui vous vît faire ces extravagances.

ARGAN.

Vous avez beau dire, toutes ces maladies en *iës*[3] me font trembler, et je les ai toutes sur le cœur.

BÉRALDE.

Le simple homme que vous êtes! Comme si Monsieur Purgon tenoit entre ses mains le fil de votre vie, et qu'il pût l'allonger ou l'accourcir comme bon lui sembleroit[4]; détrompez-vous, encore une fois, et sachez qu'il y peut encore moins qu'à vous guérir lorsque vous êtes malade.

ARGAN.

Il dit que je deviendrai incurable.

BÉRALDE.

Dans le vrai, vous êtes un homme d'une grande prévention; et lorsque vous vous êtes mis quelque chose dans l'esprit, difficilement peut-on l'en chasser.

ARGAN.

Que ferai-je, mon frère, à présent qu'il m'a abandonné, et où trouverai-je un médecin qui me puisse traiter aussi bien que lui?

BÉRALDE.

Mon Dieu! mon frère, puisque c'est une nécessité pour vous d'avoir un médecin, l'on vous en trouvera un du moins aussi ha-

---

1. Dans la privauté. (1674 P; faute évidente.)
2. Répondant à la scène vi du texte de 1682.
3. En *je* (sic). (1683.) — Toutes ces maladies me font trembler. (1694.)
4. Comme bon lui sembloit. (1680.)

bile, qui n'ira pas si vite, avec qui vous courrez¹ moins de risque, et qui prendra plus de précaution aux remèdes qu'il vous ordonnera.

ARGAN.

Ah! mon frère, il connoissoit mon tempérament, et savoit mon mal mieux que moi-même.

SCÈNE VIII².

TOINETTE, ARGAN, BÉRALDE.

TOINETTE.

Monsieur, il y a un médecin à la porte qui souhaite parler à vous.

ARGAN.

Quel est-il ce médecin?

TOINETTE.

C'est un médecin de la médecine, qui me ressemble comme deux gouttes d'eau; et si je ne savois que ma mère étoit honnête femme, je croirois que ce seroit quelque petit frère qu'elle m'auroit donné depuis le trépas de mon père.

ARGAN.

Dis-lui qu'il prenne la peine d'entrer; c'est sans doute un médecin qui vient de la part de Monsieur Purgon, pour nous bien remettre ensemble; il faut³ voir ce que c'est, et ne pas laisser échapper une si belle occasion de me raccommoder avec lui.

SCÈNE IX⁴.

TOINETTE, en habit de médecin⁵, ARGAN, BÉRALDE.

TOINETTE *médecin*.

Monsieur, quoique je n'aye pas l'honneur d'être connu de vous, ayant appris que vous êtes malade, je viens vous offrir mon service pour toutes les purgations et les saignées dont vous aurez besoin.

ARGAN.

Ma foi! mon frère, c'est Toinette elle-même.

1. Dans les textes de 1683, 1694, *courrez;* dans tous les autres, *courerez.*
2. Répondant à la scène VII de l'édition de 1682.
3. De M. Purgon; pour nous bien remettre ensemble, il faut. (1694.) — L'édition de 1683 a une virgule après *Purgon*, et une aussi après *ensemble*.
4. Répondant à la scène VIII de l'édition de 1682.
5. TOINETTE *médecin*. (1674 C, 74 P, 80, 83, 94.)

TOINETTE *médecin*.

Monsieur, je vous demande pardon, j'ai une petite affaire en ville, permettez-moi d'y envoyer mon valet, que j'ai laissé à votre porte, dire que l'on m'attende. (Elle sort[1].)

ARGAN.

Je crois sûrement que c'est elle : qu'en croyez-vous?

BÉRALDE.

Pourquoi voulez-vous cela? Sont-ce les premiers qui ont quelque ressemblance? et ne voyons-nous pas souvent arriver de ces sortes de choses?

TOINETTE[2] quitte son habit de médecin si promptement, pour paroître devant son maître à son ordinaire, qu'il est difficile de croire que ce soit elle qui a paru en médecin.

Que voulez-vous, Monsieur?

ARGAN.

Quoi?

TOINETTE.

Ne m'avez-vous pas appelée?

ARGAN.

Moi? Tu te trompes.

TOINETTE.

Il faut donc que les oreilles m'ayent corné.

ARGAN.

Demeure, demeure pour ce médecin[3] qui te ressemble si fort.

TOINETTE.

Ah! vraiment oui ; je l'ai assez vu.

(Elle sort et va reprendre l'habit de médecin.)

ARGAN.

Ma foi! mon frère, cela est admirable, et je ne le croirois pas, si je ne les voyois tous deux ensemble.

BÉRALDE.

Cela n'est point si surprenant, notre siècle nous en fournit plusieurs exemples, et vous devez, ce me semble, vous souvenir de quelques-uns qui ont fait tant de bruit dans le monde.

TOINETTE *médecin*[4].

Monsieur, excusez-moi, s'il vous plaît.

ARGAN.

Je ne puis sortir de mon étonnement, et il semble que c'est elle-même.

1. Cette indication et les deux suivantes manquent dans les éditions de 1674 C, 74 P, 80, 83, 94.
2. Ici commence dans l'édition de 1682 la scène IX.
3. Pour voir ce médecin. (1683, 94.)
4. Ici commence dans l'édition de 1682 la scène X.

TOINETTE *médecin*.

Je suis un médecin passager, courant de villes en villes, et de royaumes en royaumes[1], pour chercher d'illustres malades, et pour trouver d'amples matières à ma capacité. Je ne suis pas de ces médecins d'ordinaire, qui ne s'amusent qu'à des bagatelles de fiévrottes, de rhumatismes, de migraines, et autres maladies de peu de conséquence : je veux de bonnes fièvres continues, avec des transports au cerveau, de bonnes oppressions de poitrine, de bons maux de côté, de bonnes fièvres pourprées, de bonnes véroles, de bonnes pestes : c'est là où je me plais[2], c'est là où je triomphe, et je voudrois, Monsieur, que vous eussiez toutes ces maladies ensemble, que vous fussiez abandonné de tous les médecins, et à l'agonie[3], pour vous montrer la longue et grande expérience que j'ai dans notre art, et la passion que j'ai de vous rendre service.

ARGAN.

Je vous suis trop obligé, Monsieur; cela n'est point[4] nécessaire.

TOINETTE *médecin*.

Je vois que vous me regardez fixement : quel âge croyez-vous bien que j'aye?

ARGAN.

Je ne le puis savoir[5] au juste; pourtant vous avez bien vingt-sept ou vingt-huit ans au plus.

TOINETTE *médecin*.

Bon, j'en ai quatre-vingt-dix.

ARGAN.

Quatre-vingt-dix? Voilà un beau jeune vieillard.

TOINETTE *médecin*.

Oui, quatre-vingt-dix ans, et j'ai su[6] me maintenir toujours frais et jeune, comme vous voyez, par la vertu et la bonté de mes remèdes. Donnez-moi votre pouls. Allons donc, voilà un pouls bien impertinent : ah! je vois bien que vous ne me connoissez pas encore; je vous ferai bien aller comme il faut. Qui est votre médecin?

ARGAN.

Monsieur Purgon.

TOINETTE *médecin*.

Monsieur Purgon! Ce nom ne m'est point connu, et n'est point

1. Et de royaume en royaume. (1683.) — De ville en ville, et de royaume en royaume. (1694.)
2. Où il me plaît. (1674 P.)
3. De tous les médecins, à l'agonie. (1674 C, 74 P, 80, 83, 94.)
4. Pas. (1674 P.)
5. Je ne puis savoir. (1674 C, 74 P.) — Je ne puis le savoir. (1683, 94.)
6. Oui, quatre-vingt-dix, et j'ai su. (1674 C, 74 P, 80, 83, 94.)

écrit sur mes tablettes dans le rang des grands et fameux médecins qui y sont : quittez-moi cet homme, ce n'est point du tout votre affaire; il faut que ce soit peu de chose; je veux vous en donner un de ma main.

ARGAN.

On le tient pourtant en grande réputation.

TOINETTE *médecin*.

De quoi dit-il que vous êtes malade?

ARGAN.

Il dit que c'est de la rate; d'autres disent que c'est du foie.

TOINETTE *médecin*.

L'ignorant! c'est du poumon que vous êtes malade.

ARGAN.

Du poumon?

TOINETTE *médecin*.

Oui, du poumon : n'avez-vous pas grand appétit à ce que vous mangez?

ARGAN.

Eh! oui.

TOINETTE *médecin*.

C'est justement le poumon. Ne trouvez-vous pas le vin bon?

ARGAN.

Oui.

TOINETTE *médecin*.

Le poumon. Ne rêvez-vous point la nuit?

ARGAN.

Oui, oui, même assez souvent.

TOINETTE *médecin*.

Le poumon. Ne faites-vous point un petit sommeil après le repas?

ARGAN.

Ah! oui, tous les jours.

TOINETTE *médecin*.

Le poumon, le poumon, vous dis-je.

ARGAN.

Ah! mon frère, le poumon.

TOINETTE *médecin*.

Que vous ordonne-t-il de manger?

ARGAN.

Du potage.

TOINETTE *médecin*.

L'ignorant!

ARGAN.

De prendre force bouillons.

TOINETTE *médecin.*

L'ignorant!

ARGAN.

Du bouilli.

TOINETTE *médecin.*

L'ignorant!

ARGAN.

Du veau, et des poulets.

TOINETTE *médecin.*

L'ignorant!

ARGAN.

Et le soir, des petits pruneaux[1] pour lâcher le ventre.

TOINETTE *médecin.*

Ignorantus, ignoranta, ignorantum. Et moi, je vous ordonne de bon gros pain bis, de bon gros bœuf, de bons gros pois, de bon fromage d'Hollande; et afin que vous ne crachiez plus, des marrons et des oublies, pour coller et conglutiner.

ARGAN.

Mais voyez un peu, mon frère, quelle ordonnance.

TOINETTE *médecin.*

Croyez-moi, exécutez-la, vous vous en trouverez bien. A propos, je m'aperçois ici d'une chose : dites-moi, Monsieur, que faites-vous de ce bras-là?

ARGAN.

Ce que j'en fais? la belle demande!

TOINETTE *médecin.*

Si vous me croyez, vous le ferez couper tout à l'heure.

ARGAN.

Et la raison?

TOINETTE *médecin.*

Ne voyez-vous pas qu'il attire à lui toute la nourriture, et qu'il empêche l'autre côté de profiter?

ARGAN.

Eh[2]! je ne me soucie pas de cela, j'aime bien mieux les avoir tous deux.

TOINETTE *médecin.*

Si j'étois aussi en votre place, je me ferois crever cet œil-ci tout à l'heure.

ARGAN.

Et pourquoi le faire crever?

TOINETTE *médecin.*

N'en verrez-vous pas une fois plus clair de l'autre? Faites-le, vous dis-je, et tout à présent.

---

1. De petits pruneaux. (1683, 94.) — 2. Hé! (*Ibidem.*

ARGAN.

Je suis votre serviteur, j'aime beaucoup mieux ne voir pas¹ si clair de l'un, et n'en avoir point de manque.

TOINETTE *médecin*.

Excusez-moi, Monsieur, je suis² obligé de vous quitter si tôt; je vous verrai quelquefois pendant le séjour que je ferai en cette ville; mais je suis obligé de me trouver aujourd'hui à une consultation qui se doit faire pour un malade qui mourut hier.

ARGAN.

Pourquoi une consultation pour un malade qui mourut hier?

TOINETTE *médecin*.

Pour aviser aux remèdes qu'il eût fallu lui faire pour le guérir, et s'en servir dans une semblable occasion³.

ARGAN.

Monsieur, je ne vous reconduis point, vous savez que les malades en sont exempts.

BÉRALDE.

Hé bien! mon frère, que dites-vous de ce médecin?

ARGAN.

Comment diable? Il me semble qu'il va bien vite en besogne.

BÉRALDE.

Comme font tous ces grands médecins, et il ne le seroit pas s'il faisoit autrement.

ARGAN.

Couper un bras, crever un œil : voyez quelle plaisante opération, de me faire borgne et manchot.

TOINETTE⁴, *rentrant après avoir quitté l'habit de médecin*⁵.

Doucement, doucement, Monsieur le médecin : modérez, s'il vous plaît, votre appétit⁶.

1. N'en voir pas. (1674 C, 74 P, 1680.)
2. Monsieur, si je suis. (1674 C, 74 P, 80, 83, 94.)
3. Si l'on ne considère que l'homme mort, c'est un trait plaisant que cette consultation; mais tout le ridicule disparaîtra si, après ces mots (*cités d'après l'édition de* 1682) : « pour aviser et voir ce qu'il auroit fallu lui faire pour le guérir », on ajoute, comme l'édition de 1675 : « et s'en servir dans une semblable occasion. » Cette addition est évidemment contraire au but de Molière, puisqu'elle est favorable à la médecine et lui prête une intention dont il faudrait la louer.... » (*Note d'Auger*, tome IX, p. 415.)
4. Ici commence dans le texte de 1682 la scène XI.
5. Cette indication manque dans les éditions de 1674 C, 74 P, 80, 83, 94.
6. Doucement, doucement, Monsieur le médecin, s'il vous plaît, modérez votre appétit. (1674 C, 74 P, 83, 94.)

ARGAN.

Qu'as-tu donc, Toinette?

TOINETTE.

Vraiment votre médecin veut rire, ma foi! il a voulu mettre sa main sur mon sein en sortant.

ARGAN.

Cela est étonnant à son âge; qui pourroit croire cela, qu'à quatre-vingt-dix ans l'on fût encore si gaillard?

BÉRALDE.

Enfin, mon frère, puisque vous avez rompu avec Monsieur Purgon, qu'il n'y a plus d'espérance d'y pouvoir renouer, et qu'il a déchiré les articles d'entre son neveu et votre fille, rien ne vous peut plus empêcher d'accepter le parti que je vous propose pour ma nièce : c'est un....

ARGAN.

Je vous prie, mon frère, ne parlons point de cela : je sais bien ce que j'ai à faire, et je la mettrai, dès demain, dans un couvent.

BÉRALDE.

Vous voulez faire plaisir à quelqu'un.

ARGAN.

O çà! voilà encore la pauvre femme en jeu.

BÉRALDE.

Hé bien! oui, mon frère, c'est d'elle dont je veux parler; et non plus que l'entêtement des médecins, je ne puis[1] supporter celui que vous avez pour elle.

ARGAN.

Vous ne la connoissez pas, mon frère; c'est une femme qui a trop d'amitié pour moi : demandez-lui les caresses qu'elle me fait; à moins que de les voir, on ne le croiroit pas.

TOINETTE.

Monsieur a raison, et on ne peut pas concevoir l'amitié qu'elle a pour lui. Voulez-vous que je vous fasse voir comme Madame aime Monsieur?

BÉRALDE.

Comment[2]?

TOINETTE.

Eh! Monsieur, laissez-moi faire, souffrez que je le détrompe, et que je lui fasse voir son bec jaune.

ARGAN.

Que faut-il faire pour cela?

1. Et non plus de l'entêtement des médecins; je ne puis. (1683, 94.)
2. ARGAN. Comment? (1674 C, 74 P, 80, 83, 94.)

TOINETTE.

J'entends Madame qui revient de ville : vous, Monsieur, cachez-vous dans ce petit endroit, et prenez garde surtout que l'on ne vous voye. Approchons votre chaise : mettez-vous dedans tout de votre long, et contrefaites le mort. Vous verrez, par le regret qu'elle témoignera de votre perte, l'amitié qu'elle vous porte. La voici.

ARGAN.

Oui, oui, oui, oui; bon, bon, bon, bon.

SCÈNE X[1].

BÉLINE, TOINETTE, ARGAN, contrefaisant le mort, BÉRALDE, caché dans un coin du théâtre[2].

TOINETTE, feignant d'être fort attristée, s'écrie[3] :

Ah, Ciel! quelle cruelle aventure! quel malheur imprévu vient de m'arriver! Que ferai-je, malheureuse? et comment annoncer à Madame de si méchantes nouvelles? Ah! ah!

BÉLINE.

Qu'as-tu, Toinette?

TOINETTE.

Ah! Madame, quelle perte venez-vous de faire? Monsieur vient de mourir tout à l'heure subitement; j'étois seule ici, et il n'y avoit personne pour le secourir.

BÉLINE.

Quoi? mon mari est mort?

TOINETTE.

Hélas! oui, le pauvre homme défunt est trépassé.

BÉLINE.

Le Ciel en soit loué! me voilà délivrée d'un grand fardeau! que tu es folle, Toinette, de pleurer!

TOINETTE.

Moi, Madame? et je croyois qu'il fallût pleurer.

BÉLINE.

Bon, et je voudrois bien savoir pour quelle raison ai-je fait une si grande perte[4]. Quoi? pleurer un homme mal bâti, mal fait, sans esprit, de mauvaise humeur, fort âgé, toujours toussant, mou-

---

1. Répondant à la scène XII du texte de 1682.
2. BÉLINE, TOINETTE, ARGAN, BÉRALDE. (1674 C, 74 P, 80, 83, 94.)
3. Toutes les indications de ce genre et tous les jeux de scène, jusqu'à la fin de l'acte, manquent dans les éditions de 1674 C, 74 P, 80, 83, 94.
4. Pour quelle raison : ai-je fait une si grande perte? (1683, 94.)

chant, crachant, reniflant, fâcheux, ennuyeux, incommode à tout le monde, grondant sans cesse et sans raison, toujours un lavement ou une médecine dans le corps, de méchante odeur : il faudroit que je n'eusse pas le sens commun.

TOINETTE.

Voilà une belle oraison funèbre.

BÉLINE.

Je ne prétends pas avoir passé la plus grande partie de ma jeunesse avec lui sans y profiter de quelque chose; et il faut, Toinette, que tu m'aides à bien faire mes affaires sûrement[1] : ta récompense est sûre.

TOINETTE.

Ah! Madame, je n'ai garde de manquer à mon devoir.

BÉLINE.

Puisque tu m'assures que sa mort n'est sue de personne, saisissons-nous de l'argent, et de tout ce qu'il y a de meilleur; portons-le dans son lit, et quand j'aurai tout mis à couvert, nous ferons en sorte que quelque autre l'y trouve mort, et ainsi on ne se doutera point de ce que nous aurons fait. Il faut d'abord que je lui prenne ses clefs[2], qui sont dans cette poche.

ARGAN se lève tout à coup.

Tout beau, tout beau, Madame la carogne : ah, ah, je suis ravi d'avoir entendu le bel éloge que vous avez fait de moi : cela m'empêchera de faire bien des choses.

TOINETTE.

Quoi? le défunt n'est pas mort?

BÉRALDE.

Hé bien! mon frère, voyez-vous à présent comme votre femme vous aime?

ARGAN.

Ah! vraiment oui, je le vois, je ne le vois que trop.

TOINETTE.

Je vous jure que j'ai bien été trompée, et je n'eusse jamais cru cela. Mais j'aperçois votre fille : retournez-vous-en où vous étiez, et vous remettez dans votre chaise : il est bon aussi de l'éprouver, et ainsi vous connoîtrez les sentiments de toute votre famille.

ARGAN.

Tu as raison, tu as raison.

1. Seulement. (1683, 94.)
2. Les clefs. (*Ibidem.*)

SCÈNE XI[1].

ANGÉLIQUE, TOINETTE, ARGAN, BÉRALDE[2].

TOINETTE s'écrie encore :

Ah! quel étrange accident! mon pauvre maître est mort : que de larmes, que de pleurs il nous va coûter! quel désastre! S'il étoit encore mort d'une autre manière, on n'en auroit pas tant de regret. Ah! que j'en ai de déplaisir, ha, ha, ha[3].

ANGÉLIQUE.

Qu'y a-t-il de nouveau, Toinette, pour te causer tant de gémissements?

TOINETTE.

Hélas, votre père est mort.

ANGÉLIQUE.

Mon père est mort, Toinette?

TOINETTE.

Ah! il ne l'est que trop, et il vient d'expirer entre mes bras d'une foiblesse qui lui a pris[4]. Tenez, voyez-le, le voilà tout étendu dans sa chaise. Ha, ha.

ANGÉLIQUE.

Mon père est mort, et justement dans le temps où il étoit en colère contre moi, par la résistance que je lui ai faite tantôt en refusant le mari qu'il me vouloit donner[5]. Que deviendrai-je, misérable que je suis? et comment cacher une chose qui a paru devant tant de personnes?

SCÈNE DERNIÈRE.

CLÉANTE, ANGÉLIQUE, TOINETTE, ARGAN, BÉRALDE.

CLÉANTE.

Juste Ciel! que vois-je? dites, qu'avez-vous, belle Angélique?

ANGÉLIQUE.

Ah! Cléante, ne me parlez plus de rien. Mon père est mort; il

---

1. Répondant à la scène XIII du texte de 1682.
2. De toute votre famille. SCÈNE XI. TOINETTE, ANGÉLIQUE, ARGAN, BÉRALDE. (1674 P.)
3. Ha, ah, ah. (*Ibidem.*)
4. Dans toutes les éditions, *prise;* en outre, dans celles de 1674 C, 74 P, 80, *qu'il,* au lieu de *qui.*
5. Qu'il m'a voulu donner. (1683, 94.)

faut vous dire adieu pour toujours, et nous séparer entièrement l'un de l'autre.

CLÉANTE.

Quelle infortune, grand Dieu! Hélas! après la demande que j'avois prié votre oncle de lui faire de vous, je venois moi-même me jeter à ses pieds, pour faire un dernier effort afin de vous obtenir.

ANGÉLIQUE.

Le Ciel ne l'a pas voulu; vous devez comme moi vous soumettre à ce qu'il veut, et il faut vous résoudre de me quitter pour toujours. Oui, mon père, puisque j'ai été assez infortunée pour ne pas faire ce que vous vouliez de moi pendant votre vie, du moins ai-je dessein de le réparer après votre mort : je veux exécuter votre dernière volonté, et je vais me retirer dans un couvent, pour y pleurer votre mort pendant tout le reste de ma vie; oui, mon cher père, souffrez que je vous en donne ici les dernières assurances, et que je vous embrasse....

ARGAN se lève.

Ah! ma fille....

ANGÉLIQUE.

Ha, ha, ha, ha.

ARGAN.

Viens, ma chère enfant, que je te baise; va, je ne suis pas mort; je vois que tu es ma fille, et je suis bien aise de reconnoître ton bon naturel.

ANGÉLIQUE.

Mon père, permettez que je me mette à genoux devant vous, pour vous conjurer que, si vous ne me voulez pas faire[1] la grâce de me donner Cléante pour époux, vous ne me refusiez pas[2] celle de ne m'en pas donner un avec lequel je ne puisse vivre.

CLÉANTE.

Eh! Monsieur, serez-vous insensible à tant d'amour? et ne peut-on pas vous attendrir par aucun endroit?

BÉRALDE.

Mon frère, avez-vous à consulter, et ne devriez-vous pas déjà l'avoir donnée aux vœux de Monsieur?

TOINETTE.

Comment? vous résisterez à de si grandes marques de tendresse? La, Monsieur, rendez-vous.

ARGAN.

Hé bien! qu'il se fasse médecin, et je lui donne ma fille.

1. Que si vous ne me voulez faire. (1683, 94.)
2. Pour époux, ne me refusez pas. (1674 C, 74 P, 80.)

CLÉANTE.

Oui-da, Monsieur, je le veux bien; apothicaire même, si vous voulez; je ferois encore des choses bien plus difficiles pour avoir la belle Angélique.

BÉRALDE.

Mais, mon frère, il me vient une pensée : faites-vous médecin vous-même plutôt que Monsieur.

ARGAN.

Moi, médecin?

BÉRALDE.

Oui, vous : c'est le véritable moyen de vous bien porter; et il n'y a aucune maladie, si redoutable qu'elle soit, qui ait l'audace de s'attaquer à un médecin.

TOINETTE.

Tenez, Monsieur, votre barbe y peut beaucoup, et la barbe fait plus de la moitié d'un médecin.

ARGAN.

Vous vous moquez, je crois; et je ne sais pas un seul mot de latin : comment donc faire?

BÉRALDE.

Voilà une belle raison! Allez, allez, il y en a parmi eux qui en savent encore moins que vous, et lorsque vous aurez la robe et le bonnet, vous en saurez plus qu'il ne vous en faut.

CLÉANTE.

En tout cas, me voilà prêt à faire ce que l'on voudra.

ARGAN.

Mais, mon frère, cela ne se peut faire sitôt.

BÉRALDE.

Tout à présent, si vous voulez; et j'ai une Faculté de mes amis fort près d'ici, que j'enverrai[1] querir pour célébrer la cérémonie. Allez vous préparer seulement : toutes choses seront bientôt prêtes.

ARGAN.

Allons, voyons, voyons.

CLÉANTE.

Quel est donc votre dessein? et que voulez-vous dire avec cette Faculté de vos amis?

BÉRALDE.

C'est un intermède de la réception d'un médecin que des comédiens ont représenté ces jours passés : je les avois fait venir pour le jouer ce soir ici devant nous, afin de nous bien divertir; et je prétends que mon frère y joue le premier personnage.

---

1. J'envoierai. (1683, 94.)

ANGÉLIQUE.

Mais, mon oncle, il me semble[1] que c'est se railler un peu fortement de mon père.

BÉRALDE.

Ce n'est pas tant se railler que s'accommoder[2] à son humeur, outre que pour lui ôter tout sujet de se fâcher quand il aura reconnu la pièce que nous lui jouons, nous pouvons[3] y prendre chacun un rôle, et jouer en même temps que lui. Allons donc nous habiller.

CLÉANTE.

Y consentez-vous?

ANGÉLIQUE.

Il le faut bien.

---

1. Il semble. (1683, 94.)
2. Le railler que de s'accommoder. (1674 C, 74 P, 80.) — Se railler que de s'accommoder. (1683, 94.)
3. Nous pourrons. (1683, 94.)

II

LA CÉRÉMONIE DE RÉCEPTION

AVEC PASSAGES INTERPOLÉS,

Telle qu'elle a été publiée à part, à Rouen et à Amsterdam, en 1673, sous ce titre : RECEPTIO PUBLICA *unius juvenis medici in Academia burlesca* JOANNIS BAPTISTÆ MOLIÈRE, *Doctoris comici*. EDITIO DEUXIÈME[1], *revisa, et de beaucoup augmentata, super manuscriptos trovatos post suam mortem*[2].

ACTA ET CEREMONIÆ RECEPTIONIS.

PRÆSES.
Scavantissimi Doctores,
Medicinæ professores,

---

1. L'édition de Rouen porte ainsi : *Editio deuxième;* celle d'Amsterdam, de la même année : EDITIO TROISIÈME. — L'édition de 1694, sauf dans les derniers couplets (indiqués ci-après, p. 490, note 1), a reproduit, comme troisième intermède, le texte de cette Cérémonie amplifiée, en y ajoutant les jeux de scène. Nous y avons relevé des variantes, qui ne sont la plupart, comme on le verra, qu'un retour à la leçon primitive, au texte publié par Molière.

2. Sur le peu d'authenticité de cette pauvre amplification de la Cérémonie originale, voyez ci-dessus la *Notice*, p. 231-233. Nous mentionnerons encore ici la conjecture, nullement dénuée de vraisemblance à notre avis, que M. Moland, tenant d'ailleurs un juste compte de l'objection assez grave qu'on y peut faire, a proposée, aux pages 298 à 300 de son livre sur *Molière et la comédie italienne*. Les mots italiens que contient la pièce apocryphe, notamment dans le premier couplet du Huitième docteur (ci-après, p. 488 et 489), le titre même qu'elle porte de « Réception.... d'un jeune médecin », pourraient faire soupçonner, dit M. Moland, que les additions qui y ont allongé outre mesure, délayé le vrai texte de la Cérémonie de Molière sont dues à quelques inventions de la troupe italienne de Paris. Nous savons par un long article de l'*Histoire de l'ancien théâtre italien* (par les frères Parfaict : voyez p. 436-446) qu'une imitation ou parodie de la Cérémonie française fut donnée sur leur théâtre comme divertissement ou intermède final de leur farce du *Triomphe de la médecine*, laquelle était elle-même un arrangement burlesque du *Malade imaginaire*, et où — différence notable avec la donnée de la comédie de Molière, et concordance frappante avec le titre de la pièce apocryphe — l'intrigue ame-

RECEPTIO UNIUS JUVENIS MEDICI.

Qui hic assemblati estis,
Et vos altri Messiores,
Sententiarum Facultatis
Fideles executores,
Chirurgiani et Apothicari,
Atque tota compania aussi,
Salus, honor, et argentum,
Atque bonum appetitum!

Non possum, docti Confreri,
En moi satis admirari
Qualis bona inventio
Est medici professio,
Quam bella chosa est, et bene trovata,
Medicina illa benedicta,
Quæ suo nomine solo,
Surprenanti miraculo,
Depuis si longo tempore
Facit à gogo vivere
Tant de gens omni genere.

Per totam terram videmus
Grandam vogam ubi sumus,
Et quod grandes et petiti
Sunt de nobis infatuti;
Totus mundus, currens ad nostros remedios,
Nos regardat sicut Deos,
Et nostris ordonnanciis
Principes et reges soumissos videtis.

Atque ideo il est[1] *nostræ sapientiæ,*
Boni sensus, et magnæ prudentiæ[2]*,*

naît la réception au doctorat médical, non du vieux Malade, mais du jeune amoureux Cinthio. La difficulté est que la farce italienne fut représentée le 14 mai 1674 seulement, et que la date de la première impression, faite à Rouen, de la *Receptio publica unius juvenis medici*, remonte (comme on l'a vu p. 231 de la *Notice*) au 24 mars 1673, juste à cinq semaines après la mort de Molière. Pour pouvoir admettre que le divertissement italien ait fourni les couplets ou quelques-uns des couplets intercalés par les éditeurs de la *Receptio.... unius juvenis medici* dans le texte de notre auteur, « il faudrait donc supposer, conclut M. Moland, que les Italiens eussent joué cet intermède bien avant leur pièce du *Triomphe de la médecine*, qu'ils s'en fussent emparés presque aussitôt qu'il parut sur le théâtre de Molière, ce qui serait surprenant sans doute, mais non impossible dans les libres usages de l'époque. »

1. *Atque ideo id est*. (1694.)
2. *Boni sensus, atque prudentiæ.* (*Ibidem;* comme dans le livret original de 1673 : voyez ci-contre la note 1.)

De fortement travaillare
A nos bene conservare
In tali credito, voga, et honore,
Et prendere gardam à non recevere
In nostro docto corpore
Quam personas capabiles,
Et totas dignas remplire
Has plaças honorabiles.

C'est pour cela que nunc convocati estis,
Et credo quod trovabitis
Dignam materiam medici
In sçavanti homine que voici,
Lequel, in chosis omnibus,
Dono ad interrogandum,
Et à fond examinandum
Vostris capacitatibus.

PRIMUS DOCTOR.

Si mihi licenciam dat Dominus Præses,
Et tanti docti Doctores,
Et assistantes illustres,
Très-sçavanti Bacheliero,
Quem estimo et honoro,
Domandabo causam et rationem quare
Opium facit dormire.

BACHELIERUS.

Mihi a docto Doctore
Domandatur causam et rationem quare
Opium facit dormire?
A quoi respondeo :
Quia est in eo
Virtus dormitiva,
Cujus est natura
Sensus assoupire.

CHORUS.

Bene, bene, bene respondere :
Dignus, dignus est entrare
In nostro docto corpore.

SECUNDUS DOCTOR.

Proviso quod non displaceat
Domino Præsidi, lequel n'est pas fat,
Mais benigne annuat,
Cum doctis Doctoribus sçavantibus,
Et assistantibus bien-vueillantibus,
Dicat mihi un peu Dominus prætendens
Raison a priori et evidens
Cur rhubarba et le séné
Per nos semper est ordonné

Ad purgandum l'utrumque bile?
Si dicit hoc, erit valde habile.
BACHELIERUS.
A docto Doctore mihi, qui sum prætendens,
Domandatur raison a priori et evidens
    Cur rhubarba et le séné
    Per nos semper est ordonné
    Ad purgandum l'utrumque bile,
    Et quod ero valde habile.
      Respondeo vobis :
      Quia est in illis
      Virtus purgativa,
      Cujus est natura
    Istas duas biles evacuare.
CHORUS.
    Bene, etc.
TERTIUS DOCTOR.
Ex responsis il paroît jam sole clarius
Quod lepidum iste caput, Bachelierus,
Non passavit suam vitam ludendo au trictrac,
    Nec in prenando du tabac.
Sed explicet pourquoi furfur macrum[1]*,*
    Et parvum lac,
Cum phlebotomia et purgatione humorum,
Appellantur a medisantibus idolæ medicorum,
    Nec non pontus asinorum?
Si premièrement grata sit Domino Præsidi
    Nostra libertas quæstionandi,
    Pariter Dominis Doctoribus,
Atque de tous ordres benignis auditoribus.
BACHELIERUS.
    Quærit a me Dominus Doctor
    Chrysologos, id est qui dit d'or,
    Quare parvum lac, et furfur macrum,
    Phlebotomia, et purgatio humorum,
Appellantur a medisantibus idolæ medicorum,
    Atque pontus asinorum?
    Respondeo : quia
Ista ordonnando non requiritur magna scientia,
    Et ex illis quatuor rebus
Medici faciunt ludovicos, pistolas, et des quarts-d'escus.
CHORUS.
    Bene, etc.
QUARTUS DOCTOR.
Cum permissione Domini Præsidis,
    Doctissimæ Facultatis,
    Et totius his nostris actis

---

1. Du son pour des (pour les, 1694) clystères. (*Note jointe au texte reproduit.*)

Companiæ assistantis,
Domandabo tibi, Bacheliere,
Quæ sunt remedia,
Tam in homine quam in muliere,
Quæ in maladia
Ditta hydropisia, in malo caduco, apoplexia,
Convulsione, et paralysia,
Convenit facere?

BACHELIERUS.

Clysterium donare,
Postea segnare,
Ensuitta[1] *purgare.*

CHORUS.

Bene, etc.

QUINTUS DOCTOR.

Si bonum semblatur Domino Præsidi,
Doctissimæ Facultati,
Et companiæ écoutanti,
Domandabo tibi, erudite Bacheliere,
Ut revenir un jour à la maison gravis ære[2],
Quæ remedia colicosis, fievrosis,
Maniacis, nephriticis, phreniticis[3],
Melancholicis, dæmoniacis,
Asthmaticis, atque pulmonicis,
Catharrosis, tussiculosis,
Guttosis, ladris, atque gallosis,
In apostematis, plagis, et ulcere,
In omni membro démis aut fracturé,
Convenit facere[4]?

BACHELIERUS.

Clysterium, etc.

CHORUS.

Bene, etc.

SEXTUS DOCTOR.

Cum bona venia reverendi Præsidis,

---

1. *Ensuita.* (1694; ici et plus bas.)
2. Chargé d'argent. (*Note jointe au texte reproduit.*) — *Ut revenir,* « afin de revenir, pour revenir... », ou, en supposant que quelque mot a été sauté, « afin que (tu puisses) revenir.... » Au lieu de : « Je te demanderai, pour revenir..., si tu veux revenir..., quels remèdes il convient... », le sens pourrait encore être : « Je te demanderai comment revenir, comment on revient..., et quels remèdes il convient.... »

3.   *Et companiæ præsenti,*
    Domandabo tibi, docte Bacheliere,
    Quæ remedia colicosis, fievrosis, eticis,
    Maniacis, nephriticis, phreneticis. (1694.)

4.   . . . . *aut fracturé*
    Trovas à propos facere. (1694.)

RECEPTIO UNIUS JUVENIS MEDICI.

Filiorum Hippocratis,
Et totius coronæ nos admirantis,
Petam tibi, resolute Bacheliere,
Non indignus alumnus di Monspeliere,
Quæ remedia cæcis, surdis, mutis,
Manchotis, claudis, atque omnibus estropiatis,
Pro coris pedum, malum de dentibus, pesta, rabie,
Et nimis magna commotione in omni novo marié,
  Convenit facere?

      BACHELIERUS.
 Clysterium, etc.

      CHORUS.
Bene, etc.

    SEPTIMUS DOCTOR.
 Super illas maladias
 Dominus Bachelierus dixit maravillas :
Mais si non ennuio doctissimam Facultatem,
Et totam honorabilem companiam,
Tam corporaliter quam mentaliter hic præsentem,
 Faciam[1] *illi unam quæstionem :*
 De hiero maladus unus
 Tombavit in meas manus,
Homo qualitatis, et dives comme un Crœsus :
Habet[2] *grandam fievram cum redoublamentis,*
 Grandam dolorem capitis,
Cum troublatione spirii[3]*, et laxamento ventris,*
Grandum insuper malum au costé[4]*,*
 Cum granda difficultate
 Et pena de respirare.
 Vueillas mihi diré[5]*,*
 Docte Bacheliere,
 Quid illi facere?

      BACHELIERUS.
 Clysterium, etc.

1. Dans l'édition de 1694 :

 Mais si non ennuyo Dominum Præsidem,
  Doctissimam Facultatem,
  Et totam honorabilem
  Companiam écoutantem,
  Faciam....

2. *Tombavit in meas manus :*
 Habet.... (1694.)

3. Il faut sans doute lire *spirti,* « d'esprit, » de l'italien *spirto,* mot poétique pour *spirito.*

4. *Grandam dolorem capitis,*
 Et grandum malum au côté. (1694.)

5. *Veillas mihi dicere.* (Ibidem.)

CHORUS[1].

Bene, etc.

IDEM DOCTOR.

Mais si maladia
Opiniatria,
Ponendo medicum à quia,
Non vult se guarire[2]*,*
Quid illi facere?

BACHELIERUS.

Clysterium, etc.

CHORUS.

Bene, etc.

OCTAVUS DOCTOR.

Impetrato favorabili congé
A Domino Præside,
Ab electa trouppa Doctorum,
Tam practicantium quam practicæ[3] *avidorum,*
Et a curiosa turba badaudorum,
Ingeniose Bacheliere
Qui non potuit esse jusqu'ici déferré,
Faciam tibi unam quæstionem de importantia.
Messiores, detur nobis audiencia :
Isto die bene mane,
Paulo ante mon desjûné,
Venit ad me una Domicella
Italiana, jadis bella,
Et, ut penso, encor un peu pucella,
Quæ habebat pallidos colores,
Fievram blancam dicunt magis fini Doctores,
Quia plaignebat se de migraina,
De curta halena,
De granda oppressatione,
Jambarum enflatura, et effroiabili lassitudine,
De battimiento cordis,
De strangulamento matris,
Alio nomine vapor hystérique,
Quæ, sicut omnes maladiæ terminatæ in ique,
Facit à Galien la nique.
Visagium apparebat bouffitum, et coloris
Tantum vertæ quantum merda anseris.
Ex pulsu petito valde fréquent, et urina mala,
Quam apportaverat in phiola,

---

1. Cette reprise du Chœur est omise dans l'édition de 1694.
2. Dans l'édition de 1694 :

    Opiniatria
    Non vult se garire.

3. Dans nos textes, *practica*.

RECEPTIO UNIUS JUVENIS MEDICI.

Non videbatur exempta de febricule ;
Au reste, tam debilis, quod venerat
  De son grabat
 In cavallo[1] *sur une mule.*
 Non habuerat menses suos,
Ab illa die quæ dicitur des grosses eaux ;
 Sed contabat mihi à l'oreille
Che si non era morta, c'estoit grand merveille,
 Perche in suo negotio
Era un poco d'amore, et troppo di cordoglio,
Che'l suo galano sen' era andato in Allemagna
Servire al Signor Brandebourg una campagna.
Usque ad maintenant multi charlatani,
 Medici, apothicari, et chirurgiani,
Pro sua maladia in vano travaillaverunt,
Juxta mesme las novas gripas[2] *istius bourru van Helmont*[3]
Emploiuntes, ab oculis cancri[4] *ad alcahest*[5]*.*
 Vueillas mihi dire quid superest,
 Juxta orthodoxos, illi facere ?
   BACHELIERUS.
 Clysterium, etc.
   CHORUS.
Bene, etc.
   IDEM DOCTOR.
Mais, si tam grandum bouchamentum
 Partium naturalium,
 Mortaliter obstinatum,
 Per clysterium donare,
  Seignare[6]*,*
Et reiterando cent fois purgare,

1. *Cavallo,* « cheval »; six et sept vers plus loin : *cordoglio,* « chagrin »; *andato,* « allé », sont les seuls mots italiens qu'il nous semble nécessaire de traduire.

2. Les grippes, les fantaisies, les inventions et nouveautés chimiques.

3. De ce rêveur, de cet extravagant de van Helmont : sur ce sens de *bourru,* voyez tome IV, p. 441, note 1. — Van Helmont était mort en 1644.

4. « Yeux d'écrevisse ou pierres d'écrevisse, concrétions.... blanches,... que l'on trouve, au nombre de deux, aux côtés de l'estomac de l'écrevisse...; on s'en servait autrefois comme d'une poudre absorbante.... » (*Dictionnaire de Littré.*)

5. « *Alcaest* ou *alcahest,*... substantif masculin. 1° Terme d'alchimie. Liqueur qui était supposée propre à guérir toute sorte d'engorgements. 2° Dissolvant universel, capable de ramener tous les corps de la nature à leur première vie. — .... Ce mot a été inventé par Paracelse, et ne paraît avoir aucune étymologie. (*Dictionnaire de Littré.*)

6. Depuis cet endroit, la syllabe initiale de ce verbe n'est plus *se* comme jusqu'ici, mais *sei.*

Non potest se guarire,
Finaliter quid trovares à propos illi facere?
                    BACHELIERUS.
In nomine Hippocratis, benedictam cum bono
Garçone conjunctionem imperare[1].
                    CHORUS.
  Bene, etc.
                    PRÆSES.
Juras gardare statuta
Per Facultatem præscripta
Cum sensu et jugeamento?
                    BACHELIERUS.
  Juro.
                    PRÆSES.
  Essere, in omnibus
  Consultationibus,
    Ancieni aviso,
  Aut bono, aut mauvaiso?
                    BACHELIERUS.
  Juro.
                    PRÆSES.
De non jamais te servire
De remediis aucunis
Quam de ceux seulement almæ Facultatis,
Ni jamais emeticum ni mercurium dare,
    Maladus deust-il crevare,
    Et mori de suo malo?
                    BACHELIERUS.
  Juro.
                    PRÆSES.
Ego, cum isto bonetto
Venerabili et docto,
Dono tibi et concedo
Puissanciam, virtutem, atque licenciam,
Medicinam cum methodo faciendi,
          Id est
        Clysterizandi,
        Seignandi,
        Purgandi,
        Sangsuandi,
        Ventousandi,
        Scarificandi,
        Perceandi,

1. L'édition de 1694 suit, à partir d'ici, le texte du livret original de 1673, imprimé ci-dessus (p. 439 et suivantes) sous son titre de « TROISIÈME INTERMÈDE. » Elle n'en diffère que par quelques variantes, qui sont les leçons de la cérémonie amplifiée, et que nous avons relevées dans les notes des pages 448 et 452.

RECEPTIO UNIUS JUVENIS MEDICI.

Taillandi,
Coupandi,
Trepanandi,
Brulandi,
Uno verbo, selon les formes atque impune occidendi,
Parisiis, et per totam terram.
Rendas, Domine, his Messioribus gratiam.

BACHELIERUS.

Grandes Doctores doctrinæ
De la rheubarbe et du séné,
Ce seroit à moi sine dubio chosa folla,
Inepta et ridicula,
Si j'alloibam m'engageare
Vobis louangeas donare,
Et entreprenoibam adjoutare
Des lumieras au soleillo,
Des étoilas au cielo,
Des flammas à l'inferno,
Des ondas à l'Oceano,
Et des rosas au printanno.
Agreate qu'avec uno moto,
Pro toto remercimento,
Rendam gratias corpori tam docto.
Vobis, vobis, vobis debeo
Davantage quam naturæ et patri meo :
La natura et pater meus
Hominem me habent factum;
Mais vous me, ce qui est bien plus,
Habetis factum medicum,
Honor, favor, et gratia
Qui, in hoc corde que voilà,
Imprimant ressentimenta
Qui dureront in secula.

CHORUS.

Vivat, vivat, vivat, vivat, cent fois vivat,
Novus Doctor, qui tam bene parlat!
Mille, mille annis et manget et bibat,
Et seignet et tuat!

CHIRURGUS.

Puisse-t-il voir doctas
Suas ordonnancias
Omnium chirurgianorum
Et apotiquariorum
Remplire boutiquas!

CHORUS.

Vivat, etc.

APOTIQUARIUS.

Puisse[nt] toti anni
Lui essere boni

Et favorabiles,
Et n'habere jamais
Entre ses mains pestas, epidemias,
Quæ sunt malas bestias,
Mais semper pluresias, pulmonias,
In renibus et vessia pierras,
Rheumatismos d'un anno, et omnis generis fièvras,
Fluxus de sanguine, guttas diabolicas,
Mala de Sancto-Joanne, Poitevinorum colicas,
Scorbutum de Hollandia, verolas parvas et grossas,
Bonos chancros, atque longas calidopissas!

BACHELIERUS.

Amen.

CHORUS.

Vivat, etc.

III

EXTRAIT DU *CANDELAIO* DE GIORDANO BRUNO NOLANO.

(Voyez la dernière partie du premier intermède, ci-dessus, p. 332-336, et la note de cette dernière page.)

ATTO QUINTO.

PENULTIMA SCENA.

BARRA, MARCA, CORCOVIZZO, MAMPHURIO, SANGUINO[1], ASCANIO.

BARRA.

.... Che voglam[2] far di costui, del Domino magister?

SANGUINO.

Questo porta sua colpa su la fronte : non vedi ch'è stravestito? non vedi che quel mantello è stato rubbato a Tiburolo? non l'hai visto che fugge la corte?

MARCA.

È vero, ma apporta certe cause verisimili[3]?

BARRA.

Per ciò non deve dubitare d'andar priggione.

MAMPHURIO.

Verum, ma cascarrò in derisione appò miei scolastici et di altri per i casi che mi sono aventati al dorso.

SANGUINO.

Intendete quel che vuol dir costui?

CORCOVIZZO.

Non l'intenderebbe Sansone[4].

SANGUINO.

Hor sù per abbreviarla, vedi, Magister, a che cosa ti vuoi resolvere : si volete voi venir priggione; over donar la buona mano alla compagnia di que' scudi che ti son rimasti dentro la giornea, per che (come dici) il mariolo ti tolse sol quelli ch' havevi in mano per cambiarli.

---

1. L'en-tête d'une scène précédente (la xvie de l'acte IV) avertit que ce personnage est travesti en capitaine et que ses trois compagnons le sont en sbires.
2. Nous gardons l'écriture particulière de l'original, *voglam*, *meglo*, *cascarrò*; *si* (employé au lieu de *se*), etc.
3. *Verisimile* dans l'impression première.
4. Samson, inventeur d'énigmes au chapitre xiv du livre des *Juges*.

MAMPHURIO.

Minime, io non ho altrimente veruno : quelli che havevo tutti mi furon tolti, *ita mehercle, per Iovem, per altitonantem, vos sidera testor.*

SANGUINO.

Intendi quel che ti dico. Si non voi provar il stretto della vicaria, et non hai moneta, fà elettione d'una de le altre due : o prendi diece spalmate con questo ferro di correggia che vedi; o ver a brache calate harrai un cavallo de cinquanta staffilate [1] : che per ogni modo tu non ti partirrai da noi senza penitenza di tui falli.

MAMPHURIO.

Duobus propositis malis minus est tolerandum, sicut duobus propositis bonis melius est eligendum, dicit Peripateticorum princeps.

ASCANIO.

Maestro, parlate che siate inteso, per che queste son gente sospette.

BARRA.

Può essere che dica bene costui allhor che non vuol esser inteso?

MAMPHURIO.

Nil mali vobis imprecor, io non vi impreco male.

SANGUINO.

Pregatene ben quanto volete, che da noi non sarrte essaudito.

CORCOVIZZO.

Elegetevi presto quel che vi piace, o vi legarremo meglo, et vi menarremo.

MAMPHURIO.

Minus pudendum erit palma feriri, quam quod congerant in veteres flagella nates : id n[*empe*] *puerile est.*

SANGUINO.

Che dite voi, che dite in vostra mal'hora?

MAMPHURIO.

Vi offro la palma.

SANGUINO.

Toccala [2], Corcovizzo, dà fermo.

CORCOVIZZO.

Io do Taf. una.

MAMPHURIO.

Oimmè Iesus oph.

CORCOVIZZO.

Apri bene l'altra mano. Taf. Et due.

---

1. Tu recevras un cheval de cinquante coups, on te fera monter à cheval pour recevoir cinquante coups : plus loin (p. 495, 4e couplet), le supplice est décrit.

2. Dans l'impression première : *Toccallà*.

CANDELAIO. — ATTO V, SCENA XXV.

MAMPHURIO.

Oph oph, Iesus Maria.

CORCOVIZZO.

Stendi ben la mano, ti dico. Tienla dritta cossi. Taff et tre.

MAMPHURIO.

Oi oi oime uph oph oph. oph. per amor della passion del nostro signor Iesus, *potius* fatemi alzar a cavallo, per che tanto dolor suffrir non posso nelle mani.

SANGUINO.

Horsù dumque, Barra, prendilo su le spalle[1] ; tu Marcha, tienlo fermo per i piedi che non si possa movere ; tu Corcovizzo, spuntagli le brache et tienle calate ben bene a basso ; et lasciatelo striglar a me ; et tu Maestro, conta le staffilate ad una ad una ch' io t'intenda, et guarda ben, che si farrai errore nel contare, che sarrà bisogno di ricominciare : voi Ascanio, vedete et giudicate.

MARCA.

Tutto sta bene. Cominciatelo a spolverare et guardatevi di far male a i drappi che non han colpa.

SANGUINO.

Al nome di S. Scoppettella[2], conta, toff.

MAMPHURIO.

Tof. una, Tof, oh tre. Tof, oh oi, quattro : Toff, oime oime, Tof, oi oime, Tef. O per amor de Dio sette.

SANGUINO.

Cominciamo da principio un' altra volta : vedete si dopo quattro son sette : dovevi dir cinque.

MAMPHURIO.

Oimè che farrò io ? Erano *in rei veritate* sette.

SANGUINO.

Dovevi contarle ad una ad una. Hor sù via [di] novo. Toff.

MAMPHURIO.

Toff. una. Toff una. Toff. oime due ; Toff. toff, toff. tre. quattro, toff, toff, cinque, oime toff, toff, sei ; o per l'honor di Dio toff, non più toff, toff, non più, che voglamo toff toff veder nella giornea Toff che vi sarran alquanti scudi.

SANGUINO.

Bisogna contar da capo, che ne ha lasciate molte, che non ha contate.

BARRA.

Perdonategli di gratia, Signor capitano, per che vuol far quell' altra elettione di pagar la strena.

---

1. *Spalli* dans l'impression première.
2. « Au nom de sainte Époussette. »

SANGUINO.

Lui non ha nulla.

MAMPHURIO.

Ita ita che adesso mi ricordo haver più di quattro scudi.

SANGUINO.

Ponetelo abasso dumque, vedete che cosa vi è dentro la giornea.

BARRA.

Sangue di.... che vi son più di sette de scudi.

SANGUINO.

Alzatelo, alzatelo di bel novo a cavallo, per la mentita ch' ha detta et falsi giuramenti ch' ha fatti : bisogna contarle, fargli contar settanta.

MAMPHURIO.

Misericordia : prendetevi gli scudi, la giornea, et tutto quanto quel che volete, *dimittam vobis*.

SANGUINO.

Horsù piglate quel che vi dona, et quel mantello anchora, che è giusto che sii restituito al povero padrone. Andiamone noi tutti : bona notte a voi Ascanio mio.

ASCANIO.

Bona notte et mille bon' anni a V. S., Signor capitano, et buon prò faccia al mastro.

EXTRAIT DE *BONIFACE ET LE PÉDANT*.

ACTE V.

SCÈNE XXVI.

LA BARRE, LA FONTAINE, LA RIVIÈRE (*filous vêtus en sergents*), MAMPHURIUS, LA COQUE (*filou en commissaire*), ASCAGNE (*valet de Boniface*).

LA BARRE.

.... Que ferons-nous de celui-ci, de ce prétendu Magister ?

LA COQUE.

Pour lui, il porte sa condamnation sur soi : ne voyez-vous pas qu'il est travesti ? ne savez-vous pas que ce manteau a été dérobé à l'un de vos compagnons ? ne l'avons-nous pas trouvé fuyant la Justice ?

LA FONTAINE.

Oui, mais il allègue quelques excuses vraisemblables.

LA BARRE.

On ne doit pas pour cela faire difficulté de le mener en prison.

MAMPHURIUS.

Verum, mais je serai la dérision de mes écoliers et des autres, pour les accidents qui me sont survenus.

LA COQUE.

Écoutez un peu ce qu'il veut dire.

LA RIVIÈRE.

Il faut être Maître Gonin pour le deviner.

LA COQUE.

Or sus, pour couper court, Maître, voyez à quoi vous aimez mieux vous résoudre : si vous voulez venir en prison, ou bien donner à la compagnie les écus qui sont restés dans votre gibecière, parce qu'ainsi que vous nous avez dit, le voleur vous a seulement emporté ceux que vous en aviez tirés pour changer son or.

MAMPHURIUS.

Minimè. Je vous jure qu'il ne m'en est resté pas un, tout m'a été dérobé, *ita mehercule, per Jovem, per Altitonantem, vos sidera testor.*

LA COQUE.

Oyez ce que je vous di : si vous ne voulez pas qu'on vous mène en prison, et qu'il soit vrai que vous n'ayez plus d'argent, choisissez l'un des deux, ou de recevoir dix férules avec cette courroye que voici, ou d'en avoir, bragues basses, cinquante coups de fouet; car cela est bien résolu que vous ne partirez point d'avec nous sans faire pénitence de vos fautes.

MAMPHURIUS.

Duobus propositis malis, minus est tolerandum, sicut duobus propositis bonis, melius est eligendum, dicit Peripateticorum princeps.

ASCAGNE.

Maître, parlez de façon qu'on vous entende, car ces gens-ci sont fort soupçonneux.

LA BARRE.

Se peut-il faire que celui-ci dise du bien de nous lors qu'il ne veut pas qu'on l'entende?

MAMPHURIUS.

Nil mali vobis imprecor. Je ne vous desire point de mal.

LA COQUE.

Demande-nous tant de bien que tu voudras, tu ne seras pas exaucé.

LA RIVIÈRE.

Choisissez promptement ce que vous aimez le mieux; autrement nous vous allons lier et mener en prison.

MAMPHURIUS.

Minus pudendum erit palmâ feriri, quam si congerant in veteres flagella nates; id enim puerile est.

LA COQUE.

Que dites-vous? que dites-vous?

MAMPHURIUS.

Je vous présente la main.

LA COQUE.

Frappez, la Rivière, frappez ferme.

LA RIVIÈRE.

Çà, taf, une.

MAMPHURIUS.

Ouf, ouf.

LA RIVIÈRE.

Ouvrez bien l'autre. Taf, et deux.

MAMPHURIUS.

Aye, aye.

LA RIVIÈRE.

Tendez, tendez bien la main, vous dis-je, et la tenez bien droite. Taf, et trois.

MAMPHURIUS.

Aye, aye, ouf, ouf, pour l'honneur de Dieu, baillez-moi plutôt le fouet, car je ne saurois plus souffrir si grand mal aux mains.

LA COQUE.

Sus donc, la Barre, détachez-le; vous, la Fontaine, tenez-le ferme par les pieds, afin qu'il ne puisse remuer; vous, la Rivière, tirez-lui les chausses bas, bas, et me le laissez étriller; et vous, Maître, comptez les coups un à un, que je vous entende, et prenez bien garde de manquer au compte, car si vous y faillez, je recommencerai tout de nouveau; vous, Ascagne, voyez et jugez.

LA FONTAINE.

Tout va bien : commencez à l'épaudrer, et prenez garde de frapper ses habits qui n'en peuvent mais.

LA COQUE.

Allons, compte. Tof.

MAMPHURIUS.

Un; tof; deux; tof, trois; tof, tof, aye, aye, cinq.

LA COQUE.

Recommençons une autre fois, et voyez si après trois il faut dire cinq.

MAMPHURIUS.

Hélas! que ferai-je? Il y en avoit cinq, *in rei veritate*.

LA COQUE.

Vous les deviez compter l'un après l'autre. Or sus tout de nouveau, tof.

MAMPHURIUS.

Un, tof, tof, deux, trois, tof, tof, tof, tof, quatre, cinq, tof, tof, six. O pour l'honneur de Dieu, c'est assez : je veux voir dans ma gibecière s'il n'y a point encore quelques écus.

LA COQUE.

Il faut recompter encore une fois depuis le commencement, car il en a laissé beaucoup derrière qu'il n'a pas comptés.

LA BARRE.

Pardonnez-lui, de grâce, Monsieur, parce qu'il aime mieux payer le vin aux balayeurs.

LA COQUE.

Il se moque : il n'a rien.

MAMPHURIUS.

Si fait, si fait, *profecto*, je me souviens maintenant d'avoir encore plus de quatre écus.

LA COQUE.

Quoi? On vous fait donc venir la mémoire comme aux petits enfants par les fesses[1]. Laissez-le : voyez un peu ce qu'il a dans sa bourse.

1. Ce trait a été ajouté par le traducteur.

LA BARRE.

Vertu non pas de ma vie! il y a plus de sept écus.

LA COQUE.

Reprenez-le, reprenez-le une autre fois : il faut qu'il soit puni pour avoir menti et pour les faux serments qu'il a faits.

MAMPHURIUS.

Miséricorde! prenez mes écus, ma bourse, et tout ce que vous voudrez : *dimittam vobis.*

LA COQUE.

Or sus, prenez donc ce qu'il vous donne, et son manteau aussi, car c'est la raison[1] qu'on le rende à son maître. Allons-nous-en tous : bon soir, Ascagne.

ASCAGNE.

Bon soir, bon soir, Monsieur et votre compagnie, et prou fasse à vous[2], Domine.

---

1. Car il est juste : voyez au vers 820 du *Misanthrope.*
2. Grand bien vous fasse; dans l'original : « prouface à vous ». Voyez dans le *Dictionnaire de Littré*, au mot PROU, l'exemple de la Fontaine donné pour cette locution.

IV

EXTRAIT D'UNE RELATION OFFICIELLE DE FÉLIBIEN,

intitulée : *les Divertissements de Versailles donnés par le Roi à toute sa cour, au retour de la conquête de la Franche-Comté en l'année* MDCLXXIV [1].

Troisième journée (p. 11 et 12) [2].

Le dix-neuvième du même mois [3], le Roi alla se promener à la MÉNAGERIE, où il donna la collation aux dames de la Cour....

Après la collation, qui fut très-magnifique, SA MAJESTÉ étant montée sur le canal dans des gondoles superbement parées, fut suivie de la musique [4], des violons [5] et des hautbois [6], qui étoient dans un grand vaisseau. Elle demeura environ une heure à goûter la fraîcheur du soir et entendre les agréables concerts des voix et des instruments, qui seuls interrompoient alors le silence de la nuit qui commençoit à paroître.

En suite de cela, le Roi descendit à la tête du canal, et étant entré dans sa calèche, alla au théâtre que l'on avoit dressé devant la GROTTE pour la représentation de la comédie du MALADE IMAGINAIRE, dernier ouvrage du sieur Molière.

L'aspect de la Grotte servoit de fond à ce Théâtre, élevé de deux pieds et demi de terre. Le frontispice étoit une grande corniche architravée, soutenue aux deux extrémités par deux massifs avec des ornements rustiques et semblables à ceux qui paroissent au

---

1. A Paris, de l'Imprimerie royale, MDCLXXVI (in-folio).
2. La double inscription, française et grecque-latine, mise au bas de la planche insérée dans la relation de Félibien (entre les pages 12 et 13) est : « Troisième journée. *Le Malade imaginaire*, comédie représentée dans le Jardin de Versailles, devant la Grotte. — *Dies tertius. Dokesinoson, seu Æger imaginarius, comœdia acta in hortis Versaliarum ad fores Cryptæ*. — A gauche on lit : « le Pautre, sculps. 1676. »
3. Voyez la *Notice*, ci-dessus, p. 248 et note 2.
4. De la musique de la Chapelle, du corps des chanteurs.
5. De la musique de la Chambre, de la grand bande des vingt-quatre violons, et de la petite bande des seize de Lulli.
6. De la musique de la Grande-Écurie.

dehors de la Grotte. Dans chaque massif il y avoit deux niches, où sur des piédestaux on voyoit deux figures représentant d'un côté Hercule tenant sa massue et terrassant l'Hydre, et de l'autre côté Apollon appuyé sur son arc et foulant aux pieds le serpent Python.

Au-dessus de la corniche s'élevoit un fronton, dont le tympan étoit rempli des armes du Roi.

Sept grands lustres pendoient sur le devant du Théâtre, qui étoit avancé au-devant des trois portes de la Grotte. Les côtés étoient ornés d'une agréable feuillée; mais au travers des portes où le Théâtre continuoit de s'étendre l'on voyoit que la Grotte même lui servoit de principale décoration. Elle étoit éclairée d'une quantité de girandoles de cristal, posées sur des guéridons d'or et d'azur, et d'une infinité d'autres lumières qu'on avoit mises sur les corniches et sur toutes les autres saillies.

La table de marbre qui est au milieu étoit environnée de quantité de festons de fleurs et chargée d'une grande corbeille de même.

Au fond des trois ouvertures l'on voyoit les trois grandes niches où sont ces groupes de Figures de marbre blanc, dont la beauté du sujet et l'excellence du travail font une des grandes richesses de ce lieu.

Dans la niche du milieu, Apollon est représenté assis et environné des Nymphes de Thétis qui le parfument; et dans les deux autres, sont ses chevaux avec des Tritons qui les pansent.

Du haut de la niche du milieu tombe derrière les Figures une grande nappe d'eau, qui sort de l'urne que tient un Fleuve couché sur une roche; cette eau qui s'est répandue au pied des Figures dans un grand bassin de marbre, retombe ensuite jusqu'en bas par grandes nappes, partie entières et partie déchirées : et des niches où sont les chevaux il tombe pareillement des nappes d'eau qui font des chutes admirables. Mais toutes ces cascades étant alors éclairées d'une infinité de bougies qu'on ne voyoit pas, faisoient des effets d'autant plus merveilleux et plus surprenants, qu'il n'y avoit point de goutte d'eau qui ne brillât du feu de tant de lumières et qui ne renvoyât autant de clartés qu'elle en recevoit.

Ce fut à la vue d'une si agréable décoration que les comédiens de la Troupe du Roi représentèrent LE MALADE IMAGINAIRE, dont LEURS MAJESTÉS et toute la Cour ne reçurent pas moins de plaisir qu'elles en ont toujours eu aux pièces de son Auteur.

Jamais comédie, jamais opéra ne fut joué dans un cadre plus magnifique, mais jamais décoration ne convint moins au sujet et aux personnages : elle est si étrange, à se la représenter d'après la description de Félibien ou d'après l'image qu'en a laissée le graveur le Pautre, qu'on ne peut s'empêcher de supposer qu'on n'eut à l'admirer que pendant le prologue et les entr'actes, et que quelques cloisons mobiles ou paravents en isolaient tout à fait les acteurs du *Malade imaginaire*. Cependant c'est bien Argan que le Pautre montre dans sa grande chaise, au milieu de ce théâtre bordé d'orangers et au fond duquel a été illuminée la grotte des *Bains d'Apollon;* mais il n'est pas possible de dire, entre toutes les scènes de la comédie ou des intermèdes, quel moment le dessinateur a voulu fixer. Aussi croyons-nous très-probable que, pour le jour de cette représentation royale, on introduisit plus ou moins heureusement dans le spectacle un intermède de musique tout nouveau, afin de donner à deux des cantatrices de la cour (elles étaient souvent supérieures à celles qui chantaient sur les théâtres publics) l'occasion de se produire. De fait, Argan semble là, muet, moitié écoutant, moitié rêvant à son mal, assister à un divertissement préparé pour lui. Deux femmes en costume magnifique et manteau traînant sont à ses côtés; l'une a toute l'attitude d'une grande chanteuse lançant une de ses plus belles notes; l'autre semble dire une seconde partie; une troisième femme, qu'une robe sans queue, un bonnet, un tablier, et la manière dont elle croise ses bras permet sans doute de prendre pour Toinette, pour une servante de convention richement parée, se tient assez loin à l'écart, regardant les musiciennes et tournant le dos à l'un des mousquetaires qui ont été posés en sentinelles immobiles aux deux extrémités de l'avant-scène. Une longue rangée de musiciens en action est au bas du théâtre; nombre de violes et de théorbes, deux flûtes, une trompette peut-être, sont visibles; un batteur de mesure, au centre, les deux bras levés, un rouleau dans la main droite, les dirige ou donne le signal de l'attaque : l'orchestre très-certainement joue ou va jouer, et ce ne peut être qu'une scène de concert, étrangère aux divertissements primitifs et arrangée pour la circonstance, que l'artiste a choisie pour sujet, à moins que (ce qu'on trouvera sans doute peu vraisemblable), en composant son dessin de 1676, il n'ait travaillé sans notes, sans croquis, de souvenir, ou plutôt tout à fait de fantaisie.

NOTE SUR LES INTERMÈDES.

V

NOTE SUR LES INTERMÈDES DU *MALADE IMAGINAIRE*.

Marc-Antoine Charpentier, le musicien que Molière, abandonné par Lulli, s'attacha en 1672 seulement[1], a laissé un grand nombre de cahiers manuscrits, qui rassemblés par d'autres en vingt-huit volumes, avec un peu moins d'ordre, ce semble, qu'il n'y en avait mis, sont devenus la propriété de la Bibliothèque nationale. Ils contiennent des compositions de genres fort différents, messes, airs d'église de toute espèce, pastorales latines et françaises, opéras, ballets[2]. On voit en les parcourant que les relations du compositeur, commencées tard avec la troupe du Palais-Royal, se sont continuées avec celle de l'hôtel Guénegaud et avec la Comédie-Française réunie; car outre la musique du *Mariage forcé* et de *la Comtesse d'Escarbagnas* (dont il a été question à la fin de notre tome VIII), outre la musique du *Malade imaginaire*, on y remarque une ouverture pour la *Circé* (1675), un prologue pour *l'Inconnu* (même année 1675), de Thomas Corneille, une Sérénade pour *le Sicilien*, que Molière n'a pas dû connaître, plusieurs autres divertissements de comédies, et particulièrement des intermèdes nouveaux pour l'*Andromède* du grand Corneille (reprise en 1682)[3].

1. Au court temps de leur collaboration se rapporte vraisemblablement l'anecdote du pauvre rendant à Molière son louis donné par largesse ou par mégarde. C'est Charpentier qui, ramené d'Auteuil en carrosse par le poëte, fut témoin du fait et recueillit le mot célèbre : voyez les dernières lignes (p. lx) des *Mémoires sur la vie et les ouvrages de Molière*, insérés par la Serre au tome Ier de l'édition de 1734. — M. Édouard Thierry (p. 19 de son *Introduction* aux *Documents sur le Malade imaginaire*) conjecture que ce pourrait bien être Mignard qui donna l'un à l'autre le poëte et le musicien, Mignard et Charpentier ayant dû se rencontrer et se lier à Rome, où tous deux ont formé leur talent.

2. Charpentier fut maître de chapelle au collége et à la maison professe des Jésuites; il eut aussi la maîtrise de la Sainte-Chapelle. — Un de ses opéras, *Médée*, dont les paroles sont de Thomas Corneille, a été représenté à l'Académie royale de musique en décembre 1693, dédié au Roi et publié en partition l'année suivante.

3. C'était d'Assoucy que le grand Corneille s'était autrefois associé, d'Assoucy qui paraît bien s'être mis en tête un moment de disputer à Charpentier l'honneur d'écrire la musique du *Malade imaginaire* : voyez, sur ce point, la lettre *à M. Molière*, insérée p. 121-125 de l'appendice joint aux *Rimes redoublées* de d'Assoucy (déjà mentionné dans notre tome II, p. 108,

Mais nous n'avons à énumérer ici que les morceaux qui composent la partition du *Malade imaginaire;* elle est là à peu près entière et telle que Molière l'inspira et l'entendit.

Elle n'est pas toute ensemble dans le même volume, sans avoir d'ailleurs été trop dispersée. Un cahier relié dans le tome XIII renferme le Ier prologue, moins l'ouverture; un cahier du tome XVI, l'ouverture du Ier prologue et toute la suite, moins le Ier intermède, de l'œuvre primitive; un autre cahier, plus récent, du même tome XVI contient le II[d] prologue et un remaniement du Ier intermède; enfin dans quelques pages des tomes VII et XXII se lisent trois additions faites lors d'un dernier arrangement. Charpentier nous apprend qu'il lui fallut à deux reprises, sous la domination jalouse de Lulli, accommoder les ornements du *Malade imaginaire* à des moyens d'exécution de plus en plus réduits; il nous renseigne aussi sur plusieurs détails de la mise en scène, et nous fait connaître, pour le second intermède et pour la Cérémonie, les noms des tout premiers interprètes du chant. Nous joindrons les plus intéressantes de ses notes au catalogue suivant.

Au Ier PROLOGUE, intitulé *Flore:* 1° une Ouverture instrumentale à quatre parties; Charpentier, chagrin d'avoir eu à la remplacer par une autre, y a inscrit ces mots : *Ouverture du Prologue du Malade imaginaire dans sa splendeur* (elle se trouve, nous l'avons dit, au tome XVI, ancien cahier xvi, folios 49 et 50; — toute la suite de ce Ier prologue, tel que le donne le livret de 1673, est à chercher au commencement du tome XIII, ancien cahier 1, p. 1-40); 2° le Récit de Flore « Quittez, quittez vos troupeaux », pour un haut-dessus qu'accompagnait, comme d'ordinaire les parties vocales, le petit Chœur des meilleurs instrumentistes chargés de réaliser la basse chiffrée; quelques mesures écrites pour deux dessus et une basse de violons sans doute terminent ce récit; 3° le Dialogue de Climène (haut-dessus), de Daphné (bas-dessus), de Tircis (haute-contre) et de Dorilas (taille), « Berger, laissons là tes feux »; 4° après une *Ritornelle* de violons, le Dialogue « Quelle nouvelle.... »; 5° le Récit de Flore « La voici »; 6° le Chœur « Ah! quelle douce nouvelle », pour les quatre amants et d'autres bergers (basses) accompagnés par un *petit Chœur* et un *grand Chœur* d'instruments; 7° un *Rondeau* instrumental à quatre parties, comme le sont en général les airs de danse (cet air a été, pour utiliser tout le papier, écrit au-dessous du morceau qui précède); 8° le Récit de Flore « De vos flûtes bocagères.... Après cent combats »,

note 2); *la Jeunesse de Molière* par le bibliophile Jacob (Paul Lacroix), p. 172-176; et la *Préface* de M. Colombey aux *Aventures burlesques*, p. XXIII-XXVI.

NOTE SUR LES INTERMÈDES. 505

suivi de l'ensemble « Formons entre nous »; 9° le Récit de Flore
« Mon jeune amant dans ce bois », précédant le Dialogue « Si
Tircis a l'avantage »; 10° un air intitulé *Combat*, et qui *se joue une
fois pour animer les deux Bergers au combat, et une autre fois après le
combat pour animer les danseurs à combattre;* 11° le premier air de
Tircis « Quand la neige »; 12° une *Ritornelle* ou *Bourrée* qui *sert
pour donner le temps aux danseurs du parti de Tircis d'applaudir à
son air;* 13° le premier air de Dorilas « Le foudre menaçant »,
suivi, *pour les danseurs du parti de Dorilas,* de la ritournelle déjà
entendue; 14° le second air de Tircis « Des fabuleux exploits »,
après lequel vient une seconde *Ritornelle* qui *sert à exprimer l'applaudissement des danseurs* de son parti; 15° le second air de Dorilas « Louis fait à nos temps » et la seconde *Ritornelle...,* rejouée
pour accompagner la danse des siens; puis *l'on danse sur l'air qui
a servi pour animer au combat les deux Bergers, sur la fin duquel le
dieu Pan se treuve au milieu des Bergers, suivi d'une troupe de Satyres;*
16° le Récit de Pan (une basse) « Laissez, laissez, Bergers », avec
un accompagnement presque perpétuel de deux flûtes (une basse
est en outre écrite)[1]; 17° l'Ensemble « Laissons, laissons là sa
gloire »; 18° le Récit de Flore « Bien que, pour étaler ses vertus »;
19° un air de danse *pour les Zéphyrs* (écrit plus loin, mais dont la
place, d'après le livret de 1673, est ici); 20° le Dialogue « Dans
les choses grandes et belles »; 21° le *Chœur des violons* (de tous les
instruments à archet) *et des voix* (Climène, Flore, Daphné, Tircis,
Dorilas, Pan et les autres Bergers) « Joignons tous dans ces bois »,
pour la fin (voyez ci-dessus, p. 270, note 2); 22° *les Satyres après ce
chœur-là font une danse,* successivement réglée par un premier *air
des Satyres* et par un second, qui est un *Menuet.* Un air encore écrit
pour les *Faunes, Bergers* et *Bergères,* mais dont la seconde reprise
est inachevée sur la dernière page du cahier, a été finalement biffé.

Au tome XVI (ancien cahier XVII), f°s 52-55, immédiatement après l'Ouverture du Prologue primitif (ou Ier Prologue), mais sur un tout autre papier et d'une autre encre, est indiquée toute la suite des morceaux compo-

---

1. En tête de ce morceau, on lit : « Ce récit est mieux digéré dans *la
Couronne de fleurs* », c'est-à-dire dans la pastorale de ce nom que Charpentier refit plus tard sur les paroles librement modifiées de cette églogue de
Flore ; on y chantait, par exemple : « Puisse le grand Louis,... Comme il
est du monde le maître, Devenir le maître du temps, Et voir à cent hivers
succéder le printemps ! » Elle se trouve au milieu du tome VII, f° 35 v° et
f^{os} suivants, séparant des feuillets qui appartiennent au troisième arrangement du *Malade imaginaire.* Charpentier eut alors pour chanteuses :
Mlles Isabelle (*Flore*), Brion, Talon, Grandmaison, et pour chanteurs :
Charp..., Carlié, Bossan, Beaupuy (*Pan*).

sant la partition du *Malade imaginaire avec les défenses*, c'est-à-dire le second arrangement : les airs nouveaux sont là écrits, et ceux du premier arrangement qui étaient conservés simplement rappelés. Et d'abord vient :
AU PROLOGUE (pour le II⁴ Prologue, celui du livret de 1674), une *Ouverture*, à quatre parties, plus courte que celle du I⁰ prologue; puis la Plainte de la Bergère (Charpentier a écrit simplement : *Prologue*. — *Climeine*); une même *Ritornelle* sépare le premier couplet (le refrain, *la grande intercalate*) « Votre plus haut savoir » du second « Hélas! je n'ose découvrir », et ce second du troisième « Ces remèdes peu sûrs »; le grand refrain (le premier couplet) redit, *les violons recommencent l'Ouverture*. — Sur le troisième arrangement, voyez ci-après, p. 509.

Dans aucun des volumes, croyons-nous, ne se trouve plus, pour le I⁰ INTERMÈDE, la moindre page de la musique primitive.

Voici, sur ce qu'en était la musique remaniée pour la première fois et la mise en scène, les renseignements donnés dans le tome XVI, à la suite du II⁴ prologue :

« I⁰ INTERMÈDE. L'on joue derrière le théâtre la Fantaisie sans interruption. — Polichinelle entre, et lorsqu'il est prêt de chanter devant les fenêtres de Toinette, les violons, conduits par Spacamond[1], recommencent la Fantaisie avec ses interruptions. — Spacamond donne des bastonnades à Polichinelle et le chasse, après quoi les violons jouent l'air des Archers, ensuite de quoi l'on chante l'air italien qui suit. » Cet air est celui de *Notte e dì*; il est là écrit tout au long (pour une haute-contre), mais non précédé de son *Prélude*, qui n'a peut-être été composé que plus tard et se trouve au tome VII (ancien cahier XLIV), f⁰ 34 v⁰; après le premier couplet (le refrain), deux parties hautes (de violon probablement) sont jointes à la basse pour une courte ritournelle, et il en est de même quand ce refrain est repris pour la première fois; les couplets *Fra la speranza* et *Se non dormite* ont même mélodie; après le dernier de ces couplets, le refrain se reprend encore, mais non la ritournelle. A la suite de cet air unique, est écrit : « Les violons recommencent aussitôt l'air des Archers. » L'air des Archers et la Fantaisie, à laquelle Charpentier renvoie plus haut, appartenaient évidemment à la partition primitive. On verra mentionné ci-après, p. 510, l'air de *Zerbinetti*, et un dernier air pour les violons qu'il ajouta plus tard.

A la scène v du II⁴ ACTE, la Grange et Mlle Molière choisissaient sans doute à leur gré la musique qu'ils étaient censés improviser avec les paroles de Tircis et Philis : Charpentier ne paraît pas avoir rien composé pour ce Dialogue.

Aux derniers feuillets, p. 57-88, du tome XVI (suite de l'ancien

---

1. *Spaccamonte* ou *Spaccamonti*, « Tranche-montagne », nom de capitan.

cahier xvi sans doute), reprend jusqu'à la fin, sur l'ancien papier, la partition primitive.

Au II⁰ ɪɴᴛᴇʀᴍᴇ̀ᴅᴇ : 1° un air de ballet, à trois reprises, pour l'*Entrée des Mores*[1] ; 2° une *Première* et plus longue *Ritornelle* précédant le refrain « Profitez du printemps » : ce refrain était dit par Mlle Mouvant[2] ; une seconde et plus courte *Ritornelle* terminant le refrain ; 3° le chant du couplet « Les plaisirs les plus charmants » pour [Mlle] Hardy, suivi de la reprise du refrain de Mlle Mouvant et de sa petite ritournelle ; 4° un air pour le couplet « Ne perdez pas ces précieux moments », chanté par Mlle Marion ; à la suite revient encore le refrain de Mlle Mouvant, et, cette fois, la grande ritournelle ; 5° un air pour le couplet « Quand d'aimer on nous presse » ; le chanteur là n'est pas nommé[3], mais la clef des hautes-contre désigne suffisamment Poussin, dont le nom est inscrit au-devant de la partie notée à la même clef, dans le duo et le trio qui viennent plus loin ; 6° *les violons entrent ici* pour une *Ritornelle* qui, après avoir été jouée une première fois, *se reprend* à la fin de chacun des deux couplets qui suivent, le premier pour [Mlle] Hardy, « Il est doux à notre âge », le second pour Mlle Marion, « l'Amant qui se dégage » ; 7° un Dialogue et un Trio ; le Dialogue est distribué ainsi : *Poussin*, « Quel parti.... » ; *Marion*, « Faut-il nous en défendre Et fuir ses douceurs ? » (ces deux vers qui, on l'a vu, p. 390, note 1, manquent au livret de 1673, ont été rétablis dans celui de 1674) ; *Hardy*, « Devons-nous...? » ; — pour le Trio, voyez ci-dessus, p. 390, note 4 : ce trio fut, dans le second et le troisième arrangement, réduit en duo, et toute la scène chantée

---

1. A la troisième reprise de cet air, on lit successivement les indications : à la 1ʳᵉ portée, de « du Vivier *seul* » ; à la 2ᵈᵉ portée, de « Nivelon *seul* » ; à la 3ᵉ portée, de « du Mont *seul* » ; il s'agit sans doute de l'entrée des solistes, non de la danse, mais de l'orchestre ; car plus loin quatre *seul* et quatre *tous* sont écrits aux quatre portées : un seul *tous* eût suffi à marquer la rentrée du corps de ballet.

2. Mlle Mouvant (ou Mouvam, d'après les comptes du Palais-Royal), ainsi que Mlle Marion et Poussin, qui vont être nommés par Charpentier, avaient créé leurs rôles des Intermèdes : cela est constaté dans les *Documents sur le Malade imaginaire* publiés par M. Éd. Thierry : voyez p. 242 et 251 ; p. 90, 94 et 230 ; et tout particulièrement, avec le charmant commentaire dont elle est suivie, la curieuse lettre du maître qui enseigna à Mlle Marion sa partie de chant, ou peut-être plutôt de danse (p. 199 et suivantes). Les autres indications de noms qu'on lira datent certainement du même temps. A ces virtuoses, qui reparurent dans la Cérémonie, avaient dû être aussi distribués les rôles du Iᵉʳ prologue.

3. Le mot *guay* (gai, *allegro*), écrit en marge, comme assez souvent dans ces manuscrits, marque le mouvement et n'est pas un nom propre.

par deux solistes seulement; les noms abrégés de ceux qui chantèrent le troisième arrangement (de Villiers et Mlle Freville) ont été ici rapidement portés sur la partition; un troisième nom, ou plutôt un mot qu'on peut lire *l'homme*, c'est-à-dire *la haute-contre*, a été inscrit de seconde main au-devant du couplet donné primitivement, on l'a vu plus haut, à Mlle Hardy : « Il est doux à notre âge »; 8° un premier air de ballet *commence sur la dernière mesure du trio*, et il est suivi d'un second.

Le second arrangement de cet intermède (il est indiqué au f° 55 du même tome XVI ou ancien cahier XVII) ne paraît pas avoir différé beaucoup du premier; seulement, nous le répétons, il n'y a plus que deux virtuoses du chant pour l'exécuter : tous les morceaux sont rappelés dans le manuscrit et attribués soit encore à Poussin, soit à Mlle Babet. A la suite de l'ancien trio, récrit en duo, on lit : *Ritornelle comme ci-dessus* (sans doute la grande) *pour reconduire les Mores. Après la ritornelle, on jouera l'air des Mores ou les Canaries pour faire sauter les singes*. — Une nouvelle Ouverture pour *l'entrée des Mores* (il faut sans doute entendre pour *l'intermède des Mores*) est au troisième arrangement : voyez ci-après, p. 510.

A la CÉRÉMONIE DES MÉDECINS (tome XVI, toujours dans les cahiers primitifs, p. 69-88) : 1° une *Ouverture* à quatre parties[1]; 2° un air de ballet (séparé de l'ouverture par un répertoire de musique d'église et deux pages blanches) pour *les Tapissiers*, ou, comme il est dit dans le second arrangement, *l'air des Tapissiers pour tendre la salle;* dans le troisième arrangement vint encore un *second air pour les Tapissiers* (voyez ci-après, p. 510); 3° suivant *immédiatement* cette *symphonie* des Tapissiers, *la Marche*, pour la grande entrée de la Faculté; 4° une « *première Ritornelle* », à faire entendre « après *Atque bonum appetitum* » (mots terminant le premier couplet du *Præses*), et qui se reprend « après *Tant de gens omni genere* »; 5° une « seconde Ritornelle à dire après *soumissos voyatis* (sic) » et après *plaças honorabiles;* 6° une « troisième » et plus longue « Ritornelle après *Vostris capacitatibus* » (derniers mots du *Præses*); 7° le grand Ensemble « Bene bene respondere » (voyez ci-dessus, p. 445, note 4), que Charpentier (en indiquant pour réplique *ensuita purgare*) place sans doute par erreur après la seconde réponse du *Bachelierus :* il devait succéder à la première; il ne se redisait en entier qu'à la fin de l'Interrogation; après les autres réponses, le Chœur ne chante que le premier vers avec toutes ses

---

1. A la suite de ce morceau, on lit : « Fin de l'entrée des médecins »; mais il fallait mettre : *Fin de l'Ouverture de la Cérémonie des médecins.*

répétitions; après la réponse faite au IV° Docteur, le v° Docteur se hâtant de prendre la parole, le Chœur se tait : pour ce morceau, Charpentier nous fait connaître le nom des virtuoses qui l'exécutèrent à l'origine, et que seconda sans doute l'assemblée entière de tout ce qu'elle pouvait avoir de *voix à chanter* : Mlles Mouvant et Hardy (hauts-dessus), Mlle Marion (bas-dessus), Poussin (haute-contre), Forestier (taille), Frison (basse) ; 8° une danse qui, au second arrangement, est appelée *l'Air des révérences*, et ici, au premier, est ainsi expliquée : *Après qu'il a reçu le bonnet de docteur, on joue l'air suivant, et les danseurs lui font la révérence;* 9° après le *Remerciement*, le chœur du grand *Vivat*, à cinq parties vocales comme le *Bene bene*, et dirigé au Palais-Royal, on n'en saurait douter, par les mêmes six premiers chanteurs : pour l'accompagnement de ce chant, deux mortiers au moins, bien sonores, accordés comme le sont d'ordinaire les timbales, doivent renforcer le grand et le petit orchestre; les dix premières mesures, soulignées, forment un petit *Vivat* qui se chante plus loin, après la phrase du Ier *Chirurgus* (voyez ci-dessus, p. 451 et note 1 ; p. 452 et note 5) ; 10° une *Ritornelle* ou air de danse *pour les Chirurgiens et Apothicaires* : elle est jouée d'abord avant la phrase du Ier *Chirurgus* (une taille) « Puisse-t-il voir », puis répétée après la phrase du II^d *Chirurgus* (une haute-contre) « Puissent toti anni » ; 11° un *Vivat* à deux (haute-contre et taille), du premier et du second *Chirurgus* évidemment, et ramenant le grand *Vivat;* 12° ce grand *Vivat* éclatant de nouveau, en finale de la Cérémonie.

Ce divertissement des Médecins resta tel lors du second arrangement (p. 56 du tome XVI), et, sauf un second air des Tapissiers ajouté, lors du troisième.

Au tome VII (anciens cahiers XLIV et XLV du compositeur), f°s 34 v° et 35, et, après la longue intercalation de *la Couronne de fleurs*, f° 51, se lit une sorte de *memento* ou de répertoire, qui fait connaître, avec le nom de quelques nouveaux interprètes, l'état de la partition après son second remaniement : nous allons en reproduire de suite le détail.

« LE MALADE IMAGINAIRE *rajusté autrement pour la troisième fois*. — OUVERTURE : en *c sol ut fa*, cahier XVII (*celle du second prologue*). — PROLOGUE (*le second prologue*) : 1° « Votre plus haut savoir », pour Mlle Freville, [cahier] XVII, avec ses ritornelles dans le même cahier; 2° *Satyres* ensuite de « Votre plus haut savoir », cahier XLV. » Ces *Satyres*, air de danse *pour la fin du Prologue du Malade imaginaire rajusté pour la troisième fois*, sont donnés plus loin dans le même tome VII (f° 51 r°), avec cette remarque : « Après cette entrée des Satyres, on joue (*une seconde fois*) l'Ouverture jusqu'au Ier acte, et si elle est trop longue, on continuera à jouer le même air des Satyres. » — « I*er* INTERMÈDE », dont nous n'avons plus rien dans la partition primitive et avons seulement l'air *Notte e dì* au premier remaniement : 1° « *Entrée de Polichinelles chassés par les Arlequins* comme autrefois sur la Chaconne ; 2° après l'entrée, *Prélude* pour *Notte e dì :* » ce prélude, à trois parties, est donné ici (f° 34 v°) ; à la fin est cette note : « *Notte e dì* transposé (*du ton de sol mineur dans lequel il est écrit au second arrangement*) en *e mi la* (*ton du prélude*), avec les ritournelles de la suite pour Mlle Freville (*qui chantait aussi la Plainte de la Bergère*).... Après cette chanson, les violons préludent de caprice en *g ré sol bécarre*, pour donner le ton à M. de Villiers qui chantera *Zerbinetti*[1], après quoi les violons joueront jusqu'au II*d* acte l'air suivant, » un air d'orchestre, écrit là, à quatre parties. — « II*d* INTERMÈDE, DES MORES : 1° Ouverture : » cette *Nouvelle ouverture de l'entrée* (c'est-à-dire de l'intermède) *des Mores* est donnée plus loin (f*os* 51 v° et 52 r°) ; 2° « Ritornelle de « Profitez du printemps », en *d la ré sol*, pour Mlle Freville, pendant laquelle les Mores entrent en cadence et après laquelle on chante « Profitez du printemps », avec ses ritornelles : ensuite de quoi les violons ayant préludé en *a mi la ré* (encore une *transposition*), M. de Villiers chantera « Quand d'aimer on nous presse » en *a mi la ré*. Après quoi les violons jouent la ritornelle en *d la ré sol* (*comme autrefois*), pendant laquelle les Mores figurent. Le reste de la scène est en *d la ré sol*, en changeant fort peu de choses. — III*e* INTERMÈDE : CÉRÉMONIE DES MÉDECINS : comme à l'ordinaire, excepté qu'il y a un second air d'ajouté pour les Tapissiers, cahier XLVIII. » Ce « *Second air pour les Tapissiers* du *Malade imaginaire* réformé pour la troisième fois, » et à jouer « immédiatement après leur premier air », se retrouve en effet au tome XXII (ancien cahier XLVIII), f° 31 v°.

1. « *Zerbinetti*, est-il ajouté en marge, est dans le livre A, p. 216 : » ce livre ni l'air n'existent probablement plus.

LA GLOIRE

DU

DÔME DU VAL-DE-GRÂCE

POËME

SUR LA PEINTURE DE MONSIEUR MIGNARD

EN L'ANNÉE 1669[1]

---

1. Nous avons ici, selon notre coutume, reproduit le titre de l'édition de 1682, moins les mots : « PAR M. DE MOLIÈRE ». Voyez à la fin de la *Notice* (ci-après, p. 533) le titre de l'édition originale.

NOTICE.

Le plus fameux ouvrage de Pierre Mignard est la *Gloire*[1] dont il a décoré la coupe, ou, comme on dit plutôt aujourd'hui, la coupole de l'église du Val-de-Grâce. L'amitié de Molière pour l'illustre peintre lui fit écrire le poëme où ce grand travail est célébré.

Des jugements divers ont été portés de l'œuvre du poëte, si différente, par le genre auquel elle appartient, de celles qui l'ont immortalisé. Les jugements sévères ne sont pas les moins nombreux. On est rarement disposé à permettre au génie de sortir du domaine où il s'est une fois établi ; les exemples en effet ne manquent pas de lourdes chutes des plus grands esprits, quand, par quelque fantaisie, ou par le hasard d'une circonstance à laquelle ils ont dû se plier, ils ont changé la direction qui longtemps avait paru leur être naturelle. Si une défiance, très-souvent justifiée, nous semblait l'être ici, si nous devions, quoi qu'il en coûte à un éditeur, reconnaître que Molière eût, cette fois, forcé son talent, nous nous sentirions libre de le faire, sans craindre de manquer de respect à sa gloire ; il faut cependant savoir s'il y a lieu d'user de cette liberté.

On est un peu dérouté sans doute par des vers, signés du nom de Molière, qu'a dictés une tout autre muse que celle de la comédie ; mais, bien qu'il soit difficile de se défendre d'abord d'une prévention défavorable, il n'est pas sage d'y céder sans examen.

Nous rencontrons ici une œuvre plus sérieuse que ces pe-

1. « On appelle une *gloire*, en termes de peinture, la représentation du ciel ouvert, avec les personnes divines, et les anges et les bienheureux. » (*Dictionnaire de l'Académie*, 1694.)

tites pièces de vers dont aucun poëte ne se refuse la distraction, qu'à l'occasion aussi le nôtre a écrites, et que nous donnons ci-après sous le titre de *Poésies diverses*.

Disons d'abord ce qui engagea Molière à faire un moment, hors du théâtre, où il régnait, cette excursion inattendue. Son étroite liaison avec Mignard remontait très-haut; elle s'était formée au temps où il parcourait les provinces avec sa troupe. Le peintre, après vingt et un ans de séjour et de travaux à Rome, qui lui valurent le surnom de *Romain*, était rentré en France à la fin de 1657. S'étant arrêté à Avignon, il y rencontra, dit-on, Molière, et l'on fait dater de cette première rencontre leurs relations amicales, qui devinrent très-intimes. Ce sont elles sans doute qui ont engagé Mignard à faire le portrait de Molière, et, comme on croit le savoir, plus d'une fois. Eudore Soulié pense que sa liaison était plus grande encore avec la famille Béjard[1]. Il a constaté que « Pierre Mignard, peintre, bourgeois de Paris », fut un de ceux qui signèrent, en 1664, au contrat de Geneviève Béjard[2], et qu'en 1672 Madeleine Béjard le choisit pour un de ses exécuteurs testamentaires[3]. Mais il importe peu de rechercher si ces Béjard, auxquels Molière tenait de si près, ont été le trait d'union entre lui et Mignard, ou si l'on ne doit pas supposer le contraire : la sympathie se comprend si aisément entre deux arts fraternels, la poésie et la peinture, et entre deux illustres de leur siècle, qu'elle n'a besoin d'aucune particulière explication. En voici une assez étrange que nous propose un petit livre[4], dont nous aurons tout à l'heure à dire quelque chose de plus : « *La Gloire du Val-de-Grâce*, que M. de Molière avoit fait[e] en faveur de M. Mignard, dont il aimoit la fille. » C'est assez clairement insinuer qu'un tendre sentiment pour la belle Catherine Mignard avait, plutôt que l'amitié pour son père, dicté à Molière *la Gloire du Val-de-Grâce :* pur conte assurément. Catherine, dont le pinceau de Mignard a immortalisé la beauté, et qui devint en 1696 comtesse de Feu-

---

1. *Recherches sur Molière*, p. 62.
2. *Ibidem*, même page, et p. 214. — 3. *Ibidem*, p. 244.
4. *Anonymiana* ou *Mélanges de poésies, d'éloquence et d'érudition* (1700), 1 volume in-12 : voyez p. 238 et 239.

quière, était née à Rome, non, comme on l'a souvent dit, en 1652, mais au mois d'avril 1657[1]. Elle avait donc onze ans à l'époque où Molière composa son poëme, et où l'on voudrait nous faire croire qu'il avait été plus touché de ses charmes que des mérites de l'œuvre du peintre[2].

Le poëme, publié au commencement de 1669, était connu dès 1668 par les lectures qu'en fit Molière. Mais pourquoi ne l'écrivit-il pas beaucoup plus tôt? On en sera moins surpris, quand nous aurons fait connaître quelle fut l'occasion, inaperçue jusqu'ici, de ce travail.

La première pierre des constructions du Val-de-Grâce, de ce monument de la piété d'Anne d'Autriche, avait été posée le 1er avril 1645 par le jeune roi Louis XIV[3]. Molière a été très-exact lorsque, dans son premier vers, il a nommé l'église achevée en 1665[4]

> Digne fruit de vingt ans de travaux somptueux.

Dès 1663, la fresque de Mignard était peinte, les uns disent après treize mois[5], les autres[6] après un an ou même huit mois de travail. La date de 1663 n'est indiquée qu'approximativement dans ce passage de *la Vie de Mignard*[7] : « Ce ne

1. Jal, *Dictionnaire critique de biographie et d'histoire*, article MIGNARD. — Voyez aussi au tome II des *Mémoires de Saint-Simon*, p. 282, la note de M. de Boislisle sur Catherine-Marguerite Mignard, et au tome III des mêmes *Mémoires*, les pages 33 et 34 et les notes.

2. Plus tard même on ne voit pas quel prétexte il put y avoir à une supposition très-inconsidérée, Molière étant mort lorsque la fille de Mignard était dans sa seizième année.

3. *Gazette* du 8 avril, p. 279.

4. La première messe y fut célébrée, le 21 mars 1665, jour de la fête de saint Benoît, par l'archevêque de Paris, Hardouin de Péréfixe. L'évêque d'Acqs (de Dax), Guillaume le Boux, prononça le panégyrique. Voyez la *Gazette* du 28 mars 1665, p. 302.

5. *Notice sur le monastère du Val-de-Grâce*, par M. l'abbé H. de Bertrand de Beuvron, Paris, 1865, p. 27.

6. Charles Blanc, *Histoire des peintres.... École française*, PIERRE MIGNARD, p. 14.

7. *La Vie de Pierre Mignard*, par M. l'abbé de Monville, 1 volume in-12, Paris, 1730, p. 83 et 84.

fut qu'après avoir achevé le Val-de-Grâce qu'il lui fut possible de se rendre dans le Comtat. Il y resta jusques à la fin de septembre 1664 ; » mais les témoignages de la *Gazette* et de Loret sont plus précis. Dans ses nouvelles datées de Paris, le 18 août 1663, la *Gazette* dit (p. 796) : « L'onze,... la Reine mère, étant sortie pour la première fois depuis sa maladie, alla au Val-de-Grâce.... A son arrivée, Elle fut voir la superbe église de ce lieu et les magnifiques modèles du principal autel, avec la peinture de la coupe du grand Dôme.... »

La lettre en vers de Loret, datée du même jour, atteste pareillement que le samedi 11 août 1663 Anne d'Autriche se fit montrer par les architectes la nouvelle église et que là

> . . . . elle vit la peinture,
> Surpassant toute mignature,
> De l'excellent Monsieur Mignard [1],
> Un des grands maîtres de son art,
> Pour servir d'ornement au dôme,
> Un des mieux construits du royaume.

Comme il y a cependant ici quelque intérêt à savoir si la date du complet achèvement des peintures de la coupole est bien celle de 1663, ou si elle est moins éloignée du temps où Molière les a célébrées, nous ne devons pas négliger de tenir compte d'une autre information donnée par un de nos gazetiers rimeurs, la Gravette de Mayolas. Il nous apprend que beaucoup plus tard, huit mois après la mort de la fondatrice du Val-de-Grâce, Mignard fut pressé par Marie-Thérèse de mettre la dernière main à sa grande fresque [2], et que le public ne fut admis à admirer son travail que le jeudi 16 septembre 1666. Citons ce passage de la lettre écrite, trois jours après, par Mayolas [3] :

> Il faut bien que je trouve place
> Pour la coupe du Val-de-Grace,

1. En marge : « Le cadet ». — L'aîné, Nicolas, longtemps établi à Avignon, était depuis cinq ou six ans à Paris, où il mourut en mars 1668.

2. Il s'agissait peut-être d'y faire ces retouches au pastel, effacées aujourd'hui, dont plusieurs auteurs ont parlé.

3. *Lettre en vers à Son Altesse Madame la duchesse de Nemours* du 19ᵉ septembre 1666.

Qu'on voit dans sa perfection,
. . . .
Faite de la main admirable
D'un peintre fort recommandable,
De fait et de nom très-mignard,
Puisque c'est le fameux Mignard.
Notre aimable et charmante Reine,
Voulant pour la fête prochaine[1]
Que ce dôme, ou coupe, fût fait,
Il nous l'a donné si parfait,
Que dans les plus riches églises
. . . .
On ne verra point de tableau
Qui soit assurément si beau
Que cette peinture mignarde,
Que depuis jeudi l'on regarde.

On n'est donc pas en droit, dira-t-on, de s'étonner beaucoup que Molière n'ait pas songé à son poëme dès le temps où l'on place d'ordinaire l'achèvement de l'œuvre de son ami, et avant celui où elle fut exposée à tous les regards. Il faut remarquer néanmoins qu'entre le 16 septembre 1666 et le moment où l'on doit penser que le poëte se mit à l'ouvrage il s'écoula deux années. N'est-ce pas encore avoir longtemps attendu? Nous croyons avoir trouvé l'explication, que l'on n'avait pas encore donnée, de ce manque apparent d'empressement et d'à-propos. Molière ne prit la plume que dans une circonstance qui rendait très-souhaitable à Mignard le bon office d'une muse amie.

Lorsque Molière forma le dessein de son poëme, Charles Perrault venait d'en faire paraître un dont la peinture était aussi le sujet[2]. La première édition de cet ouvrage porte le millésime de 1668; la *Permission* est datée du 10 décembre 1667. Ce morceau de poésie, quoique Boileau, dans une lettre écrite à Perrault, au temps de leur réconciliation, ait bien voulu le mettre au nombre des « excellentes pièces de *sa* façon[3], »

1. Sans doute pour la Sainte-Thérèse, fêtée le 15 octobre.
2. LA PEINTURE, *poëme*, à Paris, chez Fréderic Léonard, imprimeur ordinaire du Roi, M DC LXVIII (in-4°).
3. *OEuvres de Boileau* (édition de Berriat-Saint-Prix), tome IV, p. 88 et 89.

ne s'élevait pas au-dessus d'une honnête médiocrité, et n'était pas fait pour empêcher Molière de dormir, pour le provoquer à un tournoi d'esprit. Si nous ne nous trompons, voici où se trouva l'aiguillon.

C'était en l'honneur de le Brun que Perrault avait chanté. L'invocation à la Poésie, par laquelle s'ouvre le poëme, est suivie de cette apostrophe au premier peintre de Sa Majesté :

> Et toi, fameux le Brun, ornement de nos jours,
> Favori de la Nymphe et ses tendres amours,
> Qui seul as mérité par ta haute science
> D'avoir de ses secrets l'entière confidence,
> D'une oreille attentive, écoute, dans ces vers,
> Les dons et les beautés de celle que tu sers.

Le poëme est d'un bout à l'autre comme un hymne à la louange de ce *seul* parfait artiste (*seul* n'était pas flatteur pour les rivaux), des tableaux qu'il avait peints pour le Roi, des ouvrages exécutés, sous sa direction, par les peintres et par les sculpteurs de l'Académie royale. Mignard, en hostilité déclarée contre le Brun et contre l'Académie, sur laquelle le plus dominateur des peintres exerçait une autorité dictatoriale, dut être fort mécontent des vers de Perrault. Non-seulement celui-ci, que Colbert, devenu en 1664 surintendant des bâtiments du Roi, avait pris pour son premier commis[1], paraissait avoir exécuté, dans son poëme, une commande du chef; mais c'était lui qui, précédemment, obéissant à un assez brutal *Compelle intrare*, avait été chargé par ce même chef de signifier à Mignard une menace d'exil, s'il persistait dans le refus qu'il n'avait pas craint d'opposer, en 1663, à l'invitation d'entrer dans l'Académie[2].

On a peine à croire que Mignard n'eût aucune connaissance du poëme de Perrault lorsque, en cette même année 1668 où il fut publié, il fit imprimer comme œuvre posthume[3]

---

1. Perrault dit dans ses *Mémoires*, p. 29, que cet emploi lui fut donné vers la fin de 1663. Colbert n'eut la surintendance des bâtiments qu'en janvier 1664; mais, dès la fin de 1662, il savait qu'elle lui était destinée, et en organisait le service.

2. *La Vie de P. Mignard*, par l'abbé de Monville, p. 84-86. Voyez aussi l'article, cité ci-dessus, de Charles Blanc, p. 14 et 15.

3. L'auteur était mort en 1665.

le très-remarquable poëme latin *de Arte graphica*[1] du peintre du Fresnoy, son collaborateur dans les fresques du Val-de-Grâce, le fidèle ami, qui s'était associé à la lutte qu'il soutint contre les volontés de Colbert[2]. Il est vrai que le *Privilége* de la publication du peintre-poëte est de 1667 et que la *Permission* obtenue pour celle de Perrault est, nous l'avons dit, de la fin de la même année; mais souvent, par des lectures, les auteurs faisaient connaître leurs ouvrages avant l'impression. Au reste, il importe peu que l'on croie pouvoir conclure de la date des deux priviléges que le poëme de du Fresnoy n'a pu être opposé, comme une réponse, au poëme de Perrault : Mignard, on l'accordera du moins, dut voir avec plaisir que l'ouvrage de son ami était cependant arrivé à temps pour montrer son béjaune au panégyriste de le Brun et faire honte à ses vides lieux communs. En tout cas, nous aurions eu,

1. « *Caroli Alfonsi du Fresnoy, pictoris, de Arte graphica liber, sive diathesis, graphidos et chromatices, trium picturæ partium, antiquorum ideæ artificum nova restitutio.* Lutetiæ Parisiorum, apud Claudium Barbin..., MDCLXVIII ». A la fin de ce petit in-12 de 36 pages, qui n'a pas d'*Achevé d'imprimer,* un Extrait du Privilége du Roi daté de 1667 ce privilége, sans indication de jour ni de mois. L'année 1668 vit paraître une autre édition du poëme, mais avec la traduction en regard, sous ce titre : *L'Art de peinture de Charles Alphonse du Fresnoy, traduit en françois, avec des remarques nécessaires et très-amples* (1 volume in-8°, Paris, chez Nicolas l'Anglois), MDCLXVIII. Le traducteur était le peintre Roger de Piles, ami de du Fresnoy. Il dit dans sa *Préface* que l'auteur lui confia son poëme pour le mettre en notre langue, croyant qu'il l'entendait assez bien : « Je (*le*) lui communiquai, et y changeai tout ce qu'il voulut, jusqu'à ce qu'il fût enfin à sa fantaisie. »

2. En tête du *de Arte graphica*, dans l'édition de 1668, sans traduction, et dans quelques-uns des exemplaires, datés aussi de 1668, de ce même poëme accompagné de la traduction française, est une Épître à Colbert, signée des initiales *C. A. D. F.* Est-ce bien du Fresnoy qui l'avait préparée pour la publication projetée ? Qu'elle soit son ouvrage, ou que ses amis l'aient fabriquée et mise sous son nom, quand ils firent imprimer son poëme, un hommage banal, et tout de précaution, ne peut démentir ce que l'on sait d'ailleurs des rapports difficiles de du Fresnoy, comme de Mignard, avec le ministre.

comme on le verra tout à l'heure, d'excellentes raisons pour
ne point passer sous silence ce poëme latin, quand il ne se
rattacherait pas au fait curieux de la bataille de Mignard et de
son rival à coups de poëmes. Il y en eut trois (car Molière
allait faire paraître le sien) qui, dans cette guerre de la peinture, furent publiés à de très-courts intervalles.

Avoir, par hasard, ou avec intention, répondu à Perrault
par l'ouvrage de du Fresnoy, dont le mérite poétique ne pouvait être apprécié que des latinistes, ce n'était pas suffisant.
En outre il était désirable de ne pas opposer seulement aux
banalités sonores d'une froide versification les préceptes savants d'un peintre versé dans son art, mais aussi à tant
d'éloges prodigués à le Brun, un jugement équitable des travaux de son antagoniste. Nous ne saurions dire si Mignard
demanda ce service à Molière, ou si l'offre spontanée lui en
fut faite par le poëte, mais nous n'hésitons guère à penser que
la Gloire du Val-de-Grâce fut provoquée par *la Peinture* de
Perrault : combat, non de deux poëtes, trop inégaux en force
pour que nous admettions chez Molière une pensée d'émulation, mais de deux seconds amenés sur le terrain du duel par
leurs peintres favoris. Il suffit de comparer la première impression du poëme de Perrault à celle du poëme de Molière,
pour trouver dans celle-ci, qui suivit celle-là de très-près, les
marques du dessein de lever bannière contre bannière[1]. De
part et d'autre c'est un bel in-quarto, de pareil aspect, également orné d'estampes et de vignettes. Le Brun avait dessiné

1. Perrault n'a pu manquer de comprendre que le poëme de Molière était comme une riposte au sien. Mais, toujours sage et modéré, il n'a marqué nulle part qu'il en ait gardé le moindre ressentiment. Lorsque plus tard, dans ses *Hommes illustres*, il a consacré
une notice à le Brun, une autre notice à Mignard, il leur a rendu
justice à tous deux; il a particulièrement loué la fresque du Val-de-Grâce (voyez ci-après, p. 526). Il est vrai que, depuis la mort
de Colbert (1683), il cessa d'y avoir lieu de prendre parti pour le
Brun contre Mignard, à qui Louvois donna en fait le gouvernement
de la peinture, jusqu'au jour où, le Brun étant mort (1690), ses
honneurs furent transférés au peintre de la coupole, devenu dès
lors, à son tour, premier peintre du Roi et l'un des membres, puis
bientôt le directeur, de l'Académie royale.

celles de *la Peinture*, qui furent gravées par François Chauveau; Mignard dessina lui-même aussi et fit graver par le même Chauveau celles de *la Gloire du Val-de-Grâce*. Ces ressemblances extérieures, qu'on ne peut croire fortuites, sentent le défi. Mignard, en le portant, était fort d'une meilleure alliance contractée avec la poésie.

Molière suivit une voie qui ne côtoyait nullement celle de Perrault et le rapprochait de celle de du Fresnoy. Bien qu'il se soit renfermé dans un champ plus limité que celui-ci, c'est vraisemblablement en le lisant que l'idée lui vint de demander à notre langue poétique, à qui les idées modernes sont plus accessibles qu'à la langue morte des latins, l'expression, quelquefois technique, des procédés de la peinture. Qu'il ait écrit ayant sous les yeux le *de Arte graphica*, nous n'en saurions douter. Outre une semblable division des trois parties de la peinture, il a généralement reproduit la doctrine de du Fresnoy, la tenant pour conforme à celle de Mignard, par qui il s'était fait peut-être commenter le poëme latin. Il est évident qu'il était pénétré des principes que les deux peintres avaient rapportés de leur studieux séjour en Italie. On reconnaît même qu'en maint passage, et les préceptes qu'il tire des exemples de Mignard, et les termes d'art dont il se sert traduisent ceux de du Fresnoy[1]. Nous y reviendrons.

Il ne s'était pas toutefois proposé, comme du Fresnoy, d'écrire un traité didactique. Vanter les fresques du Val-de-Grâce était son véritable sujet. Il semblait assez naturel qu'il eût la pensée de dérouler poétiquement sous nos yeux les religieux tableaux de cette vaste composition. Il se détourna de cette grande route, qui aurait tenté le peuple des rimeurs.

---

1. Il est assez étonnant que pas un des éditeurs de Molière ne s'en soit douté. Nous nous sommes d'abord flatté d'en avoir fait la découverte; mais nous avons été détrompé en lisant dans le *Dictionnaire* de Moréri (édition de 1759), tome V, p. 372, à l'article DU FRESNOI : « Le poëme françois de Molière, intitulé *la Gloire du Val-de-Grâce*, n'est presque qu'une traduction de quelques endroits de l'ouvrage latin de du Fresnoi. » Charles Blanc aussi a été sur la voie, lorsqu'il a dit que les vers 117-127 de ce poëme *semblent traduire* les beaux vers latins de du Fresnoy : voyez ci-après, à la note 5 de la page 545.

Au lieu de chercher là une matière à vers facilement brillants, et de demander à sa plume de rivaliser avec le pinceau de Mignard, il aima mieux montrer dans l'œuvre du peintre une belle application des théories de l'art.

Lorsque nous avons à dire comment a été appréciée cette tentative, qui l'entraînait loin des sources familières à son inspiration, l'ordre des dates nous fait d'abord rencontrer un juge dont le suffrage compterait peu, si dans l'enthousiasme de ses éloges on ne croyait moins reconnaître son opinion personnelle que l'effet produit par le poëme sur les contemporains, au moment même où les lectures de l'auteur lui donnèrent un commencement de publicité. Dans une *Lettre en vers à Madame* du 22 décembre 1668, Robinet annonçant le nouvel ouvrage de Molière, dit que « ce célèbre esprit »

> A, depuis peu, fait un poëme
> Si noble, si brillant, si beau
> Et si digne de son cerveau,
> Sur la *Gloire du Val-de-Grâce*,
> Où le pinceau de *Mignard* trace
> Tout ce que son art a de grand,
> Que j'ose bien être garant
> Qu'en ce bel ouvrage il excelle
> Et qu'il tire après lui l'échelle.
> Ce Mignard sans doute est fameux,
> Et par ses chefs-d'œuvre pompeux,
> Qui d'un *Monarque* tout sublime
> Lui méritent la haute estime,
> Peut, sur les ailes du renom,
> Faire en tous lieux voler son nom.
> Mais ce renom, à le bien dire,
> Ne pouvoit mieux se faire instruire
> Des merveilles de son pinceau,
> Pour en faire un parlant tableau,
> Que par les rimes héroïques,
> Toutes grandes et magnifiques,
> De ce favori des neuf sœurs.
> . . . .
> Ce poëme savant tout autant
> Qu'il est fort, pompeux, éclatant,
> Et rempli de doctes merveilles
> Qui couronnent ses nobles veilles,

> A surpris et charmé tous ceux
> Qui l'ont ouï dans maints bons lieux,
> Où même avecque tant de grâce,
> Suivant sa mémoire à la trace,
> Son grand auteur l'a récité,
> Qu'au double on étoit enchanté.
> Par une faveur sans égale,
> J'ai pris ma part à ce régale [1]
> Chez une *Illustre* de ce temps,
> Dont les mérites éclatants
> Sont d'un ordre extraordinaire,
> Ainsi que vous pourrez le craire,
> Ayant su son nom que voici :
> C'est *Mad'moiselle de Bussy* [2].

Méchants vers à part, n'y a-t-il pas eu de plus mauvais estimateurs de l'ouvrage de Molière que Robinet ou ceux dont il a été l'écho? Nous ne nous étonnons pas des épithètes de *grands* et d'*héroïques* données aux vers du poëte; ils méritent souvent d'être ainsi caractérisés, et qui les aurait, comme les auditeurs réunis chez Mlle de Bussy, entendu réciter avec un accent qui en mettait en relief les traits vigoureux, eût été moins disposé à en méconnaître la grandeur qu'on ne l'a par la suite été trop généralement.

Après cette première louange, on constate une attaque, qui doit être aussi des premiers temps. Le talent du poëte, toutefois, n'y est pas nié, et l'on pourrait même y voir un nouveau témoignage du sentiment des contemporains sur l'excellence des vers de Molière. Ils ne sont attaqués que dans l'admira-

---

1. Sur cette orthographe, voyez tome VI, p. 392, note 3.
2. Sur Mlle de Bussy, voyez notre tome VII, p. 8, où il est dit, d'après Tallemant des Réaux, que Molière lui lisait toutes ses pièces. Le même Tallemant (tome II, *Historiette du maréchal de Brézé et de Mlle de Bussy*, p. 202) nous apprend qu'elle était nièce de la femme de la Mothe le Vayer. Il parle d'elle comme d'une évaporée, chez qui il y avait un grand « abord de gens » (même page 202). C'est elle aussi que Loret dans sa *Lettre en vers* du 8 juillet 1656 appelle

> . . . . Cette aimable Poitevine
> Dont la grâce presque divine
> Dans Paris a tant de renom.

tion qu'ils expriment pour les fresques de Mignard; et le poëte est seulement accusé d'avoir été mauvais juge d'une question d'art qui, pensait-on, échappait à sa compétence : reproche que, plus tard, d'autres encore lui ont fait. Une très-jeune dame écrivit une *Réponse à la Gloire du Val-de-Grâce de M. de Molière*[1], réponse en vers, dans laquelle c'était la Coupe (*la coupole*) elle-même qui parlait. Cette Coupe en voulait beaucoup moins à celui qui l'avait louée qu'à celui qui l'avait peinte; et sa réclamation ne prétendait rien de plus que flatter, comme l'avait fait le poëme de Perrault, la passion de Colbert, qui protégeait le Brun, et s'était déclaré contre Mignard. Quoique Molière ne fût qu'indirectement en cause et n'eût à recevoir que le contre-coup de ce dénigrement d'un ouvrage dont il avait exalté les beautés, la dame voulut lui faire sa part. Adoucissant par des compliments aimables le reproche d'ignorance, elle lui disait en lui envoyant les vers de la Coupe[2] :

> Toi qui possède en tout le parfait art de plaire,
> Esprit le plus brillant qui soit en l'univers,
> Tu diras que la Coupe est mal en secrétaire,
> Et qu'il entend fort peu le langage des vers.
> J'en demeure d'accord, et ce n'est pas merveille
> Que l'on soit ignorant dans le métier d'autrui.
> Nous avons sur la Coupe aventure pareille,
> Et j'en prends pour témoin ton poëme aujourd'hui :
> Si tu fais bien des vers, tu sais peu la peinture.
> . . . .
> .... On trouve en tes vers l'éloquence et la rime,
> Et moi de mon côté j'ai toute la raison.

Éloquent, mais sachant mal ce dont il a parlé, tel a donc été Molière, jugé par cette jeune raison si sûre d'elle-même.

Vauvenargues n'avait pas, comme le secrétaire de la Coupe, à faire sa cour à un ministre puissant, et peu lui importait la rivalité de le Brun et de Mignard; mais il n'était pas exempt d'autres préjugés, de ceux qu'on a nommés *idola tribus :* sa *tribu* était de celles des écrivains moralistes. Il trouvait

---

1. Insérée aux pages 241 et suivantes des *Mélanges* intitulés *Anonymiana*, que nous avons déjà cités ci-dessus, p. 514.

2. *Anonymiana*, p. 282 et 283.

chez la Bruyère « plus d'éloquence et plus d'élévation dans ses images » que chez Molière[1]. A propos de notre poëme, il a été plus loin que ceux qui se sont contentés de contester à son auteur la connaissance de la peinture : « On trouve dans Molière, dit-il[2], tant de négligences et d'expressions bizarres et impropres, qu'il y a peu de poëtes, si j'ose le dire, moins corrects et moins purs que lui. On peut se convaincre de ce que je dis en lisant le poëme du *Val-de-Grâce*, où Molière n'est que poëte », c'est-à-dire où il n'est pas soutenu par son entente du théâtre.

Un des éditeurs de Molière qui ont senti le plus vivement et apprécié avec le goût le plus fin et le plus sûr les beautés de ses comédies, Auger, se montre médiocrement satisfait de sa *Gloire du Val-de-Grâce*. N'y trouvant guère à louer que l'éloge du caractère de Mignard, par lequel se termine le poëme : « Molière, dit-il, s'entendait mieux à peindre le moral de l'homme qu'à décrire les parties et les procédés de l'art qui a pour objet d'en représenter les formes extérieures[3]. » Son opinion semble s'être formée d'après celle du célèbre peintre Guérin, à qui il avait demandé quelques observations sur la partie technique et didactique du poëme, pour les publier dans les notes de son édition. Il faut, après tout, lui savoir gré de nous les avoir fait connaître. Guérin, sans refuser toute justice à l'œuvre de Mignard, en fait néanmoins remarquer les imperfections avec quelque sévérité, et l'admiration de Molière lui paraît fort exagérée. « Si Molière, dit-il[4], se fût contenté de présenter cette production comme un bel ouvrage, et de le louer comme tel, tout le monde en tomberait d'accord; mais personne aujourd'hui ne voudra le regarder comme une *merveille*.... L'idée première de cette composition est grande et imposante; la disposition générale

1. *Réflexions critiques sur quelques poëtes*. MOLIÈRE, p. 237 de l'édition des OEuvres donnée par M. D.-L. Gilbert.
2. *Ibidem*, p. 238 : la dernière phrase, celle qui déprécie le poëme du *Val-de-Grâce*, se lisait dans la 1re édition (1746); elle est, dit M. Gilbert, biffée par Voltaire sur l'exemplaire de cette édition qu'il a annoté et que possède la bibliothèque Méjanes d'Aix.
3. OEuvres de Molière, tome IX, note de la page 523.
4. Même tome IX d'Auger, p. 516, note 2.

habilement conduite et enchaînée avec art par des groupes souvent intéressants, et dans lesquels beaucoup de figures sont simples et gracieuses. Mais on peut y reprendre aussi la faiblesse du dessin, le défaut d'énergie dans les figures qui en demandent, et souvent de la manière dans les formes et de l'affectation dans les poses. Le style est plus répréhensible encore, et c'est la partie la plus faible. » Pour se prononcer sur la valeur de ces critiques, il faudrait une compétence qui nous manque. L'amitié a-t-elle fait quelque illusion à Molière ? Ce serait très-pardonnable ; et quand sa partialité serait prouvée, on ne pourrait la trouver fâcheuse que s'il avait vanté ce que tous les bons juges s'accorderaient à condamner ; mais il n'en est rien. Aucun d'eux, pas même Guérin, n'hésite à accorder à la peinture de la coupole une bonne part de louanges. Ajoutons que Molière n'en a pas seul parlé comme d'une œuvre de premier ordre. Charles Perrault lui-même a dit : « La coupe du Val-de-Grâce.... est le plus grand morceau de peinture à fresque qui soit dans l'Europe[1]. » Nous pouvons citer dans le même sens ces paroles des continuateurs de Moréri[2] : « Les peintures du dôme se font admirer de tous les connoisseurs. Cet ouvrage est le plus grand morceau qui ait été fait en France et a acquis une gloire immortelle à Mignard dit *le Romain*. » Le premier qui en a ainsi jugé, Perrault, n'avait sans doute fait qu'exprimer le sentiment des contemporains. Il ne faudrait pas que Mayolas, dans les vers que nous avons eu l'occasion de citer[3], nous fît douter de ce sentiment, lorsqu'à la peinture dont il admirait les beautés il donne l'épithète de *mignarde*; elle avait alors le sens de *gracieuse*, et il ne s'y mêlait aucune idée d'afféterie. Piganiol de la Force approuvait le jugement de Perrault, puisqu'il s'en est approprié les termes mêmes[4]. C'est ce qu'a fait aussi un appréciateur d'une plus grande autorité, notre contemporain Charles Blanc[5],

1. *Les Hommes illustres*, tome II, notice sur Pierre Mignard, p. 91-92.
2. Article Val-de-Grâce. — 3. Voyez ci-dessus, p. 517.
4. *Description historique de la ville de Paris...*, M DCC LXV, tome VI, p. 194.
5. *Histoire des peintres.... École française*, Pierre Mignard, p. 10. — Il a décrit la fresque du Val-de-Grâce aux pages 10-13. L'abbé

qui a signalé toutefois quelques défauts du grand ouvrage de Mignard.

Après ces témoignages, il serait évidemment injuste, même si l'on croit trouver chez Molière quelques hyperboles d'admiration, de le mettre pour cela au nombre de ceux qu'Alceste nomme « loueurs impertinents. » Défendre de la tentation de cette injustice ceux qui jugent de la fresque autrement que lui, est tout ce que nous demandons.

Mais Guérin adresse à Molière des reproches plus graves que celui de n'avoir pas avoir su « mettre de bornes » à ses éloges : il juge qu'il s'est trompé sur quelques-uns des principes de l'art; il va plus loin encore, notant dans ses vers (et là c'est à l'écrivain même qu'il fait son procès) des expressions inexactes, d'autres inintelligibles et *jetées au hasard*, qui lui semblent un *galimatias double*, au milieu duquel l'auteur ne lui paraît pas s'être lui-même entendu.

Dans la question de la pureté de la doctrine du poëte, comme dans celle des mérites ou des défauts de la fresque elle-même, des maîtres seuls seraient autorisés à discuter l'opinion d'un maître. Il nous est du moins permis de remarquer que, dans les théories ainsi contestées, il a dû suffire à Molière de ne rien avancer qui ne fût admis par les habiles de son temps, et qu'il est aussi bien couvert qu'on le peut souhaiter par la conformité de ses préceptes avec ceux du poëme de du Fresnoy, longtemps reconnu pour un très-savant traité. Les notes sur les vers de Molière prouveront, comme nous l'avons déjà dit, que du Fresnoy y est suivi de très-près. Ce que Guérin critique le plus, *les contours amples, inégaux, ondoyants*[1], *tirés de loin*, sont traduits du *de Arte graphica*,

---

de Monville l'avait aussi décrite aux pages 77-82 de *la Vie de Pierre Mignard*, et Piganiol de la Force, dans sa *Description historique de la ville de Paris*, tome VI, p. 194-197. Chacun, à Paris, peut en juger de ses propres yeux, mais sans oublier que le temps ne l'a pas entièrement respectée, comme l'explique M. Henri Harduin, dans la *Biographie générale*, article MIGNARD. — Les peintures de la coupole ont été gravées par Gérard Audran, d'après un dessin en grisaille de Michel Corneille.

1. Au tome XI des *Amusements du cœur et de l'esprit*, ouvrage périodique (Amsterdam, 1741), on a inséré (p. 455-472) un discours

ainsi que *les membres agroupés, balancés sur leur centre,* et les gestes passionnés, *imitant en vigueur les gestes des muets*[1]. Quand Guérin, qui blâme tous ces passages de notre poëme, déclare aussi que les *concerts, amitiés, ruptures* des couleurs ont le tort de n'être point des termes techniques, et quand il ne veut y voir qu'un pêle-mêle de mots, dont l'auteur aurait eu peine à donner l'explication, nous ne nous bornerons pas à nous plaindre qu'il oubliât trop ce qu'il ne faut pas refuser à la langue poétique traduisant, suivant son génie propre, la langue des peintres ; il y a mieux à dire : on regrette qu'il n'ait pas été averti que tout cela, bien loin d'être un entassement de vaines paroles tombées de la plume de Molière comme au hasard, se trouve dans les vers de du Fresnoy, qui, au dix-septième siècle, étaient jugés très-intelligibles, et même étaient fort appréciés dans leur doctrine par les connaisseurs en peinture. Nous y rencontrons, par exemple, la *rupture* des couleurs, expression parfaitement technique en ce temps-là. Il serait cependant téméraire de nous engager à soutenir qu'on ne peut signaler aucun passage un peu obscur dans *la Gloire du Val-de-Grâce*, et que de la difficulté d'exprimer poétiquement les choses de l'art Molière s'est tiré partout avec une égale clarté ; mais si quelquefois il lui est arrivé de n'avoir pas trouvé l'expression la plus nette, c'est plus ra-

sur la peinture, prononcé, dans l'assemblée de l'Académie royale, le 1ᵉʳ février 1670, par Noël Coypel. Là, de même que Guérin, le célèbre peintre est d'avis que les préceptes de du Fresnoy sur les *contours ondoyants* ne sont pas « des règles précises et assurées » (p. 467). Coypel gardait la tradition purement française et tenait pour des erreurs de goût quelques-uns des principes des écoles d'Italie. Dans cette question des contours, peut-être avait-il raison. Mais que Molière, sur la foi de guides, qui n'étaient pas des ignorants, ait adopté une doctrine qui n'était pas la meilleure, ce n'est pas une très-forte objection à faire à un poëte.

1. Non-seulement l'accord des doctrines, mais l'emploi des mêmes expressions seront facilement remarqués, si l'on compare avec les vers de Molière la traduction du poëme de du Fresnoy par Roger de Piles : voyez ci-après les notes du poëme. Molière a consulté certainement et le texte latin, qu'il n'était pas embarrassé d'entendre, et la traduction qui pouvait lui inspirer confiance, du Fresnoy lui-même en ayant approuvé l'exactitude.

rement que Guérin ne l'a cru. N'était que, dans la lecture du poëme didactique de du Fresnoy, il faut tenir compte d'une intelligence moins aisée pour nous de la langue dans laquelle il a été écrit, nous demanderions si l'avantage d'une lucidité plus grande n'est pas du côté de Molière.

L'impression que *la Gloire du Val-de-Grâce* a faite à Guérin n'est pas celle qu'en a reçue Charles Blanc, qui n'est pas non plus un juge à dédaigner. « Ce poëme, dit-il, est un véritable traité de peinture.... Les règles essentielles de ce grand art y sont énoncées avec beaucoup de précision, de justesse et de fermeté[1] »; et il en loue les « beaux vers, si mâles et si bien frappés[2] ». N'est-ce pas seulement ainsi qu'il est juste d'en parler? Leur fierté d'expressions, leur vigueur, quoiqu'elle puisse, en quelques endroits, paraître un peu tendue, les ferait plutôt attribuer à la première moitié du dix-septième siècle qu'à la seconde. Il est merveilleux que, venant à peine de quitter la plume admirablement facile qui avait écrit les aimables vers de *l'Amphitryon*, le poëte en ait su prendre une qui a, comme un ferme burin, si fortement gravé. Nous devons donc nous féliciter qu'il ait rencontré l'occasion de faire, un moment, infidélité à sa muse préférée. Il a donné là une preuve très-intéressante de la souplesse de son génie poétique.

Boileau faisait grand cas du poëme de Molière, comme nous l'apprend Cizeron Rival, qui cite ses paroles telles qu'il les tenait de Brossette. On aimerait mieux qu'elles nous fussent parvenues plus directement; car il est à croire que nous y trouverions mieux caractérisée la versification de *la Gloire du Val-de-Grâce*. Mais, quoique, en passant par la bouche de Brossette, le jugement de Boileau ait pu perdre quelque chose de la justesse des termes dans lesquels vraisemblablement il avait été exprimé, il ne saurait guère, pour le fond, être mis en doute. Cizeron Rival ne l'a certes pas inventé, lui qui s'étonnait ainsi que Boileau eût pu le porter : « Autant que je puis me connoître en poésie, ce n'est pas son meilleur jugement[3]. »

1. *École française*, PIERRE MIGNARD, p. 13.
2. *Ibidem*, p. 10.
3. *Récréations littéraires*, p. 153.

Voici comment, d'après les souvenirs de Brossette, Boileau avait parlé[1] : « De tous les ouvrages de Molière, celui dont la versification est la plus régulière et la plus soutenue, c'est le poëme qu'il a fait en faveur du fameux Mignard, son ami.... Ce poëme.... peut tenir lieu d'un traité complet de peinture, et l'auteur y a fait entrer toutes les règles de cet art admirable. Il y montre particulièrement la différence qu'il y a entre la peinture à fresque et la peinture à l'huile.... » Après avoir cité les vers où sont comparées les deux peintures, Boileau continuait ainsi : « Remarquez, Monsieur,... que Molière a fait, sans y penser, le caractère de ses poésies, en marquant ici la différence de la peinture à l'huile et de la peinture à fresque. Dans ce poëme sur la peinture, il a travaillé comme les peintres à l'huile, qui reprennent plusieurs fois le pinceau pour retoucher et corriger leur ouvrage, au lieu que, dans ses comédies, où il falloit beaucoup d'action et de mouvement, il préféroit les *brusques fiertés* de la fresque à la paresse de l'huile. » Une poésie *régulière et soutenue*, ce n'est pas ce qu'ici nous reconnaîtrions surtout, mais plutôt un style dont le trait, comme il convenait dans un ouvrage didactique et savant, était plus profondément marqué, moins léger, que celui du style des comédies; et cela ne suffit point pour que la lenteur d'un pinceau qui retouche et corrige se fasse sentir dans l'œuvre nullement tâtonnante de Molière. Lorsqu'il devait donner aux secrets de l'art du peintre leur difficile expression, il ne pouvait s'abandonner à une facilité trop coulante. De là quelque effort, au moins apparent. Mais nous croyons qu'il a plutôt rencontré que cherché le style fort, réclamé par son sujet; et ce qui nous frappe dans son poëme, ce sont justement ces *brusques fiertés* qu'on lui accorde plutôt dans ses autres ouvrages. Si donc il était moins douteux que Boileau eût dit exactement et en propres termes ce qu'on lui a fait dire, nous oserions ne pas souscrire à son jugement tout entier. Que du moins il en reste ceci que la grande valeur des vers inspirés par l'œuvre de Mignard y est reconnue, et que l'Aristarque leur donne une belle place, même à côté des vers immortels écrits par Molière pour le théâtre.

1. *Récréations littéraires*, p. 154 et 155.

Sainte-Beuve, opposant Boileau à Vauvenargues, dont nous avons ci-dessus fait connaître le sentiment, est d'avis que le premier se montre plus fermement judicieux. « Non, ajoute-t-il, que j'admette que ce poëme du *Val-de-Grâce* soit bon et satisfaisant d'un bout à l'autre, ou que Molière ait modifié, ralenti sa manière en le composant. La poésie en est plus chaude que nette ; elle tombe dans le technique et s'y embarrasse souvent en le voulant animer. Mais Boileau a bien mis le doigt sur le côté précieux du morceau [1]. »

L'excellent critique n'est pas, on le voit, sans accorder bien suffisamment, si ce n'est même plus qu'il ne fallait, à ceux qui ont remarqué des imperfections dans le poëme ; il leur aurait peut-être fait moins de concessions, s'il avait su que la comparaison avec les vers de du Fresnoy éclaircit bien des passages techniques et ne permet plus d'y trouver tant d'embarras. Il n'en est pas moins un des vifs admirateurs des beautés de l'ouvrage. Citant, dans son *Port-Royal*, les mêmes vers, d'un si grand caractère, que Boileau aimait à citer, sur la fresque et sur la peinture à l'huile, il s'écrie : « Quelle opulence ! quelle ampleur ! Comme on sent, à travers cette définition grandiose, la réminiscence secrète et la propre conscience de l'artiste !... Voilà Molière et sa théorie, déclarée par lui comme à son insu ; il nous a livré là sa poétique, comme l'a remarqué excellemment Boileau [2]. »

Sainte-Beuve fait encore cette observation que notre poëme a « des touches pareilles.... à celles de Rotrou parlant peinture de décoration dans *Saint-Genest* [3]. » Il avait eu l'occasion déjà, dans son examen de la tragédie de Rotrou [4], de faire ce rapprochement, très-frappant en effet, et qui ne saurait étonner, les vers de l'auteur de *Saint-Genest* étant de l'école de Corneille, vers laquelle il est visible que le style de Molière, surtout dans son *Val-de-Grâce*, inclinait volontiers. La comparaison toutefois avec Rotrou n'est possible que pour la facture des vers, ou, ce qui serait mieux dit, pour quelques-unes

---

1. *Portraits littéraires* (Garnier, 1862), tome II, Molière, p. 33.
2. *Port-Royal* (troisième édition, 1867), tome III, p. 294 et 295.
3. *Ibidem*, tome III, p. 293.
4. *Ibidem*, tome Ier, p. 154.

de leurs *touches*, suivant l'expression de Sainte-Beuve. Dans le *Saint-Genest*, il y a seulement quelques conseils donnés en passant, et en peu de mots, au peintre de décors, tandis que Molière, dont la grande peinture était le sujet même, a eu à en développer les principes essentiels.

Il n'était pas inutile de citer les suffrages de grande autorité qui n'ont pas manqué à cet ouvrage de Molière, dont on s'est trop habitué à parler avec un très-injuste dédain. Parmi ceux qui l'ont inconsidérément déprécié, il faut compter plus d'un admirateur du poëte comique[1].

Les critiques plus modérés et plus dignes d'être entendus, qui se sont contentés de faire des objections soit aux éloges, excessifs à leur avis, donnés à Mignard, soit à quelques-unes des règles de l'art proposées par Molière, parfois aussi de reprocher au style de son ouvrage certaines duretés et obscurités, ont été unanimes à admirer la fin du poëme, où la cause d'un ami est plaidée, avec une éloquence si fière, auprès de Colbert. Mignard avait irrité le puissant ministre, parce qu'il était du parti des Maîtres peintres contre l'Académie royale[2]

1. Taschereau lui-même, nous le regrettons, s'est laissé entraîner aux préventions qui avaient cours depuis longtemps contre *la Gloire du Val-de-Grâce*. Il en parle ainsi, dans son *Histoire de Molière*, p. 192 et 193 de la 5ᵉ édition : « En général, le style en est lâche (*c'est absolument le contraire*), et l'on trouve peu de poésie dans ce sujet, qui en comportait beaucoup. » Dulaure (*Histoire de Paris*, 6ᵉ édition, 1837, tome IV, p. 382) dit que ce poëme de Molière « n'est pas digne de sa plume »; et l'auteur de l'article Mignard, dans le dictionnaire de Pierre Larousse, que « nous ne comprenons plus les rimes prétentieuses et fades de Molière. » Ce qui ne se comprend pas, ce sont de telles énormités.

2. C'est à la naissance même de cette académie que ces Maîtres peintres s'étaient mis contre elle en hostilité ouverte. Piganiol de la Force (*Description historique de la ville de Paris*, 1765, tome I, p. 224 et 225) dit que Mignard les avait alors soutenus dans leur lutte. Il a cru qu'il s'était rangé de leur côté au temps où ils ouvrirent une école publique, pour l'opposer à celle de l'Académie. Ce ne peut être; car ce fut en 1649 qu'ils se virent obligés de fermer leur école; et Mignard était encore en Italie; mais plus tard, l'antagonisme n'ayant pas cessé, il put devenir comme le chef de l'opposition des Maîtres peintres.

et qu'il avait résisté, comme nous l'avons déjà dit, à l'ordre, appuyé de menaces, de s'enrôler dans cette académie gouvernée par le Brun. Molière, évitant, comme il était sage de le faire, un terrain trop brûlant, n'a excusé, et très-noblement, le peintre que d'une sauvagerie, respectable chez les grands travailleurs, auxquels le temps manque pour les complaisants devoirs des visites. Quel art, dont la délicatesse n'ôte rien à la force, lorsqu'il parle des grands hommes qui ne font leur cour que par leurs ouvrages! Il y a là des vers superbes, qui n'honorent pas seulement son talent, mais son caractère.

Ce poëme a été publié pour la première fois sous ce titre :

LA GLOIRE
DU
VAL-DE-GRACE.
A PARIS,
chez Jean Ribov, au Palais,
vis-à-vis la porte de l'Eglise de la Sainte-Chapelle,
à l'image Saint-Louis.
M.DC.LXIX.
Avec Privilege de Sa Majesté.

C'est un in-quarto, de 24 pages, avec des dessins de Mignard gravés par F. Chauveau. Au verso du titre est un *Extrait du Privilége du Roy*. Ce privilége est donné à Molière, le 5 décembre 1668, pour cinq années. Molière en cède le droit à Jean Ribou. Néanmoins, du consentement sans nul doute de celui-ci, le poëme avait été aussi publié en 1669, chez Pierre le Petit, imprimeur et libraire ordinaire du Roi. La composition est toute semblable; et si dans l'exemplaire qui est sous nos yeux il y a 26 pages au lieu de 24, c'est que le feuillet du titre est suivi d'une estampe de Mignard, que ne donne pas l'exemplaire que nous avons vu de Jean Ribou. Elle représente Minerve conduisant la Peinture vers Apollon, qui tient la lyre et est entouré des Muses.

Dans la réimpression que donne le tome IV de l'édition de 1682, le titre est :

« *La Gloire du Dôme du Val-de-Grâce*, poëme sur la

peinture de Monsieur Mignart, par M. de Molière en l'année 1669. » L'édition de 1674 a le même titre, mais sans les mots « de Monsieur Mignart », ce qui change le sens, et fait du poëme de Molière un traité sur la peinture. Elle n'a pas non plus « en l'année 1669 ».

LA GLOIRE
DU
VAL-DE-GRÂCE[1].

Digne fruit de vingt ans de travaux somptueux[2],
Auguste bâtiment, temple majestueux,
Dont le dôme superbe, élevé dans la nue,
Pare du grand Paris la magnifique vue,
Et parmi tant d'objets semés de toutes parts, 5
Du voyageur surpris prend les premiers regards,
Fais briller à jamais, dans ta noble richesse,
La splendeur du saint vœu d'une grande Princesse[3],

1. Tel est, ici comme au grand titre, le nom donné par Molière à son poëme dans l'édition originale. L'édition de 1682, dont nous avons ci-dessus (p. 511) reproduit le grand titre, a pour ce titre intérieur : LA GLOIRE DU DÔME DU VAL-DE-GRÂCE.

2. Entre la date des premières constructions du nouveau Val-de-Grâce (1645) et celle de l'achèvement de l'église (1665), il s'était en effet écoulé vingt ans : voyez ci-dessus la *Notice*, p. 515. Sur l'origine de l'abbaye royale du Val-de-Grâce de Notre-Dame de la Crèche, et pour la description de l'église, de ses somptueuses décorations, nous renvoyons aux histoires détaillées de Paris. Pierre Clément (p. 201 de son *Histoire de.... Colbert*, 1846) évaluait approximativement à trois millions de livres la dépense faite à l'abbaye par la Reine régente et le Roi. — Il a été dit, dans la note 5 à la page 526 de la *Notice*, en quel état de conservation la fresque même de Mignard se peut encore voir, et dans quels livres, à défaut des gravures d'Audran, on peut prendre une idée de cette vaste composition.

3. « La Reine, devenue régente du royaume, disent Hurtaut et Magny dans leur *Dictionnaire historique de la ville de Paris* (1779, tome I, p. 122 et 123),... voulut donner des marques éclatantes de son affection pour ce monastère, et accomplir, en même temps, le vœu qu'elle avoit fait à Dieu de lui élever un temple magnifique, en action de grâces de lui avoir donné un Dauphin après vingt-deux ans de stérilité.... Dans *la première* pierre

Et porte un témoignage à la postérité
De sa magnificence et de sa piété ; 10
Conserve à nos neveux une montre [1] fidèle
Des exquises beautés que tu tiens de son zèle ;
Mais défends bien surtout de l'injure des ans
Le chef-d'œuvre fameux de ses riches présents,
Cet éclatant morceau de savante peinture, 15
Dont elle a couronné ta noble architecture :
C'est le plus bel effet des grands soins qu'elle a pris,
Et ton marbre et ton or ne sont point de ce prix.

Toi qui, dans cette coupe [2], à ton vaste génie
Comme un ample théâtre heureusement fournie, 20
Es venu déployer les précieux trésors
Que le Tibre t'a vu ramasser sur ses bords [3],
Dis-nous, fameux Mignard, par qui te sont versées
Les charmantes beautés de tes nobles pensées,
Et dans quel fonds tu prends cette variété 25
Dont l'esprit est surpris, et l'œil est enchanté ;
Dis-nous quel feu divin, dans tes fécondes veilles,
De tes expressions enfante les merveilles,
Quel charme ton pinceau répand dans tous ses traits,

(*qui fut posée, le 1er avril* 1645, *par le Roi enfant*) fut encastrée une médaille d'or.... Au revers de cette médaille sont en bas-relief le portail et la façade de l'église, et autour est écrit : *Ob gratiam diu desiderati regii et secundi partus* » (« En actions de grâces pour la naissance longtemps désirée du Roi et celle d'un second fils »). — Le cœur d'Anne d'Autriche, morte le 20 janvier 1666, trois ans avant la publication du poëme de Molière, avait été déposé dans une des chapelles de l'église.

1. *Montre* est ici, non échantillon, portion montrée, mais spectacle offert aux yeux.

2. *Coupe*, coupole, comme dans les vers cités p. 516 et 517 de la Notice, « Coupe ou Coupole, s. f. Dome. *La coupe de cette église se voit de loin. La coupole de cette église est bien peinte.* » — « Dome, s. m. Pièce d'architecture élevée en rond en forme de coupe renversée, au-dessus du reste du bâtiment.... » (*Dictionnaire de l'Académie,* 1694.)

3. Allusion au long séjour que Mignard avait fait à Rome (voyez la Notice, p. 514).

LA GLOIRE DU VAL-DE-GRÂCE.

Quelle force il y mêle à ses plus doux attraits, 30
Et quel est ce pouvoir qu'au bout des doigts tu portes,
Qui sait faire à nos yeux vivre des choses mortes,
Et d'un peu de mélange et de bruns et de clairs
Rendre esprit la couleur[1], et les pierres des chairs.

Tu te tais, et prétends que ce sont des matières 35
Dont tu dois nous cacher les savantes lumières,
Et que ces beaux secrets, à tes travaux vendus[2],
Te coûtent un peu trop pour être répandus.
Mais ton pinceau s'explique, et trahit ton silence[3] :
Malgré toi, de ton art il nous fait confidence, 40
Et dans ses beaux efforts à nos yeux étalés
Les mystères profonds nous en sont révélés ;
Une pleine lumière ici nous est offerte ;
Et ce dôme pompeux est une école ouverte,
Où l'ouvrage, faisant l'office de la voix, 45
Dicte de ton grand art les souveraines lois[4].
Il nous dit fortement les trois nobles parties[5]

---

1. On a vu à la *Notice* (p. 518-521, et p. 527-529) que de nombreux rapprochements peuvent être faits entre *l'Art de peinture* de du Fresnoy et *la Gloire du Val-de-Grâce*[a], et nous relèverons les ressemblances qui nous ont paru les plus frappantes. N'y a-t-il pas à noter ici une première réminiscence ? Dans ses vers 231-233 le peintre poëte avait dit :

> . . . . . *Paucisque coloribus ipsam*
> *Pingere posse animam atque oculis præbere videndam,*
> « *Hoc opus, hic labor est....* »

« De faire avec un peu de couleurs que l'âme nous soit visible, c'est où consiste la plus grande difficulté. »
2. Achetés par toi au prix d'un si grand labeur.
3. Ne garde pas, révèle, trahit le secret que voudrait cacher ton silence.
4. *Loix*, pour rimer aux yeux, dans l'original.
5. L'Invention, le Dessein et le Coloris[b]. (*Note de Molière.*)
Cette note, et les suivantes de Molière, que l'on pourrait appeler *titres*

[a] Nous joindrons d'ordinaire au latin de du Fresnoy la traduction, ou plutôt la paraphrase prosaïque, mais autorisée, que de Piles publia, dans les premiers mois de 1668, avec l'œuvre posthume de son ami.
[b] L'Invention, le Dessein, le Coloris (1674, 82, 1734). — Partout nos textes ont l'ancienne orthographe *dessein*.

Qui rendent d'un tableau les beautés assorties,
Et dont, en s'unissant, les talents relevés[1]
Donnent à l'univers les peintres achevés.   50

Mais des trois, comme reine, il nous expose celle[2]
Que ne peut nous donner le travail ni le zèle,
Et qui, comme un présent de la faveur des Cieux,
Est du nom de divine appelée en tous lieux[3],
Elle dont l'essor monte au-dessus du tonnerre,   55
Et sans qui l'on demeure à ramper contre terre,
Qui meut tout, règle tout, en ordonne à son choix,
Et des deux autres mène et régit les emplois.

Il nous enseigne à prendre une digne matière,
Qui donne au feu du peintre une vaste carrière,   60
Et puisse recevoir tous les grands ornements
Qu'enfante un beau génie en ses accouchements[4],

---

plutôt que *notes*, se lisent en marge dans l'impression première. — Molière reproduit une division établie dans le poëme de du Fresnoy : voyez la *Notice*, p. 521.

1. Dont les mérites, relevés en s'unissant, rehaussés, mis en plus grand relief par leur union....

2. I. L'Invention, première partie de la peinture. (*Note de Molière.*)
Une note marginale, placée en regard du vers 74 de *l'Art de peinture*, donne, dans les mêmes termes, l'indication de la partie du sujet qui va être traitée.

3.   *Ista labore gravi, studio, monitisque magistri*
Ardua pars nequit addisci rarissima; namque
Ni prius, æthereo rapuit quod ab axe Prometheus,
Sit jubar infusum menti cum flamine vitæ,
Haud queiscumque viris[a] *divina hæc munera dantur.*

[a] Cette partie si rare et si difficile (*l'invention*) ne s'acquiert point ni par le travail, ni par les veilles, ni par les conseils et les préceptes des maîtres ; car il n'y a que ceux qui ont reçu en naissant quelque partie de ce feu céleste que déroba Prométhée qui soient capables de recevoir ces divins présents. » (*De l'Art de peinture*, vers 87-91.)

4.   . . . . *Erit optandum thema nobile, pulcrum,*
Quodque, venustatum circa formam atque colorem

[a] Telle est la leçon du *de Arte graphica*, de la première impression toute

LA GLOIRE DU VAL-DE-GRÂCE.   539

Et dont la Poésie et sa sœur la Peinture
Parent l'instruction de leur docte imposture[1],
Composent avec art ces attraits, ces douceurs   65
Qui font à leurs leçons un passage en nos cœurs,
Et par qui, de tout temps, ces deux sœurs si pareilles
Charment, l'une les yeux, et l'autre les oreilles[2].

Mais il nous dit de fuir un discord[3] apparent[4]
Du lieu que l'on nous donne et du sujet qu'on prend,
Et de ne point placer, dans un tombeau, des fêtes,
Le ciel contre nos pieds, et l'enfer sur nos têtes[5].

> *Sponte capax, amplam emeritæ mox præbeat arti*
> *Materiam, retegens aliquid salis et documenti.*

« Il faudra choisir un sujet beau et noble, qui étant de soi-même capable de toutes les grâces et de tous les charmes que peuvent recevoir les couleurs et l'élégance du dessin, donne ensuite à l'art parfait et consommé un beau champ et une matière ample de montrer tout ce qu'il peut et de faire voir quelque chose de fin et de judicieux, qui soit plein de sel et qui soit propre à instruire et à éclairer les esprits. » (*De l'Art de peinture*, vers 69-72.)

1. Parant l'instruction de leur docte imposture. (1674, 82, 1734.)

2. *Ut Pictura Poesis erit, similisque Poesi*
   Sit Pictura; refert par æmula quæque sororem....
   Quod fuit auditu gratum cecinere poetæ,
   Quod pulcrum aspectu pictores pingere oportet^a.

La Peinture et la Poésie sont deux sœurs qui se ressemblent.... en toutes choses.... Les poëtes n'ont jamais rien dit que ce qu'ils ont cru qui pouvoit flatter les oreilles, et les peintres ont toujours cherché ce qui pouvoit donner du plaisir aux yeux. » (*De l'Art de peinture*, vers 1 et 2, 5 et 6.)

3. Un discours. (1682; faute évidente, reproduite dans les textes de 1692-1733.)

4. *Apparent*, sensible, évident.

5. *Non vicina pedum tabulata excelsa tonantis*
    Astra domus depicta gerent, nubesque Notosque ;
    Nec mare depressum laquearia summa, vel orcum....
    Congrua sed propria semper statione locentur.

« Vous vous garderez bien de peindre les nuées, les vents et les tonnerres

latine de 1668; dans la première impression avec traduction française, publiée la même année sous le titre de *l'Art de peinture*, le début du vers est : *Mortali haud cuivis*.

^a Au lieu de *pingere oportet* que donne la première impression du *de Arte graphica* pour cette fin de vers, la première impression de *l'Art de peinture* a *pingere curant*.

Il nous apprend à faire, avec détachement[1],
De groupes contrastés un noble agencement,
Qui du champ du tableau fasse un juste partage,   75
En conservant les bords un peu légers d'ouvrage[2],
N'ayant nul embarras, nul fracas vicieux
Qui rompe ce repos[3] si fort ami des yeux,
Mais où, sans se presser, le groupe se rassemble,

dans les lambris qui sont près des pieds, et l'enfer ou les eaux dans les plafonds ;... mais que toute chose soit dans la place qui lui est convenable. » (*De l'Art de peinture*, vers 225-229.)

1. En détachant bien les groupes les uns des autres. *Circumque globos locus usque vacabit*, lit-on au vers 133 de *l'Art de peinture*; « que les groupes soient séparés d'un vuide. » Et au vers 282 : *Sintque ita discreti inter se...*, « Et prenez garde qu'ils soient détachés les uns des autres. »

2. Molière lisant le poëme de du Fresnoy a tout naturellement jeté les yeux sur le commentaire, parfois tout à fait technique, dont de Piles a fait suivre sa paraphrase; c'est à une *Remarque* sur le vers 290 qu'il a emprunté de confiance cette expression de *légers d'ouvrage*, facile à comprendre, ce semble, qui est pourtant une de celles que Guérin, par l'unique raison qu'elles n'étaient plus d'usage courant en 1825, affecte de trouver impropres et obscures : « .... Les bords (*du tableau*) étant chargés d'ouvrage fort et pétillant, ils attirent les yeux,... au lieu que ces bords étant légers d'ouvrage, l'œil demeure au centre du tableau et l'embrasse plus agréablement. »

3. Ces images d'*embarras*, de *fracas* ou de *repos* pour les yeux se trouvent dans les vers suivants de *l'Art de peinture* (134-136 ; 156 et 157) :

> *Ne, male dispersis dum visus ubique figuris*
> *Dividitur, cunctisque operis fervente tumultu*
> *Partibus implicitis, crepitans confusio surgat....*
> . . . . *Tabula.* . . . .
> *Quippe solet rerum nimio dispersa tumultu*
> *Majestate carere gravi requieque decora.*

« Pour éviter un papillotage confus, qui venant des parties dispersées mal à propos, fourmillantes et embarrassées les unes dans les autres, divise la vue en plusieurs rayons et lui cause une confusion désagréable[a].... Parce que tant de choses dispersées apportent une confusion, et ôtent une majesté grave et un silence doux, qui font la beauté du tableau et la satisfaction des yeux. »

[a] Une confusion « pétillante », dit le texte latin, et de Piles a employé pour son compte l'expression dans sa remarque au vers 204 : « .... Cette quantité de plis pétilloit trop sur les membres et ôtoit ce repos et ce silence qui en peinture sont si fort amis des yeux. »

Et forme un doux concert[1], fasse un beau tout-ensemble[2],
Où rien ne soit à l'œil mendié[3], ni redit,
Tout s'y voyant tiré d'un vaste fonds d'esprit[4],
Assaisonné du sel[5] de nos grâces antiques,
Et non du fade goût des ornements gothiques,
Ces monstres odieux des siècles ignorants,   85

1. « Je ne saurois vous mieux comparer un groupe de figures qu'à un concert de voix, lesquelles toutes ensemble se soutenants (*sic*) par leurs différentes parties font un accord qui remplit et qui flatte agréablement l'oreille. » (De Piles, Remarque au vers 132 de *l'Art de peinture*.) Molière avait vu cette comparaison reprise dans une autre remarque (au vers 282) : « J'ai dit.... qu'un groupe de figures doit être considéré comme un chœur de musique, dans lequel les basses soutiennent les dessus et les font entendre plus agréablement. »

2.
            . . . . *Spectabitur una*
   Machina tota rei.

« Il faudra concevoir le Tout-ensemble. »

   Summa igitur ratio signorum habeatur in omni
   Composito.

« Dans ces contours vous aurez principalement égard au Tout-ensemble. »

   Commodiusque operis compagem amplectitur omnem.

« On embrasse le Tout-ensemble plus commodément. » (*De l'Art de peinture*, vers 159 et 160; 174 et 175; 483.)

3. Où rien ne paraisse à l'œil honteusement emprunté, copié, ni fastidieusement répété. Ici encore Guérin, un peu trop abandonné à lui-même par Auger, qui ne se souciait sans doute pas de discuter avec l'illustre maître ces petites questions de mots, trouve celui de *mendié* incompréhensible : il s'explique peut-être assez par le vers qui vient immédiatement après, et par l'exemple suivant de Malherbe, pris de sa traduction de l'épître LXXVI de Sénèque (tome II, p. 594) : « Voulez-vous bien juger le prix d'un homme ?... faites-lui..., dépouiller le corps et lui regardez l'esprit; voyez comme il est fait, comme il est grand, et si cette grandeur est sienne, ou mendiée. » Le latin est (§ 25) : ...*Animum intuere, qualis, quantusque sit, alieno an suo magnus.*

4. Les dix vers précédents résument les préceptes donnés dans les vers 132-160 de *l'Art de peinture* sur les *Groupes de figures*, la *Diversité d'attitudes dans les groupes*, l'*Équilibre du tableau*, le *Nombre des figures*.

5. On a vu ce mot de *sel* employé ci-dessus (note au vers 62) dans le vers 72 de *l'Art de peinture;* de Piles emploie toute une *Remarque* à le relever : « *Aliquid salis*, quelque chose d'ingénieux, de fin, de piquant, d'extraordinaire, d'un goût relevé et qui soit propre à instruire et à éclairer les esprits.... »

Que de la barbarie ont produits les torrents,
Quand leur cours, inondant presque toute la terre,
Fit à la politesse[1] une mortelle guerre,
Et de la grande Rome abattant les remparts,
Vint, avec son empire, étouffer les beaux-arts[2].   90

[1]. Le mot *politesse* avait alors un sens plus étendu que celui que nous lui donnons aujourd'hui : souvent il avait à peu près le même sens que le mot *civilisation*, qui ne se trouve pas dans le dictionnaire de Furetière[a]. (*Note de M. Despois au I*er *Dialogue de Fénelon sur l'éloquence*, p. 152.)

[2].
> . . . . . *Nil sapiat Gothorum barbara trito*
> *Ornamenta modo sæclorum et monstra malorum,*
> *Queis, ubi bella, famem et pestem discordia, luxus*
> *Et Romanorum res grandior intulit orbi,*
> *Ingenuæ periere artes, periere superbæ*
> *Artificum moles.*

« N'ayez aucun goût pour les ornements gothiques, qui sont autant de monstres que les mauvais siècles ont produits, pendant lesquels, après que la Discorde et l'Ambition, causées par la trop grande étendue de l'empire romain, eurent semé la guerre, la peste et la famine par tout le monde, on vit périr les plus superbes édifices et la noblesse des beaux-arts s'éteindre et mourir. » (*De l'Art de peinture*, vers 240-245.) Ce dédain, cette horreur du *gothique*, dont on ne semblait plus voir que les exagérations et les *colifichets*, était générale alors. « Fénelon, comme tous ses contemporains, dit M. Despois, montre peu d'estime pour l'architecture gothique, beaucoup mieux appréciée de nos jours : c'était le préjugé du temps. Lorsque Perrault parle d'architecture, ce ne sont pas nos admirables cathédrales qu'il oppose au Parthénon, mais Versailles et les autres résidences royales, ou, ce qui est plus raisonnable, la façade du Louvre.... » (Note au 4e alinéa avant la fin de la *Lettre* de Fénelon *sur les occupations de l'Académie françoise*, où il est en outre renvoyé à d'autres passages non moins significatifs : aux 12, 13 et 14e alinéa avant la fin du *II*d *Dialogue sur l'éloquence*, au 6e alinéa du *Discours de réception à l'Académie*, de Fénelon ; au n° 15 du chapitre *des Ouvrages de l'esprit*, de la Bruyère.) Mais c'est à l'école de l'Italie, école où s'étaient surtout formés Mignard le Romain et l'auteur du poëme dont s'inspirait ici Molière[b], que se perdait le plus complétement le senti-

[a] « *Civilisation*, dit Littré, n'est dans le Dictionnaire de l'Académie qu'à partir de l'édition de 1835. »

[b] Le *de Arte graphica* fut achevé à Paris, dans les derniers mois de la vie de l'auteur, dès lors paralysé par la maladie (voyez sa dédicace à Colbert) ; il avait été médité et ébauché à Rome (vers 542 et suivants) :

> *Hæc ego. . . . .*
> *Pauca sophismata sum graphica immortalibus ausus*
> *Credere Pieriis, Romæ meditatus.*

« J'ai cru que je devois prendre la hardiesse de donner en garde aux

Il nous montre à poser avec noblesse et grâce
La première figure à la plus belle place,
Riche d'un agrément, d'un brillant de grandeur
Qui s'empare d'abord des yeux du spectateur :
Prenant un soin exact que, dans tout un ouvrage, 95
Elle joue aux regards le plus beau personnage,
Et que par aucun rôle au spectacle placé
Le héros du tableau ne se voye effacé[1].

Il nous enseigne à fuir les ornements débiles
Des épisodes froids et qui sont inutiles, 100
A donner au sujet toute sa vérité,
A lui garder partout pleine fidélité[2],

---

ment et l'intelligence de l'art du moyen âge; c'est d'Italie que nous était venu le nom, si longtemps injurieux, qui sert encore à le désigner ; voyez (particulièrement p. 209 et 210) l'article de M. Renan intitulé *l'Art du moyen âge et les causes de sa décadence*, et qui a été inséré dans le numéro du 1ᵉʳ juillet 1862 de la *Revue des Deux Mondes*.

1. *Prima figurarum seu princeps dramatis ultro*
Prosiliat media in tabula, sub lumine primo
Pulcrior ante alias, reliquis nec operta figuris.

« Que la principale figure du sujet paroisse au milieu du tableau sous la principale lumière ; qu'elle aye quelque chose qui la fasse remarquer pardessus les autres, et que les figures qui l'accompagnent ne la dérobent point à la vue. (*De l'Art de peinture*, vers 129-131.)

2. Les vᵉ et vɪᵉ préceptes de *l'Art de peinture* (vers 81-86) ayant pour titres marginaux : *Fidélité du sujet*, — *Qu'il faut rejeter ce qui affadit le sujet*, peuvent être rapprochés de ces quatre derniers vers:

Sit thematis genuina ac viva expressio juxta
Textum antiquorum, propriis cum tempore formis.
Nec quod inane nihil facit ad rem, sive videtur
Improprium minimeque urgens, potiora tenebit
Ornamenta operis ; tragicæ sed lege sororis,
Summa ubi res agitur, vis summa requiritur artis.

« Que vos compositions soient conformes au texte des anciens auteurs, aux Muses,... ces immortelles..., le peu de préceptes que j'en ai faits. Je me suis occupé à travailler cet ouvrage dans Rome. » *Romæ*, dit une note aux vers cités, dans la première impression latine, *anno* MDCXL *et quinque sequentibus annis*.

Et ne se point porter à prendre de licence,
A moins qu'à des beautés elle donne naissance[1].

Il nous dicte amplement les leçons du dessein[2]   105
Dans la manière grecque et dans le goût romain,
Le grand choix du beau vrai, de la belle nature,
Sur les restes exquis de l'antique sculpture[3],
Qui prenant d'un sujet la brillante beauté,
En savoit séparer la foible vérité,   110
Et formant[4] de plusieurs une beauté parfaite,
Nous corrige par l'art la nature qu'on traite[5].

Il nous explique à fond, dans ses instructions,
L'union de la grâce et des proportions ;
Les figures partout doctement dégradées,   115

coutumes et aux temps. Donnez-vous de garde que ce qui ne fait rien au sujet et qui n'y est que peu convenable entre dans votre tableau et en occupe la principale place ; mais imitez en ceci la tragédie, sœur de la peinture, qui déploye toutes les forces de son art où le fort de l'action se passe. »

1. « Traitez donc les sujets de vos tableaux avec toute la fidélité possible, et vous servez hardiment de vos licences, pourvu qu'elles soient ingénieuses. » (*Remarque* au vers 81, cité à la note précédente.)

2. II. Le Dessein[a], seconde partie de la peinture. (*Note de Molière.*) Une semblable indication se lit en regard du vers 103 de *l'Art de peinture.*

3. Voyez le xxe précepte de *l'Art de peinture* (vers 184-192), intitulé *l'Antique règle la nature*, et qui débute ainsi :

Sed juxta antiquos naturam imitabere pulcram.

« Ce qu'il y a ici à faire est d'imiter le beau naturel, comme ont fait les anciens. » — *Sur*, dans ce vers de Molière, a le même sens que *d'après.*

4. En formant. (1682 ; faute d'impression sans doute, corrigée par l'éditeur de 1692, mais reproduite dans les textes de 1697-1733.)

5.   . . . . . *Pictura*. . . . .
*Græcorum studiis et mentis acumine crevit,
Egregiis tandem illustrata et adulta magistris
Naturam visa est miro superare labore.*

« La peinture.... ayant passé aux Grecs, qui par leurs soins et la force de leur esprit la cultivèrent, elle arriva à tel point de perfection, qu'il semble qu'elle ait surpassé la nature même. » (*De l'Art de peinture*, vers 93-96).

[a] Ici, *dessin*, dans l'édition de 1773.

LA GLOIRE DU VAL-DE-GRÂCE.

Et leurs extrémités soigneusement gardées[1] ;
Les contrastes savants des membres agroupés[2],
Grands, nobles, étendus, et bien développés,
Balancés sur leur centre en beauté d'attitude,
Tous formés l'un pour l'autre avec exactitude,   120
Et n'offrant point aux yeux ces galimatias
Où la tête n'est point de la jambe, ou du bras[3] ;
Leur juste attachement aux lieux qui les font naître,
Et les muscles touchés autant qu'ils doivent l'être[4] ;
La beauté des contours observés avec soin,   125
Point durement traités, amples, tirés de loin,
Inégaux, ondoyants, et tenants de la flamme,
Afin de conserver plus d'action et d'âme[5] ;

1. *Præcipua extremis raro internodia membris
Abdita sint, sed summa pedum vestigia nunquam.*

« Que les extrémités des jointures soient rarement cachées, et les pieds jamais. » (*De l'Art de peinture*, vers 161 et 162.) « Ces extrémités des jointures, dit la *Remarque*, sont les emmanchements des membres ; par exemple les épaules, les coudes.... Et s'il se rencontre une draperie sur ces jointures, il est de la science et de l'agrément de les marquer par les plis.... »

2. *Agglomerata simul sint membra, ipsæque figuræ
Stipentur.*

« Que les membres soient agroupés* de même que les figures, c'est-à-dire accouplés et ramassés ensemble. » (*De l'Art de peinture*, vers 132 et 133.) Pour les contrastes des membres et des figures, voyez les vers 134-143.

3. Est sans convenance avec la jambe ou le bras de la figure, contrairement au IXᵉ précepte de *l'Art de peinture* (vers 126) :

Singula membra suo capiti conformia fiant,

« Que chaque membre soit fait pour sa tête, et s'accorde avec elle. »

4. C'est-à-dire non trop accusés, prononcés : voyez le vers 113 de du Fresnoy, cité à la note suivante, et ses vers 204 et 205.

5. « L'alexandrin de Molière, dit Charles Blanc (p. 13 et 14 de l'article

* Ce mot, que de Piles va expliquer dans sa paraphrase, est assez fréquemment employé par lui, par exemple dans la traduction du vers 434 :

Corpora diversæ naturæ juncta placebunt,

« Les corps de diverse nature agroupés ensemble sont agréables et plaisants à la vue ; » dans la *Remarque* au vers 282 : « .... les masses de plusieurs figures agroupées.... »

Les nobles airs de tête amplement variés,

cité à la *Notice*, p. 515, note 6), semble traduire ici les beaux vers du poëme latin de du Fresnoy.... N'est-ce pas là que le peintre Hogarth a puisé les idées qu'il développe dans son *Analyse de la beauté* sur la ligne serpentine qu'il déclare belle par excellence...? » — Voici le passage de du Fresnoy (vers 103-115) imité, dans le couplet qui précède, par Molière :

> *Horum igitur vera ad normam positura legetur :*
> *Grandia, inæqualis, formosaque partibus amplis*
> *Anteriora dabit membra, in contraria motu*
> *Diverso variata, suo librataque centro,*
> *Membrorumque sinus ignis flammantis ad instar*
> *Serpenti undantes flexu ; sed lævia, plana*
> *Magnaque signa, quasi sine tubere subdita tactu,*
> *Ex longo deducta fluant, non secta minutim ;*
> *Insertisque toris sint nota ligamina juxta*
> *Compagem anatomes, et membrificatio Græco*
> *Deformata modo, paucisque expressa lacertis,*
> *Qualis apud veteres ; totoque eurhythmia partes*
> *Componat.*

« C'est donc dans leur goût (*des Grecs*) qu'on choisira une ATTITUDE dont les membres soient grands, amples[a], inégaux dans leur position, en sorte que ceux de devant contrastent les autres qui vont en arrière, et soient tous également balancés sur leur centre[b]. Les parties doivent avoir leurs contours en ondes, et ressembler en cela à la flamme, ou au serpent lorsqu'il glisse et qu'il rampe sur la terre[c]. Ils seront coulants, grands et

[a] « Pour éviter, dit de Piles dans sa *Remarque*, la manière sèche et maigre, comme est ordinairement le naturel, et comme l'ont imité Lucas et Albert » (Lucas de Leyde et Albert Durer : voyez sa *Remarque* au vers 40).

[b] « *Balancer*, en peinture, c'est mettre une sorte d'équilibre dans les groupes, de façon qu'il n'y ait pas un côté du tableau plein de figures, tandis que l'autre est vide. Une figure est *balancée*, lorsque les membres sont disposés avec équilibre relativement au centre de gravité. » (*Dictionnaire de l'Académie*, 1762.) — « Les mouvements ne sont jamais naturels si les membres ne sont également balancés sur leur centre ; et ces membres ne peuvent être balancés sur leur centre dans une égalité de poids qu'ils ne se contrastent les uns les autres.... Le corps est un poids balancé sur ses pieds,... et s'il n'y en a qu'un qui porte,... vous voyez que tout le poids est retiré dessus centralement, en sorte que si, par exemple, le bras avance, il faut de nécessité ou que l'autre bras ou que la jambe aille en arrière ; ou que le corps soit tant soit peu courbé du côté contraire pour être dans son équilibre et dans une situation hors de contrainte. » (*Remarque* de de Piles au vers 105.) Ces tout derniers mots expliquent sans doute bien l'expression « en beauté d'attitude » du vers 119 de Molière : de manière que toutes les figures aient une attitude vraie, naturelle, sans contrainte, par là surtout belle.

[c] « La raison de cela vient de l'action des muscles, qui sont comme les seaux du puits : quand il y en a un qui agit et qui tire, il faut que l'autre obéisse, de sorte que les muscles qui agissent se retirants (sic) toujours vers leur principe, et ceux qui obéissent s'allongeants (sic) du côté de leur insertion, il

LA GLOIRE DU VAL-DE-GRÂCE.

Et tous au caractère[1] avec choix mariés ; 130
Et c'est là qu'un grand peintre, avec pleine largesse,
D'une féconde idée étale la richesse,
Faisant briller partout de la diversité[2],
Et ne tombant jamais dans un air répété.
Mais un peintre commun trouve une peine extrême 135
A sortir, dans ses airs, de l'amour de soi-même ;
De redites sans nombre il fatigue les yeux,
Et plein de son image, il se peint en tous lieux[3].

Il nous enseigne aussi les belles draperies,
De grands plis bien jetés suffisamment nourries, 140

presque imperceptibles au toucher, comme s'il n'y avoit ni éminences ni cavités. Qu'ils soient conduits de loin, sans interruption, pour en éviter le grand nombre. Que les muscles soient bien insérés et liés, selon la connoissance qu'en donne l'anatomie. Qu'ils soient desseignés à la grecque[a] et qu'ils ne paroissent que peu, comme nous le montrent les figures antiques. Qu'il y ait enfin un entier accord des parties avec leur tout. »

1. Au caractère général de cette même tête, ou au caractère du personnage.

2. « C'est, dit de Piles (*Remarque au vers* 233), cette diversité d'espèces (*dans l'expression d'un même degré de passion*) qui fait faire la distinction des peintres qui sont véritablement habiles d'avec ceux qu'on appelle maniéristes, et qui répètent jusqu'à cinq ou six fois dans un même tableau les mêmes airs de tête. »

3. « On se peint dans ses ouvrages, dit-on ; mais cette assertion ne peut être vraie que dans le sens intellectuel. Molière l'étend au propre, quoiqu'il y ait peu d'exemples du défaut qu'il attaque. Beaucoup de peintres reproduisent trop souvent les mêmes airs de tête ; mais ce vice vient plutôt de l'inobservation de la nature que de « l'amour de soi-même. » (*Note de Pierre Guérin.*) Il paraît inadmissible que Molière ait voulu parler au propre. Il n'a dû songer qu'à l'artiste qui, se complaisant dans certains types ou certaines attitudes, certains gestes, certaines expressions une fois trouvées par lui, ne se lasse pas de les reproduire et se fait reconnaître

s'ensuivra nécessairement que les parties seront desseignées en ondes....
Outre que les figures et leurs membres doivent presque toujours avoir naturellement une forme flamboyante et serpentine (*l'original a, par faute sans doute,* serpentine), ces sortes de contours ont un je ne sais quoi de vif et de remuant, qui tient beaucoup de l'activité du feu et du serpent. » (*Remarque de de Piles.*)

[a] « C'est-à-dire selon les statues antiques qui, pour la plupart, viennent de la Grèce. » (*Idem.*)

Dont l'ornement aux yeux doit conserver le nu,
Mais qui, pour le marquer, soit un peu retenu,
Qui ne s'y colle point, mais en suive la grâce,
Et, sans la serrer trop, la caresse et l'embrasse[1].

Il nous montre à quel air, dans quelles actions,   145
Se distinguent à l'œil toutes les passions;
Les mouvements du cœur peints d'une adresse extrême
Par des gestes[2] puisés dans la passion même,
Bien marqués pour parler, appuyés, forts, et nets,
Imitant en vigueur les gestes des muets,   150
Qui veulent réparer[3] la voix que la nature

par ces répétitions. C'est ainsi que du Fresnoy, donnant un autre précepte que celui qu'on pourrait tirer de ce passage, a dit dans un sens tout à fait moral que « le peintre a coutume de se peindre dans ses ouvrages » :

Quumque opere in proprio soleat se pingere pictor....
(Vers 455.)

1. « Jamais, je crois, il n'a été rien dit de mieux sur l'art de draper, que ces quelques vers, qui s'appliquent si bien à une des faces du talent de Mignard. » (Charles Blanc, p. 14.)

Lati amplique sinus pannorum, et nobilis ordo,
Membra sequens, subter latitantia lumine et umbra
Exprimet, ille licet transversus sæpe feratur;
Et circumfusos pannorum porrigat extra
Membra sinus, non contiguos, ipsisque figuræ
Partibus impressos, quasi pannus adhæreat illis,
Sed modice expressos cum lumine servet et umbris.

« Que les draperies soient jetées noblement, que les plis en soient amples, et qu'ils suivent l'ordre des parties, les faisant voir dessous par le moyen des lumières et des ombres, nonobstant que ces parties soient souvent traversées par le coulant des plis qui flottent à l'entour, sans y être trop adhérents et collés; mais qu'ils les marquent en les flattant par la discrétion des ombres et des clairs. » (*De l'Art de peinture*, vers 195-201.)

2. Il nous montre les mouvements du cœur peints.... par des gestes....

3. *Réparer*, compenser l'absence ou la perte de..., suppléer à..., remplacer :

Je veux jusqu'au trépas incessamment pleurer
Ce que tout l'univers ne peut me réparer.
(*Psyché*, vers 718 et 719, tome VIII, p. 305.)

Voyez encore les vers 1369 et 1370 du *Dépit amoureux*, tome I, p. 491. « C'est m'ôter une satisfaction que rien ne peut réparer. » (Mme de Sévi-

LA GLOIRE DU VAL-DE-GRÂCE.

Leur a voulu nier[1] ainsi qu'à la peinture[2].

Il nous étale enfin les mystères exquis
De la belle partie où triompha Zeuxis[3],
Et qui, le revêtant d'une gloire immortelle,   155
Le fit aller du pair[4] avec le grand Apelle[5] :
L'union, les concerts, et les tons des couleurs,

gné, tome IV, p. 298.) « La mort de ces hommes uniques, et qui ne se réparent point. » (La Bruyère, tome I, p. 341.)

1. Dénier, refuser :

.... Je n'ai pu nier au tourment qui le tue
Quelques moments secrets d'une si chère vue.
(*Dom Garcie de Navarre*, vers 832 et 833, tome II, p. 281.)

Voyez encore le vers 814 du *Misanthrope*, tome V, p. 497, note 1.

2. *Mutorumque silens positura imitabitur actus.*

« Que les figures, à qui on n'a pu donner la voix, imitent les muets dans leurs actions. » (*De l'Art de peinture*, vers 128.) Pierre Guérin condamne ce précepte. « Si, dit-il, on donnait aux personnages d'un tableau la vivacité ou plutôt la force des « gestes des muets »,... le spectateur.... croirait qu'en effet on n'a voulu représenter que des muets. » Voyez sa note, et les réflexions sur l'excès du geste qu'ont suggérées à Charles Blanc certaines œuvres de Guérin lui-même (*Histoire des peintres.... École française*, PIERRE GUÉRIN, p. 4).

3. III. Le Coloris, troisième partie de la peinture. (*Note de Molière*.)
On lit également en regard du vers 256 de *l'Art de peinture :* « Couleur (« Coloris », *dans l'édition de* 1673) ou Chromatique. Troisième partie de la peinture. »

4. La Bruyère, et l'Académie de 1694 disaient indifféremment *aller de pair* ou *du pair :* voyez le *Lexique de la langue de la Bruyère*, p. XX, et, p. 84, à DE, 7°.

5. La gloire des deux Grecs est de même mise en parallèle dans *l'Art de peinture* (vers 256-260) :

*Nec qui Chromatices nobis hoc tempore partes
Restituat, quales Zeuxis tractaverat olim,
Hujus quando maga velut arte æquavit Apellem,
Pictorum archigraphum, meruitque coloribus altam
Nominis æterni famam toto orbe sonantem.*

« Aussi ne voit-on personne qui rétablisse la Chromatique, et qui la remette en vigueur au point que la porta Zeuxis, lorsque par cette partie, qui est pleine de charmes et de magie, et qui sait si admirablement tromper la vue, il se rendit égal au fameux Apelle, le prince des peintres, et qu'il mérita pour toujours la réputation qu'il s'est établie par tout le monde. »

Contrastes, amitiés[1], ruptures[2], et valeurs[3],
Qui font les grands effets, les fortes impostures[4],
L'achèvement de l'art, et l'âme des figures.   160

Il nous dit clairement dans quel choix le plus beau
On peut prendre le jour et le champ du tableau,
Les distributions et d'ombre et de lumière
Sur chacun des objets, et sur la masse entière[5] ;

1. *Corporum erit tonus atque color variatus ubique :*
   Quærat amicitiam retro, ferus emicet ante.

« Les corps seront partout différents de tons et de couleurs : que ceux qui sont derrière se lient et fassent amitié ensemble, et que ceux de devant soient forts et pétillants. » (*De l'Art de peinture*, vers 363 et 364.) Voyez encore le vers 532 de du Fresnoy, cité ci-dessous, dans la note 4.

2. *Pluribus in solidis liquida sub luce propinquis*
   Participes mixtosque simul decet essa colores :
   Hanc normam Veneti pictores rite sequuti,
   Quæ fuit antiquis corruptio dicta colorum....

« Il faut.... que la plupart des corps qui sont sous une lumière étendue et distribuée également partout tiennent de la couleur l'un de l'autre. Les Vénitiens ayant en grande recommandation cette maxime, que les anciens appelèrent rupture de couleurs.... » (*De l'Art de peinture*, vers 337-340.) Voyez encore le vers 293 de du Fresnoy, cité plus loin, p. 552, note 3. Du Fresnoy (au dernier feuillet préliminaire) définit l'expression de *couleur rompue* par « celle qui est diminuée et corrompue par le mélange d'une autre.... Les *couleurs rompues*, ajoute-t-il, servent à l'union et à l'accord des couleurs, soit dans les tournants des corps et dans leurs ombres, soit dans toute leur masse. »

3. En termes de peinture, dit Littré, *valeur* est l' « effet d'un ton de couleur relativement aux tons avoisinants : *Il faut éteindre certains tons pour donner de la valeur à d'autres.* »

4. Le mot d'*imposture* a pu être suggéré par le vers suivant (le 532e) de *l'Art de peinture* :

   . . *Amicitiamque gradusque dolosque colorum,*
   Compagemque ita disposuit Titianus,...

« Le Titien a si bien entendu l'union, les masses et les corps des couleurs, l'harmonie des tons et la disposition du Tout-ensemble.... » : ainsi traduit de Piles, mais ce n'est que par inadvertance qu'il a, après *les masses*, écrit *les corps*, au lieu de *les ruses, les dols* ou *les impostures* des couleurs. Aux vers 261 et suivants, de Piles, encore assez inexact, avait dit, en termes qui semblent être restés dans le souvenir de Molière, que la couleur est « l'âme et le dernier achèvement de la peinture.... une beauté trompeuse, mais flatteuse et agréable.... ».

5. Voyez les préceptes XLIII, sur *le choix de lumière* ; XLV (cité en partie

Leur dégradation dans l'espace de l'air 165
Par les tons différents de l'obscur et du clair ;
Et quelle force il faut aux objets mis en place,
Que l'approche distingue et le lointain efface ;
Les gracieux repos que, par des soins communs,
Les bruns donnent aux clairs, comme les clairs aux bruns[1] ;
Avec quel agrément d'insensible passage
Doivent ces opposés entrer en assemblage ;
Par quelle douce chute ils doivent y tomber,
Et dans un milieu tendre aux yeux se dérober[2] ;
Ces fonds officieux[3] qu'avec art on se donne, 175
Qui reçoivent si bien ce qu'on leur abandonne ;
Par quels coups de pinceau, formant de la rondeur,
Le peintre donne au plat le relief du sculpteur ;
Quel adoucissement des teintes de lumière
Fait perdre ce qui tourne et le chasse derrière, 180

---

ci-après, au vers 175), sur *le champ du tableau ;* xxxi, sur la *conduite des tons, des lumières et des ombres* (en partie. cité plus loin, au vers 186).

1. « Après de grands clairs il faut de grandes ombres, qu'on appelle des repos... : Les clairs peuvent servir de repos aux bruns, comme les bruns en servent aux clairs. » (*Remarque* de de Piles au vers 282 de du Fresnoy cité plus loin, p. 552, note 3.)

2. « Les ouvrages peints dans les petits lieux doivent être fort tendres » (*tenere pingantur*). — « Peignez le plus tendrement qu'il vous sera possible.... » (De Piles, traduction du vers 398 et du vers 402 de *l'Art de peinture.*)

3. Comparez l'emploi qui a été fait d'*officieux*, ci-dessus, au vers 236 des *Femmes savantes*. Il s'agit ici de fonds favorables, avantageux, préparés suivant le précepte xlv de *l'Art de peinture* (vers 378-381), précepte que Molière lui-même rappelle dans son vers 181, et que voici :

> *Area vel campus tabulæ vagus esto levisque,*
> *Abscedat latus, liquideque bene unctus amicis*
> *Tota ex mole coloribus, una sive patella;*
> *Quæque cadunt retro in campum confinia campo.*

« Que le champ du tableau soit vague, fuyant, léger et bien uni ensemble, de couleurs amies, et fait d'une mixtion dans laquelle entre de toutes les couleurs qui composent l'ouvrage, comme seroit le reste d'une palette ; et que réciproquement les corps participent de la couleur de leur champ. »

Et comme avec un champ fuyant, vague et léger[1],
La fierté de l'obscur sur la douceur du clair[2],
Triomphant de la toile, en tire avec puissance
Les figures que veut garder sa résistance,
Et malgré tout l'effort qu'elle oppose à ses coups,   185
Les détache du fond, et les amène à nous[3].

1. Voyez le vers 378 de du Fresnoy, cité ci-dessus, p. 551, note 3.
2. La fierté de l'obscur qui tranche sur la douceur du clair.... — Quant à cette dernière rime, elle est plus singulière qu'aucune de celles qui ont été relevées aux tomes I, p. 233, note 2, et p. 439, note 1; VI, p. 357, note 3; ou aux *Lexiques de Malherbe*, p. lxxxv; *de Corneille*, p. xciv; on n'y peut comparer que celle des vers 1535 et 1536 du *Tartuffe*.
3. Il nous faut citer ici de *l'Art de peinture* deux assez longues suites de vers (270-285 et 291-298), d'où paraît être bien directement sorti presque tout ce couplet de *la Gloire du Val-de-Grâce* :

> *Quo magis est corpus directum oculisque propinquum,*
> *Conspicitur melius; nam visus hebescit eundo.*
> *Ergo in corporibus quæ visa adversa rotundis*
> *Integra sint, extrema abscedant perdita signis*
> *Confusis; non præcipiti labentur in umbram*
> *Clara gradu, nec adumbrata in clara alta repente*
> *Prorumpant; sed erit sensim hinc atque inde meatus*
> *Lucis et umbrarum; capitisque unius ad instar*
> *Totum opus, ex multis quanquam sit partibus, unus*
> *Luminis umbrarumque globus tantummodo fiet,*
> *Sive duo vel tres.* . . . .
> *Sintque ita discreti inter se ratione colorum,*
> *Luminis umbrarumque, anteorsum ut corpora clara*
> *Obscura umbrarum requies spectanda relinquat,*
> *Claroque exiliant umbrata atque aspera campo.*
> . . . .
> *Mente modoque igitur plastes et pictor eodem*
> *Dispositum tractabit opus; quæ sculptor in orbem*
> *Atterit, hæc rupto procul abscedente colore*
> *Assequitur pictor, fugientiaque illa retrorsùm*
> *Jam signata minus confusa coloribus aufert;*
> *Anteriora quidem directe adversa, colore*
> *Integra vivaci, summo cum lumine et umbra*
> *Antrorsum distincta refert velut aspera visu.*

« Plus un corps est proche des yeux et leur est directement opposé, d'autant mieux se voit-il ; car la vue s'affoiblit en s'éloignant. Il faut donc que les corps ronds, qui sont vus vis-à-vis en angle droit, soient de couleurs vives et fortes et que les extrémités tournent en se perdant insensiblement et confusément, sans quo le clair se précipite tout d'un coup dans l'obscur, ni l'obscur tout d'un coup dans le clair ; mais il se fera un passage commun et imperceptible des clairs dans les ombres et des ombres dans les clairs. Et c'est conformément à ces principes qu'il faut traiter tout un

Il nous dit tout cela ton admirable ouvrage.
Mais, illustre Mignard, n'en prends aucun ombrage,
Ne crains pas que ton art, par ta main découvert,
A marcher sur tes pas tienne un chemin ouvert,   190
Et que de ses leçons les grands et beaux oracles
Élèvent d'autres mains à tes doctes miracles :
Il y faut les talents[1] que ton mérite joint,
Et ce sont des secrets qui ne s'apprennent point.
On n'acquiert point, Mignard, par les soins qu'on se donne
Trois choses dont les dons brillent dans ta personne :
Les passions, la grâce, et les tons de couleur,
Qui des riches tableaux font l'exquise valeur.
Ce sont présents du Ciel qu'on voit peu qu'il assemble,
Et les siècles ont peine à les trouver ensemble.   200
C'est par là qu'à nos yeux nuls travaux enfantés
De ton noble travail n'atteindront les beautés :
Malgré tous les pinceaux que ta gloire réveille,
Il sera de nos jours la fameuse merveille,
Et des bouts de la terre en ces[2] superbes lieux   205
Attirera les pas des savants curieux.

groupe de figures, quoique composé de plusieurs parties, de même que vous feriez une seule tête, soit qu'il y ait deux groupes ou même trois.... Enfin vous ménagerez si bien les couleurs, les clairs et les ombres, que vous fassiez paroître les corps éclairés par des ombres qui arrêtent votre vue, qui ne lui permettent pas si tôt d'aller plus loin, et qui la font reposer pour quelque temps, et que réciproquement vous rendiez les ombres sensibles par un fond éclairé.... Le peintre et le sculpteur travailleront donc de même intention et avec la même conduite : car ce que le sculpteur abat et arrondit avec le fer, le peintre le fait de son pinceau, chassant derrière ce qu'il fait moins paroître par la diminution et la rupture de ses couleurs, et tirant en dehors, par les teintes les plus vives et les ombres les plus fortes, ce qui est directement opposé à la vue, comme étant plus sensible et plus distingué. »

1. Des talents. (1682, 1734.)

2. Le texte des éditions de 1669, 74, 82, 1710, 18 est *ses*; les éditeurs de 1692, 97, 1730, 33, 34 ont corrigé *ses* en *ces*. Il est évident que *ses* n'est qu'une faute; elle est très-ordinaire dans les impressions du temps.

Ô vous, dignes objets de la noble tendresse
Qu'a fait briller pour vous cette auguste Princesse[1],
Dont au grand Dieu naissant, au véritable Dieu,
Le zèle magnifique a consacré ce lieu[2],   210
Purs esprits, où du Ciel sont les grâces infuses,
Beaux temples des vertus, admirables recluses,
Qui, dans votre retraite, avec tant de ferveur,
Mêlez parfaitement la retraite du cœur,
Et par un choix pieux hors du monde placées,   215
Ne détachez vers lui nulle de vos pensées,
Qu'il vous est cher d'avoir sans cesse devant vous
Ce tableau de l'objet de vos vœux les plus doux,
D'y nourrir par vos yeux les précieuses flammes
Dont si fidèlement brûlent vos belles âmes,   220
D'y sentir redoubler l'ardeur de vos desirs,
D'y donner à toute heure un encens de soupirs,
Et d'embrasser du cœur une image si belle
Des célestes beautés de la gloire éternelle,
Beautés qui dans leurs fers tiennent vos libertés,   225
Et vous font mépriser toutes autres beautés!

Et toi, qui fus jadis la maîtresse du monde,
Docte et fameuse école, en raretés féconde,
Où les arts déterrés ont, par un digne effort,
Réparé les dégâts des Barbares du Nord[3],   230
Source des beaux débris des siècles mémorables,

1. C'est à l'ordre de Saint-Benoît qu'appartenaient les religieuses établies, dès 1621, par la reine Anne dans le monastère du Val-de-Grâce. L'abbesse de celles à qui s'adresse ici Molière était, depuis février 1662 et pour cinq années encore, Marguerite du Four de saint Bernard (*Gallia christiana*, tome VII, colonne 584).

2. L'inscription mise, en lettres de relief dorées, sur la frise du portail de l'église est : *Jesu nascenti Virginique matri.*

3.   . . . . . *Sua tunc miracula vidit*
    Ignibus absumi Pictura, latere coacta

Ô Rome, qu'à tes soins nous sommes redevables
De nous avoir rendu, façonné de ta main,
Ce grand homme, chez toi devenu tout Romain,
Dont le pinceau célèbre, avec magnificence,   235
De ses riches travaux vient parer notre France,
Et dans un noble lustre y produire à nos yeux
Cette belle peinture inconnue en ces lieux,
La fresque[1], dont la grâce, à l'autre préférée,
Se conserve un éclat d'éternelle durée,   240
Mais dont la promptitude et les brusques fiertés
Veulent un grand génie à toucher ses beautés !

De l'autre, qu'on connoît, la traitable méthode
Aux foiblesses d'un peintre aisément s'accommode ;
La paresse de l'huile, allant avec lenteur,   245
Du plus tardif génie attend la pesanteur :
Elle sait secourir, par le temps qu'elle donne,
Les faux pas que peut faire un pinceau qui tâtonne ;
Et sur cette peinture on peut, pour faire mieux,
Revenir, quand on veut, avec de nouveaux yeux.   250
Cette commodité de retoucher l'ouvrage

*Fornicibus, sortem et reliquam considere cryptis,
Marmoribusque diu Sculptura jacere sepultis.*

« Ce fut pour lors (*au temps des invasions*) que la Peinture vit consumer ses merveilles par le feu, et que pour ne point périr avec elles, on la vit se sauver dans des lieux souterrains, auxquels elle confia le peu de reste que le sort lui avoit laissé, pendant qu'en ces mêmes siècles la Sculpture s'est vue si longtemps ensevelie sous tant de ruines avec ses beaux ouvrages et ses statues si admirables. » (*De l'Art de peinture*, vers 245-248.)

1. « La coupole du Val-de-Grâce est le plus grand travail à fresque qu'il y ait en Europe…. En ami dévoué et clairvoyant par cela même, Molière a fait ressortir ce à quoi Mignard tenait le plus, le mérite de la fresque, la nouveauté, en France, de ce genre de peinture, difficile, austère, grandiose et seul convenable à l'art monumental. Mignard n'avait pas manqué de dire à ses amis, et surtout de leur laisser dire, qu'on lui devait l'heureuse importation de la fresque, de ce procédé que Michel-Ange trouvait tellement supérieur à tout autre, qu'il affectait de regarder la peinture à l'huile comme un art digne d'exercer la main des femmes. » (Charles Blanc, article cité, p. 10 ; p. 14.)

Aux peintres chancelants est un grand avantage ;
Et ce qu'on ne fait pas en vingt fois qu'on reprend,
On le peut faire en trente, on le peut faire en cent.

Mais la fresque est pressante, et veut, sans complai-
Qu'un peintre s'accommode à son impatience,   [sance,
La traite à sa manière, et d'un travail soudain
Saisisse le moment qu'elle donne à sa main :
La sévère rigueur de ce moment qui passe
Aux erreurs d'un pinceau ne fait aucune grâce ;   260
Avec elle il n'est point de retour à tenter,
Et tout au premier coup se doit exécuter ;
Elle veut un esprit où se rencontre unie
La pleine connoissance[1] avec le grand génie,
Secouru[2] d'une main propre à le seconder   265
Et maîtresse de l'art jusqu'à le gourmander[3],
Une main prompte à suivre un beau feu qui la guide,
Et dont, comme un éclair, la justesse rapide
Répande dans ses fonds, à grands traits non tâtés,
De ses expressions les touchantes beautés.   270

C'est par là que la fresque, éclatante de gloire,
Sur les honneurs de l'autre emporte la victoire,
Et que tous les savants, en juges délicats,
Donnent la préférence à ses mâles appas.

1. La science la plus consommée.
2. Un esprit secouru....
3. Jusqu'à l'avoir complètement en sa puissance, lui pouvoir tout demander, en pouvoir tout obtenir. Comparez l'emploi que Molière a fait du
mot au vers 479 de *Sganarelle* (tome II, p. 202). « L'avare est aux richesses,
non elles à lui, et il est dit avoir des biens comme la fièvre, laquelle tient
et gourmande l'homme, non lui elle. » (Pierre Charron, *de la Sagesse*, édition de Bordeaux, 1601, livre Ier, chapitre XXIII.) *Gourmander* paraît s'être
dit tantôt du cavalier maîtrisant son cheval, ou même le malmenant, lui
faisant violence, tantôt du cheval gouvernant ou emportant son cavalier :
voyez le *Dictionnaire de Littré* à 3°, et le *Lexique de la langue de Mme de
Sévigné* (citation du *Dictionnaire de Furetière*).

Cent doctes mains chez elle ont cherché la louange ; 275
Et Jules[1], Annibal[2], Raphaël, Michel-Ange,
Les Mignards de leur siècle, en illustres rivaux
Ont voulu[3] par la fresque anoblir[4] leurs travaux.

Nous la voyons ici doctement revêtue
De tous les grands attraits qui surprennent la vue. 280
Jamais rien de pareil n'a paru dans ces lieux,
Et la belle inconnue a frappé tous les yeux.
Elle a non-seulement, par ses grâces fertiles[5],
Charmé du grand Paris les connoisseurs habiles,
Et touché de la cour le beau monde savant : 285
Ses miracles encor ont passé plus avant,
Et de nos courtisans les plus légers d'étude
Elle a pour quelque temps fixé l'inquiétude,
Arrêté leur esprit, attaché leurs regards,
Et fait descendre en eux quelque goût des beaux-arts.

Mais ce qui, plus que tout, élève son mérite,
C'est de l'auguste Roi l'éclatante visite.
Ce monarque, dont l'âme aux grandes qualités
Joint un goût délicat des savantes beautés,
Qui séparant le bon d'avec son apparence, 295

1. Jules Romain :
   JULIUS a puero Musarum eductus in antris....
« Jules Romain, élevé dès son enfance dans le pays des Muses.... » (*De l'Art de peinture*, vers 522.)
2. Annibal Carrache :
   . . . . *Quos sedulus ANNIBAL omnes*
   In propriam mentem atque modum mira arte coegit.
« Le soigneux Annibal a pris de tous ces grands hommes (*ces grands peintres*) ce qu'il en a trouvé de bon, dont il a fait comme un précis qu'il a converti en sa propre substance. » (*Ibidem*, vers 535 et 536.)
3. Ont voulu à l'envi, dans une illustre rivalité.
4. Ennoblir. (1674, 82, 1734.) Voyez tome VIII, p. 178, note 1.
5. Non stériles, éveillant la pensée, le goût? L'idée du mot est développée dans les vers 286-290.

558   LA GLOIRE DU VAL-DE-GRÂCE.

Décide sans erreur, et loue avec prudence[1],
Louis, le grand Louis, dont l'esprit souverain
Ne dit rien au hasard et voit tout d'un œil sain,
A versé de sa bouche à ses grâces brillantes
De deux précieux mots les douceurs chatouillantes[2] :
Et l'on sait qu'en deux mots ce roi judicieux
Fait des plus beaux travaux l'éloge glorieux.

Colbert, dont le bon goût suit celui de son maître,
A senti même charme, et nous le fait paraître.
Ce vigoureux génie, au travail si constant,   305
Dont la vaste prudence à tous emplois s'étend,
Qui du choix souverain tient, par son haut mérite,
Du commerce et des arts la suprême conduite[3],
A d'une noble idée enfanté le dessein,
Qu'il confie aux talents de cette docte main,   310
Et dont il veut par elle attacher la richesse
Aux sacrés murs du temple où son cœur s'intéresse[4].

1. Avec science, avec une parfaite connaissance des choses; plus loin, au vers 306, « vaste prudence » équivaut à vaste savoir, vastes connaissances.
2. Nous avons déjà (tome VIII, p. 48), pour ce mot, employé alors dans le style le plus noble, renvoyé au *Dictionnaire de Littré*.
3. Colbert, dont le ministère comprenait les affaires de la marine, des manufactures et du commerce, était depuis 1664 surintendant des bâtiments du Roi : voyez ci-dessus la *Notice*, p. 518. Du Fresnoy, en tête de sa dédicace, l'appelle *artium, ædificiorum, maximorumque regni negotiorum summo moderatori*.
4. Saint-Eustache. (*Note de Molière.*)
L'hôtel Colbert (situé entre la rue des Petits-Champs et la rue Vivienne qui le séparait du palais Mazarin) était sur la paroisse Saint-Eustache. Le ministre fit de son vivant de nombreux dons à l'église, où, sur le désir qu'en avait exprimé sans doute, il fut inhumé en 1683, et où son tombeau se voit encore. Il venait d'y faire construire deux chapelles et avait demandé à Mignard la décoration de l'une d'elles, celle des Fonts. L'auteur de *la Gloire* du Val-de-Grâce peignit là aussi trois fresques, et ce sont les « trois tableaux » dont va parler Molière. Perrault les a simplement mentionnées (à la suite du passage cité ci-dessus à la *Notice*, p. 526), mais voici la description succincte qu'en a laissée le Maire dans son *Paris ancien et nouveau* de 1685 (tome I, p. 524 et 525) : « La chapelle des Fonts est.... peinte à fresque par M. Mignard : sur la droite, est représenté le Baptême de Notre-

LA GLOIRE DU VAL-DE-GRÂCE.

La voilà, cette main, qui se met en chaleur :
Elle prend les pinceaux, trace, étend la couleur,
Empâte, adoucit, touche, et ne fait nulle pose : 315
Voilà qu'elle a fini, l'ouvrage aux yeux s'expose ;
Et nous y découvrons, aux yeux des grands experts,
Trois miracles de l'art en trois tableaux divers.
Mais parmi cent objets d'une beauté touchante,
Le Dieu porte au respect, et n'a rien qui n'enchante, 320
Rien, en grâce, en douceur, en vive majesté,
Qui ne présente à l'œil une divinité ;
Elle est toute en ses[1] traits si brillants de noblesse :
La grandeur y paroît, l'équité, la sagesse,
La bonté, la puissance ; enfin ces traits font voir 325
Ce que l'esprit de l'homme a peine à concevoir.

Poursuis, ô grand Colbert, à vouloir dans la France
Des arts que tu régis établir l'excellence ;
Et donne à ce projet, et si grand et si beau,
Tous les riches moments d'un si docte pinceau ; 330
Attache à des travaux dont l'éclat te renomme
Le reste précieux des jours de ce grand homme.
Tels hommes rarement se peuvent présenter,
Et quand le Ciel les donne, il en faut profiter.
De ces mains, dont les temps ne sont guère prodigues,
Tu dois à l'univers les savantes fatigues ;
C'est à ton ministère à les aller saisir,
Pour les mettre aux emplois que tu peux leur choisir ;

Seigneur par saint Jean-Baptiste ; sur la gauche, la Circoncision de Notre-Seigneur ; dans le plafond, un Dieu le Père, avec un grand groupe d'anges, qui représente la Gloire ouverte, tournée du côté du baptême : ces figures sont au naturel. » Ces peintures disparurent avec la chapelle lors de la reconstruction du grand portail, entreprise en 1753, sur le triste dessin de Mansard de Jouï (petit-fils de Jules Hardouin Mansard), et pour laquelle Colbert lui-même avait légué une somme considérable.

1. Ici encore ne faut-il pas lire *ces*?

Et, pour ta propre gloire, il ne faut point attendre
Qu'elles viennent t'offrir ce que ton choix doit prendre.
Les grands hommes, Colbert, sont mauvais courtisans,
Peu faits à s'acquitter des devoirs complaisans :
A leurs réflexions tout entiers ils se donnent,
Et ce n'est que par là qu'ils se perfectionnent.
L'étude et la visite ont leurs talents à part :   345
Qui se donne à sa cour se dérobe à son art ;
Un esprit partagé rarement s'y consomme[1],
Et les emplois de feu demandent tout un homme.
Ils ne sauroient quitter les soins de leur métier,
Pour aller chaque jour fatiguer ton portier,   350
Ni partout près de toi, par d'assidus hommages,
Mendier des prôneurs les éclatants suffrages.
Cet amour de travail, qui toujours règne en eux,
Rend à tous autres soins leur esprit paresseux ;
Et tu dois consentir à cette négligence   355
Qui de leurs beaux talents te nourrit l'excellence[2].
Souffre que dans leur art s'avançant chaque jour,
Par leurs ouvrages seuls ils te fassent leur cour.
Leur mérite à tes yeux y peut assez paraître ;
Consultes-en ton goût : il s'y connoît en maître,   360
Et te dira toujours, pour l'honneur de ton choix,
Sur qui tu dois verser l'éclat des grands emplois.

C'est ainsi que des arts la renaissante gloire
De tes illustres soins ornera la mémoire,
Et que ton nom, porté dans cent travaux pompeux,   365
Passera triomphant à nos derniers neveux.

1. Rarement y arrive à la perfection, arrive à la perfection de cet art. Le même emploi de *se consommer* a été fait dans le vers 447 de *l'École des maris* (tome II, p. 390), dans le vers 1545 de *l'École des femmes* (tome III, p. 264), et dans le vers 1817 du *Tartuffe* (tome IV, p. 519).
2. Nourrit pour toi l'excellence.

FIN DE LA GLOIRE DU VAL-DE-GRÂCE.

POÉSIES DIVERSES

NOTICE.

A l'exemple des précédents éditeurs, nous avons réuni, sous le titre de *Poésies diverses*, quelques petites pièces de notre auteur.

Si le très-spirituel et très-charmant *Remerciement au Roi*, qui est de l'année 1663, n'avait dû être mis dans notre édition à la place que lui marque sa date, c'est-à-dire à la suite de *l'École des femmes*[1], il eût naturellement été donné ici comme une de ces *Poésies diverses*, et non certes comme la moins agréable.

Avec le poëme de *la Gloire du Val-de-Grâce*, qui s'en distingue par son étendue, comme par sa valeur, et que, par cette raison, il n'a pas fallu y mêler, ces petites pièces sont, en dehors du théâtre de Molière, tout ce qui nous reste de lui : nous ne disons pas tout ce qu'il a écrit.

Non-seulement il est probable que nous avons perdu beaucoup de petits vers qui coûtaient peu à sa plume facile, mais nous savons avec certitude que nous avons fait une perte bien plus regrettable, dont on nous permettra de parler ici, quoiqu'il s'agisse de bien autre chose que de bagatelles à insérer dans les *Poésies diverses*.

Personne n'ignore que Molière avait traduit, partie en vers, partie en prose, presque tout le poëme de Lucrèce *de la Nature des choses*, mais que de cette traduction on n'a pas même retrouvé de fragments, le couplet d'Éliante dans *le Misanthrope*[2] pouvant à peine passer pour nous en avoir con-

1. Tome III, p. 295-300. Voyez aux pages 283-292 du même tome la *Notice* de M. Despois sur ce *Remerciement*.
2. Acte II, scène IV, vers 711-730.

servé un. Il n'a jamais été rien dit de certain pour expliquer la disparition, la destruction de cet ouvrage des années de jeunesse, continué plus tard, dit-on; mais qu'il ait existé, c'est un fait que mettent hors de doute les témoignages de Chapelain, de l'abbé de Marolles, de Brossette[1].

Puisque avant de parler des petites productions de Molière, nous n'avons pas cru hors de propos de rappeler que, parmi ceux de ses écrits qui sont étrangers au théâtre, il y en eut deux de grande valeur, dont l'un, inspiré par la fresque de Mignard, a été donné ci-dessus, dont l'autre s'est perdu, nous sommes amené à mentionner ici l'attribution, qui lui a été faite récemment, d'un ouvrage qu'assurément on n'aurait non plus songé, si l'on avait pu y reconnaître quelque vraisemblance d'authenticité, à classer parmi ses *Poésies diverses*.

Ce n'est rien de moins qu'une œuvre poétique de plus de six mille vers. L'avoir rendue à la lumière serait une conquête d'un grand prix, si elle pouvait soutenir l'examen.

Le manuscrit, qui a été publié sous le titre, qu'on a trouvé bon de lui donner, mais qu'il ne porte pas si naïvement, de *Livre abominable*[2], contient cinq dialogues, où les ennemis de Foucquet sont mis au pilori comme les plus infâmes scélérats. De quelles preuves l'éditeur de ces haineuses satires a-t-il appuyé sa prétention d'en faire endosser la paternité, très-peu honorable, à un de nos plus grands poètes, qui, en même temps, a laissé le renom d'un très-honnête homme ? Voici le moins frivole prétexte que jusqu'à cette heure on ait mis en avant. Dans *le Misanthrope*, Alceste se plaint que de lâches ennemis lui aient attribué « un livre abominable[3] ». Nous tenons pour très-vraisemblable que, par la bouche d'Alceste, c'est Molière qui nous apprend de quel crime on le chargeait lui-même.

1. Tout ce que l'on sait sur l'existence de cette traduction a été dit, avec indication des sources, par notre collaborateur M. Desfeuilles, dans ses *Additions aux notes du Misanthrope*. Voyez aux pages 559-561 de notre tome V.

2. *Le Livre abominable de 1665, qui courait en manuscrit parmi le monde, sous le nom de Molière (comédie politique en vers sur le procès de Foucquet), découvert et publié sur une copie du temps par* M. Louis-Auguste Ménard : 2 volumes in-8°, Didot, 1883.

3. *Le Misanthrope*, acte V, scène 1, vers 1501-1504.

Ceci accordé, il s'agissait de découvrir un livre qui satisfît à la double condition d'être *abominable* et d'avoir pu courir par le monde vers le temps où Molière écrivait son *Misanthrope*. Or, nous dit-on, le manuscrit qu'on a trouvé la remplit parfaitement.

On oublie que, pour juger suffisant l'indice auquel on nous invite à nous fier, il faudrait supposer qu'à la même date nous ne saurions trouver aucun autre livre « de qui la lecture *fût* même condamnable[1] ». Nous ne doutons pas, au contraire, qu'il ne puisse se présenter plus d'un concurrent. Remarquons, d'ailleurs, qu'on n'a pas eu simplement l'ambition d'avoir mis la main sur l'écrit méchamment imputé à Molière, ce qui aurait du moins un intérêt anecdotique, mais d'avoir reconnu, en dépit de la protestation indignée d'Alceste, qu'il est réellement de l'auteur du *Misanthrope*.

Un autre genre de preuves devient dès lors nécessaire. Les témoignages manquant, ces preuves, qui d'ailleurs resteraient conjecturales, ne sauraient être tirées que du style du pamphlet rimé, où l'on est tenu de nous montrer la marque particulière de notre grand poëte. Elle est sans doute de celles qui, dans un si long ouvrage, seraient difficiles à méconnaître. Mais c'est justement l'absence de cette marque, c'est, nous le disons même, une marque toute contraire, qui démontre la fausseté de l'attribution. Dans ce fatras, où çà et là le versificateur étincelle, que de négligences, que d'incorrections, dont jamais la plume de Molière n'a pu se rendre coupable! Et comme tout y est diffus, traînant, d'une ironie monotone, plein de fastidieuses redites, d'insupportables longueurs! Dans des scènes dialoguées, qui auraient dû être une vraie comédie, pas un trait qui dessine les caractères, qui nous les montre différents les uns des autres, et, par conséquent, réponde au don propre et singulier de Molière; pas une raillerie fine, pas une piquante saillie. On y rencontre continuellement de tels défauts de style, que, dans l'impossibilité de les mettre sur le compte d'un grand écrivain, on a trouvé commode de supposer que tout n'est pas de la même main. C'est ce que nous ne saurions admettre; nous constatons des inégalités, sans pou-

---

1. *Le Misanthrope*, acte V, scène 1, vers 1502.

voir distinguer là plusieurs manières. Ceux qui se sont flattés de les distinguer auraient dû signaler où ils ont cru trouver Molière. Nous ne refusons pas de louer, dans cette longue et lourde déclamation, quelques beautés de style, plus d'un trait vigoureux. Le morceau qui nous paraît en contenir le plus est la lettre de Foucquet écrite au Roi. Oui, voilà bon nombre de vers bien frappés et d'une remarquable énergie ; mais ceux-là mêmes, ce n'est jamais Molière qu'ils nous rappellent.

Les objections de la critique littéraire paraîtront peut-être à quelques personnes d'une évidence plus difficile à contester que les objections morales. A nos yeux toutefois celles-ci ne valent pas moins. Molière n'était pas homme à verser ainsi l'outrage sur le Roi, sur son protecteur. Et quelle raison lui connaît-on d'avoir pris avec cette partialité violente la défense de Foucquet? Est-ce parce qu'il avait eu l'honneur de faire représenter ses *Fâcheux* dans la grande fête de Vaux, probablement bien moins sur l'invitation du surintendant que sur celle de Louis XIV?

Ce qui peut, non pas excuser l'éditeur du prétendu *Livre abominable* de la légèreté de ses conjectures, mais le consoler de l'incrédulité qu'il a rencontrée, c'est que sa publication, outre qu'elle a fait connaître une œuvre à laquelle on est loin de refuser toute valeur littéraire, n'est pas sans intérêt pour l'histoire des pamphlets du temps; mais, de ce côté, elle ne nous regarde en rien ici. Si nous n'avons pas dû feindre de l'ignorer, c'est qu'elle a fait quelque bruit et a fort ému, comme une injure, involontairement sans doute faite à Molière, ses nombreux admirateurs.

Nous avons saisi la seule occasion, qui se soit offerte à nous, de ne rien passer sous silence de ce qui se rattache à l'histoire des excursions faites ou supposées faites par Molière hors de son domaine comique; il est temps d'en venir aux *Poésies diverses*, véritable objet de cette *Notice*.

Ce n'est pas là que les attributions fausses, ou seulement douteuses, pourraient faire une très-grave injure à la gloire de Molière; la circonspection toutefois reste un devoir. Nous n'avons donc rien admis qui ne fût d'une authenticité démontrée, nous tenant en garde contre l'ambition de trouver du nouveau et de grossir le recueil de ces petites pièces, n'hésitant même pas à le diminuer au besoin. Les moindres traces des *Poésies diverses* de Molière avaient été, avant nous, patiemment cherchées; et l'on n'avait pas toujours assez craint d'en suivre de trompeuses. Nous ne voudrions pourtant pas décourager les persévérantes investigations, comme celles, par exemple, auxquelles s'était livré feu M. Paul Lacroix, et qu'il avait soumises à l'examen des critiques[1]. Nous n'avons refusé d'en faire notre profit qu'après y avoir donné notre attention. Qui pourra dire qu'en les recommençant avec plus de circonspection, on n'arrivera pas à quelque découverte dont les preuves seront plus solidement établies ?

Nous ne sommes pas les premiers à dire qu'il y avait surtout danger de confondre notre poëte avec Louis de *Mollier* ou de *Molière* (les contemporains donnaient à son nom tantôt l'une, tantôt l'autre orthographe[2]),

> Lequel, outre le beau talent
> Qu'il a de danseur excellent,
> Met heureusement en pratique
> La poésie et la musique.

Dans le passage de *la Muse historique* où Loret parle ainsi de lui[3], il le nomme *le sieur de Molière*.

Les homonymes quelquefois sont gens à causer des ennuis. Nous ne croyons pas cependant que notre poëte ait jamais senti, de son vivant, le besoin de dire au sien :

> Qui de t'appeler de ce nom
> A pu te donner la licence[4] ?

C'est devant la postérité seulement, et lorsqu'on s'est mis en quête de ses moindres bluettes poétiques, que s'est trouvé incommode pour lui ce second *moi*, célèbre en son temps par sa

---

1. *Poésies diverses attribuées à Molière, ou pouvant lui être attribuées, recueillies et publiées par P. L. Jacob, bibliophile.* Paris, Alphonse Lemerre, 1869, un volume in-18.
2. Voyez notre tome IV, p. 5, note 1, et p. 225, note 2; et *les Contemporains de Molière*, de M. Victor Fournel, tome II, p. 193 et 194.
3. Lettre en vers du 9 septembre 1656.
4. *Amphitryon*, acte III, scène VI, vers 1754 et 1755.

danse, par sa musique, par la poésie même dont il ornait les ballets de cour, avant la grande réputation de Bensserade. On trouvait de l'agrément à ses vers, à ses chansons ; et il est naturel qu'on en ait souvent inséré dans les Recueils imprimés ou manuscrits. Quand on rencontre là de petites pièces signées du nom de *Molière*, mais non précédées des initiales J. B. P. (Jean-Baptiste Poquelin), on doit donc y regarder de près et ne pas se hâter de les donner à notre auteur[1]. Le discernement n'est sans doute pas aussi facile dans ces bagatelles que s'il s'agissait d'ouvrages plus sérieux ; il nous paraît néanmoins qu'une erreur d'attribution est souvent impossible. C'est ce que nous devrons appuyer de quelques exemples ; mais il serait long et vraiment superflu d'examiner une à une les nombreuses poésies que l'on a, sans indices sérieux, prêtées à Molière ; et il suffira de citer celles dont bien des personnes pourraient s'étonner qu'il ne fût tenu aucun compte, celles qu'au premier abord quelque chose semble recommander à l'attention.

Dans un manuscrit de la Bibliothèque nationale, M. P. Lacroix a trouvé signées du nom de *Mollier* des *Stances irrégulières sur les conquêtes du Roi*, en 1667[2]. Ce sujet convenait bien au vrai Molière, l'auteur de ces autres vers *au Roi sur la conquête de la Franche-Comté*[3], ceux-là très-authentiques, et d'une noble simplicité. Mais pour célébrer les victoires du

---

1. Ce n'est pas seulement la signature de *Molière*, commune à deux contemporains, admis avec empressement l'un et l'autre dans les Recueils, c'est même la simple initiale *M*, qui a paru suffire pour attribuer à notre poëte de petites pièces, entre autres, les stances :

C'est un amant, ouvrez la porte...,

qui sont dans *les Œuvres de Monsieur de Montreuil* (petit in-8°, 1666 : voyez p. 591), de ce Mathieu de Montreuil dont Boileau a dit (Satire VII, vers 83 et 84) que l'on voyait les vers

Grossir impunément les feuillets d'un recueil.

Il serait plus fâcheux de les laisser grossir les éditions de Molière.

2. Voyez la *Revue des Provinces* du 15 mai 1864 (p. 342-345), et les *Poésies diverses attribuées à Molière*, p. 85-88.

3. Voyez ci-après, p. 584 et 585.

Roi, personne n'avait de privilége; et comment croire de la même main les deux compliments? L'auteur du premier plaisante très-lourdement, et l'on n'a jamais fait plus méchantes pointes. Laissons ces stances au baladin. *Le Moliériste*, d'ailleurs, nous a appris[1] que, dans une vente faite cette année de *Lettres autographes et pièces historiques* ayant appartenu à M. Monmerqué, se trouvait un volume manuscrit de Tallemant des Réaux[2], qui contient des vers de Molière « de la Musique du Roy » sur les conquêtes en Flandres (1667 et 1668). Ce sont sans doute les mêmes que M. P. Lacroix a tirés d'un manuscrit de la Bibliothèque nationale; et dès lors plus la moindre incertitude.

Une épigramme, que, dans *le Songe du Resveur*[3], imprimé en 1660, on nous dit être de Molière, ne peut être rejetée par la crainte d'un de ces quiproquo auxquels a donné lieu le malencontreux homonyme : c'est sous le nom de Molière, le grand comique, que, sans équivoque possible, elle est donnée. Il n'en est cependant pas l'auteur, et ceux qui en ont autrement jugé, parce que la date de l'opuscule leur a semblé écarter l'idée d'une fausse attribution, n'ont pas fait attention que toutes les épigrammes prêtées par ce *Songe* à différents auteurs s'annoncent très-clairement comme imaginaires. « Ce Songe, est-il dit dans l'avis *au Lecteur*, est fait sur un autre Songe[4]. » On a voulu en effet répondre par un jeu d'esprit du même genre à *la Pompe funèbre de Scarron*[5], qui venait de paraître, et ne se donnait aussi que pour une fiction, pour un rêve. Dans les pages qui servent d'introduction à *la Pompe funèbre*, « le Député des Comédiens disoit à M. Scarron : « Puisque vous desirez, Monsieur, de faire un testament, veuil-

1. Mai 1884, p. 61.
2. Nous n'avons pu savoir en quelles mains est aujourd'hui ce volume, dont nous n'aurions voulu parler qu'après l'avoir vu.
3. A Paris, chez Guillaume de Luyne, M DC LX. Petit in-12 de 36 pages.
4. Pages 3 et 4.
5. *La Pompe funèbre de M. Scarron*. A Paris, chez Jean Ribou..., M DC LX. Petit in-12 de 55 pages, sans compter *le Libraire au Lecteur* et le *Privilége du Roi*, non paginés. L'achevé d'imprimer est du 4 novembre 1660.

« lez, de grâce, élire un successeur, avant que de mourir[1].... »
Molier fut ensuite mis sur le tapis, parce que les libraires
avoient gagné à ses *Précieuses;* mais M. Scarron le refusa
tout net, disant que c'étoit un bouffon trop sérieux[2]. » Ce
trait qui mettait Molière hors des domaines du burlesque, sur
lesquels il n'avait aucune prétention, et ne lui fit sans doute
aucune peine, fut ainsi repoussé par *le Rêveur*[3] :

*Épigramme de M. Molière, dont le même auteur a dit :
c'est un bouffon trop sérieux.*

> Ce digne auteur n'étoit pas ivre
> Quand il dit de moi dans son livre :
> *C'est un bouffon trop sérieux.*
> Certe il a raison de le dire,
> Car s'il se présente à mes yeux,
> Je l'empêcherai bien de rire.

Outre cette épigramme, il y en a d'attribuées aussi, dans le
même *Songe,* à tous les auteurs que *la Pompe funèbre de Scarron* avait mis en scène : à Quinault, à Boyer, à Bois-Robert, à
Cotin, à l'abbé de Pure, à de Villiers, à Magnon, à Bensserade, aux deux Corneille, etc. Qui voudra s'imaginer de mettre
ces épigrammes dans leurs œuvres ? C'est dans un rêve, on ne
cherche pas à nous laisser nous y méprendre, que l'auteur
les a entendues de la bouche des Muses, qui les présentaient
à Apollon. Il est, d'ailleurs, aisé de reconnaître qu'elles ont
toutes la marque de la même fabrique. Ce sont d'innocents
mensonges sortis de la porte d'ivoire, l'auteur en fait suffisamment l'aveu, lorsque, à la fin de son opuscule, une « risée
imprévue » le tire de son rêve;

> Car son éclat qui fut fort haut
> Me fit réveiller en sursaut.

Nous ne regrettons pas qu'en se flattant d'avoir recueilli
dans *le Songe du Rêveur* des vers inédits de Molière, on ait
tiré de l'obscurité cette petite satire écrite par un de ses amis :
elle n'est pas sans intérêt pour qui cherche partout les traces

---

1. Page 7.
2. Page 10.
3. Pages 15 et 16.

NOTICE.

des témoignages contemporains dignes d'être recueillis par les historiens de sa vie et de ses ouvrages[1].

Le Rêveur nous apprend que *la Pompe funèbre de Scarron* est de Somaize[2], ce « maître faquin », coupable aussi, comme il le fait dire à Érato, d'avoir dérobé à Molière ses *Précieuses*[3]. On le garrotte et on l'oblige à la confession de ses fautes. Apollon ordonne de le berner.

> « Ce faquin a choqué Molière.
> . . . .
> Qu'il lui fasse amende honorable.
> . . . .
> — Je tiens ce pauvre misérable,
> Reprit Molière d'un ton doux,
> Fort indigne de mon courroux[4]. »

Cette mansuétude de Molière montre bien que l'on a entendu ne faire qu'une plaisanterie en mettant sur son compte l'épigramme avec ses menaces.

Voici un trait d'un plus grand prix pour les biographes de Molière, et tout à fait remarquable sous la plume d'un contemporain, qui pouvait bien connaître son caractère. Lorsque Somaize, après avoir demandé pardon à Apollon, aux Muses, à Molière, est, au milieu des éclats de rire, berné dans une couverture :

> Molière, *qui n'est pas rieur*,
> En rit aussi de tout son cœur[5].

Celui qui a tant fait rire ne riait donc pas volontiers hors de ses comédies.

---

1. Notons, en passant, qu'on y trouve confirmé, ce que déjà ne laissait guère douteux la date connue du privilége de *la Cocue imaginaire* (voyez notre tome II, p. 138, note 1), que la pièce publiée sous le nom de Doneau, qu'il ne faut pas confondre avec Donneau de Visé, parut dès 1660. Dans *le Songe*, imprimé à la fin de cette année, Terpsichore se plaint (p. 22) de cette imitation comme d'un impudent larcin.

2. Boucher, la même année 1660, chez Sercy, en a, sous le même titre, publié une qu'il ne faut pas confondre avec celle de Somaize; elle a un Achevé du 9 novembre, et le format en est in-quarto.

3. Page 23 (voyez aussi p. 27).

4. Pages 31 et 32. — 5. Page 35.

POÉSIES DIVERSES.

Une longue pièce en vers irréguliers et deux madrigaux, que donne une ancienne copie découverte par le marquis de la Garde chez un bouquiniste d'Avignon, ont été, en 1859, attribués à Molière[1]. On croyait y reconnaître son écriture. Il est toujours difficile aux experts de se prononcer avec certitude, mais surtout, comme c'est le cas pour cette écriture, lorsqu'ils n'ont à leur disposition que des éléments de comparaison si insuffisants, fournis par quelques signatures. Il est sage alors d'avoir plus de confiance dans l'appréciation littéraire. Celle-ci ne saurait être favorable à l'attribution. Après avoir lu sans prévention ces poésies, nous n'admettons pas que Molière amoureux soit resté si au-dessous de Boileau, chantant sa Sylvie, et ait jamais exprimé sa passion dans cette froide langue de la plus lourde galanterie, dans un style qui ne le distinguerait en rien des adorateurs d'*Iris en l'air*. Les lettres P. A. B., au bas de la pièce principale, paraissent bien être une signature par les initiales du nom de l'auteur inconnu. L'explication : *Pour Armande Béjart*, est ingénieuse, trop ingénieuse ; ces mots, qui indiqueraient à quelle belle l'envoi était fait, ne seraient à leur place qu'en tête de la pièce de vers.

Le *Bulletin du Bibliophile*, juillet et août 1853[2], a publié une chanson tirée d'un manuscrit où elle porte ce titre : *Chanson faite par feu Molière*. Ce manuscrit avait été acheté par le baron de Stassart de Bruxelles, à la vente des livres du roi Louis-Philippe en mars 1852[3]. La chanson s'y trouve au milieu de poésies autographes de Mlle Caumont de la Force. Comme les plaisanteries, lestement tournées, y sont au fond très-grossières, nous devions souhaiter que le peu attrayant devoir nous fût épargné de ne pas refuser une place dans une édition complète à cette production d'une muse trop libre. Ce n'est point cependant notre scrupule, quelque naturel qu'il fût, qui nous a suggéré la conviction que si les licencieux couplets sont en effet d'un Molière, ce *feu Molière* doit être, cette fois

---

1. Voyez dans le *Journal des Débats* du 4 et du 6 mai 1859 deux articles de M. d'Ortigue.
2. Pages 366-368.
3. Il figure au catalogue de la première partie de la bibliothèque du feu roi, sous le numéro 1133.

encore, le danseur chansonnier. Il y a là une recherche du bel esprit qui ne fut jamais le défaut de notre Molière.

Nous remarquons, entre autres couplets, le dixième, dont une ressemblance assez marquée avec le sonnet d'Oronte n'aurait pas permis à l'auteur du *Misanthrope* de se moquer si fort du méchant goût de son poëte de cour.

A notre sentiment, on peut faire des objections à peu près aussi fortes, et de même nature contre l'attribution à Molière des *Stances galantes*, qu'Aimé-Martin a le premier insérées dans son édition de 1845[1]. Il les avait tirées des *Délices de la poésie galante*, publiées chez Jean Ribou en 1666 (première partie, p. 201). Ces *Stances* y sont signées MOLIERE. Nous avons surabondamment averti de l'équivoque de cette signature. Ces stances, qui flattent l'oreille, peuvent d'abord faire quelque illusion ; et leur galanterie précieuse a un certain air agréable ; mais notre poëte était ennemi de la préciosité et des fausses gentillesses dont le sens net échappe lorsque l'on prend la peine de le chercher. Nous ne pouvons croire qu'il eût jamais écrit :

> Et lors qu'on aime et que le cœur soupire,
> Son propre mal souvent le satisfait.
> Le mal d'aimer, c'est de le vouloir taire.
>
> . . . .
>
> Qu'étant des cœurs l'unique souveraine,
> Dessus le vôtre Amour agisse en roi.

N'est-ce point prétentieux, alambiqué, peu intelligible ? Dans les comédies qui lui étaient demandées pour les fêtes galantes de Versailles ou de Saint-Germain, dans des intermèdes pastoraux ou mythologiques, Molière a quelquefois écrit des vers où quelque fadeur était inévitable ; mais qu'on les compare à ceux de ces *Stances;* qu'on relise le *Récit de l'Aurore*, qui est la scène première du premier intermède de la *Princesse d'Élide*[2] ; le *second air* de la scène XV et dernière de la *Pastorale comique*[3], dans lequel est développé ce même thème rebattu du conseil donné à la jeunesse de mettre à profit

1. *OEuvres de Molière*, tome VI, p. 441.
2. Voyez au tome IV, p. 131 et 132.
3. Voyez au tome VI, p. 202 et 203.

une saison si prompte à fuir sans retour; et encore le chœur des bergers et des bergères dans la dernière scène des *Amants magnifiques*[1]. Il ne s'agit pas de chercher là des beautés de premier ordre ; c'est du moins d'une langue claire et franche, sans faux brillants, sans entortillement ; et l'on reconnaît l'écrivain de bon goût jusque dans ces lieux communs de morale galante, nous ne dirions pas aujourd'hui comme Boileau « de morale lubrique », dont il fallait payer le tribut à la musique des *Divertissements*.

Notre avis est donc de rejeter décidément les *Stances*. Quelques personnes cependant, habituées à les lire dans les éditions de grande autorité, pourraient regretter de ne pas les trouver ici. Par cette seule raison et par une déférence peut-être excessive à des précédents qui risqueraient de nous être objectés, nous les donnons ci-après, mais seulement parmi les *Poésies diverses attribuées*.

Nous y avons mis également le couplet que d'Assoucy[2] dit avoir été composé à Béziers par Molière, pour être le premier de la chanson destinée à Christine de France, duchesse de Savoie. Il n'y a pas de raison de croire qu'en se recommandant dans ses chansons du nom d'un collaborateur illustre, d'Assoucy ait voulu faire une des facéties dont il avait l'habitude. Il est plus vraisemblable que Molière s'est réellement amusé à prêter au musicien le secours du pauvre couplet. Mais comment savoir si celui-ci l'a exactement écrit sous la dictée de Molière, et, citant de mémoire une si insignifiante bagatelle, n'y a pas mis un peu du sien? Ce n'est d'ailleurs pas la peine de s'en beaucoup inquiéter.

On trouvera encore parmi les *Poésies diverses attribuées* des vers dont l'authenticité cependant est pour nous à peine douteuse. Nous parlons de ceux que, sans en nommer l'auteur, nous a conservés le cahier manuscrit de la musique de Charpentier pour *la Comtesse d'Escarbagnas*[3]. M. Louis Moland, le premier,

---

1. Voyez au tome VII, p. 432 et 433.
2. *Les Aventures d'Italie de Monsieur d'Assoucy;* à Paris, de l'imprimerie d'Antoine de Rafflé ; 1 volume in-12 : voyez chapitre VII, p. 99-101.
3. C'est le cahier, appartenant à la Bibliothèque nationale, dans

les a signalés dans *la Correspondance littéraire* du 25 août 1864 (p. 294-296)[1]. On a expliqué, à la page 602 de notre tome VIII, que, suivant toute apparence, ce sont des chants composés pour la reprise du *Mariage forcé*, lorsque cette pièce fut jouée en 1672 avec *la Comtesse d'Escarbagnas*. M. Moland a craint d'affirmer que les paroles de ces chants fussent de Molière; car il n'y a pas à en donner de preuves positives. La présomption du moins est très-forte. Il est difficile de ne pas reconnaître, dans des paroles qui conviennent si bien au *Mariage forcé*, les intermèdes nouveaux de cette pièce; et Molière aurait-il confié à un autre le soin de les écrire pour le collaborateur chargé par lui de substituer sa musique à celle de Lulli? En même temps il nous semble que ces vers, d'un tour facile, rappellent ceux du même genre que Molière a écrits, et sont bien dans sa manière.

Il n'est pas besoin que nous nous étendions ici sur celles des *Poésies diverses* que nous avons admises comme incontestablement authentiques. Les notes dont chacune d'elles est l'objet suffisent pour établir cette authenticité, comme pour donner les explications utiles.

lequel se trouve aussi la musique du *Malade imaginaire*. Voyez ci-dessus, à la note de la page 210.

1. Voyez aussi le tome VII de son édition des *OEuvres de Molière*, p. 376-378.

POÉSIES DIVERSES.

REMERCÎMENT AU ROI.

(Voyez cette pièce de 1663 au tome III, p. 295-300, et la Notice dont l'a fait précéder M. Despois.)

A
MONSIEUR DE LA MOTHE LE VAYER
SUR LA MORT DE MONSIEUR SON FILS.

SONNET[1].

Aux larmes, le Vayer, laisse tes yeux ouverts :
Ton deuil est raisonnable, encor qu'il soit extrême ;

---

[1]. Ce sonnet, qu'on peut dater, on va le voir, de 1664, a été imprimé, avec les lignes de prose qui le suivent, dans le *Recueil de pièces galantes, en prose et en vers, de Madame la comtesse de la Suze, d'une autre Dame, et de Monsieur Pelisson, augmenté de plusieurs élégies* (Paris, 1678; Amsterdam, 1695[a]). Auger a le premier, en 1825, réuni le sonnet et la lettre d'envoi aux OEuvres de Molière ; il les croyait inédits et les donna d'après une ancienne copie que lui avait indiquée M. Monmerqué, et qui se trouve au tome XIII in-folio (p. 327) des papiers de Conrart conservés à la bibliothèque de l'Arsenal. C'est aussi à ce vieux texte, que M. Monmerqué déclarait avoir été transcrit de la propre main de Conrart, que nous conformons le nôtre. Les seules différences d'ailleurs que présentent avec lui les impressions de 1678 et de 1695 sont les suivantes : — au 1ᵉʳ vers, au lieu de

[a] Ce recueil a eu plusieurs éditions ; toutes ne donnent pas le sonnet ; ainsi il ne se trouve pas encore dans l'édition de 1668, et ne se trouve plus dans celle de 1691.

Et lors que pour toujours on perd ce que tu perds,
La Sagesse, crois-moi, peut pleurer elle-même.

On se propose à tort cent préceptes divers,

« tes yeux », 1678 et 1695 ont « les yeux »; — au 1ᵉʳ vers du second tercet, au lieu de « de chacun », 1695 a « d'un chacun »; — à la 2ᵈᵉ ligne de la prose, l' « et » qui vient après « en pareille rencontre » et avant « que le sonnet » ne se lit ni dans 1678 ni dans 1695. — Une lettre de Gui Patin du 26 septembre 1664 fixe le temps où ce sonnet a été composé et nous renseigne sur les circonstances qui l'inspirèrent : « Nous avons ici, mande-t-il à Falconet, un honnête homme bien affligé : c'est M. de la Mothe le Vayer, célèbre écrivain, et ci-devant précepteur de M. le duc d'Orléans, âgé de septante-huit ans (*le Vayer était en réalité parvenu à sa quatre-vingt et unième année*[a]). Il avait un fils unique d'environ trente-cinq ans, qui est tombé malade d'une fièvre continue, à qui MM. Esprit, Brayer et Bodineau ont donné trois fois le vin émétique, et l'ont envoyé au pays d'où personne ne revient. » François de la Mothe le Vayer, auquel le sonnet est adressé, était ce fécond écrivain dont les œuvres, encore réimprimées au siècle dernier, n'ont pas rempli moins de quinze volumes. Sainte-Beuve, le rencontrant parmi les adversaires de Vaugelas, a fait de lui un portrait[b] dont nous citerons quelques lignes. La Mothe le Vayer fut dès 1639 de l'Académie française, dit-il, « mais de ceux qu'on appelait *relâchés* sur l'article de la langue.... Né en 1583 à Paris, *il* avait été d'abord substitut du procureur général : on s'en apercevait peut-être à son style.... Mais son savoir était des plus étendus et ne se confinait à aucune profession. Il avait beaucoup voyagé et avait observé toutes les coutumes et les mœurs des divers pays; il avait tout lu, et il procédait par citations, par autorités, comme au seizième siècle. Homme de sens, sans supériorité d'ailleurs, il avait tant lu de choses, qu'il savait que tout a été dit et pensé, et il en concluait que toute opinion a sa probabilité à certain moment, que la diversité des goûts et des jugements est infinie. Il était systématiquement sceptique, sauf dans les matières de foi qu'il réservait par prudence et pour la forme, refusant la certitude à l'esprit humain par toute autre voie. C'était un homme de la Renaissance et de la secte académique ou même pyrrhonienne; grand personnage au demeurant, très en crédit parmi les gens de lettres, estimé en cour, précepteur du second fils du Roi (Monsieur, frère de Louis XIV) et fort appuyé en tout temps du cardinal de Richelieu, qui aurait sans doute fait de lui le précepteur du futur Roi.... La Mothe le Vayer n'est guère qu'un Montaigne un peu tardif et alourdi. » Tallemant des Réaux a parlé de l'homme avec sa malignité ordinaire au tome II des *Historiettes*, p. 203, note, et Gui Patin (tome II, p. 523) ne l'a pas tout

[a] Jal nous apprend qu'il était né le 1ᵉʳ août 1583, et nous substituons plus loin cette année à celle que donne Sainte-Beuve. Il mourut neuf mois avant Molière, le 9 mai 1672.
[b] Dans sa Causerie du lundi 28 décembre 1863 (*Nouveaux lundis*, tome VI, p. 382-387).

Pour vouloir d'un œil sec voir mourir ce qu'on aime :
L'effort en est barbare aux yeux de l'univers,
Et c'est brutalité plus que vertu suprême¹.

On sait bien que les pleurs ne ramèneront pas
Ce cher fils que t'enlève un imprévu trépas ;
Mais la perte par là n'en est pas moins cruelle :

Ses vertus de chacun le faisoient révérer,
Il avoit le cœur grand, l'esprit beau, l'âme belle²,
Et ce sont des sujets à toujours le pleurer.

Vous voyez bien, Monsieur, que je m'écarte fort du
chemin qu'on suit d'ordinaire en pareille rencontre, et

à fait épargné*ᵃ*. — Du fils, de l'abbé le Vayer, nous savons par Brossette, l'écho de Boileau, qu' « il avait un attachement singulier pour Molière, dont il était le partisan et l'admirateur » (1ʳᵉ note à la *satire IV*) ; et par Boileau lui-même qu'il était son ami, car c'est lui à qui fut adressée, peu de temps avant sa mort, la quatrième satire et qui au début y est nommé « cher le Vayer ». L'abbé le Vayer avait publié en 1656 une traduction de Florus dont il voulut faire honneur au prince élève de son père et un peu le sien ; il y a joint des *Remarques* qu'Auger dit fort estimées*ᵇ*.

1. Ces deux quatrains se lisent, bien peu différents, dans la scène 1 de l'acte II de *Psyché*, jouée en janvier, imprimée en octobre 1671, sept ans après la mort de l'abbé le Vayer, et un an avant la mort de son père : voyez tome VIII, p. 300 et 301. Molière a mis là les sentiments exprimés en ces vers, on peut dire ces vers mêmes dans la bouche du Roi, père de Psyché, au moment où, contraint d'abandonner sa fille, il repousse les exhortations qu'elle lui adresse et se justifie à lui-même sa douleur.

2. Ce vers en rappelle un, ironique il est vrai, du *Nicomède* de Corneille (1651, acte II, scène iii, vers 592) :

Attale a le cœur grand, l'esprit grand, l'âme grande.

ᵃ C'est Gui Patin aussi qui annonce, au 30 décembre 1664 (tome III, p. 506), d'un ton d'ironie assez naturel, que le vieillard, « pour se consoler de la mort de son fils » (arrivée juste trois mois auparavant), venait de se remarier avec une vieille fille de quarante ans qui « étoit demeurée pour être sibylle ».

ᵇ « *Épitome de l'histoire romaine* (*le texte en est donné*), fait en quatre livres par Lucius Annæus Florus : et mis en françois sur les traductions de Monsieur, frère unique du Roi » (Paris, Augustin Courbé ; Achevé du 23 mars). Son épître au prince (alors âgé de quinze ans et demi et encore duc d'Anjou) n'est pas d'une flatterie trop discrète. « Je demande très-

que le sonnet que je vous envoye n'est rien moins qu'une consolation; mais j'ai cru qu'il falloit en user de la sorte avec vous, et que c'est consoler un philosophe que de lui justifier ses larmes, et de mettre sa douleur en liberté. Si je n'ai pas trouvé d'assez fortes raisons pour affranchir votre tendresse des sévères leçons de la philosophie, et pour vous obliger à pleurer sans contrainte, il en faut accuser le peu d'éloquence d'un homme qui ne sauroit persuader ce qu'il sait si bien faire[1].   MOLIÈRE.

QUATRAINS

qui se lisent, avec l'inscription suivante, au bas d'une image dessinée par F. Chauveau et gravée par le Doyen[2].

LA CONFRÉRIE DE L'ESCLAVAGE DE NOTRE-DAME DE LA CHARITÉ ÉTABLIE EN L'ÉGLISE DES RELIGIEUX DE LA CHARITÉ PAR NOTRE S. P. LE PAPE ALEXANDRE VII, L'AN 1665.

In funiculis Adam traham eos, in vinculis charitatis.
(Oseæ, xi, 4.)

Brisez les tristes fers du honteux esclavage
Où vous tient du péché le commerce odieux,

1. Le premier fils de Molière mourut en bas âge quelques semaines après l'abbé le Vayer (le 10 novembre), et il se pourrait qu'il y eût ici une allusion à de cruelles inquiétudes qu'avait le poëte.

2. Cette estampe se trouve au tome I, f° 23, de l'OEuvre de F. Chauveau rassemblé au Cabinet des estampes de la Bibliothèque nationale. Elle a été signalée pour la première fois dans le *Journal des artistes* de 1837 (numéro du 12 mars, p. 172 et 173) par Robert-Dumesnil[a], et c'est à lui qu'est due la découverte des deux quatrains. La fidèle reproduction de l'image, qui sera donnée dans l'album joint aux volumes de cette édition,

humblement pardon à Votre Altesse Royale, lui dit-il, d'un vol que je lui ai fait jusques dans son cabinet.... Toutes les fois que j'ai eu l'honneur de me trouver aux heures de votre étude, soit avec mon père, soit en sa place, j'ai toujours été si surpris des grandes qualités d'esprit qui reluisent en Votre Altesse Royale.... Poursuivez, grand Prince, poursuivez. Mais ne songez dorénavant qu'à travailler à la matière de l'histoire. Vous nous en devez une encore plus belle que celle-ci. Et peut-être ne serai-je pas indigne d'en être un jour l'historien, puisque j'ai appris de vous à l'écrire. »

[a] L'auteur du *Peintre-graveur français* qui fait suite au *Peintre graveur* de

Et venez recevoir le glorieux servage
Que vous tendent les mains de la reine des Cieux :

L'un sur vous à vos sens donne pleine victoire ;
L'autre sur vos desirs vous fait régner en rois ;
L'un vous tire aux Enfers, et l'autre dans la gloire :
Hélas! peut-on, mortels, balancer sur ce choix?

J.-B. P. Molière.

nous dispense de la décrire en détail ; elle donnera la parfaite intelligence des vers de Molière. Disons seulement que tous les personnages qui forment les groupes montrés soit au ciel, soit sur la terre, portent un chaînon retenu par un bout à leur poignet à l'aide d'une sorte de fermoir en forme de cœur surmonté d'une croix, et suspendu par l'autre à une chaîne que la Vierge et Jésus enfant laissent tomber de leurs mains. La plupart des figures sont fort aisées à reconnaître ; il faut remarquer à gauche, en haut, entre saint Pierre et saint Louis, le bienheureux Jean de Dieu, revêtu de l'habit à capuchon sous lequel il est d'ordinaire représenté, et du même côté en bas, derrière le pape, un religieux de son ordre. A droite, en bas, la Reine agenouillée à côté du Roi nous paraît, à son air de jeunesse, être plutôt la femme que la mère de Louis XIV. C'est par elle peut-être (si ce n'est par les frères de la Charité) que fut commandée l'image, en souvenir de l'institution d'une confrérie à laquelle elle s'affiliait. Ni elle ni eux sans doute ne demandèrent rien à Molière, et ce fut plutôt l'artiste auteur du dessin qui s'adressa à lui ; Mignard put être l'intermédiaire. M. Moland fait remarquer que F. Chauveau composa, à peu près dans le même temps, les deux jolis frontispices qui ornent le recueil publié par Molière en 1666. — Les frères de la Charité dont parle l'inscription « furent établis à Paris l'an 1602, dit le Maire (au tome III, p. 141 et suivantes de son *Paris ancien et nouveau*, 1685).... Marie de Médicis.... fut leur fondatrice, » et c'est elle qui posa en 1613 la première pierre de l'église et des infirmeries, bâties sur l'emplacement de l'hôpital actuel de la Charité, entre les rues des Saints-Pères et Taranne. « On voit cette église aujourd'hui (1685) non-seulement achevée, mais encore très-bien entretenue.... Elle est dédiée sous le titre de saint Jean-Baptiste. L'office divin s'y fait.... par les religieux de la maison qui sont.... de l'ordre de la Charité, institué.... par le bienheureux Jean de Dieu[a] pour le service des malades.... Leur institut fut approuvé comme une société, l'an 1520, par Léon X.... Paul V *le* confirma.... comme un ordre religieux l'an 1617.... Cette église possède un précieux reliquaire où est enfermé un ossement considérable du bienheureux Jean de Dieu. La reine Anne d'Autriche, épouse de Louis XIII, qui avoit une con-

---

Bartsch. Il a signé de son nom d'amateur et de ses initiales : *le Calcophile R. D.*, l'article dont le titre est : *Vers inconnus de Molière au bas d'une estampe de le Doyen.*

[a] Le saint portugais n'a été canonisé qu'en 1690.

BOUTS-RIMÉS[1] COMMANDÉS

SUR LE BEL AIR[2].

Que vous m'embarrassez avec votre. . . grenouille,

sidération extrême pour des religieux, leur fit présent de ce sacré dépôt l'an 1660.... Il fut apporté depuis le Louvre.... avec une grande pompe, la Reine ayant assisté à la procession. » L'Académie de médecine, nous apprend le *Paris illustré* de M. Joanne (3e édition, 1871, p. 765), « occupe actuellement la chapelle de l'ancien couvent des frères de la Charité. » — Le verset d'Osée qui précède les deux quatrains a été traduit ainsi par de Sacy : « Je les ai tirés à moi par tous les attraits qui gagnent les hommes, par tous les attraits de la charité. » Une version plus littérale en ferait mieux voir la convenance avec l'allégorie de l'image.

1. Imprimés pour la première fois, à la suite de *la Comtesse d'Escarbagnas*, à la page 120 du tome II des *OEuvres posthumes* de Molière, formant le tome VIII de l'édition de 1682. — Voici sur l'origine des bouts-rimés, ou du moins sur le temps de grande vogue qu'ils eurent au milieu du dix-septième siècle, ce que raconte Ménage dans la notice dont il a fait précéder le poëme de Sarasin intitulé *Dulot vaincu, ou la Défaite des bouts-rimés*[a]. « Les bouts-rimés n'ont été connus que depuis quelques années. L'extravagance d'un poëte ridicule, nommé Dulot[b], donna lieu à cette invention. Un jour, comme il se plaignoit, en présence de plusieurs personnes, qu'on lui avoit dérobé quelques papiers, et particulièrement trois cents sonnets qu'il regrettoit plus que tout le reste, quelqu'un s'étonnant qu'il en eût fait un si grand nombre, il répliqua que c'étoient des *sonnets en blanc*, c'est-à-dire les bouts-rimés de tous ces sonnets qu'il avoit dessein de remplir. Cela sembla plaisant; et depuis on commença à faire, par une espèce de jeu, dans les compagnies ce que Dulot faisoit sérieusement, chacun se piquant à l'envi de remplir heureusement et facilement les rimes bizarres qu'on lui donnoit.... Il y eut un recueil imprimé de cette sorte de sonnets en l'année mil six cents quarante-neuf. Quelque temps après on sembla s'en dégoûter,... jusques en l'année mil six cents cinquante-quatre, qu'un homme bien moins illustre par ses grandes charges que par ses grandes qualités les remit en réputation.... *Il* fit en se jouant un sonnet de bouts-rimés sur la mort du perroquet d'une dame de qualité.... Cet exemple réveilla tout ce qu'il y avoit de gens en France qui savoient rimer, et on ne vit durant quelques mois que des sonnets sur ces mêmes bouts-rimés.... M. Sarasin fit aussi un de ces sonnets...; mais s'ennuyant à la fin qu'une poésie comme celle-là ôtât pour ainsi dire le cours à toutes les autres,... il conçut le dessein de ce poëme, qu'il composa en quatre ou cinq jours et qu'il n'a pas eu le temps de corriger. »

2. Il paraît qu'outre les rimes, le sujet du sonnet avait été commandé à

[a] Voyez les *OEuvres de M. Sarasin*, 1656, in-4o, p. 133 et 134.

[b] Sur ce Dulot, prêtre de Normandie, quelque temps attaché à Retz coadjuteur, voyez l'*Histoire de la Fontaine* par Walckenaer, tome II, p. 124-126.

Qui traîne à ses talons le doux mot d'. . hypocras[1] !
Je hais des bouts-rimés le puéril . . . . fatras,
Et tiens qu'il vaudroit mieux filer une . . quenouille.

La gloire du bel air n'a rien qui me. . . chatouille.
Vous m'assommez l'esprit avec un gros plâtras,
Et je tiens heureux ceux qui sont morts à Coutras[2],
Voyant tout le papier qu'en sonnets on barbouille.

M'accable derechef la haine du. . . . . cagot,
Plus méchant mille fois que n'est un vieux magot,
Plutôt qu'un bout-rimé me fasse entrer en danse !

Je vous le chante clair, comme un . . . chardonneret :
Au bout de l'univers je fuis dans une. . manse[3].
Adieu, grand Prince[4], adieu ; tenez-vous guilleret.

Molière, et que par ces mots *le bel air* il faut entendre les manières élégantes, les manières à l'usage de ceux qui veulent se distinguer du commun. (*Note d'Auger.*) Voyez au tome VIII, p. 211, note 3. — Le sens le plus probable ici nous paraît être celui que *le bel air* avait souvent alors : *le beau monde, les gens du bel air;* cependant les vers de Molière ne le déterminent pas : il ne s'est pas donné beaucoup de peine pour faire entrer de force le sujet proposé dans un sonnet où des rimes bizarres ne lui laissaient aucune liberté.

1. « *Hypocras,* s. m. Infusion de canelle, d'amandes douces, d'un peu de musc et d'ambre, dans du vin édulcoré avec du sucre.... Cette préparation étant appelée *vinum hippocraticum,* « vin d'Hippocrate », dans les anciens lexiques médicaux, *hypocras,* malgré la fausse orthographe, doit venir de *hippocraticus.*... (*Dictionnaire de Littré.*)

2. A la bataille de Coutras (1587).

3. « On doit entendre en général par *manse*[a], dit M. Chéruel dans son *Dictionnaire.... des institutions.... de la France,* une sorte de ferme ou une habitation rurale, à laquelle était attachée, à perpétuité, une quantité de terre déterminée.... Quoique ce nom se rapporte d'ordinaire à l'habitation seulement, il désigne aussi quelquefois, avec l'habitation, les terres qui en dépendent. »

4. Les premiers protecteurs de Molière, le prince de Conty et Monsieur, frère du Roi, étaient d'assez haut rang pour qu'il eût pu leur donner ce

[a] En latin *mansus, mansum,* et plus rarement, d'après M. Chéruel, *mansa;* cette dernière forme, ou peut-être le souvenir de *mansio,* explique que le mot ait pu être fait, comme ici, féminin ; il est ordinairement masculin.

AU ROI

SUR LA CONQUÊTE DE LA FRANCHE-COMTÉ.

SONNET[1].

Ce sont faits inouïs, GRAND ROI, que tes victoires !
L'avenir aura peine à les bien concevoir,

titre de « grand Prince ». Mais il le donna plus probablement à celui qu'il a désigné ainsi à la fin de la *Préface* du *Tartuffe* (tome IV, p. 383 et p. 384), et à qui il a rappelé à lui-même dans la dédicace d'*Amphitryon* (tome VI, p. 354) son nom déjà tout populaire de grand Condé. On pensera sans doute aussi que c'est surtout à celui qui l'avait si résolument soutenu contre *la haine du cagot* qu'il dut en parler de ce ton. Le vers auquel nous faisons allusion prouve certainement qu'il ne peut être question du prince de Conty, et que la pièce se rapporte à un temps qui n'est peut-être plus celui du *Tartuffe* persécuté, mais qui n'en est pas loin. Personne assurément ne s'imaginera que Condé fût d'esprit à s'adonner plus que de raison à un pareil jeu. Il y a même une petite comédie des *Bouts-rimés*, jouée avec succès en mai et juin 1682, que l'auteur, de Saint-Glas[a], lui dédia en reconnaissance « de l'accueil et de l'audience favorable » qu'elle avait trouvée à Chantilly, et pour une autre raison encore, sur laquelle l'épître s'étend ainsi : « Cet esprit opposé aux bouts-rimés qui s'est heureusement conservé en quelques endroits contre leur contagion, et qui se produit de temps en temps pour arrêter le cours de ces insectes du Parnasse, semble être sorti de cette source de délicatesse et de bon goût qui se trouve plus abondamment qu'en lieu du monde dans la maison de Votre Altesse Sérénissime. C'est dans cette maison qu'a été composée la première pièce qui ait paru contre cette manière de poésie : je veux dire le poëme intitulé *Dulot vaincu, ou la Défaite des bouts-rimés*, dédié à feu Mgr le prince de Conty; et c'est assez, Monseigneur, pour faire que toutes les pièces de même goût vous doivent un hommage particulier. » On peut lire cependant dans *le Magasin pittoresque* de 1845, p. 23, un récit de Boileau, rapporté par Brossette[b], qui nous apprend qu'à un certain moment Condé et son fils, Monsieur le Duc, étaient fort « dans le goût des rébus » : il est assez naturel de croire qu'à un autre moment ils prirent plaisir aux bouts-rimés et surtout à l'embarras de ceux à qui ils pouvaient commander d'en remplir.

1. Ce sonnet célèbre la première conquête de la Franche-Comté, si rapidement faite par le Roi et Condé en février 1668 (du 3 au 19). Il a été pu-

[a] Pierre de Saint-Glas, abbé de Saint-Ussans, disent les frères Parfaict (tome XII, p. 313).
[b] Le feuillet cité en 1845 par *le Magasin pittoresque*, d'après un manuscrit de la Bibliothèque nationale, a depuis disparu.

Et de nos vieux héros les pompeuses histoires
Ne nous ont point chanté ce que tu nous fais voir.

Quoi? presque au même instant qu'on te l'a vu résoudre,
Voir toute une province unie à tes États!
Les rapides torrents, et les vents, et la foudre,
Vont-ils, dans leurs effets, plus vite que ton bras?

N'attends pas, au retour d'un si fameux ouvrage,
Des soins de notre muse un éclatant hommage.
Cet exploit en demande, il le faut avouer;

Mais nos chansons, GRAND ROI, ne sont pas si tôt prêtes,
Et tu mets moins de temps à faire tes conquêtes
      Qu'il n'en faut pour les bien louer.

blié, pour la première fois, en tête d'une réimpression, datée de Paris, 1670, de la comédie d'*Amphitryon*; il ne se trouve pas dans la première édition de cette comédie, qui est de 1668. Il faut conclure de là qu'il a été composé pour être dit sur la scène et ouvrir une des représentations d'*Amphitryon* données postérieurement à la date du 5 mars 1668, qui est celle de l'Achevé de la première édition[a]. Il est très-vraisemblable que Molière le récita au Roi le jour où il joua pour la seconde fois *Amphitryon* devant lui : ce fut à Versailles, pendant le séjour que la troupe y fit du 25 au 29 avril 1668 ; elle débuta par cette comédie[b]. — Aimé-Martin le premier l'a réuni aux OEuvres dans son édition de 1824-1826 (Paris, Lefèvre, tome V, 1824, aux pages 426 et 427 précédant le Prologue d'*Amphitryon*).

[a] Voyez tome VI, p. 351.
[b] Voyez même tome VI, p. 325, et le *Registre de la Grange*.

POÉSIES DIVERSES

ATTRIBUÉES A MOLIÈRE.

PREMIER COUPLET

D'UNE CHANSON DE D'ASSOUCY[1].

Loin de moi, loin de moi, tristesse,
Sanglots, larmes, soupirs :
Je revois la Princesse
Qui fait tous mes desirs.
Ô célestes plaisirs, doux transports d'allégresse!
Viens, Mort, quand tu voudras,
Me donner le trépas :
J'ai revu ma Princesse.

STANCES GALANTES[2].

Souffrez qu'Amour cette nuit vous réveille,
Par mes soupirs laissez-vous enflammer :
Vous dormez trop, adorable merveille,
Car c'est dormir que de ne point aimer.

1. Cette chanson, composée en l'honneur de Christine de France, duchesse de Savoie (voyez ci-dessus la *Notice*, p. 574), fut chantée, devant une cour brillante, au palais de la Vigne, près Turin, par Pierrotin, page de d'Assoucy. L'exécution fut déplorable. D'Assoucy dit à ce sujet : « Vous, Monsieur Molière, qui fîtes à Beziers le premier couplet de cette chanson, oseriez-vous bien dire comme elle fut exécutée et l'honneur que votre muse et la mienne reçurent en cette rencontre? » (*Les Aventures d'Italie de M. d'Assoucy*, chapitre VII, p. 99-101.)
2. Elles ont été imprimées, avec la signature MOLIERE, dans la première partie (p. 201) d'un recueil intitulé : *les Délices de la poésie galante des plus célèbres auteurs de ce temps* (Paris, Jean Ribou, 1666), et

POÉSIES DIVERSES ATTRIBUÉES.

Ne craignez rien dans l'amoureux empire,
Le mal n'est pas si grand que l'on le fait[1] :
Et lors qu'on aime et que le cœur soupire,
Son propre mal souvent le satisfait.

Le mal d'aimer, c'est de le vouloir taire :
Pour l'éviter, parlez en ma faveur.
Amour le veut, n'en faites point mystère;
Mais vous tremblez, et ce dieu vous fait peur.

Peut-on souffrir une plus douce peine,
Peut-on subir une plus douce loi,
Qu'étant des cœurs l'unique souveraine,
Dessus le vôtre Amour agisse en roi[2] ?

Rendez-vous donc, ô divine Amarante,
Soumettez-vous aux volontés d'Amour;
Aimez pendant que vous êtes charmante,
Car le temps passe, et n'a point de retour.

MOLIÈRE.

Aimé-Martin les a admises dans son édition des OEuvres de 1845. Mais voyez ci-dessus, p. 573 et 574 de la *Notice*, les raisons qui ne permettent guère de croire qu'elles soient de notre auteur.

1. Aimé-Martin a peut-être une meilleure ponctuation que celle de l'original :

>Ne craignez rien : dans l'amoureux empire
>Le mal n'est pas si grand que l'on le fait.

2. Nous entendons ainsi cette stance : « Peut-on souffrir une plus douce peine, une plus douce loi que celle qui, vous soumettant tous les cœurs, soumettra le vôtre à l'Amour[a] ? » La ponctuation de l'original est tout autre :

>Peut-on souffrir une plus douce peine?
>Peut-on subir une plus douce loi?
>Qu'étant des cœurs l'unique souveraine,
>Dessus le vôtre Amour agisse en roi.

[a] Plus exactement : « ... une plus douce loi que celle qui fera que, vous étant la souveraine des cœurs, l'Amour, sur le vôtre, agisse en roi ? »

588 POÉSIES DIVERSES ATTRIBUÉES.

INTERMÈDES NOUVEAUX
DU *MARIAGE FORCÉ*[1].

DIALOGUE[2].

[UNE HAUTE-CONTRE.]
Mon compère, en bonne foi,
Que dis-tu du mariage?
[UN TÉNOR.]
Toi, comment de ton ménage
Te trouves-tu? dis-le-moi.
[LA HAUTE-CONTRE.]
Ma femme est une diablesse
Qui tempête jour et nuit.
[LE TÉNOR.]
La mienne est une traîtresse
Qui fait bien pis que du bruit[3].
[LES DEUX.]
Malheureux qui se lie
A ce sexe trompeur,
[LE TÉNOR.]
Bizarre,
[LA HAUTE-CONTRE.]
Extravagant,

---

1. Ils se trouvent au cahier xv, relié dans le tome XVI de la musique manuscrite de Charpentier (ce même tome contient le plus grand nombre des morceaux composant la partition du *Malade imaginaire*: voyez ci-dessus la *Notice*, p. 574 et 575, et à l'*Appendice* du *Malade imaginaire*, p. 503). — On peut comparer, p. 13 et 14 du tome IV, le catalogue énumérant les morceaux de la partition primitive de Lulli.

2. Folio 39 verso. Le Dialogue qui suit est précédé dans le cahier de Charpentier : — 1° de l'*Ouverture de la Comtesse d'Escarbagnas* (fᵒˢ 38 r°-39 r°) : on a vu au tome VIII, p. 602, que c'est pour servir de divertissement à cette comédie que *le Mariage forcé* fut repris, avec une musique toute nouvelle, au mois de juillet 1672, et que c'est sous le titre, non du *Mariage forcé*, mais de *la Comtesse d'Escarbagnas* que le compositeur a réuni cette musique; — 2° d'un air de danse intitulé *les Maris* (f° 39 r°).

3. Le musicien a fait chanter en un vers de huit syllabes : « Qui me fait bien pis que du bruit » : il a ajouté *me* ou *bien*.

[LE TÉNOR.]
Infidèle,
[LA HAUTE-CONTRE.]
Obstiné[1],
[LE TÉNOR.]
Querelleur,
[LA HAUTE-CONTRE.]
Arrogant!
[LES DEUX.]
C'est renoncer au bonheur de la vie.
[LE TÉNOR.]
Tout le monde en dit autant,
Et pourtant
Chacun en fait la folie [2].

TRIO GROTESQUE[3].

[LA HAUTE-CONTRE.]
Amants aux cheveux gris, ce n'est pas chose étrange
Que l'Amour sous ses lois vous range.
[UNE BASSE.]
Pour le jeune ou pour le barbon
A tout âge l'amour est bon[4].
[LE TÉNOR.]
Mais si vous desirez de vous mettre en ménage,
Ne vous adressez point à ces jeunes beautés :
Vous les rebutez,

---

1. La partition : « ostiné ».
2. Puis les Deux reprennent ensemble les trois derniers vers, et de la manière suivante. Pendant que la Haute-contre chante une fois le premier et deux fois, d'une suite, les deux autres, le Ténor chante : « Tout le monde en dit autant, Chacun en fait la folie, Et pourtant Chacun en fait la folie. » Cet ensemble final se répétait.
3. Folio 40 recto et verso. A la suite de ce titre, on lit : « Ou bien *La la la la bonjour,* » c'est-à-dire qu'on chantait ou bien ce trio-ci, ou bien un autre que le manuscrit a plus loin (f⁰ˢ 42-46) et dont nous ne donnerons point les paroles, n'y voyant guère, malgré quelques traits assez jolis, qu'un *monstre*, un moule, une ébauche griffonnée par le musicien : on peut les lire dans l'article, déjà cité, de M. Moland qu'a publié *la Correspondance littéraire* du 25 août 1864 (p. 296).
4. Ici, avec ce quatrième vers, finit une première reprise, qui est à redire.

[LA HAUTE-CONTRE.]
Vous les dégoûtez[1],
[LES TROIS.]
Et bien loin de les faire à votre badinage,
Vous n'avez bien souvent[2] que cornes en partage.

[AIRS POUR LA HAUTE-CONTRE[3].]

Belle ou laide, il n'importe guère[4],
Toute femme est à redouter[5].
Le cocuage est une affaire
Que l'on ne sauroit éviter;
Et le mieux que l'on puisse faire
Est de ne s'en point tourmenter.

Ah! quelle étrange extravagance
Que la crainte d'être cocu!
La vie a plusieurs maux dont on est convaincu,
Et l'on en doit craindre la violence[6].
Mais craindre un mal qui n'est que dans notre croyance,
Ah! quelle étrange extravagance[7]!

---

1. La Basse reprend ici : « Vous les rebutez »; puis le Ténor : « Vous les dégoûtez », puis la Haute-contre : « Vous les dégoûtez »; puis les Trois encore, avant de dire les deux derniers vers : « Vous les dégoûtez. »

2. Après que le premier vers a été dit à trois, ce premier hémistiche du second vers est d'abord chanté à deux par le Ténor et la Basse, puis il l'est par les Trois, qui achèvent ensemble le vers. Toute cette fin (ce dernier couplet des deux grands vers) est à reprendre.

3. Folio 40 verso et folio 41 recto. Les deux airs pour la Haute-contre dont les paroles suivent sont précédés, dans la partition, d'un *Menuet* instrumental, dont le premier air chanté garde la mesure et la coupe.

4. « Guière » dans le manuscrit.

5. Ici finit une première reprise, qui est à redire.

6. Les quatre premiers vers de ce couplet forment une première reprise, qui est à redire, comme sans doute aussi la seconde; celle-ci est formée du grand vers qui suit, et du dernier chanté deux fois en entier et une troisième fois sans l'exclamation *Ah!*

7. Après ces airs de haute-contre viennent dans la partition :— 1° (f° 41 v°) une *Gavotte ;* — 2° (f°s 42 r°- 46 r°) le Trio bouffe « La la la la bonjour » dont il a été parlé ci-dessus, p. 589 note 3; il est deux fois coupé et il se termine par un air d'orchestre qui a pour titre *les Grotesques* (écrit f° 44

LES BOHÉMIENNES. SARABANDE[1].

[TROIS DESSUS.]

Les rossignols, dans leurs tendres ramages,
Du doux printemps annoncent le retour,
Tout refleurit, tout rit en ces bocages :
Ah! belle Iris, le beau temps, le beau jour,
Si tu voulois m'accorder ton amour!

Flore se plaît au baiser du Zéphire,
Et ces oiseaux se baisent tour à tour.
Rien que d'amour entre eux on ne soupire :
Ah! belle Iris, le beau temps, le beau jour,
Si tu voulois imiter leur amour!

. . . .
. . . .
Ils suivent tous l'ardeur qui les inspire :
Ah! belle Iris, le beau temps, le beau jour,
Si tu voulois imiter leur amour[2]!

Aimons-nous, aimable Silvies,
Unissons nos desirs et nos cœurs,
Nos soupirs, nos langueurs, nos ardeurs,
    Et passons notre vie
En des nœuds si remplis de douceurs[4].
  C'est blesser la loi naturelle
  De laisser passer des moments

---

r° et v°); — 3° (f° 46 v°) un air d'orchestre intitulé *le Songe*. — Les morceaux dont on va lire les paroles sont les derniers de la partition.

1. Folios 46 verso et 47 recto.
2. Charpentier n'a pas écrit, les ayant sans doute oubliés, les deux premiers vers de ce troisième couplet. Peut-être répétait-on les paroles du second, en ne changeant que le troisième vers.
3. Cet air, pour les mêmes voix, succède immédiatement (f° 47 r° et v°) à la Sarabande.
4. La première reprise de ce couplet finit ici; elle est à redire, ainsi que la seconde.

Que l'on peut se rendre si charmants.
La saison du printemps paroît belle,
Et nos ans sont riants tous comme elle;
Mais il faut y mêler la douceur des amours,
Et sans eux il n'est point de beaux jours[1].

[1]. Au bas de ce dernier air, une réclame avertit de placer à la suite les feuillets du « *Malade imaginaire* avant les défenses ».

FIN DES POÉSIES DIVERSES.

TABLES

TABLE ALPHABÉTIQUE

DES ŒUVRES DE MOLIÈRE

ET DES

NOMS PROPRES QUI S'Y RENCONTRENT.

N. B. Les chiffres romains indiquent les tomes; les chiffres arabes qui les suivent ou qui sont précédés d'un point et virgule, marquent les pages; les chiffres arabes qui sont précédés d'une virgule après un autre chiffre arabe, les vers. — Nous n'avons pas tenu compte, dans la *Table*, des variations d'orthographe, peu fréquentes d'ailleurs, qu'offrent pour les noms propres les anciennes éditions de Molière; nous avons suivi l'orthographe généralement reçue aujourd'hui.

A

Académie française (l'), VIII, 578.

ACANTE, personnage de la comédie pastorale héroïque de *Mélicerte*, VI, 150-185.

ACASTE, personnage de la comédie du *Misanthrope*, V, 442-551.

ADONIS, VII, 115; VIII, 350, 1871.

ADRASTE, nom d'homme, V, 483, 617. —, personnage de la comédie du *Sicilien ou l'Amour peintre*, VI, 231-276.

ÆGIALE, personnage de la tragédie-ballet de *Psyché*, VIII, 269-384.

Ægipans (deux), personnages de la comédie-ballet de *Psyché*, VIII, 360-362.—, personnages du second Prologue de la comédie du *Malade imaginaire*, IX, 272.

AFRIQUE (l'), VIII, 555.

AGÉNOR, personnage de la tragédie-ballet de *Psyché*, VIII, 269-384.

AGLANTE, personnage de la comédie galante de *la Princesse d'Élide*, IV, 140-219.

AGLAURE, personnage de la tragédie-ballet de *Psyché*, VIII, 269-384.

AGNÈS, personnage de la comédie de *l'École des femmes*, III, 160-279; 323; 361; 363; 365.

AGUSTIN (Ion.), chanteur, IV, 84.

ALAIN, personnage de la comédie de *l'École des femmes*, III, 160-279; 362; 365.

ALBANAIS (les), I, 446, 700.

ALBERT, nom d'homme, I, 194,

1322, 1327; 197, 1375; 201, 1431; 235, 1986. —, personnage de la comédie du *Dépit amoureux*, I, 402-520.

ALBURCY (dom Thomas d'), VII, 196-200.

ALCANDRE, personnage de la comédie des *Fâcheux*, III, 34-96.

ALCANTOR, personnage de la comédie du *Mariage forcé*, IV, 16-66; 69-87.

ALCESTE, personnage de la comédie du *Misanthrope*, V, 442-551.

ALCIAT (André), jurisconsulte, VII, 317.

ALCIDAMAS, nom d'homme, IV, 423, 386.

ALCIDAS, personnage de la comédie du *Mariage forcé*, IV, 16-66.

ALCIDOR, personnage de la comédie des *Fâcheux*, III, 34-96.

ALCIPPE, personnage de la comédie des *Fâcheux*, III, 34-96.

ALCMÈNE, personnage de la comédie d'*Amphitryon*, VI, 356-471.

Alcoran (*l'*), VIII, 181; 189; 190.

ALEXANDRE, roi de Macédoine, V, 88; 96; VI, 264; 265.

ALEXANDRE VII, pape, IX, 580.

ALGER (la ville d'), VIII, 477; 480; 502.

ALLEMAND, ALLEMANDS (les), III, 84; VII, 318.

Allemand (jargon), I, 226, 1819; — (haut), I, 445, 690; — (l'), IV, 38.

ALMANZOR, personnage de la comédie des *Précieuses ridicules*, II, 54-116.

ALONSE (dom), personnage de la comédie de *Dom Juan ou le Festin de Pierre*, V, 76-203.

ALPHONSE (dom), prince de Léon, personnage de la comédie de *Dom Garcie de Navarre ou le Prince jaloux*, II, 236-329.

ALVAR (dom), personnage de la comédie de *Dom Garcie de Navarre ou le Prince jaloux*, II, 236-329.

Amants magnifiques (*les*) *ou le Divertissement royal*, comédie de Molière, VII, 349; 377-470.

AMARANTE, nom de femme, IX, 185, 1521. (Voyez encore, dans les *Poésies diverses attribuées à Molière*, IX, 587.)

AMÉRIQUE (l'), III, 182, 271.

AMILCAR, personnage de la *Clélie*, roman de Mlle de Scudery, II, 76.

AMINTE, nom d'emprunt de CATHOS, personnage de la comédie des *Précieuses ridicules*, II, 67. —, personnage de la comédie de *l'Amour médecin*, V, 297-353.

AMOR, l'Amour, VIII, 225 (couplet espagnol).

AMOR, l'Amour, VIII, 225 (couplet italien).

AMOUR (le dieu), IV, 168; 169; 200; 202; 218; VI, 153, 31; 161, 159; 609-613; VII, 187; 237; 336; 424; IX, 589 (voyez encore, même tome, p. 586 et 587, une pièce attribuée, avec peu de vraisemblance, à Molière).—L'AMOUR, personnage de la tragédie-ballet de *Psyché*, VIII, 269-384.

Amour médecin (*l'*), comédie de Molière, V, 261; 297-353.

Amour peintre (*l'*), sous-titre du *Sicilien*, comédie de Molière, VI, 205; 231-276.

Amours, personnages de la comédie des *Amants magnifiques ou le Divertissement royal*, VII, 381-383. — Les *Amours*, fils de Vénus, VIII, 272, 5, 11; 274, 55; 317, 963. —, personnages dansants de la tra-

, gédie-ballet de *Psyché*, VIII, 325, 1214; 326-328.
Amphitryon, comédie de Molière, VI, 309; 355; 356-471.
AMPHITRYON, général des Thébains, personnage de la comédie d'*Amphitryon*, VI, 356-471.
AMYNTAS, nom d'homme, III, 411.
Anabaptiste, VIII, 186.
Anabatista, pour anabaptiste : voyez ce mot.
ANAXARQUE, personnage de la comédie des *Amants magnifiques ou le Divertissement royal*, VII, 377-470.
ANCHISE, prince troyen, VII, 115; VIII, 350, 1871.
ANDRÉE, personnage de la comédie de *la Comtesse d'Escarbagnas*, VIII, 550-597.
ANDRÈS, personnage de la comédie de *l'Étourdi*, I, 104-240.
ANGÉLIQUE, personnage de la comédie de *la Jalousie du Barbouillé*, I, 20-44. —, nom de femme, III, 276. —, personnage de la comédie de *George Dandin ou le Mari confondu*, VI, 505-594. —, personnage de la comédie du *Malade imaginaire*, IX, 274-452.
ANGLAIS (les), VII, 318.
Anglais (l'), IV, 38.
ANGLETERRE (l'), IV, 20; 21.
ANGOULÊME (la ville d'), VIII, 550; 558.
ANNE d'Autriche, femme de Louis XIII, III, 308; 309; IV, 270; IX, 535, 8; 536, 9-12, 16, 17; 554, 207-210.
ANNETTE, nom de femme, VI, 602.
ANNIBAL : voyez CARRACHE (Annibal).
ANSELME, personnage de la comédie de *l'Étourdi ou les Contretemps*, I, 104-240. —, personnage de *l'Avare*, VII, 51-204.
APELLE, peintre, VI, 264; IX, 549, 156.
APOLLON, VII, 115; VIII, 352, 1913; IX, 267. —, personnage du dernier intermède de la tragédie-ballet de *Psyché*, VIII, 357-362; le temple d'Apollon, VII, 409.
Apothicaire (l'), personnage de la comédie-ballet de *Monsieur de Pourceaugnac*, VII, 233-338. — *Apothicaires* (six), personnages du troisième intermède de la comédie du *Malade imaginaire*, IX, 438-452. Voyez encore FLEURANT (Monsieur).
ARABE, VII, 94.
Arabe (l'), IV, 39.
ARAMINTE, nom de femme, III, 338.
ARASPE, personnage de *Nicomède*, tragédie de Corneille, III, 398.
ARBATE, personnage de la comédie galante de *la Princesse d'Élide*, IV, 141-219.
Archers (deux), personnages de la comédie-ballet de *Monsieur de Pourceaugnac*, VII, 234-338. — Troupe de faux *Archers*, personnages du premier intermède de la comédie du *Malade imaginaire*, IX, 321; 329-337.
Arènes (le cimetière des), à Limoges, VII, 254.
ARGAN, personnage de la comédie du *Malade imaginaire*, IX, 274-452.
ARGANTE, personnage de la comédie des *Fourberies de Scapin*, VIII, 407-517. —, nom d'homme, IX, 201.
ARGAS, nom d'homme, IV, 503, 1579.
ARGATIPHONTIDAS, personnage de la comédie d'*Amphitryon*, VI, 356-471.
ARGOS (la ville d'), IV, 145, 59.
ARGUS, II, 376, 263; 420, 908.

Ariste, personnage de la comédie de *l'École des maris*, II, 354-435. —, personnage de la comédie des *Femmes savantes*, IX, 57 ; 59-205.
Aristione, personnage de la comédie des *Amants magnifiques*, VII, 377-470.
Aristomène, ou le prince de Messène, personnage de la comédie galante de *la Princesse d'Élide*, IV, 141-219.
Ariston, nom d'homme, IV, 423, 385.
Aristote, I, 23 ; 43 ; 484, 1268 ; III, 29 ; 356 ; 358 ; 359 ; IV, 34 ; 35 ; 36 ; 46 ; 76 ; 380 ; V, 79 ; VI, 35 ; 36 ; 85.
Aristotélicien, IV, 16.
Arlequin (un), personnage du *Ballet des Nations*, VIII, 224.
Arlequins (deux), personnages de ballet dans la comédie de *Monsieur de Pourceaugnac* (variante de 1682), VII, 338, note 7.
Armagnac (Louis de Lorraine, comte d'), IV, 74. Voyez *Grand (Monsieur le)*.
Armande, personnage de la comédie des *Femmes savantes*, IX, 57 ; 59-205.
Arménie (l'), I, 194, 1331 ; 202, 1443 ; 210, 1579.
Arménien, I, 198, 1393 ; 209, 1561.
Arméniens (les), I, 200, 1411.
Arnolphe, personnage de la comédie de *l'École des femmes*, III, 160-279 ; 362 ; 365 ; 366.
Aronce, personnage de la *Clélie*, roman de Mlle de Scudery, II, 61.
Arpage, nom d'homme, VI, 383, 461.
Arras (la ville d'), II, 102.
Arrière-ban (l') : voyez Nancy.
Arsenal (l'), à Paris, V, 322.
Arsinoé, personnage de la comédie du *Misanthrope*, V, 442-551. —, nom de femme, VII, 412.
Artémius, nom de médecin, V, 323.
Asbarat (le baron d'), Gascon, VIII, 213. Voyez Gascons.
Ascagne, ou Dorothée, personnage de la comédie du *Dépit amoureux*, I, 402-520.
Asie (l'), VIII, 555.
Assoucy (d') : voyez *Couplet*.
Astorgue (la ville d'), II, 236 ; 263, 526 ; 318, 1607 ; 319, 1650.
Athènes (la ville d'), IV, 382 ; VI, 178, 473.
Athénien (un), VI, 164, 196.
Atis, nom de peintre, VI, 154, 33 ; 155, 46.
Atticus (Pomponius), I, 446, 697.
Attique (sel), IX, 122, 753.
Aubervilliers, près de Paris, I, 22.
Auguste (l'empereur), III, 193, 447.
Aumale (la ville d'), VII, 95.
Aurat (M.), VII, 382.
Aurore (l'), personnage du premier intermède de la comédie galante de *la Princesse d'Élide*, IV, 131-134.
Auteuil, près de Paris, IX, 100, 495.
Avalos (dom Gilles d'), VI, 266.
Avare (l'), comédie de Molière, VII, 1 ; 51-208.
Avocat (un), personnage de la comédie du *Médecin volant*, I, 52-76. — (premier et second), personnages de la comédie de *Monsieur de Pourceaugnac*, VII, 234-338.

B

Babylone (la tour de), ou tour de Babel, IV, 406, 161.

BACCHUS, VI, 609; 610; 611; 612; 613. —, personnage du dernier intermède de la tragédie-ballet de *Psyché*, VIII, 357-362.
Bachelierus (le), personnage du troisième intermède du *Malade imaginaire*, IX, 439-452.
BAHYS (Monsieur), personnage de la comédie de *l'Amour médecin*, V, 298-353.
BALAFRÉ, nom d'exempt, I, 217, 1677.
BALDUS, nom d'homme, IX, 174, 1350.
BALLET (le), personnage de la comédie de *l'Amour médecin*, V, 299-353.
Ballet des Incompatibles (qui a été attribué à Molière) : voyez tome I, p. 523 et 524, la notice qui précède cette pièce.
Ballet des Muses (le), VI, 123. — Voyez *Mélicerte*, *Pastorale comique* et *le Sicilien*.
Ballet des Nations, VIII, 210-229.
BALTHASARD (le sieur), IV, 86.
BALZAC (J.-L. Guez de), IX, 102, 533.
BAPTISTE : voyez LULLI.
BARBARIE (la), I, 196, 1364.
Barbarie (la), les *Barbares du Nord*, IX, 542, 86; 554, 230.
Barbe (cheval), III, 73, 527.
BARBIN (Claude), libraire, IX, 152, 1044. Épître dédicatoire, signée par lui, de la première édition de *l'Étourdi*, I, 102 et 103.
BARBOUILLÉ (le), personnage de la comédie de *la Jalousie du Barbouillé*, I, 20-44.
BARTHÉLEMY, nom de laquais, VI, 244.
BARTHOLE, jurisconsulte, VII, 317.
BASQUE, nom de laquais, II, 105; IX, 332. —, personnage de la comédie du *Misanthrope*, V, 442-551.

BASQUE, BASQUES, I, 408, 86; III, 96, 824; VIII, 496.
BEAUCE : voyez *Biausse*.
BEAUCHAMP (M.), IV, 74; 81; 87; VII, 382.
BEAUCHÂTEAU, comédien de l'Hôtel de Bourgogne, III, 400.
BEAUCHÂTEAU (Mlle), comédienne de l'Hôtel de Bourgogne, III, 399.
BEAUMONT (M.), VII, 382.
BEAUTÉ (la), personnage du ballet du *Mariage forcé*, IV, 73.
BÉJART (le sieur), comédien, IV, 141. —, personnage de la comédie de *l'Impromptu de Versailles*, III, 385-435.
BÉJART (Mlle), comédienne, IV, 140. —, personnage de la comédie de *l'Impromptu de Versailles*, III, 386-435.
Bel air (*hommes* et *femmes du*), personnages du *Ballet des Nations*, VIII, 210-219. Voyez *Bouts-rimés*.
BÉLINE, personnage de la comédie du *Malade imaginaire*, IX, 274-452.
BÉLISA, IV, 84.
BÉLISE, nom de femme, III, 84; V, 482, 603; VI, 173, 362. —, personnage de la comédie des *Femmes savantes*, IX, 57; 59-205.
BELZÉBUTH, II, 176, 163.
Béotiques (plaines), VI, 360, 60.
BÉRALDE, personnage de la comédie du *Malade imaginaire*, IX, 274-452.
Bergère (une), personnage du ballet du IIIe acte des *Fâcheux*, III, 96.
BERGEROTTI (la signora Anna), IV, 84.
Bergers, Bergères, personnages des deux Prologues de la comédie du *Malade imaginaire*, IX, 261-273. —, personnages du troisième intermède des

Amants magnifiques, VII, 421-433.
Bergers (quatre), personnages du ballet du III° acte des *Fâcheux*, III, 96.
BERTRAND de Sotenville, VI, 526. Voyez SOTENVILLE.
Biarre (le compère), pour PIERRE, VI, 72.
Biausse (la), pour la BEAUCE, VI, 72.
BILLETS-DOUX, village du pays de Tendre, II, 64.
BILLETS-GALANTS, village du pays de Tendre, II, 64.
BLONDEL, VI, 189.
BOBINET (Monsieur), personnage de la comédie de *la Comtesse d'Escarbagnas*, VIII, 550-597.
BOHÉMIENNES (première et seconde), personnages du ballet du *Mariage forcé*, IV, 70-87.
— (trois), personnages des Intermèdes nouveaux du *Mariage forcé*, IX, 591 et 592.
BOILEAU DESPRÉAUX : appelé *l'auteur des Satires*, IX, 151, 1026.
Bois (du), personnage de la comédie du *Misanthrope*, V, 442-551.
BOLOGNE (la ville de), I, 194, 1321; 201, 1433; 235, 1988; VII, 96.
BONNARD (le sieur), IV, 86.
BONNEFOY (Monsieur), notaire, personnage de la comédie du *Malade imaginaire*, IX, 275-452.
BONNEUIL-SUR-MARNE, près de Paris, III, 314.
BORDIGONI, IV, 84.
Boule (des *joueurs de*), personnages du ballet du II^d acte des *Fâcheux*, III, 78.
BOURBON (Henri-Jules de), dit *Monsieur le Duc*, fils du grand Condé, IV, 87.
Bourbon (*Petit-*) : voyez *Petit-Bourbon*.

Bourgeois gentilhomme (*le*), comédie-ballet de Molière, VIII, 1; 41-229.
Bourgeois babillard (*vieux*), personnage du *Ballet des Nations* du *Bourgeois gentilhomme*, VIII, 210-219.
Bourgeoise babillarde (*vieille*), personnage du *Ballet des Nations*, VIII, 210-219.
BOURGOGNE (l'*Hôtel de*), III, 398; 399; 422; IV, 376.
BOURGUIGNON, nom de laquais, II, 105.
BOURSAULT, III, 420; 428.
Bouts-rimés sur le bel air, remplis par Molière, IX, 582 et 583.
Bramina, pour *brahmane*, VIII, 187.
BRÉCOURT, personnage de la comédie de *l'Impromptu de Versailles*, III, 385-435.
BRENNUS, VII, 391.
BRETAGNE (la basse), VII, 158.
BRETON, nom de laquais, IX, 332.
BRIE (Mlle de), comédienne, VI, 189. —, personnage de la comédie de *l'Impromptu de Versailles*, III, 386-435.
BRINDAVOINE, personnage de la comédie de *l'Avare*, VII, 25-204.
BRUSQUET, nom de chien, V, 169.
BURGOS (la ville de), II, 264, 542.

C

Cabinet (le), le conseil du Roi, VIII, 555.
CADMUS, VIII, 309, 819.
CALISTE, personnage du troisième intermède de la comédie des *Amants magnifiques*, VII, 420-433.
CAMILLE, personnage de la tragédie d'*Horace*, de Corneille, III, 399.

DES ŒUVRES DE MOLIÈRE.

Capitan (le), personnage de la Comédie, II, 51.
Capricorne (le signe du), I, 28.
CARITIDÈS, personnage de la comédie des *Fâcheux*, III, 34-96.
CARLE, personnage de la comédie des *Fourberies de Scapin*, VIII, 408-517.
CARLOS (dom), personnage de la comédie de *Dom Juan ou le Festin de Pierre*, V, 76-203.
CARON (CHARON), VIII, 343.
CARRACHE (Annibal), peintre, IX, 557, 276.
CASQUARET, nom de laquais, II, 105.
CASTILLE (la), II, 236; 238, 27; 244, 165; 245, 181; 275, 745; 276, 748; 280, 821; 282, 853; 312, 1509; 323, 1747.
CASTRE (Paul de), jurisconsulte, VII, 317.
CATHAU, personnage de la comédie de *la Jalousie du Barbouillé*, I, 20-44.
CATHOS, personnage de la comédie des *Précieuses ridicules*, II, 53-116.
Caton (un), IV, 421, 349.
CATON (Dionysius), I, 32 (vers cité).
CATULLE, IX, 177.
CÉLIE, personnage de la comédie de *l'Étourdi ou les Contretemps*, I, 104-240. —, et sa suivante, personnages de la comédie de *Sganarelle ou le Cocu imaginaire*, II, 160-216.
CÉLIMÈNE, personnage muet des *Précieuses ridicules* (variante de 1682), II, 108-114. —, personnage de la comédie du *Misanthrope*, V, 442-551.
CÉPHALE, VII, 115.
Cérémonie turque (la), de la comédie-ballet du *Bourgeois gentilhomme*, VIII, 178-182; variante, 184-193.
CÉRÈS, VI, 161, 154.

CÉSAR (Jules), I, 505, 1551.
Chagrins (les), personnages du ballet du *Mariage forcé*, IV, 73; 74.
CHAILLOT, près de Paris, IX, 100, 495.
Chaldéen (le), III, 85.
CHAMBORD (le château de), VII, 209; VIII, 1.
Chambre du Roi (la), au Louvre, III, 296, 41.
Chambre (la musique de la), VII, 382.
CHAMPAGNE, nom de laquais, II, 105; V, 316; 317; IX, 332.
CHANTILLY (le château de), IV, 270.
CHANTRE (le sieur le), IV, 74.
Chapelle (la musique de la), VII, 382.
Charité (la confrérie de l'esclavage de Notre-Dame de la), IX, 580.
— (l'église des religieux de la), à Paris, IX, 580.
CHARLES, nom de laquais, VI, 244; VIII, 565.
CHARLOTTE, personnage de la comédie de *Dom Juan ou le Festin de Pierre*, V, 77-203.
CHARON : voyez CARON.
Chasseurs (des), personnages du second intermède de *la Princesse d'Élide*, IV, 162-163.
CHÂTEAUNEUF, comédien, VI, 189.
CHAUVEAU : voyez *Quatrains* de Molière.
Chevalier (le), personnage de la comédie de *la Critique de l'École des femmes* : voyez DORANTE.
Chiacchiarone, Chiacheron, nom d'emprunt de Lulli, VII, 340; VIII, 232.
CHIARINI, IV, 84.
CHICANNEAU (M.), VII, 382.
CHIGI (le cardinal), légat, IV, 388; 389.
CHINE (la), VII, 148.

Chin-Quentin, pour Saint-Quentin, VII, 310.
Chirurgiens (huit), personnages du troisième intermède de la comédie du *Malade imaginaire*, IX, 439-452.
Chorèbe, personnage de la comédie des *Amants magnifiques*, VII, 377-470.
Chrétien, II, 208, 548; III, 191, 417; IV, 481, 1193; VII, 241.
Chrétien (parler), II, 70. — (poires de bon-), VIII, 578.
Chrétienne (charité), IV, 462, 894.
Christine de France, duchesse de Savoie : voyez Savoie (duchesse de).
Chrysalde, personnage de la comédie de *l'École des femmes*, III, 160-279.
Chrysale, personnage de la comédie des *Femmes savantes*, IX, 57; 59-205.
Cicéron, I, 35; 446, 696; VI, 44; VIII, 585.
Cicéron (Quintus), frère du précédent, I, 446, 696.
Cid (le), tragédie de Corneille, III, 400.
Cidippe, personnage de la comédie-ballet de *Psyché*, VIII, 269-384.
Claude (dame), personnage de la comédie de *l'Avare*, VII, 52-204.
Claudine, nom de petite fille, V, 168. —, personnage de la comédie de *George Dandin ou le Mari confondu*, VI, 506-594.
Cléante, personnage de la comédie du *Tartuffe ou l'Imposteur*, IV, 397-527. —, personnage de la comédie de *l'Avare*, VII, 51-204. —, personnage de la comédie du *Malade imaginaire*, IX, 274-452. —, personnage de la comédie de *la Comtesse d'Escarbagnas*. Voyez *Vicomte* (le).
Cléanthis, personnage de la comédie d'*Amphitryon*, VI, 356-471.
Clélie, personnage de la *Clélie*, roman de Mlle de Scudery, II, 61.
Cléomène, personnage de la tragédie-ballet de *Psyché*, VIII, 269-384.
Cléon, nom d'homme, V, 483, 623. —, personnage de la comédie des *Amants magnifiques*, VII, 378-470.
Cléonice, personnage de la comédie des *Amants magnifiques*, VII, 377-470.
Cléonte, nom d'homme, V, 480, 567; IX, 85, 377; 87, 389. —, personnage de la comédie-ballet du *Bourgeois gentilhomme*, VIII, 42-229.
Clerc du commissaire (le), personnage de la comédie de *l'Avare*, VII, 52-204.
Climène, nom de femme, donné à l'un des personnages de comédie de *l'Impromptu de Versailles*, IV, 416. —, nom de femme, VIII, 228. —, personnage de la comédie de *la Critique de l'École des femmes*, III, 310-370. —, personnage de la comédie du *Sicilien ou l'Amour peintre*, VI, 231-276. —, personnage du *Grand divertissement royal*, VI, 602-605; 608. —, personnage du troisième intermède de la comédie des *Amants magnifiques*, VII, 430-433. —, personnage du II{d} Prologue de la comédie-ballet du *Malade imaginaire*, IX, 261-270. Voyez Clymène.
Clitandre, nom d'homme, IV, 423, 386. —, personnage de la comédie de *l'Amour médecin*, V, 298-353. —, personnage de la comédie du *Misanthrope*,

V, 442-551. —, personnage de la comédie de *George Dandin ou le Mari confondu*, VI, 506-594. —, personnage de la comédie des *Femmes savantes*, IX, 57; 59-205.
CLITIDAS, personnage de la comédie des *Amants magnifiques*, VII, 377-470.
CLORIS, nom de femme, IV, 178; VI, 241; VII, 431. —, personnage du *Grand divertissement royal*, VI, 602-612.
CLYMÈNE, personnage de la comédie des *Fâcheux*, III, 34-96. —, personnage du cinquième intermède de la comédie galante de *la Princesse d'Élide*, IV, 207-208. Voyez CLIMÈNE.
Cocu imaginaire (le), comédie de Molière : voyez *Sganarelle*.
Coffita, pour *cophte*, VIII, 186.
COLBERT (J.-B.), ministre, IX, 558, 303-312; 559 et 560, 327-366.
COLIN, nom de petit garçon, V, 169. —, personnage de la comédie de *George Dandin ou le Mari confondu*, VI, 506-594.
COMÉDIE (la), personnage de la comédie de *l'Amour médecin*, V, 299-353.
Commandeur (la Statue du), personnage de la comédie de *Dom Juan ou le Festin de Pierre*, V, 77-203.
Commandeur (le), un des fils de la comtesse d'Escarbagnas, VIII, 584.
Commissaire (le), personnage de la comédie de *l'École des maris*, II, 356-435. — (un), personnage de la comédie de *l'Avare*, VII, 52-204.
Comte (le), personnage de la comédie de *la Comtesse d'Escarbagnas*, VIII, 549-597.
Comtesse d'Escarbagnas (la), comédie de Molière, VIII, 527; 549-597.
CONDÉ (Louis II de Bourbon, prince de), le grand Condé, dit *Monsieur le Prince*, IV, 270; 383 et 384 (voyez la note 3 de cette dernière page); VI, 354; 355; IX, 583 (?).
Confrérie de l'esclavage de Notre-Dame de la Charité (la) : voyez *Charité*.
Conseil d'en haut (le), VIII, 555.
Conseiller (Monsieur le), personnage de la comédie de *la Comtesse d'Escarbagnas* : voyez TIBAUDIER (Monsieur).
Contre-temps (les), comédie de Molière : voyez *Étourdi* (l').
Corbeau et le Renard (le), fable de la Fontaine : voyez FONTAINE (la).
CORIDON, personnage de *la Pastorale comique*, VI, 189-203.
CORINNE, personnage de la comédie pastorale héroïque de *Mélicerte*, VI, 150-185.
CORNEILLE (Pierre), III, 38, 54; IV, 377; VIII, 268 (avis du libraire au lecteur); 306.
CORNEILLIUS (seigneur), II, 178, 192.
Couplet d'une chanson de d'Assoucy attribué à Molière, IX, 586.
Courrier (un), personnage de la comédie de *l'Étourdi*, I, 104-240.
Cours (le), à Paris, le Cours la Reine ou le Cours Saint-Antoine, III, 39, 76; IX, 143, 957.
COUTRAS (la bataille de), IX, 583.
Coutume (la), droit coutumier, IX, 194, 1624 (?); 313; 314.
COVIELLE, personnage de la comédie-ballet du *Bourgeois gentilhomme*, VIII, 42-229.
CRÉON, roi de Thèbes, VI, 369, 257.
Crève (la), pour la *Grève*, VII, 324; 325.

CRIQUET, personnage de la comédie de *la Comtesse d'Escarbagnas*, VIII, 550-597.
Critique de l'École des femmes (la), comédie de Molière, III, 158; 159; 301; 308; 310-370; 402; 403; 404; 410; 411; 413; 427.
CROISY (du), personnage de la comédie des *Précieuses ridicules*, II, 52-116.
CROISY (le sieur du), comédien, IV, 141. —, personnage de la comédie de *l'Impromptu de Versailles*, III, 385-435.
CROISY (Mlle du), personnage de la comédie de *l'Impromptu de Versailles*, III, 386-435.
Cuisinier françois (le), ouvrage du sieur de la Varenne, III, 359.
CUJAS, jurisconsulte, VII, 317.
CURIACE, personnage de la tragédie d'*Horace*, III, 399.
Curieux (des), personnages du ballet du Ier acte des *Fâcheux*, III, 56. — *de spectacles* (quatre), personnages de l'Ouverture de *Monsieur de Pourceaugnac*, VII, 238.
Cyclopes (six), personnages du second intermède de la tragédie-ballet de *Psyché*, VIII, 313; 314.
CYNTHIE, personnage de la comédie galante de *la Princesse d'Élide*, IV, 140-219.
Cyre (le Grand), pour *le Grand Cyrus*, II, 70.
CYRUS, personnage d'*Artamène ou le Grand Cyrus*, roman de Mlle de Scudery, II, 61.

D

DAMIS, nom d'homme, V, 484, 631; VIII, 157; IX, 85, 377; 86, 385. —, personnage de la comédie des *Fâcheux*, III, 34-96. —, personnage de la comédie du *Tartuffe ou l'Imposteur*, IV, 397-527.
DAMON, nom d'homme, III, 318; V, 481, 577; VI, 257; 260; IX, 201; 317.
DANDIN : voyez GEORGE DANDIN.
DANDINIÈRE (M. de la), VI, 519.
DANDINS (les), VI, 547; 548; 551.
DANOIS (les), VII, 318.
DAPHNÉ, nom de femme, IV, 404, 103. —, personnage de la comédie pastorale héroïque de *Mélicerte*, VI, 150-185. —, personnage du Prologue de la comédie du *Malade imaginaire*, IX, 261-270.
Dauphin (le), Louis, dit *Monseigneur*, fils de Louis XIV, II, 279, 296.
DAVE, nom de berger, VI, 383, 460.
DAVID (M.), VII, 382.
Dédicaces : voyez *Épîtres dédicatoires*.
Démons (quatre), personnages de la quatrième entrée du ballet du *Mariage forcé*, IV, 81.
Dépit amoureux, comédie de Molière, I, 379; 402-520.
Derviches ou *Dervis* (quatre), personnages de la Cérémonie turque de la comédie-ballet du *Bourgeois gentilhomme*, VIII, 178-182; 184-193.
DES-AIRS (les frères), IV, 74; 81.
DESBROSSES (le sieur), IV, 74.
DESCARTES, IX, 135, 883.
DESCHAMPS (M.), VII, 382.
DESCOUTEAUX (le sieur), IV, 86.
DESPAUTÈRE (Jean), I, 33 (citation de ses *Commentaires grammaticaux*); 448 (*idem*); VI, 86 et 87 (*idem*); VIII, 587; 588.
DESTIN (le), VIII, 290, 407; 296, 544; 352, 1929; 353, 1942.

DESTINS (les), III, 351; VIII, 295, 521; 296, 538.
DEVELLOIS (M.), VII, 382.
DIAFOIRUS (Monsieur), personnage de la comédie du *Malade imaginaire*, IX, 274-452.
DIAFOIRUS (Thomas), personnage de la comédie du *Malade imaginaire*, IX, 274-452.
DIANE, IV, 146, 72; 168; VI, 156, 74; VII, 394; 402; 417.
DIEU, Dieu le Père, peint par Mignard, IX, 559, 320-326.
DIEU naissant, Jésus enfant, IX, 554, 209.
Dieu d'un fleuve (le) : voyez *Fleuve*.
Dieux des fleuves : voyez *Fleuves*.
Dieux marins (six), personnages du premier intermède de la comédie des *Amants magnifiques ou le Divertissement royal*, VII, 382-386.
DIMANCHE (Monsieur), personnage de la comédie de *Dom Juan ou le Festin de Pierre*, V, 77-203.
DIMANCHE (Mme), V, 168.
Divertissement royal (le) : voyez *Amants magnifiques* (les).
Divertissement royal de Versailles (le Grand) : voyez *Grand divertissement royal de Versailles*(le).
Docteur (le), personnage de la Comédie, II, 51. —, personnage de la comédie de *la Jalousie du Barbouillé*, I, 20-44.
Docteurs (vingt-deux), personnages du troisième intermède de la comédie du *Malade imaginaire*, IX, 438-452.
DOLIVET (le sieur), IV, 73; 83.
Dom Garcie de Navarre : voyez *Garcie de Navarre* (Dom).
Dom Juan : voyez *Juan* (Dom).
DOMINIQUE, nom de laquais, VI, 244.
DON (M.), VII, 382.
Donneur de livres (un), personnage du *Ballet des Nations*, VIII, 210-229.
DORANTE, nom d'homme, IX, 85, 377; 86, 387. —, ou le *Chevalier*, personnage de la comédie de *la Critique de l'École des femmes*, III, 310-370. —, personnage de la comédie des *Fâcheux*, III, 34-96. —, personnage de la comédie-ballet du *Bourgeois gentilhomme*, VIII, 42-229.
DORILAS, nom d'homme, III, 334; V, 449, 84. —, personnage du Prologue du *Malade imaginaire*, IX, 261-270.
DORIMÈNE, personnage de la comédie et du ballet du *Mariage forcé*, IV, 16-66; 69-87. —, personnage de la comédie-ballet du *Bourgeois gentilhomme*, VIII, 43-229.
DORINE, personnage de la comédie du *Tartuffe ou l'Imposteur*, IV, 398-527.
DOROTHÉE, I, 517, 1749. Voyez ASCAGNE.
Doyen (le) : voyez *Quatrains* de Molière.
DRÉCAR, piqueur, III, 74, 542.
Dryades (six), personnages du troisième intermède de la comédie des *Amants magnifiques*, VII, 421-433. —, personnages du Prologue de la tragédie-ballet de *Psyché*, VIII, 271-275.
Duc (Monsieur le) : voyez BOURBON (Henri-Jules de), fils du grand Condé.

E

École des femmes (l'), comédie de Molière, III, 105; 156; 160-279. Voyez *Critique de l'École des femmes* (la).

École des maris (l'), comédie de Molière, II, 331; 356-435; V, 449, 100.
Égypte (l'), I, 203, 1463.
Égyptien (bohémien), I, 215, 1645; 218, 1689.
Égyptienne, I, 220, 1724; 232, 1933; 235, 2003. — (Zerbinette, prétendue) : voyez Zerbinette.
Égyptiennes (deux), personnages de la comédie du *Mariage forcé*, IV, 16-66. — (plusieurs), personnages du second intermède de la comédie du *Malade imaginaire*, IX, 387-390.
Égyptiens, I, 111, 93; 167, 940; VIII, 449; 500. — (deux), personnages de la troisième entrée du ballet du *Mariage forcé*, IV, 77. — (plusieurs), personnages du second intermède de la comédie du *Malade imaginaire*, IX, 386; 387-390.
Élève d'un maître de musique : voyez *Maître de musique*.
Éliante, personnage de la comédie du *Misanthrope*, V, 442-551.
Élide (la Princesse d'), comédie galante de Molière : voyez *Princesse d'Élide* (la).
Élis (la ville d'), IV, 165, 336.
Élise, nom de femme donné à l'un des personnages de comédie de l'*Impromptu de Versailles*, III, 416. —, personnage de la comédie de *Dom Garcie de Navarre ou le Prince jaloux*, II, 236-239. —, personnage de la comédie de *la Critique de l'École des femmes*, III, 310-370. —, personnage de la comédie de l'*Avare*, VII, 51-204.
Elmire, personnage de la comédie du *Tartuffe ou l'Imposteur*, IV, 397-527.

Elpénor, nom d'homme, IV, 155, 257.
Elvire, personnage de la comédie de *Dom Garcie de Navarre ou le Prince jaloux*, II, 236-329. —, personnage de la comédie de *Dom Juan ou le Festin de Pierre*, V, 76-203.
Émilie, nom de femme, V, 448, 81.
Énée, VII, 115.
Enfants, personnages de la comédie de *Monsieur de Pourceaugnac*, VII, 312.
Enfers (les), VI, 457, 1729; VIII, 343; 347, 1774. — (des chrétiens), III, 214, 727; IX, 581.
Enrique, personnage de la comédie de l'*École des femmes*, III, 160-279.
Éole, VIII, 323, 1134. —, personnage du premier intermède de la comédie des *Amants magnifiques ou le Divertissement royal*, VII, 381-386.
Épicure, V, 82; IX, 135, 879.
Épine (l'), personnage de la comédie des *Femmes savantes*, IX, 57; 59-205. Voyez Espine (l').
Épîtres dédicatoires de Molière : au duc d'Orléans, frère du Roi (au-devant de l'*École des maris*), II, 354 et 355; au Roi (au-devant des *Fâcheux*), III, 26 et 27; à Madame (au-devant de l'*École des femmes*), III, 156 et 157; à la Reine mère (au-devant de *la Critique de l'École des femmes*), III, 308 et 309; au grand Condé (au-devant d'*Amphitryon*), VI, 354 et 355.
Éraste, personnage de la comédie du *Dépit amoureux*, I, 402-520. —, personnage de la comédie des *Fâcheux*, III, 34-96. —, personnage de la co-

médie de *Monsieur de Pourceaugnac*, VII, 233-338.
ERGASTE, personnage de la comédie de *l'Étourdi*, I, 104-240.
—, personnage de la comédie de *l'École des maris*, II, 356-435.
ÉRIPHILE, personnage de la comédie des *Amants magnifiques*, VII, 377-470.
ÉROXÈNE, personnage de la comédie pastorale héroïque de *Mélicerte*, VI, 150-185.
Escarbagnas (*la Comtesse d'*), comédie de Molière : voyez *Comtesse d'Escarbagnas* (*la*).
ESCARBAGNAS (la comtesse d'), personnage de la comédie de ce nom, VIII, 549-597.
ESCLAVONIE (l'), I, 446, 700.
ESCULAPE, VII, 272.
ESPAGNE (l'), I, 160, 831; 162, 863; 167, 941; VI, 266.
ESPAGNOL, ESPAGNOLS, IV, 376; VI, 265; VII, 318. —, personnages du ballet du *Mariage forcé*, IV, 84; 85. —, personnages de la troisième entrée du *Ballet des Nations* de la comédie-ballet du *Bourgeois gentilhomme*, VIII, 220-223.
Espagnol (l'), IV, 38.
ESPINE (l'), personnage de la comédie des *Fâcheux*, III, 34-96. Voyez ÉPINE (l').
ESTIVAL (M. d'), IV, 79; VI, 189; VII, 382.
Étourdi (l') ou *les Contre-temps*, comédie de Molière, I, 77; 104-240.
EUROPE (l'), IV, 394; VIII, 555.
EURYALE, ou le prince d'Ithaque, personnage de la comédie galante de *la Princesse d'Élide*, IV, 141-219.
Exempt (un), personnage de la comédie de *Tartuffe ou l'Imposteur*, IV, 398-527. —, per-

sonnage de la comédie de *Monsieur de Pourceaugnac*, VII, 234-338.

F

Fâcheux (*les*), comédie de Molière, III, 1; 26; 28; 34-96.
Faculté (la) de médecine, à Paris, VII, 262; 288; IX, 370; 403.
FAGOTIN, IV, 442, 666.
FANCHON : voyez *Françon*.
Farces (*premières*), attribuées à Molière, I, 1. Voyez *Jalousie du Barbouillé* (*la*) et *Médecin volant* (*le*).
Faunes (six), personnages du troisième intermède des *Amants magnifiques*, VII, 421-433. —, personnages du Prologue de la tragédie-ballet de *Psyché*, VIII, 272-275. —, personnages des Prologues de la comédie du *Malade imaginaire*, IX, 267; 272.
FAVIER (le sieur), VII, 382.
Fées (quatre), personnages du second intermède de la tragédie-ballet de *Psyché*, VIII, 313; 314.
Femmes savantes (*les*), comédie de Molière, IX, 1; 57; 59-205.
FERNAND (Bérenger), jurisconsulte, VII, 317.
FERNON (les frères), VII, 382.
FERRAGUS, personnage du *Roland furieux*, poëme de l'Arioste, I, 501, 1486.
Festin de Pierre (*le*), comédie de Molière : voyez *Juan* (*Dom*).
Fêtes de Versailles (*les*), en 1664 : voyez *les Plaisirs de l'Ile enchantée*.
FILÈNE, personnage de la *Pastorale comique*, VI, 189-203.
FILERIN (Monsieur), personnage de la comédie de *l'Amour médecin*, V, 298-353.

FILINTE, personnage de la comédie des *Fâcheux*, III, 34-96. Voyez PHILINTE.
FINAUT, nom de chien, III, 75, 550, 553.
FLAMAND, FLAMANDS, VII, 289; 290; 291; 292; 303; 304; 318.
FLANDRE (la), IV, 391.
FLÈCHE (la), personnage de la comédie de *l'Avare*, VII, 52-204.
FLEURANT (Monsieur), apothicaire, personnage de la comédie du *Malade imaginaire*, IX, 274-452.
Fleurs des vies des saints (les), ouvrage du jésuite espagnol Ribadeneira, IV, 410, 208.
Fleuve (le Dieu d'un), personnage de la tragédie-ballet de *Psyché*, VIII, 269-384.
Fleuves (Dieux des), personnages du premier intermède de la comédie des *Amants magnifiques ou le Divertissement royal*, VII, 381-386. —, personnages du Prologue de la tragédie-ballet de *Psyché*, VIII, 271-275.
FLIPOTE, personnage de la comédie de *Tartuffe ou l'Imposteur*, IV, 397-527.
FLORE (la déesse), IX, 591. —, personnage du Prologue de la tragédie-ballet de *Psyché*, VIII, 271-275. —, personnage du premier Prologue de la comédie du *Malade imaginaire*, IX, 261-270.
Foire (la), la foire Saint-Germain ou la foire Saint-Laurent, à Paris, VII, 111; 119; 131; 148. Voyez *Saint-Laurent* (la foire).
FONANDRÈS (Monsieur des), personnage de la comédie de *l'Amour médecin*, V, 298-353.
FONTAINE (la) : sa fable du *Corbeau et le Renard*, IX, 378 et 379.
FORTUNE (la), III, 351; VI, 163, 189; 167, 248; VIII, 329, 1286.
Fourberies de Scapin (les), comédie de Molière, VIII, 385; 407-517.
Français (le), III, 85; IV, 39; VII, 271.
FRANÇAIS (les), III, 37, 21; 83; 220, 835; VI, 260; 264; 265; 269; 271; 275; VII, 318; VIII, 227; 228.
FRANCE (la), II, 105; 354; 355; III, 27; 47, 184; 89, 730; 277, 1750; 350; IV, 373; 377; V, 442; VI, 257; 260; IX, 141, 942; 146, 983; 170, 1322; 174, 1350; 192, 1605; 555, 236; 559, 327.
FRANCHE-COMTÉ (conquête de la) en 1668, IX, 584. Voyez *Sonnet*.
FRANCISQUE, nom de laquais, VI, 244. —, pauvre, personnage de *Dom Juan ou le Festin de Pierre*, V, 77-203.
FRANÇOISE, nom de femme, VIII, 103.
Françon, pour *Fanchon*, nom de petite fille, personnage de la comédie de *Monsieur de Pourceaugnac*, VII, 311.
Franque (la langue), VIII, 180.
Frondeurs (de petits), personnages du ballet du II^d acte des *Fâcheux*, III, 78.
Fronista, prétendu nom de secte, VIII, 187.
FROSINE, personnage de la comédie du *Dépit amoureux*, I, 402-520. —, personnage de la comédie de *l'Avare*, VII, 51-204.
Furies (huit), personnages du quatrième intermède de la tragédie-ballet de *Psyché*, VIII, 343.

G

GALIEN, I, 55; 58; VII, 265; 272.

GALOPIN, personnage de la comédie de *la Critique de l'École des femmes*, III, 310-370.

Garcie de Navarre (Dom) ou le Prince jaloux, comédie de Molière, II, 217; 236-329.

GARCIE (dom), prince de Navarre, personnage de la comédie de ce nom, II, 236-329.

Garçons tailleurs, personnages de la comédie-ballet du *Bourgeois gentilhomme*, VIII, 43-229.

Gardes (la salle des) : voyez *Salle des gardes* (la).

GASCON, VIII, 495; 496.

GASCONNE (une feinte), VII, 233. Voyez LUCETTE.

GASCONS, personnages du *Ballet des Nations* de la comédie-ballet du *Bourgeois gentilhomme*, VIII, 210-229. Voyez ASBARAT.

GAULOIS (les), VII, 391.

GAVEAU, marchand de chevaux, III, 73, 522; 74, 534.

Gazette (la), V, 510, 1074. — *de Hollande*, VIII, 552.

Gémeaux (les) : voyez *Gemini*.

Gemini, pour les *Gémeaux*, I, 28.

GÈNES (la ville de), VII, 199.

Gens de province demandant des livres, personnages du *Ballet des Nations*, VIII, 210-229.

George Dandin ou le Mari confondu, comédie de Molière, VI, 473; 505-594.

GEORGE DANDIN, personnage de la comédie de *George Dandin ou le Mari confondu*, VI, 505-594.

GEORGES, nom de laquais, VI, 244.

GEORGETTE, personnage de la comédie de *l'École des femmes*, III, 160-279; 362; 365.

GÉRALDE, nom d'homme, V, 481, 595.

GÉRANTE, nom d'homme, IX, 317.

GÉRONIMO, personnage de la comédie et du ballet du *Mariage forcé*, IV, 16-66; 69-87.

GÉRONTE, personnage de la comédie du *Médecin malgré lui*, VI, 33-120. —, personnage de la comédie des *Fourberies de Scapin*, VIII, 407-517.

GILLE (le petit), I, 505, 1547.

GILLET (M.), VII, 382.

GINGAN (les frères), VII, 382.

Giordina, pour JOURDAIN (voyez ce mot), VIII, 180; 181; 188; 189.

Gironte, baragouiné par un Suisse pour GÉRONTE (voyez ce nom), VII, 496.

Gloire du Val-de-Grâce (la), poëme de Molière sur la fresque de Mignard, IX, 511; 535-560. Voyez *Val-de-Grâce*.

Goguenards : voyez *Plaisants*.

GOMBAUT et MACÉE (tapisserie représentant les amours de), VII, 95.

GORGIBUS, personnage de la comédie de *la Jalousie du Barbouillé*, I, 20-44. —, personnage de la comédie du *Médecin volant*, I, 52-76. —, personnage de la comédie des *Précieuses ridicules*, II, 52-116. —, personnage de la comédie de *Sganarelle ou le Cocu imaginaire*, II, 160-216.

Gothiques (lettres), IV, 376. — (ornements), IX, 541, 84.

GRÂCES (les), IX, 144, 970. —, personnages de la tragédie-ballet de *Psyché*. Voyez ÆGIALE, PHAÈNE.

Grais (le), pour le *grec* (voyez ce mot), IX, 197, 1659.

Grand (Monsieur le), Louis de Lorraine, comte d'Armagnac, grand écuyer, VII, 382 ; 385 ; 470. Voyez d'Armagnac.
Grand divertissement royal de Versailles (le), où fut encadrée la comédie de *George Dandin*, VI, 599-614.
Grand Mogol (le), Grand Turc (le) : voyez Mogol, Turc.
Grande salle des Machines (la) : voyez *Machines*.
Grange (la), personnage des *Précieuses ridicules*, II, 52-116.
Grange (le sieur de la), comédien, IV, 141 ; VI, 189. —, personnage de la comédie de *l'Impromptu de Versailles*, III, 385-435.
Gravelines (la ville de), II, 103.
Grec, Grecque, Grecs, I, 446, 698, 700 ; 483, 1253 ; III, 83 ; 193, 447 ; VI, 231 ; 236 ; 243 ; VII, 272 ; 465 ; IX, 144, 964 ; 150, 1020 ; grecque (la manière), IX, 544, 106.
Grec (le), II, 50 ; 111, 85 ; IV, 39 ; VI, 87 ; IX, 141, 942 ; 142 ; 943-947 ; 143, 952 ; 152, 1043. Voyez *Grais* (le).
Grèce (la), IV, 146, 73 ; 147, 94 ; 171 ; 203 ; 380 ; VII, 391.
Grève (la) : voyez *Crève*.
Grimpant, nom de bourreau, I, 475, 1106.
Gros (M. le), VII, 382.
Gros-Pierre, nom d'homme, III, 171, 179.
Gros-René (nom de théâtre de du Parc), personnage de la comédie du *Médecin volant*, I, 52-76. —, personnage de la comédie du *Dépit amoureux*, I, 402-520. —, personnage de la comédie de *Sganarelle ou le Cocu imaginaire*, II, 160-216.
Guide des pécheurs (la), traité du dominicain Louis de Grenade, II, 166, 37.

Guillaume (Monsieur), personnage de la comédie de *l'Amour médecin*, V, 297-353.
Gusman, personnage de la comédie de *Dom Juan ou le Festin de Pierre*, V, 76-203.
Gusman (dom Pedro de), marquis de Montalcane, I, 159.

H

Hali, personnage de la comédie du *Sicilien ou l'Amour peintre*, VI, 231-276.
Halle (la), *Halles* (les), à Paris, VIII, 218 ; IX, 101, 520.
Harpagon, personnage de la comédie de *l'Avare*, VII, 51-204.
Harpin (Monsieur), personnage de la comédie de *la Comtesse d'Escarbagnas*, VIII, 549-597.
Hauteroche, comédien de l'Hôtel de Bourgogne, III, 400.
Hébreu (l'), III, 85 ; IV, 39 ; VI, 87.
Hédouin (M.), VII, 382.
Henri, roi de France, V, 468, 397, 409.
Henriette, personnage de la comédie des *Femmes savantes*, IX, 57 ; 59-205.
Hercule, VI, 470, 1916 ; 471, 1934.
Hervé (Mlle), personnage de la comédie de *l'Impromptu de Versailles*, III, 386-435.
Heureux (M. d'), IV, 74 ; 81.
Hilaire (Mlle), IV, 72.
Hippocrate, I, 55 ; 58 ; 65 ; V, 321 ; 352 ; VI, 73 ; 74 ; VII, 273.
Hippolyte, personnage de la comédie de *l'Étourdi*, I, 104-240.
Hollandais (les), VII, 318.
Hollande (la), IV, 20 ; 21.

DES ŒUVRES DE MOLIÈRE. 611

Hollande (fromage de), IX, 423.
Hollande (la *Gazette de*) : voyez *Gazette*.
Hollande (l'*hôtel de*), à Paris, VIII, 571.
Homère, VII, 410.
Hongrie (la), VII, 95.
Horace, nom d'homme, I, 194, 1320, 1327; 195, 1344; 197, 1373; 208, 1543; 235, 1985; 236, 2012; VI, 48; 110; 112.
—, personnage de la comédie de *l'École des femmes*, III, 160-279; 356; 358; 361; 362.
Horace, poëte latin, III, 29; IX, 146, 976; 150, 1022; 177. C'est dans le tome VII, p. 430 et 431, au troisième intermède des *Amants magnifiques*, que se trouve la traduction du *Donec gratus eram*.
Hôtel (l') de Bourgogne, de Hollande, de Lyon, de Mouhy : voyez *Bourgogne*, *Hollande*, *Lyon*, *Mouhy* (l'*hôtel de*).
Houblier (Claude), sieur de Méricourt, à qui fut dédiée, par le libraire, la première édition du *Dépit amoureux*, I, 400.
Hubert (le sieur), IV, 140.
Hussita, pour *hussite*, VIII, 187.
Hyacinthe, personnage de la comédie des *Fourberies de Scapin*, VIII, 407-517.

I

Ignès, nom de bouquetière, I, 508, 1589. —, personnage de la comédie de *Dom Garcie de Navarre ou le Prince jaloux*, II, 236-329.
Immortelles (les), déesses, VII, 383; VIII, 317, 973.

Imole (Jean), jurisconsulte, VII, 317.
Importuns (trois), personnages de la première et de la seconde entrée du *Ballet des Nations* de la comédie-ballet du *Bourgeois gentilhomme*, VIII, 210-229.
Imposteur (l'), comédie de Molière : voyez *Tartuffe*.
Impromptu de Versailles (l'), comédie de Molière, III, 371; 385-435.
Incompatibles (ballet des) : voyez *Ballet des Incompatibles*.
Indes (les), VIII, 464.
Iordina, pour Jourdain (voyez ce nom), VIII, 195.
Iphicrate, personnage de la comédie des *Amants magnifiques*, VII, 377-470.
Iphitas, personnage de la comédie galante de *la Princesse d'Élide*, IV, 140-219.
Iris, nom de femme, VIII, 53; 558; IX, 185, 1521; 591. —, personnage de la *Pastorale comique*, VI, 189-203.
Isabelle, personnage de la comédie de *l'École des maris*, II, 356-435.
Isidore, personnage de la comédie du *Sicilien ou l'Amour peintre*, VI, 231-276.
Isle (Monsieur de l'), nom pris par le paysan Gros-Pierre, III, 171, 182.
Italien (l'), IV, 38.
Italiens (les), VII, 318. —, personnages du *Ballet des Nations*, VIII, 223-227.
Ithaque (le prince d'), personnage de la comédie galante de *la Princesse d'Élide :* voyez Euryale.
Ithaque (la ville d'), IV, 146, 90.
Ixion, VIII, 344, 1669; 347, 1779.

J

Jacquelaine, pour JACQUELINE, VI, 70.

JACQUELINE, personnage de la comédie du *Médecin malgré lui*, VI, 33-120.

JACQUELINE DE LA PRUDOTERIE, VI, 522.

JACQUES (Maître), personnage de la comédie de *l'Avare*, VII, 52-204.

JALOUSIE (la), personnage de la première entrée du ballet du *Mariage forcé*, IV, 73.

Jalousie du Barbouillé (la), canevas d'une comédie de Molière, I, 15; 19-44.

JANNETON, Jeanneton, VIII, 54.

Jardinier (un), personnage du ballet du II^d acte des *Fâcheux*, III, 78.

JASON, jurisconsulte, VII, 317.

JEAN (PRÊTE-) : voyez PRÊTE-JEAN.

JEANET, nom de petit garçon, personnage de la comédie de *Monsieur de Pourceaugnac*, VII, 311.

JEAN-GILLE DE SOTENVILLE, VI, 526.

JEANNETTE, nom de femme, I, 210, 1567; 212, 1595, 1605.

JEANNOT, personnage de la comédie de *la Comtesse d'Escarbagnas*, VIII, 550-597.

JÉSUS enfant : voyez DIEU naissant.

Jeux (les), personnages de la scène dernière de *l'Amour médecin*, V, 351-353.

JODELET, nom de laquais, I, 406, 78. —, personnage de la comédie des *Précieuses ridicules*, II, 54-116.

JOLIS-VERS, village du pays de Tendre, II, 64.

JOSSE (Monsieur), personnage de la comédie de *l'Amour médecin*, V, 298-353.

JOUAN (M.), VII, 382.

JOUBERT (M.), VII, 382.

Joueurs de boule, joueurs de mail : voyez *Boule (joueurs de)*, *Mail (joueurs de)*.

JOURDAIN (Monsieur), personnage de la comédie-ballet du *Bourgeois gentilhomme*, VIII, 41-229. Voyez *Giordina* et *Iordina*.

JOURDAIN (Madame), personnage de la comédie-ballet du *Bourgeois gentilhomme*, VIII, 41-229.

Jovem (per), I, 451, 752. Voyez JUPITER.

Juan (Dom) ou le Festin de Pierre, comédie de Molière, V, 1; 76-203.

JUAN (dom), personnage de la comédie de *Dom Juan ou le Festin de Pierre*, V, 76-203.

JUDAS, VIII, 133.

JUIF, VII, 94.

JULES : voyez ROMAIN (Jules).

JULIAN, jurisconsulte, VII, 317.

JULIE, personnage de la comédie-ballet de *Monsieur de Pourceaugnac*, VII, 233-338. —, personnage de la comédie de *la Comtesse d'Escarbagnas*, VIII, 549-597.

JULIEN, personnage de la comédie des *Femmes savantes*, IX, 57; 59-205.

JUNON, VIII, 276, 109; 277, 125.

JUPITER, I, 125, 281; IV, 168. —, personnage de la comédie d'*Amphitryon*, VI, 356-471. —, personnage de la tragédie-ballet de *Psyché*, VIII, 269-384. Voyez *Jovem (per)*.

JUSTINIAN, Justinien, VII, 317.

JUVÉNAL, VIII, 81.

L

Laconienne (à *la*), IV, 44.
Laïs, nom de femme, IX, 131, 832, 833.
Lamoignon (Guillaume de), premier président du Parlement, IV, 270.
Langez (M.), VII, 382.
Languedocienne (une feinte), VII, 304 (variante de 1682). Voyez Lucette et Gasconne (une feinte).
Lanne (M. de la), IV, 85.
Lantriguet (les gens de) : voyez Tréguier (la ville de).
Larisse (la ville de), VI, 159, 123.
Larivey : voyez Pasqualigo.
Latin, Latins (les), VII, 272; IX, 150, 1020. —, latiniste, I, 445, 681; IX, 179, 1432(?).
Latin (le), II, 70; III, 85; VI, 56; VII, 81.
Laurent, nom du valet de Tartuffe, IV, 403, 71; 459, 853.
Léandre, personnage de la comédie de *l'Étourdi*, I, 104-240. —, personnage de la comédie du *Médecin malgré lui*, VI, 33-120. —, personnage de la comédie des *Fourberies de Scapin*, VIII, 407-517.
Légat (Monsieur le) : voyez Chigi.
Lélie, personnage de la comédie de *l'Étourdi*, I, 104-240. —, personnage de la comédie de *Sganarelle ou le Cocu imaginaire*, II, 160-216.
Léon (le royaume de), II, 236; 238, 28; 242, 115; 244, 179; 245, 187, 193; 263, 526; 264, 551; 275, 744; 315, 1538; 322, 1708; 323, 1744; 324, 1766; 329, 1876.
Léon (dom Alphonse, prince de). Voyez Alphonse (dom).
Léonard, prénom de Pourceaugnac, VII, 302.
Léonor, nom de femme, II, 267, 602; 268, 607. —, personnage de la comédie de *l'École des maris*, II, 356-435.
Lestang (M.), VII, 382.
Lestrygons (les), peuple de géants anthropophages, I, 424, 332.
Lettre de Molière : voyez *Sonnet à la Mothe le Vayer*. Voyez encore *Épîtres dédicatoires*.
Liandre, pour Léandre, VI, 116.
Lille (la ville de), IV, 391.
Limoges (la ville de), VII, 241; 242; 253; 254; 287.
Limosin, Limosine, Limosins (les), VII, 241; 248; 299; 321; 324; 325; 331.
Lise, nom de femme, II, 215, 641.
Lisette, nom de femme, VI, 602. —, personnage de la comédie de *l'École des maris*, II, 356-435. —, personnage de la comédie de *l'Amour médecin*, V, 298-353.
Lope (dom), personnage de la comédie de *Dom Garcie de Navarre ou le Prince jaloux*, II, 236-329.
Lorge (le sieur de), IV, 74; 81.
Lorrain, nom de laquais, II, 105.
Louis (saint), VIII, 144.
Louis (dom), II, 244, 167; 264, 542; 315, 1537; 323, 1731, 1736; 324, 1750. —, personnage de la comédie de *Dom Juan ou le Festin de Pierre*, V, 76-203.
Louis de Grenade : voyez *Guide des pécheurs* (la).
Louis IX, roi de France : voyez ci-dessus Louis (saint).
Louis XIV, roi de France, II, 398, 537; III, 26; 27; 31;

55, 280; 74, 538; 82, 650, 652, 656; 83, 664; 84; 85, 672, 674; 88, 705, 712; 89, 728, 733; 281; 295-300; 391; 406; 407; 409; 430; 431; 433; 434; 435; IV, 67; 77; 89; 166; 374; 385-397; 520, 1836; 521, 1863; 522, 1880; 524-526, 1906-1944; 527, 1954-1958; V, 293; 294; 301; 302; 460, 290; 493, 769; VI, 205; 599; 600; VII, 209; 252; 349; 380; 382; 384; 385; 469; VIII, 109; 112; 118; 119; 245; 271; 272; IX, 259; 260; 263; 264; 266; 267; 268; 269; 270; 557-558, 292-303; 584 et 585.

Louison, personnage de la comédie du *Malade imaginaire*, IX, 274-452.

Louvre (le), II, 74; III, 295, 11; 314; IV, 1; 480, 567; VII, 252.

Loyal (Monsieur), personnage de la comédie du *Tartuffe*, IV, 398-527.

Lubin, personnage de la comédie de *George Dandin ou le Mari confondu*, VI, 506-594.

Lucas, nom d'homme, V, 104; 105. —, personnage de la comédie du *Médecin malgré lui*, VI, 33-120.

Lucette, feinte Gasconne ou feinte Languedocienne (voyez tome VII, p. 304, note *a*), personnage de la comédie-ballet de *Monsieur de Pourceaugnac*, VII, 233-338.

Lucile, personnage de la comédie du *Médecin volant*, I, 52-76. —, personnage de la comédie du *Dépit amoureux*, I, 402-520. —, personnage de la comédie des *Précieuses ridicules*, II, 108. —, personnage de la comédie-ballet du *Bourgeois gentilhomme*, VIII, 42-229.

Lucinde, personnage de la comédie de *l'Amour médecin*, V, 297-353. —, personnage de la comédie du *Médecin malgré lui*, VI, 33-120.

Lucrèce, nom de femme, II, 417, 860. —, personnage de la comédie de *l'Amour médecin*, V, 297-353.

Lulli (Baptiste), III, 50, 205; IV, 86; V, 294. Voyez *Chiacchiarone*.

Luterana, pour *luthérien*, VIII, 187.

Luthérien, VIII, 187.

Lutin (un), personnage du quatrième intermède de la tragédie-ballet de *Psyché*, VIII, 343.

Luxembourg (le), à Paris, III, 86, 691.

Luynes (Guillaume de), libraire, I, 51.

Lycante, personnage du ballet du *Mariage forcé*, IV, 69-87.

Lycarsis, personnage de la comédie pastorale héroïque de *Mélicerte*, VI, 150-185.

Lycas, personnage de la *Pastorale comique*, VI, 189-203. —, personnage de la tragédie-ballet de *Psyché*, VIII, 269-384.

Lycaste, personnage de la comédie du *Mariage forcé*, IV, 16-66. —, personnage du troisième intermède de la comédie des *Amants magnifiques*, VII, 420-433.

Lycidas, nom d'homme, IX, 85, 377; 87, 389. Voyez Lysidas.

Lyciscas, personnage du premier intermède de la comédie galante de *la Princesse d'Élide*, IV, 131-139.

Lyon (la ville de), IX, 199, 1692.

Lyon (l'*hôtel de*), à Paris, VIII, 571.
Lysandre, nom d'homme, III, 337. —, personnage de la comédie des *Fâcheux*, III, 34-96.
Lysidas, nom d'homme, III, 419; 423. —, personnage de la comédie de *la Critique de l'École des femmes*, III, 310-370. Voyez Lycidas.

M

Macée : voyez Gombaut et Macée (tapisserie.... de).
Machines (la *grande salle des*), au palais des Tuileries, VIII, 245.
Macroton (M.), personnage de la comédie de *l'Amour médecin*, V, 298-353.
Madame : voyez Orléans (Henriette-Anne d'Angleterre, duchesse d').
Madeleine, nom de petite fille, personnage de la comédie de *Monsieur de Pourceaugnac*, VII, 311.
Madrid, I, 159, avant le vers 815.
Magdelon, personnage de la comédie des *Précieuses ridicules*, II, 53-116.
Magiciens (deux), personnages de la troisième et de la quatrième entrée du ballet du *Mariage forcé*, IV, 79-81.
Magny (M.), VII, 382.
Mahametana, pour *mahométan*, VIII, 187.
Mahameta, Mahametta, pour Mahomet, VIII, 180; 188.
Mahomet, VIII, 179; 180; 188; 195.
Mail (le), à Paris, III, 86, 691.
Mail (*joueurs de*), personnages du ballet du Ier acte des *Fâcheux*, III, 56.

Maître à danser, personnage de la comédie-ballet du *Bourgeois gentilhomme*, VIII, 43-229.
Maître d'armes, personnage de la comédie-ballet du *Bourgeois gentilhomme*, VIII, 43-229.
Maître de musique, et son *Élève*, personnages de la comédie-ballet du *Bourgeois gentilhomme*, VIII, 43-229.
Maître de philosophie, personnage de la comédie-ballet du *Bourgeois gentilhomme*, VIII, 43-229.
Maître tailleur, personnage de la comédie-ballet du *Bourgeois gentilhomme*, VIII, 43-229.
Malade imaginaire (le), comédie de Molière, IX, 207; 259-452.
Malherbe, IX, 102, 533.
Malte (les galères de), II, 101.
Mandane, personnage d'*Artamène ou le Grand Cyrus*, roman de Mlle de Scudery, II, 61.
Marais (le), à Paris, V, 322.
Marc Tulle : voyez Cicéron (I, 446, 696).
Maréchaux de France (les), V, 491, 751; 493, 761; 514. 1138.
Mari confondu (le), comédie de Molière : voyez *George Dandin*.
Mariage forcé (le), comédie de Molière, IV, 1; 16-66. —, ballet, 67-88. *Intermèdes nouveaux* de cette comédie, IX, 588-592.
Mariane, personnage de la comédie du *Tartuffe ou l'Imposteur*, IV, 397-527. —, personnage de la comédie de *l'Avare*, VII, 51-204.
Marie-Thérèse, femme de Louis XIV, IV, 270; 374.
Marinette, personnage de la comédie du *Dépit amoureux*, I, 402-520.
Marotte, personnage de la co-

médie des *Précieuses ridicules*, II, 53-116.
MARPHURIUS, personnage de la comédie et du ballet du *Mariage forcé*, IV, 16-66; 70-87.
Marquis (le), personnage de la comédie de *la Critique de l'École des femmes*, III, 310-370. —, second fils de la comtesse d'Escarbagnas, VIII, 584. Voyez *Mascarille* (les marquis de).
MARS, VIII, 309, 819. —, personnage de la dernière scène de la tragédie-ballet de *Psyché*, VIII, 357-362.
Mars, planète, IX, 107, 592.
MARTIAL, poëte latin, VIII, 582; 583.
MARTIAL, parfumeur et gantier à Paris, VIII, 582.
MARTIN, nom d'homme, II, 169, 79; VI, 244. — (dom), VII, 196.
MARTINE, personnage de la comédie du *Médecin malgré lui*, VI, 33-120. —, personnage de la comédie des *Femmes savantes*, IX, 57; 59-205.
MASCARILLE, personnage de la comédie de *l'Étourdi*, I, 104-240. —, personnage de la comédie du *Dépit amoureux*, I, 402-520. —, personnage de la comédie des *Précieuses ridicules*, II, 54-116.
Mascarille (les marquis de), III, 335.
Mascarillus, pour MASCARILLE, I, 157, 794.
Masques (deux troupes de), personnages de la comédie de *l'Étourdi*, I, 104-240. — (plusieurs), personnages de la comédie-ballet de *Monsieur de Pourceaugnac*, VII, 336-338. —, personnages du ballet du II⁰ acte des *Fâcheux*, III, 96.
Matassins, personnages de la co-
médie-ballet de *Monsieur de Pourceaugnac*, VII, 280-284. — (deux), personnages de la tragédie-ballet de *Psyché*, VIII, 360-362.
MATHURINE, personnage de la comédie de *Dom Juan ou le Festin de Pierre*, V, 77-203.
MATHURINE DE SOTENVILLE, VI, 522.
MATTHIEU (le conseiller Pierre), II, 165, 35; ses *Tablettes*, 164, 34.
Maubert (la place), à Paris, III, 314.
MAUREGAT, usurpateur de l'État de Léon, II, 236; 244, 170; 276, 751; 312, 1507; 314, 1518.
MAURES, personnages de la comédie du *Sicilien ou l'Amour peintre*, VI, 232-276. Voyez MORE, MORES.
MAYEUX (M.), VII, 382.
MÉCÈNE, III, 83, 664.
Médecin malgré lui (le), comédie de Molière, VI, 1; 33-120.
Médecin volant (le), canevas d'une comédie de Molière, I, 45; 52-76.
Médecins (deux), personnages de la comédie de *Monsieur de Pourceaugnac*, VII, 233-338.
Médecins grotesques (deux musiciens italiens en), personnages de la même comédie, VII, 280-284.
MÉGÈRE et ses sœurs, VIII, 344, 1667.
Mélicerte, comédie pastorale héroïque de Molière, VI, 123; 150-185.
MÉLICERTE, personnage de la comédie pastorale héroïque de *Mélicerte*, VI, 150-185.
MEMNON (la statue de), IX, 352.
Ménades (deux), personnages de la tragédie-ballet de *Psyché*, VIII, 360-362.

Ménalque, nom de berger, VI, 158, 102.
Ménandre, personnage du troisième intermède de la comédie des *Amants magnifiques*, VII, 420-433.
Mercier (le sieur le), IV, 81.
Mercure, personnage de la comédie d'*Amphitryon*, VI, 356-471 ; allusion à « sa planète », 441, 1496.
Merluche (la), personnage de la comédie de *l'Avare*, VII, 52-204.
Messène (la ville de), IV, 147, 109.
Messène (le prince de), personnage de la comédie galante de *la Princesse d'Élide* : voyez Aristomène.
Messine (la ville de), lieu de la scène de la comédie de *l'Étourdi*, I, 104-240.
Métaphraste, personnage de la comédie du *Dépit amoureux*, I, 402-520.
Michaël (Angelo), IV, 84.
Michel-Ange, peintre, IX, 557, 276.
Mignard (Pierre), peintre, IX, 511 ; 535-560 (plus particulièrement 536, 23 ; 553, 188, 195). Jules Romain, Annibal Carrache, Raphaël et Michel-Ange appelés *les Mignards de leur siècle*, IX, 557, 276.
Ministère (le), VIII, 553-554.
Misanthrope (*le*), comédie de Molière, V, 355 ; 442-551.
Moffina, prétendu nom de secte, VIII, 187.
Mogol (le Grand), VIII, 555.
Molière, nommé, VIII, 268 (avis du *libraire au lecteur*) ; IX, 401 ; 402 ; 403 ; 404. —, personnage de la comédie de *l'Impromptu de Versailles*, III, 385-435.
Molière (Mlle), femme de Molière ; comédienne, IV, 140.
—, personnage de la comédie de *l'Impromptu de Versailles*, III, 386-435.
Mome, personnage de la scène dernière de la tragédie-ballet de *Psyché*, VIII, 360-362.
Monseigneur : voyez Dauphin (le), fils de Louis XIV.
Monsieur : voyez Orléans (Philippe, duc d').
Monsieur (la *troupe de*) : voyez Troupe de Monsieur (la).
Monsieur le Duc, Monsieur le Grand, Monsieur le Prince : voyez Duc, Grand, Prince (*Monsieur le*).
Monsieur de Pourceaugnac : voyez Pourceaugnac (*Monsieur de*).
Montagne (la), personnage de la comédie des *Fâcheux*, III, 34-96.
Montagne (M. la), VII, 382.
Montalcane : voyez Guzman (dom Pedro de).
Montauban (le siége de), VI, 526.
Montfleury, comédien de l'Hôtel de Bourgogne, III, 398.
Mopse, personnage de la comédie pastorale héroïque de *Mélicerte*, VI, 150-185.
More (de Turc à), II, 76.
Morel (M.), VII, 382.
Mores, personnages du second intermède de la comédie du *Malade imaginaire*, IX, 386 ; 387-390. Voyez Maures.
Morista, pour *More*, Morisque (?), VIII, 187.
Moron, personnage de la comédie galante de *la Princesse d'Élide*, IV, 141-219.
Mort (la), VIII, 350, 1843.
Mothe le Vayer (la) : voyez Vayer (le).
Mouhy (l'*hôtel de*), à Paris, VIII, 571.
Mourre (le jeu de la), I, 25.
Mufti, ou Muphti (le), personnage de la Cérémonie turque

de la comédie-ballet du *Bourgeois gentilhomme*, VIII, 178-182 ; 184-193.
Muse, à qui s'adresse Molière dans son *Remercîment au Roi*, III, 296-300.
Muses (les neuf), I, 24 ; III, 299, 87. —, personnages de la scène dernière de la tragédie-ballet de *Psyché*, VIII, 357-362.
Muses (le *Ballet des*), VI, 123. Voyez *Mélicerte*.
Musiciens, personnages de la comédie-ballet de *Monsieur de Pourceaugnac*, VII, 233-338.
Musique (la), personnage de la comédie de *l'Amour médecin*, V, 299-353.
Musique de la Chambre, de la Chapelle (la) : voyez *Chambre, Chapelle*.
Myrtil, nom d'homme, VII, 431. —, personnage de la comédie pastorale héroïque de *Mélicerte*, VI, 150-185.

N

Naïade, Naïades, III, 31. —, personnages du Prologue de la tragédie-ballet de *Psyché*, VIII, 271-275.
Nancy (l'arrière-ban de), VI, 525.
Naples (la ville de), I, 194, 1309 ; 197, 1374 ; 201, 1427, 1430 ; 234, 1963 ; 235, 1993 ; VII, 196 ; 200 ; 251 ; VIII, 408.
Napolitain, VII, 233 ; 242.
Narcisse, nom d'homme, I, 73. —, type de beauté, VI, 194.
Nature (la), VIII, 354, 1981.
Naucratès, personnage de la comédie d'*Amphitryon*, VI, 356-471.
Navarre (la), II, 260, 468 ; 279, 797 ; 283, 893.

Navarre (Dom Garcie de) : voyez *Garcie de Navarre (Dom)*.
Nécessaires (quatre), personnages de *l'Impromptu de Versailles*, III, 432-434.
Neptune, personnage du premier intermède de la comédie des *Amants magnifiques*, VII, 381-386.
Néréides, VII, 383.
Nérine, nom de femme, I, 119, 219. —, personnage de la comédie-ballet de *Monsieur de Pourceaugnac*, VII, 233-338. —, personnage de la comédie des *Fourberies de Scapin*, VIII, 408-517.
Nestor, VII, 115.
Nicandre, personnage de la comédie pastorale héroïque de *Mélicerte*, VI, 150-185.
Nicole, personnage du *Bourgeois gentilhomme*, VIII, 42-229.
Nicomède, tragédie de Corneille, III, 398.
Noblet (le sieur), IV, 77 ; VII, 382.
Normandie (la), III, 348 ; IV, 513, 1741.
Notaire (un), personnage de la comédie de *l'École des femmes*, III, 211, 674 ; 219, 807 ; 232-237 ; 238, 1094. —, personnage de la comédie de *l'École des maris*, II, 356-435. —, personnage de la comédie des *Femmes savantes*, IX, 57 ; 59-205. Voyez encore Bonnefoy (Monsieur).
Notre-Dame de la Charité : voyez *Charité*.
Nuit (la), personnage de la comédie d'*Amphitryon*, VI, 356-471.
Nymphe (la) de Tempé, personnage du troisième intermède des *Amants magnifiques*, VII, 421-433.
Nymphes, personnages du Pro-

logue de la tragédie-ballet de *Psyché*, VIII, 271-275.

O

Océan (l'), V, 333.
Octave, personnage de la comédie des *Fourberies de Scapin*, VIII, 407-517.
Olibrius, I, 177, 1085.
Olimpe, nom de femme, IV, 382.
Opérateur (l'), l'Orviétan, personnage de la comédie de *l'Amour médecin*, V, 298; 333-335.
Opterre (les trois frères), IV, 86.
Orante, nom d'homme, IV, 404, 118. —, personnage de la comédie des *Fâcheux*, III, 34-96.
Orgon, personnage de la comédie du *Tartuffe ou l'Imposteur*, IV, 397-527.
Orléans (Philippe, duc d'), frère de Louis XIV, dit *Monsieur*, II, 354-355.
Orléans (Henriette-Anne d'Angleterre, duchesse d'), dite *Madame*, III, 156-157.
Ormin, nom de notaire, I, 474, 1105. —, personnage de la comédie des *Fâcheux*, III, 34-96.
Oronte, nom d'homme, III, 181, 259; IV, 423, 386. —, personnage de la comédie de *l'École des femmes*, III, 160-279. —, personnage de la comédie du *Misanthrope*, V, 442-551. —, personnage de la comédie-ballet de *Monsieur de Pourceaugnac*, VII, 233-338.
Orphise, personnage de la comédie des *Fâcheux*, III, 34-96.
Orviétan (l') : voyez *Opérateur* (l').

Ours (un), personnage du second intermède de *la Princesse d'Élide*, IV, 162-163.
Ovide, I, 62, ligne 4 : voyez l'*Erratum* du tome II, p. 437.

P

Pacolet (le cheval de), I, 40.
Pagana, pour *païen*, VIII, 187.
Pages (deux), personnages de l'Ouverture de *Monsieur de Pourceaugnac*, VII, 238.
Palémon, personnage du Prologue de la tragédie-ballet de *Psyché*, VIII, 271-275.
Palais (la galerie du), à Paris, II, 48; IX, 75, 266; 143, 957; 151, 1030.
Palais-Royal (le théâtre du), à Paris, II, 217; 331; III, 1, 105; 301; 320; 371; IV, 1; 129; 270; V, 1; 261; 355; VI, 1; 205; 309; 473; VII, 1; 209; VIII, 1; 245; 385; 527; IX, 1; 207; 259.
Palais-Royal (le quartier du), à Paris, VIII, 216.
Palestina, pour la Palestine, VIII, 180; 188; 195.
Pallas, VIII, 276, 109; 277, 125.
Pan, VI, 160, 145; 161, 155. —, personnage du premier Prologue de la comédie du *Malade imaginaire*, IX, 261-270.
Pancrace, personnage de la comédie et du ballet du *Mariage forcé*, IV, 16-66; 70-87.
Pandolfe, personnage de la comédie de *l'Étourdi*, I, 104-240.
Pandolphe, autre nom de Géronte, personnage de la comédie des *Fourberies de Scapin*, VIII, 507.
Pantagruel, III, 167, 118.
Pantalons, masques italiens, VII, 293.

Pantomimes, personnages du second et du cinquième intermède des *Amants magnifiques*, VII, 407 ; 455.
PANULPHE, autre nom de Tartuffe : voyez l'*Appendice* à la comédie, tome IV, p. 529-566.
PANURGE, III, 167, 118 ; VII, 98.
PAPINIAN, jurisconsulte, VII, 317.
PARC (du) : voyez GROS-RENÉ.
PARC (Mlle du), comédienne, IV, 140. —, personnage de la comédie de *l'Impromptu de Versailles*, III, 386-435.
Parette, pour PERRETTE, VI, 100.
PARIS (la ville de), I, 495, 1428 ; II, 47 ; 57 ; 68 ; 75 ; 77 ; 78 ; 80 ; 81 ; 92 ; 160 ; 331 ; 356 ; 380 ; 297 ; 405, 681 ; III, 1 ; 68, 455 ; 83 ; 105 ; 301 ; 314 ; 349 ; 395 ; 423 ; IV, 270 ; 398 ; V, 261 ; 299 ; 355 ; 442 ; 468, 394, 398, 406, 410 ; VI, 1 ; 473 ; VII, 1 ; 52 ; 209 ; 234 ; VIII, 1 ; 43 ; 385 ; 558 ; 569 ; 570 ; 571 ; 573 ; IX, 1 ; 57 ; 275 ; 313 ; 535, 4 ; 557, 284.
PARISIEN, PARISIENS (les), VII, 299 ; VIII, 172.
PÂRIS, VII, 115.
Parlement (le) de Paris, IV, 270.
PARNASSE (le), III, 421 ; IX, 150, 1021.
PARQUE (la), III, 270, 1656 ; VIII, 355, 1995.
PASQUALIGO : vers latin cité, emprunté à une de ses comédies traduite par Larivey, VIII, 81 (voyez la note 3 de cette page).
Pastorale comique, fragments d'une petite comédie-ballet de Molière, VI, 187-203.
PAUL, jurisconsulte, VII, 317.
Pauvre (le), personnage de *Dom Juan* : voyez FRANCISQUE.
Paysan et *Paysanne*, personnages de la comédie-ballet de *Monsieur de Pourceaugnac*, VII, 233-338.
Peau-d'âne, conte, IX, 378.
Pêcheurs, personnages du premier intermède de la comédie des *Amants magnifiques*, VII, 381-386.
PÈDRE (dom), personnage de la comédie de *dom Garcie de Navarre ou le Prince jaloux*, II, 236-329.
PEDRO, nom de laquais, VII, 199.
PELLISSON, III, 31.
PÉNÉE (le), VI, 174, 364 ; VII, 409.
Pentecôte (la), III, 167, 120.
PERDRIGEON, marchand mercier, II, 95.
Pères de l'Église (les), IV, 378-379.
PÉRIANDRE, nom d'homme, IV, 423, 385.
PÉRIGORDIN, VII, 258.
PERNELLE (Madame), personnage de la comédie du *Tartuffe ou l'Imposteur*, IV, 397-527.
PERRIN, personnage de la comédie du *Médecin malgré lui*, VI, 34-120.
PERSIQUE (le port), VI, 383, 455.
PÉTAUD (le roi), IV, 400, 12.
Petit-Bourbon (le théâtre du), II, 1 ; 48 ; 135.
PETIT-JEAN, nom d'écuyer, III, 74, 534. —, traiteur, VII, 254.
PETITS-SOINS, village du pays de Tendre, II, 64.
PEZAN l'aîné (M.), VII, 382.
PÉZENAS (la ville de), VII, 305 ; 310.
PHAÈNE, personnage de la tragédie-ballet de *Psyché*, VIII, 269-384.
PHÉBUS, VI, 370, 274.
PHILAMINTE, personnage de la comédie des *Femmes savantes*, IX, 57 ; 59-205.
PHILÈNE, nom d'homme, VI, 240. —, personnage de l'Ouverture du *Grand divertissement*

royal de *Versailles*, VI, 602-605.
PHILINTE, personnage de la comédie du *Misanthrope*, V, 442-551. —, personnage du troisième intermède de la comédie des *Amants magnifiques*, VII, 430-432. Voyez FILINTE.
PHILIS, nom de femme, V, 462, 317; 467, 383; VIII, 162; IX, 185, 1521; 363-366. —, personnage de la comédie galante de *la Princesse d'Élide*, IV, 140-219.
PIARRE (variante de 1682) : voyez Biarre.
Piarrot, pour PIERROT : voyez ce nom.
PIBRAC : voyez PYBRAC.
PICARD, nom de laquais, II, 105; IX, 332.
PICARD (le), nom d'homme, VII, 132.
PICARDE (une feinte), représentée par Nérine, personnage de *Monsieur de Pourceaugnac*, VII, 308-312. Voyez NÉRINE.
PIÉMONT (le), I, 200, 1408.
PIERRE, nom de laquais, VI, 244.
PIERRE (le sieur la), IV, 77; 86; VII, 382.
PIERROT, personnage de la comédie de *Dom Juan ou le Festin de Pierre*, V, 77-203.
PILLE (M. du), IV, 85.
Place Royale (la), à Paris, III, 314; V, 322.
Placets de Molière *au Roi*, au-devant du *Tartuffe*, IV, 384-397.
Plaisants ou *Goguenards* (quatre), personnages de la seconde entrée du ballet du *Mariage forcé*, IV, 74.
Plaisirs (les), personnages de la scène dernière de *l'Amour médecin*, V, 351-353.
Plaisirs de l'Ile enchantée (les), fêtes galantes et magnifiques, faites par le Roi à Versailles, le 7º mai 1664, IV, 89-268.
PLATON : sa *République*, IX, 132, 847, 848.
PLUTARQUE, IX, 106, 562.
PLUTON, VIII, 343.
Poésies diverses de Molière, IX, 561; 577-585.
Poésies diverses attribuées à Molière, IX, 586-592. Voyez encore *Ballet des Incompatibles*.
POITEVIN, nom de laquais, IX, 332.
POITEVINS, personnages de la cinquième entrée du *Ballet des Nations* de la comédie-ballet du *Bourgeois gentilhomme*, VIII, 227-228.
POLICHINELLE, personnage du premier intermède de la comédie du *Malade imaginaire*, IX, 319; 320-337.
Polichinelles (quatre), personnages de la tragédie-ballet de *Psyché*, VIII, 360-362.
POLIDAS, personnage de la comédie d'*Amphitryon*, VI, 356-471.
POLONAIS, VII, 318.
POLYBE, personnage d'*OEdipe*, tragédie de Corneille, III, 400.
POLYDORE, nom d'homme, IV, 423, 386. —, personnage de la comédie du *Dépit amoureux*, I, 402-520.
POLYXÈNE, nom d'emprunt de MAGDELON, personnage de la comédie des *Précieuses ridicules*, II, 67.
POMPÉE, personnage de *Sertorius*, tragédie de Corneille, III, 400.
PONTOISE (la ville de), IX, 100, 495.
Porteurs de chaise (deux), personnages de la comédie des *Précieuses ridicules*, II, 54-116. — *Porteurs* (deux), personnages de la comédie des

Fourberies de Scapin, VIII, 408-517.
Portrait du peintre (le), titre de comédie, III, 423; 427.
PORTUGAIS, VII, 318.
POSICLÈS, personnage de la comédie d'*Amphitryon*, VI, 356-471.
Pourceaugnac (Monsieur de), comédie-ballet de Molière, VII, 209; 232-347.
POURCEAUGNAC (Monsieur de), personnage de la comédie-ballet de *Monsieur de Pourceaugnac*, VII, 233-338.
POURCEAUGNACS (les), VII, 253; 298.
Præses (le), personnage du troisième intermède de la comédie du *Malade imaginaire*, IX, 439-452.
Précieuse (la), III, 404.
Précieuses ridicules (les), comédie de Molière, II, 1; 47; 52-116; III, 427.
Préfaces des comédies de Molière : des *Précieuses ridicules*, II, 47-51; des *Fâcheux*, III, 28-31; du *Tartuffe*, IV, 373-384; de l'*Amour médecin*, V, 293-296; avant-propos des *Amants magnifiques*, VII, 380.
PRÊTE-JEAN, VIII, 555.
Prêtresse (une), personnage du sixième intermède des *Amants magnifiques*, VII, 464-470.
PREVOST (le sieur), IV, 141.
PRIAM, VII, 115.
Prince (Monsieur le) : voyez CONDÉ.
Prince jaloux (le), comédie de Molière : voyez *Garcie de Navarre (Dom)*.
Princesse d'Élide (la), comédie galante de Molière, IV, 129-219.
PRINCESSE D'ÉLIDE (la), personnage de la comédie galante de la *Princesse d'Élide*, IV, 140-219.
PROSERPINE, VIII, 343; 349, 1817.
Procureurs (deux), personnages de la scène XI de *Monsieur de Pourceaugnac*, VII, 316-318.
PROVENÇAL, nom de laquais, II, 105.
PRUDOTERIE (la maison de la), VI, 520; 521; 522.
Psyché, tragédie-ballet de Molière, VIII, 245; 269-362. *Appendice*, 363-384. —, 572.
PSYCHÉ, personnage de la tragédie-ballet de *Psyché*, VIII, 269-384.
PTÉRÉLAS, nom d'homme, VI, 368, 230; 410, 953.
PURGON (Monsieur), personnage de la comédie du *Malade imaginaire*, IX, 274-452.
Puritana, pour *puritain*, VIII, 187.
PYBRAC (les *Quatrains* de Guy du Four de), II, 164, 34.
PYLE (la ville de), IV, 147, 109.
PYLE (le prince de), personnage de la comédie galante de *la Princesse d'Élide* : voyez THÉOCLE.
Pyrrhonien, IV, 16; 76.
Pythiens (les jeux), VII, 380; 394; 464-470 (sixième intermède des *Amants magnifiques*).

Q

Quatrains de Molière inscrits au bas d'une image dessinée par F. Chauveau et gravée par le Doyen, IX, 580 et 581.
Quatrains (les) de Pybrac : voyez PYBRAC.
QUINAULT, VIII, 268 (nommé dans l'avis du *libraire au lecteur*).
QUINET (Gabriel) : *Épître dédicatoire*, signée par lui, de la première édition du *Dépit amoureux*, I, 400 et 401.
QUINTILIEN, I, 448, 724.

R

Ragotin, personnage de la comédie de *Dom Juan ou le Festin de Pierre*, V, 77-203.
Raincy (le château du), IV, 270.
Ramée (la), personnage de la comédie de *Dom Juan ou le Festin de Pierre*, V, 77-203.
Raphaël, peintre, IX, 557, 276.
Rapière (la), personnage du *Dépit amoureux*, I, 402-520.
Rasius, nom d'homme, IX, 174, 1350.
Rassan ou Rassent (le marquis de), IV, 77; VII, 382; 386; 470.
Raynal (le sieur), IV, 77; 87.
Rebel (M.), VII, 382.
Rebuffe, jurisconsulte, VII, 317.
Receveur (Monsieur le), personnage de la comédie de *la Comtesse d'Escarbagnas*: voyez Harpin (Monsieur).
Recueil des pièces choisies (le), II, 79.
Reine des cieux (la), la sainte Vierge, IX, 581.
Remerciment au Roi, pièce de Molière, III, 291; 295-300.
République (la) de Platon: voyez Platon.
Riants (Armand-Jean de), à qui fut dédiée, par le libraire, la première édition de *l'Étourdi*, I, 102.
Ribadeneira: voyez *Fleurs des vies des saints* (les).
Richelieu (la porte de), à Paris, V, 322.
Ris (les), personnages de la scène dernière de *l'Amour médecin*, V, 351-353.
Rivière (la), personnage de la comédie des *Fâcheux*, III, 34-96.
Robain, nom d'homme, V, III.

Robert (Monsieur), personnage de la comédie du *Médecin malgré lui*, VI, 33-120.
Robin, nom d'homme, VI, 72.
Rodrigue, personnage du *Cid*, tragédie de Corneille, I, 58.
Roi (le): voyez Louis XIV.
Roi (au): voyez *Épîtres dédicatoires, Placets, Remerciment,* et *Sonnet*.
Roi (la troupe du): voyez Troupe du Roi (la).
Roi (le *logis du*), pour *la prison*, I, 182, 1139.
Roi (le), père de Psyché, personnage de la comédie-ballet de *Psyché*, VIII, 269-384.
Roland, personnage du *Roland furieux*, poëme de l'Arioste, I, 501, 1485.
Romain (le goût), IX, 544, 106. Mignard devenu tout Romain, IX, 555, 234.
Romain (Jules), peintre, IX, 557, 276.
Romaine (l'histoire), II, 83. — (la vertu), IV, 380.
Romaines (les dames), IX, 83, 347.
Rome (la ville de), IV, 20; 21; 380; 381; VIII, 209; IX, 82, 343; IX, 542, 89; 554-555, 227-234.
Rome (la cour de), I, 140, 538.
Roullé (Pierre): voyez Saint-Barthélemy (le curé de).
Royale (la place), à Paris: voyez Place Royale (la).
Ruberti (Zanobio), nom d'homme, I, 194, 1310; 197, 1374; 201, 1423; 234, 1960, 1977.
Ruel ou Rueil, près de Paris, V, 323.

S

Sabine, personnage de la comédie du *Médecin volant*, I, 52-76.
Sacrificateurs (deux), person-

nages du sixième intermède des *Amants magnifiques*, VII, 464-470.
Saint-Aignan (le duc de), IV, 87.
Saint-André (M. de), IV, 74; 85.
Saint-Barthélemy (le curé de l'église), à Paris, Pierre Roullé : son *Roi glorieux au monde*, IV, 389.
Saint-Benoît (les religieuses de l'ordre de), établies au Val-de-Grâce, désignées, IX, 554, 207-226.
Saint-Bouvain, nom d'homme, III, 58, 305.
Saint-Étienne (l'église), à Limoges, VII, 257.
Saint-Eustache (l'église), à Paris, IX, 558, désignée au vers 312 et nommée dans une note de Molière.
Saint-Germain (le faubourg), à Paris, V, 322.
Saint-Germain en Laye (le château de), VI, 123; 205; VII, 349; VIII, 527.
Saint-Honoré (la porte), à Paris, V, 322.
Saint-Innocent (la porte), à Paris, VIII, 146.
Saint-Jacques (le faubourg), à Paris, V, 322.
Saint-Laurent (la foire), à Paris, V, 307. Voyez *Foire* (la).
Saint-Quentin (la ville de), VII, 310.
Salle de la Comédie (la), à Versailles, III, 386.
Salle des gardes (la), au Louvre, III, 83, 660; 296, 31.
Sardanapale (un), V, 82.
Satan, I, 39 (*Satanas*); 134, 450; II, 434, 1103; III, 199, 511; 210, 655.
Satires (l'auteur des) : voyez Boileau Despréaux.
Saturne, VII, 115.

Saturne, planète, IX, 107, 592.
Satyre (un), personnage du troisième intermède de la comédie galante de *la Princesse d'Élide*, IV, 177-179.
Satyres, personnages du troisième intermède de la comédie des *Amants magnifiques*, VII, 420; 428; 429.
Savetiers et Savetières (des), personnages du ballet du II^d acte des *Fâcheux*, III, 78.
Savoie (Christine de France, duchesse de), IX, 586 (voyez la note 1 de cette page).
Sbrigani, personnage de la comédie de *Monsieur de Pourceaugnac*, VII, 233-338.
Scapin (les *Fourberies de*), comédie de Molière : voyez *Fourberies de Scapin* (les).
Scapin, personnage de la comédie des *Fourberies de Scapin*, VIII, 407-517.
Scaramouche, personnage de la Comédie italienne, VI, 233.
Scaramouches, personnages du II^d entr'acte de *l'Amour médecin*, V, 299; 335. —, personnages de la quatrième entrée du *Ballet des Nations*, VIII, 223-227.
Scaramouche ermite, pièce du Théâtre-Italien, IV, 384.
Sénateur (le), personnage de la comédie du *Sicilien ou l'Amour peintre*, VI, 231-276.
Sénèque, III, 62-63, 363; VIII, 77.
Sergents (deux), personnages de la scène XI de *Monsieur de Pourceaugnac*, VII, 316-318.
Serignan (M.), VII, 382.
Sertorius, tragédie de Corneille, III, 400.
Sganarelle ou le Cocu imaginaire, comédie de Molière, II, 135; 160-216.
Sganarelle, personnage de la

comédie du *Médecin volant*, I, 52-76. —, personnage de la comédie de *Sganarelle ou le Cocu imaginaire*, II, 160-216. —, personnage de la comédie de *l'École des maris*, II, 356-435. —, personnage de la comédie et du ballet du *Mariage forcé*, IV, 16-66; 69-87. —, personnage de la comédie de *Dom Juan ou le Festin de Pierre*, V, 76-203. —, personnage de la comédie de *l'Amour médecin*, V, 297-353. —, personnage de la comédie du *Médecin malgré lui*, VI, 33-120.

SGANARELLE (la femme de), personnage de la comédie de *Sganarelle ou le Cocu imaginaire*, II, 160-216.

SGANARELLE (un parent de), personnage de la comédie de *Sganarelle ou le Cocu imaginaire*, II, 160-216.

SGANARELLES (les), IV, 23.

SICILE (la), lieu de la scène de la comédie de *Dom Juan ou le Festin de Pierre*, V, 77-203.

Sicilien (le) ou l'Amour peintre, comédie de Molière, VI, 205; 231-276.

SILVESTRE, personnage de la comédie des *Fourberies de Scapin*, VIII, 408-517.

SILVIE, IX, 591. Voyez SYLVIE.

SIMON, nom de tailleur, I, 475, 1107; de laquais, VI, 244. — (maître), personnage de la comédie de *l'Avare*, VII, 52-204.

SIMONETTE, nom de femme, V, 117; VI, 72.

Singes (des), personnages du second intermède du *Malade imaginaire*, IX, 390.

SOCRATE, I, 32.

SOLEIL (le), VI, 391, 629; VII, 469.

Sonnet et *Lettre* de Molière adressés à la Mothe le Vayer sur la mort de son fils, IX, 577-580. — *Sonnet* de Molière adressé *au Roi sur la conquête de la Franche-Comté* (1668), IX, 584 et 585.

Sorbonne (la), IV, 376-377.

SOSIE, personnage de la comédie d'*Amphitryon*, VI, 356-471.

SOSTRATE, personnage de la comédie des *Amants magnifiques*, VII, 377-470.

SOTENVILLE (Monsieur de), personnage de la comédie de *George Dandin ou le Mari confondu*, VI, 505-594.

SOTENVILLE (Madame de), personnage de la comédie de *George Dandin ou le Mari confondu*, VI, 506-594.

SOTENVILLE (la maison de), VI, 522; 526; 563.

SOUCHE (Monsieur de la) : voyez ARNOLPHE.

Soupçons (les), personnages de la première entrée du ballet du *Mariage forcé*, IV, 73-74.

Stances galantes, attribuées, sans vraisemblance, à Molière, IX, 586 et 587.

Statue du Commandeur (la): voyez *Commandeur* (la *Statue du*).

Statues (huit), personnages du quatrième intermède des *Amants magnifiques*, VII, 445.

STELLE, nom de femme, VI, 171, 331.

Stoïciens (les), IX, 137, 897.

STYX (le), VIII, 336, 1493.

SUÉDOIS, VII, 318.

SUISSE (seigneur), nom donné à Mascarille, déguisé en Suisse tenant maison garnie, I, 221, 1751.

SUISSE (le), personnage du *Ballet des Nations*, VIII, 210.

SUISSES (deux), personnages de l'ouverture de la comédie de *Monsieur de Pourceaugnac*, VII, 238. —, personnages de la

comédie de *Monsieur de Pourceaugnac*, VII, 234-338.
Suisses (des) *à hallebardes*, personnages du ballet du IIIe acte des *Fâcheux*, III, 96.
Suivante de Célie (la), personnage de la comédie de *Sganarelle ou le Cocu imaginaire*, II, 160-216.
Sylvains, personnages du Prologue de la tragédie-ballet de *Psyché*, VIII, 271-275.
Sylve (dom), personnage de la comédie de *Dom Garcie de Navarre ou le Prince jaloux* : voyez Alphonse (dom).
Sylvie, nom de femme, VI, 202 ; 608. Voyez Silvie.
Syriaque (le), III, 85 ; IV, 39.

T

Tablettes (les), du conseiller Matthieu : voyez Matthieu (Pierre).
Taillavaca, chanteur, IV, 84.
Tantale, VIII, 344, 1669.
Tarente (la ville de), VIII, 410 ; 418 ; 438 ; 507.
Tartas (M.), IV, 85.
Tartuffe ou l'Imposteur, comédie de Molière, IV, 269 ; 372 ; 378 ; 383 ; 385 ; 392 ; 396 ; 397-527.
Tartuffe, personnage de la comédie du *Tartuffe ou l'Imposteur*, IV, 398-527.
Tartuffes (les), IV, 387 ; 394.
Télèbe (la ville de), VI, 368, 231 ; 369, 238.
Tempé (la vallée de), lieu de la scène de la comédie pastorale héroïque de *Mélicerte*, 150-185. —, lieu de la scène de la comédie des *Amants magnifiques*, VII, 378-470. Voyez Nymphe.
Temps (le), V, 202.

Tendre (la carte de), II, 63.
Tenorio (dom Juan) : voyez Juan (dom). — (dom Louis) : voyez Louis (dom).
Térence, IX, 177.
Thébains (les), VI, 389, 551 ; 455, 1657, 1686.
Thèbes (la ville de), lieu de la scène de la comédie d'*Amphitryon*, VI, 356-471.
Théocle, ou le prince de Pyle, personnage de la comédie galante de *la Princesse d'Élide*, IV, 141-219.
Théocrite, IX, 145, 974.
Théophraste, nom de médecin, V, 323.
Thessalie (la), VI, 150 ; 440, 1476 ; VII, 378 ; VIII, 284, 270.
Thibaut, personnage de la comédie du *Médecin malgré lui*, VI, 34-120.
Thomas, nom d'homme, VI, 72 ; 244. — d'Alburcy (dom) : voyez Alburcy. — Diafoirus : voyez Diafoirus.
Thomasse, nom de femme, V, 111.
Thorillière (le sieur de la), comédien, IV, 141. —, personnage de *l'Impromptu de Versailles*, III, 385-435.
Tibaudier (Monsieur), personnage de la comédie de *la Comtesse d'Escarbagnas*, VIII, 549-597.
Tibre (le), fleuve, IX, 536, 22.
Timante, nom d'homme, V, 481, 585.
Timoclès, personnage de la comédie des *Amants magnifiques*, VII, 377-470.
Tircis, nom d'homme, VI, 240 ; IX, 363-366. —, personnage du quatrième intermède de la comédie galante de *la Princesse d'Élide*, IV, 192-196. —, personnage du *Grand di-*

vertissement royal de Versailles, VI, 602-605. —, personnage du troisième intermède de la comédie des *Amants magnifiques*, VII, 420-428. —, personnage du Prologue de la comédie du *Malade imaginaire*, IX, 261-270.

Tityr (le géant), VIII, 347, 1779.

Toinette, personnage de la comédie du *Malade imaginaire*, IX, 275-452.

Tomès (Monsieur), personnage de la comédie de *l'Amour médecin*, V, 298-353.

Tréguier ou Lantriguet (la ville de), VIII, 214.

Tribonian, jurisconsulte, VII, 317.

Trissotin, personnage de la comédie des *Femmes savantes*, IX, 57; 59-205.

Tritons, personnages du premier intermède de la comédie des *Amants magnifiques*, VII, 381-384.

Trivelin, acteur, II, 51.

Trivelins, personnages du II^d entr'acte de la comédie de *l'Amour médecin*, V, 299; 353.

—, personnages de la quatrième entrée du *Ballet des Nations*, VIII, 223-227.

Troupe de Monsieur (la), frère du Roi, II, 1, 135; 217; 331; III, 1; 105; 301; 371; IV, 1, 129; 270; V, 1.

Troupe du Roi (la), IV, 270; V, 261; 355; VI, 1; 123; 205; 309; 473; VII, 1; 209; VIII, 1; 245; 384; 527; IX, 1; 207.

Trufaldin, personnage de la comédie de *l'Étourdi*, I, 104-240.

Tuileries (les), III, 86, 691; VIII, 245.

Tunis (la ville de), I, 196, 1366; 200, 1409, 1414.

Turc, Turcs, I, 195, 1336; 205, 1499; II, 368, 144; V, 82; VII, 106; VIII, 175; 477; 478; 479; 482; 483; 502; IX, 355. —, personnages de la Cérémonie turque de la comédie-ballet du *Bourgeois gentilhomme*, VIII, 178-182; 184-193.

Turc (le Grand), VII, 110; VIII, 170; 171; 172; 174; 199; 204; 207; 208.

Turc (le), IV, 39; VIII, 173; 201. *Turque* (la langue), VIII, 176.

Turc à More (de), II, 76.

Turca, VIII, 181; 179.

Turin (la ville de), I, 199, 1407; 200, 1414.

Turque (Son Altesse), VIII, 175; 200; 205; 209.

Turque (la langue) : voyez *Turc* (le).

Turquesque (instruments à la), VIII, 182.

Turquie (la), I, 195, 1332; 196, 1363, 1364; 199, 1407.

Tyrène, personnage de la comédie pastorale héroïque de *Mélicerte*, VI, 150-185.

U

Ulpian, jurisconsulte, VII, 317.

Uranie, personnage de la comédie de *la Critique de l'École des femmes*, III, 310-370. — (la princesse), IX, 124; 147, 989.

V

Vadius, personnage de la comédie des *Femmes savantes*, IX, 57; 59-205.

Vagnat (le sieur), IV, 86.

Val-de-Grâce (église du), à Paris,

IX, p. 535 et 536, vers 1-18. Voyez *Gloire du Val-de-Grâce (la)*, et *Saint-Benoît* (religieuses de).

VALÈRE, personnage de la comédie de *la Jalousie du Barbouillé*, I, 20-44. —, personnage de la comédie du *Médecin volant*, I, 52-76. —, personnage de la comédie du *Dépit amoureux*, I, 402-520. —, fils de Villebrequin dans la comédie de *Sganarelle ou le Cocu imaginaire*, II, 160 ; 225, 634, 645. —, personnage de la comédie de *l'École des maris*, II, 356-435. —, personnage de la comédie du *Tartuffe ou l'Imposteur*, IV, 397-527. —, personnage de la comédie du *Médecin malgré lui*, VI, 33-120. —, personnage de la comédie de *l'Avare*, VII, 52-204.

Valets de chiens, personnages du premier intermède de *la Princesse d'Élide*, IV, 133-139.

VALLÉE (la), personnage de *la Jalousie du Barbouillé*, I, 36.

VARENNE (de la) : voyez *Cuisinier françois (le)*.

VAUGELAS, IX, 95, 462; 102, 522, 525, 532; 108, 606.

VAYER (François de la MOTHE le), IX, 577. Voyez *Sonnet*.

VAYER (l'abbé le), fils du précédent, IX, 579.

VENISE (la ville, la république de), I, 220, 1734; 235, 1996; III, 354; VII, 110.

VÉNITIENS (les), I, 219, 1711.

VÉNUS, IV, 171; 216; VI, 193; IX, 144, 970. —, personnage de la tragédie-ballet de *Psyché*, VIII, 269-384. — (une fausse), personnage de la comédie des *Amants magnifiques*, VII, 378-470.

Vénus, planète, IX, 107, 592.

VERDURE (la), nom de laquais, II, 105.

VERSAILLES, III, 371; IV, 89; 129; 270; V, 261; VI, 473; 599. Voyez *Impromptu de Versailles (l')* et *Grand divertissement royal de Versailles (le)*.

VERTUMNE, personnage de la tragédie-ballet de *Psyché*, VIII, 271-275.

Vicomte (le), personnage de la comédie de *la Comtesse d'Escarbagnas*, VIII, 549-597.

Vieille (une), personnage du premier intermède de la comédie du *Malade imaginaire*, IX, 325.

VIERGE (la sainte) : voyez REINE DES CIEUX (la).

VILLEBREQUIN, nom d'homme, I, 53 ; 54 ; 76. —, personnage de la comédie de *la Jalousie du Barbouillé*, I, 20-44. —, personnage de la comédie de *Sganarelle ou le Cocu imaginaire*, II, 160-216.

VILLEJUIF, près de Paris, I, 22.

VILLEROY (François de Neufville, marquis de), IV, 77; VII, 382; 385; 470.

VILLERS-COTTERETS (la ville de), IV, 270.

VILLIERS (de), comédien de l'Hôtel de Bourgogne, III, 400.

VINCENNES (la chapelle royale de), IV, 396.

VIOLETTE (la), nom de laquais, II, 105. —, personnage de la comédie de *Dom Juan ou le Festin de Pierre*, V, 77-203.

Violons (des), personnages des dernières scènes des *Précieuses ridicules*, II, 108-116. —, personnages du premier intermède du *Malade imaginaire*, IX, 325-331.

VIRGILE, I, 447, 710, 711, 714; IX, 145, 974; 177.

Voisines, personnages des der-

nières scènes des *Précieuses ridicules*, II, 108-114.
VULCAIN, VIII, 312, 902. —, personnage du second intermède de la tragédie-ballet de *Psyché*, VIII, 313-314.

Z

ZAÏDE, autre nom de la Climène du *Sicilien* : voyez tome VI, p. 231, note 3.
ZANOBIO : voyez RUBERTI.
ZÉPHIRE, VI, 608; IX, 264 (indiqué, non nommé); 591. —, personnage de la tragédie-ballet de *Psyché*, VIII, 269-384.

Zéphyres, Zéphyrs, VII, 383. —, personnages de la tragédie-ballet de *Psyché*, VIII, 325, 1214; 326-328; 348, 1781; 352, 1912.
Zéphyrs (deux), personnages du premier Prologue de la comédie du *Malade imaginaire*, IX, 261-270.
ZERBINETTE, personnage de la comédie des *Fourberies de Scapin*, VIII, 407-517.
ZEUXIS, peintre, IX, 549, 154.
Zousse (Monsieur de la), pour Monsieur de la SOUCHE, III, 185, 328.
Zuinglista, pour *zwingliste*, *zwinglien*, VIII, 186.
Zurina, prétendu nom de secte, VIII, 187.

FIN DE LA TABLE ALPHABÉTIQUE.

TABLE DES MATIÈRES

CONTENUES DANS LE NEUVIÈME VOLUME.

LES FEMMES SAVANTES, comédie................................	1
Notice.......................................	3
Sommaire de Voltaire.........................	54
Les Femmes savantes............................	59
LE MALADE IMAGINAIRE, comédie mêlée de musique et de danses..	207
Notice.......................................	209
Sommaire de Voltaire.........................	255
Au lecteur...................................	257
Le Prologue..................................	259
Autre Prologue...............................	271
Le Malade imaginaire............................	279
Appendice au *Malade imaginaire*.	
I. Extraits du texte, non authentique, de 1675....	454
II. La Cérémonie de réception avec passages interpolés...................................	482
III. Extrait du *Candelaio* de Giordano Bruno Nolano.	493
Extrait de *Boniface et le Pédant*..............	496
IV. Extrait d'une relation officielle de Félibien.....	500
V. Note sur les intermèdes du *Malade imaginaire*...	503
LA GLOIRE DU DÔME DU VAL-DE-GRÂCE, poëme sur la peinture de Mignard...........................	511
Notice.......................................	513
La Gloire du Val-de-Grâce.......................	535

POÉSIES DIVERSES..................................... 561
   Notice... 563
  POÉSIES DIVERSES.
    Remercîment au Roi (voyez au tome III, p. 295-300).
    A la Mothe le Vayer, sur la mort de son fils, Sonnet.. 577
    Quatrains mis au bas d'une image dessinée par F. Chauveau et gravée par le Doyen. 580
    Bouts-rimés commandés sur le bel air................ 582
    Au Roi, sur la conquête de la Franche-Comté (1668), Sonnet.. 584

  POÉSIES DIVERSES ATTRIBUÉES A MOLIÈRE.
    Premier couplet d'une chanson de d'Assoucy......... 586
    Stances galantes.................................... 586
    Intermèdes nouveaux du *Mariage forcé*.............. 588

TABLE ALPHABÉTIQUE DES OEUVRES DE MOLIÈRE ET DES NOMS PROPRES QUI S'Y RENCONTRENT. 595

FIN DE LA TABLE DES MATIÈRES.

9457. — Imprimerie A. Lahure, rue de Fleurus, 9, à Paris.

PARIS — IMPRIMERIE A. LAHURE
Rue de Fleurus, 9

www.ingramcontent.com/pod-product-compliance
Lightning Source LLC
Chambersburg PA
CBHW071152230426
43668CB00009B/923